비운의
혁명가들

비운의 혁명가들

안승일 지음

연암서가

지은이 안승일 安承壹

한국외국어대학교 독일어과와 동 대학원에서 수학하였으며, 한국은행에서 근무한 후 현재는 자유기고가로 집필활동을 하고 있다.
주요 저서로는『조선 엘리트 파워 김옥균과 젊은 그들의 모험』(2012),『열정의 천재들 광기의 천재들』(한국출판문화산업진흥원 추천도서, 2014) 등이 있으며, 주요 연구 논문으로는『소외의식의 극복-프란츠 카프카의「변신」을 중심으로』, 번역문은 고트프리트 A. 뷔르거의『레노레(Lenore)』등이 있다.

저자의 글쓰기 영역인 인물 탐구 대상은 현실의 안일한 삶을 거부하고 '창조적 파괴'와 변혁을 꿈꾸며 치열하게 살다 간 사람들이다.
현실의 모순과 부조리를 알고 있으면서도 자포자기, 무기력에 빠지고 마는 사람들이 많을수록 그 사회, 그 나라는 고여 있는 물처럼 썩고 말 것이다. 따라서 어느 시대, 어느 국가에서나 집권층의 '위로부터의 개혁'이 인색할 때 '아래로부터의 혁명'을 꿈꾸는 '혁명적 로맨티스트'들이 나타나기 마련이며, 그런 정치적 낭만주의자 또는 정치적 이상주의자들이 있기에 세상은 달라질 수 있는 것이다.

비운의 혁명가들

2014년 12월 15일 초판 1쇄 인쇄
2014년 12월 20일 초판 1쇄 발행

지은이 안승일
펴낸이 권오상
펴낸곳 연암서가

등록 2007년 10월 8일(제396-2007-00107호)
주소 경기도 고양시 일산서구 호수로 896번지 402-1101
전화 031-907-3010
팩스 031-912-3012
이메일 yeonamseoga@naver.com
ISBN 978-89-94054-63-6 03990

값 20,000원

누구를 위하여 종은 울리나

누구든 그 자체로서 온전한 섬은 아니다.
모든 인간은 대륙의 한 조각이며 대양의 일부이다.
흙덩이가 바닷물에 씻겨 내려가면 유럽은 그만큼 작아지며,
모래사장이 그리되어도, 그대의 친구들이나 그대 자신의 영지가
그리되어도 마찬가지다. 어느 사람의 죽음도 나를 감소시킨다,
왜냐하면 나는 인류 속에 포함되어 있기 때문이다.
그러니 누구를 위하여 종이 울리는지 알고자 하는 사람을
보내지 말라. 종은 그대를 위하여 울린다.

-존 던(John Donne)

역사의 격랑 속에서 스러져간
'혁명적 로맨티스트'들의 꿈과 좌절

우리가 살아온 지난 20세기는 '극단의 시대(Age of Extremes)'라고 역사학자 에릭 홉스봄(Eric Hobsbawm, 1917-2012)은 말했다. 그의 말은 이 시대가 전쟁과 혁명, 좌우 이데올로기의 극렬한 대립, '문명과 야만'의 두 얼굴이 빚어낸 비극의 상처가 깊고 컸기 때문일 것이다. 이 기간 중에는 제노사이드(Genocide; 인종 대학살)와 홀로코스트(Holocaust; 유대인 대학살) 등 인간의 잔혹성이 극에 달한 큰 전쟁들, 착취와 억압의 낡은 체제에 맞선 저항과 혁명의 불길이 그 어느 때보다 드높았다.

특히 이 시대를 전후해서 정치적 낭만주의 또는 정치적 이상주의가 하나의 유행처럼 세계를 휩쓸며, 더 나은 세상을 열망하는 젊은이들의 가슴을 파고들었다. 물론 이러한 시대적 흐름은 어느 날 갑자기 나타난 것이 아니라 인간의 자유·평등·박애사상에 바탕을 둔 프랑스 혁명을 거쳐 카를 마르크스의 공산주의 혁명사상이 현실의 모순을 혁파할 수 있는 구체적인 대안으로 부상하면서 더욱 절실하게 다가왔다. 이에 따라 변혁을 꿈꾸는 뜻 있는 젊은이들은 혁명의 깃발 아래 자신의 몸을 내던졌고, 혁명의 열기 속에서 자신의 열정을 불살랐으며, 혁명의 제단에 자신의 몸을 기꺼이 바쳤다.

이렇게 되기까지는 19세기 중엽 이후 유럽은 산업혁명으로 인한 자본주의 물질문명의 눈부신 발전과 이에 따른 신흥 자본가 계급의 급부상, 생산의 주체인 산업 노동자들의 상대적인 상실감, 식을 줄 모르는 전제군주들의 폭정 등으로 계급간의 갈등이 확대·심화되었기 때문이다. 이러한 시대적 상황에서 마르크스와 엥겔스 같은 공산주의 혁명 이론가들은 자본주의의 모순을 파헤치고 공산주의 혁명의 필연성을 예견하였으며, 자신들 스스로도 혁명운동에 적극 참여하였다. "지금까지 철학자들은 세계를 다양하게 해석하기만 했다. 중요한 것은 세계를 변혁시키는 것이다."(『포이어바흐에 관한 테제』)라는 마르크스의 이 간결한 명제는 변혁을 꿈꾸는 정치적 이상주의자들에게는 하나의 율법이요, 계시이며 복음과도 같았다.

현실의 모순과 부조리를 알고 있으면서도 자포자기, 무기력에 빠지고 마는 사람들이 많을수록 그 사회, 그 나라는 고여 있는 물처럼 썩고 말 것이다. 따라서 어느 시대, 어느 사회에서나 집권층의 '위로부터의 개혁'이 인색할 때 '아래로부터의 혁명'을 꿈꾸는 '혁명적 로맨티시스트'(『마르크스주의 예술론』에서 이 용어가 최초로 사용됨)들이 나타나기 마련이며, 그런 정치적 낭만주의자 또는 정치적 이상주의자들이 있기에 세상은 달라질 수 있는 것이다.

이들 혁명적 로맨티시스트들의 꿈은 당초 마르크스의 예측과는 달리 자본주의가 발전되지 않은 러시아에서 먼저 현실로 나타났다. 당시 러시아에서는 차르(황제)의 실정으로 민생이 도탄에 빠져 있는 상황에서 1880년대 이후 마르크스 사상의 영향을 받은 젊은 인텔리겐치아들을 중심으로 혁명의 기운이 본격적으로 싹트기 시작하였으며, 1905년 1월 '피의 일요일' 노동자 시위와 12월 이들의 무장 봉기 후 험난한 여정 끝에 1917년 2월 군주제를 폐지한 소위 '부르주아 민주주의 혁명' 단계를 거쳐 그해 10월 레닌과 트로츠키의 주도로 '볼셰비키 10월 혁명'이 성공을 거두게 되었다. 이 대혁명은 그 당시 유럽에서 절정에 달하기 시작한 자본주의 사회에 대한 최초의 공공연한 도전이었다.

마침내 혁명의 불길은 러시아 본국에 국한하지 않고 마르크스의 본고장 유럽은 물론, 중국 대륙과 한반도, 베트남 등 아시아 제국, 쿠바를 비롯한 라틴아메리카 제국, 그리고 아프리카에 이르기까지 전 세계로 확산되면서 마르크스의 뜻을 이어받은 수많은 혁명가들이 역사의 격랑 속에서 명멸해갔으며, 그들 중 일부는 소위 '반동세력'에 의해, 일부는 자체내의 파워게임에 밀려 비운을 맞았다. 볼셰비키 10월 혁명의 주역인 레온 트로츠키는 정적 이오시프 스탈린에게 쫓겨 그의 '연속혁명'의 꿈을 이루지 못한 채 망명지 멕시코에서, 여성 혁명가 로자 룩셈부르크는 '반동적 테러'에 의해 독일에서 무참히 살해되었다. 그런가 하면 이역 중국에서 혁명을 위해 고군분투하던 조선 혁명가 김산은 일제 첩자로 몰려 옌안延安에서 억울하게 희생당하였으며, 일제의 갖은 탄압에도 굴하지 않고 끈질긴 생명력으로 지하투쟁을 하던 남로당 총책 박헌영은 미군정의 체포망을 피해 월북한 후 정적 김일성에게 국가 반역죄로 몰려 처형당하였고, 박헌영과 뜻을 같이하며 조선인민유격대 '남부군'을 지휘하던 이현상도 지리산 자락에서 의문의 최후를 맞았다. 한편 공산주의 혁명가로 활동하다가 전향한 후 사회 민주주의적 '제3의 길'을 모색한 조봉암은 이승만 독재 정권에 맞서 싸우던 끝에 형장의 이슬로 사라졌다. 그리고 자본주의 최강국인 미국의 코앞에서 쿠바 혁명을 성공시킨 후 볼리비아 정글에서 또 하나의 혁명을 꿈꾼 전설적인 게릴라 '영웅' 체 게바라는 안데스 산맥에서 마지막 피를 뿌려야만 했다.

　저자는 역사의 격랑 속에서 스러져간 이들 '혁명적 로맨티스트'들의 혁명운동 그 자체뿐만 아니라 그들의 꿈과 좌절, 사랑과 증오, 믿음과 배신, 그리고 고뇌와 결단의 순간들을 떠올리면서 인간의 길이 무엇인지를 탐색해 보았다. 이들 혁명가들의 공통인자는 대부분 일신의 영달이 아니라 더불어 살아가는 삶을 향한 열망과 평등한 삶에 대한 신념이었으며, 그 신념이 삶의 알파요 오메가이자 테제(These)·안티테제(Anti-these)·진테제(Syn-these)였다. 그렇기에 이들 로맨티스트들은 '꿈'과 이상이 없는 진부한 현실에서 나약하게 안주하거나 모순에 찬 현실에서 비겁하게 타협하기를 거부하고 스스로 고난의 길, 어쩌면 시시각각으로 닥쳐오는 죽음의 위험까지도 두려워하지 않았다.

　격동의 20세기가 저물어가면서 소련의 공산주의 체제가 해체(1991)되고 이제 세계는 냉전체제도 어느 정도 진정국면에 들어섰으나 분단 60년이 지난 한반도의 남과 북은 아직도 좌우 이데올로기의 첨예한 대립을 종식시키지 못하고 있는 실정이다. 북한은 기형적인 세습 정권유지를 위한 공산주의 독재체제 고수와 거듭되는 경제난, 그런 가운데서도 국제사회에서 고립을 벗어나기 위해 고민하고 있으며, 남한에서는 민주화 이후 극단적인 이데올로기 대립을 지양하고 있으면서도 레드 콤플렉스를 탈피하지 못하고 있는 극우 보수세력과 민족의 동질성 회복을 모색하는 진보세력 간의 갈등이 좀처럼 해소되지 못하고 있다. 그렇다고 해서 우리는 지난 시대처럼 혁명적인 '영웅'의 도래를 기다리는 비극을 더 이상 되풀이할 수는 없다. "영웅이 없는 나라가 불행한 것이 아니라 영웅을 필요로 하는 나라가 불행하다."라고 베르톨트 브레히트(Bertolt Brecht, 1898-1956. 독일 시인·극작가)는 말하지 않았던가? 따라서 지금 우리가 바라는 세상은 진부한 이데올로기 대립을 하루 속히 극복하여 화해와 협력으로 분단의 벽을 허물고 남과 북이 좌도 우도 아닌 하나 된 나라에서 합리적인 보수와 참신한 진보가 공존하는 성숙한 민주시민사회를 구현해나가야 하는 것이다. 이 책을 쓰게 된 동기의 하나도 바로 여기에 있다.

이 책은 지난 2004년에 처음 출판되어 당시 독자들로부터 과분한 평가와 성원을 받았기에, 이에 대한 보답으로 최근 새로 입수한 자료를 참고, 보완하여 개정판으로 다시 내놓게 되었음을 밝힌다.

아무쪼록 이 책이 이들 혁명가들의 치열한 투쟁사를 통해서 격동의 현대사, 특히 굴절된 한국 현대사의 어두운 뒤안길을 비추어주는 탐조등이자 역사인식의 지평을 넓혀주는 안내서가 될 수 있기를 바라며, 독자 여러분의 많은 관심과 질정叱正을 기대한다.

2014년 11월
안승일 씀

이현상

조봉암

체 게바라

혁명을 위한 혁명에 영육을 불사른 자학적인 휴머니스트 · 449

지금까지 철학자들은 세계를 다양하게 해석하기만 했다.
중요한 것은 세계를 변혁시키는 것이다.
- 카를 마르크스

레온 트로츠키
Leon Trotsky

세계사의 물줄기를 바꾼 설원의 젊은 '사자'

역사의 급류를 헤치고

1917년 러시아 볼셰비키 10월 혁명, 그 폭풍의 현장에 우뚝 섰던 레온 트로츠키, 그는 '대혁명'을 성공으로 이끌고도 정적 스탈린에게 쫓겨 비극적인 최후를 맞을 때까지 승자의 길에서뿐만 아니라 패자의 길에서도 포효를 멈추지 않은 불퇴전의 '사자'였다. 초원草原에서 설원雪原으로, 설원에서 빙원氷原으로 광활한 전 러시아 땅을 누비며 천지를 진동시킨 이 용맹한 '사자'는 이념적인 스승 마르크스가 그러했듯이 안일한 삶을 거부하고 혁명가로서의 가시밭길을 선택한 것을 자신의 피할 수 없는 운명으로 받아들였다. 그의 이러한 험난한 인생행로에 대해서 트로츠키는 "어느 정도의 '운명론'이 없이는 혁명가로서의 생활이 전혀 불가능할 것"이라고 자신의 자서전 『나의 생애』에서도 밝혔다

선천적으로 명석한 두뇌와 비판적 사고력을 갖고 태어난 트로츠키는 어린 학창시절부터 유대인에게 가해지는 사회적 불평등을 은연중에 의식하게 되었으며, 그것이 남보다 뛰어나고픈 그의 자존심에 심한 상처를

주었고 그 상처가 깊어갈수록 반골 기질은 더욱 커져만 갔다. 그런 그에게 어느 날 고향집에서 박학다식한 외사촌 형 스펜체르와의 만남은 감수성이 예민한 어린 트로츠키에게 사고의 지평을 넓혀주는 계기가 되었으며, 그 뒤 항구도시 니콜라예프에서 학창시절에 만난 첫 번째 연상의 연인 알렉산드라와 지하서클 주동자 쉬비고프스키는 더 나은 세계를 알고픈 이 '조숙아'에게 진보적인 세계관을 일깨워준 더 없는 조언자였다.

그날 이후 트로츠키는 그의 전기 작가 아이작 도이처(Issac Deutscher, 1907-1967)가 지적한 것처럼 "약자에 대해서는 막연한 동정을 (부농의 아들이라는) 자신의 특권적 위치에 대해서는 더욱 막연한 가책을 느끼게 되었다. 아니 그에 못지않게 강렬했던 것은, 어쩌면 훨씬 더 강렬했던 것은 자신의 상처 입은 자존심", 즉 쿨락(Kulak; 탐욕스러운 부농)의 아들이라는 수치심이 혁명가로서의 그의 앞길을 더욱 가혹하게 담금질하였다. 마침내 트로츠키는 니콜라예프의 동지들과 '불온 유인물'(Nashe Delo; 우리의 대의)을 배포하며 그곳 노동자들을 선동하다가 체포되어 투옥되고 만다. 당시 그의 나이 불과 19세였다. 그러니까 니콜라예프 감옥은 트로츠키를 수감한 첫 번째 감옥이었으며, 투사로서의 그의 험난한 삶을 예고하는 첫 번째 시험장이 되었다. 레닌과의 운명적인 만남을 통해 직업 혁명가로 투신하여 혁명을 성공시키고도 정적 스탈린에게 쫓기다가 망명지 멕시코에서 최후를 맞을 때까지 인간 트로츠키는 투옥과 유형, 탈출과 재투옥, 추방과 긴 망명으로 이어진 고난의 여정을 이어갔다.

그러나 트로츠키가 혁명에 승리하고도 '무거운 갑옷'을 이기지 못하고 패자로 전락한 것은 지도자가 갖추어야 할 덕목, 즉 레닌의 포용력에다가 스탈린의 조직력과 '박쥐같은' 근성이 결여되어 있었기 때문이며, 지나친 자기 과신과 비타협적인 결벽증, 실수를 용납지 않는 완벽성, 반대자에 대한 무자비한 비방 등이 화를 자초하였다. 한마디로 그는 도이처의 말대로 '사상과 인간을 구분하지 못한' 인간적인 약점이 있었다. 하지만 이 모든 결함에도 트로츠키는 진리라고 생각하는 일에 대해서는 주저함이 없이 열정을 다 바쳤으며, 그러기 때문에 러시아 혁명과 같은 큰 과업을 성취할 수 있었고, 대작『러시아 혁명사』,『연속 혁명』,『배반당한 혁명』, 자서전『나의 생애』외에도 수많은 저작물을 통해서 문필가로서뿐만 아니라 군사전략가로서 탁월한 역량을 과시하였다. 사실 러시아 혁명에서 레닌이 없는 트로츠키를 생각할 수 없듯이, 트로츠키 없는 레닌은 더욱 상상할 수 없다. 그는 자신의 삶을 되돌아보면서 이렇게 밝혔다. "새로운 사상을 발견할 수 있는 잘 쓰인 책, 다른 사람들에게 자신의 사상을 전하는 데 필요한 좋은 펜, 이것들이 언제나 나에게 문화의 가장 귀중하고 친근한 성과였고 지금도 그렇다. 나는 (혁명의 소용돌이 속에서도) 학습의욕을 잃어버린 적은 한 번도 없었다. 오히려 살아오면서 지금까지 혁명으로 인해 체계적인 연구를 방해받고 있다는 감정을 여러 번 느꼈다. 하지만 30여 년에 이르는 나의 의식과 생활은 완전히 혁명투쟁으로 충만해 있었다. 그리고 다시 한 번 인생을 살 수 있다 하더라도 망설이지 않고 같은 길을 택할 것이다."(레온 트로츠키 지음, 박광순 옮김,『나의 생애』, 범우사, 2001, 31쪽) 대부분의 보통사람들은 자신의 삶을 되돌아보고 후회하기 마련이다. 그러나 트로츠키는 자신의 삶을 후회하기는커녕 다시 태어나도 주저하지 않고 그 길을 택할 것이라고 단언했다. 그렇다면 이 천재적인 혁명가 트로츠키의 삶은 어떤 삶이었을까?

우크라이나 초원의 어린 '사자'

1804년, 러시아의 황제 알렉산드르 1세(재위 1801-1825)는 국경 부근에서 집단을 이루어 살며 숙박업이나 잡상인으로 생계를 꾸려가고 있는 유대인들을 우크라이나(러시아어로 변방이라는 뜻이 있음)의 헤르손과 에카테리노슬라브 지역에 이주시켜 농사를 짓게 하였다. 이 조처는 차르(황제)의 행정권이 미치기 어려운 광대한 변방지역, 즉 우크라이나를 유대인을 통해 개간하려는 의도에서였다. 물론 그 대가로 차르는 이들 유대인 정착민들에게 25년 간 병역의무를 면제해주는 혜택도 주었다. 이 정책은 그 후 니콜라이 1세(재위 1825-1855)에 이어 알렉산드르 2세(재위 1855-1881)에 의해 1866년 종결될 때까지 지속되었다.

이런 배경으로 우크라이나의 헤르손 지역으로 이주한 유대인 중에는 다비드 레온티예비치 브론슈타인(David Leontievich Bronstein)이라는 한 농부가 살고 있었다. 이 농부는 특유의 근면한 기질로 일밖에 몰랐기 때문에 부지런히 토지를 사들여 1879년 봄 좀 더 비옥한 땅, '햇빛 쏟아지는 초원' 야노프카(퇴역 대령 야노프스키의 영지)에 정착하였다. 브론슈타인은 종교에도 무관심하였고 중년기까지 일자무식이었으나 노령에 이르러서야, 유명해진 자기 아들의 책 제목을 더듬더듬 알아볼 정도였다. 반면 그의 아내 안나(Anna)는 흑해 연안의 항구도시 오데사에서 태어나 초등교육을 받았기 때문에 러시아어로 된 소설책을 불편 없이 읽을 수 있을 정도였고 신앙심도 두터웠다.

이미 1남 1녀를 둔 브론슈타인 부부는 야노프카로 이사하던 그해(1879) 10월 26일 또 하나의 사내아이를 낳았다. 이들은 훗날 러시아 볼셰비키 10월 혁명의 주역이 될 이 아이(레온 트로츠키)의 이름을 레프(Lev; 러시아어로 '사자'라는 뜻), 즉 레프 다비도비치 브론슈타인(Lev Davidovich Bronstein)이라 작명하고 애칭으로 료바(Lyova)라 불렀다. 료바가 태어난 그 무렵 러시아의 정치상황은 참으로 혼란스러웠다. 그러니까 그가 태어나기 정확히 두 달 전인 1879년 8월 26일 '인민의지파'(나로드니크, 즉 인민주의자 조직)가 황제 알렉산드르 2세에게 일방적으로 사형을 선고하였으며, 그해 11월에는 차르 전용열차를 폭파한 사건이 일어났고, 1881년 3월 1일 마침내 차르가 암살되고 말았다.

도시의 이런 심각한 상황과는 아랑곳없이 료바는 형 사샤, 누나 리자, 그리고 뒤에 태어난 여동생 올가와 함께 천방지축 건강하게 성장하였다. 원래 그의 부모는 자식을 여덟이나 낳았으나 그 중에 네 명은 병으로 일찍 죽고 료바는 다섯 번째로 태어난 것이다.

료바의 아버지 다비드는 억척스럽게 일한 덕분에 점차 부자가 되어 훗날 료바가 그토록 싫어하는 쿨락의 대열에 들어섰다. 물론 그때까지 그의 집은 전형적인 러시아 농촌 집이었다. 특히 진흙 벽으로 둘러친 그의 집 벽은 구멍이 나있어, 그 사이로 이따금 율모기(보통 90센티미터 길이의 독이 없는 뱀)들이 혀를 날름거리며 드나들었고 갈대를 이은 지붕에는 참새들이 둥지를 틀었다. 그리고 비가 오는 날이면 지붕 사이에서 빗물이 새어들어 가재도구가 엉망이 되곤 하였으며, 거기다가 빈대와 벼룩 등 갖가지 해충이 득실거렸다. 그의 이러한 집은 그가 17세 때가 되어서야 양철 지붕에 근사한 벽돌담 집으로 바뀌었으며, 이 집은 1917년 러시아 혁명 이후 학교 건물로 사용되었다.

다비드는 큰아들 사샤보다 총명한 료바에 더 기대를 걸었던 것 같다. 그래서 료바가 일곱 살 되던 해에 다비드는 집에서 조금 떨어진 그라모클라 읍내의 사촌 아브라함 집에 료바를 보내어 유대인 사립 종교학교에 입학시켰다. 그 학교는 주로 러시아어와 기초 산술, 히브리어로 된 성경을 가르쳤다. 그러나 그곳 교사와 학생들은 료바가 전혀 알아들을 수 없는 이디시어(Yiddish語; 독일어에 슬라브어와 히브리어를 뒤섞은 방언)를 주로 사용하였기 때문에 어린 료바는 고통이 이만저만이 아니었지만, 원체 명석하였기 때문에 조금씩 잘 적응해 나갔다.

그러나 감수성이 예민한 료바는 이즈음부터 유대인이 겪는 사회적 불평등을 은연중에 의식하기 시작하였다. 그도 그럴 것이 깊은 협곡으로 양분된 읍내는 뚜렷하게 대조를 이루었다. 즉 독일인 거주지역의 가옥들은 깨끗하고 기와집이 섞여 있었으며 가축들은 포동포동 살져 있었다. 이와는 반대로 유대인 거주 지역은 다 찌그러져 가는 초가집에 가축들은 여윌 대로 여위어 뼈만 앙상하였다. 또한 그는 책을 읽어가면서 두 개의 상반된 세계를 직시하였다. 그 하나는 일꾼들의 찌들고 뒤틀린 삶이었다. 하루하루 근근이 생활을 이어가며 불만이 가득한 이들은 주인이 듣지 않는 곳에서 욕설과 험담을 늘어놓기가 일쑤였고, 모든 것이 될 대로 되라는 식이었다. 또 하나는 책 속에서 나타나는 고상하고 분위기 있는, 세련된 언어의 세계였다. 어린 료바는 이 두개의 상반된 세계를 보면서 갈등을 느꼈고, 앞으로 어떠한 삶이 진정한 삶인지 생각하게 되었다. 다른 아이들보다 조숙한 료바의 심상치 않은 행동을 지켜본 그의 삼촌은 이 사실을 료바의 아버지에게 알렸고, 료바는 결국 집으로 돌아오고야 말았다. 이처럼 어린 료바는 소부르주아의 아들로 그 자신은 결핍을 몰랐지만, 너무 일찍부터 가난과 잔혹함, 무력한 반항의 현장을 보았으며, 그로 인해 사회적 불의와 기존질서에 대한 반감을 갖는 데 그리 많은 시간을 요하지 않았다.

그라모클라에서의 짧은 기간이었으나 료바는 그곳에서 러시아어를 해독하게 되었고 산수의 기초도 익혔기 때문에 집에 돌아온 후 무식한 아버지의 회계장부도 도왔으며, 틈틈이 어머니와 함께 책을 읽고 좋은 글은 옮겨 써보기도 하였다. 훗날 그가 혁명가로서뿐만 아니라 대문필가로서 성장할 수 있었던 것은 다분히 그의 어머니 덕분이었으며, 아버지로부터 물려받은 근면성, 일에 대한 강한 결단력과 추진력은 앞으로 닥쳐올 그의 험난한 생애에 큰 자산이 되었다.

새로운 세계를 찾아서 – 오데사 학창시절

이렇게 해서 어린 소년이 유대인 학교를 중퇴하고 집에서 책을 뒤적이며 무료한 나날을 보낸 지도 1년이 지났다. 그런데 아홉 살이 되던 그해 료바에게는 앞날의 운명을 바꿀 뜻밖의 청년이 찾아왔다. 그 청년의 이름은 스펜체르였으며, 료바 어머니의 친 조카였다. 이 젊은이는 개방적이고 자유주의적 성격을 지닌 인텔리로서 대학에서 서클활동을 하다가 그것이 문제가 되어 학교를 그만두어야만 했다. 스펜체르는 료바의 집에 묵는 동안 총명한 료바를 무척 귀여워해주었으며, 료바도 어느 사이에 그를 존경하게 되었다. 스펜체르는 료바에게 수준 높은 러시아어와 단순한 가감승제(더하기·빼기·곱하기·나누기) 이상의 수학, 그리고 식탁예법에 이르기까지 다 방면의 개인교사가 되었다. 료바가 범상치 않은 아이임을 알게 된 스펜체르는 료바를 오데사의 자기 집으로 데려가 그곳 학교에 보낼 것을 제안하였다. 고지식한 료바의 아버지는 다소 마음이 걸렸으나 똘똘한 자식의 먼 장래를 위해서 크게 반대할 이유가 없었다.

1888년 가을, 어린 료바는 마침내 사랑하는 부모형제 곁을 떠나는 슬픔과 미지의 세계에 대한 설렘이 교차하는 가운데 외사촌형의 손을 잡고 꿈의 도시 오데사로 향하였다. 스펜체르와의 만남, 오데사로의 유학이 어린 료바의 운명을 바꾸는 계기가 될 줄은 그 자신은 물론 어느 누구도 예측하지 못했다. 흑해의 항구도시 오데사, 그곳은 러시아의 '마르세유'로서 그 당시 어떤 면에서는 마르세유보다 훨씬 활기에 차있고 자유분방한 도시였다. 서남부의 정열과 사랑, 활기, 각계각층의 분주한 삶들, 이 모든 것들이 꿈 많은 '시골뜨기' 료바에게는 경이로움 바로 그 자체였다. 총명한 료바는 스펜체르 부부로부터 그들의 딸 이상으로 귀여움을 받게 되었다. 스펜체르의 부인 파니는 공립 여학교 교장이었고, 스펜체르 본인은 훗날 자유 사상계 분야 출판업으로 크게 성공하였다.

학창시절의 트로츠기. 그의 시선이 예사롭지 않다.

스펜체르 부부는 료바를 공립 인문학교에 보내려고 하였으나 유대인에게는 10% 이내로 제한하였고, 그가 초급학교에 다니지 않아 러시아어 과목에 불합격하였기 때문에 일단 예비학교에 들어갔다가 그 다음해에 독일계 성 바울 실업학교에 진학하였다. 료바는 얼마 후 학교에서 두각을 나타내었고 취약 과목인 러시아어는 물론 수학과 작문 실력 등 모든 과목에서 언제나 최우등이었다. 스펜체르 부부는 이런 료바를 친자식 이상으로 사랑하며, 청결한 생활 방식, 식사예절, 우크라이나 사투리가 없는 정통 러시아어, 심지어 옷 입는 방식, 책 읽기 등 모든 것을 가르쳐나갔다. 훗날 그가 혁명의 와중에서도 귀족적인 풍모를 잃지 않은 것도 이때부터 몸에 밴 습관 덕분이었다.

그런데 료바에게 뜻하지 않은 일이 벌어졌다. 2학년 때인 어느 날 인기가 없는 선생을 야유하는 일이 발생하였다. 뜻밖에도 반 1등인 료바가 주동자라는 사실이 제보되어 학교당국은 그를 즉각 퇴학 처분하였으며, 1년이 지난 후에야 재입학이 허용되었다. 그러나 료바는 그 일이 있은 후 근신하기는커녕 상급반에 진학하자 또다시 물의를 빚게 되었다. 당시 태만한 작문 교사가 학생들의 과제물을 방치하고 있었기 때문에 그 선생에 대해서는 작문 과제물을 제출하지 말자고 선동한 것이다. 그러나 이 사건은 선생의 과실이 어느 정도 인정되어 잘 수습이 되었다. 훗날 그는 당시의 상황에 대해서 이렇게 회상했다. "말하자면 그것은 나의 첫 번째 정치적 시험무대였다. 그 이후로 그 학급은 뚜렷하게 드러나는 세 그룹으로 나뉘었다. 그 하나는 자신보다 탁월한 상대를 시기하고 밀고하는 학생들, 다른 하나는 솔직하고 용기 있는 학생들, 그 중간에는 중립적이고 동요하는 다수가 있었다…… 나는 그 후 일생 동안 그런 그룹들을 거듭 만나게 되었다."(아이작 도이처 지음, 신홍범 옮김, 『트로츠키』, 도서출판 두레, 28쪽) 불의를 참지 못하는 료바의 성격은 이런 식으로 형성되어 갔으며, 무릇 천재적인 젊은이들이 그러하듯이, 명석한 료바는 의무감과 추진력이 강하여 그를 추종하는 자는 많았으나, 자기중심적인 사고와 우월감, 지나친 정의감과 결벽증 때문에 속마음을 털어놓을 수 있는 진정한 친구를 갖지 못했다. 이런 그의 성격적인 특징이자 결함은 일생동안 족쇄가 되었다. 그는 고향 야노프카에 갔다가 돌아올 때마다 자신이 부농의 아들이라는 자부심이 아니라 '낯선 나그네'가 되어가고 있다는 느낌을 지워버릴 수가 없었다. 자기 아버지와 같은 쿨락이 부를 축적하기 위해서 무지크(Muzhik; 밑바닥 소작농)들에게 얼마나 무자비하게 굴어야 했는가를 심각하게 생각하기 시작하였다. 그는 방학 때 아버지 회계장부를 도와주면서 인부들의 노임을 두고 아버지와 언쟁이 잦아졌다. 그의 이러한 언행은 무식한 농민의 교육받은 아들에게서 흔히 볼 수 있는 일종의 우월감에서 더욱 드세졌으며, 이때부터 부자간의 사이는 점차 금이 가기 시작하였다. 료바는 당시 "인간 사회에서 나 자신의 위치가 무엇인가?라는 물음을 두고 항시 고민하였다."고 술회하였다.

니콜라예프에서 만난 운명의 여인 알렉산드라

1896년 성 바울 실업학교에서 6년 과정을 마친 료바는 대학에 가기 위해서 다른 인문학교에서 1년간을 더 공부해야만 했다. 그래서 료바는 스펜체르 부부의 조언으로 오데사 북동쪽 항구도시 니콜라예프에 가서 그곳 김나지움 7학년에 편입하였다. 이제 그곳에는 스펜체르 부부가 베풀어준 것 같은 애정 어린 손길을 보내는 사람은 아무도 없었다. 그의 생애 처음으로 깊은 외로움이 전신을 휘감고 돌았다. 그의 나이도 17세, 자신의 미래에 대해서 책임을 져야 할 나이가 되어가고 있었다. 당시 니콜라예프는 우크라이나의 농산물 집산지이지만 유형을 마친 인민의지파들이 함께 살도록 허용된 특별구역이었기 때문에 자연스럽게 나로드니크(Narodnik; 인민주의자)와 마르크스주의자들로 들끓고 있었다. 그들은 무위도식하며 향락을 일삼고 있는 차르를 제거하기 위한 반역의 불을 지피고 있었다. 그러나 그때까지만 해도 17세의 소년 료바는 사회 정의가 무엇인지는 어렴풋이 알고 있었으나 정치적 의식수준은 아직 풋내기였다. 그 보다도 수학에 뛰어난 그는 대학에서 수학을 전공하여 그가 좋아하는 문학과의 어떤 접목을 시도하고픈 생각이 고작이었다. 그러나 그것도 운명이라 할까, 그가 구한 하숙집 여주인과 그의 아들들과 하숙생들이 모두 골수 사회주의 옹호자였다.

　료바는 어느 날 하숙하고 있는 선배들을 통해서 쉬비고프스키라는 사람을 알게 되었다. 그는 그곳 교외 과수원을 임차해서 원예 사업을 하고 있는 위장 원예사였다. 체코계인 이 원예사는 문학에도 조예가 깊었고 불온서적을 탐독하며 방문객들과 반정부 토론회를 주관하고 있었다. 료바는 처음에는 이들과 거리감을 가지고 대하였으나, 어느 날 이모임의 여자 회원인 알렉산드라 르보브나 소콜로프스카야를 만나면서 그의 발길은 잦아졌다. 그녀는 료바보다 6년이나 연상이었으며 삶에서나 정치적 이론에서나 료바가 견줄 수 있는 상대는 아니었다. 그녀는 그야말로 골수 마르크스주의자로 오데사 대학에서 산파産婆학을 전공하고 이곳에 와서 의식화교육에 관여하고 있었다. 그녀의 두 남동생도 이 모임의 회원이었다. 료바가 보기에도 그녀는 참으로 당찬 여인이었다. 의욕이 왕성한 료바로서는 홍일점 알렉산드라가 당연히 관심의 대상이었다. 자존심이 강한 료바는 처음에는 그녀와 설전을 벌이는 일이 잦았지만 점차 그녀의 지식과 논리에 압도당하고 말았다. 더군다나 그녀는 상대와 적수를 다루는 수법도 노련하여 논쟁이 지나치게 격렬해지면 상대의 공격 예봉을 피해가는 수단도 탁월하였다. 또한 겸손하고 신념이 확고하며 허영심이 없는 그녀는 사춘기의 설익은 맞수가 자신을 조롱의 대상으로 삼을 때에도 자기 견해를 완강하면서도 차분하게 설명하며 감정을 절제해 나갔다. 결국 그녀의 주장은 젊은 료바의 마음을 파고들었으며, 그로 인해 그의 내면적 자신감은 점차 위축되었다. 그러면서도 료바의 토론 방식은 더욱 거칠어지고 그녀에 대한 조롱은 무자비해졌지만, 그러면 그럴수록 자신도 모르게 알렉산드라에게 빠져들어 갔다. 1896년 12월 말 료바는 자기도 이제 마르크스주의자가 되었다고 말함으로써 그녀에게 사실상 백기를 들고 말았다.

지하 서클 '과수원 모임'에서 알렉산드라(서 있는 여자) 및 동료들과 함께한 트로츠키(왼쪽 첫 번째)

한편 아들의 간헐적인 편지에서 이상한 낌새를 예감한 아버지 다비드는 그해 말경 농한기를 맞아 수확한 곡식도 내다 팔고 자식도 만나볼 겸해서 니콜라예프에 왔다. 료바를 만나자마자 다비드의 예감은 적중하였다. 부자간의 만남은 마침내 설전으로 이어져 두 사람 사이에는 한치의 양보도 없이 똑같은 정의감, 똑같은 고집, 똑같은 자존심, 똑같은 고함소리만 되풀이될 뿐이었다. 마침내 다비드의 억센 주먹이 료바의 뺨을 후려쳤고, 그 아비에 그 자식인지라 료바도 분별력을 잃고 완강히 저항하였다. 드디어 료바는 아버지에게 인사도 없이 하숙집을 뛰쳐나갔다. 다비드는 억장이 무너지는 것 같았다. 결국 료바는 아버지의 뒷바라지를 스스로 포기하고 알렉산드라의 두 남동생과 함께 쉬비고프스키 과수원으로 거처를 옮기고 말았다.

그 후 료바는 그곳 김나지움을 우등으로 졸업하고 아버지에게 용서를 빈 다음 오데사 대학 수학과에 진학하여 비상한 재능을 보이기 시작하였다. 그런 가운데서도 료바의 마음은 항시 니콜라예프에 있는 알렉산드라를 향하고 있었다. 이미 의식화 되어 있는 료바로서는 미적분 공부가 그의 혁명적 의지를 능가할 수가 없다는 것을 알게 되었으며, 결국 어느 날 그는 몇 권의 책을 싸들고 니콜라예프 '과수원'으로 되돌아오고 말았다. 그 사이에 이들 과수원 모임은 '진리회'라는 이름으로 바뀌었으며, 활동도 전보다 더 체계화되고 더 대담해졌다.

첫 번째 투옥과 옥중 결혼, 그리고 시베리아 유형

그 무렵 러시아에는 소란스러운 봄이 왔다. 페테르부르크 감옥에 갇혀 있던 한 여대생이 분신자살하는 사건이 보도되자 다수의 학생들이 시위를 벌였다. 료바와 그의 동료들은 차르 정권을 붕괴시킬 수 있는 유일한 힘의 원천은 노동자들뿐이라고 판단하였다. 당시 그곳 니콜라예프에는 부두와 공장에 약 1만 명의 노동자가 있었다. 그들은 책과 신문을 읽을 수 있을 정도로 비교적 유식한 기능공들이었다. 그러나 그때까지만 해도 이들 노동자들은 노동조합을 결성할 정도로 조직화되지는 못하였기 때문에, '진리회'는 이들 노동자들에게 노동조합 결성을 부추기고, 한편으로는 뜻을 같이하는 동지들을 규합하여 「나세 델로(Nashe Delo; 우리의 대의)」라는 유인물을 작성, 배포하며 노동자들의 궐기를 독려하였다. 「나세 델로」의 영향력은 생각보다 위력적이었고 경찰의 감시도 강화되었다. 그때부터 료바는 글의 힘을 알게 되었고 아직 어린 나이였음에도 그는 점차 이 단체의 중심인물로 부상하였다. 료바는 봉사하기 위한 명분, 희생을 강요당하는 명분을 찾았으며, 그리고 그가 그 명분을 찾았을 때는 그의 젊음은 점차 정열적인 기질로 여물어갔다. 당시 그의 동료였으며 후에 적대적이었던 '지프'라는 사람도 료바에 대해서 이렇게 회상하였다. "그의 정력은 무진장했고, 다방면에 걸친 그의 창의력과 지칠 줄 모르는 추진력은 가히 초인적이었다…… 브론슈타인(료바, 즉 트로츠키)의 자아는 그의 행동 전체를 지배했고 혁명은 그의 자아를 지배했다…… 그는 노동자들과 그의 동지들을 사랑했다. 왜냐하면 그는 노동자들을 통해 자신을 사랑할 수 있었기 때문이었다."(앞의 책, 51쪽)

당국은 마침내 나세 델로의 배후인물들의 색출에 나섰고 그 주동자를 추적한 결과 놀랍게도 배후 인물의 하나가 아직 19세 밖에 되지 않은 소년이라는 데 경악하였다. 1898년 1월 27일 료바는 쉬비고프스키와 함께 과수원에서 체포되고 말았다. 이어서 관련자 200여 명이 체포되고 출타 중이던 알렉산드라도 불가피하게 경찰에 자진 출두하였다. 결국 료바와 그의 동료들은 니콜라예프 감옥에 수감되었으며, 이 감옥은 이 젊은 혁명가가 앞으로 수없이 겪어야 할 첫 번째 시험무대가 되었다. 료바는 감옥에서도 혁명의지를 불태웠으며, 독서도 게을리 하지 않았다. 료바는 누구보다도 자신의 삶의 지표를 독일 사회주의 최초의 대중운동가 라살레(1825-1864)에게서 찾았다. 라살레 역시 부유한 유대인 아들로 태어나 핍박받는 노동자들의 해방을 위해 자신의 부와 명예를 헌신짝처럼 버렸다. 그는 당대의 웅변가였고 저술가였으며, 정치적 낭만주의자였다. 그의 유성과 같은 생애는 비극적인 종말로 끝났지만, 그는 지구상에서 최초로 노동자당을 만들었던 인물로 그의 드라마틱한 삶과 영웅적인 행동은 젊은 혁명가 료바의 상상력을 자극하기에 충분하였다.

수감자들에게는 일체의 사식私食 반입이나 우편물 수령이 금지되었으며, 변호사 선임과 면회마저 금지되었다. 3주 후 료바는 그의 아버지의 고향이었던 헤르손 감옥으로 이송되었다. 최악의 상태는 지금부터였다. 이곳 감옥은 마치 도스토예프스키의『죽음의 집의 기록』에 나오는 감옥을 연상케 할 정도로 열악한 환경이었다. 1898년 5월 료바는 오데사 감옥으로 재이감되었다. 그곳 교도관은 트로츠키(Trotskii; 이 단어는 독일어 Trotz에서 유래한 것으로 완고, 용기 있는 행동, 고집 등의 뜻이 담겨 있음)라는 이름의 건장한 사나이로 이름 그대로 완강하고 원칙을 준수하는 고집 센 사내였다. 훗날 료바는 유형지 베르홀렌스크에서 탈출할 당시부터 위조 여행증명서에 트로츠키라는 이름을 써넣었으며, 그때부터 료바는 평생토록 그의 이름을 트로츠키로 사용하게 된다. 나중에 알게 된 일이지만 알렉산드라 역시 이 감옥에 수감 중이었다. 이 사실을 알게 된 료바는 비밀리에 청혼의 쪽지를 날려 보냈다. 나중에 이 사실을 알게 된 료바의 아버지는 이들의 결혼을 극구 반대하게 된다.

1899년 료바와 알렉산드라, 그리고 그의 동료들은 철저한 감시 속에 모스크바 감옥으로 이감되었으며, 투옥된 지 2년 만에 법정에 선 이들은 동부 시베리아로 4년 간의 유형을 선고받았다. 그러나 유형지로 가기에 앞서 이들은 모스크바 감옥에서 6개월간 더 머물렀다. 그 기간 중에 이들은 비교적 자유로운 몸으로 옥내에서 하루에 30분씩 산책을 할 수 있었고 목욕도 가능하였다. 료바와 알렉산드라는 마침내 옥중결혼을 하였다. 이들이 결혼을 서두른 것은 부부가 아니면 유형지에 동행할 수 없을 뿐만 아니라 실제로 두 사람이 서로 사랑했기 때문이었다. 1900년 가을 두 사람은 부부가 되어 유형지로 향하였다. 이들은 몽골 국경을 따라 동북쪽으로 실려 간 뒤, 우스티쿠트 마을에 도착하였다. 이 마을은 문명과 단절된 곳으로 겨울에는 영하 50도를 오르내리는 혹한지대였다. 그래도 이들은 부부가 되어 행복했다. 료바는 틈틈이 낚시와 사냥으로 소일하며, 독서와 지방신문에 기고도 하였다. 료바는 그곳에서 "마르크스의 낡은 책장들로부터 좀 벌레를 털어 내면서", 마르크스의 『자본론』을 탐독하였다.

극적인 탈출

유형지에서 알렉산드라는 연하의 료바에게 동지이자 한 가정의 부인으로서 몸과 마음을 다 바쳤다. 료바도 알렉산드라의 헌신적 사랑에 보답하였다. 알렉산드라는 니콜라예프 때와는 달리 그녀의 삶을 료바의 삶에 종속시켰으며, 그런 사이에 이들 사이에는 지나와 리나 두 딸이 태어났다. 그는 유형지에서 필명을 해독제란 뜻이 담긴 안티드오토(Antidoto)라고 썼는데, 이는 자신의 글이 다른 글의 독소를 제거한다는 뜻에서 사용하게 된 것이다. 얼마 후 이들 부부는 베르홀렌스크로 이주를 허가 받았다. 그곳은 망명객들의 은거지로 각종 '주의자'들이 들끓고 있었다. 그 가운데는 아나키스트들도 있었다. 그 즈음 료바는 레닌의 소책자 『무엇을 할 것인가?』와 레닌이 주관하는 반체제 잡지, 『이스크라(불꽃)』를 은밀히 접하게 되었다. 료바는 이 잡지를 통해서 러시아 혁명이 무르익고 있다는 사실을 알게 되었으며, 저마다 탈출을 벼르고 있다는 것도 파악할 수 있었다. 마침내 료바는 알렉산드라의 적극적인 권유로 탈출계획을 세우게 되었다. 다만 알렉산드라는 큰딸 지나가 두 살도 채 안 된데다가 둘째딸 니나는 이제 갓 넉 달을 넘긴 젖먹이 아이였으므로 탈출에 동행할 수가 없는 몸이었다. 료바의 입장에서는 가족을 두고 혼자 탈출을 할수는 없었다. 그러나 이러한 번민은 알렉산드라의 결단으로 해결되었다. "먼저 떠나세요, 그리고 사정이 허락하는 한 저도 뒤따르겠어요!" 그녀의 말은 너무도 단호하였다.

사실 남편의 먼 장래와 조국의 미래를 생각하면 이 정도의 시련은 견뎌내야 한다는 것이 정신적으로 무장된 여장부의 결연한 의지였다. 남편의 주저함을 단호히 물리치고 알렉산드라는 료바와 세밀한 탈출계획을 마지막으로 점검하였다.

유형지는 따로 감방이 있는 것이 아니고 단지 순찰요원 몇 명이 순회 감시를 하고 있기 때문에 계획만 치밀하면 성공의 가능성이 충분히 있었다. 다만 영하 50도를 오르내리는 혹한이 문제였다. 그런 날씨에 단단한 준비도 없이 외부출입을 한다는 것은 그 자체가 동사凍死를 의미하기 때문에 탈출에 성공하기 위해서는 강추위가 조금 누그러지는 여름철이 적기였다. 탈출을 결행하기로 하는 그날 밤, 순찰병이 한 차례 돌고 난 직후에 한 대의 건초마차가 그의 집 뒤에 대기하고 있었다. 그들은 순찰병이 다시 와서 확인할 것을 대비해서 침대에 료바 허수아비를 뉘어 놓았다. 료바는 잠들어 있는 두 딸에게 마지막 키스를 하고 곧바로 마차의 건초 더미 속으로 몸을 숨겼다. 이어 마차는 어둠 속으로 사라졌고, 알렉산드라는 마차가 아스라이 멀어질 때까지 그 자리에 서 있었다. 료바가 도착한 곳은 베르홀렌스크에서 수백 마일 떨어진 바이칼 호 부근의 도시 이르쿠츠크였다. 그곳 동지들은 료바에게 약간의 여행경비와 깨끗한 옷 한벌, 위조여권까지 만들어주었다. 여권의 성명란은 여백으로 남겨 놓았으므로 료바는 오데사 감옥의 교도관 트로츠키가 생각이 나서 여백에 그의 이름(Trotskii)을 그대로 써넣었다. 이 단어의 뉘앙스가 뜻하는 바와 같이 그 이름은 훗날 이 지도자에게 쏟아질 모든 모욕과 찬사를 그대로 담고 있었다. 이 순간부터 료바, 즉 레프 다비도비치 브론슈타인은 레온 트로츠키(Leon Trotsky)로 이름이 바뀌게 되었으며, 그는 이 이름을 좋든 싫든 평생 사용하게 된다.

트로츠키가 탄 열차는 서쪽으로 계속 내달렸다. 깔끔한 옷차림을 한 트로츠키는 자리에 점잖게 앉아 호메로스의 시집을 읽고 있었다. 어느 누구도 그가 탈주범이라고 생각할 수 없었다. 그는 『이스크라』지의 러시아 본부가 있는 사마라에서 내려 레닌의 친구이자 훗날 소비에트 국가기획위원장이 된 클라이르의 따뜻한 영접을 받았다. 그는 트로츠키의 뛰어난 문장력과 문학적 자질을 높이 평가하여 그에게 '피에로'(piero; 영어의 pen이라는 뜻으로 작가라는 의미로 쓰임)라는 닉네임을 지어주었으며, 사마라 동지들은 그의 뛰어난 행동에 감탄하여 그를 '독수리'라고 추켜세웠다. 트로츠키는 사마라 동지들의 도움으로 비엔나행 열차에 몸을 실었다. 비엔나에 도착한 즉시 트로츠키는 오스트리아 사회민주당 대표인 빅토르 아들러의 도움을 받아 취리히로 향하였다. 취리히는 레닌의 활동 근거지였다. 그가 취리히에 도착해보니 레닌을 비롯한 『이스크라』 편집진은 런던으로 옮겨가 있었다. 트로츠키는 다시 런던으로 향하였다.

'역사의 문'을 두드리다, 두 번째 여인 나탈리아

파리를 거쳐 런던에 도착한 트로츠키는 곧바로 택시를 잡아타고 홀포트 가 10번지에 있는 레닌의 집에 당도하여 문을 두드렸다. 때는 1902년 10월 어느 날 이른 새벽이었다. 그곳 단칸방에는 레닌과 그의 부인 크룹스카야가 야곱 리히터와 그의 부인이라는 가명을 쓰며 살고 있었다. 크룹스카야는 잠옷 바람으로 뛰어 나와 문을 열어주었다. 그리고 그녀는 아직도 침대에서 새벽잠에 빠져 있는 레
닌에게 "여보, 피에로(작가)가 왔어요!"
라고 소리쳤다. 트로츠키와 레닌의 역
사적인 만남이 이루어지는 순간이었다.
1870년생인 레닌은 트로츠키보다 9년
연상이었고 성장 배경도 서로 달랐다. 레
닌은 장학관(후에 공립학교 교장이 되어 세
습 귀족이자 국가 공무원 신분인 '치노부니
크'가 됨)인 아버지와 인텔리 어머니 슬
하에서 부러움 없이 자랐다. 그러나 그

신념으로 가득 찬 레닌의 당찬 모습

런 그도 1887년 형 알렉산드르가 차르 암살음모에 가담하여 체포된 후
교수형을 당하고 그 자신도 4년간 옥고를 치른 후 혁명가의 길로 들어
서게 되었다. 그의 본명은 블라디미르 일리치 울리야노프(Vladimir Ilich
Ulyanov)였으나 1902년경부터 필명으로 니콜라이 레닌이라고 사용하면
서 그때부터 이 이름은 그의 공식명으로 굳어졌다.

레닌은 트로츠키를 좀 더 관찰하기 위해 산책을 하며 이런저런 이야
기를 나누었다. 트로츠키는 크룹스카야의 도움으로 동지들이 기거하고
있는 하숙집에 여장을 풀었다. 그는 그곳에서 마르토프와 친해졌다. 마
르토프도 트로츠키처럼 유대인으로 논쟁을 좋아하였으며, 훗날 '페테르
부르크 노동자계급해방투쟁연맹' 공동 발기인으로 활약하였다. 『이스크
라』 편집진들은 트로츠키의 탁월한 글 솜씨와 연설 솜씨를 익히 알고 있
었기 때문에 그에게 대중연설 기회를 제공하였다. 그의 거침없는 '포효'
와 수사학적 언변은 가는 곳마다 인기를 끌었다. 이제 트로츠키의 이름
은 망명객들은 물론 사회주의 관변의 화제가 되었다. 레닌은 마침내 트
로츠키를 『이스크라』 편집진에 참여시키기로 마음을 굳혔다. 그는 트로

츠키가 아직 젊고, 그의 문장 스타일이 매우 화려한 점 등이 마음에 걸렸으나 그의 종합적인 능력에 비하면 전혀 장애가 될 수 없다고 판단하였다. 레닌은 역시 사람을 볼 줄 아는 큰 그릇이었다. 6명의 위원 중 마르토프(L. Martov)를 비롯해서 다른 위원들은 이의가 없었으나 오직 게오르기 발렌티노비치 플레하노프만 반대하였다. 속 좁은 사람으로 이미 알려진 플레하노프 입장

나탈리아와 함께한 트로츠키

에서는 트로츠키가 들어옴으로써 그의 입지가 좁아지리라는 계산 때문이었다. 편집진 인선은 전원일치제였기 때문에, 레닌은 결국 절충안으로 트로츠키를 투표권 없는 편집위원 자격으로 끌어들였다. 플레하노프는 1856년생으로 러시아에 마르크스 사상을 최초로 도입한 사람으로서 연배로나 이론 면에서 대부격이었다. 트로츠키와 플레하노프는 두 사람 모두 상상력이 풍부하고 기지가 번득이는 논객이었으나 트로츠키가 '뜨는 해'라면 플레하노프는 '지는 해'와 같았다.

트로츠키는 날이 갈수록 바빠졌다. 그는 브뤼셀, 파리 등 유럽 각지를 순방하면서 사자후를 토해냈다. 사람들은 혜성처럼 나타난 이 귀족적 풍모의 젊은 연사에게 매료당하여, 그의 공격적 어투, 열정적인 제스처, 차가운 금속성 같은 음성을 흉내를 내기까지 하였다. 얼마 전까지만 해도 소수의 청중 앞에서도 얼굴을 붉히던 그가 감옥과 유형지에서 갈고 닦은 이론으로 우왕좌왕하는 대중을 완전히 사로잡았다. 군중 앞의 연단에 높이 서서 자신에게 집중된 다수의 눈을 의식하면서 아래에 있는 사람들의

수많은 가슴과 정신을 폭풍처럼 몰아치는 그는 마치 물을 만난 물고기와 같았다. 그러면서도 그 자신은 더욱 연설을 잘해야겠다는 중압감 때문에 공부를 게을리 하지 않았다.

시베리아 오지에 아내와 어린 두 딸을 남겨두고 떠나온 지 몇 달이 지난 후 파리로 간 트로츠키는 앞으로 그의 운명에 중대한 영향을 미칠 두 번째 여인을 만나게 된다. 두 사람이 만난 것은 1902년 11월 파리에서였다. 그녀의 이름은 나탈리아 이바노브나 세도바이며 첫 번째 아내 알렉산드라보다 훨씬 젊고 예뻤다. 그녀 역시 트로츠키와 고향이 같았으며 이 무렵 그녀는 소르본 대학교(파리 13개 대학교 중 파리 제4대학교로 문학·언어학·음악·예술학과 등이 있음)에서 예술사를 공부하고 있었다. 그녀는 명문가 출신이었으나 여덟 살 때 부모를 여의고 거의 고학으로 학업을 이어갔으며, 고교 때부터 혁명운동에 뛰어들었다. 그녀는 제네바에 유학하면서 본격적으로 사회주의 사상을 공부하였고, 지금은 파리로 와서 마르크스주의 서적을 러시아로 밀반입하는 임무와 파리를 찾는 혁명동지들을 안내하는 역할을 맡고 있었다.

그녀는 트로츠키 첫 부인 알렉산드라처럼 맹렬여성은 아니었으나 혁명에 대한 신념만은 확고하였다. 이런 그녀에게 한 가지 바람이 있다면 죽는 날까지 혁명의 길을 함께 걸어갈 동반자를 만나는 것이었다. 마침내 그녀의 꿈은 실현되기에 이르렀다. 그녀는 순회 강연차 파리에 온 트로츠키를 안내하게 된 것이다. 그녀는 말로만 듣던 트로츠키를 처음 본 순간 그의 귀족적인 깔끔한 풍모와 젊음에 놀라지 않을 수 없었다. 더구나 트로츠키의 강연은 듣던 바대로 명연설이었다. 이때부터 나탈리아의 트로츠키에 대한 관심은 우정에서 사랑으로, 사랑에서 동반자로 발전하여 두 사람은 영광과 좌절을, 승리와 패배를 함께 나누는 평생의 동반자가 되었다. 그러나 트로츠키의 첫 부인 알렉산드라는 그의 법적인 아내로 남아 온갖 어려움을 다 겪으면서도 트로츠키를 원망하거나 욕되게 하지 않았다. 그들 세 사람은 다른 혁명가들처럼 사회적인 통념과 계율을 완전히 무시해버렸지만, 트로츠키 입장에서는 알렉산드라와 그들 두 딸에 대한 양심의 가책으로부터 결코 자유롭지 못하였다. 1903년 아들과 화해하려고 파리를 찾아온 트로츠키 부모는 며느리와 손녀를 부양하는 것으로 만족해야만 했다.

망명 혁명조직의 계파 간 갈등

1903년 7월 망명 혁명정부 조직인 제2차 전 러시아 사회민주주의 노동당 전당대회가 산고 끝에 브뤼셀에서 열리게 되었다. 1898년 지하 혁명조직이 단 8명으로 총회를 열었으나 그들은 곧바로 체포되고 1903년에야 조직망을 재정비하게 된 것이다. 그러나 총회는 기본노선을 두고 벽두부터 난항을 거듭하였다. 플레하노프를 비롯해서 레닌을 지지하는 강경파 볼셰비키(Bolsheviki; 다수파란 뜻) 측은 '혁명의 안녕을 최고의 법률로 삼으라!'라는 기치 아래 차르 정권을 붕괴시키기 위해서는 고도로 훈련된 조직이 필요한 만큼 당원의 자격을 엄격히 제한해야 한다는 것이었다. 레닌에 따르면 당은 적극적이고도 헌신적인 혁명가들로 구성되어야 하며, 이들은 중앙 지도부의 규율에 절대 복종해야 한다는 것이었다. 그러나 마르토프를 중심으로 한 멘셰비키(Mensheviki; 소수파란 뜻) 측은 당원의 자격요건을 개방해야 한다는 것이었으며, 소규모 혁명세력들도 동등한 자격을 부여하되 어떠한 중앙집권적 권력체제도 불필요하다는 입장이었다. 이 점에 대해서 트로츠키는 당원자격 기준에서는 마르토프의 견해를, 권한의 집중에 관해서는 레닌의 견해에 동조하였다. '레닌의 무자비하고 자기중심적인 술책'에 못마땅한 트로츠키는 이 일로 인해서 레닌과 틈이 벌어지게 되었다. 자신의 '곤붕鯤鵬'이라고 믿었던 트로츠키가 자신에 등을 돌리는 것을 보고 당황한 레닌은 그를 마르토프로부터 떼어놓으려고 갖은 수단을 다 동원하였으나 결과는 실패로 끝나고 말았다.

트로츠키의 배신(?)과 내부분열에 실망한 레닌은 『이스크라』에서 사퇴하고 말았으며, 그 대신에 마르토프와 트로츠키가 『이스크라』를 인수하여 활발한 영향력을 발휘하였다. 그 이후 레닌과 트로츠키는 러시아 10월 혁명에 즈음하여 쌍방이 필요에 의해 재결합할 때까지 소원해졌다. 그러나 속이 깊은 레닌은 트로츠키가 언젠가는 자기에게 돌아올 것으로 믿고 그에 대한 기대를 완전히 저버리지는 않았다. 트로츠키가 마르토프와 가까워진 것은 노선 차이도 차이거니와 둘 다 유대인이라는 점과 마르토프의 사심이 없는 인간적인 매력 때문이었다. 마르토프는 그때까지 노총각 미혼으로서 남들이 알아주건 말건 매사를 양심적으로 수행하며 끊임없이 독서하고 사색하였다. 레닌보다도 늙은 플레하노프는 트로츠키의 방자한 태도(?)가 못마땅하여 트로츠키가 『이스크라』에 관여하는 것은 물론 기고문을 싣는 것까지 제동을 걸었다. 결국 통합 망명 혁명정부 총회는 양파 간에 상처만 남긴 채 결렬되고 말았다. 그리고 이듬해인 1904년 4월 트로츠키도 『이스크라』를 떠나고 말았다.

트로츠키는 플레하노프의 중상과 모략으로부터 자신을 보호해주고 이 위치에 이르기까지 키워준 레닌에 대해서 "방탕하고 나태하며, 선동적일 뿐만 아니라 악랄하고 도덕적으로 혐오감을 주는" 따위의 온갖 악의에 찬 형용사를 동원하여 인신공격하였다. 이 점에 대해서 도이처는 다음과 같이 지적했다. "확실히 마르크스주의자들, 특히 러시아 마르크스주의자들은 무자비할 정도로 자기의 견해를 솔직하게 말하는 버릇이 있었다. 그러나 관례적으로 그들은 개인적인 중상을 삼갔다. 트로츠키가 이 규칙을 어긴 것은 단순히 젊은이의 혈기 탓이라고 만 볼 수는 없다. 그는 이때 앞으로도 결코 벗어나지 못할 한 특징을 보인 것이다. 그는 한마디로 인간과 사상을 구분하지 못한 것이다…… 그의 논증작업과 상상력에 의한 투영의 이면에는 낭만적인 혁명가의 억압당한 정서가 있었다…… 그의 성향, 그의 기호, 그의 기질은 레닌이 당을 추상적인 구름 속으로부터 조직의 확고한 기반으로 끌어내리는 데 착수하면서 보인 산문적이고 실무적인 결의에 반기를 든 것이다."(앞의 책, 116쪽 및 120쪽에서 발췌 정리) 이 말은 트로츠키의 인간적인 단점에 대해서 정곡을 찌른 말이다. 그릇이 큰 레닌은 이 모든 비난을 참고 기다렸지만, 반대로 자기를 비방하는 자를 절대 잊는 법이 없는 스탈린은 훗날 이런 트로츠키를 결코 그냥 두지 않았다. 오로지 피의 보복이 뒤따를 뿐이었다.

1905년 1월 '피의 일요일'과 12월 무장봉기

해외에서 망명혁명가들의 계파 간 갈등이 깊어지고 있는 가운데 본국에서는 일련의 심각한 사건들이 벌어졌다. 1904년 2월 러일 전쟁에서 러시아가 패배하자 러시아 병사들은 반정부군으로 돌변, 파업 중인 노동자들에게 가담하게 되었고, 이를 계기로 기세가 등등해진 14만 명의 노동자들은 1905년 1월 9일 감방순회 성직자이며, 헌병사령관 주바토프의 피후견인 격인 러시아 정교회 가퐁 신부를 앞세우고 찬송가를 부르며 페테르부르크 '겨울 궁전' 앞으로 행진하였다. 그때 황제는 휴양차 가족들과 다른 궁전에 있었다. 이들은 당초에는 무장 봉기할 의사는 없었다. 그러나 지레 겁을 먹은 군대와 경찰은 시위대에 무차별 발포하고 총칼을 휘둘러 천여 명이 죽고 4천 명 이상이 부상당하는 큰 불상사가 벌어졌다. 붉은 피가 흰 눈으로 뒤덮인 궁전 앞 광장에 더욱 선명하게 뿌려짐으로써 사태의 참상을 더욱 돋보이게 하였다. 역사에서는 이날을 '피의 일요일'로 부르고 있다. 이러한 잔혹한 행위로 차르는 이제 더 이상 국민의 아버지가 될 수가 없었다. 가퐁 신부는 그 사건 이후 망명하였다가 1906년 귀국하였으나 페테르부르크 근교에서 피살되고 말았다.

'피의 일요일' 이후 러시아에서는 혁명적인 사건들이 빠른 속도로 진행되었다. 같은 해 5월부터 노동자들의 동맹파업이 빈발하였고, 6월에 들어서 노동자들은 독자적인 힘으로 자신들의 대표자를 뽑고, 그 대표자들이 소비에트를 구성하였다. 협의회 또는 회의라는 뜻을 가진 소비에트는 이렇게 해서 탄생하였다. 10월이 되면서 노동자들의 파업은 전국적으로 확산되었으며, 이와 때를 같이하여 당시 불과 26세이던 트로츠키는 페테르부르크로 귀환, 노동자들의 파업운동에 가세하여 소비에트 부의장으로 활약하였다. 트로츠키는 먼저 귀국한 나탈리아와 당시 제국 수석 의무장교인 리트켄스 대령 집에서 은밀히 재회의 기쁨을 나누었다. 트로츠키는 가는 곳마다 특유의 카랑카랑한 금속성을 띤 웅변 솜씨로 군중을 선동하였다. "시민 여러분! 지금 우리는 지배도당들의 목덜미에 발을 얹어 놓았기 때문에 그들은 우리에게 거짓 약속을 하고 있습니다. 우리에게 자유를 약속하라고 우리가 강요한 사람은 왕좌에 앉아 있는 지칠 줄 모르는 이 교수형 집행자입니다. 이것은 얼마나 위대한 승리입니까? 그러나 서둘러 승리를 자축하지 맙시다. 약속어음이 순금만큼 무게가 나갑니까? 여러분 주위를 돌아보십시오. 지금까지 달라진 것이 있습니까? 우리 형제들이 갇혀 있는 감옥 문이 열려 있습니까? 형제들은 동토 시베리아 황무지에서 돌아왔습니까?……" 러시아의 수도 한복판에서 시민들은 젊고 격정적인 명연설가의 포효를 처음으로 들었다. 군중들은 환호하고 열광하였다. 10월 17일 니콜라이 2세는 여론에 밀려 국민의 기본권과 시민의 자유 및 선거에 의한 제헌의회의 창설을 보장하는 이른바 '10월 선언'을 발표하여 사태를 무마하려 하였다. 그러나 볼셰비키와 멘셰비키는 물론 노동자 단체들도 10월 선언은 혁명을 좌절시키기 위한 정부의 교활한 술책에 지나지 않는다고 비판하고 선거를 거부하는 한편 더 큰 사회혁명을 요구하였다. 마침내 소비에트 중앙집행위원회는 트로츠키의 주도 아래 새로운 총파업을 결의하고 무장봉기에 나섰으나 너무 지쳐 있는 노동자들은 황실 근위 연대에 의해 무차별 진압되고 말았다. 소련 공산당 역사에서는 이 사건을 '12월 무장봉기'로 기록하고 있으며, '피의 일요일'로 시작해서 '12월 무장봉기'로 이어진 1905년의 사태를 '제1차 러시아 혁명'이라고 부르게 되었다. '12월 무장봉기'는 비록 실패로 끝났지만 이는 앞으로의 민중혁명의 성공 가능성을 예고하는 혁명으로서 1917년 2월 및 10월 혁명의 예행연습이었다.

결국 페테르부르크 소비에트 위원들 거의 모두가 체포되었고, 트로츠키도 체포되어 투옥되고 말았다. 감옥에 들어간 트로츠키는 1906년 9월 19일 법정에 서게 되었다. 법정은 소란과 열기로 가득 차 있었다. 희한하게도 피고석에는 신문, 격려편지, 과자상자, 화환이 연달아 들어와 피고석 전체가 무슨 축제장 같았다. 재판장은 이 무질서한 분위기를 가라앉힐 엄두도 내지 못했고, 호위병들도 사기가 저하되어 주변 눈치만 살피고 있었다. 이런 상황에서 재판장 앞에 선 트로츠키는 무척 당당하였다. 그는 카랑카랑한 특유의 금속성 목소리로 혁명의 당위성과 정당성에 대해서 열변을 토해냈다. 그의 항변은 매우 감동적이었기 때문에 법정 분위기는 더욱 고조되었고, 트로츠키를 칭찬하는 목소리가 여기저기서 들려왔다. 처음에는 불안스러운 표정으로 앉아 있던 트로츠키 부모는 법정을 압도하는 아들의 당찬 모습에 어느 정도 안심이 된 듯 여유를 보였으며, 특히 그의 아버지는 자식의 지난날 '잘못'에 대해서 화해의 눈길까지 보냈다. 그런 가운데서도 그의 어머니는 조용히 흐느꼈다. 이제 트로츠키는 자신도 모르게 전 세계의 이목을 집중시키는 거물 정치인이 되었고, 자신을 지지하는 민중들이 버티고 있는 한 극형을 면하리라는 것도 잘 알고 있었다. 예상한 대로 트로츠키를 포함한 14명의 피고인들은 시베리아 추방과 일체의 공민권 박탈로 매듭지어졌다.

두 번째 시베리아 유형과 재탈출

트로츠키는 이송감옥에서 한해를 보내면서 시베리아 유형을 대기하고 있었다. 세계의 여론은 트로츠키에게 전폭적인 지지를 보냈고, 그 덕분에 옥내에서 그에 대한 예우도 제법 각별하였다. 나탈리아와 동료들도 트로츠키를 특별면회할 수 있었으며, 그는 틈나는 대로 독서와 저술구상도 게을리 하지 않았다. 그의 유명한 『연속혁명론(Permanent Revolution)』도 이 무렵에 어느 정도 구체화되기 시작하였다. 1907년 1월 5일 새벽, 회색 죄수복을 입은 트로츠키와 그의 동료들은 찬 공기를 가르며 유형지를 향해 끌려갔다. 이번의 유형지는 북극권에서 인접한 철도역으로부터도 1천 마일이나 떨어진 오브도르스크였다. 삼엄한 감시 아래 열차와 눈썰매에 옮겨 타고 발진티푸스와 싸우면서 그곳까지 가는 데만도 한 달 이상이 걸렸다. 이미 탈출한 경험이 있었기 때문에 트로츠키는 이번에도 탈출에 대비해서 왼쪽 신발 밑창에는 위조여권을, 오른쪽 신발 밑창에는 동료들이 모아준 몇 닢의 금화도 숨겨두었다. 그러나 탈출에 실패할 경우에는 3년의 중노동이 추가되기 때문에 신중을 기해야 했다. 다행히 중간 기착지에서 의사 출신의 죄수 한 명이 좌골신경통이라는 꾀병앓이 방법을 알려주었다. 환자에게는 감시망이 느슨할 수밖에 없기 때문에 그는 꾀병을 부려 기착지의 어느 병원으로 실려 갔다. 그곳에서 어떤 토지 측량기사가 트로츠키에게 우랄산맥의 한 광산촌으로 이어지는 탈출로를 귀띔해 주었다. 일단 그곳까지 가면 철도를 통해 페테르부르크로 다시 갈 수가 있었다.

1907년 2월 12일 트로츠키는 야음을 틈타 건초더미를 실은 눈썰매 속에 몸을 숨기고 탈출을 시작하였다. 썰매를 모는 사람은 엄청난 술고래로 썰매를 몰고 가면서도 독한 보드카를 물마시듯 들이켜는 바람에 도중에 썰매를 세워놓고 꾸벅꾸벅 졸기가 일쑤였다. 트로츠키는 마을이 나타날 때면 관리나 북극 탐험대원으로 행세하였다. 다행히 도중에 난처한 일 없이 트로츠키는 협궤철도의 종점인 보고슬로프스크에 도착하였다. 그는 무척 감격스러운 나머지 허공을 향하여 소리를 질렀다. 그는 자유의 소중함을 다시 한 번 피부로 체감하였다. 페테르부르크행 열차에 몸을 싣기 전에 트로츠키는 나탈리아에게 전보를 쳤다. 그 당시 나탈리아는 트로츠키가 감옥에 있는 동안인 1906년에 낳은 아들 세도프와 핀란드에서 은거 중이었다. 그 무렵 레닌과 마르토프도 핀란드에 머물고 있었다. 이들은 감격적인 재회의 기쁨을 나누고 나탈리아는 일단 러시아로 먼저 돌아갔다. 상황을 보아가며 트로츠키도 곧 뒤따르기로 하였다. 그러나 러시아로 돌아온 나탈리아는 '탈주범' 트로츠키의 재입국에 대비하여 당국이 삼엄한 경계망을 펴고 있음을 알게 되었다. 하는 수 없이 나탈리아는 아들을 데리고 비엔나로 가 그곳에서 트로츠키와 합류하였다. 그리고 동지들의 도움으로 은신처를 마련하였다.

지루한 망명 생활

트로츠키는 러시아로 곧 돌아가리라는 꿈을 당분간, 아니 상당 기간 접어야만 했다. 이렇게 해서 트로츠키 가족은 좋든 싫든 비엔나에서 7년간이나 머물러야만 했다. 그의 생활은 동지들이 마련해준 약간의 도움과 소액의 원고료, 그리고 알게 모르게 그 동안 재산을 많이 모은 아버지의 도움으로 꾸려갔다. 1908년 트로츠키 부부는 이곳에서 둘째아들 세르게이를 갖게 되었다. 비엔나 생활은 어떤 면에서 이들 혁명가 가족에게는 가장 행복한 시간이었다. 이 기간 중에 그는 『키예프 사상』지의 비엔나 특파원으로 일했으며, 러시아, 독일, 벨기에 일간지에 수시로 기고도 하였다. 그러나 이 기간은 혁명가에게는 물을 잃은 물고기 신세였으며, 무대를 떠난 배우나 다름이 없었다. 도이처도 말한 바와 같이 그는 다른 사람들을 왜소하게 만드는 거창한 무대에서는 거인처럼 솟아올랐다. 그리고 전투의 함성과 소음 속에서 그의 목소리는 완전한 위력을 발휘하였으며, 반란을 일으킨 민중을 마주하고 그들의 절망을 이해하며 그들에게 자신의 열정과 믿음을 전해줄 때 그의 행동은 단연 돋보였다. 그러나 혁명이 시들해진 상황에서는 물을 떠난 물고기처럼 힘을 잃었다. 그는 헤라클레스의 노동에는 적합하였으나 그 이하의 노동에는 부적합하였다. 그런 가운데서도 그 무렵 그가 폴란드 사회민주당 대표 격인 로자 룩셈부르크로부터 많은 지지와 격려를 받은 것은 그나마 큰 위안이었다. 유럽 사회주의 인물 가운데 출신성분, 기질, 그리고 정치적 문학적 재능에서 두 사람은 상당히 닮은꼴이었다.

그 무렵 레닌과 마르토프는 해묵은 혁명노선을 두고 다투고 있었으며, 레닌은 트로츠키에 대한 미련을 버리지 못하고 그를 자기편으로 끌어들이기 위해 화해의 손짓을 보내고 있었다. 그러나 트로츠키는 이에 개의치 않고 두 사람에게 단결하라고 충고하며 초연하였다. 그 당시 볼세비키의 레닌은 강경론자였고 멘셰비키의 마르토프는 온건론자였다. 특히 런던 총회에서 볼세비키의 특공대가 벌인 코카서스 게릴라 활동과 이들의 금전탈취에 대해서 멘셰비키는 명백한 테러리즘으로 규탄하였다. 그 당시까지만 해도 무명의 코카서스 대의원인 스탈린은 이 게릴라 활동에 깊숙이 개입하고 있었다.

대부분의 러시아 망명자들이 그러했듯이 당시 이들 망명자들은 유럽에 살면서도 러시아 문제에만 매달리는 폐쇄적인 활동을 하고 있었으나 국제 감각이 뛰어난 트로츠키는 그렇지 않았다. 그는 방랑적인 유대인의 적응력을 가지고 그들 유럽인들의 언어로 말하고, 그들의 언어로 글을 쓰며 유럽 생활에 적응하였다. 트로츠키의 글 쓰는 방식은 유럽적이었기 때문에 러시아의 어떤 다른 사회주의자들보다 독일 독자들에게 호소력이 강하였다. 트로츠키가 시베리아로부터 탈출한 동료 파르부스(본명은 알렉산드르 겔판트)를 통해 당시 마르크스 사상의 대표자 격인 칼 카우츠키를 만난 것도 그 무렵이었다. 후에 실망하였지만 트로츠키는 카우츠키로부터 많은 가르침을 받았다. 러시아 혁명가들에게 독일 사회민주당은 그 당시만 해도 교사이자 살아있는 모범이었다.

1910년 트로츠키 부모는 알렉산드라에게서 난 손녀 지나를 데리고 비엔나의 트로츠키를 찾아왔다. 세월이 흘렀음에도 지나는 결코 아버지를 잊지 않았다. 트로츠키가 어머니 안나를 생전에 만난 것은 이것이 마지막이었다. 그녀는 아들을 만난 뒤 베를린에서 신장수술을 받고 몇 개월 뒤 60세의 나이로 야노프카에서 죽었다. 그리고 그의 아버지 다비드도 12년 뒤인 1922년 봄 장티푸스로 죽었다.

1912년 트로츠키는 저널리스트로 활동을 시작하여 발칸 전쟁을 취재하였다. 발칸전쟁은 세르비아, 그리스, 불가리아 연합군이 발칸 반도에서 터키의 세력을 잠재우기 위한 전쟁이었다. 종군기자로서의 취재는 훗날 그가 러시아 혁명 당시 적위대를 진두지휘하여 혁혁한 공을 세우는데 좋은 경험이 되었다. 트로츠키는 1913년 초 비엔나에 잠시 들른 스탈린과 그의 동료 집에서 우연히 마주쳤다. 그 당시만 해도 스탈린은 트로츠키의 적수가 되지 못하였기 때문에 그다지 관심을 두지 않았으나, 트로츠키는 스탈린에 대해서 "가무잡잡하고 회색빛이 도는 얼굴에 곰보자국이 있는 깡마른 이 사내는 존재감은 없지만 평범하지 않은, 무뚝뚝하면서도 집중력이 강한, 그러면서도 싸늘하고 적의에 찬 표정을 지었다."라고 회상하였다. 사실 스탈린은 트로츠키를 마주치기 얼마 전에 그에 대해서 "가짜 완력을 가진 시끄러운 챔피언"이라고 헐뜯은 바 있었다. 이처럼 트로츠키와 스탈린은 만나기 전부터 이미 운명적인 앙숙이었다.

해가 바뀌어 1914년 여름이 되자 유럽의 분위기는 어수선해졌다. 6월 28일 오스트리아·헝가리 합병제국의 황태자인 페르디난트 대공 부처가 보스니아 수도 사라예보에서 세르비아 탄압에 불만을 품은 프린지프라는 19세의 보스니아 대학생에게 암살당하는 사건이 발생하자, 7월 28일 오스트리아·헝가리가 세르비아에 선전포고를 함으로써 유럽은 순식간에 제1차 세계대전의 소용돌이에 휘말리게 되었다. 세르비아 동맹국 러시아가 독일과 오스트리아 국경 지대로 병력을 이동시킴에 따라 8월 1일 독일이 러시아에, 그리고 8월 3일에는 러시아 동맹국 프랑스에 각각 선전포고함으로써 전쟁은 본격화되었다. 트로츠키 입장에서는 그것을 자본주의 열강간의 약육강식으로 규정하고 사회주의자들은 결코 전쟁에 휘말려서는 안 된다고 경고하였다. 그러나 각국의 사회민주당을 비롯한 '제2 인터내셔널'(1864년에 창설된 국제노동자협의회, 즉 '제1 인터내셔널'에 이어 1889년 결성된 각국의 느슨한 혁명 연합체)의 지도자들은 자국의 국익에 급급한 나머지 전쟁에 뛰어들게 됨으로써 트로츠키의 주장은 아무런 반응을 얻지 못하고 그는 고립무원에 빠졌다. 거기다가 오스트리아 당국이 반전론자들에게 형사범으로 취급하는 조치를 내려 트로츠키는 결국 비엔나를 떠나야만 했다.

트로츠키는 가족과 함께 중립국 스위스의 취리히로 거처를 옮기고 철저한 반전운동을 전개하였다. 이를 계기로 트로츠키는 소원했던 레닌을 비롯한 볼셰비키와 어느 정도 가까워졌고, 1915년 9월 5일 스위스 침머

발트(베를린에서 약 10킬로미터 떨어진 산 속 고지마을)에서 개최된 '국제사회주의자대회'에서 트로츠키가 작성한 반전 선언문을 만장일치로 채택하였다. 이 대회에는 중립국 및 교전 당사국들을 포함해서 11개국 38명의 대표가 모였다. 그런데도 각국 사회주의자들은 전쟁이 확대되면서 전쟁론자로 기울어졌으며, 유일하게 소련 볼셰비키만 전쟁을 끝까지 반대하였다. 트로츠키는 그 무렵 취리히에서 프랑스로 와서 마르토프가 손을 뗀『나세 슬로브(우리의 세계)』의 편집을 맡고 있었는데, 1916년 9월 15일 프랑스 경찰 당국이 이 잡지의 발간을 금지하고 트로츠키에게는 프랑스를 떠나도록 명령하였다. 반전론자인 트로츠키는 이제 어디로 가야 할지 막막하였다. 본국으로의 추방은 소름이 끼치는 시베리아 유형이 기다릴 뿐이었다.

그 무렵 니콜라이 2세의 러시아는 장기전에 무방비 상태인 데다가 외국과의 통상이 완전히 봉쇄를 당하여 큰 어려움에 처해 있었다. 그리하여 독일군이 기아와 질병에 지쳐 있는 러시아를 공격해 왔을 때 러시아는 속수무책, 15만 명 이상의 전사자와 70여만 명의 부상자가 발생했고, 포로가 된 병사도 90여만 명에 달하였다. 이에 따라 군의 사기는 말이 아니었고, 차르 정권을 원망하는 소리가 드높았다. 하는 수 없이 총사령관 니콜라이 대공은 후퇴명령을 내리고 고육지책으로 초토화 작전을 폈으나, 결국 공업지대인 서부지역을 잃고 경제상태만 더욱 악화되었다. 그런 가운데서도 황실 내의 기강은 말이 아니었다. 당시 황실은 시베리아 출신 요승 예피모비치 라스푸틴에게 농락당하고 있었다. 니콜라이 2세와 황후 알렉산드라 사이에 유일한 아들 알렉세이가 있었는데 그는 모친 알렉산드라의 조모인 빅토리아 여왕으로부터 유전병인 혈우병을 물려받고 태어났다. 낙심한 황후는 백방으로 치료방법을 강구하였으나 별 효험을 보지 못하자 소문으로 들어온 요승 라스푸틴을 끌어들여 치료코자

하였다. 황실에 들어온 라스푸틴은 황후를 등에 업고 조정을 농락하였으며 문란한 사생활까지 하였다. 때마침 전황이 불리해지자 니콜라이 2세는 니콜라이 대공을 해임하고 1916년 9월 스스로 총사령관이 되어 군대를 진두지휘하는 우를 범하였다. 차르가 전선에 가 있는 동안 황실의 기강은 더 해이해졌고, 심지어 황후와 라스푸틴 사이에 불륜이 자행되고 있다는 소문까지 나돌았다. 1916년이 저물어가는 어느 날 요승 라스푸틴은 결국 살해되고 말았다. 이런 어수선한 상황에서 당국은 흔들리는 왕권을 보호하고 사회 혼란을 수습하기 위하여 반정부 세력들에 대한 대대적인 색출과 해외에 있는 반정부 분자의 국내 잠입도 철저히 봉쇄하고 있었다. 이런 상황에서 트로츠키로서는 무사한 귀국은 상상도 할 수 없는 일이었다.

프랑스에서 추방령을 받은 트로츠키는 스위스, 이탈리아, 그리고 스칸디나비아 제국의 비자를 얻기 위하여 백방으로 노력하였으나 아무런 반응을 얻지 못하고 그해 10월 30일 스페인으로 추방당하고 말았다. 트로츠키는 스페인 마드리드에서 머물고 있던 몇 주 동안에도 도서관에서 "책벌레가 책장을 좀먹는 소리까지 들을 수 있는 정적 속에서" 프랑스와 영국의 고서들을 뒤적이고 스페인 혁명과 반혁명 등을 읽고 메모해갔다. 그리고 그는 틈틈이 스페인어도 익히고 뉴욕에 갈 것에 대비해서 영어 공부도 게을리 하지 않았다. 그러나 11월 9일 스페인 경찰 당국은 트로츠키를 체포하여 쿠바로 보낼 계획을 갖고 있었다. 몇 주간의 긴 협상 끝에 1917년 1월 13일 트로츠키는 소형 증기선을 타고 뉴욕에 도착하였다. 냉혹한 개인주의가 팽배해 있는 미국사회에도 '협동'과 '더불어 사는 삶'을 지향하는 사회주의자들의 운동이 있었고, 이들은 낯선 이국땅에 흘러 들어온 초라한 망명객을 따뜻하게 맞아주었다. 트로츠키 가족들은 이곳 사회주의자들이 마련해준 조촐한 아파트에서 문명의 이기를 맞보며 심신의 피로를 풀었다. 그는 난생 처음으로 집에서 냉장고와 전화기도 비치할 수 있었다.

1917년 '2월 혁명'과 제정 러시아의 붕괴

1917년에 접어들면서 러시아의 사태는 급속히 악화되었다. 대중의 지지기반을 확충하기 위하여 정부는 농민에게 토지를 분배하였으나 이 과정에서 차르의 비호 속에 선택된 농민에게만 토지를 분배함으로써 쿨락, 즉 부농계급만 더욱 부유해졌고 대다수 농민들의 생활은 더욱 피폐해졌다. 또한 전쟁의 영향으로 노동자 계급의 생활 여건은 더욱 열악해졌으며, 전쟁에서 살아남은 병사들은 귀향길에 폭도로 변하거나 반정부 시위자로 돌변하는 일이 허다했다. 1914년 전쟁 중에 수도 페테르부르크는 페트로그라드로 이름이 바뀌게 되었다. 이유는 페테르부르크라는 이름이 독일 냄새가 풍기기 때문이었다. 1917년 2월 페트로그라드에서는 노동자들의 시위와 파업이 더욱 확산되었다. 영하 20도 이하로 떨어지는 혹한 속에서 군중들은 빵을 달라고 외치며 장사진을 쳤으나 당국으로부터 '니에트', 즉 배급할 식량이 없다는 말이 떨어지면서 민심은 극도로 흉흉해졌다. 이제 민중들의 구호는 "빵을 달라!"에서 "황제 퇴위!"로 선회하였다. 당시 전장에 있던 니콜라이 2세는 하발로프 장군에게 사태진압을 명령하였으나 진압에 참가한 병사들은 시위대에 가담하여 무장한 노동자들과 정부기관을 점거하는 한편, '겨울궁전'에 진입하여 황제기를 끌어내리고 붉은 기를 꽂았다. 결국 2월 27일 민중 봉기는 성공으로 이어졌다. 러시아 역사에서는 이날을 '2월 혁명'으로 부르게 되었다. 그러나 혁명이 일단 성공하였지만 누가 이 사태를 수습하고 성공적으로 끌고 가느냐가 큰 과제였다. 정부는 황제의 칙령에 따라 두마(Duma; 1905

년 민중혁명 후 1906년 3월에 설립된 제국의회)를 해산하고 주요 정치단체 지도자들은 12명으로 비상대책위원회를 구성하여 질서회복에 나섰다. 그러나 바로 그 순간 노동자들과 병사들은 멘셰비키의 추헤이드제를 의장으로 하여 노동자·병사들의 대표기구인 '소비에트 임시집행위원회'를 결성하고 폐간되었던 『이즈베스티야』지도 속간하였다.

한편 소비에트 사회주의자들 사이에는 의견이 엇갈렸다. 멘셰비키들은 자신들의 역할을 노동자들을 도와 차르 체제를 타도하는 것으로 한정하고 소비에트에 사태의 추이를 지켜보면서 참여하고자 하였다. 한편 레닌을 비롯한 볼셰비키도 기본적으로는 멘셰비키의 의견에 공감하였으나 소비에트가 전권을 장악하고 임시 혁명정부를 구성해야 한다고 주장하였다. 이처럼 볼셰비키는 언제나 강경하였다. 그러나 그 당시 대부분의 볼셰비키 지도자들이 유형지에서 막 풀려나 조직력이 약하였기 때문에 레닌은 일단 멘셰비키에 동조하지 않을 수 없었다. 이러한 상황에서 당시 전장에서 병사들을 진두지휘하고 있었던 니콜라이 2세는 사태의 심각성을 보고받고 그의 가족이 머물고 있는 차르스코예셀로를 거쳐 페트로그라드로 돌아와 수습방안을 강구하려 하였으나 노동자들이 철로를 끊어버리는 바람에 프스코프에서 기다려야만 했다.

이 사이 두마 지도자들은 사태의 수습을 위해서는 니콜라이 2세의 퇴위와 르보프 공을 수반으로 하는 새 내각의 구성밖에 없다고 판단하고 황제를 찾아가 반 압력조로 이를 적극 건의하였다. 결국 니콜라이 2세는 이 의견을 수용하여 1917년 3월 2일 자신의 동생인 미하일 대공에게 왕권을 양위하고 새 내각의 구성에 동의하였다. 그러나 그 소식을 들은 노동자, 군인, 농민들은 "그 사람이 그 사람이고 그 물이 그 물이다."라면서 크게 반발하여 사태가 해결될 기미를 보이지 않았다. 미하일 대공도 앞으로 구성될 제헌의회에 의하여 추대되지 않는 한 제위를 계승할 뜻이 없다고 한 발 물러서버려, 3월 2일 르보프 공을 수반으로 하는 임시정부가 수립되기에 이르렀다. 역사에서는 이 '2월 혁명'을 '부르주아 민주주의 혁명'이라 부르게 되었는데 이렇게 부르게 된 것은 임정요인들이 부르주아 계열이며 그들의 자유주의적 경향이 군주제의 폐지에 국한되었기 때문이다. '2월 혁명'은 러시아의 역사에서뿐만 아니라 세계사적으로 볼 때에도 대사건이었으며, 300여 년 동안이나 지배해 온 전제군주체제를 무너뜨리는 획기적인 사건으로 볼셰비키 혁명의 서막이었다.

레닌과 트로츠키의 귀국, '볼셰비키 10월 혁명'

2월 혁명 후 멘셰비키와 사회혁명당 지도부는 임시정부를 구성하여 정국을 안정시키려고 하였으나 상황은 그렇게 간단하지만은 않았다. 노동자, 병사들로 구성된 소비에트가 실질적 권한을 장악하고 임정과 대치하며 불안정한 이중 권력구조를 형성하고 있었다. 앞에서도 말한 바와 같이 혁명이 일어났을 때 대다수 국민들과 농촌 출신인 병사들은 전쟁을 포기하고 병영을 탈영하여 귀향하려 하였으나 임정 측은 미국의 지원을 받아 전쟁을 계속하여 승리 후에 흑해를 러시아의 지배하에 두려고 하였다. 이런 상황에서 도시 노동자들보다 더욱 과격해진 농민들은 정부의 결정을 기다리지 않고 지주들의 땅을 빼앗아 자기들끼리 분배해버리는 일까지 벌어졌다. 그야말로 러시아 정국은 무정부상태를 방불케 하였다.

4월이 되자 해외에서 망명 생활을 하고 있던 레닌과 플레하노프 등 거물급 혁명가들이 속속 귀국을 서둘렀다. 2월 혁명 때 취리히에 있었던 레닌은 "모든 권력을 소비에트로!"라는 구호를 내걸고 귀국을 모색하고 있었다. 그러나 전쟁 중인 상황에서 레닌으로서는 귀국이 용이치 않았다. 당시 상황에서 레닌은 프랑스와 영국을 통해서만 귀국이 가능하였으나 이들 국가들은 레닌과 그의 동료들이 귀국할 경우 종전을 선동할 공산이 크다고 판단하였기 때문에 그들에게 국경 통과를 거부하였다. 러시아 임시정부 측도 각국 주재 러시아 대사관에게 레닌에 대한 비자발급을 금지했다. 그러나 레닌이 귀국하면 전쟁을 중단시킬 것으로 계산한 독일 정부가 레닌과 그의 일행에게 밀봉열차를 주선해주었다. 마침내 레닌은 밀봉열차 편으로 스웨덴과 핀란드를 거쳐 1917년 4월 3일 페트로그라드의 핀란드역에 도착하였다. 역에는 그를 환영하기 위하여 마중 나온 인파로 북새통이었다. 레닌은 귀국 다음날 볼셰비키 간부회의를 소집하고, '부르주아 혁명'을 '사회주의 혁명'으로 전환시키기 위한 소위 '4월 테제'를 발표하였다. 4월 테제의 의미는 전쟁을 종식시키려면 자본주의를 타도해야 하고, 소비에트와 볼셰비키가 권력을 장악하여 경제의 모든 부문을 소비에트 통제 아래 두어야 한다는 것이었다. 그리고 레닌은 당대회를 소집하여 당명을 사회민주당에서 공산당으로 개칭하여 새로운 혁명적 국제조직을 창설하자고 제안하였다. 레닌의 '4월 테제'는 그야말로 가히 혁명적인 발상이었다. 레닌의 이러한 제안은 한때 벽에 부딪혔으나 우여곡절 끝에 '4월 테제'는 3주 후에 볼셰비키의 공식 입장으로 확정되었다.

이런 상황에서 정치적 망명자들에 대한 재입국이 시작되었고 트로츠키도 뉴욕에서 노르웨이 화물선 편으로 3월 27일 그의 가족과 함께 부푼 가슴으로 귀국 길에 올랐다. 하지만 배가 캐나다 노바스코샤 주의 핼리팩스 항구에 닿자마자 영국 경찰은 트로츠키를 반전분자로 지목하여 그를 체포하고 말았다. 그러나 4월 16일 트로츠키는 석방되었다. 페트로그라드 소비에트가 르보프 공에게 압력을 넣었으며, 러시아가 영국과 함께 연합군 측에 있다는 점이 유리하게 작용한 것이다. 석방된 트로츠키는 다시 가족들을 데리고 덴마크 선박 편으로 핀란드로 간 후 그곳에서 다시 열차를 이용하여 1917년 5월 14일 꿈에 그리던 페트로그라드에 도착하였다. 그가 1907년 2월 12일 차가운 건초더미에 몸을 숨기고 유형 도중에 국외 탈출한 지 10년 만에 다시 밟은 조국 땅이었다.

트로츠키는 환영 인파 속에서 눈시울을 적시며 소비에트 지도부가 있는 타우리데 궁으로 안내되었다. 거리에는 믿기 어려울 정도로 저마다 붉은 깃발을 들고 혁명의 노래를 부르고 있었다. 트로츠키의 귀국으로 천군만마를 얻은 레닌은 그와 함께 볼셰비키 혁명에 박차를 가하였다. 두 사람의 반목은 레닌의 인내로 눈 녹듯이 사라지게 되었다. 이들의 화해는 실로 14년 만이었다. 그들은 정도의 차이는 있었지만 서로를 필요로 했다. 레닌에게는 트로츠키의 재능 있는 웅변술과 선동술, 전술에 대한 아이디어가 필요했고, 트로츠키로서는 레닌의 조직 장악력과 사람을 끄는 흡인력이 필요했다. 레닌은 결정적인 순간에는 단호하였지만 평소에는 남의 이야기를 경청할 줄 알고 겸손하였다. 트로츠키의 화산과 같은 열정과 힘찬 말은 레닌의 예리하고 교훈적인 어법과 조화를 이루게 되었다. 그들이 공동의 목표를 향해 다시 만났을 때 레닌은 트로츠키의 넘쳐흐르는 장광설에 짜증을 내지 않고 감탄까지 하며 끝까지 귀 기울였다. 이처럼 트로츠키는 레닌이라는 명 '조련사'에 의해 순치되어 그의 능력을 십분 발휘할 수 있었다.

트로츠키는 귀국 연설에서 이렇게 말했다. "혁명은 연립정부 때문에 망하지는 않습니다. 그러나 우리는 '부르주아 계급을 믿지 말라, 우리 자신의 지도자들을 통제하라, 그리고 우리자신의 혁명적 힘에 의존하라'라는 세 가지 명령을 기억해야 합니다……." 그는 자기의 태도를 통해 옛 동지들과 일체가 되겠다는 듯이 '우리'라는 표현을 자주 썼다. 그러나 연설의 내용에 있어서는 타협하지 않았다. "나는 우리의 다음 행동은 권력 전체를 소비에트로 이양하는 것이라고 생각합니다. 단일한 권력만이 러시아를 구할 수 있습니다……." 이 말은 마치 레닌의 구호와 같았다. 그

혁명의 선봉에 선 트로츠키를 희화화한 포스터

는 "세계혁명의 서곡, 러시아 혁명 만세!"라고 외치면서 길고 현란한 연설을 마무리하였다. 그리고 이날 청중들은 그의 사상에 사로잡힌 것은 아니더라도 그의 진지함과 달변에 도취하고 말았다. 그는 훗날, 대중을 보기만 해도 자기가 미리 잘 준비한 말과 논거는 다 사라지고 자기는 예상치 않았으나 청중의 욕구에 맞는 다른 말이 잠재의식 속에서 솟구쳐 나와 효과가 극대화되었다고 회상하였다.

1917년 7월 크론슈타트 해군 요새에 정박 중이던 5만여 명의 무장 수병들이 전쟁중지와 임정 사퇴, 소비에트에 의한 완전한 권력 장악을 외치는 민중시위에 가담함으로써 사태는 다시 심각한 국면으로 치달았다. 알렉산드르 도로비치 케렌스키가 이끄는 임시정부는 볼셰비키가 민중을 선동하고 있다고 보고 레닌에 대한 체포령을 내리자 레닌은 당 간부들의 권고에 따라 핀란드로 일단 피신하였다. 그러나 트로츠키는 피신하지 않고 더욱 정력적으로 대중연설을 하고 다니다가 체포되어 크레스티 감옥에 수감되고 말았다. 트로츠키는 감옥 생활에 익숙해 있었지만 이번의 투옥은 만감이 교차하였다. 그런데 트로츠키의 감방에서는 참으로 기상천외한 일이 벌어졌다. 크론슈타트 수병들이 감옥에 있는 트로츠키에게 대표단을 보내어 주요한 문제들을 상의하는 일이 빈번하였다. 결국 트로츠키는 빗발치는 여론의 덕분에 9월 초 보석으로 풀려났다.

9월 23일 트로츠키는 페트로그라드 소비에트 의장으로 선출되어 볼셰비키가 관장하고 있는 공장 소비에트에 준 군사기관인 적위대(Red Guards)를 조직하는 한편, 9월 30일에는 페트로그라드 소비에트 군사혁명위원회 의장으로 선출되어 수도권 일대의 병력을 장악하였다. 이때 레닌은 핀란드에서 본국의 동료들에게 군사 쿠데타를 촉구하는 서한을 보내고 10월 10일 수염을 깎고 가발을 쓴 채 급거 귀국하여 페트로그라드 중앙위원회 회의장에 나타나 러시아 볼셰비키 혁명과 국제사회주의 혁명의 당위성을 역설하였다.

이와 때를 같이하여 트로츠키는 군사혁명위원회를 중심으로 은밀하게 노동자들과 병사들을 무장시켜 나갔다. 이를 알아차린 케렌스키 임시정부는 비상각료회의를 열고 비상사태를 선포하여 일체의 민중집회와 시위, 범법행위를 금지했다. 그러나 트로츠키 지휘 하의 볼셰비키 신문은 전단을 뿌리며 임시정부타도를 호소하였다. 소요진압을 맡은 수도경비사령부는 사태수습에 소극적이었다. 이러한 분위기에 자신감을 얻은 트로츠키는 소비에트 군사혁명위원회 의장 자격으로 군대를 동원하고 은거 중이던 레닌도 스몰니 인스티튜트(페트로그라드 북부에 있는 러시아 귀족 딸들의 신부수업학교)로 자리를 옮겨 쿠데타를 총지휘하였다. 10월 25일 트로츠키가 지휘하는 볼셰비키 군대는 임시정부군의 별다른 저항을 받지 않고 임시정부를 접수하였으며, 케렌스키를 제외한 대부분의 임정요인들이 체포되었다. 그때 케렌스키는 미 대사관으로 피신하였다. 이렇게 해서 '볼셰비키 10월 혁명'은 사실상 성공하게 되었다. 그리고 그날 볼셰비키는 다음과 같이 선언하였다. "임시정부는 폐지되었다. 모든 국가의 권력을 페트로그라드 노동자, 병사 대표들의 소비에트로 집중시킬 것을 선언한다!"

'볼셰비키 10월 혁명'은 정해진 운명처럼 큰 피를 흘리지도 않고 예정된 각본처럼 이루어졌다. 그러나 그것은 러시아 역사, 아니 세계사의 물줄기를 바꾸어 놓은 역사적인 순간이었다. 트로츠키는 그 당시 심경을 이렇게 털어놓았다. "큰 산을 넘자 나는 긴장이 풀렸다. 나는 어렵고 위험한 수술을 끝낸 외과의사와 같은 기분이었다. 이제 손을 씻고 흰 가운을 벗은 뒤 휴식을 취하고 싶었다." 일밖에 모르는 트로츠키는 야심 많은 레닌과 달리 혁명이 성공한 후 어떤 지위나 중요한 역할에는 관심이 없었다. 오로지 혁명의 성공 그 자체에만 관심이 있을 뿐이었다.

가을밤의 열기 속에서

1917년 10월 26일 저녁 8시 40분, 전 러시아 소비에트 상임간부회의 지도자들은 대회장인 페트로그라드 스몰니 인스티튜트 강당에 입장하였다. 이날 대회는 '2월 민중혁명'으로 권력을 장악한 케렌스키 임시정부를 무너뜨린 볼셰비키가 전날 군사 쿠데타에 성공한 후 이를 인준하는 행사였다. 소위 '볼셰비키 10월 혁명'으로 지칭되는 이 쿠데타는 은신 중이던 레닌의 배후 조종을 받은 소비에트 군사혁명위원회 의장 트로츠키가 도시의 무장 공장 노동자들로 구성된 적위대와 수도권 일대의 대규모 지지병력을 동원하여 임시정부를 손쉽게 붕괴시킴으로써 성공을 거두게 된 것이다.

대회장 연단에 맨 먼저 오른 사람은 앞이마가 툭 튀어나온 당찬 모습의 레닌이었으며, 그 뒤를 이어 뿔테안경을 끼고 콧수염을 기른 귀족적인 풍모의 트로츠키, 검은 머리를 뒤로 빗어 넘긴 무뚝뚝한 표정의 스탈린, 그리고 기타 각 정파(사회혁명당 좌파, 멘셰비키 등)의 대표들이 등단하였다. 이들이 모두 연단의 자리에 앉자 소란스러운 장내는 물을 끼얹은 듯 조용해졌다. 사회를 맡은 볼셰비키 중앙위원 레프 보리소비치 카메네프가 경과보고를 하고 곧이어 볼셰비키 최고 지도자 레닌이 뜨거운 박수를 받으며 특유의 카랑카랑한 목소리로 기조연설을 시작하였다. "이제 우리는 사회주의적 질서를 건설하기 위해 전진할 것입니다! 제일 중요한 것은 평화를 실현하기 위한 실질적인 수단을 강구하는 일입니다…… 평화와 사회주의란 이름 아래 우리의 노동운동은 승리할 것이며, 그 운명은 성취될 것입니다……."

레닌의 연설이 끝나자 카메네프의 제안에 따라 모두가 자신의 명패를 치켜들며 전폭적인 지지를 보냈다. 갑자기 장내는 10월의 차가운 밤공기와는 대조적으로 후끈한 열기로 달아올라 억제할 수 없는 충동에 휩싸였다. 그리고 모두가 자발적으로 일어나 '인터나치오날(1871년 제정된 만국 노동자 노래로서 그 후 러시아 공산당 당가로 정해졌음)'을 처음에는 느리고 음울한 러시아 풍으로 나중에는 장중하고 힘차게 목청껏 불러댔다.

"그들은 결전에 임하였네/민중의 자유를 위해,/민중의 명예를 위해……/그들은 버렸다네/자신의 생명과 소중한 모든 것을……중략……안녕, 형제들이여/그대들은 고귀한 것을 선택했네/우리는 맹세하네/당신의 무덤 앞에서/자유를 위해/민중의 행복을 위해/싸우고 일하리라."

노래가 대회장에 울려 퍼지자 머리가 희끗희끗한 늙은 병사와 땀 냄새가 짙게 배어 있는 남루한 옷차림의 어떤 노동자는 형제처럼 서로 껴안고 흐느꼈다.

그때 현장에서 혁명의 극적인 순간들을 직접 취재한 미국의 저널리스트 존 리드(John Reed)는 그의 저서 『세계를 뒤흔든 10일』에서 당시의 느낌을 이렇게 기술하였다. "이것을 위해 2월(혁명)의 순교자들은 마르스(Mars; 로마 신화에서 전쟁을 뜻함) 벌판의 공동묘지에 외롭게 누워 있었다. 이것을 위해 수천, 수만 명의 사람들이 감옥에서, 유형지에서, 동토 시베리아의 탄광에서 죽어갔다. 그것은 예상했던 모습으로 오지 않았고, 또한 인텔리겐치아들이 바라던 모습으로 온 것도 아니었다. 그것은 거칠고 강하게 형식과 틀을 무시하고 감상주의를 경멸하며 엄연한 현실로 다가왔다."(존 리드 지음, 장영덕 옮김, 『세계를 뒤흔든 10일』, 도서출판 두레, 1993, 124쪽)

이어서 농민들에 대한 토지분배계획이 발표되자 농민들은 기뻐서 어쩔 줄 몰라 했다. 그리고 기타 세부사항이 표결에 부쳐졌다. 그러나 일부 겁 많고 우유부단한 자들이 혁명의 성공에 우려를 표명하기도 하였으나 그때마다 명연설가 트로츠키가 장내의 고조된 분위기에 더욱 자신감을 얻은 듯 위압적이고 쩌렁쩌렁한 목소리로 반대의견을 잠재웠다.

"우리 당이 혁명에 성공하지 못하고 고립의 위험성에 처하리라는 생각은 새로운 것이 아닙니다. 봉기의 전야에도 우리의 치명적인 패배가 예견되기도 하였습니다…… 그런데도 우리가 거의 유혈사태도 유발시키지 않고 임시정부를 전복시킬 수 있었던 것은 어째서입니까? 그 사실은 '우리는 고립되어 있지 않다'는 엄연한 증거입니다. 실제로는 임시정부가 고립되어 있고, 우리에게 반대하고 공격했던 소위 '민주적 정당들'이 고립되어 있었던 것입니다. 그들은 현재도 고립되어 있고 앞으로도 프롤레타리아로부터 영원히 단절될 것입니다! 이제 오직 두 가지 길밖에 없습니다. 러시아가 유럽에 혁명을 만들어내든가, 아니면 유럽 열강들이 러시아 혁명을 파괴하든가!……" 트로츠키의 불을 뿜는 사자후는 장내를 압도하였으며, 마치 성전을 맹세하듯 군중들의 열렬한 지지와 갈채를 받았다.

다음날 새벽 두시 반이 넘어서야 긴장된 분위기에서 새 내각이 발표되었다. 새 내각과 각료의 이름은 트로츠키의 제안에 따라 종래의 부르주아 냄새가 풍기는 이름대신에 내각 명은 소비에트 인민위원회(소보르나콤)로, 각료는 장관이라는 이름대신에 인민위원으로 정해졌다. 이렇게 해서 새 내각이 발표되었는데 인민위원회 의장에는 레닌이, 외무인민위원에는 트로츠키, 내무인민위원에는 르이코프, 그리고 민족문제 인민위원에는 스탈린 등이 각각 임명되었다. 특히 레닌과 트로츠키의 이름이 호명되었을 때 장내의 함성과 박수갈채는 더욱 드높았다. 이렇게 해서 러시아 역사상, 아니 세계 역사상 최초로 노동자, 농민들의 '소비에트 국가'가 탄생하게 되었다.

혁명정부의 대내외 위기와 트로츠키의 맹활약

트로츠키는 당초 레닌으로부터 인민위원회 의장을 제안 받았으나 본인은 이를 사양하였다. 여러 가지 상황으로 보아 그럴 수도 없으려니와 주변에서도 그럴 경우 레닌이 책임회피를 한다는 인상을 주기 때문에 만류함으로써 레닌은 차선책으로 트로츠키에게 내무인민위원을 권하였다. 그러나 트로츠키는 이마저 사양하였다. 내무인민위원은 민족문제가 견려 있었으므로 그 자신이 유대인이라는 점을 의식했기 때문이었다. 결국 앞으로 닥칠 독일과 종전 협상문제를 고려하여, 트로츠키는 중론에 따라 외무인민위원으로 낙착되었다. 트로츠키는 그것마저도 거절할 수는 없었다. 사실 트로츠키는 권좌에 대한 야심이 없었다.

권력을 장악한 볼셰비키 정부는 그들이 주장해온 대로 전쟁(제1차 세계대전) 불개입을 선언함으로써 독일과 평화협정을 서둘러야만 했다. 트로츠키는 모든 교전국에 대하여 정전협상에 응하도록 촉구하였다. 그러나 연합국 측은 레닌과 트로츠키가 독일과 내통하는 첩자라고 응수하며 종전협상을 거부하였다. 트로츠키는 서방세계의 혁명 잠재력을 무시하지 않았다. 서방세계가 혁명을 잉태하고 있는 데 반하여 러시아 혁명은 이미 '요란하게 우는 건강한 아이'가 되어 있고, 그 아이가 안전하게 보호됨으로써 서방세계도 이 아이와 함께 혁명의 대열에 참여할 수 있으리라 생각한 것이다.

1917년 11월 말경 트로츠키는 독일과의 종전협상을 위해 폴란드 도시 브레스트-리토프스크로 향하였다. 협상을 성공시키기 위하여 17일 간의 휴전기간이 정해졌다. 트로츠키의 계산으로는 이 기간 중에 독일에도 사회주의 혁명이 일어날 수 있고, 그렇게 되면 황제(빌헬름 2세)가 퇴위한 후 사회주의 정부와 협상을 공정하게 진행할 수 있으리라고 판단한 것이다. 그러나 상황은 트로츠키의 예상대로 전개되지 않았다. 1918년 2월 독일은 소련에 대한 공격을 재개하였다. 당황한 트로츠키는 연합국 측에 평화협상을 촉구하였다. 그러나 이제는 상황이 바뀌어 연합국들은 사회주의 국가가 된 러시아가 독일에게 망하기를 원하고 있었다. 이렇게 되자 트로츠키는 독일과 굴욕적인 강화조약을 체결하지 않을 수 없었다. 혁명과업의 원활한 수행을 위하여 일단은 평화가 필요하게 된 것이다. 이 조약으로 러시아는 영토의 26%, 인구 32%, 농경지 27%, 탄광 90%, 중공업 50%를 차지하는 광대한 서부 영토를 독일에 할양해야만 했다. 그야말로 굴욕적인 평화조약이었다. 그러나 레닌과 트로츠키의 생각은 달랐다. 우선 국내의 반동세력을 잠재우고 시간을 벌면서 국면을 타개해 나갈 심산이었다. 두 사람은 나폴레옹이 패전한 프러시아에 내정의 개혁을 요구한 탈지트 조약을 상기하면서 중요한 것은 프러시아가 굴욕적인 개혁을 통해 강대국으로 부상하였던 사실이었다. 결과는 그들의 예상이 적중하였다. 1년 뒤 독일은 연합국에 항복하였으며 러시아는 브레스트-리토프스크 조약의 무효를 선언하고 잃어버린 영토의 대부분을 다시 찾았다.

볼셰비키 혁명정부는 대내외의 산적한 문제를 풀어나가면서 1918년 3월 6일 제7차 사회민주 노동당 전당대회를 열고 서유럽 사회민주당과 구별하기 위하여 당명을 러시아 공산당으로 개칭하면서 수도를 페트로

그라드에서 모스크바로 옮기는 한편, 같은 해 7월 10일에는 소비에트 사회주의 연방공화국 헌법을 제정, 선포하였다. 그러나 이 과정에서 혁명정부는 전쟁의 후유증과 8시간 노동제의 실시 및 국가기간 산업의 국유화조치 등 급격한 경제조치로 국가경제가 말이 아니었다. 10월 혁명 직후 부분적으로 나타났던 반 볼셰비키 운동은 차르 시대의 장군과 귀족들, 그리고 부르주아 지식인들이 주동이 되어 백군을 조직하여 혁명정부에 본격적으로 저항하였다. 이런 과정에서 볼셰비키 정부는 구체제로 복귀하려는 반혁명 세력의 준동을 잠재우기 위하여 1918년 7월 16일 니콜라이 2세와 그의 가족들을 모두 총살해버렸다. 이 사태로 러시아 반혁명 세력과 전 세계의 부르주아 국가들이 놀란 것은 당연하였다.

트로츠키는 훗날 "황제 일가의 처단은 반혁명세력에게 공포감을 심어줌으로써 그들의 기를 꺾어놓을 필요성이 있었으며, 더 이상의 역사의 반전을 불식시키기 위한 불가피한 조처였다."라고 이 사건을 정당화하였다. 결국 1921년 2월 말까지 볼셰비키적군들은 반혁명세력 백군을 모두 진압하였다. 특히 이 과정에서 트로츠키의 활약이 눈부셨다. 대 독일 강화조약 이후 그의 능력이 인정되어 트로츠키는 1918년 3월 중순 국방인민위원이 된 후 거의 무의 상태에서 혁명정부의 군사력을 강화시켜 나갔다. 10월 혁명 때 페트로그라드 적위대는 4천 명 내외, 모스크바 적위대는 3천여 명에 불과하였으나 트로츠키가 군사인민위원이 된 후 혁명정부 무장병력은 500만 명에 달하였다. 트로츠키는 가는 곳마다 호소력이 강한 명연설로 혁명과업 수행과 군사력 증강의 필요성을 역설하여 절대적인 호응을 받았다. 그는 인쇄기, 전신기, 무전기, 자가 발전소, 목욕탕, 차고, 도서관까지 갖춘 특수 무장열차로 전선을 왕래하며 지친 군인들 앞에 긴 망토를 입고 나타나 사기를 북돋았다. 이 무렵 트로츠키의 혁혁한 공적을 시샘한 스탈린은 사사건건 트로츠키의 작전에 제동을 걸었으며, 전선에서 트로츠키의 사소한 실수도 침소봉대시켜 레닌에게 고자질하였다. 그리고 스탈린은 최근에 트로츠키가 참모총장으로 승진시킨 바체티스를 해임하고 트로츠키가 강등시킨 카메네프를 참모총장으로 임명할 것을 제안하고 나섰다. 감정이 상할 대로 상한 트로츠키는 정치국원, 국방인민위원 직책을 사퇴하겠다고 하였다. 그러나 레닌은 10월 혁명의 지도자, 군 창건자, 전술의 달인인 트로츠키에게 전폭적인 지지를 보내고 전선에서 트로츠키가 발동하는 모든 명령과 작전에 대해서 조건 없는 '백지보증서'를 건네주었다. 이렇게 해서 트로츠키는 레닌으로부터 재신임을 받았다. 그러나 스탈린의 앙심은 레닌의 사후에 마각을 드러낸다.

레닌의 사망과 트로츠키의 고립

볼셰비키 혁명정부가 외형적으로 안정을 되찾는 듯했으나 속사정은 '상처뿐인 영광'이었다. 레닌과 트로츠키는 국제적인 공산당 조직으로 각국의 사회주의 혁명을 성공시킬 수 있으리라는 판단 아래 1919년 3월 '제3 인터내셔널', 즉 '코민테른' 세계 공산당대회를 모스크바에서 개최하였다. 코민테른은 소련 공산당이 마르크스-레닌주의를 사상적 기초로 하여 중앙집권적 상위조직을 가지며 각국 공산당에 그 지부를 두는 것을 골자로 하고 있다. 이 자리에서 트로츠키는 국제적인 사회주의 혁명을 촉구하는 선언문을 기초하였으며, 이 대회에 참가한 50개국 공산당 대표 가운데 투표권이 있는 35개국 대표들이 선언문을 만장일치로 가결하였다. 레닌은 이 선언을 계기로 공산주의 혁명을 세계혁명으로 확산시킬 계획이었다. 그러나 내전 및 독일과의 전쟁 등으로 국내 경제는 거의 파탄에 이르렀다. 지도적인 혁명세대의 의식화된 노동자들이 무수히 죽어갔고, 기아와 질병으로 죽어간 사람들만 해도 900만 명에 달하였다. 이에 따라 볼셰비키 혁명정부에 대한 불만은 다시 고조되었으며, 구체제로의 복귀를 노리는 반대세력이 준동하기 시작하였다. 혁명정부는 이와 같은 반혁명세력을 잠재우기 위하여 1917년 12월 11일 카데트(Cadet), 즉 입헌민주당(1905년 중산층 부르주아와 부르주아 지식인들을 중심으로 결성된 자유주의 정당)을 불법단체로 규정하여 해체시킨 바 있으며, 혁명정부를 비판하는 신문도 폐간하였다. 이와 함께 1917년 12월 20일 혁명정부는 반혁명단체를 감시, 분쇄하기 위하여 국가 경찰, 즉 '체카(Cheka)'를 창설하여 강력한 국가감시체제를 실시하였다. 체카는 1917년 2월 전 러시아 반혁명 태업단속위원회를 모체로 하고 있으며, 1922년 이후에는 게페우(GPU), 즉 국가보위부로 개칭되어 1934년까지 악명 높은 정치사찰 기구로 존속되다가 1934년 이후부터는 국가정보국, 즉 KGB로 변모된다.

이와 같은 일련의 강압조치에도 불구하고 과거 '겨울궁전' 습격에 가담했던 크론슈타트 수병들(이들 대부분이 농민 출신임)까지도 혁명정부의 경제정책에 반기를 들고, 곡물의 강제징발 철회와 비밀투표의 실시, 언론출판의 자유보장 및 노동조합의 권리보장 등을 요구하며 반혁명투쟁을 전개하였다. 이에 따라 혁명정부는 이들 반혁명세력에 강력히 대처하여 크론슈타트 수병들의 반란을 무자비하게 진압하였다.

그러나 혁명정부 일각에서는 자성의 소리도 만만치 않았기 때문에 제10차 당대회에서 식량의 강제징발을 폐지하고 그 대신에 농민들은 농산물의 일부만 정부에 납부하고 그 나머지는 시장에 내다 팔도록 하는 내용을 골자로 하는 신경제정책(NEP)를 발표하여 농민들의 생산의욕을 고취하였다. 이와 함께 정부는 중소제조업, 소매업, 서비스업과 무역 등에도 국가독점권을 폐지하는 한편 일부 상업부문에도 사유화를 어느 정도 인정해주었다.

한편 레닌은 숙당 작업도 전개하여 기회주의적인 당원을 축출하고 1922년 12월 30일 제10차 전 러시아 소비에트대회를 개최하고 소비에트 사회주의 연방공화국, 즉 '소련'체제를 성립시켰다.

이처럼 볼셰비키 혁명정부가 거듭되는 위기를 겪는 가운데 레닌과 트로츠키 두 사람 모두 누적된 피로로 심신이 지쳐 있었다. 마침내 1922년 2월 레닌은 발작을 일으켰다. 2월 12일 의사의 권유로 그는 크렘린의 방에 칩거하였고, 나흘 뒤에는 두 번째 발작을 일으키며 우반신이 마비되었다. 병명은 뇌일혈로 밝혀졌다. 그때까지 만해도 그의 지적능력에는 별 이상이 없었기 때문에 중요한 문제는 구술로 처리되었다. 그리고 레닌은 그의 죽음이 임박하였음을 알고 당 지도층에게 유서 형식으로 긴밀한 협조를 당부하였다. 1923년 3월 9일 레닌은 세 번째 발작으로 언어능력까지 상실하였다. 그리고 그는 10개월간 생명이 연장되었으나 그 기간은 식물인간이나 다름이 없었다. 그런 와중에서 조심스럽게 후계문제가 거론되었고 1922년 4월 4일 제1차 소연방 당대회 때 교묘한 술수로 서기장으로 선출된 스탈린은 내색을 하지 않으면서도 호시탐탐 권좌를 노렸다.

레닌이 최초의 발작 후 직무에 복귀했을 때, 그는 스탈린이 개인적 위치를 구축하는 처사에 심히 못마땅하였다. 그러나 스탈린은 이미 당내의 지도적 위치에 있었다. 그 당시 레닌은 이러한 스탈린의 동태에 매우 불신을 나타내고 있었다. 레닌은 유서에 덧붙여 스탈린에 대해서 "그는 수중에 거대한 권력을 집중시키고 있으나 그 권력을 신중하게 행사하는 방법을 모르고 있다."라고 보았으며, 반면 트로츠키에 대해서는 "현 중앙위원 중에서 가장 유능한 인물이기는 하나 자신감이 지나치게 강하고 모든 사안을 너무 경직되게 처리하려는 성향이 있다."라고 지적하였다. 1923

년 1월 4일 레닌은 스탈린에 대한 불신을 더욱 노골적으로 나타냈다. "스탈린은 속내를 알 수 없고 너무 거칠어서 누군가 더욱 참을성 있고 충성심이 강하며, 예의바르고 덜 변덕스러운 사람이 서기장을 맡아야 한다."

드디어 스탈린이 어떤 이유에서 레닌의 아내 크룹스카야를 모욕하였다는 사실이 알려진 3월 초 레닌은 스탈린과 동지적 관계를 청산하였다. 그러나 병든 레닌으로서는 그동안 너무 커버린 스탈린을 제거하기엔 역부족이었다. 3월 9일 레닌의 활동에 종지부를 찍게 한 세 번째 발작이 일어나면서 상황은 트로츠키에게 더욱 불리하게 전개되었다. 스탈린을 포함한 그의 동료들은 트로츠키의 오만한 태도에 대해서 더욱 혐오감을 가지고 대하였다. 특히 지노비예프(레닌의 직계로 페트로그라드 소비에트 의장을 역임하였으며, 1936년 스탈린에 의해 처형됨), 카메네프(볼셰비키 중앙위원, 지노비예프와 함께 처형됨), 그리고 스탈린은 제각기 동상이몽 속에서 트로츠키를 맹비난하며 호시탐탐 후계자를 꿈꾸고 있었다. 이들 세 사람들 중 카메네프는 개성보다는 지성의 힘으로 자신을 각인시켰으며, 반대로 무능하고 허영심이 많은 지노비예프는 레닌의 직계라는 점을 내세워 공석이 된 권좌를 노리며 부재중인 지도자의 권위에 추종하는 태도를 보였다. 그러나 이들보다 음흉하고 단수가 높은 스탈린은 속내를 드러내지 않고 의도적으로 겸허하게 처신하였다. 그는 아무것도 바라지 않으며 오로지 '스승(레닌)'의 언행을 연구하고 그대로 따를 뿐이라고 말하며 조용히, 그러나 집요하게 '때'를 기다렸다

1923년 여름 동안 경제위기가 고조되고 레닌의 회복이 절망적인 상황에서 트로츠키는 공식적인 지도적 역할을 수행할 후보자는 아니었지만, 그의 강렬한 개성, 내전시의 혁혁한 업적, 화려한 웅변술과 뛰어난 재능등으로 당원들로부터 광범위한 지지를 받고 있었기 때문에 여전히 무시할 수 없는 존재였다. 따라서 스탈린, 지노비예프, 카메네프 이들 3인은

공동으로 트로츠키 흠집 내기에 혈안이 되었다. 그런 가운데서도 트로츠키는 그 특유의 독설로 이들 3인의 '바르지 못하고 불건전한' 독주체제에 대해서 맹공을 퍼부었다. 트로츠키는 1923년 12월 8일에 발표한 '새 노선에 관한 서한'에서 당내 비판에 대한 탄압과 이들 3인에 의한 당의 예속을 맹렬히 비판하였다. 이에 대해 이들 3두 체제는 1924년 1월 제13차 당대회에서 트로츠키는 종파분자이며, 그의 주장은 레닌의 뜻과 배치되는 것이라고 공격하면서 소위 '트로츠키즘'이라는 비판적 '신화'를 만들어냈다. 대세는 트로츠키에게 불리하게 진행되어 갔다. 기묘한 운명이라 할까, 트로츠키도 1923년 10월 25일부터 정체불명의 발열로 자주 드러눕곤 하였다. 사실 트로츠키는 1917년 10월 25일 혁명의 막바지에서도 너무 과로한 탓으로 졸도한 적이 있었다.

트로츠키는 훗날 자신의 회고록에서 육체적 고통이나 정신적 부조화를 느낄 때 쉽사리 발작을 일으키며 실신해버리는 체질을 어머니로부터 물려받았다고 실토하였다. 이러한 증세는 정확히 5년 만에 더욱 심각한 징후로 나타났다. 이런 상태에서 트로츠키에 대한 이들 3인의 중상모략은 더욱 극에 달하였고, 마침내 1924년 1월 18일 트로츠키는 의사의 권유로 요양차 코카서스로 떠났다. 그리고 이어서 1월 21일 오후 6시 50분 세기의 혁명가 레닌은 그의 아내 크룹스카야가 오열하는 가운데 53세라는 아까운 나이로 파란만장한 삶을 마감하였다. 1월 23일 레닌의 유해는 모스크바로 옮겨져 노동조합 건물에 안치되었다. 그리고 수십만 명의 노동자들이 찾아와 그에게 마지막 경의를 표하였다. 장례식 전날인 1월 26일 소비에트 연방 제2차 대회가 소집되고 그 자리에서 엄숙한 추모식이 거행되었다. 이날의 추모식에서 스탈린의 조사는 마르크스주의와 볼셰비키 어휘로서는 매우 어색한 숭배적 표현으로 일관하고 꾸밈이 많아 그것은 조사라기보다는 종교적 기도에 가까웠다. 그는 조사에서 "우리들

공산주의자들은 겸허하고 충실한 제자로서 '스승'의 모든 명령을 수행하기로 맹세한다."라는 것이었다. 이 자리에서 혁명정부는 레닌이 사망한 날을 국가 애도의 날로 정하는 한편, 페트로그라드의 이름을 이날부터 레닌그라드로 바꾼다고 발표하였다. 1월 27일 붉은 깃발로 뒤덮인 레닌의 관은 모스크바의 붉은 광장에 설치된 제단에 옮겨지고, 그의 유해는 영묘가 완성될 때까지 붉은 광장 근처의 지하 납골당에 안치될 계획이었다. 오후 4시 모스크바를 비롯한 전국의 모든 도시에서 일제히 사이렌이 울려 퍼지고 예포가 울려퍼졌다. 그리고 스탈린과 지노비예프, 카메네프, 니콜라비치 이바노비치 부하린(볼셰비키 당내 이론가로 스탈린과 함께 공산당을 이끌다가 1938년 스탈린에 의해 처형됨), 그리고 다른 네 명의 볼셰비키 지도자들이 레닌의 관을 지하 납골당으로 직접 운구하였다. 트로츠키는 스탈린의 교활한 술책으로 장례식에 참석할 수 없었다. 역사에서 레닌에 대한 평가가 엇갈리고 많은 논란의 여지가 있지만, 어떻든 그는 그 시대의 가장 위대한 지도자였고, 가장 유능한 혁명가였다.

스탈린의 승리와 트로츠키의 영구추방

레닌의 사망으로 모든 것은 스탈린의 계획대로 진행되어 나갔다. 트로츠키는 코카서스에 거의 다 도착할 무렵에서야 레닌의 사망 소식을 들었다. 스탈린은 트로츠키가 거리상으로 도저히 장례식에 참석할 수 없게끔 교활한 방법으로 늑장통보를 한 것이다. 그리고 스탈린은 트로츠키가 의리 없는 사람이라고 몰아세우기 위해서 사전에 치밀한 계획을 세워 장례식 날짜를 1월 27일로 잡아놓고도 트로츠키에게는 이를 앞당겨 제 날짜에 참석할 수 없도록 애매하게 통보하였다. 이와 같은 스탈린의 치밀한 음모로 인해서 트로츠키에 대한 당 내외 여론이 더욱 나빠진 것은 물론이었다.

레닌의 장례가 끝나자 스탈린은 트로 츠키에 대한 공격의 고삐를 더욱 조여 갔다. 이에 맞선 트로츠키는 1924년 말 『10월 혁명의 교훈』이라는 저작물을 통 해 1917년 10월 혁명 때 거사에 대해 소 극적이었던 스탈린의 기회주의적 태도 와 거사 결정을 끝까지 반대했던 지노 비예프와 카메네프의 판단착오를 맹렬 히 비난하는 한편, 혁명이 성공한 후에

트로츠키의 정적 스탈린

도 이의 진정한 성공에 회의적이었던 그들의 우유부단함을 조목조목 비 판하면서 이러한 자들이 어떻게 주도권을 갖고 혁명과업을 수행할지 의 문시된다고 지적했다. 이에 대해 스탈린은 「트로츠키즘인가, 레닌이즘인 가?」라는 논문에서, 10월 혁명 당시 트로츠키는 오직 당의 의사를 실천 했을 뿐인데 그의 역할과 공적이 과장되었다고 주장하고, 트로츠키는 당 과 볼셰비키 지도자들에 대해 불신과 모욕을 조장하고 있을 뿐이라고 비 판하였다. 또한 『10월 혁명의 교훈』이 제기한 또 하나의 쟁점은 트로츠 키의 '세계혁명론'(소위 '연속혁명') 대 스탈린의 '일국 사회주의론'이었 다. 즉 트로츠키는 사회주의는 한 국가에서만 제도화되었다고 해서 성공 을 유지할 수 없다는 것이다. 만일 세계의 나머지 국가들이 여전히 자본 주의 체제에 머물러 있다면 이들 자본주의 국가들은 실험적 사회주의 국 가를 고립시킬 것이기 때문이다. 따라서 사회주의 국가인 러시아는 유럽 의 다른 나라들에도 사회주의가 확산되도록 사회주의 혁명을 전파해야 하며, 그렇게 함으로써 러시아 사회주의 혁명이 진정으로 성공할 수 있 고, 사회주의의 세계화가 가능하다는 것이다.

이에 반해 스탈린은 트로츠키의 이와 같은 주장은 러시아 사회주의를 과소평가한 비관적 사고에 기인하는 것이고, 러시아와 같이 한 나라에서도 사회주의가 실현될 수 있으며, 그렇게 되면 전 세계가 사회주의를 실현할 수 있다고 내다보았다

1925년 1월 스탈린은 트로츠키를 국방위원 직에서 해임하도록 막후 조종한 데 이어 12월 소집된 제14차 당대회에서는 그의 '일국 사회주의' 이론을 정당화시키려고 하였으나 평소 스탈린의 다른 모든 면에 동조하였던 지노비예프와 카메네프가 스탈린의 독주를 막기 위하여 '일국 사회주의' 이론에 동조하기를 유보함으로써 사태는 트로츠키에게 유리한 방향으로 전개되는 듯하였다. 그러나 용의주도한 스탈린은 차제에 트로츠키는 물론 지노비예프와 카메네프를 제거하기로 마음먹었다.

스탈린은 1926년 10월 트로츠키와 지노비예프를 당 정치국에서 추방하고 카메네프는 정치국 후보위원으로 강등시켰다. 그 사이 스탈린은 정치국 좌파인 류코프 및 부하린을 회유하여 볼셰비키 우파를 형성하였으며, 그동안 트로츠키와 적대관계에 있던 지노비예프와 카메네프는 스탈린을 견제하기 위하여 트로츠키와 좌파를 형성하였다. 1927년 5월 전열을 정비한 이들 3인을 중심으로 한 좌파세력은 소위 '84인 선언'을 통해 스탈린의 대 중국 공산주의 전략실패와 개인 독재의 위험성, 당 기구의 관료화를 경고하며 스탈린 반대투쟁을 전개하였다. 그러나 스탈린에 대한 이들 좌파의 도전은 그것이 마지막이었다. 이에 격분한 스탈린은 이들 3인을 당에서 제명 처분하였다. 그러나 11월에 소집된 제15차 당대회에서 지노비예프와 카메네프는 자신들의 과오를 뉘우치고 복권되었으나 트로츠키는 영구 제명처분을 당하였다.

1928년 1월 마침내 트로츠키에게 오지 추방령이 떨어졌다. 그의 유형지는 일단 모스크바에서 수천 마일 떨어진 중국 국경 근처의 알마아타로

정해졌다. 이번만큼은 스탈린도 트로츠키의 불굴의 투쟁정신을 개의치 않았다. 그러나 트로츠키는 이에 굴하지 않고 그의 예리한 필봉으로 스탈린의 비행과 자신의 정당성을 대내외에 흘려보냈으나 스탈린의 입장은 요지부동이었으며, 트로츠키 자신의 위치만 더욱 위태로워질 뿐이었다. 결국 1929년 초 트로츠키에게 다시 국외 추방령이 떨어졌다. 오갈 데가 없는 그에게 터키의 케말 파샤가 은신처를 제공하였지만, 터키령 프린키포 섬에만 머문다는 조건이었다.

트로츠키의 추방여정은 눈물겨웠다. 그 자신은 어디로 추방되는지도 알지 못한 채 GPU 요원의 철통같은 감시와 호송을 받으며 자동차와 열차로 밤낮 없이 계속 이동하였다. 그러나 일곱 대의 호송 차량이 눈보라를 헤치고 가다가 차가 눈 속에 파묻혀 여러 명의 호송요원이 동사하는 바람에 결국 눈썰매를 이용하여 열차로 갈아타야만 했다. 열차 속 추위도 말이 아니었다. 영하 47도 이하로 떨어지는 강추위였기 때문에 열차는 정차하는 시간에도 레일에 얼어붙지 않도록 레일 위를 왔다갔다 해야 하는 진풍경이 벌어졌다. 열이틀 밤낮으로 호송을 받으며, 호송 열차는 2월 10 일에야 트로츠키의 학창시절 7년 동안의 애환이 서린 오데사에 도착하였다. 트로츠키는 차창 밖으로 오데사 시내를 바라보며 남다른 감회에 젖었다. 그는 여기까지 동행한 차남 세르게이, 그리고 큰며느리 안나와 작별해야만 했다. 그는 처 나탈리아와 함께 22일간의 긴 여정 끝에 터키의 콘스탄티노플에 도착하였다. 그러나 트로츠키는 터키정부에 대한 본국의 압력으로 프린키포 섬으로 향하였다. 그리고 그는 이곳에서 외부 세계로부터 모든 것이 단절된 채 4년간이나 망명자의 슬픔과 고독을 이겨내야만 했다.

망명지에서의 왕성한 저술활동

프린키포 섬에서의 트로츠키의 삶은 너무도 참담했다. 그는 유럽의 여러 나라에 그의 입국 가능성을 타진하여 보았지만 각국의 반응은 냉담하였다. 그는 고독과 절망을 그의 유일한 무기인 펜으로 이겨나갔다. 그는 전 세계에 사회주의 혁명을 확산시키는 것이 인류를 억압과 불평등에서 구원할 수 있는 길이라는 평소의 신념을 버리지 않고 그 동안 줄기차게 구상하고 주장해온 『연속 혁명』을 1929년 11월 탈고하였다. 오늘날까지도 논란을 불러일으키고 있는 이 저작은 두 가지 테제로 구성되어있다.

첫 번째 테제는 러시아가 산업자본주의 발전의 형태로는 후진적이고 주요산업이 농업이라 할지라도 그 땅의 산업프롤레타리아의 의식은 전투적이므로 사회주의 혁명을 위한 투쟁을 통해 그들은 부르주아적 권리까지도 일거에 획득할 수 있다는 것이다. 이 테제는 부르주아 민주주의 혁명과 프롤레타리아 사회주의 혁명을 단계적으로 이루어내려는 레닌의 시도와 배치되는 생각으로 이해되었으나, 레닌은 '4월 테제'(1917년 4월)에서 이를 수용하였다.

두 번째 테제는, 이 같은 여건에도 불구하고 후진국의 프롤레타리아 혁명은 사회주의적 정치체제가 성공적으로 확립되는 단계에까지는 이르지 못하므로 선진자본주의 제국의 프롤레타리아트가 혁명에 합류할 때에야 비로소 참된 사회주의 혁명이 완성된다는 것이었다.(레온 트로츠키 지음, 정성진 옮김, 『연속혁명 평가와 전망』, 도서출판 책갈피, 2003, 참고 정리)

이 국제주의적인 혁명의 전망을 수정한 것이 레닌이 사망한 뒤 1924년에 제창된, 이른 바 러시와 같은 고립된 후진 농업국에서도 독자적으로 사회주의적 정치체제 건설에 성공할 수 있다고 주장한 스탈린의 '일국

트로츠키 부부의 망명 시절 모습

사회주의' 이론이었다. 그래서 트로츠키의 현실적이고 냉엄한 역사 인식은 비관주의라는 딱지가 붙게 되었으며, 이때부터 트로츠키즘이라고 하면 비관적 사회주의 혁명론으로 인식되기에 이르렀다.

그의 자서전 『나의 생애』가 나온 것도 이 무렵인데, 그는 1929년 2월 터키로 추방되어 콘스탄티노플에서부터 이 자서전을 쓰기 시작하여 그 해 프린키포에서 탈고하였다. 50년 가까운 그의 험난한 삶을 소상하고도 솔직하게 기술한 이 자서전은 혁명가 트로츠키의 삶을 파악하는 데 귀중한 자료가 되고 있다. 트로츠키는 이 자서전을 통해서 자신의 유년기와 청년기의 정신적 방황과 투쟁과정을 소상하고도 흥미롭게 기술하고, 레닌과의 운명적인 만남과 불화를 빚게 된 경위와 화해 과정을 설명하면서 러시아 혁명을 영도한 정통파는 레닌과 자신이고 폭력으로 혁명 권력을 찬탈한 기관 보수파인 스탈린주의자들은 어디까지나 아류에 지나지 않는다는 주장을 곳곳에서 강조하고 있다. 또한 '볼셰비키 10월 혁명'은 프랑스 혁명이 그러했듯이 단기적으로 평가될 수 없는 인류사의 대사건으로, 새로운 사회체제의 실험인 만큼 깊은 역사적 통찰이 필요하다고 주장하였다. 그리고 이 자서전은 그의 어느 저작보다 문학적 자질이 돋보여 흥미를 자아낸다. 그는 말했다. "나는 유형지에서 나 자신이 획득한 관점에 바탕을 두고 인간 생활의 이른바 '영원한' 제 문제, 즉 사랑과 죽음, 우정, 낙관주의, 비관주의 등을 깊이 생각해보려고 하였다. 인간은 여러 시대와 다양한 사회 환경 속에서 각기 다르게 사랑하고 미워하고 희망한다."(트로츠키 지음, 박광순 옮김, 『나의 생애』상, 범우사, 2001, 216쪽)

트로츠키는 틈틈이 유럽의 각 언론매체를 활용하여 스탈린의 공포정치와 그의 그릇된 사회주의 혁명관에 대해서도 신랄한 공격을 퍼부었다. 스탈린의 협박과 보복은 당연히 예상되는 순서였다. 스탈린은 첫 단계로 트로츠키와 그의 가족들에게 소련의 공민권을 박탈하였으며, 그와 가까이하는 모든 사람들에게 반역죄로 처단할 것을 경고하였다. 그 첫 번째 희생자는 1929년 트로츠키를 방문하고 그에게 호의적 반응을 보인 비밀경찰, 즉 GPU 고급관리 불름킨이었다. 그는 귀국하자마자 처형당하였다.

트로츠키는 1930년 그 동안 관심을 가졌던 스페인 혁명과 반혁명에 관해서 관심을 갖고 1931년 집필에 착수(1939년 탈고)하였으며, 그 사이 갖은 악조건에서도 대작『러시아 혁명사』전3권을 출간(1931-33년)하였다. 이 책은 총 1,295쪽에 달하는 방대한 분량으로서 혁명의 원동력이 된 1917년 2월 혁명부터 10월 혁명에 의한 소비에트 체제 성립까지 숨 가쁜 상황을 사실적으로 기술한 역작이다. 트로츠키는 이 책에서 인간이 자신의 의지를 실현해나가는 과정을 자신의 현장 체험과 결부시켜 생생하게 묘사하였다. 그는 말했다. "지도 조직이 없다면 대중의 혁명 에너지는 피스톤 실린더 안에 들어가지 않는 증기처럼 사방으로 흩어질 뿐이다. 그러나 역시 원동력은 피스톤이나 실린더가 아니고 증기에 있듯이 혁명의 원동력은 대중에게서 나온다."(레온 트로츠키 지음, 서상규 옮김, 『러시아 혁명사』제1권, 도서출판 풀무질, 2001, 20쪽). 저술활동으로 외로움을 이겨내고 있는 사이에 트로츠키는 1933년 1월 뜻밖에도 큰딸 지나가 베를린에서 자살했다는 비보를 접하고 너무나 상심하였다. 이러한 가족의 비운이 자신의 탓이라고 생각하니 트로츠키는 더욱 가슴이 아팠다. 그해 3월 독일 공산당이 아무런 저항도 해보지 못하고 히틀러에게 항복하자 트로츠키는 독일의 스탈린주의적 정당이 레닌주의적 정당으로 거듭나야 된다고 주장하였다. 그리고 7월에 그는 코민테른이 이 상태로는 개혁될 수 없기 때문에 새로운 인터내셔널이 필요하다고 역설하였다.

1933년 트로츠키 부부는 지지자들의 도움으로 프랑스행 비자를 얻는데 성공하였다. 트로츠키는 프린키포 섬에서 4년간을 보낸 후 프랑스의 한적한 시골에서 모처럼 휴식을 취하면서 집필활동을 계속하였다. 그것도 잠시, 이듬해 4월 프랑스 정부는 트로츠키에게 추방령을 내렸다. 그러나 어떤 나라도 그를 받아 주지 않았기 때문에 행선지를 모색하며 그곳에서 더 1년여를 버텼다. 그는 이 기간 중에 『프랑스는 어디로 가고 있는가?』라는 논설집을 출간하였다. 그런데 그해 12월 초 레닌그라드 지구당 위원장이자 소비에트 정치국위원인 키로프가 암살당하는 사건이 발생하였다. 스탈린은 이 사건의 혐의자 15명을 체포하여 처형하는 한편, 이 사건의 배후 조종자로 트로츠키와 지노비예프 및 카메네프를 지목하여 트로츠키를 제외한 두 사람은 각각 10년 및 5년의 시베리아 강제노역형을 선고받았다. 이런 상황에서 모스크바의 스탈린의 영향력은 프랑스 공산당까지 크게 자극하여 트로츠키는 더 이상 프랑스에 머물 수가 없었다. 다행히 트로츠키는 그 당시 정권을 잡고 있는 노르웨이 노동당의 배려로 1935년 6월 노르웨이 입국이 허용되어 그의 아내, 그리고 비서 몇 사람과 오슬로 근교에서 은신처를 제공받았다.

1936년 8월 트로츠키는 이곳에서 그의 대표적 저서의 하나인 『배반당한 혁명』 집필을 마쳤다. 트로츠키는 이 책에서 당시 스탈린주의 관료집단이 지배하고 있던 소련의 실상을 혁명적 마르크스주의 이론적 전통에 기초하여 다각적으로 분석하였다. 특히 트로츠키는 이 책에서 스탈린 치하의 러시아 경제의 생산성 저하와 그 원인이 스탈린의 획일적이고 독재적인 관료집단의 실정에 기인하고 있다고 주장하였다. 그는 이렇게 말했다. "관료집단이 노동자 국가를 집어삼킬 것인가, 아니면 노동자 계급이 이들을 쓸어 없애 버릴 것인가? 이 문제에 소련의 운명이 달려 있다……노동자들은 현실적이다. 이들은 관료 지배층과 최소한 자신들과 가까이 있는 하급관료집단을 현실적으로 평가하고 있다. 즉 그들은 당분간 관료집단이 노동자들에 의해서 달성된 혁명의 성과 중 일부만이라도 지켜줄 것이라고 믿고 있다. 그러나 노동자들은 다른 대안을 찾아내는 순간 이 정직하지 못하고, 버릇이 없으며, 믿을 수 없는 혁명의 '파수꾼'을 몰아 낼 것이 틀림없다. 바로 이 이유 때문에 서방이나 동방에서 혁명의 아침 이 한 번 더 도래해야 한다."(레온 트로츠키 지음, 김성훈 옮김,『배반당한 혁 명』, 도서출판 갈무리, 1995, 284-285쪽)

『배반당한 혁명』이 비상한 관심을 끈 가운데 각 국의 언어로 번역되면서 스탈린의 실책이 낱낱이 밝혀지자 스탈린은 트로츠키와 그의 지지자들에게 정치적 보복을 더욱 강화하였다. 마침내 1936년 8월 19일 지노비예프와 카메네프 등 14명의 볼셰비키 지도자들이 반역죄로 피고석에 서서 전원이 사형 내지 중형을 선고받았다. 특히 위의 두 사람이 처형되었음은 물론이며, 트로츠키와 그의 큰아들 세도프는 불구속 기소상태에서 사형을 선고받았다. 이와 함께 소련 당국은 노르웨이에 트로츠키의 인도를 강력히 요구하고 그렇지 않을 경우 노르웨이의 주요 수출품인 청어 수입을 전면 금지하겠다고 위협하였다. 노르웨이 당국은 트로츠키를 소련에 인도하는 대신에 그에게 망명처를 제공할 다른 나라를 찾아볼 것을 권고하였다. 트로츠키의 심경은 너무도 참담했다. 그 사이에 레닌그라드에 살고 있던 트로츠키의 전 아내 알렉산드라가 시베리아로 추방되었으며, 작은아들 세르게이도 체포되었다. 세르게이는 1937년, 그리고 알렉산드라는 1938년에 강제수용소에서 죽게 된다. 그리고 큰아들 세도프도

1938년 2월 파리의 한 병원에서 스탈린의 지령으로 독살된다. 트로츠키는 시시각각으로 조여 오는 암살위험을 감수하며 넓은 세상 어느 곳에서도 쉴 곳을 찾지 못하였다.

망명지 멕시코에서의 마지막 나날들

이런 절박한 상황에서 트로츠키에게 구원의 손길이 뻗쳤다. 뜻밖에도 멕시코의 타타 카르데나스 대통령이 갈 곳이 없는 그를 받아주었다. 러시아 혁명의 지도자이며 적군 창설자인 트로츠키의 비참한 운명을 애석하게 여긴 카르데나스는 형제애를 발휘하여 그를 따뜻하게 맞아준 것이다. 사실 멕시코는 어떤 의미에서 소련보다 먼저 사회주의 혁명이 일어났다. 스페인 정복자들 손에 인디언 왕국이 멸망한 이후로 아무런 변화를 겪지 못한 멕시코에서 1910년 포르피리오 디아스가 여섯 번째 연임으로 대통령이 되었다. 이때 그의 나이 80세의 고령으로 30년 이상 장기집권하고 있었다. 영국의 역사가 액턴 경(Lord Acton)의 명언인 '권력은 부패하기 쉽다. 절대 권력은 절대 부패한다'라는 말이 바로 이 나라에 적용되었다. 그 이후 멕시코는 수 없이 정변을 거치면서 1934년 카르데나스가 대통령이 된다. 그는 사회주의자는 아니었지만 대통령이 되자 과감한 토지개혁을 단행하고, 토지가 없는 농민들에게 무상으로 토지를 분배하고 원주민들에게도 집단농장을 설치하여 그들의 토지가 대토지 소유자들에게 다시 돌아가지 못하도록 배려하였다. 이런 그였기 때문에 카르데나스는 레닌과 트로츠키가 이끈 러시아 혁명에 각별한 관심을 갖게 된 것이며, 이런 연유로 해서 트로츠키를 형제처럼 따뜻하게 맞아주게 된 것이다.

1937년 1월 9일 트로츠키는 나탈리아와 함께 노르웨이 유조선을 타고 멕시코의 탐피코 항에 도착하였다. 멕시코의 전설적인 화가 디에고 리베라와 역시 유명한 여류 화가인 그의 아내 프리다 칼로가 유조선에서 내리는 트로츠키 부부를 따뜻하게 영접하였다. 사실 트로츠키가 멕시코에 온 것은 카르데나스와 가까운 디에고가 트로츠키를 받아줄 것을 간곡히 건의한 덕분이었다. 당시 좌익 성향의 이 두 화가는 화가이면서도 혁명적 사고를 가진 데다가 그림도 탁월하여 둘 다 인기 절정에 있었다. 농촌 출신의 디에고는 파리 유학시절부터 유럽의 정치혁명에 매료되었으며 본국으로 돌아온 뒤에는 멕시코 민중혁명에 각별한 관심을 갖게 된 것이다. 그런 디에고였기에 트로츠키는 혁명의 이상을 실현시킬 수 있는 상징이자 흠모의 대상으로 비쳐졌다. 이렇게 해서 트로츠키는 디에고의 아내 프리다의 개인 저택인 코요아칸에 거처를 정하였으며, 그때부터 코요아칸은 트로츠키파의 국제지도자연맹 본부가 되었다. 트로츠키는 여기에서 참다운 사회주의 혁명의 지휘자로서 전열을 재정비, 스탈린 반대 운동에 더욱 박차를 가하였다.

그런데 이것도 운명이라 할까, 트로츠키는 디에고와 프리다의 환대, 그리고 코요아칸의 경관에 매료되었을 뿐만 아니라 라틴계 특유의 열정

여류 화가 프리다 칼로(가운데)와 함께한 **트로츠키 부부**

을 지닌 프리다의 성적 매력에 빠져들었다. 먼저 유혹의 눈길을 보낸 것은 프리다 쪽이었다. 그 당시 디에고와 프리다는 서로가 사회적, 성적 독립을 인정하는 소위 '자유결혼' 부부관계에 있었기 때문에 사생

활에 아무런 제약이 없었다. 그녀는 트로츠키의 혁명가로서 파란만장한 역정과 그의 뛰어난 글 솜씨, 그리고 비록 늙어 가는 몸이지만 지적인 용모에 매료되었으며, 그동안 심신이 너무 지쳐 있던 트로츠키 또한 이 열정적인 라틴계 여인에게서 황홀한 성적 매력을 느꼈다. 이렇게 해서 두 사람은 은밀히 밀애를 나누었다. 그러나 두 사람의 애정행각은 트로츠키주의자이며, 재야 혁명예술가 국제연맹선언문을 기초한 앙드레 브르통이라는 사람이 멕시코에 와 프리다를 만남으로써 끝나고 말았다. 브르통은 미술에 대한 안목이 깊은 사람으로, 그 역시 칼로를 만나자 두 사람은 가까워졌다. 브르통의 주선으로 프리다는 파리 전시회를 갖게 되었고, 이 전시회에서 그녀의 작품은 당대의 대화가 피카소와 칸딘스키로부터 극찬을 받았다. 이를 계기로 그녀의 작품은 남미 화가로서는 최초로 루브르 박물관에 소장되었다. 그러나 프리다의 자유로운 애정행각도 잠시, 디에고 없는 자유는 공허할 뿐이었다. 결국 그녀는 원점으로 회귀하여 디에고와 재결합하였다.

트로츠키가 멕시코에 온 이래 스탈린의 트로츠키 가족과 그의 주변 인물에 대한 탄압은 상상을 초월하였다. 트로츠키가 추방된 후 모스크바에서는 1937년 1월 트로츠키 옹호자들에 대한 재판이 열려 무고한 사람들이 처단되었으며, 정치와 거의 무관한 그의 작은아들 세르게이도 5년형을 선고받고 시베리아 강제수용소에 수감된 후 비밀리에 처형되었다. 트로츠키는 이 '사기재판'의 부당성과 스탈린의 죄악상을 낱낱이 폭로하였다. 이에 따라 1937년 초 미국, 영국, 프랑스 및 체코 등의 저명인사들로 구성된 트로츠키 변호인난이 합동조사위원회를 발족시켜 멕시코에 있는 트로츠키를 방문하였다. 이때 조사위원회의 단장은 미국의 유명한 교육자이자 철학자인 존 듀이였다. 조사위원회(세칭 '듀이 조사위원회')는 13차에 걸쳐 트로츠키와 면담을 실시한 결과 모스크바 재판이 '사기재판'임을 입증하였다.

그러나 트로츠키에 대한 동정적인 여론이 높아질수록 그에 대한 스탈린의 보복의 강도는 더욱 드세어졌다. 그 무렵 트로츠키 큰아들 세도프는 클레멘트와 트로츠키가 주창한 '제4 인터내셔널' 구성을 위한 예비 작업을 추진하고 있었다. '제4 인터내셔널'은 트로츠키가 스탈린의 코민테른에 대항해 코민테른 본연의 전통을 혁명적으로 계승하기 위하여 1938년에 창건된 것이다. 이 일로 인해서 클레멘트는 파리 센 강변에서 스탈린이 보낸 자객에 의해 살해되었다. 그 무렵 세도프는 동료 주브로브스키와 파리에서 반 스탈린 운동에 참여하였다가 맹장염으로 쓰러졌다. 그러나 그는 병원으로 가기를 거부하였다. 병원에 입원할 경우 어떤 경로를 통해서건 스탈린의 첩자가 주변인물을 매수하여 그를 위해할 수 있기 때문이었다. 예상했던 대로 세도프는 수술을 받고 격심한 고통 끝에 다음날 죽고 말았다. 세도프의 사망은 20년 후 그의 친구였던 에티엔느가 충격적인 고백을 함으로써 전모가 백일하에 드러났다. 당시 그의 보호자였던 에티엔느가 스탈린의 첩자에게 매수되어 모종의 독약으로 세도프를 독살한 것이다. 이런저런 일로 실의에 빠진 데다가 신변의 위험에 직면한 트로츠키는 동료들의 간곡한 충고에 따라 인근 다른 집으로 거처를 옮겼다. 그 집은 경보장치가 설치되어 있고 '제4 인터내셔널' 지지자들이 밤낮으로 철통같이 수비를 하고 있었기 때문에 매우 안전하였다. 그리고 트로츠키 부부는 외로움을 달래기 위해 큰딸 지나가 낳은 외손자 세바를 1939년 10월 우여곡절 끝에 데려왔다. 세바는 어머니를 일찍 여의었기 때문에 세도프가 그를 보살펴온 것이다. 피는 물보다 진하다는 말과 같이 세바는 할아버지 트로츠키를 만나자마자 어색함이 없이 품에 안겼다.

멕시코 밤하늘에서 진 러시아의 '붉은 별'

'듀이 위원회'의 조사 결과와 트로츠키의 저서 『배반당한 혁명』으로 스탈린의 잔혹성과 실정失政이 전 세계에 알려지면서 스탈린 정권에 대한 비난이 갈수록 확산되었다. 마침내 스탈린은 모종의 결단을 내려야만 했다. 트로츠키의 독설을 잠재울 수 있는 유일한 방법은 그를 없애는 것뿐이었다. 스탈린은 비밀경찰에 트로츠키 암살을 지령하여 1938년 에이팅곤이 이끄는 '특별 전담반'이 편성되었다. 사전에 치밀한 암살 작전을 세운 이 전담반은 트로츠키주의자인 미국 여인 실비아 아젤로프를 일차적인 포섭대상으로 정하였다. 실비아는 '제4 인터내셔널' 창립총회 때 통역을 맡았으며 러시아어에 능통하였다. 그 후 그녀는 코요아칸에서 트로츠키의 연구를 돕고 있었다. 그녀는 20대 후반의 미혼여성으로서 어딘가 쓸쓸해 보였다. 정보에 밝은 특별 전담반이 이것을 간파한 것이다. 전담반은 실비아에게 접근할 인물을 물색하던 끝에 그 적임자로 27세의 건장한 미남 라몬 메르카데르를 지목하였다. 라몬은 에이팅곤의 정부 카리다트의 아들이었다. 그는 영어와 불어에도 능통하여 실비아에게 손쉽게 접근할 수 있는 인물이었다. 라몬은 자크 모나드라는 이름으로 변신하게 된다. 진짜 자크는 파리 소르본 대학에서 신문 방송학을 전공하는 대학원생이었다. 자신의 신분증을 도난당한 자크는 정치와 전혀 무관한 학생이었다. 마침내 라몬, 즉 자크는 두툼한 지갑을 소지하고 화창한 어느 날 실비아와 고급식당에서 데이트를 하는 데 성공하였다. 그때부터 라몬은 값비싼 선물로 실비아의 환심을 샀으며, 실비아는 돈 잘 쓰는 미남에게 자신도 모르게 빨려들었다.

1939년 9월 라몬은 뉴욕에 출장 가 있는 실비아를 찾아갔다. 뉴욕 여행 때 라몬은 프랭크 잭슨이라는 캐나다인 위조여권을 소지하고 있었다.

자크라는 실명 여권을 사용할 경우 자칫하면 신상이 탄로 날 가능성이 있으리라는 치밀한 판단에서였다. 그리고 라몬은 실비아에게 자신은 반전론자로 벨기에 정부가 징집영장을 발부하였기 때문에 이름을 바꿀 수밖에 없다는 점도 밝혔다. 역시 반전론자인 실비아도 이 사실을 알고 기뻐했다. 지령 받은 임무를 조속히 수행하기 위해 다시 멕시코에 돌아온 라몬은 아직 미국에 있는 실비아에게 사랑의 편지로 '큐피드(Cupid)의 화살'을 쏘아대며, 조속히 멕시코에 와주기를 바랐다. 1940년 멕시코에 돌아온 실비아는 이제는 믿음직한 '애인'이 된 라몬과 재회의 기쁨을 나누었으며, 라몬은 마침내 실비아를 통해 트로츠키 집을 드나들 수 있게 되었다. 그러나 그는 트로츠키를 직접 만나는 것은 당분간 삼갔다. 돈 잘 쓰고 사교성이 있는 라몬은 우선 트로츠키 집 경비원들과 친해지며 이들이 자신을 신뢰하도록 하는 데 더 신경을 썼다.

그런데 트로츠키 암살계획이 순조롭게 진행되고 있는 가운데 1940년 5월 24일 새벽 4시 트로츠키 집안에서 뜻밖의 기관총 소리가 새벽의 정적을 깨트렸다. 또 다른 저격수들이 트로츠키 집을 급습한 것이다. 이 사건을 두고 멕시코 스탈린주의자들은 트로츠키 측이 세인의 이목을 집중시키기 위하여 일부러 이 사건을 꾸몄다고 비난하였다. 경찰 당국의 거듭되는 수사에도 불구하고 이 사건의 전모가 속 시원하게 밝혀지지 못하고 갖가지 추측만 무성하다가 이듬해 10월에서야 주모자는 트로츠키를 후원한 화가 디에고의 경쟁자인 화가 다비드 시케이로스로 밝혀졌다. 그 역시 공산주의자였으나 반 트로츠키주의자였다. 일이 이쯤 되자 트로츠키 지지자들은 트로츠키에게 미국으로 피신하도록 건의하였으나, 트로츠키는 이 조언을 일언지하에 거절하였다. 그것은 그에게 침묵을 강요하는 것이기 때문이었다. 그 대신 경비를 강화하는 데는 동의하였다. 그러나 그를 찾아오는 방문객들의 소지품을 검사하는 것만은 만류했다. 그것이 트로츠키로서는 결정적인, 아니 치명적인 실수였다.

　이런 와중에서도 실비아의 '애인' 라몬은 이 사건과 무관하게 트로츠키 집을 거리낌 없이 출입할 수 있었으며, 그때마다 트로츠키의 환심을 사기 위하여 간단한 기호품과 외손자 장난감도 빠트리지 않았다. 그러나 그때까지만 해도 용의주도한 라몬은 트로츠키를 직접 만나지는 않고 트로츠키의 주변만 조심스럽게 살폈다. 그리고 자신은 원래 정치에는 관심이 없었으나 최근에 트로츠키의 정치사상에 끌리게 되었다고 간접적으로 전달했다. 1940년 8월 초 마침내 라몬은 거사의 기회를 노렸다. 라몬은 그가 쓴 논문을 트로츠키가 읽어줄지 모르겠다고 비서에게 넌지시 물어보았다. 비서는 트로츠키에게 일단 이 사실을 알리기는 했지만, 그가 신출내기이기 때문에 만나볼 필요가 없겠다고 조언했으나 트로츠키는 한번 만나는 것도 무방하다고 했다. 최근에 무척 고독해진 트로츠키로서는 자기에게 호의적인 사람을 매정하게 거절할 수가 없었다.

　1940년 8월 17일 마침내 라몬은 트로츠키를 면담할 수 있게 되었다. 그날 라몬은 트로츠키의 깔끔한 성격을 파악하고 있었기 때문에 말쑥한 정장차림에 코트까지 팔에 걸치고 최대한 예의를 갖추어 서재 겸 접견실에서 트로츠키를 만났다. 그러나 그날은 아무 일도 일어나지 않았다. 그날은 거사를 위한 현장답사요, 예행연습이었다. 라몬은 서둘지 않고 우선 분위기를 살핀 것이다. 사흘 뒤인 8월 20일, 라몬은 그날을 거사의 디데이로 정하고 오후 늦게 다시 트로츠키를 방문하였다. 새로 작성해 온 원고를 보이면서 한 번만 더 보아줄 것을 요청하였다. 라몬의 표정은 너무 굳어 있었다. 트로츠키가 원고를 보고 있는 사이에 라몬은 그의 등 뒤에서 조심스럽게 주변을 살폈다. 트로츠키가 원고에 집중하고 있는 그 순간 라몬은 코트에 숨겨온 등산용 소형 피켈을 꺼내자마자 트로츠키의 정수리를 내리쳤다. 그야말로 모든 것은 순식간에 일어났다. 트로츠키는 외마디 비명을 지르며 쓰러졌다. 그러나 놀랍게도 트로츠키는 벌떡 일어나 라몬을 향해 몸을 던지면서 그의 손을 내리쳤다. 트로츠키의 필사적인 저항에 놀란 라몬은 그 길로 허겁지겁 도망쳤다. 이 긴박한 상황은 과장된 표현이 아니다. 훗날 라몬이 교도소의 정신과 의사에게 그때의 정황을 자세히 고백함으로써 생생하게 밝혀졌다.

비명을 듣고 나탈리아가 달려왔으나 속수무책이었다. 트로츠키가 바로 절명한 것은 아니었지만 상황은 절망적이었다. 그러나 트로츠키는 아직 의식이 있었기 때문에 가해자가 라몬이라고 들릴 듯 말 듯 말했다. 트로츠키는 의식을 잃지 않으려고 안간힘을 썼다. 살기 위해서라기보다도 할 말이 많았기 때문이었다. 초점이 흐려진 트로츠키의 눈은 나탈리아를 향하였다. "나탈리아, 당신을 사랑하오…… 경비원들에게 그를 죽이지 말라고 하시오. 그가 모든 것을 말해야 하오…… 이번에는 그자들(스탈린 측을 뜻함)이 이겼소." 그러고 나서 트로츠키는 곧바로 혼수상태에 빠졌다. 수술로 소생하기에는 뇌손상이 너무 깊었다. 다음날인 1940년 8월 21일 저녁, 대혁명가이자 당대의 저명한 저술가인 트로츠키의 파란만장한 삶이 끝나는 순간이었다. 러시아의 '붉은 별', 아니 세기의 '큰 별'은 이역 멕시코의 밤하늘에서 영원히 떨어지고 말았다. 초원에서 설원으로, 설원에서 빙원으로 광활한 러시아를 누비던 '사자'의 천둥 같은 포효도 그것으로 끝나고 말았다. 트로츠키가 사망한 다음날 애도의 물결이 멕시코시티를 가득 메웠으며, 이후 5일간에 걸쳐 무려 30여만 명의 조문객이 그의 빈소를 찾아와 애도의 뜻을 표하였다. 유언에 따라 트로츠키는 선인장이 늘어선 코요아칸 정원에 묻혔다. 그리고 그의 묘지 옆에는 노동자와 농민의 상호유대를 상징하는 망치와 낫이 조각된 기념비와 붉은 기가 세워져 고인의 뜻을 기리고 있다. 미망인 나탈리아는 코요아칸에서 세바와 함께 살다가 1962년 파리의 친구를 방문 중에 병사하였다. 그녀

역시 코요아칸의 남편 곁에 묻혔다.

암살자 라몬은 그 뒤 체포되어 범행 사실 자체는 자백하였으나 범행 동기와 배후지령 등에 대해서는 끝까지 묵비권을 행사하였다. 참으로 독한 사내였다. 그 덕분에 라몬의 어머니 카리다트는 스탈린으로부터 은밀하게 대훈장을 받았으며, 라몬 자신은 형기를 마치고 체코 대사직까지 부여받았다. 그 이후의 행적은 알 길이 없다.

이에 앞서 트로츠키는 닥쳐올 죽음을 예감한 듯 죽기 6개월 전인 1940년 2월 27일 코요아칸에서 다음과 같은 유언장을 남겼다.

"의식을 깨우친 이래 나는 43년의 삶을 혁명가로 살아왔다. 특히 그중 42년간은 마르크스주의 기치 아래 투쟁해왔다. 내가 다시 삶을 시작할 수 있다면 이런 저런 실수를 피하려고 노력은 하겠지만, 내 인생의 큰 줄거리는 바뀌지 않을 것이다. 나는 프롤레타리아 혁명가요, 마르크스주의자이며 변증법적 유물론자이다. 결국 나는 화해할 수 없는 무신론자로 죽을 것이다. 인류의 공산주의적 미래에 대한 나의 신념은 조금도 식지 않았으며, 오히려 오늘날 그것은 나의 젊은 시절보다 더욱 확고해졌다. 조금 전 나타샤가 마당을 가로질러와 창문을 활짝 열어주었기에, 맑은 공기가 훨씬 자유롭게 내 방안에 들어오게 되었다. 벽 아래 빛나는 연초록 잔디밭과, 벽 위로는 투명하게 푸른 하늘, 그리고 모든 것을 비추는 햇살이 보인다. 인생은 아름다워라! 미래의 세대로 하여금 인생에서 모든 악과 억압, 폭력을 일소하고 삶을 마음껏 향유하게 하라!"

트로츠키 사후 도이처는 방대한 3부작(『무장한 예언자 트로츠키』(1879-1921), 『비무장의 예언자 트로츠키』(1921-1929), 『추방된 예언자 트로츠키』(1929-1940). 한글 번역판으로 도합 2천여 쪽)『트로츠키』를 마감하는 후기 '패배 속의 승리'에서 혁명가 트로츠키의 파란만장한 삶을 장중한 언어로 이렇게 결론지었다.

"트로츠키만큼 억압당하는 사람들의 고통 및 노고와 긴밀한 교감 속에서 살았던 사람도 결코 없을 것이다. 그가 한 일의 의미와 그의 패배가 주는 교훈은 무엇인가? 그 어떤 대답도 잠정적일 수밖에 없다. 왜냐하면 우리는 아직도 길게 내다볼 수 있는 역사적 관점을 갖고 있지 못하며, 트로츠키에 대한 우리의 평가는 주로 러시아 혁명에 대한 우리의 판단에서 나올 수밖에 없기 때문이다. 볼셰비키들이 목표로 삼았던 사회주의가 신기루에 불과했으며, 혁명이 단지 한 종류의 착취와 억압을 또 다른 착취와 억압으로 대체했을 뿐 다른 결과를 만들어낼 수 없었다는 관점에 선다면 트로츠키는 실패하게 돼 있는 신을 섬긴 대사제, 또는 자기 자신의 꿈과 환상에 치명적으로 말려든 유토피아의 종복이었던 것으로 보일 것이다. 그렇더라도 그는 이상주의자나 몽상가들 중에서 가장 뛰어난 사람일 것이니, 그런 이들로부터 존경을 받고 공감을 얻을 것이다. 패배를 거듭하다보면 고통을 겪고 피를 흘리면서 비틀거리게 되고, 다른 사람에게 굴복해야만 자기에게 씌워진 멍에를 벗을 수 있는 게 사실이라 하더라도, 저 너머에 약속된 땅이 있다는 보장도 없이 끝없는 사막을 방황해야 하는 인간이 그래도 지금과 다른 운명에 대한 갈망을 지니고 있다면 그 갈망이 마치 불기둥처럼 그의 어둠과 암울함을 완화해줄 것이다. 그리고 우리 시대는 트로츠키만큼 그런 갈망을 생생하고 희생적으로 표현해낸 사람이 없었다 (중략) 트로츠키는 맨발로 한 번에 두어 걸음만 앞으로 나아간 뒤 뒷걸음질하거나 옆으로 비켜서고, 다시 앞으로 나아가다가 비켜서거나 뒷걸음질하는 일을 반복하면서 서서히 성지로 다가가는 순례자들의 맨발 행진에 인류의 진보를 비교하곤 했다. 순례자들은 계속 그런 식으로 갈지자 행진을 하면서 자기들의 목적지까지 힘들여 나아간다.

트로츠키는 '진보'의 순례를 촉진하는 것이 자기의 사명이라고 생각했다. 그러나 얼마간의 진보가 이루어지자 진보의 순례행렬이 지리멸렬하게 흩어졌고, 그러는 가운데 그 행렬을 앞으로 나아가도록 촉진하던 사람들은 모욕의 대상이 되고, 악당 취급을 당하고, 죽도록 짓밟히는 것이 인류의 현실이었다. 그러다가 전진하는 방향의 운동이 재개된 뒤에야 비로소 인류는 희생자들을 위해 구슬픈 애도를 표하고, 그들에 대한 기억을 다시 마음속에 간직하고, 그들의 유품을 경건하게 수집하리라. 그때는 인류가 희생자들이 흘린 피 한 방울 한 방울에 대해 감사하리라. 그들이야말로 자기가 흘린 피를 거름으로 해서 미래의 씨앗을 길러낸 이들임을 인류는 알기 때문이다."(앞의 책,『추방된 예언자 트로츠키』, 727-745쪽 발췌 정리)

독수리는 때로는 닭보다 낮게 날지만,
닭은 결코 독수리만큼 높이 날 수 없다.
몇 가지 과오에도 불구하고 그녀(로자 룩셈부르크)는
'독수리'였으며 지금도 그러하다.
-니콜라이 레닌

로자 룩셈부르크
Rosa Luxemburg

'유토피아' 세계로 날아가다 추락한 외로운 암'독수리'

살아있는 '혁명의 불꽃'

여기에 한 작은 여인이 있다. 그 이름 로자 룩셈부르크(Rosa Luxemburg). 150센티미터를 겨우 넘는 작은 키, 선천성 좌골 이상증세로 인한 불편한 걸음걸이, 그리고 유대인이라는 보이지 않는 사회적 제약 등 이 모든 약점에도 불구하고 그녀는 타고난 재능과 불굴의 강인한 정신력으로 카를 마르크스가 정립한 사회주의 이상을 실현하는 데 영과 육을 모두 불살랐다. 그녀가 진정으로 추구한 이상은 사회주의 혁명을 통한 억압과 착취가 없는 인간해방이었으며 인간의 자유였다. 이런 그녀였기에 자신은 이상주의자이며 이상주의자로 남기를 주저하지 않았으며, 인간답게 산다는 것은 자신의 모든 삶을 깡그리 '운명의 거대한 저울'에 기꺼이 던져버리는 것이라고 말하지 않았던가?

그녀에게 있어서 사회주의 혁명은 인간의 자유를 위한 수단일 뿐 목적이 아니었다. 그녀는 러시아 볼셰비키가 혁명을 전후하여 반대파에게 자행한 무자비한 탄압을 개탄하면서 이렇게 말했다. "정부의 지지자들만을 위한, 당원만을 위한 자유는 비록 그들의 수가 아무리 많다 해도 자유가 아니다. 자유는 항상 다르게 생각하는 사람들의 자유여야 한다." 그녀의 이 말은 인간의 자유가 얼마나 소중한 것인가를 웅변하고 있으며, 프롤레타리아 혁명이 철권 통치로, 공산주의 이데올로기가 체제이데올로기로 전락하는 것을 경고하는 통렬한 비판이었다.

그러면서도 그녀는 『사회개혁이냐 혁명이냐』라는 저서를 통해 자본주의 정치체제에서의 점진적인 개혁을 주장하는 에두아르트 베른슈타인(Eduard Bernstein, 1850-1932)의 수정주의에 강한 거부감을 나타냈다. 로자는 자본주의가 위기에 처해 있는 만큼, 이를 근본적으로 부정하는 혁명을 통해서만 사회주의가 실현될 수밖에 없다는 급진적인 사회주의 혁명론을 주장하였고, 그녀 스스로도 이것을 행동과 실천으로 보여주었다. 그녀의 이러한 급진적 사고는 당시 기세등등한 군국주의와 제국주의 정치체제에 대한 강한 도전으로 받아들여졌기 때문에 그녀의 외로운 투쟁은 역부족이었다. "모든 위대한 역사적인 진보는 값비싼 대가를 치러야 한다."라고 그녀 자신이 말한 바 있지만, 개혁이 아닌 급진적인 혁명이 추진될 때 얼마나 더 큰 희생이 수반되어야 하는 하는가라는 물음에 대한 대안이 없이 너무나 정치적 이상주의에 치우쳐 있다는 것이 그녀에 대한 비판적 견해이다. 개혁이 아닌 혁명을 추진할 때 그녀가 말하는 '다르게 생각하는 사람들의 자유'가 제대로 지켜질 수가 있을까? 그러나 당시의 자본주의 위기상황에서 개혁보다 혁명이 더 절박했기 때문이었을까? 이 점이 그녀의 정치적 이상주의와 정치적 급진주의가 빚어낸 사고와 행동의 한계였다.

그러나 그녀는 정치적인 측면에서는 급진적이고 단호하였지만, 인간적인 측면에서는 언제나 다정다감하였으며, 누군가를 사랑하고 누구로부터 사랑을 받고 싶어 했다. 그녀는 감옥에서도 약자들의 고통에 가슴

아파했으며, 학대받는 동물과 깃털이 빠진 연약한 새, 들녘의 풀벌레까지도 사랑했다. 이러한 그녀의 따뜻한 인간성은 연인 레오 요기헤스와 부모형제, 친구, 동지들에게 보낸 많은 편지들에서도 충분히 입증되고 있다. 특히 그녀는 연인 레오를 더 없이 사랑하고 있으면서도 그와의 보이지 않는 거리감을 괴로워하며 뭇 남성들과 애정편력을 벌이면서 사랑의 아픔을 겪기도 하였다. 그녀는 혁명의 불길 속에서도 많은 남성들, 특히 연하의 남성들을 사랑하며 사랑과 혁명을 동시에 원했지만, 그 어느 것도 성취하지 못했다. 이런 로자를 두고 파울 프뢸리히는 이렇게 썼다. "과학적 진리에의 공헌이나 학설에서, 인도적인 이상주의뿐만 아니라 슬기로운 직관, 지식을 얻기 위한 확고한 의지가 나타나는 등 또 하나의 폴란드인 마리아 스퀴도프스카 퀴리 부인과 유사점이 많았다. 그러나 로자는 내면적으로 더 자유로웠고 유연했으며, 위대한 과학자가 갖는 금욕주의는 없었다……"(파울 프뢸리히 지음, 최민영·정민 옮김, 『로자 룩셈부르크 생애와 사상』, 책갈피, 2000, 256쪽) 이처럼 그녀는 혁명적 투사이기 이전에 여자라는 한계성을 보이는 것 같았지만 중요한 일에 대해서는 보석과 같은 성숙한 빛을 발하였으며, 시련에 처했을 때는 오뚝이처럼 일어서는 강인한 여인이었다. 역사는 언제나 그러하듯이 "개별적인 것은 대개 일반적인 것에 비해서 너무 사소하다. 따라서 개인은 언제나 희생되고 내버려진다."라는 헤겔의 말이 있지만, 혁명가로서 그리고 여장부로서 당찬 로자는 그 말에 동의할 수 없다는 듯이, 그리고 보라는 듯이 뚜렷한 족적을 남겼다.

또한 로자에 대해서 막스 갈로는 이렇게 평가했다. "로자가 인간과 현실에 대한 해결책이나 대답, 어떤 확신을 제시해주지는 않는다. 그 대신 인간의 삶에 대한 설계, 삶의 거대한 욕구, 그리고 한 사상과 운명의 일관성이란 어떤 것인가를 웅변으로 보여준다. 그녀는 가슴에 고뇌를 껴안고 삶의 모든 오솔길을 과감히 탐색하고 돌아보며 탈출구를 찾고, 비열함과 복종, 체념 비천함, 불평등, 그리고 불의를 거부하는 운명이란 어떤 것인가를 보여준다…… 20세기가 저물고 새로운 천년이 시작된 오늘날, 경계를 넘나드는 로자의 경험은 '우리는 누구인가'에 관해서, '우리는 무엇이 되어야 하고 무엇을 할 수 있는가'에 관해서, 그리고 '우리를 둘러싸고 있는 세계'에 관해서 명쾌하게 밝혀준다."(막스 갈로 지음, 임헌 옮김, 『로자 룩셈부르크 평전』, 도서출판 푸른숲, 2002, 21, 27쪽) 이런 그녀였기에 로자는 반동세력에 의해서 비극적인 최후를 맞는 순간까지 사회주의 혁명이라는 일관된 삶 속에서 누군가를 사랑하며 뜨겁고 치열하게 살았다. 그런 면에서 로자는 클라라 체트킨(1857-1933, 독일의 여성 혁명가로 1918년 독일 공산당 창당의 일원)이 말한 바와 같이 로자는 '혁명의 날카로운 검이요, 살아있는 불꽃'이었다. 그렇다면 이 살아있는 혁명의 불꽃 로자의 삶의 역정은 어떠하였을까?

꿈 많은 지체장애 소녀

사람은 저마다 어린 시절의 추억을 안고 살아간다. 철없이 천방지축 뛰놀던 행복한 순간들이 있었는가 하면, 가슴이 저린 기억의 순간들도 있기 마련이다. 러시아 혁명가 트로츠키의 어린 시절의 추억들은 그의 자서전을 통해 자세히 전해지고 있지만 로자의 어린 시절에 관해서는 그다지 알려진 것이 없다. 다만 아래의 인상적인 한 가지 회고담에서 그녀의 인간에 대한, 특히 약자에 대한 깊은 연민과 관심의 편린을 엿볼 수 있다. 즉 로자가 최초로 투옥되었던 츠비카우 감옥에서 그녀는 친구 루이제 카우츠키(사회주의 사상가 칼 카우츠키 부인)에게 보낸 편지에서 바르샤바의 어린 시절, 자기 집에서 일하는 사람 안토니에 관한 회상을 통해 진정한 삶이 무엇인가를 생각했다.

"…… 키다리 안토니는 여름, 겨울 가리지 않고 내내 걸치고 있는 짤막한 양털 가죽을 입고 펌프 가장자리에 서 있었지요. 두 손과 턱을 빗자루에다 괴고 아직 잠에서 덜 깬 씻지 않은 얼굴로 깊은 생각에 빠져 있었지요. 이 안토니는 말하자면 어떻게 보면 고상한 취향을 가진 사람이었지요. 그는 매일 저녁 대문을 걸어 잠근 후 현관 옆의 행랑방에 놓여 있는 침상을 겸한 긴 의자에 앉아 희미한 등불 아래서 큰 소리로 관보 '경찰 소식지'의 글을 읽어대곤 했지요. 그 소리는 마치 긴 기도문을 읊는 소리처럼 희미하게 온 집안에 울려 퍼졌어요. 그는 글에 대한 순수한 관심에서 그렇게 했지만, 제대로 이해를 못했던 것 같아요. 그는 뜻도 모르고 단지 글자 자체만 좋아하며 읽었지요. 그럼에도 불구하고 그는 쉽게 만족하는 사람이 아니었지요. 그는 언젠가 한번 내게 무언가 읽을거리를 부탁했고, 그래서 나도 겨우 힘들게 막 끝까지 읽었던 존 러복의 『문명의 시원始原』이라는 첫 번째 '진지한' 책을 그에게 빌려주었어요. 그랬더니 이틀 만에 '읽을 가치도 없다'라는 이유를 대면서 그 책을 다시 돌려주었어요. 그런데 몇 년이 지난 후에야 비로소 나도 안토니가 옳았다는 것을 깨닫게 되었지요. 안토니는 항상 얼마 동안 골똘히 생각에 잠겨 있었어요. 그러다가 갑자기 천지를 진동시키는 듯한 시끄럽고 긴 하품을 하곤 했지요. 무엇으로부터 해방된 듯한 이 커다란 하품은 말하자면 '이제 일이나 하러 가자'라는 의미였지요. 안토니가 비스듬히 눌려진 젖은 빗자루로 조그만 돌로 포장된 마당을 쓸던 그 소리, 훌쩍거리고 찰싹거리던 그 소리를 나는 잊을 수가 없어요…… 포석鋪石의 일상성 위로 아직 아침의 은혜로운 정적이 감돌고 저 높은 창살은 젊은 태양의 여린 황금빛으로 빛나고 있었어요. 하늘 위에는 장밋빛으로 물든 엷은 아기 구름들이 대도시의 회색빛 하늘로 산산이 흩어지지 않고 둥실 둥실 떠다니고 있어요. 그때 나는 삶이란, 진정한 삶이란 어딘가 저 먼 곳에, 저 높은 지붕들 너머 멀리 있을 거라고 굳게 믿었지요. 그때부터 나는 줄곧 그 삶을 좇아다녔지요. 하지만 내가 다가가면 그것은 언제나 또 다른 지붕들 너머로 숨어버렸지요. 이 모든 것은 결국 나 자신과의 오만한 유희였던 거지요. 진정한 삶은 바로 거기 그 마당에 있었던 겁니다. 우리가 안토니와 함께 『문명의 시원』을 처음 읽었던 그곳 말이

소녀 시절의 로자 룩셈부르크

죠. 그렇지 않을까요?"(헬무트 히르슈 지음, 박미애 옮김, 『로자 룩셈부르크』, 도서출판 한길사, 1997, 13-16쪽 발췌 정리) 다분히 문학적인 이 글은 감수성이 예민했던 소녀시절의 회상이지만, 이 글 속에서 하인 안토니의 체념이 어린 삶과 진정한 삶이란 저 멀리 있는 것이 아니라 서로가 갈등이 없고 가식이 없는 우리의 평범한 일상생활에 있음을 말해주고 있다. 그리고 그녀는 선천적인 신체의 불편함 때문에 일찍부터 독서와 사색하는 시간이 많아졌고, 그런 가운데서 약자가 겪는 사회적 불평등이 무엇인지 일찍부터 터득하였다.

로자 룩셈부르크는 1870년 3월 5일 목재상을 하던 부친 엘리아스 룩센부르크와 모친 리나 사이에서 4남매(2남 2녀) 중 막내로 러시아령 폴란드 자모시치에서 태어났다. 그 당시 자모시치뿐만 아니라 바르샤바도 러시아의 지배하에 있었다. 그녀의 본명은 루이제 룩셴부르크(Luise Luxenburg)였으며, 집에서는 애칭으로 로잘리아로 불렸다. 그녀의 형제들은 언니 안나와 사업가인 큰오빠 막시밀리안, 의사인 둘째 오빠 요제

프가 있었다. 훗날 바르샤바를 떠나 취리히 생활 때부터 그녀는 로자 룩셈부르크라는 이름을 쓰게 된다. 부친 엘리아스는 목재상으로 돈을 모아 시장 근처에 큰 저택을 가지고 있었고, 그녀의 어머니 리나도 독일식 정통 교육을 받은 교양인이었다. 또한 둘째오빠 요제프가 척추 전문의 겸 공장의 전속의사로 활동했던 점 등으로 미루어 보아 비교적 부유한 집안이었다고 볼 수 있다. 어머니 리나는 호기심 많고 똑똑한 막내딸 로잘리아를 어느 자식보다도 귀여워했다. 룩셈부르크 집안에서는 폴란드어와 독일어를 말하고 읽었으며, 그들은 자모시치의 유대인 공동체와는 거의 관계를 맺지 않았다. 유대인 공동체는 '하시담'파와 '하스칼라'파로 나뉘어 있었는데, 하시담파는 엄격한 종교적 율법을 믿는 거의 광적인 신도들로 구성되었으며, 하스칼라파는 18세기 이후 확산된 계몽철학의 가치를 신봉하는 개방적인 사람들이었다.

룩셈부르크 가족은 로잘리아가 세 살 때인 1873년 바르샤바로 이사를 하게 되었다. 엘리아스는 유대인이면서도 폴란드를 걱정하는 애국자였으며, 그는 유대인 공동체와는 거의 담을 쌓고 자식들에게 질 높은 교육을 시키는 것이 소망이었다. 그가 자모시치를 떠난 것은 자식들 교육문제도 있었지만, 그곳에서 두 공동체가 서로 반목을 하는 것을 보고 거기에 휘말리는 것이 싫었기 때문이다. 로잘리아는 커가면서 자신의 다리가 정상이 아님을 알게 된다. 그녀는 선천성 좌골 변형증세로 다리를 절게 되는데, 로잘리아가 쪽 빼닮은 언니 안나도 비슷한 증세로 다리를 절었다. 그것은 피할 수 없는 집안 내력의 하나였다. 정기적인 진료를 받게 된 로잘리아는 육체적 약점을 안고 예민한 감성의 소유자가 되었고, 그것을 극복하기 위해서 독서와 사색으로 자신을 단련시켜 나갔다. 그래서 그녀는 9살 때부터 글을 쓰게 되고 육체적인 약점을 그것으로 보상받으려 했다. 훗날 로잘리아가 수많은 편지를 쓰게 된 것도 이때부터 길러진 습관이었다. 막 유년기를 벗어난 그녀의 얼굴은 진지함과 야릇한 우수가 배어 있었다. 양 눈썹은 짙은 곡선이었으며 귀는 유난히 크고, 오뚝한 코는 강렬한 개성의 소유자임을 말해준다. 전체적으로 아름답지는 않지만 상대에게 묘한 인상을 주며, 그녀의 빛나는 시선에서는 "내 몸이 어쨌다는 거지? 그래 내가 뭐 잘못된 게 있어?" 하는 오기가 풍겨났다.

로잘리아는 그 뒤 바르샤바 제2여학교에 들어가게 된다. 제1여학교는 러시아 고급공무원과 고급장교의 딸들이 다닐 수 있었고, 제2여학교는 일부 러시아인 외에도 폴란드 부르주아 딸들, 드물게는 유대인 딸들도 다닐 수 있었다. 그녀는 원래 머리가 좋았지만 자신의 약점을 극복하기 위해 남보다 더 열심히 공부하였기 때문에 거의 모든 과목에서 최우등이었다. 그녀는 학과 외에도 문학 서적, 특히 시를 즐겨 읽었으며 그 가운데서도 독일 시인이자 극작가인 프리드리히 실러와 애국적 낭만주의 시인 아담 미츠키에비치는 그녀가 가장 좋아하는 시인이었다. 미츠키에비치는 벨로루시 출신으로 대학 재학 중에 시를 쓰고 애국적 혁명운동에 가담하였다. 그의 시집 『청춘에의 헌시』는 자유, 박애, 진보를 열망하는 폴란드 젊은이들의 투쟁의 노래로 애송되었다. 그는 1830년 바르샤바 봉기가 실패로 돌아간 후 파리로 망명하여 저항적인 작품을 많이 썼으며, 크림 전쟁 때 콘스탄티노플(이스탄불)로 가서 폴란드 의용군을 조직하려다가 콜레라로 죽고 말았다. 로잘리아는 이런 미츠키에비치의 글을 통해서 처음으로 '사회주의'라는 단어를 접하게 되었으며, 그 사상의 본질이 무엇인지는 정확히 몰라도 모든 사람이 더불어 평등하게 사는 세상을 추구하는 것이라는 데 강한 매력을 느꼈다. 미츠키에비치는 이렇게 썼다. "사회주의라는 말은 완전히 새로운 표현이다. 기존 사회와 그 집권자들은 비록 이 말의 진정한 의미를 이해하지는 못했지만, 이 말이 그들 자신들에 대한 사형선고라는 사실만은 알아차렸다."

그 무렵, 그러니까 1878년 1월 베라 자술리치라는 러시아의 젊은 여인이 대담하게도 당시 페테르부르크 군사령관을 직접 저격한 일이 있었다. 그러나 그녀에 대한 재판에서 배심재판관은 그녀가 경찰로부터 당한 끔찍한 고문에 충격을 받았으며, 그녀의 이상주의에 깊이 감동한 나머지 그녀를 석방해버렸다. 법정 밖에서 경찰이 그녀를 다시 체포하려 하자 성난 군중들이 그녀를 구해 달아나도록 하였다. 차르는 그때부터 배심재판 제를 폐지하고 모든 테러범을 군사재판에 회부하도록 조치하였다. 그 후 1881년 러시아 지하조직에 의해 차르 알렉산드르 2세가 암살을 당하였으며, 그 거사를 꾸민 소피아 페르보스카야는 차르 제국에서 여성으로는 처음으로 처형을 당하였다. 이런 상황에서 1883년 폴란드에서도 사회주의 사상의 열풍이 불어 닥쳤다. 그해 4월 소위 프롤레타리아 그룹 투사들이 폴란드 전역에서 전국적인 연대파업을 결행하고 이를 막기 위해서 경찰들은 무자비한 진압에 나섰다. 이들 프롤레타리아 투사들은 러시아 테러리스트 단체인 '인민의지파'와 연대하여 더욱 급진적이고 대담한 투쟁을 벌였다. 시위가 격렬해지면서 많은 사상자가 발생하게 되었고, 진압 경찰도 피해자가 생겼다. 어느 날 바린스키라는 투쟁 지도자와 그의 22세의 애인 알렉산드라 엔티스가 체포되었다. 그녀는 미모와 지성을 겸비한 여학교 교사였다. 그녀에 대한 이야기가 뜻 있는 여학생들 간에 자연스럽게 알려졌고, 로잘리아도 예외는 아니었으며 어쩌면 다른 여학생들보다 그녀의 관심은 더 컸다. 그리고 1886년 1월에는 폴란드 프롤레타리아 지도부 4명이 교수형에 처해졌다는 충격적인 소문이 퍼지게 되었다. 이런 일련의 사건들은 당시 진보적인 젊은이들에게 더욱 미화되었으며, 이들의 상상력을 자극하기에 충분하였다. 이러한 상황에서 그 무렵 새로운 지식에 목말라있던 학생들, 특히 반항적인 젊은이들에게 러시아 공산주의 사상의 선구자인 플레하노프가 러시아어로 번역한 마르크스의 저작들, 특히 마르크스와 엥겔스의 공동 저작물인 소책자 『공산당 선언』(안승일 지음, 『열정의 천재들 광기의 천재들』, 도서출판 연암서가, 2014, 「카를 마르크스」편 참조)이 손에서 손으로 전해졌으며, 그 책의 폐부를 찌르는 한마디 한마디가 정의롭고 인간다운 사회를 꿈꾸는 젊은이들의 마음을 사로잡았다.

　이런 어수선한 사회적 분위기에서 로잘리아는 17세 때인 1887년 여름 졸업시험을 치르고 제2여학교를 우등으로 졸업하게 되었다. 그때 로잘리아는 자신의 사진 뒷면에 아래와 같은 문구를 써서 가까운 친구들에게 나누어주었다. "나의 이상은 모든 사람을 사랑하면서 살 수 있는 그런 사회질서이다. 그것을 추구하면서, 그리고 이러한 이상의 이름으로 나는 언젠가 누군가를 증오할 수 있게 될지도 모른다." 우리나라에서도 1950, 60년대를 전후하여 학생들이 중·고등학교를 졸업할 때 친구들 간에 자신이 좋아하는 글귀가 담긴 사인첩을 주고받던 때가 있었지만, 그 당시 폴란드 학생들, 특히 여학생들은 이와 같은 감상적인 문구를 적은 사진들을 서로 교환하며 석별의 인사를 나누곤 하였다. 당시 폴란드에서는 여자는 대학을 갈 수 없었기 때문에 대부분의 여학생들은 여고를 졸업한 후 공무원이나 돈 많은 상인, 학자 부인이 되어 풍파가 없이 행복하게 살아가는 것이 꿈이었다.

　그러나 로잘리아는 그렇게 살고 싶지 않았다. 그녀는 이런 친구들과는 완전히 다른 삶을 꿈꾸었다. 그 당시 폴란드에서도 지식에 목마른 여성들을 위해서 우리나라의 평생교육 대학과정이나 사회교육원 같은 소위 비정규 대학과정이 있었으나 꿈 많은 로잘리아는 그런 불안성한 대학과정은 싫었다. 그녀는 다른 삶에 대한 꿈은 다른 사회의 틀 안에서만 실현될 수 있다는 것을 몰래 읽은 책들을 통해서 알게 되었으며, 우리들을 구원하는 자는 신도, 황제도 아닌 바로 우리 자신이라는 사실도 어떤 비밀 소식지를 통해서 알게 되었다. 로잘리아는 자신의 고등학교 여선생이었던 소피아 다진스카의 삶을 통해서 자신의 인생행로에 큰 자극을 받았다. 소피아는 바르샤바 제2여학교에서 프랑스어를 가르치다가 1880년대 말에 취리히로 건너가 그곳 경제학 교수 볼프에게서 경제학 박사학위를 받은 다음 베를린에서 사회주의 월간지 기자로 활약하였다.

'진정한 삶'을 찾아서

로잘리아는 그 무렵 젊은 학생들의 비합법적인 반체제 비밀단체에 가입하였다. 그들은 사회주의 이상을 꿈꾸는 반체제 단체의 하부 조직으로 학생운동의 전위조직이었다. 그러나 로잘리아는 이 조직의 일원이 되면서 공부를 더 해야만 훌륭한 사회주의 운동가가 될 수 있다는 것을 피부로 느꼈다. 그래서 그녀는 스승 다진스카처럼 취리히 대학으로 가 자유로운 분위기에서 더 공부하기로 결심하였다. 마침내 로잘리아는 합법적인 절차로 취리히행 기차를 탈까 생각하였으나 내심 비밀단체에 가입한 것이 마음에 걸렸다. 지하조직의 동료들이 가끔 국경에서 체포되는 일이 있었기 때문이다. 그래서 로잘리아도 다른 용의주도한 탈출자들처럼 비밀리에 국경을 넘기로 하였다. 그래서 로잘리아는 그녀의 탈출을 주선해준 카스프자크라는 사람을 통해서 국경 근처의 한 신부를 소개받았다. 그녀는 신부를 찾아가 자기는 유대인 처녀인데 가톨릭으로 개종하려 하나 가족이 반대하기 때문에 취리히로 가서 영세를 받기를 원한다고 꾸며댔다. 딱한 사정을 들은 신부는 이 '가여운 영혼'의 청을 외면하지 않았다. 마침내 그녀는 신부의 부탁을 받은 한 농부의 건초마차에 숨어서 국경을 무사히 통과하였다.

로자의 이와 같은 극적인 탈출방법에 대해서 두 사람의 전기 작가 파울 프뢸리히와 막스 갈로는 같은 견해였으나, 또 다른 전기 작가 마리아 사이데만은 비밀단체의 풋내기였던 로자가 탈출 당시 당국의 감시를 받는 블랙리스트에 없었던 점으로 보아 이처럼 극적인 탈출 방법을 썼다는 것은 설득력이 없다는 반론을 제기하였다. 그러나 그녀가 탈출 당시 이미 불법 비밀단체에 가입했던 점으로 미루어 보아 안전한 탈출을 위해 이와 유사한 방법을 사용할 가능성은 있었을 것이다.

로자가 이렇게 해서 취리히에 도착한 것은 1889년 2월 그녀의 나이 19세 때였다. 취리히, 그곳은 외견상 평화롭고 자유로운 도시였다. 특히 이곳은 각국에서 온 망명객들의 보금자리였다. 치안 사범이 아니면 그가 어떠한 사상을 가졌더라도 당국에서는 크게 개의치 않았다. 따라서 이곳에서는 망명자들이 체포되어 감옥에 갈 염려도 없었다. 이곳에는 사회주의자들뿐만 아니라 아나키스트들과 인민주의자들 등 온갖 '주의자'들이 자유롭게 활동하고 있었다. 플레하노프, 레닌, 자술리치 등 을 비롯한 수많은 혁명가들이 다 이곳을 거쳐 갔다. 당시 스위스 사회주의 운동가이며, 의사였던 브룹바허는 이런 취리히에 대해서 다음과 같이 썼다.

"취리히는 현란한 카오스였다. 시민들과 시민권을 획득한 노동자들을 배경으로 온갖 나라에서 흘러 들어온 수많은 사상들이 분주히 오고갔다. 마르크스 균, 바쿠닌(러시아의 급진적인 아나키스트, 망명 정치가들 중 최초로 취리히에 은신) 균 등이 시내 공기 속을 어지럽게 떠다니고 있었다. 유럽 어디에선가 어떤 문제가 발생하면, 모두 취리히의 적색 인터내셔널에 대표자를 보냈다."

이런 분위기로 당대의 사회주의 운동가 아우구스트 베벨(독일의 사회주의자로 1869년 독일 사회민주노동당을 창설), 빌헬름 리프크네히트(독일의 사회주의자로 1889년 결성된 '제2 인터내셔널' 지도자로 활약)도 한때 이곳에서 은신하였다. 이런 점에서 볼 때 고국의 정신적인 속박에서 벗어나려는 젊은이들에게는 이곳처럼 좋은 도시도 없었다. 특히 러시아와 폴란드의 유태계 젊은이들이 이곳으로 많이 왔는데 1887년 차르의 칙령에 따라 그들이 고국에서 대학에 진학하기가 어려웠기 때문이다.

이처럼 취리히는 미래의 젊은 혁명가들의 보금자리였다. 그들은 대부분 젊은 시절부터 투옥과 추방, 가족과의 이별 등 인생의 쓴맛을 일찍부터 보기 시작한 이상주의자들이었다. 이들 이상주의자들에게는 출세와 안정적인 삶과는 거리가 멀었다. 그들의 궁극적인 목표는 현재의 자신의 빵이 아니라, 미래의 만인을 위한 빵이었다.

그들 사이에는 남녀 구별이 있을 수 없었고 신분의 높낮이도 없이 서로 끈끈하게 결속하였다. 빈약한 빵 부스러기와 몇 번이고 우려낸 텁텁하고 싱거운 차, 담배연기가 자욱한 차가운 다락방이었지만, 그들의 대화는 진지하고 뜨거웠다. 이런 젊은이들 중 많은 사람들은 훗날 시베리아 유형에 처해지거나 감옥에서 처형되기도 하였고, 일부는 일시적인 들뜬 기분을 접고 제도권 사회에 안주하기도 하였다. 결국 그들 소수만이 당초 꿈꾸었던 고난에 찬 혁명의 현장에서 자신의 열정을 다 바쳤다.

로잘리아는 며칠 후 로자 룩셈부르크(Rosa Luxemburg)라는 유럽식 표기 이름으로 취리히 시당국에 신고하였다. 그 당시 취리히에서는 무분별한 외국인 유입을 규제하기 위하여 외국인 등록제를 실시하고 있었다. 이날 이후 루이제 룩센부르크는 로자 룩셈브르크라는 이름을 쓰게 된다. 로자가 처음으로 방을 구한 곳은 카를 뤼베크 집이었다. 그는 독일 사회주의 운동가였으며, 그의 아내 올림피아는 폴란드인이었다. 로자는 뤼베크가 사회주의 신문에 기고하는 자료 수집을 도와주고 올림피아의 가사도 도와주었다. 그 대신 그녀는 무료로 숙식을 제공받았다. 그때 취리히에 있는 러시아 및 폴란드 학생들 세계에는 '아르첼'이라는 협동조합이 있었는데, 이들 가난한 학생들은 이 금고를 통해서 서로 도와가며 생활하였다. 그래서 로자는 이때부터 자신보다 덜 가진 사람을 도와주고, 자신보다 많이 가진 자로부터는 얻어 쓰는 법도 배웠다. 그녀는 취리히에 도착한 지 8개월 만에 취리히 대학교에 등록하여 예상과는 달리 자연과학, 특히 동물학 분야 과목에 수강신청을 하였다. 그녀는 마르크스의 '제자'이자 다윈의 '제자'가 되고 싶었다. 자연에 대한 정확하고 과학적인 지식을 통해서 세계에 대한 원초적인 진리를 터득하고 싶었던 것이다. 그것이 자연과학을 먼저 선택한 이유였다.

운명의 남자 레오 요기헤스

1890년 여름, 로자에게는 그녀의 운명에 중대한 전환점이 될 일이 벌어졌다. 로자가 거주하는 뤼베크 집 맞은편 집에 훤칠한 키에 과묵하고 잘생긴 청년 한 사람이 세 들어왔다. 그의 본명은 레오 요기헤스(Leo Jogiches)이지만 레온 그로소프스키라는 가명을 쓰고 있었다. 레오는 1867년 7월 17일 발트 해 연안에 위치한 러시아령 리투아니아의 대도시 빌나의 부유한 유대인 가정의 막내아들(3남 1녀)로 태어났다. 일찍 아버지를 여읜 레오는 자기 형제들처럼 평범한 사업가로 살고 싶지는 않았다. 그는 일찍부터 대학에 다니는 것을 시간 낭비로 생각하고 고등학교마저 중도에 포기한 채 러시아 젊은 인텔리겐치아들이 조직한 '인민의지당'에 가입하였다. 인민의지당은 차르의 속박으로부터 러시아 인민을 해방하는 것을 기치로 내건 반정부 지하조직이었다. 바로 이 조직에 의해서 1881년 3월 차르 알렉산드르 2세가 암살되지 않았던가.

레오는 명석한 두뇌의 소유자였지만 자신이 특권계급에 속한다는 것에 반감을 느낀 나머지 착취당하는 노동자들의 삶을 직접 체험하기 위하여 공장에서 굿은 일도 하고, 유인물 제작을 위한 식자공 기술과 서류위

로자의 연인이자 혁명 동지인 레오 요기헤스

조에 대비한 조판기술도 익혔다. 그의 성격은 과묵하고 냉철하였으며, 논쟁보다는 실행을 우선하는 행동파였다. 이런 그를 동료들은 주피터라는 별명을 붙여주었으며, '비밀스러운 일과 음모를 위한 음모를 좋아하는 낭만주의자'였다. 레오는 위기에 직면하였을 때 두려움을 모르고 정면 대결하였으며, 옳다고 생각하는 일에 대해서는 물불을 가리지 않았다. 그는 1888년 9월 본국에서 파업을 주도하다가 체포되어 4개월 동안 구금되었다가 감옥으로 이송되기 직전 호송원을 매수하여 극적으로 탈출하였다. 그 후 그는 다른 사회주의자들처럼 스위스로 망명하여 취리히에 온 것이다. 이런 그가 어떻게 로자와 만나게 되었는지는 정확히 밝혀지지 않고 있지만 당시 취리히에서 간이식당을 운영하며 혁명운동을 하고 있는 파벨 악셀로드(러시아의 마르크스주의 이론가. 레닌의 중앙집권적인 관료체제에 반대하였음)의 식당에서 망명동지들 틈에 끼어 자연스럽게 만난 것으로 추측된다. 로자는 레오를 만나는 순간 한눈에 반해버렸다. 그러면 레오의 어떤 면이 로자를 끌어당겼을까? 그는 당시 23세로 로자보다 4살 위였으며 언제나 비밀스러웠고 동료들을 압도하는 사내였다. 주변 사람들의 말에 따르면 그는 탈출 당시 흙더미 밑에서 속이 빈 식물줄기를 통해 숨을 쉬면서 숨어 지내다가 국경을 넘어왔다는 것이다. 그는 가급적 말을 삼가는 편이었으나 일단 말을 시작하면 다른 사람이 자신의 말을 경청할 수 있도록 자신감이 있었고, 위압적인 태도를 보였으며, 젊은 나이이지만 어딘가 모르게 카리스마가 넘쳤다.

그의 이런 모험적인 행동과 뛰어난 외모, 그리고 두둑한 호주머니가 뭇 여인들의 마음을 사로잡기에 충분하였다. 로자도 예외는 아니었다.

그러면 로자의 어떤 면이 레오의 마음을 움직였을까? 레오는 로자처럼 그녀에게 한눈에 반한 것은 아니었다. 이미 레오는 고향에서 온 미모의 여자 친구가 있었다. 로자는 작은 키에 예쁜 얼굴도 아니었고 거기다가 다리까지 절고 있었다. 다만 그녀와 함께 지내다보면 그녀의 재기와 활력, 그리고 뛰어난 지성에 사람들은 이끌리게 된다. 그녀의 이런 매력이 냉철한 레오의 마음을 움직였다고 볼 수 있다. 한마디로 자신에게 부족한 로자의 지성이 레오의 마음을 끌어당긴 것이다. 레오는 조부로부터 물려받은 넉넉한 유산으로 생활이 궁색하지 않았기 때문에 가끔 동지들의 밥값을 대신 내주는 데 주저하지 않았다. 이런 레오에 대해서 로자는 감사의 마음을 넘어 굴종에 가까운 감정을 느꼈다.

레오는 노련하고 능숙하며 세심한 남자의 경험으로 지금까지 한 남자도 사랑해본 경험이 없는 로자를 손쉽게 요리하였다. 뜨거운 가슴의 로자는 그에게 망설임이 없이 모든 것을 다 주었다. 그녀에게 성의 비밀을 일깨워준 이 남자는 로자의 강한 자존심마저 여지없이 무너트렸다. 로자는 레오 곁에 누워 자신을 열광시키는 것들에 관해서 모든 것을 털어놓았다. 그렇게 해서 그들은 연인이자 투쟁동지가 되었다. 그러나 레오도 로자의 명쾌한 언어 감각과 세련된 문장력, 뜨거운 눈길에 거의 무장해제 당하였지만, 어떤 순간에는 냉정하면서도 일정한 거리를 두었다. 그러면 그럴수록 로자는 레오를 끌어당기는 데 안달이었다. 로자는 첫 남자인 레오에게 모든 것을 다 주고 뜻을 같이하는 동지로서뿐만 아니라 평생의 반려자로 생각하기를 주저하지 않았으나 레오의 생각은 달랐다. 그녀와 잠자리를 함께 했다고 해서 그녀와 일생을 함께 할 일은 아니었다. 어쩌면 그것은 일상의 생활에서 흔히 있을 수 있는 일로 생각되었다.

로자는 레오와 좀 더 자유롭게 만나기 위해서 취리히 대학을 굽어보는 대학가 주변으로 세를 얻고, 레오도 그 인근으로 거처를 옮겼다. 그리고 그녀는 레오의 따뜻한 체온을 기다렸다. 그러나 두 사람의 관계는 서로가 다른 애정관 때문에 처음부터 순탄치만은 않았다. 로자는 때때로 레오의 권위적인 태도에 속이 상하였지만 양보하는 쪽은 언제나 로자였다. 어떻든 이때부터 로자와 레오는 동지이자 연인으로서 혁명이라는 공동의 목표를 향해서 돌진하였다.

실망만 안은 플레하노프 방문

그 무렵, 그러니까 1891년 어느 날 로자와 레오는 그들의 혁명의지를 더욱 견고하게 하기 위하여 당시 마르크스 사상의 뛰어난 이론가인 플레하노프의 가르침을 받기 위하여 제네바 근교 모르넥스에 살고 있는 그를 찾아갔다. 플레하노프, 그는 누구인가? 플레하노프는 1856년 중앙아시아 구달로프카에서 태어나 사관학교에 들어갔으나 흥미를 잃고 광산학교에 들어갔다. 그는 이 학교의 비합법적인 학내 서클활동에 연루되어 도중에 퇴학당한 후 '인민의지당'에 가입하였으며, 1880년 1월 스위스로 망명한 후 거의 독학으로 마르크스 사상을 연구하였다. 그는 1882년 저 유명한『공산당 선언』을 러시아어로 번역하여 국내에 처음으로 공산주의 사상을 소개하였으며, 그 뒤로도 마르크스 사상을 러시아에 도입하는 데 탁월한 역량을 보였다. 그런 점에서 플레하노프는 러시아 마르크스 사상의 원조 격이었다. 그의 마르크스 사상 소개서는 당시 뜻 있는 젊은이들의 교과서가 되었다.

플레하노프는『우리의 견해 차이』라는 저서를 통해 마르크스 사상을 러시아의 상황에 맞게 접목시켜 큰 반향을 불러일으켰다. 그의 외모부터

가 학식이 있는 풍모였으며 예의범절이 있는 교양인이었다. 그의 연설은 감동적이지는 않았지만 차분하고 설득력이 있어 듣는 이로 하여금 부담이 가지 않고 이해하기가 쉬웠다. 그런 반면에 자의식과 자만심이 강하고 권위적이어서 노동자들에게 직접 다가서는 소탈한 레닌과 달랐다. 그렇지만 그는 학문적 위치에서는 당대에 타의 추종을 불허할 정도로 유명한 마르크스 이론가였다. 이런 그였기 때문에 로자와 레오가 그를 만나고 싶은 것은 당연하였다. 마침내 로자와 레오는 설레는 마음으로 제네바에 있는 플레하노프를 찾아가 사전 약속도 없이 불쑥 방문하였다. 그러나 오만한 플레하노프는 이 '애송이'들의 무례한 방문을 매우 불쾌하게 생각하였다. 더구나 이들의 당돌한 언행은 노대가를 더욱 격분시켰다. 그러다 보니 이들 사이에 진지한 대화를 기대하기는 처음부터 불가능하였다. 그는 지적으로 탁월하고 마르크스 사상에 관한 탁월한 식견을 가지고 있었으나 그에게는 인간적인 포용력이 부족하였다. 로자와 레오도 그의 이러한 태도에 실망하였다. 이런 그의 태도는 러시아 망명단체의 기관지 격인 『이스크라(불꽃)』편집위원 선정을 놓고 레닌과 설전을 벌였던 점을 상기하지 않을 수 없다. 레닌은 당시 젊은 트로츠키를 『이스크라』편집위원으로 영입하려 하였으나 플레하노프는 트로츠키의 '방자한 태도'가 매우 못마땅하여 그의 영입을 반대한 것이다. 이러한 그의 옹졸한 태도를 트로츠키 전기를 쓴 도이처도 지적한 바 있다. 결국 로자와 레오는 플레하노프의 거만한 태도에 실망만 안은 채 돌아오고 말았다. 훗날 로자는 당시 소감을 빈정대는 투로 이렇게 털어놓았다.

"…… 플레하노프는 너무 지적이다. 더 정확하게 말하자면 그는 교양이 넘친다. 그러니 나와 나누는 대화가 무슨 소용이 있겠는가? 그는 모든 것에 대해서 나보다 더 잘 안다. 금지된 사상들, 독창적인 사상들에 대해서라면 그를 따를 사람이 없다…… 나는 악셀로드 집에서 플레하노프를 홀로 지켜보는 게 더 좋다. 단지 그가 어떻게 말하고 움직이는가를 바라보는 것이, 내 마음에 쏙 드는 그의 얼굴이나 바라보는 것이 더 좋다. 그렇다고 구석에 처박혀 그에게 감탄이나 하기 위해서 모르넥스에 갈 수는 없다……." 플레하노프에 관한 많은 증언과 기록들에서 볼 때 그는 학문적으로는 성공하였지만 따뜻한 인간애가 부족했던 것 같다. '존경하는 사람을 만나지 마라, 반드시 후회할 것이다'라는 말은 빈말이 아니었다.

경제학 박사로서의 의욕적인 사회 첫 출발

플레하노프에 실망만 안고 취리히에 돌아온 로자는 자신의 학문 방향을 정치적 목표에 맞추기로 하였다. 1892년 로자는 법학과에 등록하여 공법과 경제학을 비롯한 사회과학 분야를 공부하였다. 그녀는 이때부터 5년 동안 놀라운 집중력으로 연구에 몰두하였는데, 특히 마르크스 경제학은 그녀의 강한 지적 욕구를 자극하였다. 그사이에 레오도 로자가 이전에 공부했던 동물학 강좌를 신청하였으나 공부에는 별 관심을 두지 않았다. 로자는 이 기간 동안 스스로에게 무자비할 정도로 엄청난 양의 과제를 부과했다. 그녀는 이 기간 중에 마르크스의 선배 격인 애덤 스미스를 알게 되었다. 사실 마르크스는 그가 『자본론』을 쓸 때 자본주의에 대한, 특히 시장 메커니즘에 대한 스미스의 이론을 원용한 것이 아니었던가. 스미스는 그의 연구를 통해서 부자들의 넘치는 부가 다수의 궁핍을 초래한다는 사실을 증명하였다.

그녀는 강의 시간 중에 가끔 지도교수인 볼프 교수에게 날카로운 질문을 하여 그를 궁지에 몰아넣기도 하였다. 그럴 때마다 볼프 교수는 그녀의 패기를 관용과 유머로 받아넘겼다. 볼프는 당시 로자에 대해서 이렇게 회상하였다. "취리히에서 강의를 하고 있을 때, 나는 학생들 중 가장 재능이 탁월했던 로자를 도와주기 위해서 토론을 벌이곤 하였으며 그녀가 대학의 어려운 과정을 무사히 넘길 수 있도록 배려하였다. 그녀는 폴란드에서 건너왔을 때부터 이미 마르크스주의자였다. 내 지도 아래 그녀는『폴란드의 산업발전』이라는 뛰어난 논문으로 박사학위를 취득하였다."

이즈음(1892년) 폴란드 망명세력들은 파리에서 '폴란드 사회주의당'을 창설하였으며, 이와 때를 같이 하여 로자와 레오 등 폴란드 출신 젊은 이들도 취리히를 거점으로 하여 '폴란드 노동자동맹'을 결성하고 본국의 지하조직과 연계하여 활동을 개시하였다. 이들 '노동자동맹'은 폴란드 사회주의당과 별도로 '폴란드 왕국 사회민주당'을 창설하고, 그들이야말로 폴란드 프롤레타리아의 진정한 대변자이며 후계자로 자임하였다. 이들은 먼저『스프라바 로보트니차(노동자 문제)』라는 잡지를 만들기로 하고 1893년 7월 파리에서 창간호를 내놓았다. 파리에서 이 잡지를 만든 것은 당시 스위스에서는 망명객들에게 학문적인 활동 외에는 일체의 정치활동을 불허하였기 때문이었다. 또한 같은 이유로 그녀는 이 잡지에 기고를 할 때에도 크루친스카라는 가명을 썼는데 이것이 정치활동 중 첫 번째 사용한 이름이었다. 로자는 직접 '폴란드 왕국 사회민주당' 강령을 기초하여 이 잡지에 실었다. 강령의 주요 골자는 차르 지배체제의 전복과 노동자들의 단결이었다.

로자와 레오를 비롯한 이들 젊은 망명자들은 러시아에서의 혁명이 없이는 폴란드가 해방될 수 없다고 믿었다. 특히 그녀의 글은 날카로웠고 말 한 마디 한 마디가 상대를 감동시켰다. 벨기에 사회주의 지도자이며 후에 외무장관이 된 반더벨데는 로자에 관한 인상을 이렇게 썼다. "당시 스물세 살이던 로자는 독일과 폴란드의 몇몇 사회주의 그룹들을 제외하고는 전혀 알려지지 않은 인물이었다. 그녀의 적수들은 그녀와 상대하면서 궁지에 몰려 있었다…… 자신의 문제를 해결하기 위해서 싸우는 그녀의 시선은 자석과 같은 강한 흡인력을 발하였고 그녀의 연설은 불꽃처럼 타오르고 있었다. 1893년 8월 취리히에서 개최된 '사회주의 인터내셔널' 제3차 총회에 참석한 사람들은 그녀의 연설에 압도당하여 마술에 걸린 듯 그녀의 대표권을 인정해주어야 한다고 손을 치켜들었다." 그 자리에서 아직 학생 신분인 로자의 대표성을 두고 갑론을박이 벌어졌다. 그러나 로자는 대중들의 열렬한 지지에도 불구하고 일단 총회 자리를 떠나야만 했다. 거기에는 당시 인터내셔널 고문 자격이었던 플레하노프와 '폴란드 사회주의당'의 방해가 크게 작용하였다. 플레하노프는 지난번 로자가 자기를 방문했을 때 했던 무례한 행동을 결코 잊지 않았다.

그러나 로자의 첫 번째 실패는 성공의 디딤돌이었다. 총회에서의 그녀의 당당하고 조리 있는 말은 그 자리에 참석했던 당원들의 간담을 서늘케 하기에 충분하였으며, 강한 인상을 남겼다. 로자, 즉 암 '독수리'의 비상은 이때부터 시작되었다. 그녀는 폴란드 사회당원들과도 당당하게 논쟁을 벌였는데, 궁지에 몰린 이들은 그녀가 유대인이라느니, 너무 당돌하다느니 하는 험담으로 논쟁의 본질을 피해나갔다. 이제 로자를 모르는 사람이 없게 되었다. 로자의 이름이 급부상하게 되자 레오는 한편으로 불안하였다. 그러면서도 레오는 이제 로자를 확실한 동지로 인정하게 된 것이다. 로자가 사람들의 마음을 사로잡는 마술과 같은 재능을 지니고 있었기 때문에, 앞에 나서기를 싫어하고 뒤에서 '음모'를 꾸미는 데 탁월한 능력을 지닌 레오는 로자의 이러한 재능이 더욱 필요했던 것이다. 로자는 든든한 후견인 레오를 만나면서 일에 더욱 열정적이었으며, 매사에 더욱 철저해졌고 어떤 일에나 집중할 수 있었다. 그리고 로자는 이제 생계를 걱정할 필요가 없었기 때문에 마음 놓고 공부도 할 수 있었다. 로자와 레오는 머리를 식히기 위해서 틈틈이 함께 여행을 하였다. 무엇보다도 휴양지에서 두 사람은 남의 눈을 의식하지 않고 떳떳한 애인으로 자유스럽게 활동할 수 있어서 행복했다. 그들은 잠자리에서 앞날을 진지하게 상의하며 사랑을 확인하였다. 로자는 어쩌다가 레오가 멀리 떠나 있을 때에는 그에게 정감 어린 편지를 써 보내곤 하였다. "…… 나는 지금 집 근처의 잔디밭 나무 그늘 아래 앉아 있답니다. 그런데 오늘따라 왜 이렇게 슬픈지 모르겠어요. 여기 혼자 있는 나는 너무 외롭답니다. 어젯밤 누군가의 목소리가 나를 깨웠어요. 나는 귀를 기울였지요. 그러나 얘기하고 있는 사람은 바로 나 자신이었지요. 그리고 나의 조죠(레오)가 멀고도 먼 곳에 있다는, 나만 홀로 있다는 슬픈 현실을 깨닫게 된답니다." 로자는 대중 앞에서 정치적 연설을 할 때는 불을 뿜는 듯 단호하고 거칠었지만 연인 레오 앞에서는 더없이 여성적이고 소녀다웠다. 그는 레오에 대해서 편지를 쓸 때에는 '나의 조죠, 나의 사랑'이라는 표현을 썼지만 레오는 그런 표현을 달가워하지 않았다. 레오는 이런 사적인 일에서조차 비밀을 지키기를 요구하였다. 레오는 훗날 이런 편지들을 불태워버렸다. 로자가 이와 같은 감성적인 편지를 보냈지만 레오의 답장은 언제나 사무적이었으며 그것이 로자로서는 큰 불만이었다.

로자는 이제 취리히 망명동지들에게 없어서는 안 되는 사람이 되어갔다. 취리히를 오고가는 많은 혁명동지들이 그녀의 집에 들렀고, 그때마다 로자는 그들을 환대하며 많은 대화를 나누었다. 그 무렵 레닌도 취리히 대학 도서관에 자주 들렀으나 그때까지만 해도 두 사람은 서로를 알지 못했으며, 두 사람이 알게 된 것은 새로운 세기가 시작된 후였다.

1897년 초 마침내 로자는 대학 당국에 '폴란드 산업발전'이라는 주제로 박사학위 논문을 제출하였다. 이 논문은 학문적으로 매우 높은 수준이라는 평가를 받았으며, 두 차례의 필기시험과 구두시험을 거쳐 우수한 성적으로 박사학위를 취득하였다. 이 소식을 들은 바르샤바의 가족들은 매우 기뻐했다. 특히 그때 위암으로 시달리던 그녀의 어머니는 삶의 끝자락에서나마, 딸의 학문적 성과에서 큰 위안을 찾았다. 그 때 로자의 언니 안나는 로자에게 어머니의 기쁨을 이렇게 적어 보냈다. "엄마는 너의 기쁜 소식을 듣고 웃다가 울다가 하셨단다. 잠시도 네 편지를 손에서 놓지 않으려 하시는구나. 엄마가 얼마나 자랑스러워 하는지를 모든 사람들이 다 알아야 한다는 거야." 이런 어머니였지만 그녀는 그해 9월 사망하였다. 그러나 가족들은 비보를 로자에게 직접 알릴 경우 그녀에게 너무 충격을 줄 것이라고 판단하고 로자가 처음 하숙했던 집의 여주인 올림피아를 통해서 알리기로 결정하였다. 어머니처럼 자상하고 따뜻한 그녀라면, 로자에게 슬픈 소식을 슬기롭게 전해줄 수 있으리라는 판단에서였다. 그때 로자는 레오와 함께 루체른 부근 어느 조용한 여관에서 『노이에 차이트(Neue Zeit; 새 시대)』라는 잡지에 기고할 논문을 준비하고 있었다. 그 잡지는 카를 카우츠키가 창간하였으며, 독일 사회민주당으로부터 지원을 받고 있는 영향력이 있는 유력한 잡지였다. 로자 가족의 딱한 부탁을 받고 올림피아 여사는 로자에게 잠시 방문해도 좋겠냐고 편지를 보냈으나 로자는 지금 시간이 없다고 그녀의 방문을 거절하였다. 몇 년이 지난 후에야 이 사실을 알게 된 로자는 한동안 무척 괴로워했다.

로자는 이 무렵 이 잡지에 기고하게 됨을 계기로 간접적으로나마 카우츠키라는 사람이 누구인지 알게 되었다. 카우츠키는 체코 프라하에서 태어나, 21살 때 오스트리아 사회당에 가입하면서 정치활동을 시작하였다. 그 자신도 취리히로 추방당하였으며, 이에 앞서 마르크스, 엥겔스와도 교류하였다. 특히 그는 엥겔스와 가까웠으며, 1883년 마르크스가 사망하던 해에 『노이에 차이트』를 창간하였으며, 주필인 그는 이 잡지에 실릴 논문의 원고를 직접 심사하였다. 따라서 이 잡지에 일단 실린 기고자는 그때부터 인정을 받게 되는 것이었다. 카우츠키는 플레하노프와 달리

이제 막 경력을 쌓기 시작한 젊은 사회주의자들에게 사심이 없이 기회를 주었다. 로자는 끈질기게 '폴란드 사회주의 운동에서의 민족주의적 성향'이라는 주제의 논문을 카우츠키에게 보냈다. 드디어 카우츠키는 로자에게 논문을 줄여서 보내라는 통보를 하고, 로자는 이를 받아들였다. 올림피아 여사의 방문을 거절한 것은 당시 카우츠키의 요청에 따라 논문을 축소, 손질하고 있을 무렵이었다.

'독수리'의 비상

1898년 5월 로자는 베를린으로 떠났다. 그녀는 자신의 활동영역을 넓히고 더 큰 꿈을 펼치기 위해서였다. 그곳은 사회주의 활동과 국제 노동운동의 요람이라 해도 지나친 표현이 아니었다. 그 당시 독일은 러시아와 폴란드의 망명자들에게는 매우 매력이 있는 나라였으며, 신흥 산업국가로서 강력한 노동자계급이 형성되어 있었다. 독일 사회민주주의자들은 당국의 사회주의자 단속법의 억압을 받으면서도 이에 굴하지 않고 세계 최초로 의료보험, 폐질환 보험, 연금보험을 쟁취해냈다. 1890년 마침내 사회주의자 단속법이 폐지되고 1891년 독일 사회주의 민주당 강령이 채택되었는바, 유럽 각국의 사회주의 정당들은 이 강령을 원용하였다.

로자가 베를린으로 가기로 하자 레오도 가고 싶었지만 레오는 아직 그럴 형편이 아니었다. 아직 학업도 끝내지 못했을 뿐만 아니라 당시 그는 '폴란드 왕국 사회민주당' 책임을 맡고 있었기 때문이었다. 이 당은 1900년 '폴란드 왕국-리투아니아 사회민주당'으로 개편되며, 1918년부터 '폴란드 공산당'으로 발전한다. 로자가 떠난다 하니까 레오의 마음은 불안하였다. 그녀가 베를린으로 간다는 것은 자기의 영향권으로부터 벗어난다는 것을 의미하기 때문이었다. 레오의 입장에서는 그녀가 잘 되기를 바라면서도 야릇한 질투심이 생겼다. 그녀의 능력과 재능으로 보아 그녀는 베를린에서 성공할 것이고 그렇게 되면 두 사람의 앞날에 금이 갈 수도 있기 때문이었다. 그녀는 그의 이런 의아심에 당혹스러웠다. 앞으로의 주도권을 둘러싼 말다툼으로 둘이서 함께 보낸 마지막 순간에 어두운 그늘이 드리워졌다.

그런데 독일로 떠나려는 로자에게 하나의 장애물이 있었다. 외국인들이 독일에서 활동하는 것이 얼마나 어려운지 앞서간 망명자들의 경험을 통해서 알고 있었기 때문이었다. 당시 독일 국적이 없는 외국인은 언제라도 추방을 당할 수 있었다. 그 예로 러시아 오데사 출신이며 유대인인 파르부스(본명 알렉산드르 겔판트)는 독일 작센에서 노동자 신문 편집인으로 활동하다가 2년 만에 추방당했었다. 독일에서의 외국인은 당국의 허가 없이 신문을 정기구독하는 것까지도 제한되어 있었다. 따라서 완벽주의자인 레오와 로자는 만일의 사태에 대비해서 그녀가 독일 국적을 취득하는 것이 필요하다고 보았다. 그래서 두 사람은 궁리 끝에 로자가 취리히에 처음 왔을 때 하숙했던 집 주인 카를 뤼베크가 독일인이라는 것이 생각이 났다. 더구나 그의 아들 구스타프 뤼베크는 24세의 청년으로 아직 미혼이며 바젤의 어느 가구 제작소에서 일용노동자로 일하고 있지 않은가. 로자가 그와 결혼하게 되면 로자로서는 당연히 독일 국적을 취득할 권한이 있는 것이다. 전후 사정을 들은 뤼베크는 처음에는 선뜻 내키지 않았으나 폴란드 출신인 그의 처 올림피아의 설득으로 자기 아들과 로자를 잠정적으로 법적인 부부관계를 맺어주기로 결정하였다. 1898년 4월 로자는 바젤에서 구스타프와 간소한 결혼식을 올리고 취리히로 와서 두 사람은 기념사진까지 찍었다. 어쩌면 이러한 자잘한 일까지도 레오는 세심한 주의를 기울였다. 로자의 '위장 결혼'은 성공적으로 이루어졌다. 이렇게 해서 로자는 일단 홀가분한 마음으로 베를린으로 떠날 수 있었다.

1898년 로자는 청운의 꿈을 안고 베를린에 도착하였다. 로자는 적당한 거처를 물색하다가 티어가르텐 주택가의 2층 조용한 원룸을 구했다. 막상 여장을 풀고 보니 어디서 무엇부터 해야 할지 막막하였다. 이제 레오가 없는 그녀로서는 모든 것을 자기 스스로 결정하고 처리해야 했다. 그녀의 목표는 사민당 안에서 자신의 입지를 확보하는 것이며 생계도 혼자 꾸려가야만 한다. 레오에게 계속 손을 벌릴 수 없지 않은가. 로자는 그때의 심경을 레오에게 이렇게 써 보냈다. "베를린의 뭉개버릴 것 같은 거대함 때문에, 나는 이방인으로 홀로 온 듯한 느낌이에요. 내가 과연 베를린을 정복할 수 있을까요? 바라보기만 해도 무관심하고 차가운 이 도시의 위세 앞에 그저 겁이 난답니다."

연약한 여자로서 모든 것을 이루기 위해서 믿을 거라고는 머리와 펜밖에 없다. 혈혈단신인 그녀에게는 가혹한 현실과 무자비한 교훈만이 가로놓여 있을 뿐이다. 그렇지만 베를린, 그곳은 그녀가 어차피 맞닥뜨려야 할 현실의 무대가 아닌가. 그녀는 이제 학생이 아니라 박사학위를 받은 어엿한 사회인으로서 냉엄한 현실에 도전하고 성공을 해야 한다. 어떤 실수도 용납될 수 없다. 로자는 관할 경찰서에 출두하면서 별일이 없을까 걱정도 되었지만, 담당 경찰관에게 급행료로 3마르크의 뇌물을 건네고 3일 만에 시민증을 받았다. 그것은 향후 5년 동안 유효하였다. 그녀는 시민증을 받자마자 곧바로 일간 신문과 필요한 사회주의 계열 잡지 등의 정기구독을 신청했다. 그녀는 도서관을 이용하여 관련 서적을 탐독하고 프란츠 메링(독일의 역사가이며 사회주의자로 독일공산당 창당에 참여하였음)의 저서 『독일 사회민주당의 역사』와 사민당에서 출간한 『독일 사회민주당 편람』을 읽었다.

일주일간 사전 예비지식을 습득한 로자는 사민당 당사를 찾아가 자신을 소개하였다. 그녀의 사전 준비는 적중하였다. 당서기인 이그나츠는 그녀의 폭넓은 지식과 뛰어난 말솜씨, 그리고 구체적인 제안에 감명을 받고 그녀를 즉각 당원으로 영입하였다. 그때가 1898년 5월 25일이었다. 이제 그녀는 어엿한 독일 사민당 당원이 된 것이다. 그녀는 곧바로 슐레지엔 북부지역의 선거전의 지원유세에 나섰다. 그 지역은 사민당으로서 매우 어려운 지역이었다. 그녀의 지원유세는 성공적이었으며, 그 결과 그녀는 이제 사민당에서는 없어서는 안 될 필수요원이 되었다. 베를린으로 돌아오는 길에 사민당의 유력지인『라이프치거 폴크스차이퉁』지의 쉔랑크 편집장을 만나 그로부터 그 신문의 고정 기고자로 위촉을 받았다. 그녀로서는 커다란 수확이었다. 이 소식을 전해들은 레오는 한편으로는 기쁘면서도 야릇한 질투심을 느꼈다.

'사회개혁이냐 혁명이냐'

그 무렵(1898년) 독일 사민당 내부에서는 이론논쟁이 시작되고 있었다. 창당 이후 20년 만에 처음으로 있는 일이었다. 논쟁의 핵심은 당내의 저명한 이론가인 베른슈타인(독일의 사회주의자로 마르크스 사상의 수정주의 제창자)이 제기한 "이제 마르크스주의는 수정이 불가피하다."라는 충격적인 주장이었다. 베른슈타인 자신도 유대인으로서 1872년 독일 사회민주당의 전신인 사회민주노동당에 입당한 후 당 기관지 격인『노이에 차이트』지에「사회주의의 제문제」,「사회주의의 전제조건과 사회민주당의 임무」라는 글을 써서 마르크스주의 수정을 시도한 당내 우파의 지도자 중 한 사람이었다. 앞서 말한 그의 이러한 도발적인 테제는 사회주의의 사활이 걸린 매우 민감한 사안으로 지지자와 반대자들 간에 격심한 논쟁을 불러일으켰다. 수정주의자인 베른슈타인은 자본주의가 예상과는 달리 붕괴되지 않고 더 발전하고 있는 만큼, 당은 기존 체제 내에서 노동자들과 일반 시민의 다양한 요구를 대변하고 개혁을 통해 노동계층의 삶을 개선하는 개혁정당으로 거듭나야 한다고 주장하면서 사회혁명이 아니라 의회주의 입장에서 점진적인 사회주의를 실현하는 방향으로 나아가야 된다고 역설하였다. 또한 그는 중간 계층은 일거에 무너지지 않으며, 사회의 양극화 가정은 잘못된 것으로 위기가 심화됨으로써 자본주의가 붕괴될 것이라는 가정도 잘못된 것이라고 보았다. 반면 자본주의는 개혁 가능성이 있으며, 보통선거를 통한 정치의 민주화, 그리고 입법과정을 통한 민주주의 확대과정은 자본주의 사회를 점진적으로 '사회주의적인' 상태로 이끌어가게 된다는 것이었다. 그의 이러한 주장은 당내 우파로부터는 지지를 받았지만, 반대로 좌파로부터는 신랄한 공격을 받았다. 로자는 며칠 동안 집에 틀어 박혀 베른슈타인의 이론을 비판하는 논문을 준비하였다.

마침내 로자는 1899년 초 『사회개혁이냐 혁명이냐』라는 제목의 작은 책자를 통해서 베른슈타인의 이론을 조목조목 비판하였다. 로자는 이 책에서 '사회주의로의 점진적 성장'은 불가능하다고 못 박았다. 왜냐하면 자본주의 생산관계는 결코 위기요소를 약화시키는 것이 아니라 오히려 강화시키기 때문이다. 로자는 이렇게 말했다. "사회개혁이냐 아니면 혁명이냐? 그렇다면 사회민주주의는 사회개혁에 반대할 수 있단 말인가? 또는 사회민주주의는 사회혁명, 즉 자신이 최종목적으로 설정한 현존하는 질서의 전복을 사

로자와 이론 논쟁을 벌인 에두아르트 베른슈타인

회개혁에 대립시킬 수 있단 말인가? 물론 그렇지 않다. 사회개혁을 위한, 그리고 민주적 제도를 위한 일상적인 실천 투쟁은 사회민주주의가 프롤레타리아 계급투쟁을 지도하며, 정치권력을 장악하고 임금체계를 폐지한다는 최종 목표에 이를 수 있는 유일한 길이다. 사회민주주의를 위하여 사회개혁과 혁명 사이에는 분리될 수 없는 상호 연관이 존재한다. 왜냐하면 사회민주주의에서 사회개혁을 위한 투쟁은 수단이며, 사회혁명은 목적이기 때문이다."(로자 룩셈부르크 지음, 김경미 · 송병헌 옮김,『사회개혁이냐 혁명이냐』, 도서출판 책세상, 2002, 참고 정리)

로자는 이 저서를 통해서 일약 유명한 존재로 각인되었다. 베른슈타인에 대한 그녀의 전면적인 공세는 너무 급진적이라는 비판도 받았지만 그녀의 비판은 논리 정연하고 날카로운 글로 큰 반향을 불러일으켰으며, 사회 개혁과 혁명에 관한 한 혁명가의 깊은 고뇌가 담겨있다. 이 책을 계기로 로자는 각지에서 연설을 해달라는 요청을 받고 눈코 뜰 새 없이 바빠졌다. 그녀는 29세의 젊은 나이에, 베를린에 온 지 1년도 채 안 되어 사민당 내에서뿐만 아니라 일부 식자들 사이에서도 유명인사가 되었다. 이제 암 '독수리'는 본격적으로 비상을 시작한 것이다. 로자의 혜성과 같은 부상에 놀란 레오는 그녀를 지원하기 위해서 드레스덴으로 와서 그녀를 원격 지원하였다.

로자가『노이에 차이트』지의 편집인이며 베른슈타인의 수정주의에 반대한 사민당 내의 거물인 칼 카우츠키를 직접 만난 것도 그 무렵이었다. 서로 가까운 지역에 살고 있는 두 사람은 하루가 멀다하고 만나서 진지한 의견을 교환하였으며, 특히 카우츠키 부인 루이제와는 마음속에서 우러나오는 돈독한 관계를 유지하였다. 후에 로자는 카우츠키와 정치적 노선 차이(카우츠키는 온건한 중도파로 사회민주당을, 로자는 독일 공산당 전신으로 극좌적인 스파르타쿠스단을 결성)로 두 사람간의 관계가 소원해졌을 때도 루이제와의 우정은 변치 않았다. 독일 여성운동가인 클라라 체트킨을 만난 것도 이때였다. 클라라는 그 당시 40대를 막 넘긴 여성운동가로 독립적인 삶을 살기 전에는 러시아 혁명가인 오시프 체트킨의 아내였으나 지금은 18세 연하의 화가인 프리드리히 춘텔과 재혼하여 두 아들을 키우면서 행복하게 살고 있었다. 로자는 이런 그녀가 부러웠다. 로자는 카우츠키 집을 드나들면서 당시 역사가이며 철학자인 프란츠 메링을 비롯해서 사민당 지도자 아우구스트 베벨, 그리고 당내 좌파의 대표 격인 빌헬름 리프크네히트도 만나게 되었다. 로자는 그 무렵 베벨을 동지로서뿐만 아니라 이성으로서 흠모하였다. 그 증거로서 그녀는 당 대회기간 중에 호텔 방 앞에 놓여 있는 베벨의 신발 속에 "아우구스트, 저는 당신을 사랑해요."라는 쪽지를 넣었다. 로자는 논쟁에서는 매서웠지만 인간적인 교류에서는 이처럼 언제나 다정다감하고 여성스러웠다. 그녀는 옷을 입는데도 우아하게 보이려고 애썼으며, 자기 방을 치장하거나 음식을 장만하는 데도 남다른 신경을 써서 방문객을 항시 즐겁게 해주었다. 이제 그녀는 고독한 영혼을 부둥켜안고 보내는 외로운 밤은 더 이상 오지 않았다. 그리고 로자는 레오에게 더 이상 손을 벌리지 않아도 되었다. 그녀는 각종 잡지와 일간지에 수시로 기고를 함으로써 넉넉한 돈은 아니지만 생계를 꾸려갈 만한 용돈은 벌어 썼다. 레오는 그녀가 이처럼 자신의 도움을 벗어나 스스로의 길을 개척해나가리라고는 생각하지 못했다. 로자의 그런 점이 자랑스럽기도 하였지만 한편으로는 불안감을 떨쳐버릴 수 없었다.

로자와 레오의 갈등

이제 로자는 레오에 예속될 수 없을 정도로 엄청나게 커버렸다. 그렇다고 이들의 관계가 끝난 것은 아니었지만 서로가 떨어져 있었기 때문에 로자의 입장에서는 마음도 점차 멀어져가는 느낌이었다. 그럼에도 불구하고 로자는 그때까지만 해도 레오에 대한 미련을 떨쳐버릴 수가 없었다. 로자는 나이를 먹어가면서 클라라처럼 아이도 키우고 싶었다. 그러나 레오는 두 사람 사이의 그런 관계는 끔찍한 일로 생각하였다. 레오는 가정보다도 혁명이 더 중요하였다. 로자는 레오에게 이렇게 써 보냈다. "우리는 결코 즐거운 파티를 해본 적이 없어요. 정말이지 아이가 있는 파티도, 진정한 가정생활도 없어요. 그렇지 않은 가요?" 이처럼 그녀는 혁명가이기 이전에 한 사람의 여자였다. 그녀는 사랑과 혁명을 양립시키고 싶었지만, 현실은 그렇지 못했다. 이처럼 로자는 정상적인 평범한 가정생활도 그리워했다. 그러했기 때문에 그녀는 고향의 가족과 결코 단절하지 않았다. 그처럼 자신을 사랑해준 돌아가신 어머니에 대한 죄책감이 그녀의 가슴을 짓누를 때가 한두 번이 아니었다.

로자는 1899년 8월 아버지와 오빠 부부, 그리고 조카들까지 베를린으로 초청하여 즐거운 한때를 보냈다. 병든 아버지는 과년한 딸의 장래가 걱정되었다. 아버지 엘리아스는 자신이 죽기 전에 막내딸이 돈도 많고 잘생긴 레오와 꼭 결혼할 것을 바라고 있었다. 또한 가세가 기울어진 엘리아스는 돈 많은 레오로부터 돈을 얻어 아직 결혼하지 못한 로자의 언니 안나의 지참금도 마련하고도 싶었다. 이 문제를 가지고 엘리아스는 로자에게 편지로 상의를 해본 적도 있었다. 그러나 로자는 묵묵부답이었다. 그러자 엘리아스는 두 딸의 혼사도 끝내 보지 못하고 1900년 9월 세상을 뜨고 말았다. 이번에도 로자는 아버지 사망소식을 뒤늦게 알았다. 그녀는 억장이 무너지는 것 같았다. 어머니의 죽음에 이어 로자는 두 번 큰 불효를 한 것이다. 그녀는 그때 파리에서 개최되는 '인터내셔널' 대회에 참석하고 있었다.

레오에게 결혼은 관심 밖이었다. 두 사람을 결합시켜주는 것은 그들 내부의 동반자 관계가 아니라 외부의 사회적 관계가 궁극의 목표였으며, 그것은 다른 게 아니라 완전히 새로운 사회의 구현이었다. 물론 이 새로운 사회는 남녀 사이의 관계도 대등하게 혁신되는 것을 의미하는 것이다. 그 무렵 로자는 법적으로 부부 사이인 구스타프와의 혼인관계도 청산하고 싶었지만 레오는 이에 대해서 별 관심을 보이지 않았다. 참다못한 로자는 이 문제를 매듭짓기 위해서 1900년 어느 날 취리히로 가서 구스타프와 이혼절차를 밟으려고 하였으나 스위스 당국은 독일 시민의 이혼문제는 스위스 당국의 관할권 밖이라고 하였다. 레오에게는 로자가 구스타프와 혼인관계에 있건 말건 큰 문제가 되지 않았다. 어쩌면 그는 로자를 이 상태에서 묶어두는 것이 자신에게 더 자유롭다고 생각할 수도 있었다. 레오는 혁명가로서의 삶이란 부르주아적 안락한 삶과 양립시킬 수 없다는 생각이 지배적이었다. 혁명에 충실하려는 자는 도피와 망명, 체포와 죽음을 각오해야 되기 때문에 가정에 안주할 수 없다는 것이 그의 변함이 없는 신념이었다. 레오는 이미 고향 감옥에서 그것을 터득했지 않은가? 이런 레오의 태도에 로자도 지칠 대로 지쳤다.

이제 로자는 자신을 원격조종하려는 레오의 오만하고 권위적인 태도에 점차 강한 반발심을 갖게 되었다. 레오는 로자에 대해서 언제나 자신은 전투계획을 짜고 지휘소에서 명령을 내리는 야전사령관으로 행세하려고 하였다. 그는 로자가 보내는 장문의 편지에 대해서 질책과 칭찬, 때로는 약간의 밀어를 적절히 배합해서 두 사람의 관계를 현재 수준에서 유지하는 것이 가장 좋다고 생각하였다. 사실 레오가 이 용감한 '여성전사'를 베를린으로 보낸 것은 그녀를 매개로 해서 독일 사민당에 대한 자신의 위치와 국제적 혁명가로서의 자신의 위치를 확보하려는 속셈이었다. 레오의 이런 의중을 로자가 모를 리가 없었지만 로자의 입장에서도 그는 믿을 수 있는 혁명의 동지로서, 카리스마가 넘치는 듬직한 남자로서, 그리고 섹스 파트너로서 손색이 없었다. 이런 이유 때문에 두 사람의 관계는 끊어질 듯 끊어질 듯 이어져갔다. 레오는 멀리서 로자를 조종하는 힘을 발휘하였지만 가까이 있을 때에는 일종의 열등감으로 괴로워했다. 레오는 혁명가로서 탁월한 수완과 비범한 재능을 가졌지만 글을 쓰는 능력과 연설 솜씨가 부족하였다. 그것이 그의 약점이며 그에게 가해진 가혹한 형벌이었다.

로자는 레오에 대해서 극도의 회의감에 빠졌다. 로자가 구스타프와 이혼수속을 밟기 위해 취리히에 갔을 때 로자는 레오의 생활에 심상치 않은 변화가 있음을 여자의 예민한 본능으로 직감할 수 있었다. 이제 단호한 결별만이 유일한 해결책이라는 생각이 들었다. 그녀는 그때의 느낌을 레오에게 이렇게 써 보냈다. "아마 당신은 누군가에게 마음을 빼앗긴 모양이군요. 아무튼 나는 더 이상 당신을 행복하게 해줄 수 없는 여자인가 봐요. 정말 그런 건가요?" 그러나 이 편지에서 볼 때 로자의 내면에서는 레오에 대한 미련을 완전히 버리지 못했던 것 같다. 그녀는 베를린에 돌아온 후 또 이렇게 써 보냈다. "내가 취리히에 마지막 체류한 이후 나의 정신적 형상이 당신 눈앞에서 완전히 사라져버렸음이, 내가 당신에게는 그렇고 그런 존재임이, 기껏 해야 논문을 쓴다는 점에서 어쩌면 다른 여자와 좀 다를 뿐인 그런 존재임이 명백해졌어요. 반면에 여기 베를린에서는 어딜 가나 많은 남자들이 자신들의 여자와 어떻게 처신하고 있는지, 그리고 여자들의 뜻을 어떻게 받아주는지 어딜 가나 내 눈앞에 다가왔고 내 정신적 존재와 관련해 아무것도, 아무런 기억도 당신에게 남아 있지 않다는 사실이 확실해졌어요. 또한 나의 이러한 확신 자체가 나에 대한 당신의 내면적 애정이 식었다는 가장 생생하고 고통스러운 증거예요. 당신은 모르실 거예요. 이제부터라도 내가 다시 당신과 공동의 정신적 삶을 영위할 자신이 있냐고 물어본다면 대답은 명확합니다. 그것의 실현 여부는 전적으로 당신에게 달려 있다고 생각해요. 지난 몇 년간 우리가 살았던 방식으로는 공동의 정신적 삶이 이루어질 수가 없어요.”

로자의 간절한 편지를 받고 레오는 1900년 8월 베를린으로 와서 그의 강인한 정신과 육체로 로자에게 사랑을 확인해주었지만, 레오는 로자에 대한 사랑 때문만은 아니었다. 레오의 참뜻은 다른 데 있었다. 그는 폴란드와 지리적으로 가까운 데서 와해 위기에 있는 ‘폴란드 왕국-리투아니아 사회민주당’의 정지 작업이 급선무였기 때문이다. 그의 노력의 결실로 폴란드 모든 대도시에서 지하조직을 재정비하고 활동을 재개하는 데 성공하였다. 조직의 명수인 레오는 얀 치수카라는 폴란드식 가명으로 러시아령 폴란드에서 전설적인 인물이 되었으며 과거 고향 빌나 시절의 가명을 쓸 때보다 훨씬 큰 영향력을 발휘하였다. 한편 로자는 뮌헨에서 우연한 기회에 레닌을 잠시 만났다. 로자는 그에게서 단호하고 날카로운 지성의 면모를 느꼈으나, 그때만 해도 레닌의 혁명가적인 역량이 레오의 그것보다 뒤진다고 보았다.

이제 로자와 레오 두 사람은 1905년의 제1차 러시아 혁명이 발발하여 폴란드로 떠날 때까지 한집에서 살게 되었다. 그러나 레오는 그로소프스키라는 가명을 사용하고 서로 다른 방을 쓰며 남남으로 행동했지만 그 것을 믿는 사람은 아무도 없었다. 로자와 함께 지내는 레오에 대해서 카우츠키는 레오가 강철같이 차갑고, 다른 사람이 자신의 의지에 복종하지 않으면 견디지 못하는 독재자적 성격의 소유자라고 평한 반면 클라라는 “레오 요기헤스는 사물을 꿰뚫어보는 변증법적 정신의 소유자였다. 그리고 그는 겸손하였고, 이러한 겸손은 진실한 가치의 증거였으며, 이상을 위해 개인적인 사사로움을 버리는 남자의 상징이었다.”라고 레오를 추켜세웠다. 이런 점에서 볼 때 레오는 확실히 여자들에게 무어라 말할 수 없는 매력을 발산하고 있었다.

어떻든 로자와 레오는 베를린에서 1년 반 동안 함께 생활하였다. 그런 가운데 레오의 동생 오시프가 결핵으로 빈사상태에 있었기 때문에 두 형제는 요양차 북아프리카로 떠났다. 그러나 동생이 석 달 만에 죽고 레오는 다시 베를린의 로자에게 돌아왔다. 그리고 두 사람은 거처를 크라나하 슈트라세로 옮기고 새로운 삶을 시작하였다. 그곳은 향후 독일 사회 민주주의 운동뿐만 아니라 국제 사회주의 운동에서 중요한 장소가 되었다. 그런데 1901년 10월 로자는 그녀와 동지 이상의 관계에 있는『라이프치거 폴크스차이퉁』지의 편집국장인 부르노 쉔랑크가 죽었다는 비보를 접하였다. 로자의 슬픔은 컸다. 반면 레오의 입장에서는 연적이 없어진 셈이 되었다. 그 신문사에서는 로자에게 편집국장을 제의하였으나 레오가 이것을 말렸다. 로자의 사회적 위상이 높아짐으로써 두 사람의 공동생활이 지장을 받을 수 있었지만 그보다도 로자가 그 자리를 맡기에 적임자가 아니라는 판단에서였다. 그렇지만 로자는 프란츠 메링과 공동으로 편집장 자리에 취임하였다. 막상 취임하고 나니 우파기자들이 반대하고 나섰고 메링과도 기사 선택을 놓고 의견충돌이 잦아져, 로자는 결국 한 달 만에 그 자리를 사임하고 말았다. 레오의 판단은 옳았다.

첫 번째 투옥과 바르샤바행

1903년 봄 로자는 폴란드인이 많이 사는 켐니츠에서 선거운동에 참가하였다. 그곳에서 군중들은 로자의 연설을 듣기 위해서 구름처럼 몰려들었다. 그녀는 연단에 서서 거의 두 시간 가량 연설을 하였다. 그러나 그 연설에서 문제가 생긴 것이다. 그녀는 연설 도중 카이저 빌헬름 2세를 이렇게 공격하였다. "독일 노동자들이 양질의 안정된 삶을 살고 있다고 말하는 그 사람은 진실에 대해서 아무것도 모릅니다. 황제는 그 자신이 직접 현장에 와서 그것을 깨달아야 합니다." 이 발언이 화근이 되어 로자는 결국 3개월의 금고형을 받고 츠비카우 감옥, 독방에 갇히게 되었다. 레오는 이 기간 중에 로자가 정치활동을 할 수 있도록 배려하였다. 이처럼 레오는 로자가 상승국면에 있을 때에는 견제를 하면서도 어려울 때에는 특유의 노련한 수법으로 그녀를 도왔다. 이제 그녀는 정치범이라는 '영예(?)'를 얻게 되었으며, 이 기간 중에 책을 읽고 편지도 썼다. 그러나 그녀는 사면혜택으로 생각보다 빨리 출옥하였다. 그리고 그해(1903년) 4월, 정확히 5년 만에 로자는 우여곡절 끝에 구스타프와 이혼하고 법적인 부부관계를 청산하였다. 이제 그녀는 참으로 홀가분해졌다. 1904년 8월 말 로자는 암스테르담에서 개최된 사회주의 인터내셔널 대회에 참석하여 탁월한 능력을 보여주었다. 이 대회를 계기로 마르크스 혁명주의는 인터내셔널 공식 독트린으로 인정을 받게 되고, 수정주의는 패배하였다. 그것은 로자의 승리도 의미하는 것이었다. 어떻든 로자로서는 이 기간이 그래도 가장 행복했던 순간들이었다.

1905년 1월 러시아에서 '피의 일요일' 사건(「레온 트로츠키」편 참조)으로 민중혁명의 기운이 감돌자 1905년 2월 초 레오는 폴란드를 향해 떠났다. 이와 함께 다른 망명객들도 서둘러 고국으로 발길을 재촉하였다. 그 과정에서 크라나하 슈트라세에 있는 로자의 집은 많은 혁명동지들의 중간 기착지가 되었다. 로자는 이들 혁명 동지들에게 숙식을 제공하며 서로 간에 정보도 교환하였다. 레오는 일단 지하조직의 거점을 오스트리아령 폴란드에 위치해 있는 크라쿠프에 설치하였다. 그는 각종 유인물을 국경 밖으로 송달하는 일과 공작자금을 마련하기에 바빴다. 로자는 로자대로 자금을 모금하고, 독일 사민당 신문에 사회주의 혁명에 관한 글을 기고하여 노동자들에게 혁명의식을 고취했다. 레오는 바빠졌기 때문에

군중 앞에서 연설을 하는 로자

로자의 편지에 답장도 제대로 하지 못하였다. 그러면서도 가끔 로자에게 지하신문에 실릴 글을 써 달라고 요청하였지만 폴란드에 관한 정보를 제대로 주지 않았다. 로자는 그것이 불만이었다.

레오는 주기적으로 철저하게 위장하고 바르샤바에 들렀으며 다른 도시의 혁명동지들과도 분주하게 접촉하였다. 그런 가운데 로자는 그동안 누적된 피로가 화근이 되어 늑막염에 걸려 자주 앓아눕게 되었다. 처음에는 그다지 심각하게 생각하지 않았으나 나날이 계속되는 고열과 무기력증으로 제대로 일을 할 수가 없었다. 외로워진 로자는 다시 레오에게 편지를 보냈으나 레오로부터 아무런 답장을 받지 못하였다. 그녀는 이런 레오가 야속하였고 더 이상 레오를 기다릴 수 없었다. 이제 그녀의 젊음도 막바지에 이르고 있었다. 그녀는 더 나은 삶이 필요했다. 그녀는 정열적인 여자였고 남성으로부터 따뜻한 사랑을 받고 싶었다. 그녀는 마침내 'W'라는 폴란드 출신 청년과 사랑에 빠지기 시작했다. 그가 누구인지 확실하게 밝히지는 않았지만, 사람들은 로자의 애인이 그녀의 집에 자주 드니드는 '폴란드 왕국-리투아니아 사회민주당' 청년당원인 블라디슬라브라는 데 별 이견을 제기하지 않았다. 나중에 그는 자기의 혁명 선배이자 우두머리 격인 레오에 관한 전기를 썼다. '레오 요기헤스 전기'는 이것이 유일무이하다. 그녀는 이 젊은이를 통해서 레오에게 느끼지 못했던 뜨거운 남자의 체온을 느꼈다. 그러나 모든 것을 숨길 줄 모르는 로자는 어느 날 크라쿠프에 있는 레오를 찾아가 모든 것을 털어놓았다. 그녀의 고백을 듣고 레오는 너무나 당황한 나머지 어찌할 바를 몰랐다. 그의 입장에서는 로자가 순결을 지키지 않은 것을 이해할 수 없었다. 사실 로자가 레오에게 이야기한 것은 자신에 대한 무관심을 불식하기 위해서였다. 그의 충격이 너무나 큰 것을 확인하게 되자 로자는 그 뒤 그 청년과의 관계를 청산하였다.

1905년 11월 독일 사민당 간부진에서는 로자에게 그들의 대변지 격인 『포어베르츠(Vorwärts, 전진)』지에서 일해 달라고 요청하였다. 그녀는 이 제의를 쾌히 수락하고 편집진의 일원으로 활약하였으나 판에 박힌 기사와 사민당 우파 측에서 그녀를 비판하고 나서는 바람에 그 자리를 그만두었다. 로자는 이제 폴란드 혁명의 진전이 궁금하여 레오와 합류, 폴란드 혁명운동에 적극 가담하고 싶었다. 그러나 동지들은 그녀의 귀국을 만류하였다. 뜻은 좋으나 그녀는 유럽전역에 너무 알려진 인물일 뿐만 아니라 그녀의 특색이 있는 얼굴, 절름거리는 걸음걸이 때문에 모든 것이 탄로날 수 있다는 우려가 있었다. 그러나 일단 마음먹은 일은 주저하지 않는 성미인 로자는 그해 12월 말 크라쿠프와 바르샤바로 가기 위하여 베를린의 프리드리히 슈트라세 역에서 동 프로이센으로 가는 열차를 탔다. 물론 그녀의 입장에서는 그곳에서 제대로 국경을 무사히 통과할 수 있을지 확신은 없었다. 며칠간의 고생 끝에 로자는 일로보에서 바르샤바로 가는 기차를 이용할 수 있었다. 로자는 만약의 사태에 대비해서 사민당 기자 안나 마취케의 여권을 소지하고 있었다. 다행히 그녀는 국경검문을 무사히 통과하여 1905년 12월 30일 바르샤바에 도착하였다.

투옥, 그리고 병보석 석방 후 탈출

로자와 레오는 오랜만에 재회하였고, 로자는 마취케 기자 신분으로 하숙방을 구하였으며, 3일 뒤에는 레오가 오토 엥겔만이라는 독일 기자 신분으로 로자와 합류하였다. 두 사람은 벽 하나를 사이에 두고 방을 따로 썼다. 그러나 그것은 돌이킬 수 없는 큰 실수였다. 일반적으로 지하 활동가들은 결코 같은 집에 기거하지 않으며 그들이 만날 때도 숙소에서 만나는 법이 없이 언제나 제3의 장소에서 만나는 것이 안전 수칙 제1호였다. 그러나 두 사람은 이 수칙을 위반한 것이다. 매사에 용의주도하고 치밀한 레오도 이 철칙을 간과하였다. 레오는 그 당시 긴박한 상황에서 로자와 수시로 접촉해야 된다는 생각뿐이었다. 그러나 민활한 러시아 비밀경찰은 그것을 놓칠 리 없었다. 러시아 비밀경찰의 베를린 첩자는 지명 수배자 로자가 베를린에 더 이상 머물고 있지 않다는 정보를 바르샤바 비밀경찰에 긴급히 타전하였다. 더구나 우익 대변지인 『포스트(Post)』지도 로자가 폴란드에 잠입한 사실을 간접적으로 시사하는 기사를 썼다.

마침내 바르샤바 비밀경찰은 지하 혁명조직에서 발간하는 『스탄다르』지의 선동기사를 쓴 장본인이 로자라는 정보를 입수하였으며, 그 기사는 베를린에서 송고된 것이 아니라 바로 혁명의 현장 바르샤바에서 작성된 것임을 확인할 수 있었다. 그 당시 폴란드에서 지하신문 『스탄다르』지의 반응은 대단하였다. 경찰 당국은 이 신문의 편집진과 인쇄소를 찾는 데 동분서주하였으나 흔적조차 발견하지 못하고 전전긍긍하고 있었다. 거리 도처에 검문검색을 강화하고 의심나는 행인, 특히 보따리를 들고 다니는 모든 행인에 대해서는 예외 없이 휴대품을 검사하였으나 헛수고였다. 그런데 저녁만 되면 수천수만 명의 노동자들이 그 신문을 읽었다. 그리고 신문팔이 소년들도 신바람이 나서 '스탄다르요!' 하고 외쳐댔다. 로자와 레오는 그들에 대한 체포망이 좁혀 오고 있음을 감지하고 우선 눈에 잘 띄는 로자가 빨리 바르샤바를 떠나야 된다고 판단하였다. 그러나 때는 늦었다.

1906년 3월 4일 일요일 새벽녘, 모든 사람들이 새벽잠에 빠져 있는 그 순간, 일단의 경찰이 두 사람이 묵고 있는 야스나슈트라세 하숙집에 들이닥쳤다. 그들은 로자의 방을 급습한 결과 레오와 로자가 한 방에 있음을 알게 된 것이다. 경찰은 이 두 사람의 방뿐만 아니라 하루 종일 온 집안을 깡그리 수색하였다. 영문도 모르는 하숙집 늙은 여주인은 공포에 질린 나머지 사색이 되었다. 경찰은 증거물로 이들이 휴대하고 있는 일체의 서류와 소지품을 압수하고, 쇠창살을 끼워 특수 제작한 닭장 같은 호송차에 두 사람을 밀어 넣고 의기양양하게 경찰서로 일단 호송하였다. 로자와 레오는 각기 다른 감방에 구금되었다. 감방은 이루 말할 수 없이 더러웠다. 역겨운 냄새가 코를 진동시켰고, 밤이면 빈대와 벼룩 등 온갖 해충이 기승을 부려 잠을 이룰 수가 없었다. 거기다가 감방에는 온갖 잡범들까지 섞여들어 비좁은 공간에 30여 명의 죄수들이 콩나물시루의 빽빽한 콩나물처럼 갇혀 있어 몸을 제대로 움직일 수도 없었다. 변기는 오물로 가득 차 있어 변을 제대로 볼 수도 없었기 때문에 갓 들어온 수감자들은 밥을 가급적 먹지 않거나 먹더라도 적은 양만 먹었다. 그러나 경찰은 처음에 이들 두 사람의 신분을 제대로 확인할 수 없어 애를 먹었다. 로자와 레오는 자기들은 독일에서 파견되어 온 기자로 혁명운동과 무관하다고 주장하였다. 그러나 이런 식의 주장은 사건처리를 지연시킬 뿐 근본적인 해결책이 될 수 없었다. 이제 두 사람은 시베리아 강제 노역이나 어쩌면 사형까지 받을지도 모를 일이었다.

혁명 지도부에서는 이들이 탈출할 수 있는 묘책을 궁리하였다. 그러는 사이에 두 사람은 시 경찰 감옥으로 이송되었다. 그들은 담당 경찰관을 매수하기로 하였다. 드디어 경찰관 매수에 성공하여 두 사람에 대한 특별면회가 허용되었다. 어떤 경찰관은 자진해서 이들의 탈출을 도와주겠다고 자청하였다. 물론 여기에는 공짜가 없었다. 그러나 탈출하기로 계획된 전날 이들을 갑자기 미결수들을 구금하는 파비악 감옥으로 이송하였다. 그렇지만 밖에 있는 혁명동지 하네키의 끈질긴 노력으로 고급관리와 선이 연결된 끝에 두 사람은 비교적 자유롭게 면회가 허용되었으며, 그 틈에 탈출을 모의할 수 있었다. 탈출 계획은 레오가 직접 세웠다. 우선 동지 한 명이 비밀경찰로 가장하여 당국으로부터 전권을 위임받아 왔다고 하고 두 사람을 심문하기 위해 감방에서 나오게 한 다음 매수된 공무원의 도움으로 감옥 문을 통과한다는 것이었다. 그러나 공교롭게도 이들의 탈주 디데이 3일 전 두 사람은 바르샤바 요새 제10 성루의 특별감옥으로 다시 이송되었다. 이 요새는 정치범들만 수용되는 특별감옥으로 외부세계로부터 완전히 고립되어 있었다. 이제 이곳에서 탈출을 생각한다는 것은 망상이었다. 많은 선배 혁명가들이 이곳에서 갖은 고문을 당하고 유죄판결을 받거나 처형되었다.

경찰의 집요한 추적조사 끝에 로자의 신원이 밝혀졌다. 로자가 체포되고 나서 며칠 뒤 일단의 수사요원들이 마흔여덟이 되도록 아직도 미혼인 로자의 언니 안나의 집에 들이닥쳤다. 심야의 가택 수색에서 그들은 마침내 로자의 사진을 찾아내는 데 성공하였으며, 그녀는 경찰에 소환되어 로자와 대질심문 끝에 로자가 자기 동생임을 시인하고 말았다. 거기다가 독일 사민당의 대변지 『포어베르츠』지는 혁명이 진행 중인 바르샤바에서 로자의 용기 있는 행동을 찬양하는 글을 실었다. 그러나 그 기사는 로자에게 오히려 불리한 증거가 되고 말았다. 이런 상황에서 로자의 두 오빠, 막시밀리안과 요제프는 신중하게 대처하였다. 우선 그들은 안나의 진술로 로자가 자기들 동생이라는 사실을 부인할 수는 없었지만 레오에 대해서는 전혀 모르는 인물이라고 주장하였다. 사실 그들은 베를린의 로자를 방문했을 때 레오를 만나보고 그들이 연인 사이라는 것도 다 알고 있었다. 그리고 레오와 로자의 큰오빠는 레오의 형 파벨이 보내는 송금 관계로 수시로 만났었다. 사업을 하는 그가 송금의 중간 역할을 맡고 있었다. 레오의 형 파벨도 용의주도하게 처신하였다. 그는 대질 심문을 하기 위해 바르샤바로 가자는 경찰의 요구를 거절하고 경찰 본부에 보내는 항의 서신에서 감옥에 있는 그 사람은 자기 동생이 아니며, 만일 그가 그렇다고 주장한다면 그것은 동생임을 사칭해서 자기 유산의 일부를 물려받기 위한 술책일 수 있다고 항변하고 계속 대질심문을 고집한다면 법정에 호소하겠다는 점도 덧붙였다. 그러나 검찰의 추가적인 방증자료로 레오의 신원이 낱낱이 밝혀지고 말았다. 그의 공소장에서 빌나에서의 불법 행위와 군에서 탈영한 사실까지 확인되고 말았다.

그 사이 로자의 건강은 극도로 악화되었다. 요새의 마당에 가끔 교수대가 설치되고 사형수들과 형 집행자들의 발소리가 들려올 때마다 가슴을 죄는 정적과 긴장이 감옥 전체를 휩감았다. 특히 일부 혁명가들은 감방에서 특별한 의식을 치르고 불려 나가 다시 돌아오지 않고 형장의 이슬로 사라지는 일이 가끔 발생하였다. 로자도 한번은 두 눈이 가리인 채 끌려간 적이 있었으나 다행히 되돌아왔다. 그것은 행정착오였거나, 아니면 매사에 고분고분하지 않고 단식 농성을 벌이는 등 말썽을 부리는 로자에게 본때를 보여주기 위한 의도적인 조치일 수도 있었다. 훗날 로자는 레오에게 당시의 심정을 이렇게 고백하였다. "나는 수치스러웠어요. 왜냐하면 창백해지는 나 자신을 느꼈기 때문이지요."

한편 밖에서는 독일 사민당 지도부를 중심으로 로자의 구명작전을 다각적으로 궁리하고 있었다. 마침내 사민당은 요새의 사령관 수슈코프를 2천 루블에 매수하고 로자의 오빠 막시밀리안을 통해서 3천 루블의 보석금 공탁도 걸었다. 명분은 로자의 병세가 심각하다는 의사의 소견이었다. 이에 앞서 담당의사도 상당액의 뒷돈을 받고 그녀에 대한 진찰소견서에 빈혈, 히스테리, 신경쇠약, 위궤양과 간질환 등 온갖 증세를 기록하여 요새의 관계 부서에 제출하였다. 사실 로자의 이와 같은 병세가 어느 정도는 사실이었다. 초췌해진 로자는 두 손으로 쇠창살을 붙들고 있었기 때문에 그 모습은 마치 동물원에서 비탄에 빠져 있는 야수와 같았다. 그녀를 찾아온 큰오빠는 저쪽의 어둠침침한 골방이 눈에 띄자 그곳 쇠창살에 얼굴을 갖다대고 "로자야, 어디 있니?"라고 불러댔다. 로자의 오빠 막시밀리안은 안경 밑으로 쉴 새 없이 흘러내리는 눈물을 훔쳐내느라 그녀를 제대로 볼 수가 없었다.

마침내 수슈코프는 로자를 한시적이고도 조건부로 석방토록 지시하고 불구속 상태에서 재판을 받도록 조치하였다. 그녀는 바르샤바를 떠나서는 안 되며 수시로 보충심문에 응해야 된다는 조건이 붙었다. 당국에서는 7월 말 로자가 칼스발트로 요양을 떠날 수 있도록 허용하였다. 로자가 풀려난 것은 주변의 이와 같은 석방 노력이 컸지만, 그 외에도 그녀가 법적으로 독일 시민일 뿐만 아니라 독일에서 저명인사이기 때문에 만약의 경우, 러시아와 독일 양국 간에 불필요한 마찰도 생길 수 있다는 당국의 우려도 작용하였다.

한편 레오 측에서도 간접 루트를 통해 3천 루블의 보석금을 공탁하였으나 탈영사실과 그간의 죄질이 무겁고 위험한 인물로 간주되어 그에 대한 보석은 허용되지 않았다. 이 사이 로자는 당초 의도와 달리 칼스발트로 휴양을 떠나지 않고 페테르부르크로 가 그곳에서 동지들로부터 위조

여권을 받은 다음, 1906년 8월 10일 국경을 넘어 핀란드의 자그마한 요양지 쿠오칼라로 탈출했다. 그곳은 페테르부르크로부터 30킬로밖에 떨어져 있지 않았지만, 상대적으로 안전한 외국 땅이었다. 그렇다면 레오의 운명은 어찌될 것인가? 그는 결코 좌절하지 않고 서둘지 않으며 치밀하게 탈출을 모색한다.

레닌을 만나다

너무 지쳐 있는 로자는 일단 휴식이 필요했지만, 레오의 신상이 걱정이 되어 마음 놓고 쉴 수도 없었다. 로자는 며칠 후 인근에 살고 있는 레닌과 접촉하게 된다. 쿠오칼라의 지리적 여건 때문에 당시 레닌도 볼셰비키 당원 린도브가 소유하고 있는 이곳 한적한 집에서 은거하고 있었다. 당시 이 집은 그의 동료들의 아지트로 사용되고 있었다. 로자는 여기에서 레닌과 자주 만나 토론을 벌였으며, 이 토론이 가끔 열띤 논쟁으로 이어졌다. 그녀는 혁명적 노동자 당이 어떻게 지도, 관리되어야 할 것인가에 대해서 레닌과 견해를 달리했다. 로자는 중앙집권적이고 권위적인 당 운영방식에 반대하고 당은 어디까지나 민주적 방식으로 운영되어야 한다고 주장하였다. 로자는 3년 전에도 그를 '야경꾼'이라고 비난한 적이 있었다. 당시 그녀는 이렇게 말했다. "레닌이 옹호하는 극단적인 중앙집권적 당 운영방식은 우리가 보기에 그 전체적 본질에서 긍정적이고 창조적인 정신이 아니라 메마른 '야경꾼' 정신에 의해서 지탱되고 있는 것 같다. 그의 사고는 당 활동이 '결실을 맺게 하는 일'이 아니라 주로 당 활동을 '통제하는 일'에, 운동을 '펼쳐 나가는 일'이 아니라 운동을 '제한하는 일'에, 운동을 '하나로 모으는 일' 일이 아니라 운동을 '성가시게 괴롭히는 일'에 그 목적을 두고 있다."

로자는 저녁마다 레닌 주변에 모여든 카메네프와 아나톨리 지노비예프(「레온 트로츠키」편 참조)도 만났다. 여기에서 로자는 듣고 관찰하고 격렬하게 감정을 발산하곤 했다. 그녀는 당시의 느낌을 카우츠키 부인에게 이렇게 써 보냈다. "이 사람들을 자주 만나면서 나는 인쇄된 텍스트들로는 절대 불가능한 것들을 배운답니다. 혁명운동에 관해서 훨씬 더 잘 알게 되고 훨씬 더 많은 것들을 배운답니다." 로자는 여기에서 자기와 닮은 많은 사람들을 만나게 되었다. 그들 역시 열정적이며, 몸과 마음을 다 바쳐 혁명운동에 투신하고, 오로지 그들을 도취시키는 역사의 역동성을 위해서만 살아가는 인물들이었다. 이 가운데 특히 레닌은 로자에게 깊은 인상을 심어주었다.

레닌과 로자는 가끔 서로를 공격했지만, 두 사람은 서로 상대방을 대등한 인격과 지성의 소유자로, 그리고 흥미로운 대화의 상대로 평가하고 있었다. 특히 레닌은 상대방의 이야기를 경청하고 수용하면서 자신의 견해를 관철해나가는 능력이 있었다. 로자가 트로츠키와 같이 유대인이며, 비슷한 성격의 소유자였지만 그녀는 레닌의 이런 포용력 때문에 트로츠키보다 그를 더 좋아했다. 레닌은 로자에 대해서 훗날 이렇게 말했다. "우리는 러시아에서 오래 전부터 전해 내려오는 두 줄의 속담으로 대답하고 싶다. '독수리는 때때로 닭보다 더 낮게 날 수 있지만, 닭은 결코 독수리만큼 높이 날 수 없다.' 로자 룩셈부르크는 폴란드 독립문제에 오류를 범했고, 1903년 멘셰비키를 평가할 때에도 오류를 범했…… 그러나 이 모든 잘못에도 불구하고 그녀는 한 마리의 독수리였고 아직도 독수리가 되어 날고 있다. 그리고 그녀는 항상 전 세계 공산주의자들의 기억 속에 중요한 자리를 차지하고 있을 뿐만 아니라 그녀의 자서전과 저작집(독일 공산주의자들이 어려운 투쟁을 겪으면서 당한 커다란 희생 때문에 늦어지고 있는 것이 문제지만)은 앞으로 여러 세대에 걸쳐 세계 공산주자들에게 아주 중요한 교훈을 줄 것이다." 로자가 1919년 1월 살해당한 뒤 레닌이 1922년 쓴 이 글은 1924년 4월『프라우다』지의「어느 저널리스트의 기록들」이라는 기사에 처음으로 실렸다. 레닌과 로자는 이후에도 몇 년간 논쟁을 벌였지만, 로자는 이 볼셰비키 혁명지도자를 독창적인 사상가로, 그리고 탁월한 지성인으로 평가하였으며, 레닌이 베를린에 체류할 때에도 이들 부부를 자신의 집에서 귀한 손님으로 대접하였다.

로자는 핀란드에서 망명생활을 한지 얼마 후「대중파업과 당, 노동조합」이라는 글을 썼는데 그녀는 이 글에서 '러시아 혁명(1905년 제1차 민중혁명)'의 교훈을 독일에서 적용하려고 하였다. 이런 생활 속에서도 로자의 머릿속에서는 바르샤바의 레오에 대한 생각을 떨쳐버릴 수가 없었다. 혁명의 소용돌이 속에서 두 사람은 모처럼 하나가 되어 죽음의 위험을 무릅쓰고 돌진하지 않았던가. 혁명이 비록 실패로 끝나고 죽을 고초를 겪었지만 바르샤바에서 모험적인 순간들이 그래도 행복하지 않았던가. 이런저런 일들을 생각하니 로자는 자기 자신만 빠져나와 편한 생활을 하고 있다고 생각하니 고통스러웠다. 혁명에 도취된 상황에서뿐만 아니라, 절망의 순간에서도 , 또한 죽음과 패배의 순간에서도, 가장 신뢰하는 사람이 자기 옆에 있음을 자각함으로써 두 사람은 행복하지 않았던가. 이제 그녀는 더 이상 젊은 여자가 아니었다.

새로운 경험들과 또 그녀가 겪어야 했던 손실들, 이 모든 것들이 마음에 상처와 응어리로 남았다. 이제 그녀는 두 번째로 고향을 잃었고, 그것이 마지막이었다. 그리고 바르샤바를 더 이상 보지 못하게 되었다. 그녀는 말했다. "이제 우리는 양쪽에서 타 들어가는 양초처럼 그렇게 살아야 할 것이다." 점점 더 밝게 빛나면서 더욱 더 빠르게 꺼져가는 양초의 형상은 정열만이 아니라 소멸도 암시한다. 로자가 뚜렷이 느끼고 있었던 이 소멸감과 상실감 때문에, 그녀는 가끔 레오에게 참을성 없는 모습을 보이고 초조했다.

사랑에 빠진 로자

할 일이 많고 갈 길이 바쁜 로자는 쿠오칼라에서 요양이나 하며, 마냥 머물 수만은 없었다. 1906년 9월 14일 로자는 쿠오칼라 요양지 생활을 뒤로하고 거의 1년 만에 고향이나 다름없는 베를린으로 돌아와서 카를 요한 카우츠키 부부와 감격적인 재회의 기쁨을 나누었다. 로자가 없는 사이 이들 부부는 로자의 석방을 위한 보석금을 마련하는 데 앞장섰고 그녀의 아파트까지 관리해주었다. 이들 부부는 로자가 바르샤바로 떠나던 날 플랫폼까지 나와 전송하였듯이, 이번에도 역까지 마중을 나와 열차에서 내리는 그녀를 카우츠키 부인은 뜨겁게 포옹하고 눈물까지 흘렸다. 그 감동적인 순간이 있기까지 로자는 혁명을 직접 체험했고, 이들 부부는 멀리서 혁명을 공감하며 로자를 지원하였다.

로자가 돌아온 후 카우츠키 집안의 초대행사에서 그녀는 중심적인 인물이었다. 로자는 그들이 초대하는 저녁식사에 참석하여 카우츠키 부부, 그리고 베벨과 오랜만에 담소를 나누고 그들이 보석금을 모금해서 석방토록 해준 점에 대해서 깊은 감사를 표하였다. 베벨은 그녀의 향후 활동을 위해서 재정지원도 아끼지 않겠다고 제안했다. 그러나 로자는 그것을 정중히 사양했다. 한 푼이 아쉬운 로자는 재정지원이 필요했지만 당에 더 이상 신세를 지고 싶지 않았다. 신세를 지다보면 항상 어떤 제동이 걸리기 마련이며 소신껏 일을 할 수 없기 때문이었다. 로자는 이미 그것을 경험하지 않았던가. 그녀는 이때 카우츠키 집에서 트로츠키를 만났다. 그는 시베리아 유형지에서 탈출하여 이곳에 들른 것이다. 이 자리에서 로자와 트로츠키는 깊은 대화를 나누었으나 로자는 트로츠키에게 그

다지 끌리지 않았던 것 같았다. 그의 섬광이 번득이는 예지와 자신만만한 언변, 활력이 넘치는 지성은 주변 사람들을 놀라게 했지만, 그에게는 다른 사람들의 의견을 경청하는 겸손한 태도가 부족하였다. 로자로서는 자신과 비슷한 생각을 갖고 있고, 다 같이 유대인이라는 점에서 트로츠키를 싫어해야 할 이유가 없었지만, 위에 말한 그의 그런 결점이 부담스러웠던 것이다.

로자는 만하임 당대회(1906년 9월 23-30일)에 참석하여 발언권을 얻었다. 열광하는 군중들이 그녀의 연설을 듣기 위해서 몰려들었다. 그녀는 이렇게 연설했다. "내가 러시아 혁명에서 배운 바로는 혁명은 죽었다고 믿는 순간, 그 것은 다시 부활하였다는 것입니다. 앞서 발언한 연사가 나를 순교자요 혁명의 희생자라고 말했습니다. 그러나 단언컨대, 러시아에서 보낸 몇 달은 내 삶에서 가장 소중했던 나날들이었습니다. 나는 러시아를 떠나 다시 독일로 돌아오게 된 것이 너무 슬펐습니다." 청중들은 그녀의 이 말이 무엇을 함축하고 있는지 자세히는 몰랐어도 귀를 기울이며 열광하였다.

집회가 끝나고 열광하는 청중을 뒤로한 채 텅 빈 호텔 방에 돌아온 로자는 말할 수 없는 고독을 느꼈다. 어느 사이에 사랑은 가고 나이만 먹어가는 자신이 왠지 쓸쓸하게 느껴졌다. 이제 그녀의 나이도 2, 3년 후면 40줄에 접어든다. 여자의 그 나이, 성에 더욱 목마르고, 무언가 새로운 것을 붙들고 싶은 나이이다. 특히 열정적인 로자로서는 남자의 뜨거운 체온이 더욱 절실하였다.

바로 이런 때 카우츠키 부인은 로자에게 21세의 젊은 청년 한 사람을 소개하였다. 반듯하고 감성적인 얼굴, 넓은 이마와 해맑은 눈동자, 조심스러운 몸가짐, 그것이 로자가 이 청년에게서 느낀 첫 인상이었다. 그의 이름은 콘스탄틴 체트킨으로 클라라 체트킨의 둘째아들이었다. 로자는

'코스티아'라는 애칭으로 불리는 그 청년의 소년시절을 기억할 수 있었지만 세월이 흐르면서 그는 이제 성숙한 한 남자로서 변해버렸기 때문에 처음에는 그를 바로 알아보지 못했다. 그는 베를린 대학에서 수강 중이었는데 로자와 레오가 집을 비운 사이에 카우츠키 부인이 클라라의 부탁을 받고 그를 두 사람의 빈 아파트에 잠시 묵게 한 것이다. 로자는 바르샤바로 떠나면서 카우츠키 부인에게 빈 아파트를 사용해도 무방하다고 아파트 키를 맡기고 갔기 때문이었다. 카우츠키 부인은 로자의 방 건너편 레오의 방을 코스티아가 쓰도록 하였다. 그 방에는 침대 외에는 가재도구가 거의 없는 거의 빈방이었다. 로자의 입장에서는 어차피 빈방이라 무방하였고, 어쩌면 그것이 잘된 일이었다. 로자는 클라라에게 아들을 돌보아주겠다고 편지를 보냈다. 그러나 코스티아는 공부에는 별 관심이 없었고 등산과 독서, 음악을 좋아하는 자유인이었으며, 로맨틱한 성격의 소유자였다. 그는 로자의 지성에 매료되어 그녀에게 자신의 교육과 모든 것을 내맡겼다. 두 사람은 열다섯의 많은 나이 차이에도 불구하고 어느새에 연인이 되어버렸다.

험난한 삶에 지쳐 있는 로자에게는 젊음의 뜨거운 체온이 필요했고, 코스티아로서는 그녀의 따뜻하고 자상한 손길과 지성에 빠져들었다. 지쳐 있는 로자에게 코스티아는 '존재의 이유'이며 환희 그 자체였다. 또한 그녀는 코스티아의 연인이자 어머니였고, 믿음직한 후견인이었으며, 성과 인생의 안내자였다. 이런 가운데 한해가 거의 저물어가기 시작하는 1906년 12월 12일 로자는 바이마르 법정에서 2개월의 징역형을 선고받고 두 달간 복역을 해야만 했다. 이유는 1905년 9월 예나 당대회에서의 해묵은 발언이 문제가 된 것이다. 그녀에 대한 죄명은 '여러 계층의 국민들을 선동하여 공동평화를 위협했다'라는 것이었다.

극적인 탈출 후 돌아온 레오

　로자가 이처럼 연하의 남자와 사랑유희를 하고 있는 동안 레오는 어찌되었을까? 1907년 1월, 레오는 긴 미결수 생활 끝에 바르샤바 군사법정에서 시베리아에서의 8년간의 강제노역형에 처해졌고 모든 공민권을 박탈당하였다. 그는 이와 같은 중형의 유죄판결을 받은 후 바르샤바의 모코토프 감옥에 수감되어 시베리아로 떠날 준비를 하고 있었다. 그러나 레오는 절망하지 않았다. 그 절박한 상황에서도 레오는 교도관 한 명을 포섭하는 데 성공하였다. 이번에는 돈이 아니었다. 레오는 담당 교도관에게 그가 부당한 자들의 편에 서 있으며, 이런 삶은 부끄러운 것이므로 조국 폴란드의 독립을 위해 차르의 지배에 맞서 싸우는 것이 영예로운 삶이라는 점을 확신케 했다. 레오의 진지한 설득에 설복당한 그 교도관은 목숨을 바쳐 레오를 도와주겠다고 약속하였다. 마침내 그는 감옥의 의사가 입는 제복을 레오에게 마련해주었다. 1907년 3월22일 레오는 의사 제복을 입고 그 교도관과 함께 감옥을 유유히 빠져나갔다. 그야말로 극적인 탈출이었다.

　레오는 일단 『스탄다르』 편집진이 숨어 있는 비밀 아지트로 가서 동료들을 만났다. 강철의 투사 레오는 전혀 피로한 기색도 없이 여전히 혁명의 의지에 불타고 있었다. 레오는 곧바로 베를린의 크라나하 슈트라세에 있는 로자에게 갔다. 그러나 여자의 마음이란 그런 건가? 젊은 남자와 사랑에 빠진 로자는 오랜만에, 그것도 사지의 감옥에서 극적으로 탈출한 레오에게 쌀쌀했다. 레오는 경찰견과 같은 천부적인 후각으로 로자의 신상에 변화가 있음을 직감하였다. 로자는 레오가 탈출해서 이곳으로 온다는 소식을 들었기 때문에 코스티아를 일단 내보내고 그가 쓰던 레오의 방을 정리해놓았다. 레오는 로자가 지난번 관계를 맺었던 'W'와 다시 만나고 있는 것으로 생각했다. 레오는 시도 때도 없이 들이닥쳤으며, 심지어 로자에게 온 편지와 우편물까지 멋대로 뜯어보았다. 성난 레오는 길거리에서도 창피한 줄도 모르고 로자를 비난했으며, 심지어 권총까지 들이대며 로자와 그녀의 정부를 쏘아버리겠다고 협박하였다. 로자는 레오가 마음먹은 일은 해내고야 마는 극단적인 성격의 소유자임을 잘 알고 있었기 때문에 집에 갈 때에는 아는 사람을 대동해야 할 정도였다. 레오의 거센 분노에도 개의치 않고 로자는 젊은 코스티아를 쉽게 포기하지 않았다.

1907년 5월 런던에서 러시아 사회민주당 대회가 열렸다. 두 사람은 냉랭한 전투를 벌이면서도 폴란드-리투아니아 왕국 사회민주당 대표의 일원으로 함께 이 대회에 참석하였다. 로자는 폴란드 대표였을 뿐만 아니라 독일 사민당 대표였다. 그녀는 이 대회에서 혁명이 어떻게 지도되어야 하고, 러시아의 사회민주당의 역할이 무엇이며, 마르크스 사상을 현재의 상황에서 어떻게 적용해야 하는지 등에 관해서 연설하였다. 그녀의 날카롭고 조리 있는 연설은 많은 박수갈채를 받았다. 그때 그녀의 연설을 주의 깊게, 그러나 무표정하게 듣고 있는 그루지야 출신의 한 사나이가 있었으니 그가 바로 훗날 철권정치로 악명이 높은 스탈린이었다. 그는 테러 조직을 배후 조종하여 은행금고를 강탈하고 볼셰비키의 정치자금을 조달한 장본인이었다.

런던 대회가 끝난 후 로자와 레오는 다시 베를린으로 돌아왔다. 로자는 다시 코스티아를 만났으며, 레오는 놓아주지 않으려고 발버둥쳤다. 로자는 레오에게 이제 그만 자기를 자유롭게 해달라고 애원했다. 그러면 그럴수록 그는 로자에 대한 속박의 끈을 더욱 조여 맸다. 세 사람의 삼각관계를 둘러싼 격정과 흥분은 무서운 속도로, 마치 롤러코스터처럼 상승과 하강을 거듭하였다. 세 사람간의 추잡한 사랑싸움에서 먼저 시들해진 쪽은 코스티아였다. 코스티아는 1909년 8월 중순 스위스에서 로자에게 자유롭게 지내고 싶다는 장문의 편지를 보냈으며, 그녀도 편지를 보내 그를 더 이상 붙잡지 않았다. 그 뒤에도 두 사람은 자유롭게 두어 번 만나 여행도 하였으나 이제는 그전처럼 뜨거운 연인 사이가 아니었다.

이런 가운데 레오는 레오대로 다른 여인들과 염문을 퍼트렸으며, 심지어 그가 잠시 기거하던 주인집 하녀와의 관계에서 딸을 낳았다는 소문까지 나돌았다. 앞날이 창창한 코스티아로서는 '늙은' 사람들과의 사랑싸움에 오래 휘말릴 이유가 없었다. 심신이 피로해진 로자는 병원을 찾아 의사의 진찰을 받아본 결과 심장이상증세 진단이 나왔다. 이 병의 원인은 과로와 지속적인 흥분상태에 기인한 것이었다. 그런 가운데에서도 로자는 카우츠키의 추천으로 1907년 10월 독일 사민당 연수원의 경제학 강사가 되어 하루에 두 시간씩 마르크스 경제학 강의를 맡았다. 보수는 6개월에 3,600마르크로 당시로서는 적은 보수가 아니었다. 그녀의 경제학 강의는 단연 인기였다. 강의 교재는 마르크스 『자본론』이었으며, 결코 쉬운 과정이 아니었다. 수강생들은 사회주의에 대한 피상적 지식밖에 없는 청년들로부터 시작해서 당을 위해 많은 경력을 쌓은 나이 많은 사람들, 그리고 직업별로도 기술자, 목수, 광부, 노동조합 지도자, 주부 등 각계각층의 사람들이었다. 이런 상황에서는 강의를 어느 수준에 맞추어야 할지 막막한 것이다. 그러나 학식뿐만 아니라 강의 기법에서도 뛰어난 자질을 갖춘 로자는 모든 수강생들이 이해하기 쉽고도 심도 있는 강의를 해서 이 연수원에서 가장 인기 있는 강사가 되었다. 그녀는 이 강의에서 여러 경제체제, 각 경제 체제의 특성, 경제체제의 변화, 그리고 그 변화의 원인을 중심 문제로 강의하고, 마르크스 이전과 이후의 가장 중요한 경제이론을 체계적으로 비교 검토해서 강의하였다.

그녀는 주입식 강의가 아니라 문답과 토론, 사례를 겸한 이해 중심으로 강의를 하였기 때문에 이미 어느 정도 경제학을 공부한 수강생들뿐만 아니라 초심자들로부터도 환영을 받았다. 그녀는 여기에서의 강의를 토대로『경제학 입문』과『자본 축적론』집필을 준비하였다. 그녀의『경제학 입문』은 아쉽게도 출간되지는 못했지만, 그녀는 여기에서 경제학이라는 학문이 봉건체제에 대한 부르주아 계급의 투쟁도구로 탄생되었고, 봉건주의 타도에 많은 기여를 했으나 노동운동의 등장과 더불어 경제학은 부패한 현존체제의 우매한 수호자로 전락했다고 비판하였다. 그리고 경제학자들은 지금까지 이루어낸 지적인 성과마저 점차 상실하면서 마침내는 일종의 경제적 신비주의와 사이비 과학에서 피난처를 찾게 되었다고 꼬집었다. 그러나『자본 축적론』은 1913년에 출간된다.

한편 이런 연구 활동과 혁명운동 속에서도 로자의 사랑유희는 끝날 줄을 몰랐다. 그녀의 상대는 대부분 연하의 젊은 남자들이었고 변호사 파울 레비(1883년생)와 의사 한스 디펜바흐(1884년생)가 그 예였다. 그 밖에 러시아 출신 사회주의 운동가 파르부스, 역시 변호사 출신 쿠르트 로젠펠트, 피아니스트인 파이스트, 또 다른 변호사 게를라흐와도 염문이 있었다. 심지어 로자는 자기 아들 같은 1891년생의 젊은이와도 관계를 맺었다는 소문까지 나돌았다. 이들은 모두가 로자의 고독과 지성, 명성에 끌렸다. 이 무렵부터 로자와 레오의 그토록 끈질긴 애정관계는 사실상 종지부를 찍었다. 그녀의 이러한 변증법적인 '사랑유희'는 그 후에도 오래 지속되었지만, 불행하게도 그녀를 진정으로 사랑한 남자는 한 사람도 없었다. 그녀가 이렇게 되기까지는 어떤 면에서는 일정한 거리를 두고 마음을 다 주지 않은 레오의 책임도 컸다. 이런 점이 그녀가 참사랑에 더욱 갈증을 느끼게 한 것이라고 볼 수도 있다.

로자의 마지막 시련

그토록 치열하게 살아온 로자도 이제 40줄에 접어들었다. 투쟁과 과로로 유발된 잦은 병치레로 그녀는 나이보다 더 늙어 보이기 시작하였으며, 모르는 사이에 머리카락도 하나둘씩 백발이 되어갔다. 로자는 레오와 연인으로서 사실상 종지부를 찍었지만 혁명의 동지 관계는 지속되었다. 그들은 서로가 직접 만나는 대신에 여전히 많은 편지를 주고받았다. 1910년에는 90통의 편지를, 그리고 이듬해에는 60통의 편지를 주고받았다. 그러나 두 사람의 편지는 옛날과 달리 애정 어린 표현 없이 대부분 사무적인 것이었다. 그렇지만 이토록 많은 편지를 교환하였다는 것은 두 사람사이는 완전히 끊을 수 없는 어떤 숙명적인 연緣이 작용하고 있다는 것을 의미하였다. 비록 몸은 멀어졌지만 두 사람은 어느 누구보다 서로를 이해할 수 있는 동지사이가 아닌가?

1910년 4월 5일 부터 17일까지 짧은 기간 로자는 브레슬라우에서 킬로, 도르트문트에서 에버펠트로, 프랑크푸르트에서 베를린으로 종횡무진 쉴 틈도 없이 대중 집회에 참석하여 연설을 하였다. 그녀는 군중을 끌어들이는 데 명수였으며, 어떤 때는 연단에서 두 시간 이상 연설을 하는 바람에 탈진해버렸다. 온건한 사회주의자들은 그녀를 증오했고 로자는 그들을 불신했지만, 로자는 언젠가는 그들이 혁명적인 대열에 합류할 것이라고 확신했다. 그러나 집회와 환호의 나날을 보내며 일종의 나르시시즘에 빠진 로자는 독일 사회의 현실을 잊고 있었다. 겨우 수백 명의 투사들을 국민 대다수로, 그리고 이들이 프롤레타리아 정신을 대표하는 것으로 오판했다. 그녀는 표면에 나서는 '소수'와 나서지 않는 '다수'를 착각하였다. 그래서 갈채에 도취해버린 그녀는 독일 사회민주당의 현실에 대한 전망을 잊고 있었다. 사민당 기관지 『포어베르츠』지에서도 그녀의 기고를 거부했으며, 그토록 믿었던 카우츠키마저 그녀의 저돌적인 극좌행동을 외면하였다. 그녀는 카우츠키에게 『노이에 차이트』지에 자신의 글을 실어달라고 요청했지만 당시 민감한 사안인 '공화국' 제도와 관련된 문제를 건드리지 않는다는 조건으로 수락하는 듯했으나 나중에는 기고 자체를 전면 거부하는 눈치였다. 따라서 카우츠키에 대한 로자의 분노는 개인적인 차원을 넘어섰다. 카우츠키는 당시의 독일 정치상황이 대중파업이나 폭력을 감행할 만큼 무르익지 않았다고 보았다. 그녀는 카우츠키를 무자비하게 공격하였다. 로자는 인간적인 사사로운 일에 대해서는 자상하고 따뜻했지만 정치적인 이견이나 논쟁에서 옳다고 생각되는 문제에 대서는 한발도 물러서지 않았다. 이제 로자와 사민당 지도자들과는 깊은 감정의 골이 패이기 시작하였다. 사민당 내부에서는 제도권에 참여하여 온건한 방향으로 사회주의의 꿈을 실현하려고 하였으나 로자는 이 시기에 대중파업과 군중집회를 통해서 혁명을 조속히 이끌어내야 한다는 것이었다. 더구나 그 시기에 레닌과 트로츠키마저도 그녀의 행동에 비판적이었으니 독일 사민당의 태도는 어떠하였겠는가? 이 무렵 로자는 완전히 고립무원이었다. 다만 베벨만이 그녀를 완전히 외면하지는 않았다. 이렇게 외로운 순간에는 그녀는 예외 없이 레오에게 편지를 써서 외로움을 달랬다. 레오는 그녀의 편이었으며 변함이 없는 동지였다.

1911년은 로자로서는 힘든 한 해였다. 그해 내내 로자는 어제의 동지들로부터도 심한 공격을 받았으며, 미움의 대상이 되었다. 그해에는 민족주의와 극단적 국수주의 즉 쇼비니즘이 기승을 부리고 있었다. 1911년 프랑스 군대가 모로코 국왕의 요청에 따라 질서회복을 빙자하여 군사적 개입을 하였고, 독일은 이 지역에서 광맥을 확보하기 위하여 군대를 파견하였다. 이러한 일련의 사태는 세계대전을 향한 전주곡이었다. 이런 상황에서 사태의 심각성을 인식한 '인터내셔널' 사무국 서기인 벨기에의 카미유 위스망스는 모든 나라의 사회주의당에 대하여 슬기롭게 대처하라고 경고의 메시지를 보냈다. 로자는 제국주의와 쇼비니즘, 그리고 거기에서 유발되는 전쟁을 막는 유일한 길은 사회주의 혁명뿐이라고 생각했다. 그러나 독일 사민당은 로자의 의견에 반대하며 신중한 전략을 구사하였다. 그 동안 유보적인 태도를 취했던 베벨까지도 로자를 공격하였다. 1911년 말 로자는 크라나하 슈트라세에서 베를린 교외의 한적한 쥐덴데 구역의 린덴 가로 거처를 옮기고 펜을 잡았다. 1912년 1월 로자는 조용한 아파트에서 검은 고양이 미미와 함께 휴식을 취하면서 베를린 부랑자 수용소에서 벌어진 가난한 사람들의 참상과 죽음에 관해서 글을 썼다. 그녀는 이렇게 말했다. "지금 우리는 이 집 없는 사람들의 중독된 시신들을 조문하고 기억해야 한다. 그 시신들은 우리의 살이며, 우리의 피다. 그 시신들을 수천 프롤레타리아들의 두 팔 위에 얹고 새해의 투쟁 속으로 운구를 해야 한다."

독일 사민당은 1912년 총선에서 그간의 신중하고 몸을 사리는 처신으로 크게 성공하였다. 총 425만여 표를 얻었고, 110명의 의원을 당선시켰으며, 재선의원도 43명이나 되었다. 이제 사민당은 제국의회에서 유력한 정당으로 발돋움하였다. 사민당의 기세는 충천하였고, 반면 보수진영은 큰 충격에 빠졌다. 사민당은 이제 변하고 있었다. 사민당은 110명의 의원들을 구심점으로 제도권에서 입지를 강화하고 보수적으로 되어갔다. 그리고 구세대 지도자들은 하나둘씩 세상을 뜨고 있었다. 당의장인 파울 징어는 1911년 봄에, 베벨은 1913년 8월에 죽게 된다. 그 대신에 새로운 지도자들 즉 에베르트, 샤이네만, 노스케 등이 당 지도부를 장악하기 시작하였다. 그들은 노동자출신이었다. 에베르트는 마구 직공, 샤이데만은 식자공, 그리고 노스케는 벌목 인부 출신이었다. 따라서 이들은 이론적으로 무장되어 있지 않았기 때문에 토론보다는 당, 언론, 공식적인 대회를 강압적으로 통제하는 데 더 주력하였다. 그래서 로자는 1912년 9월 켐니치 대회에서 대의원으로 선출되지 못하였다.

고독을 이겨낸 『자본 축적론』 저술

이런 상황에서 로자는 집필로 정치적 고독을 이겨냈다. 그녀는 마르크스로부터 출발해서, 자본주의를 제국주의로 이행하도록 부추기는 메커니즘에 대한 분석을 시도하였다. 당시에 제국주의 정책의 본색이 명백하게 드러나고 있었다. 즉 이들은 영토와 시장을 정복하고, 거기에 상품을 수출하며, 그렇게 함으로써 자본을 확대 재생산하였다. 그리고 거기에서 파생되는 '잉여가치'는 그 시스템 속을 관통하는 피의 역할을 하였다. 로자는 이것을 놓치지 않고 공략하였다. 그렇게 해서 쓴 것이 그녀의 대표적 저서인 『자본 축적론』이었다. 그녀는 이 저작을 1912년 봄부터 집필하여 1913년 사이에 출간하였다. 그녀는 이 저서에서 이렇게 말했다.

"자본주의와 단순상품생산경제 사이의 투쟁의 일반적 결과는 다음과 같은 것이다. 즉, 자본주의는 자연 경제를 상품생산경제로 대체시킨다. 이와 같이 자본주의가 비자본주의적 경제구조에서 기원한 것이라면 자본주의가 비자본주의의 경제체제의 존재에 의해 생존이 가능하다고 볼 수 있다. 자본 축적을 위해 자본주의는 이러한 비자본주의 지역들을 무조건 필요로 한다. 또한 자본주의는 이러한 축적을 행하기 위해서 이들 지역들을 잠식해 들어간다. 역사적으로 보아 자본축적이란 자본주의적 생산양식과 전前자본주의적 생산양식 사이에서 진행되는 신진대사의 과정이다……."

그리고 그녀는 『자본 축적론』에 대한 생각을 정리해서 다음과 같이 결론지었다. "자본주의는 놀라운 번식력을 갖는 최초의 경제체제이다. 즉 세계구석구석에 침투하면서 여타의 모든 경제체제를 축출해버리는 최초의 경제체제인 것이다. 그러나 자본주의 체제는 또한 자신을 위한 비옥한 토양을 제공할 여타의 경제체제가 없다면 독자적으로 존속할 수 없는 최초의 경제체제이기도 하다. 이와 같이 자본주의는 보편적인 경제체제로 발전함과 동시에 보편적인 체제가 될 수 없는 자신의 내적인 한계 때문에 붕괴되어가고 있는 것이다. 자본주의는 그 자체가 하나의 역사적 모순이다. 자본축적과정이란 모순의 해결임과 동시에 모순의 심화과정이다. 자본주의가 최첨단에 도달하게 되었을 때 이 자본축적의 모순은 사회주의 원리를 적용하지 않고는 도저히 해결될 수 없다. 축적을 목적으로 하지 않고 지구상의 모든 생산력을 발전시켜서 노동하는 인류의 필수적인 욕구를 충족시키는 것을 목적으로 생산하기 때문에 본질적으로 보편적이고 조화로운 경제체제인 사회주의만이 이 모순을 해결할 수 있는 것이다."

그녀의 글은 결론만 보더라도 매우 논리적이고 설득력을 발하고 있다. 그녀의『자본 축적론』에 대해서 그녀에 대한 독보적인 연구자 파울 프뢸리히는 그녀의 이러한 연구 성과에 대해서 다음과 같이 평하였다. "로자 룩셈부르크는 1815년 최초의 대규모 경제적 위기 이래 경제학자들이 거의 100년 동안 씨름해왔던 문제를 해결하였다. 그 문제는 마르크스마저도 미해결의 상태로 남겨둘 수밖에 없었던 문제였다." 그리고 메링도 "로자 룩셈부르크의『자본 축적론』은 마르크스와 엥겔스가 글쓰기를 중단한 이후, 지금까지 출간된 사회주의 관련 저서 중에서 가장 중요한 책이다."라고 평하였으며, 그녀를 헐뜯고 얕잡아보던 적대자들도 이 저서에 대해서만은 놀라움을 금치 못하였다. 로자는 이 책을 끝내고 거의 탈진해버렸으며, 산고를 치른 산모와 같았다. 그러나 그것은 건강한 '옥동자'를 낳은 산모의 기쁨 이상이었다. 그녀 자신도 훗날 애완 고양이 '미미'가 지켜보는 가운데 『자본 축적론』을 쓸 때가 가장 행복했던 순간들이었다고 회상했다.

재수감 생활

1913년 9월 로자는 프랑크푸르트 교외 보켄하임과 페펜하임에서 연설을 하여 열렬한 지지를 받았다. 그녀는 이 연설에서 대전쟁의 가능성을 경고하고 군국주의 반대와 군인들에게 전쟁 불복종 선언을 호소하였다. 이때의 발언이 문제가 되어 로자는 또다시 법정에 서야만 했다. 1914년 2월 20일 그녀는 프랑크푸르트 법원에 출두하였다. 담당 검사는 그녀가 "국민들에게 증오심을 부추기고, 전쟁이 발발할 시에 적에게 발포하지 말도록 사주했다."는 죄목으로 고발했다. 로자는 두 명의 변호사(파울 레비와 쿠르트 로젠펠트)에게 법률적인 차원에서만 변호를 해달라고 요청하였다. 그 밖의 사항은 본인이 직접 답변하겠다는 것이었다. 검사의 논고가 끝나자 로자는 기다렸다는 듯이 당당하게 머리를 쳐들고 당대의 대표적인 사회주의자답게 명연설을 하였다. "반 군국주의 캠페인, 우리는 그것을 어둠 속에서 은밀하게 전개하지는 않습니다. 아니, 우리는 그것을 공공집회의 작열하는 빛 속에서 실천합니다."

로자는 기소를 당한 희생자로서의 역할을 법정이라는 무대에서 대가처럼 연기하였다. 권력에 홀로 맞서는 여자로서, 그리고 과감하고도 영웅적인 사회주의자로서 자신의 존재를 선명하게 각인시켰다.

변호사 레비는 그녀의 당당하고도 명쾌한 발언에 감동하였다. 그는 유대인 은행가의 아들로 베를린, 하이델베르크 대학에서 법률 공부를 하여 프랑크푸르트에서 개업한 변호사로 슈트트가르트 고등학생 시절부터 사회주의 사상에 관심을 가져 1906년 이후 사민당 당원이 되었다. 큰 키에 교양이 넘치는 이 지식인은 로자를 찬탄의 시선으로 바라보았다. 로자보다 13살 연하인 그는 지금까지 아름답고 우아한 여인들만 알아왔다. 그 여자들은 그의 지성과 교양에 끌렸다. 그러나 로자는 그가 보아온 유형의 여자들과는 달랐다. 그녀는 특유의 지적인 매력으로, 생동감이 있는 언어로 매력을 발산하였다. 로자는 1심에서 1년의 실형이 선고되었으나 황달과 위궤양으로 형 집행이 연기되었다. 그녀는 항소를 제기하고, 다음날부터 레비, 로젠펠트와 함께 여러 집회에 참석하였다. 항소가 취소될 경우 즉각 체포될 수 있는 상황이었지만 개의치 않았다. 로자는 이들 집회에서 자신이 부당하게 재판을 받고 있음을 알리고 머지않아 전쟁이 터질 수 있음을 경고하였다. 레비는 그녀의 말을 경청하였고 집회가 끝난 후 적막이 흐르는 밤이 되자 두 사람은 연인이 되었다. 로자가 먼저 원했다. 두 사람의 관계는 그해 말까지 지속되었다. 그 후 두 사람의 관계는 우정과 사랑에서 정치적 연대로 바뀌었으며, 서로가 마음의 상처 없이 좋은 추억과 지울 수 없는 흔적으로 간직하였다.

로자의 소송사건은 1914년 6월 29일, 이번에는 베를린에서 다시 열렸다. 바로 그 전날인 6월 28일, 사라예보에서 오스트리아-헝가리 합병제국 황태자 페르디난트 부처가 보스니아의 수도 사라예보에서 보스니아 대학생 프린시프의 총에 의해 암살되었다. 그것은 제1차 세계대전의 서막을 알리는 총성이었다. 마침내 7월 28일 오스트리아-헝가리가 세르비아에 선전포고를 함으로써 사태는 걷잡을 수 없이 악화되어 유럽은 세계대전의 소용돌이 속에 휘말리게 되었다. 소위 제1차 세계대전으로 불리는 이 대전은 독일 사민당에게 큰 상처를 안겨주었다. '노동자들에게는 조국이 따로 없다. 만국의 노동자여, 단결하라!'라는『공산당 선언』의 외침에도 불구하고, 각국의 노동자들은 저마다 자국의 국익을 위해 상대국의 노동자들에게 총부리를 겨누어야만 했다. 모든 민족들이 서로 대등한 입장에서 연대하여 살게 될 더 나은 세상에 대한 마르크스의 전망을 노동자 계급들이 내면화하지 못함으로써 모든 것이 물거품이 되었다.

로자는 비탄에 잠겼다. 독일제국의회에서 사민당이 전시공채 발행에 동의하였는데, 이것은 이미 오래 전부터 소원해지기 시작한 옛 동지들과의 결별을 의미하는 것이었다. 사민당은 8월 초에 있었던 1차 투표에서처럼, 12월 2일 2차 투표에서도 전시공채발행 투표에 찬성표를 던졌다. 오직 카를 리프크네히트 의원만이 용감하게 반대표를 던졌다. 전쟁 직전까지만 해도 로자와 리프크네히트 두 사람은 별 접촉이 없었으나 이번 투표를 계기로 두 사람은 물론 당 지도부의 정책에 실망한 다른 좌파동료들(프란츠 메링, 클라라 체트킨 등)은 사민당을 탈퇴하였다.

로자는 1914년 12월 다시 병세가 악화되어 다음해 1월 중순까지 아우구스테-빅토리아병원에 입원하여 3월 말까지 형 집행이 연기되었으나 1915년 2월18일 베를린의 여자감옥에 재수감되었다. 이때 1913년부터 로자의 비서였으며 그 이후부터 그녀의 절친한 친구가 된 마틸데 야콥은 더욱 헌신적으로 로자의 옥바라지를 했으며, 지하조직과의 연락, 그 밖

나이보다 늙고 병색이 완연해진 로자

의 사사로운 집안일까지 다 도와주었다. 로자는 1916년 2월 18일 1년간의 형기를 마치고 자유의 몸이 되었지만 몸은 말이 아니었다. 석방 당시 로자의 모습은 병색이 완연하였다. 46세의 나이에 걸맞지 않게 그녀의 얼굴은 누렇게 변해버렸으며, 윤기가 없는 흰 머리카락과 더욱 심하게 절름거리는 걸음걸이는 보는 이들로 하여금 더욱 측은하게 하였

다. 그렇지만 로자는 이 기간에 「사민당의 위기」라는 글을 썼는데 그녀는 이 글을 통해서 사민당과의 관계를 청산하고 전쟁 원인을 분석하였다. 이 무렵 정부당국은 반정부 조직에 대한 대대적인 탄압을 실시하였다. 이미 1914년 2월 빌헬름 리프크네히트가 의원 신분으로 체포되어 강제 징집 당했으며, 군복무 후 1916년 5월 정치활동을 재개하자 다시 체포되어 국가반란죄로 투옥되었다. 그리고 프란츠 메링과 여타 사민당 좌파들도 체포되었다.

그해 7월 10일 로자는 다시 체포되어 재판절차도 없이 2년간의 '보호감호'에 처해졌다. 그녀의 소위 '반정부' 정치활동이 문제가 된 것이다. 그해 7월 27일 바르님가의 여자감옥에 투옥된 로자는 10월 26일 브롱케 요새의 특별감옥으로 이송되었다가1917년 8월초 브로추아프 감옥으로 재 이송된 후 1918년 11월 석방될 때까지 이곳에서 보내야만 했다. 불행 중 다행히도 보호감호 중에는 책이나 옷가지 등 개인 사물을 활용할 수 있었고, 사식반입도 허용되었기 때문에 로자는 독서와 식물채집으로 소일하며 무료한 시간을 보냈다. 보호감호를 받고 있는 로자는 자신의 숙식비용을 스스로 조달해야 했지만 수입원이 없었기 때문에 꽤 재산이 많은 한스 디펜바흐와 아직도 동지로서 변함이 없는 레오의 도움으로 해결해나갔다. 그리고 로자는 레오와 메링 등 동료들에게 보내는 비밀서신은 레몬 즙과 양파, 그리고 가성소다를 섞어 만든 특수잉크를 사용하여 일반적인 내용 사이에 끼워 보냈다. 이 잉크는 알코올 불에 비추어야 판독될 수 있었다. 물론 이 특수잉크는 마틸데를 통해서 조달한 것이다. 그 무렵 레오의 활동을 옆에서 지켜본 마틸데는 이렇게 말했다. "나는 그 당시 레오 요기헤스가 보여준 열정적인 헌신과 개인적인 희생을 어디에서도 본적이 없다. 그는 순도 100%의 혁명가였다." 그런데 로자는 어느 날 브로추아프 감옥까지 찾아온 마틸데를 통해서 두 가지 슬픈 소식을 접하였다. 그 하나는 그녀의 생활의 일부였던 애완 고양이 '미미'의 죽음이었다. 이런 슬픔은 애완동물을 길러본 사람만이 알 수 있는 슬픔이다. 그러나 더욱 슬픈 소식은 마지막 연인인 의사 디펜바흐가 1917년 10월 25일 서부전선에서 전사했다는 소식이었다. 그의 전사소식은 로자의 심장 한복판을 찌르는 비수와 같았다. 의사인 그가 서부전선으로 끌려간 것은 로자 자기 때문이 아닌가 생각하니 가슴이 더욱 미어졌다. 로자는 당시의 상황을 이렇게 털어놓았다. "나는 내 영혼의 모습을 있는 그대로 이해해줄 수 있는 사람, 가장 소중한 친구를 잃고 말았습니다." 디펜바흐는 로자에게 5만 마르크를 남겨주었다.

'독수리'의 처참한 추락

이런 상황에서 독일 사민당은 세 그룹으로 분열되기에 이른다. 첫째 그룹은 당내 다수파인 '우파', 두 번째 그룹은 '중도파' 혹은 '독립파', 그리고 세 번째 그룹은 극좌파인 '스파르타쿠스단(Spartakus Bund)'이었다. 이 조직은 제1차 세계대전 중 사민당의 극좌파의 중심인물들(카를 리프크네히트, 로자 룩셈부르크, 프란츠 메링, 클라라 체트킨 등)이 조직한 혁명단체이다. 이들의 활동은 1914년부터 암암리에 시작되었으나, 1916년 1월부터 비합법 지하 잡지 『스파르타쿠스브리펜(Spartakusbriefen)』을 발행하면서 '스파르타쿠스단'이라 부르게 되었다. 이들은 계급투쟁의 전개, 반란에 의한 사회혁명의 시도, 즉각적인 전쟁중단을 주장하며 비합법적 투쟁을 전개하였으나, 중산층과 농민 노동조합 등 대중의 지지를 받지 못하고 대부분 투옥되었다. 이들은 그 후 독일 좌파와 손을 잡고 1918년 12월 말 독일 공산당을 창당시키게 된다.

로자는 감옥에서 1917년 2월 러시아에 혁명이 일어났음을 알게 되었다. 이 혁명은 차르 지배체제의 종식과 부르주아 공화국체제를 낳았다. 이 혁명은 그 후 '볼셰비키 10월 혁명'의 전주곡이었다. 그해 10월 레닌과 트로츠키의 주도로 10월 혁명이 성공하였고, 마침내 역사상 최초로 프롤레타리아 혁명정권이 러시아에 수립되기에 이르렀다. 이 혁명은 독일 사민당, 특히 사민당 좌파에 커다란 자극을 주었다. 로자는 세계사의 이 중요한 순간에 감옥에 있는 것이 괴롭고 답답하였다. 그녀는『스파르타쿠스브리펜』을 통해서 그녀의 선견지명이 담긴「러시아 혁명에 대하여」라는 논문을 발표하였다. 학생용 공책에다 깨알 같이 쓴 이 논문은 겉모습은 초라했지만, 그것은 폭탄처럼 위력적이었다. 이 글은 1919년 로자가 죽고 1922년에서야 빛을 보게 되었는데, 당대에서뿐만 아니라 아직까지도 그 중요성을 잃지 않고 빛을 발하고 있다. 어떤 의미에서 이 글은 그녀의 뛰어난 정치적 유산이라고 말할 수 있는데, 그녀가 죽고 난 후 독일과 소련의 공산주의자들은 그녀가 감옥에 있었기 때문에 현실을 모르고 쓴 '오류'라고 치부해버렸다. 그러나 감옥에서 쓴 이 글은 아무것도 모르는 수감자의 '오류'가 아니라 원칙을 놓고 벌이는 대결의 계속이자 완결이었다. 그녀는 이렇게 말했다.

"정부의 지지자들만을 위한, 당원들만을 위한 자유는 비록 그들의 수가 아무리 많다 해도 자유가 아니다. 자유는 항상 다르게 생각하는 사람들의 자유이다." 이 문장은 그녀의 모든 저작을 통해서 가장 많이 인용되는 구절로서 로자의 정치적 이상을 단적으로 표현한 말이다. 로자의 이 말은 당 운영이 관료화되어 가는 것에 대한 우려에서 나온 예언적 발언이기는 하지만, 급박한 혁명적 상황에서 다르게 생각하는 사람들의 자유가 현실적으로 어디까지 허용될 수 있을지 의문이었다. 레닌은 그녀의 이와 같은 이상적인 말에 반박이라도 하듯 이렇게 말했다. "국가가 존재하는 한 자유는 없다. 자유가 존재하는 곳에 국가는 없으리라." 레닌에게 국가란 항상 계급적 지배와 억압의 도구로 보였다. 계급이 없는 공산주의 사회와 국가의 양립은 모순이었다. 로자는 감옥에서도 외로움을 잊으려고, 고통을 잊으려고, 그리고 신념을 굽히지 않으려고, 동지들과 많은 친지들에게 편지를 썼다. 그것은 '감옥으로부터의 사색'이었다.

1918년 3월 24일 레오가 다시 체포되었다. 그것은 '스파르타쿠스단'의 약화를 의미했다. 로자는 마틸데에게 자기를 돌보아주었던 것처럼 레오를 돌보아주도록 부탁하였다. 그는 1918년 1월 노동자 파업에 깊숙이 개입하였다. 그 파업에는 50만 명의 노동자가 참여했는데 그 가운데는 방위산업 노동자들도 끼어 있었다. 군 사령부는 계엄령을 선포하였으며, 파업자들을 처벌하기 위한 군사법정을 설치하였다. 로자는 경우에 따라서는 레오가 사형을 당할 가능성도 배제할 수 없다고 걱정하였다. 로자는 마틸데를 통해서 모스크바에서 생필품 조달 담당 인민위원직을 맡고 있는 마르흐레브스키에게 편지를 보내 레오를 구해주도록 간곡히 부탁하였다. 그는 1885년 폴란드에서 사회주의자로 활동하다가 독일로 건너와 사민당 좌파에서 일할 때 로자와 가까이 지냈었다. 로자는 이와 함께 '폴란드 왕국-리투아니아 사회민주당' 창립회원이었으며, 지금은 소련 비밀정보기관에서 중책을 맡고 있는 치르진스키에게도 레오의 구명을 부탁하였다. 그 당시 레오는 러시아 볼셰비키 그늘에서 벗어나 독자적으로 '스파르타쿠스단'을 이끌고자 했다.

러시아 '볼셰비키 10월 혁명'이 성공한 후 독일 사민당 좌파는 사민당과 결별하고 볼셰비키노선으로 선회하여 급진좌파를 형성하려고 하였다. 그리고 리프크네히트가 석방되어 스파르타쿠스단 지휘를 떠맡았다. 1918년 11월 초 독일 킬 항구에서 수병들이 반란을 일으켜 11월 9일 혁명의 불길은 베를린으로 번져갔다. 이제 독일에서도 혁명이 시작되었음을 알 수 있었다. 황제 빌헬름 2세는 퇴위하여 네덜란드로 피신하여 공화국이 선포되었다. 리프크네히트는 자유사회주의 공화국을 선포한 반면, 1903년 이후 사민당 국회의원으로 활약해온 샤이데만은 자유 독일 공화국을 주창하여 급진좌파의 활동에 제동을 걸고 총리에는 온건 사회민주주의자 에베르트가 취임하였다. 이날(11월 9일) 밤, 로자와 레오도 석방되었다. 레오는 마틸데에게 오더 강변 프랑크푸르트로 가서 로자를 데려오도록 부탁하였으나 그 일을 위해 특별히 마련된 군용트럭이 총체적인 혼란에 빠져 베를린을 빠져나가지 못하였다. 로자는 혼자서 간신히 베를린까지 왔다. 로자와 레오는 스파르타쿠스단 지도부가 발행하는 『스파르타쿠스브리펜』 편집실에서 재회하였다. 이제 두 사람은 서로를 못 알아볼 정도로 늙어버렸으며, 특히 그처럼 정력적이던 레오도 너무 지쳐 있었다. 그렇지만 두 사람은 휴식을 취할 틈도 없이 스파르타쿠스단 재건에 뛰어들었다. 그러나 이즈음 스파르타쿠스단은 여론의 공감대를 잃어가고 있었다. 정부는 혼란과 굶주림이 스파르타쿠스단의 책동 때문이라고 몰아세웠다.

이런 가운데 1918년 12월 말 스파르타쿠스단을 모체로 해서 독일 공산당이 창당되었으며, 로자와 카를 리프크네히트, 그리고 레오도 당 간부진의 일원으로 선임되었다. 당 강령은 로자가 직접 기초하였다. 창당 대회에서 로자는 당원들에게 인내를 당부하고, 카이저 퇴위는 첫걸음에 불과하다고 역설하였다. 그리고 독일의 이 11월 혁명은 부르주아 혁명이지 사회주의 혁명이 아니며, 독일 공산당이 사회주의 혁명으로 가기 위해서는 정치 경제적인 많은 변화의 과정을 겪어야 한다고 주장하였다. 로자의 이러한 경고에도 불구하고 1919년 초 리프크네히트는 성급하게도 민중봉기를 선동하였으나 결과는 참담한 실패뿐이었다. 노스케가 군 사령관 지휘봉을 잡고 민중봉기를 막는 데 앞장섰다. 노스케는 사민당 의원으로 전쟁 지지파였으며, 후에 국방장관이 되어 각 지의 극좌세력을 무자비하게 진압하였다. 그 무렵 베를린 곳곳에서는 로자와 리프크네히트를 살해하라는 현수막이 나붙었고 10만 마르크의 현상금까지 내걸렸다. 이런 급박한 상황에서 마틸데는 리프크네히트에게 로자와 떨어진 곳에 숙소를 정하라고 조언하였으나 그는 이 충고를 거부하였다.

1919년 1월 14일 레오가 다시 체포되고 이어 다음날 밤에는 로자와 리프크네히트가 민병대에 의해서 체포되고 말았다. 이들 민병대원들은 두 사람을 현상금을 받을 수 있는 근위 기병대사령부로 끌고 갔다. 곧이어 팝스대위의 로자에 대한 심문이 이루어졌고, 노스케와의 전화 통화가 끝난 다음, 처치 명령이 떨어졌다. 이에 앞서 리프크네히트는 하수인 룽게에 의해서 소총 개머리판으로 수차례 난타당한 끝에 중사 하르퉁에 의해 확인 사살되었으며, 로자는 밤 11시 45분경 사령부 계단으로 끌려 내려오는 순간 같은 방법으로 룽게에 의해서 뒤통수를 무수히 얻어맞았다. 그리고 책임 장교 포겔 중위가 쓰러진 로자를 향해서 권총으로 확인 사살하였다. 1월 15일 자정 무렵이었다. 사회주의 '유토피아'를 꿈꾼 '반역의 여인 붉은 로자', '이단의 여인 붉은 로자'의 치열했던 삶은 49세를 일기로 비극적인 종말을 고하고 말았다. 로자의 시신은 국경운하에 내던져졌고, 1월 17일 사민당 기관지 『포어베르츠』지는 로자와 리프크네히트의 사망소식을 공식 발표하였다. 1월 26일 리프크네히트와 시가전 때 숨진 31명의 장례식이 거행되었는데, 거기에는 아직 시신을 찾지 못한 로자의 빈 관도 있었다. 아직 요행히 살아남은 레오는 2월 12일 『로테 파네(Rote Fahne)』를 통해 살인자들의 명단을 공개하였으며, 그 자신도 3월 10일 체포되어 모아비트 감옥에서 모진 고문을 당한 끝에 사살되었다. 시신을 확인한 마틸데는 "당시 레오의 처참한 모습을 영원히 지울 수가 없다."고 회상했다. 그는 죽기 직전까지도 로자에 대한 봉사를 다한 것이다.

들끓는 여론을 의식한 당국은 군법회의를 개정(3월 8일-14일)하여 포겔에 대해서는 시체유기혐의로 2년형을 선고하였으나, 그는 투옥된 후 곧바로 탈출형식으로 자유의 몸이 되었다. 반면 리프크네히트를 확인 사살한 하르퉁은 무죄가 선고되어 중위로 승진하였으며, 하수인 룽게는 6천 마르크의 포상금을 받았다.

그런데 1919년 5월 31일 토요일 국경운하 수면 위로 한 여인의 시신이 떠올랐다. 이 소식을 들은 레비가 시신의 신원확인을 요청했고, 언론도 그 사건을 물고 늘어졌다. 그리고 마틸데가 부패한 시체에서 로자의 유품을 찾아내고, 그녀가 로자임을 확인하였다. 로자의 시신도 우여곡절 끝에 리프크네히트가 묻혀 있는 프리드리히스펠데 묘지에 안장되었다. 그녀가 죽고 감옥에서 쓴 그녀의 인간애 넘치는 절절한 편지가 공개되었을 때 대중들의 반응은 무척 달라졌다. 수많은 사람들이 그녀를 살해한 공범자이거나 살인 방조자처럼 생각되어 깊이 후회하고 자책하였다. 왜냐하면 그녀의 편지 어느 구절에도 편견이나 그릇된 판단이 없이 인간에 대한 순수한 사랑과 삶의 열정으로 가득 차 있었기 때문이다.

로자가 죽은 후 당시 21세의 젊은 시인 브레히트(Bertolt Brecht, 1898-1956)는 이렇게 애도의 시를 읊었다. "'붉은 로자'는 사라졌네/그녀의 쉬는 곳마저 알 수 없어라/그녀는 가난한 사람들에게 자유를 말했고/그 때문에 부유한 사람들이 그녀를 죽였다네." 그리고 로자의 혁명동지 클라라 체트킨(Clara Zetkin)은 다음과 같은 명문장으로 그녀의 뜨겁고 처절한 삶의 역정을 압축, 기술하였다.

"로자 룩셈부르크에게 사회주의 사상은 마음과 머리의 시배적이고도 강렬한 정열, 다시 말하면 부단히 타오르는 진정한 창조적 정열이었다. 이 놀라운 여성의 위대한 과업과 억누를 수 없는 야망은 사회혁명의 길을 준비하고 사회주의를 위해 역사의 길을 닦는 것이었다. 혁명을 경험하고 혁명투쟁을 하는 것, 그것이 그녀에게는 최상의 행복이었다. 그녀는 말로 표현할 수 없는 의지, 결의, 무사무욕, 헌신으로 그녀의 삶과 존재의 전부를 사회주의에 바쳤다. 그녀는 비극적 죽음을 통해서뿐만 아니라 평생 동안 날마다 시간마다, 다년간의 투쟁을 통해서 사회주의의 대의에 자신을 완전히 바쳤다. 그녀는 혁명의 날카로운 칼이요, 살아있는 불꽃이었다."

인간이 목마르게 추구하는 것, 그에게 없어서는
안될 것은 죽음일 수 없는 불멸의 생生과,
악일 수 없는 불변의 선善이다.
-톨스토이

김산
金　山

이역 중원中原에서 '아리랑'의 한恨을 묻은 고결한 순교자

『아리랑』으로 부활한 잊힌 혁명가

우리 민족은 기쁠 때나 슬플 때나 민요 '아리랑'을 불러왔다. 풍년이 들어 흥겨울 때나 흉작으로 시름에 잠길 때에도, 이역만리 타향에서 고향을 그리워할 때에도, 일제의 압제 속에서 유랑생활을 하며 조국 광복을 위한 투쟁의 대열에서도, 독재에 항거하며 민권을 부르짖을 때에도, 그리고 가까이는 2002년 월드컵 축구 4강 신화를 일궈내며 감격에 겨워할 때에도, 우리 곁에는 언제나 그 노래 '아리랑'이 있었다. 그러기에 민요 '아리랑'은 어제도 부르고, 오늘도 부르며, 내일도 부를 민족의 노래요, 민중의 노래이다. 그러나 민요 '아리랑'의 참맛은 애조 띤 곡조나 가사의 흐름으로 보아 기쁠 때보다 슬플 때 불러야 제 맛이 나고 더욱 가슴에 와 닿는다.

우리가 여기에서 이야기하고자 하는 고결한 순교자 김산(金山, 본명 張志樂)의 생애도 슬픈 '아리랑'과 맥을 같이하고 있다. 주지하는 바와 같이 김산의 불꽃같은 짧은 삶은 미국의 저널리스트이며 『중국의 붉은 별』

의 저자 에드거 스노(Edgar Snow, 1905-1972)의 첫 부인인 님 웨일스(Nym Wales, 1907-1997. 에드거 스노가 붙여준 필명으로 본명은 Helen Foster Snow)가 김산과 22회에 걸친 긴 시간의 대담 끝에 두 사람 공동 저작의 형식으로 엮어낸 『아리랑Song of Ariran』(1941년 출간)을 통해서 세상에 알려지게 되었다. 당시 웨일스는 중국 옌안에서 자료 수집차 루쉰魯迅도서관을 자주 이용하게 되었는데, 자기 이외에 유달리 많은 영문 서적을 빌려가는 사람이 있어 수소문 끝에 그 사람은 장명(張明. 장지락의 가명)이라는 조선인으로, 군정軍政대학에서 일본 경제와 물리, 화학을 가르치고 있다는 사실을 알고 그와 만나게 되었다. 그녀가 장지락을 만났을 때 느낀 첫인상은 키가 크고 윤곽이 뚜렷하였으며, 조선 사람 같지 않은 반半 스페인 풍의 이국적인 마스크를 지닌 멋있는 남자였다.

웨일스는 장지락을 대면하자 그에게서 풍기는 매력도 매력이려니와 그의 행동에 궁금증을 느끼고 대화를 통해 그가 범상치 않은 인물이며 지하 혁명운동가로, 많은 수수께끼를 안고 있는 사나이임을 직감하였다. 그래서 웨일스는 그와 깊은 이야기를 나눈 끝에 앞으로 2년 동안 출판을 보류하는 조건으로 그에 관한 글을 쓰기로 한 것이 『아리랑』이란 책을 쓰게 된 동기가 되었다. 김산이라는 이름도 그녀의 제안에 따라 그가 수락한 것이며, 금강산에서 따온 것이다. 비록 이 책은 김산이 죽기 전 32년간의 짧은 삶을 조명한 것이지만, 영원히 잊힐 뻔했던 한 혁명가의 험난한 생애가 무척이나 감동적이고도 드라마틱하게 서술되어 있다. 김산의 사인死因은, 그가 1938년 옌안에서 의문사한 후 갖가지 추측만 무성하다가 1983년 1월 27일 중국공산당 중앙위원회가 그의 잘못된 처형 사실을 공식 확인함으로써 세상에 밝혀졌다. 김산은 트로츠키주의자(「레온 트로츠키」편 참조), 또는 일제日帝의 첩자로 의심받아 당시 모스크바에서 막 돌아온 중국공산당 실력자 캉성康生의 지시로 처형된 것이다. 김산은 웨일스를 만나 그의 삶이 처연하게 조명되었고, 뒤늦게나마 지하에 있는 원혼이 오명을 씻을 수 있었다는 점에서, 그는 비운의 혁명가이지만 그의 영혼은 결코 불행하지 않게 되었다.

그러면 웨일스가 김산의 삶을 주제로 한 저서를 『아리랑』으로 정한 까닭은 무엇일까? 그 해답은 김산의 민요 '아리랑'에 관한 설명에서 찾을 수 있다. "조선에는 민요가 하나 있다. 그것은 고통받는 민중들의 뜨거운 가슴속에서 우러나온 아름다운 옛 노래다. 심금을 울려주는 아름다운 선율에는 슬픔을 담고 있듯이, 이것도 슬픈 노래다. 조선이 그렇게 오랫동안 비극적이었듯이 이 노래도 비극적이다. 아름답고 비극적이기 때문에 이 노래는 300년 동안이나 조선 사람들에게 애창되어 왔다. 서울 근처에 '아리랑고개'라는 고개가 있다. 이 고개 꼭대기에는 커다란 소나무 한 그루가 우뚝 솟아 있다. 그런데 조선 왕조의 압정에서 이 소나무는 수백 년 동안이나 사형대로 사용되었다. 수만 명의 죄수가 이 노송의 옹이진 가지에 목이 매여 죽었다. 그리고 시체는 옆에 있는 벼랑으로 던져졌다. 그 중에는 산적도 있었고 일반 죄수도 있었다. 정부를 비판한 학자도 있었다. 조선 왕족의 적들도 있었고 일반 죄수도 있었다. 하지만 대다수는 압제에 저항해 봉기한 빈농 출신이거나 학정과 부정에 저항해 싸운 젊은 반역자들이었다. 이 젊은이들 중의 한 명이 옥중에서 노래를 한 곡 만들어 무거운 발걸음을 내딛고 천천히 아리랑고개를 올라가면서 이 노래를 불렀다. 이 노래가 민중들한테 알려지자, 그 뒤부터는 사형선고를 받은 모든 사형수들은 이 노래를 부르면서 자신의 기쁘고 슬픈 지난날과의 이별을 고하였다. 그리고 이 애끓는 노래가 조선의 모든 감옥에 메아리쳤으며, 죽기 전에 마지막으로 이 노래를 부를 수 있는 최후의 권리는 누구도 막을 수 없게 되었다. 이처럼 '아리랑'은 이 나라의 비극의 상징이 되었다. 이 노래의 내용은 끊임없이 어려움을 뛰어넘고 또 뛰어넘더라도 결국에 가서는 죽음만이 남게 될 뿐이라는 의미를 내포하고 있다. 이 노래는 죽음의 노래이지 삶의 노래가 아니다. 그러나 죽음은 패배가 아니다. 수많은 죽음 가운데 승리가 태어날 수도 있다. 하지만 마지막 한 구절은 아직 만들어지지 않았다. 수많은 사람이 죽었으며, 더욱 많은 사람이 '압록강을 넘어' 유랑하고 있다. 그렇지만 머지않은 장래에 우리는 돌아가게 될 것이다."(김산·님 웨일스 지음, 조우화 옮김, 『아리랑』, 도서출판 동녘, 1997, 44-45쪽 참고 정리)

김산은 이처럼 '아리랑'의 내력을 자신의 삶과 결부시켜 설명하면서 곧 다가올 자신의 죽음을 예감하였으며, 웨일스도 작가적인 혜안으로 김산의 삶을 '아리랑'으로 비유한 것이다. 그녀는 말했다. "김산은 우리시대에서 가장 많은 피를 흘리고, 가장 추악하고, 가장 혼란스러운 격동 속으로 내던져진 한 명의 민감한 지식인, 마음속 깊은 곳에서 이상주의적인 시인이요, 작가인 한 사람의 지식인이었다. 그는 아무런 환상도 갖고 있지 않았지만 그렇다고 냉소주의자도 아니었다. 그는 사물을 있는 그대로 인식했지만 또한 변화와 진보를 확신했다. 고통과 패배는 그의 꿈을 없애 버리기는커녕 오히려 그의 사상이 한층 깊은 의미를 지니고 타오르도록 만들어주었다. 그는 객관적 사실의 주인공이었지 주관적 언어의 노예가 아니었다. 육체는 빵으로 살찌지만 정신은 굶주림과 고통으로 살찐다. 구체적인 현실 속에서 생각하지 않고, 상징에 의해서 생각하는 것을 그만

김산을 부활시킨 님 웨일스와 남편 에드거 스노

두어야 비로소 지식인은 행동하고 결정할 수 있게 된다. 김산은 바로 이 약점을 극복하였으며, 지식인적 패배주의라는 질병에 희생되지 않았던 것이다. 실제로 지식인이 남한테 배반당하는 경우란 없다. 오직 자기 자신과 자기 직업에 의해서만 배반당할 따름이다. 지식인의 책무는 미래의 모습을 그리는 것뿐만 아니라 실제로 존재하는 역사적 변화의 소재도 이해하고 분석해 내야하는 것이다"(위의 책, 37-38쪽).

웨일스는 역사의 소용돌이 속에서 김산이라는 한 지식인이 어떻게 살고 행동하였으며, 지식인의 사명이 무엇인지 극명하게 밝히고 있다. 그는 혁명의 소용돌이 속에서도 단테 알리기에리와 레프 니콜라예비치 톨스토이를 통해서 삶의 의미를 성찰하고 고뇌하였으며, 아나키즘을 넘어 마르크시즘에서 그 해답을 찾고자 하였다. 그런 의미에서 김산도 정치적 이상주의자요 정치적 낭만주의자이며, 뜨거운 인간애를 지닌 휴머니스트이자 '혁명적 로맨티스트'였다. 이런 김산 이었기에 우리 시대의 양심적인 지식인의 한 사람인 리영희 선생(1929-2010)도 "무엇을 할 것인가? 어떻게 살 것인가?라는 질문을 자신에게 던지면서 해답을 찾아 헤매던 때, 김산의 삶이 바로 내가 찾고 있던 물음에 대한 답변이었으며, 모색하다 지치고 좌절 때문에 실의에 빠졌을 때는 '김산'을 찾았다."라고 고백하지 않았던가. 자본주의 물질만능으로 세상이 아무리 혼탁해도, 우리는 김산과 같은 행동하는 지식인의 처절한 삶을 통해서 위안과 감동을 얻을 수 있으며, 더 나은 인간 사회에 대한 희망을 저버리지 않을 수도 있지 않을까? "내 인생에서 한 가지를 제외하고 나는 모든 것에서 패배했다-나는 나 자신에게는 승리했다."라는 김산의 한 맺힌 고백이 무엇을 의미하는지 그의 험난한 삶의 기록과 증언 등을 통해서 탐색해본다.

암울한 시대의 잿빛 추억

사람이 살아가면서 행복했던 어린 시절이 얼마나 있을까마는, 특히 일제 강점기에서 조국을 잃은 설움은 소년 장지락에게도 예외는 아니었다. 그는 말했다. "나에게 젊은 시절이 없었던 것은 아마도 조선이라는 나라가 자기 문제로 심각하게 고민하는 청춘을 가지지 못했기 때문이었을 것이다." 불과 11세 때 가출하여 일본으로, 만주로, 중국으로 전전하면서 그의 삶은 험난한 길로 들어선다.

장지락張志樂, 즉 김산은 1905년 3월 10일 평안북도 용천군 북중면 하장동(『아리랑』에서는 일제의 탄압을 피하기 위해 평양 부근으로 기록됨)에서 11명의 가족 중 셋째아들로 태어났다. 장씨 집은 1정보 정도의 작은 농토에 부업으로 누에를 쳐서 근근이 생계를 꾸려갔다. 김산의 아버지는 완고하고 가부장적이었으며, 그의 어머니는 하루하루 오직 가족들만을 생각하며 인고의 세월을 살아간 전형적인 한국 농촌 여인이었다. 그의 큰형은 결혼하여 대가족 속에서 살았으며, 작은형은 보통학교를 다니다가 구두제조 기술을 배워 읍내 어느 곳에서 구둣방을 하고 있었다. 김산은 일곱 살 때부터 반일 감정을 갖게 되었는데, 그 이유는 그가 보는 앞에서 그의 어머니가 두 명의 일본 경찰에 얻어맞고 입술이 터지는 수모를 당하였기 때문이었다. 그의 어머니가 얻어맞게 된 것은 예방주사를 맞으라는 독촉에도 불구하고 집안일이 바빠서 내일 맞겠다 하니 그 중 한 명의 경찰이 다짜고짜 따귀를 때린 것이다. 어린 소년은 화가 치밀어 그 경찰에 달려들었으나 어머니의 제지로 분을 삭여야만 했다. 예방 주사 맞기를 거부한 다른 나이 든 동리 어른 한 사람도 쌀 찧는 절구통에 붙잡아 매인 채 무자비하게 구타를 당했다.

김산은 인근 조선인만 다니는 보통학교에 입학하여 일본어와 조선어,

그리고 한자를 익혔다. 그런 가운데 이들 어린 학생들은 이따금 조선 독립군이 일본 병사를 여러 명이나 죽이고 유유히 도망쳤다는 무용담을 듣고 기뻐했으며, 자신들도 커서 어른이 되면 독립군에 가담해서 일본 놈을 죽이는 데 앞장서겠다고 다짐하곤 했다. 당시 이들 학생들은 독립군의 용감한 투쟁, 특히 이동휘(1872-1936) 장군의 영웅적인 전투 이야기를 들을 때에는 존경심에 불타올랐다.

소년 김산은 어릴 때부터 반항적인 성격이었으며, 잘못을 저질러 아버지한테 매를 맞더라도 절대로 빌지 않았으며, 어머니 외에는 누구한테도 복종하지 않았다. 그가 가출한 것은 사소한 일에서 발단되었다. 그의 나이 11살 되던 해에 학교에서 평소 사이가 좋지 않았던 친구하고 싸우던 끝에 그 애의 코를 짓뭉개버리는 바람에 아버지로부터 심한 꾸중을 듣고 그 길로 가출을 해버린 것이다. 그의 바람막이는 어머니 외에 읍내에서 구둣방을 하는 작은형이었다. 그의 아버지는 가출한 아들을 거들떠보지도 않았으며 두 사람간의 불편한 관계는 그 후로도 해소되지 않았다. 소년 김산은 친구·친척집에 기식하며, 작은형의 도움으로 기독교 계통의 중학교에 들어갔다. 그 학교에는 지리와 역사를 가르치는 선생이 있었는데, 그는 김산과 한 동네 사람으로 학생들에게 자상하고 민족의식을 고취해주는 존경받는 선생이었다. 소년은 교회에 나가 설교를 들을 때는 언제나 좋은 말만 쏟아졌지 가슴에 와 닿는 이야기는 한 번도 들은 적이 없었다. 그러나 역사 선생은 기독교에 대한 믿음을 심어주었다. 그 선생은 말했다. "앞으로 기독교는 조선인의 모태가 될 것이다. 기독교는 부활의 표상이지 단순한 종교가 아니다. 종교라는 이름으로 커다란 역사적 사건이 수없이 일어났다." 그 선생의 말대로 얼마 뒤 1919년 3·1운동이 일어났고, 그 선생은 왜 이 운동이 일어났으며 우리가 앞으로 무엇을 해야 할지 연설을 하였다. 학생들은 선생의 연설을 듣고 감격하였다. 그 선생은 학생들을 이끌고 거리로 뛰쳐나가 수천 명의 시위대들과 "대한 독립 만세!"를 목이 터져라고 외치며 거리를 누볐다. 소년은 시위대의 맨 앞줄에서 '운명의 계시라도 들어 있는 듯한' 독립선언문에 귀 기울였으며, 저녁에는 학교에 돌아와 역사 선생의 지도로 교지에 영혼의 불을 지피는 장려한 글을 썼다. 이제 소년 김산은 그 학교에서 일약 유명한 학생이 되었다. 그러나 그것도 잠시 조선 독립의 꿈이 물거품으로 돌아가자 소년은 실의에 빠졌다. 특히 기독교 신도들이 거리에서 찬송가만 부르며 일본 경찰의 발포에 저항도 못하고 길바닥에 엎드려 찬송가만 부르는 모습을 볼 때 그로서는 너무 한심스러웠다. 소년 김산은 시위대의 인파에 휩싸여 서울까지 달려갔고, 그곳 서대문 밖에서 끔찍한 장면을 목격하였다. 일본 경찰이 어느 기독교 지도자를 십자가에 매달아 놓고 두들겨 패고 있었으나, 신도들은 그 십자가 앞에 엎드려 울고만 있었다. 소년은 거기에서 '냉정하면서도 고의적인 잔인성을 알게 된 최초의 경험'을 하게 되었다. 그때부터 그는 기독교에 회의를 갖게 되었는데, 특히 광신적인 어느 미국인 선교사가 조선인이 이렇게 수난을 당하고 있는 것은 과거에 잘못을 저질렀기 때문에 하나님이 벌을 내린 것이며 지금부터라도 회개를 하면 잘 살 수 있다는 터무니없는 발언을 한 것이 더욱 결정적인 계기가 되었다.

그러는 사이에 국외에서, 특히 만주를 중심으로 우리의 무장 독립군들은 일본군에 맞서 싸웠으며 간헐적으로 전과를 올리기도 하였지만 성과는 미미하였다. 우리나라의 독립운동은 1910년 '한일 병탄倂呑' 이후 1919년 '3·1운동'까지를 여명기로 하여 이 기간 중에는 독립운동의 체제정비와 해외 독립군 기지 개척기간으로 볼 수 있다. 이 기간 중에 독립운동은 그 활로를 해외에서 개척하기 시작하였는데, 그것은 국제사회의 변화에 큰 영향을 받은 것이다. 즉 1911년 중국의 신해혁명과 1914년 제

1차 세계대전 발발, 1917년 러시아 혁명, 1918년 토머스 우드로 윌슨 미국 대통령의 민족자결주의는 독립운동의 불길을 당겨주는 기폭제가 되었다.

일본에서 아나키즘을 접하다

소년 김산은 3·1운동의 열기가 어느 정도 가라앉은 어느 날 청운의 뜻을 품고 일본유학 길에 올랐다. 이해심 많은 그의 작은형은 그에게 의학 공부를 하라고 거금 100원을 쥐어주었다. 김산은 그 길로 도쿄에 도착하여 박근이라는 친구와 월 12원의 셋방을 얻고 신문배달을 하면서 선망의 대상인 도쿄 제국대학 입시 준비를 하였다.

당시 일본, 특히 도쿄에는 1917년 러시아 혁명의 여파로 1919년부터 사회주의 사상이 발전하기 시작하였는데 상당수의 일본 학생들이 이 사상에 심취하였다. 이들은 사회주의 사상에 뜻을 같이 한다면 조선인, 중국인을 구분하지 않고 상호 긴밀한 유대관계를 유지하였다. 일본에서의 사회주의 운동은 메이지 유신 이래 급속한 자본주의 경제체제의 발전과정에서 빈부격차의 심화로 사회문제가 발생하면서 서서히 싹트기 시작하였다. 러시아 혁명 성공 후 레닌은 볼셰비키 독재체제를 강화하는 한편 한 국가의 사회주의 체제만으로는 사회주의 혁명을 계속 성공시킬 수 없다는 판단 아래 1919년 3월 모스크바에서 자본주의 체제의 전복, 계급철폐, 그리고 국제적인 소비에트 공화국을 목표로 하는 '코민테른(제3인터내셔널)'을 창설하고 각 국 공산당에 그 지부를 두고 중앙집권적 조직을 강화하였다. 코민테른은 창설 초기에는 주로 유럽과 미국에 관심을 두었으나, 1920년에 들어와 아시아 제국에도 눈을 돌려 상하이에 극동사무국을 설치하고 공산당조직을 계획하였다. 이런 과정에서 1922년 일본에도 공산당이 결성되었고 사회주의 운동이 암암리에 본격화되었다.

일본 공산당 결성에 결정적인 계기가 된 것은 소련에서 열린 극동민족대회였는데, 이 대회는 극동의 시장을 재분할하려고 열린 워싱턴 회의에 대항하여 코민테른 주최로 열린 회의였다. 코민테른 측 밀사의 적극적인 권유로 일본에서는 도쿠다 규이치, 다카세 기요시, 요시다 하지메 등 6명의 대표가 참석하였고 재미 일본 사회주의 단체에서도 대표로 가타야마 센, 다구치 운조우, 마니와 스에키치 등 16명의 대표가 이 대회에 참석하였다. 당시 코민테른 측은 극동민족대회를 일본 대표에 대한 교육의 장으로 활용하였다. 대회 총회 이후 일본분과회의에서 코민테른 집행위원인 가타야마와 사하로프는 일본 대표에게 비밀세포조직의 방법, 노동조합, 기타 외곽 단체와의 관계설정 방법 등 볼세비키 조직방법을 교육하였다. 이때 스탈린은 공산주의 이론가를 대동하고 일본 대표단이 묵고 있는 호텔에 직접 찾아와서 매일 몇 시간씩 아나키즘과 공산주의의 차이점을 비롯한 초보적인 공산주의 사상을 쉽게 설명해주었다고 한다. 코민테른 측의 노력에 힘입어 일본 대표로 참석한 아나키스트 5명 중 4명이 볼세비즘으로 전향하는 개가를 올렸다. 이렇게 해서 일본에도 공산주의가 일부 진보적인 지식인을 중심으로 해서 조심스럽게 확산되었지만, 이들 중 급진파가 주장하는 천황제 폐지문제가 일본 내 여론의 지지를 받지 못함으로써 크게 뿌리를 내리지 못하고 말았다.

그런데 일본에 공산주의 사상이 도입되기에 앞서 아나키즘이라는 자유사상이 먼저 일본 사회를 풍미하였다. 김산이 일본에 있을 때까지만 해도 아나키즘과 공산주의 사상이 혼재하고 있었으며, 초심자들은 이 두 사상의 차이를 혼동하기도 하였다. 그러면 아나키즘Anarchism은 무엇을 의미하는가? 우리가 아나키즘을 무정부주의로 번역해서 사용하기도 하지만, 이 사상은 단순한 무정부주의는 아니다. 아나키즘은 여러 가지 사상들이 혼합하여 복잡하게 결합하여 발전한 것이므로 한마디로 정의하기는 어려우나 19세기 중반부터 20세기 전반까지 서구사회에 풍미한 일종의 극단적인 자유주의 사상으로서 초超민족주의, 초超국가주의 사상이 근간을 이루고 있다.

"나의 양심은 나의 것이고, 나의 정의는 나의 것이며, 나의 자유는 최고의 자유"라고 말한 프랑스의 자유사회사상가 피에르 조제프 푸르동(1809-1865), 자유에 대한 열정을 안고 바리케이드 위에서 반역을 꿈꾸던 러시아 자유주의자 미하일 알렉산드로비치 바쿠닌(1814-1876), "민중은 권력에 쉽게 굴복하지만 그렇다고 해서 권력을 쉽게 숭배하지 않는다."라고 외친 러시아 자유사상가이자 귀족 출신이며 지리학자인 표도르 알렉세예비치 크로포트킨(1842-1921) 등이 대표적인 아나키스트들이다. 이들의 삶은 한결같이 열정적이고 자유에 대한 열망을 행동으로 보여주었으며, 권력, 특히 왕권지배를 증오하였기 때문에 자유를 갈망하는 젊은이들에게 호소력이 강하게 작용하였다. 이런 맥락에서 일본에 아나키즘이 풍미하기 시작한 것은 1906년경으로 알려지고 있으며, 러시아 볼셰비키 10월 혁명으로 공산주의 사상이 확산될 때까지 일본 지식인 사회를 풍미하였다. 당시 이 아나키즘사상은 일본 젊은이들뿐만 아니라 재일 조선인 유학생들도 상당수가 이 사상에 심취해 있었다. 그 대표적인 조선인 아나키스트는 박열(1902-1974)로, 그는 일본인 아내 가네코 후미코와 일본 천황을 암살하려다 체포되었으며, 가네코는 1926년 감옥에서 의문의 자살을 결행하였다. 이런 상황에서 당시 김산도 아나키즘에 매료되었으며, 그 자신이 밝힌 것처럼 그때까지만 해도 김산은 아나키즘과 공산주의 사상의 차이를 구분하지 못하였다.

이 무렵 김산은 특히 귀족 출신이며 고결한 품성을 지닌 아나키스트 크로포트킨에 매료되었다. 크로포트킨은 1880년대부터 정력적으로 아나키즘 활동을 전개하며 광범위한 저작을 남겼는데, 그의 대표적인 저술로는 1883-1886년 프랑스 감옥에서 저술한 『빵과 정복』, 『전원, 공장, 작업장』 등이 있다. 크로포트킨 사상은 아나르코-코뮈니즘(Anarcho-Communism; 공산주의적 아나키즘)으로 일컬어지고 있는데, 이 사상의 추종자들은 가족, 종교, 국가와 같은 권위가 소멸하고, 개인의 자유와 욕구에 따라 생활하는 유토피아를 꿈꾸었다. 그들은 국가 대신에 코뮌을 단위로 하는 자유연합사회를 꿈꾸었으며, 이 사회는 '능력에 따라 일하고, 필요에 따라 소비한다'라고 하는 원칙이 통하는 사회를 말하는 것이었다. 특히 크로포트킨의 사상은 과학적 연구 성과에 바탕을 둔 보편성을 강조하고 있었기 때문에 군국주의를 지향하던 일본뿐만 아니라 전제군주제 잔재가 아직 남아 있는 중국이나, 일본 제국주의의 압박에 시달리던 조선과 같은 처지에 있는 이들 나라의 젊은이들이 볼 때 매우 매력적인 사상이었다.(이 부분 일부 내용 조세현, 『동아시아 아나키즘, 그 반역의 역사』, 도서출판 책세상, 2002, 참고 정리)

큰 꿈을 안고 대륙으로

이런 상황에서 일본에 더 이상 체류하는 것이 무의미하다고 판단한 김산은 그가 매력을 느낀 아나키즘과 공산주의 사상의 요충지인 소련으로 가서 공부하기로 결심하였다. 약 1년여 동안의 일본 체류를 청산하고 1920년 어느 날 김산은 현해탄의 검은 파도를 바라보며 고국에 돌아와 다시 작은형을 찾았다. 이해심이 많은 작은형은 어린 김산을 반갑게 맞아주었으며 부모님께 전해 드리라고 하며 200원을 주었다. 그러나 김산은 이 돈을 몽땅 가지고 도망쳐 압록강을 건너 하얼빈행 기차를 타고 모스크바로 가기로 하였다. 그러나 그것도 운명이라 할까, 당시 혼란한 정국으로 시베리아 열차가 운행되지 않아 망설이던 끝에 김산은 방향을 바꾸어 남만주에 있는 조선군관학교에 가기로 마음먹었다. 김산은 이번에는 도보로 가기로 하였다. 그곳까지는 700여 리나 되는 먼 길이었다. 그는 돈을 아끼기 위해서 도중에 얻어먹기도 하고, 가지고 온 돈을 도둑맞지 않기 위해 여인숙에서 잘 때에는 남몰래 그 돈을 땅속에 파묻었다가 새벽에 다시 파내 가지고 아침도 먹지 않고 그곳을 떠나곤 하였다. 목적지에 거의 다다를 무렵, 김산은 유하현 삼원보三源堡라는 조선인 자치구역 보통학교 기숙사에 머물렀다.

삼원보는 1910년 독립지사 이동녕, 이회영 등이 일본의 조선지배에 반대하여 이곳에 경학사耕學社라는 주경야독과 독립군을 양성할 목적으로 창설한 곳으로 1923-24년 서간도 독립군의 근거지였다. 읍내에는 당시 중국인이 3천여 명, 조선인은 1천여 명 살고 있었고, 근교에는 조선인이 7천 명쯤 살고 있었다. 그런데 평화로운 이 조선인 거주 지역에 백마를 탄 일단의 마적떼가 습격하여 돈과 먹을 것을 요구하곤 하였다. 이들 마적들에게는 불문율이 있었는데, 돈과 먹을 것 외에는 아낙네들을 겁탈하지 않았다. 그들은 목표로 하는 마을에 미리 편지를 보내어 도착하는 날짜에 준비해야 할 돈의 액수를 지정해주었다. 그들은 가난한 사람들에겐 피해를 주지 않았으며, 대부호들은 정기적으로 상납을 하고 무기를 공급하며 이익금을 암암리에 분배하기 때문에 주로 중산층을 대상으로 하였다. 그들은 인질을 데려갈 때에는 순서에 입각해서 협박을 하였다. 몸값을 지불하지 않을 때는 처음에는 두 귀를 잘라 보내고, 그 다음에는 손가락을, 마지막으로는 머리를 잘라 보내는 것이 관례였다. 그러니 어느 누구인들 이들의 요구를 거절할 수 있겠는가?

김산은 학교 기숙사에서 머물다가 그곳 교회 안동희 목사 아들들의 청으로 그 집에서 얼마 동안 기식하게 되었다. 안 목사 아들들은 그곳 보통학교와 주일학교 선생이었다. 그런데 안 목사는 김산의 몸가짐이 마음에 들었던지 그를 양자로 삼고 싶어 했으며, 훗날 자기 딸을 주겠다는 제의까지 하였다. 안 목사에게는 김산보다 한 살 어린 14살의 예쁜 딸아이가 있었다. 그러나 앞으로 할 일이 많은 김산은 이 호의를 정중히 거절하였다. 그가 보기에 그 집 딸은 분명히 예뻤고 마음씨도 착했으며 총명해 보였기 때문에 그날 밤 잠이 오지 않았다. 김산으로서는 이성에 대해서 처음으로 애틋한 정을 느꼈다. 그래서 그는 언젠가 이곳으로 돌아와 그때까지 그녀가 결혼을 하지 않았으면 그녀에게 청혼할 생각도 해보았다. 그는 목사의 제의와 관계없이 소녀의 학습을 정성껏 도와주었으며, 그녀도 그를 무척 따랐다. 목사뿐만 아니라 그의 두 아들도 김산에 호감을 가지고, 그가 이곳에 머물며 교사로 봉사해줄 것을 제의하였다. 그러나 김산은 군관학교에 가기로 한 계획을 포기할 수가 없었기 때문에 조만간 다시 오겠다고 약속하고 어느 날 작별을 고하였다. 목사 딸도 그를 좋아했던지 그의 모습이 아스라이 사라질 때까지 돌아설 줄을 몰랐다. 목사 아들 하나가 군관학교가 있는 허니허合泥河까지 그와 동행하였다. 두 사람은 이런 저런 이야기를 나누며 얼마 후 군관학교에 도착하였다. 그 학교 이름은 신흥무관학교로 독립군을 양성하고 있었다. 그러나 김산이 그 학교에 도착해서 입학의 뜻을 밝히자 학교 당국은 18세 이상이 되어야만 입교가 가능하다며, 15세인 김산에게 입학이 곤란하다고 밝혔다. 김산은 울먹이면서 이 학교에 들어가기 위해서 불원천리하고 찾아왔음을 호소하였다. 그래서 학교 당국은 예외를 인정하여 시험을 치르도록 하였다. 시험과목은 국어와 국사, 지리, 수학, 그리고 신체검사였다. 그러나 다른 과목은 합격하였으나 국사와 신체검사에서 불합격되고 말았다. 학교당국은 고심 끝에 3개월 코스 임시 입학을 허용하였다. 학생수는 100명 가까이 되었으며, 18세에서 30세까지 연령 차이가 많았다. 학과는 새벽 4

시부터 시작해서 저녁 9시에 끝나는 강행군이었다. 처음에는 동료들의 도움이 없이는 도저히 훈련을 따라갈 수가 없었으나 시간이 지나면서 조금씩 적응해나갔다. 김산은 어린 나이에도 불구하고 3개월 교육을 무사히 마치고 재미가 있어서 1주일을 더 훈련받았다.

김산은 3개월 교육을 마치고 안 목사와 그의 딸을 다시 만나기 위해서 삼원보로 갔다. 안 목사와 그의 가족들은 무척 반갑게 그를 맞아주었다. 그리고 안 목사는 그곳에서 80여 리 떨어진 곳의 보통학교에 교사 자리까지 마련해주었다. 그는 그 학교에서 음악과 미술을 제외하고 무엇이든 다 가르쳤다. 그러나 김산은 이곳에서 마냥 머무를 수만은 없었다. 자신의 큰 뜻을 펴기 위해서 상하이로 가기로 결심하였다. 상하이는 더 공부할 수 있는 큰 학교도 많고, 대한민국 우국지사들이 활동하고 있는 독립운동의 본거지가 아닌가. 김산은 안 목사를 찾아가 그의 뜻을 밝히자 좋은 뜻이라고 말하고, 힘닿는 데까지 적극 지원해주겠다고 말하였다. 그리고 2년 후에는 자기 딸도 그곳의 좋은 학교에 보낼 테니 그때는 김산이 그 애를 잘 보살펴 달라고 부탁하였다. 김산과 안 목사의 가족들은 다시 만나기로 하고 석별의 인사를 나누었다. 그러나 불행하게도 김산은 안 목사 가족을 다시 만날 수 없는 비보를 들어야만 했다. 그가 삼원보를 떠난 얼마 후에 이곳에서는 엄청난 비극이 일어난 것이다. 그것은 소위 '훈춘사건'이었다. 즉 일본군은 1920년 6월 6-7일 '봉오동 전투'(홍범도, 최진동 등이 이끈 조선독립군과 일본군 19사단 예하 중대가 싸운 전투)에서 조선독립군에게 불의의 참패를 당하자 이에 대한 보복책으로 중국 마적단을 매수, 이들로 하여금 동년 10월-11월 중 훈춘(옌볜 조선족 자치주 동부에 위치해 있으며 북한과 러시아의 국경에 인접해 있는 지역으로 현재 훈춘시는 국경개방도시로 지정되어 있음)을 공격하도록 하여 중국 및 만주인, 그리고 조선인과 일부 일본인을 살해(당시 일본인은 사전에 정보를 입수하여 미리 피신하였기 때문에 피해는 극히 미미하였음)한데 이어 훈춘의 일본 공사관까지 습격하는 '자작극'을 벌였다. 이 자작극을 꾸민 일제는 마침내 함경북도 나남에 주둔하고 있는 일본군을 만주로 대거 출동시켜 훈춘 일대에 살고 있는 조선인 남녀노소를 불문하고 무차별 학살하였다. 그 당시 피해를 당한 조선인은 무려 3천여명에 달한 것으로 전해지고 있는데, 이때 안 목사의 가족도 예외는 아니었다. 안 목사 부부는 두 아들이 산채로 세 동강이 나는 장면을 목격하고, 안 목사는 미친 듯이 스스로 무덤을 파서 그곳에 눕자 일본 병사들은 그를 생매장해버렸다. 세 가족의 살해 장면을 지켜봐야 했던 안 목사 부인은 슬픔을 이기지 못하고 강물에 몸을 던졌다. 그리고 김산의 첫사랑이었던 그 소녀는 생사조차 알 길이 없게 되었다. 김산은 이 비극적인 소식을 훗날 베이징에서 우연히 만난 조운산이라는 조선인을 통해서 듣게 되었다. 그는 김산과 함께 그곳 보통학교에서 함께 근무하던 선생으로 그 끔찍한 사건 현장에서 도망쳐 나온 유일한 생존자였다.

상하이에서 만난 세 인물

김산이 상하이에 도착한 때는 1920년 겨울 어느 날이었다. 15세의 김산에게 상하이는 새로운 세계였으며, 모든 풍요로움과 비참함이 함께 어우러진 거대한 도시였다. 이 낯선 도시에서 그는 누구를 만나 무엇을 어떻게 해야 할지 몰랐지만 어차피 맞닥뜨려야 할 현실이었다. 김산은 무턱대고 민단을 찾아가 자기소개를 하고 월 15달러 하는 하숙을 구한 다음, 그곳 『독립신문』에서 월 20달러를 받기로 하고 교정 겸 식자업무를 맡게 되었다. 김산은 저녁이면 그곳 성인 영어학교에 등록하여 영어와 에스페란토어도 공부하고 일본에서 접했던 아나키즘 서적과 기타 사회과학 서적도 읽었다. 그때까지만 해도 김산은 마르크스 사상에 대해서는 깊은 관심을 갖지 못하였다. 그 무렵 상하이의 조선인들 간에는 '아메리카파'와 '시베리아-만주파'라는 두 부류의 민족주의 그룹이 서로 대립하고 있었다. 이승만을 중심으로 하는 '아메리카파'는 대부분 미국에서 공부한 사람들로 기독교를 믿고 있었으며, 영어를 자유롭게 구사하였기 때문에 외교적인 수단을 동원하기에 유리한 입장에 있었다. 이들은 당시 100여 명으로 의정원 내에서 다수를 점하였다. '시베리아-만주파'는 80여 명으로 초창기부터 민족운동을 이끌었으며, 이동휘 장군이 이 그룹의 지도자로 활약하고 있었다. 이들은 만주와 시베리아로 망명하여 유격활동을 펴온 골수 민족주의자들이었다.

당시 상하이는 해외에 있는 한국 독립운동 단체의 본산이었다. 이곳에서는 3·1운동 이전에 독립운동단체인 신한청년당이 조직되어 파리 강화회의에 김규식(1881-1950)을 파견한바 있었으며, 3·1운동이 일어나고 많은 독립운동가들이 상하이로 모이게 되자 '독립임시사무소'를 설치하여 1919년 4월 10일 임시 의정원을 구성하고 대한민국 임시헌장을 선포하였다. 상하이에 통일된 임시정부가 세워지기까지 많은 우여곡절을 겪었다. 정부 수립운동은 이미 세 군데 지역에서 추진되어 왔었다. 연해주 블라디보스토크 교포사회를 중심으로 1919년 2월 설치된 '대한국민의회'가 그 하나였으며, 두 번째가 '상하이 임시정부', 그리고 세 번째가 서울에서 조직된 '한성 정부'였다. 임시정부가 세 곳에 세워지자 자연히 그 통일 문제가 제기되었으며, 이들 간의 여러 차례에 걸친 교섭 끝에 상하이와 연해주에서 설립된 임시정부를 모두 해체하고 국내에서 13도 대표가 창설한 '한성 정부'를 계승할 것, 정부의 위치는 당분간 상하이에 둘 것, 정부의 명칭을 '대한민국 임시정부'로 할 것, 현재의 각원閣員은 총사퇴하고 '한성 정부'가 선임한 각원閣員들이 정부를 인수할 것 등을 골자로 하는 통합정부 수립원칙이 제시되었고, 결국 이 모든 것들이 합의되어 '한성 정부'의 정통성을 인정한 상하이 임시정부가 출범하게 된 것이다. 이에 따라 상하이의 통일 임시정부는 '한성 정부' 수반이었던 이승만이 임시 대통령직을 맡고, 연해주 대표 격인 이동휘가 국무총리직을 맡았다.

어린 김산이 상하이에서 만난 가장 인상 깊었던 사람은 이동휘였다. 1900년 이전부터 민족적 영웅이었던 이동휘는 그때 이미 50의 나이를 넘기고 있었지만 걸출한 키와 장군다운 풍모, 뛰어난 독립운동 경력 때문에 소년 김산의 마음을 사로잡았다. 더구나 이동휘는 인품도 훌륭하여 자기보다 어린 사람들에 대해서 자상하고 친절하여 임정의 다른 인사들보다 젊은이들이 많이 따랐다. 이동휘는 함경도 단천 출신으로 1907년 한국군 해산 당시에 참령參領에 해당하는 직위로 강화도에 주둔하고 있었다. 그는 한일 합방 후, 실패로 끝났던 강화도 반란의 지도자였으며, 그 후 민족주의 독립 모임인 신민회에 간여하였다. 그는 1911년 데라우치 마사타케 조선 통감 암살미수사건에 연루되어 한국을 떠나 러시아 극동지역으로 피신하여 하바롭스크 부근에 집결한 조선인 이주자와 정치적 망명자의 지도자가 되었다. 이동휘는 러시아 '2월 혁명' 당시 러시아 당국에 체포되어 투옥되었는데, 그 이유는 일본의 요청에 따라 현체제에 불만을 품고 저항하는 소위 '불령不逞 조선인'에 대한 일제 검거조치에 따른 것이었다. 그러나 얼마 후 그는 동지들의 구명운동으로 풀려나 비서 박진순을 통해 당시 볼셰비키 극동 담당 크렙코프와 만나 그로부터 공산주의 사상을 소개받고 조선인의 항일 지원을 약속 받게 되었다. 이를 계기로 1918년 6월 하바롭스크에서 한인 사회당 창립총회가 열렸는데, 이 총회에서 이동휘는 당 위원장에, 그리고 크렙코프는 고문에 각각 추대되었다. 그러나 블라디보스토크에서의 당 활동은 크렙코프가 1919

년 8월 반 볼셰비키군인 백군에게 체포되어 처형됨으로써 사태는 새로운 국면으로 접어들었다. 볼셰비키 운동에 무관심해진 민족주의 간부들에게 실망한 이동휘는 1919년 8월 블라디보스토크를 떠나 휘하 몇몇 동료들과 함께 상하이 임시정부에 합류하였다.

이동휘가 임정에 참여하게 된 것은 볼셰비키적 혁명을 통한 조선민족의 해방을 관철하기 위해서였다. 볼셰비키의 혁명 성공에 고무된 이동휘는 일본에 무력으로 맞서야 하며, 그러기 위해서는 볼셰비키의 지원을 받아 만주와 시베리아에서 군대를 양성하여 본국으로 진격해야만 독립을 쟁취할 수 있다는 대 일본 강경 노선이었다. 그러나 이승만을 주축으로 하는 아메리카파는 온건 노선을 견지하여 두 사람 간에 의견이 첨예하게 대립하였다. 그런 가운데 이동휘는 임정 국무총리 재임 중에 코민테른으로부터 거액의 자금을 얻어내려는 운동을 주도하였다. 이에 따라 임정은 자금요구를 위해 모스크바에 여운형, 안병찬, 한형권 등 3인을 사절로 임명하였으나 이동휘는 비밀리에 가장 신임하는 한형권만을 파견하였다. 한형권은 모스크바에 도착하여 200만 루블을 지원받기로 하고 우선 1차로 60만 루블을 받아 20만 루블은 모스크바에 남기고 40만 루블을 받아 가지고 돌아왔다는 것이다. 그는 1920년 11월 20일 도중에 치타 Chita라는 곳에서 이동휘 비서인 김립을 만나 자금을 전달하고 남은 자금을 받기 위해서 모스크바로 되돌아갔다. 김립은 박진순과 함께 이중 20만 루블을 가지고 그해 12월 말에 상하이로 돌아왔다. 그런데 나머지 20만 루블의 사용처는 물론 당초의 자금 수수금액과 관련 인물들에 대해서는 지금까지도 여러 가지 설이 분분하다. 이상의 내용은 『한국공산주의 운동사 연구』를 쓴 서대숙의 기록이며, 『아리랑』에서 밝힌 김산의 말에 의하면 모스크바를 방문한 이동휘가 레닌으로부터 50만 루블 지원 약속을 받고, 그중 30만 루블을 가지고 오던 수행원 3명은 도중에 비적떼를 만나 돈을 모두 강탈당하고 일행 모두 살해되었다는 것이었다. 이와 별도로 한형권으로부터 20만 루블을 받은 김립은 이 돈을 임정에 내놓지 않고 조선인민 대표자회의를 소집할 것을 주장하였다. 그러다가 20만 루블 통장을 휴대한 김립은 인력거를 타고 가던 중 임정 측 요인에 피살되고, 20만 루블은 모두 임정이 찾아 써버렸다는 것이다.

임정의 지도노선과 이런저런 일로 임정에 실망한 이동휘는 임정을 탈퇴하고 1921년 1월 10일 구 조선사회당 대표자들을 소집하여 고려공산당(소위 '상하이파')을 조직하고 그해 5월까지 당 강령과 선언문을 작성하여 본격적인 공산주의 활동에 들어갔다. 이들은 『공산당 선언』을 우리말로 번역하여 배포하고 그 밖에도 여러 종류의 유인물을 발행하였다. 한국 공산주의사에서 최초의 것인 이 『선언』을 통해 이들 공산주의자들은 일본 자본주의 착취뿐만 아니라 한국에서의 지주들의 착취를 몰아내고 계급이 없는 평등한 사회를 구현하기 위해서 투쟁해야 하며, 이를 위해서 일본, 중국 공산주의자들과 연대하여 조국을 자본가들로부터 해방하기로 결의하였다. "공산주의자들에게는 조국이 없다…… 만국의 노동자여 단결하라!"라는 마르크스-엥겔스의 가르침은 이들 망명 공산주의자들에게도 새로운 울림이요, 복음이었다. 이동휘 장군은 그 후에도 이 국땅에서 공산주의 운동을 전개하며 조국광복을 위해 투쟁하였으나 뜻을 이루지 못하고 1936년 블라디보스토크에서 죽고 말았다.

한편 김산이 안창호와 이광수를 만난 것도 그 무렵이었다. 김산은 「독립신문」 교정을 보면서 편집장이자 임정 사료편찬위원이기도 했던 이광수에게서 지적으로 많은 것을 배웠지만, 안창호로부터는 지성과 인격을 배웠다. 이광수가 자기 일 외에는 다른 사람에게 별 신경을 쓰지 않는 반면, 안창호는 동료들과 주변의 교포 청년들에게도 퍽 자상하였다. 김산은 그의 인생에서 가장 크게 영향을 받은 사람은 김충창(김성숙)과 안창호였다고 밝히고 있다.

안창호는 1878년 11월 9일 평안남도 강서군 대동강 하류 도롱 섬에서 가난한 선비의 셋째아들로 태어나 12세 때 아버지를 여의고 할아버지 밑에서 한학을 익혔으며 그 뒤 서울에 올라와 1887년 독립협회에 가입하였다. 그러나 독립협회가 일본인으로부터 탄압을 받자 1899년 다시 고향으로 돌아와 강서에 '점진漸進학교'라는 사립학교를 세우고 교육활동을 하다가 약혼녀 이혜련과 결혼한 후 미국 유학길에 올랐다. 그는 미국에서 고학을 하며 1903년 9월 한인 최초의 친목단체를 만들었으며, 이 친목회는 1905년 공립협회로 발전하여 『공립신보』(추후 『신한민보』로 개칭)를 창간하였는데 이 『신보』는 재미 한인들의 정신적인 활동무대가 되었다. 그러나 조국이 을사늑약(을사보호조약, 1905년 11월 13일)으로 사실상 국권을 상실하자 1907년 봄 귀국길에 올랐다. 서울에 온 안창호는 지하 비밀결사인 '신민회'를 본거지로 항일 구국활동을 하며 평양에 '대성학교'를 세워 청년 교육활동에 많은 관심을 기울였다. 1909년 10월 26일 만주 하얼빈 역 앞에서 이토 히로부미가 안중근에 의해 죽음을 당하게 되자 10월 30일 안창호는 일본 관헌에 체포되었다가 이 사건과 무관하다는 것이 판명되어 두 달 만에 풀려났다.

1910년 4월 안창호는 신채호 등과 함께 한강변 행주에서 목선을 타고 망명길에 올랐다. 그는 황해도 장연을 거쳐 중국 산둥성 위하이에 상륙한 후 칭다오에 가서 먼저 와 있는 이동휘, 유동열 등과 함께 향후 구국운동 방향을 논하였으나 강온 양론의 대립으로 아무런 성과를 거두지 못하였다. 안창호는 만주에 개간 사업을 벌일 목적으로 1910년 러시아령 블라디보스토크에 갔으나 그곳에서 '한일 병탄'(1910년 8월 29일)으로 조국이 완전히 망한 사실을 알고 발길을 돌려 독일과 영국을 거쳐 귀국 4년 만에 다시 미국에 도착하였다. 안창호는 1913년 5월 샌프란시스코에서

'흥사단'을 조직, 교포 청년들에게 조국애 정신을 고취했다.

안창호는 1919년 3·1운동 소식을 듣고 상하이로 가서 그곳 임정의 내무총장 겸 국무총리 대리에 취임하고 미국 교포들로부터 2만 5천 달러를 지원 받아 프랑스 조계租界에 임시정부 청사를 마련하였다. 안창호는 임정 내의 끊임없는 파쟁에 실망하여 1921년 5월 임정 업무에서 손을 떼고 국내에 들어와 1922년 1월부터 이광수(1892-?)와 함께 흥사단 운동의 향후 활동방향을 논의하였으나 그때 이광수는 의사인 애인 허영숙과 함께 변절하여 조국을 등진 상태였다. 그리고 이광수에게는 이미 백해순이라는 아내와 네 살배기 아들(진근)이 있었다. 그는 1921년 귀국하여 3·1운동 때 독립선언서를 기초한 최남선과 신문학 운동에 가담하였으며, 그후 그가 발표한 「민족개조론」(1922)에서 일본과의 타협적 자세를 표명함으로써 물의를 빚었다. 이미 마음이 돌아선 이광수는 안창호의 설득에도 구구한 변명만 늘어놓았다. 상하이에 돌아온 안창호는 1923년 일경에 체포되어 본국에 송환된 후 보석으로 출감하여 요양 중에 1937년 다시 체포되었다가 지병으로 풀려난 후 1938년 병사하고 말았다. 김산이 곁에서 본 안창호와 이광수는 다음과 같은 차이점이 있었다.

"안창호는 평소에는 조용하고 자상하였으며 작은 일에는 별 말이 없었으나 일단 행동노선을 결정하면 결연하였다…… 안창호가 부르주아적 원칙을 따르며, 민주적 대중운동을 대변하는 반면, 이광수는 그것과 병행한 상층 부르주아와 부르주아 지식층의 자유주의적 문화운동을 대변하고 있다. 이광수는 프롤레타리아의 세력 증대에 반대하지만 안창호는 프롤레타리아의 혁명적 역할을 인정하였다. 이광수는 가부장제 귀족주의적 경향을 가지고 있지만, 반면에 안창호는 자유주의적이고 민주적인 지도자이다. 쑨원과 중국 민족주의 지도자들이 중국의 복잡다단한 문제를 해결하기 위하여 마르크스주의로 경도되자 안창호도 공산주의 이론과 전술에 관심을 가지게 되었다. 그러나 안창호는 결코 공산주의자가 되지는 않았으며, 그렇다고 해서 아직 미숙한 조선공산당을 반대한 적도 없었다."

이처럼 안창호는 다른 사람의 생각과 사상을 부정하지 않으면서도 옳은 길이라면 사사로운 개인의 이해를 떠나 양심에 따라 행동하였다. 그러나 이광수는 말과 행동이 달랐다. 그 자신이 청년들에게 지도자가 지조를 지키는 것이 얼마나 어렵고 값진 것인가를 말해놓고도 정작 그 자신은 지도자답지 못하게 애인 허영숙과 함께 일신의 영달과 부귀영화에 굴복하였다. 그는 8·15 이후 반민 특위의 심문에서 "나는 민족을 위해 친일을 했소. 내가 걸은 길이 정정대로는 아니지마는 그런 길을 걸어 민족을 위하는 길도 있다는 것을 알아주오."라고 변명했다. 이런 이광수를 두고 당대의 올곧은 언론인 송건호(1927-2001)는 이렇게 말했다.

"이광수의 친일은 그로 말미암아 그 자신과 그 가족에게는 경제적, 사회적 안전을 가져다주었는지 몰라도 조선민족에게는 더할 수 없는 배신 행위였다. 그는 자신을 아버지의 고생을 면케 하려는 심청의 심경에 비유하면서 '이 한 몸을 던져서 동포 한 사람이라도 희생을 덜고 터럭만큼이나마 닥쳐오는 민족의 고난을 늦출 수 있다면 무엇을 아끼랴.'라고, 마치 자기의 친일이 오로지 민족을 위해서 일신을 희생시킨 일이었던 것처럼 말하고 있으나 이것은 자신의 변절을 합리화하려는 궤변이 아니면 일종의 과대망상이라 아니할 수 없다."(송건호 지음, 『한국 현대 인물사론』, 한길사, 1985, 370쪽) 이광수가 변절하기 전에도 어린 김산의 사람 보는 눈은 정확하였으며, 두 사람의 판이한 지도자를 통해서 자신이 가야 할 길이 어디인지 심각하게 고민하였다.

의열단을 만나다

당시까지만 해도 김산은 일본에서 경험한 아나키즘에 젖어 있었으며, 이와 함께 테러리즘에 매료되었다. 그 후 아나키즘은 공산주의 활동이 활발해지면서 점차 퇴조하였다. 당시 조선인 아나키스트 단체 중 신채호(1880-1936)가 이끄는 '흑색청년동맹'이 있었는데 1924년 이후 해체되었다. 김산은 테러리즘에 대해서 이렇게 말했다. "테러리즘은 조선인의 항일투쟁에서 떼어낼 수 없는 한 부분을 차지해왔다. 아나키즘과 마찬가지로 테러리즘은 대중 활동을 하기 어려운 곳인, 고립된 농민을 단위로 하는 사회에서 발전한다. 그것은 상존하는 억압에 대한 반발이며 좌절감과 허무감에 대한 강한 반발인 것이다. 그것은 노예화된 민족만이 진정으로 실감할 수 있는 자유에 대한 열망을 나타내는 것이다…… 사회는 때때로 가장 온화한 사람들 중에서 자기를 희생의 제물로 삼으려고 하는 가장 열렬한 개인적인 영웅을 만들어내는 것이다. 그것은 일종의 변증법적인 과정이다. 이러한 대담하고 희생적인 정신 때문에 조선 사람은 극동에서 가장 무시무시한 테러리스트로 알려져 있다." 당시 조선인 테러 단체로서는 조선 국내와 상하이, 베이징, 톈진, 남만주 등지에서 활동하는 의열단義烈團, 그리고 만주와 시베리아를 거점으로 한 적기단赤旗團이 있었다. 그 중에서도 김약산(본명 김원봉, 1898-1958?), 이성우, 곽재기, 강세우, 이종암 등이 이끄는 의열단의 활동이 단연 돋보였다. 이들 의열단원의 대부분은 훗날 공산주의자가 되었으며, 1925년부터 1927년까지 중국 공산주의 혁명을 위해 싸우다가 죽었다. 그들은 중국혁명이 성공할 때 조선의 혁명과 독립도 성공할 수 있다고 믿었다.

의열단은 1919년 11월 10일 만주 지린성 어느 중국인 농부의 빈 집에서 위의 사람들 13명이 주축이 되어 김약산을 단장으로 창단되었다. 이

의열단 단장 김원봉

때 김약산의 나이 22세였다. 김약산은 1898년 8월 13일 경남 밀양군 부북면에서 9남 2녀의 장남으로 태어났다. 그는 어릴 적 서당에서 한학을 공부하다가 1908년 11살 때 보통학교 2학년에 편입학하였으며, 19세 때인 1916년 서울 중앙학교에 입학하였다가 그해 10월 텐진 덕화학당에 전학하였다. 21세 때인 1918년 9월 중국 난징 진링金陵대학에 입학하였다가 이듬해 서간도 신흥무관학교로 옮겨 3개월 동안 공부한 후 11월 지린성으로 가서 의열단을 조직하게 된다. 그때부터 그가 이끄는 의열단은 국내외 각지에서 일인의 간담을 서늘케 하는 크고 작은 테러를 감행하였다. 당시 상하이에는 12군데의 비밀폭탄 제조소가 있었고 그것을 지도한 사람은 독일인 마르틴이었다. 그는 독일인이면서도 독일과 일본을 싫어했다.

　김산이 곁에서 본 김약산은 고전적인 유형의 테러리스트로 냉철하며 두려움을 모르는 사람이었다. 상하이의 다른 독립 운동가들은 서로 잘 어울려 다녔지만 김약산은 언제나 조용하고 무엇을 생각하며 혼자 있기를 좋아했다. 그는 쉬는 시간에는 독서를 좋아했고, 특히 이반 세르게예비치 투르게네프와 톨스토이 글을 모조리 읽었다. 그는 여자를 좋아하지 않았지만 여자들은 그의 로맨틱하고 준수한 용모에 반한 나머지 먼발치에서 그를 동경했다. 당시 조선의 테러리스트들 중 상당수는 톨스토이에 심취하였는데 그것은 톨스토이의 철학이 결코 해결될 수 없는 인간의 모순을 다루고 있고, 그 해결책을 구하려는 맹목적인 노력이 직접적인 행동과 투쟁으로 나아가는 필연성을 내포하고 있었기 때문이었다.

한편 당시 김산이 만난 또 한 명의 민첩하고 용맹한 테러리스트는 오성륜(1898-1947)이었다. 그의 출생(일설에는 함경도 출신)과 전력은 밝혀지지 않고 있으나 그 당시 그의 나이는 30세 전후로 쾌활하고 정열적인 사나이이었다. 혈관 속에 뜨거운 피가 흐르지 않는 사람이 테러리스트가 될 수 있겠는가? 뜨거운 성격의 소유자가 아니면 희생의 순간에 자기를 잊어버릴 수가 없기 때문이다. 오성륜은 어린 김산을 아껴주었으며, 김산도 그를 충실하게 따랐고 1926년 이후 두 사람은 한 조가 되어 혁명사업에 투신하였다. 그러나 오성륜도 공개적으로 나서기를 꺼려하였으며, 전 생애를 비밀 속에 살았다. 오성륜은 김산과 여러 차례 죽을 고비를 겪으며 생사고락을 함께 하면서도 자신의 과거를 털어놓지 않았다. 그는 절대로 말을 앞세우지도 않고 오직 행동으로 보여주고 행동만을 믿었다. 그는 미술과 문학에 조예가 깊었으며, 고향에서 학교 선생을 하다가 러시아의 아나키즘과 허무주의에 매료되어 의열단에 가입하였다고 한다.

오성륜은 조선과 만주에서 수많은 테러를 하였으며, 독일인 마르틴과 압록강 철교 폭파계획을 짜기도 하였다. 폭탄은 상하이에서 의류품상자에 숨겨 안둥(安東, 1965년 단둥丹東으로 개칭됨)현에 있는 한 영국 무역회사(이룽양행) 앞으로 보냈는데 그 회사의 지배인은 조선인 테러리스트들이 '샤오'라 부르는 아일랜드인으로 그 역시 테러리스트였다. 그는 이런 일을 수행하면서 조선인 테러리스트들로부터 한 푼의 수수료도 받지 않고 적극 도와주었다. 그러나 압록강 철교폭파계획은 사전에 탄로나서 그 자신은 체포되었지만 오성륜을 포함한 다른 동료들은 그의 도움으로 무사히 탈출할 수 있었다. 그는 조국 아일랜드와 조선이 같은 처지였기 때문에 조선을 사랑하였고 일본을 싫어했다. 그는 나중에 석방된 후 아일랜드로 돌아갔다.

그 무렵, 그러니까 1922년 3월 하순 김약산이 이끄는 이들 의열단은 일본 육군 대장 다나카 기이치가 필리핀에 갔다가 귀국길에 상하이에 들른다는 정보를 입수하고 그를 암살하기로 결의하였다. 암살 행동대원은 협의 끝에 오성륜, 김익상, 이종암이 맡기로 합의하였다. 암살 작전에서 제1선은 피스톨을 가진 오성륜, 제2선은 폭탄을 가진 김익상(김산은 2선 담당자를 김약산으로 착각하고 있으나, 김약산은 그때 총지휘자로서 다른 동료 두 사람과 함께 자전거를 한 대씩 갖고 부두 근처에서 관망하고 있었음), 제3선은 단도와 폭탄을 가진 이종암이었다. 3월 28일 오후 3시 30분 다나카를 태운 기선이 상하이 황푸탄 항구에 육중한 몸체를 갖다 대었다. 부두에는 다나카를 환영하기 위해서 중국의 고관, 상하이의 일본 영사, 각국 신문기자, 일본 거류민 등 환영인파로 북새통이었다. 삼엄한 경계망 속에서 다나카가 기선 잔교棧橋를 밟고 내려오자 먼저 오성륜이 권총 세 발을 발사했다. 그러나 총알은 빗나가 다나카 바로 뒤에 서 있던 외국인 여자의 가슴에 박히고 말았다. 그 여자는 그 자리에서 즉사하였다. 그녀는 미국인 스나이더의 부인으로 밝혀졌는데 남편과 신혼여행 중 비명횡사를 당한 것이다. 뒤이어 김익상이 폭탄을 던졌으나 누군가 그것을 발로 차 바닷속으로 밀어 넣어버렸다. 제3선에 있던 이종암도 폭탄을 던졌으나 그것마저도 불발이었다. 그 사이 다나카 일행은 대기하고 있던 차에 급히 몸을 숨겨 달아나버렸다. 이 과정에서 이종암은 재빨리 옷을 벗어던지고 도망갔으나 오성륜과 김익상은 피할 겨를도 없이 현장에서 체포되고 말았다. 체포된 두 사람은 일본 영사경찰 감옥에 갇혔다. 그런데 뜻밖에도 졸지에 부인을 잃은 스나이더가 찾아와 두 사람의 의거를 찬양하고 위로하였다. 두 사람은 각기 다른 방에 있었는데 오성륜이 갇힌 감방에는 일본인 다섯 명이 있었으며 한 사람은 목수였고 다른 한사람은 아나키스트 다무라였다.

5월 2일 새벽 2시 오성륜은 다무라 부인이 들여 보내준 쇠톱으로 수갑을 풀고 목수가 알려준 대로 감옥 문을 딴 후 다무라와 탈출하였다. 그러나 다무라는 다음날 체포되었으며, 오성륜은 탈출에 성공한 후 변장을 하고서 톈진을 거쳐 펑톈에 도착하였다. 그에게는 5만 달러의 현상금이 붙었다. 그는 다시 광둥으로 피신한 후 위조여권을 가지고 독일로가 베를린에서 독일여자와 1년 간 동거하였다. 1925년 그는 모스크바로 가서 그곳에서 공산주의 사상을 공부하고 광둥으로 돌아와 김산과 재회하여 광둥 코뮌에 참여하게 된다. 참으로 신출귀몰한 오성륜이었다. 한편 다른 방에 있던 김익상은 탈출을 못하고, 더군다나 심문 과정에서 이전에 총독부 청사폭파의 주범임이 확인되어 11월 6일 사형선고를 받았으나 일본 황태자 결혼 덕분에 무기징역으로 감형된 후 1932년 2월 만주국 독립기념 명분으로 20년으로 다시 감형되었다. 그는 1942년 규수 구마모토 감옥에서 머리가 희끗희끗한 초로의 나이로 출옥하였으나 사고무친 행방불명(일설에는 피살)되었다.(이 부분 염인호 지음, 『김원봉 연구』, 창작과비평사, 1993 및 박태원 지음, 『약산과 의열단』, 도서출판 깊은샘, 2000 등 참고 정리)

다나카 저격거사는 비록 실패로 끝났지만 오성륜의 극적인 탈출로 일제의 간담을 더욱 서늘케 하였으며, 조선인의 기개를 만방에 떨친 계기가 되었다. 그러나 이 사건이 터진 후 상하이 임시정부는 열강으로부터 받게 될 연루의혹을 두려워한 나머지 "독립정부 측과 그들과는 하등의 관계가 없으며, 조선독립은 과격주의를 채용하지 않는다."고 해명하는 한편, 그들은 '과격주의자', 즉 공산당원이므로 자신들과 무관하다고 거듭 해명하여, 뜻있는 사람들로부터 빈축을 샀다.

베이징에서 만난 '붉은 승려'

김산은 안창호의 배려로 다른 동료 5명과 함께 톈진의 난카이南開 대학 장학생으로 추천되어 입교를 기다렸다. 그러나 1921년 10월 그들이 톈진에 도착하였을 때 학교 체육대회 때 조선인 학생과 중국인 학생들 간에 사소한 시비가 벌어져 이들 모두가 등교를 거부하기로 결의하였다. 이들 조선인 학생들은 자존심 때문에 장학생 자격을 포기하였지만 막상 어디로 가야 할지 막막하였다. 그때 안창호의 지인이 베이징으로 가는 여비를 대주어 이들은 베이징으로 향하였다. 이들은 그곳 서산 고아원에서 기식하며 학업을 이어가기로 하였지만, 김산은 이를 거부하고 고향의 작은형에게 편지를 썼다. 작은형으로부터 200원을 받고 도망쳐온 후 2년 만에 보내는 편지였다. 이해심 많은 작은형은 김산이 집에 돌아와 상의하는 조건으로 귀국여비를 보내왔다. 2년 만에 고향 땅을 다시 밟은 김산에게 그의 어머니와 작은형은 전과 다름없이 그를 반가이 맞아주었다. 그리고 그의 어머니는 그곳 양가집 규수와 혼담도 성사시켜 놓고 있었다. 그녀는 얼굴도 예뻤고 헌신적이었으며 교육수준도 상당하였다. 그는 그녀와 결혼을 거절하지는 않았지만 학업을 마칠 때까지 결혼을 보류하였다. 작은형은 김산이 의과대학에 입학하는 조건으로 학비를 대주기로 하였다. 그는 앞으로 더 큰 일을 하기 위해서는 무엇보다 생활이 안정되어야 한다는 것도 알았다. 김산은 베이징에 돌아온 후 1922년 베이징 협화의학원(님 웨일스는 국립 베이징 의과대학으로 잘못 기록)에 입학하였다. 이 의학원은 1906년 영미 기독교재단이 설립하였으며 1921년 록펠러재단에 의해서 정식으로 개교하였다. 그는 그곳에서 1925년 '광저우 코뮌'에 참여할 때까지 열심히 공부하였다. 그러나 김산은 의학 공부를 하면서도 혁명운동에 점차 빠져들었다. 그러다 보니 혁명운동과 가정을 양립시킬 수 없다는 것을 알게 되었고, 그는 고민 끝에 고향의 그 처녀에게 편지를 써서 자기는 누구하고도 결혼할 수 없으니 좋은 배필을 만나 행복하게 살아달라고 조언하였다. 그녀는 그의 편지를 받고 마음의 상처를 받았지만 2년 후 다른 남자와 결혼하였다.

그 무렵 베이징의 조선인 학생들은 크게 두 파로 양분되어 있었다. 그하나는 민족주의자들로 구성된 '조선학생회'이고, 다른 하나는 공산주의자들로 구성된 '조선인 학생동맹'이 그것이었다. 이들은 비록 달성하고자 하는 방법은 각기 달랐지만, 조국의 독립과 자유에 대한 열망은 서로 다를 바가 없었다. 특히 이들은 일제의 압제로부터의 자유, 결혼과 연애의 자유, 행복을 추구하며 살아갈 자유, 그리고 자기 삶을 스스로 규정할 자유 등을 추구하였다. 김산은 의학 공부를 하면서도 본격적으로 마르크스 문헌을 읽기 시작하였다. 우선 마르크스-엥겔스의 공동저서인 『공산당 선언』, 레닌의 『국가와 혁명』, 그리고 『사회발전사』 등을 읽었다. 특히 『공산당 선언』은 소책자였지만 그 속에 담긴 한 구절 한 구절이 젊은 영혼의 가슴을 뒤흔들었다. 이 책을 읽고서 김산은 주저하지 않고 그곳 공산청년동맹에 가입하였다.

정신적으로 방황하는 김산을 공산주의자로 이끈 사람은 '붉은 승려' 김충창(본명 김성숙, 1898-1969)이었다. 그 당시 공산주의 혁명이론가인 김충창은 경험이 일천한 조선인 청년 혁명가들에게는 마치 거친 바다 가운데 우뚝 솟아 있는 거대한 바위 같은 존재였다. 그는 평안도 신의주와 정주 사이에 위치한 철산에서 태어났다. 당시(1922년) 베이징에서 김산이 만난 김충창은 24세의 젊은 나이였지만 검은 안경을 끼고 있었으며 예리한 지성과 훌륭한 인품을 갖추고 있어서 나이보다 노숙해 보였다. 그는 날카롭고 이지적이었으며, 해박한 마르

김산을 공산주의자로 이끈 김성숙

크스 이론으로 주변을 압도하였기 때문에 17세의 김산을 매료시켰다. 그는 16세 때까지만 해도 기독교 신자였으나 이에 만족할 수가 없어서 집을 뛰쳐나온 후 금강산에 입산하여 승려가 되었으며, 그곳 유점사楡岾寺에서 불교뿐만 아니라 철학에도 심취하였다. 그는 그곳에서 임마누엘 칸트, 게오르그 빌헬름 프리드리히 헤겔, 베네딕트 드 스피노자를 일어로 읽었으며, 특히 헤겔의 변증법 이론에 관심을 갖게 되었고 그것을 통해 마르크스 사상에 접근하였다. 1921년 김충창은 '조선무산자동맹'에 가입하였고 1922년 다른 젊은 승려 5명과 함께 정치적으로 자유로운 베이징으로 갔다. 그는 그곳에서 조선인 유학생을 주축으로 문학단체를 만들고 종합잡지『황야』를 펴냈다. 이 기간 중에 많은 승려들과 조선인 유학생들이 공산주의 사상에 경도되었다. 그러나 함께 왔던 승려들 중 3명은 중도에 포기하고 금강산으로 되돌아갔다.

1923년 겨울, 김산은 김충창 등 8명과 함께 베이징에서 최초의 공산주의 잡지인『혁명』지를 발간했는데, 이 잡지는 공산주의 동조자들은 말할 것도 없고 좌익 성향의 민족주의자와 아나키스트들에게도 환영을 받았다. 이 잡지는 순식간에 3천 명의 고정 독자를 확보하였고, 주필을 맡은 김충창은 이 잡지에 깊이 있는 논문을 실어 많은 찬사를 받았다. 1924년 김산은 김충창 등『혁명』지 편집진들과 함께 이르쿠츠크 공산당의 한 지부인 '베이징 고려공산당'을 창립하였으며, 중국 공산주의 최초 이론가인 리다자오(1888-1927)를 만난 것도 이 무렵이었다. 리다자오도 가끔『혁명』지에 기고를 하였으며, 이들에게 조언도 해주었다. 그는 1927년 4월 6일 베이징 주재 소련 대사관에서 만주 군벌 장쭤린 부하에게 체포되어 4월 28일 처형될 때까지 중국공산주의의 정신적 지주였다. 김충창은 사상적으로뿐만 아니라 인생살이에서도 김산의 스승이 되었다. 그는 여성관에 대해서도 김산의 이상주의에 충고를 아끼지 않았다. 그는 이렇게 말했다.

"사내에게 가장 위험한 상태는 첫 여자를 위해 동정을 지키는 것이네. 나 자신도 한 때 승려였기 때문에 자네한테 충고를 하지만, 사랑이란 주사 또는 수혈이거나 아니면 고독한 출혈이라고 생각하네. 자네는 둘 중에 하나를 선택할 수 있지. 나 자신도 진정한 사랑에 대해서 잘 모르지만, 여자에 대해서 배워야 하네…… 헤겔은 25살에 부인을 잃고 재혼하지 않았다는 사실에 대해서 자네는 의미를 부여하지만, 헤겔은 추상 속에서 살았지. 하지만 자네는 현실의 사회적 존재인 남자, 여자와 함께 살고 함께 싸우지 않으면 안 되네. 순수한 금욕주의자가 되기를 원한다면 금강산 꼭대기로 올라가게나." 그러나 김산은 그의 이러한 충고에 쉽게 동의하지 않고 혁명을 위해서는 금욕주의가 선행되어야 한다고 믿었다. 그의 이러한 생각은 톨스토이를 통해서 얻은 확신이었다. 그는 톨스토이에게서 희생의 철학을 배웠는데, 그 희생은 생활의 희생뿐만 아니라 욕망의 희생도 포함하는 것이었다. 그는 톨스토이의 금욕주의와 루소 사이의 어딘가에 진리가 있다고 믿었다. 이런 김산에게 김충창은 웃으면서 거듭 충고하였으나, 그는 그 당시까지만 해도 자신의 신념을 굽히지 않았다. 그가 김충창의 여성관에 동의하게 된 것은 1929년 베이징에서 한 여인을 사랑하면서부터였다.

중국 '대혁명' 속으로

1925년 가을 김산은 다른 조선인 동료들과 함께 중국 광둥의 '대혁명'의 대열에 뛰어들었다. 이들 혁명참가자들은 대부분 의열단원이거나 공산주의 사상에 동조하는 사람들이었으며, 처음에 그 숫자는 50여 명이었으나 1927년까지 800명 선으로 불어났다. '대혁명'이라는 것은 북벌北

伐이 시도된 1925년부터 소위 장제스의 '배신'으로 혁명이 좌절되었던 1927년까지의 시기를 중국 공산주의자들이 스스로 지칭하는 말이었다. 북벌은 장제스 총사령관의 지도 아래 1926년 7월에 시작되었으며, 이듬 해 4월 상하이의 공산주의자들을 대거 학살함으로써 혁명 분쇄를 시도 하였다. 그리고 1928년 6월 장제스 부대는 파죽지세로 베이징을 점령하 였다.

그러면 그때를 전후해서 중화인민공화국 수립까지의 중국의 상황은 어떠했는가? 1925년 5월 1일 광저우에서 중국공산당은 제2차 전국 노동 자대회를 개최하고 전국의 노동자들에게 반제·반군벌 투쟁에 동참할 것 을 호소하였다. 이처럼 중국공산당을 중심으로 노동운동이 활발하게 전 개되고 있는 가운데, 5월 30일 반제·반봉건 운동이 벌어졌다. 이 운동의 발단은 1925년 2월에 상하이의 일본계 기업인 내외면방직공장에서 발 생한 노동쟁의에서 비롯되었으며, 5월 15일에는 이 공장의 노조 지도원 이 피살되는 불상사가 발생하자 전국적인 차원에서 반제반봉건 운동이 전개되었다. 5월 30일 상하이의 공동 조계에서 피살사건 재판이 열리게 되었기 때문에 청년학생들을 중심으로 대대적인 시위가 전개되었으며, 이를 진압하기 위하여 영국 관헌들이 시위대에 발포하여 13명이 사망하 고 수십 명의 군중이 부상당하는 불상사가 발생한 것이다. 이 시위는 전 국적으로 확산되어 특히 광저우와 홍콩의 중국인 노동자들은 광둥 국민 당 정부가 북벌을 단행하는 1926년 10월까지 지속되었다. 이 5·30운동 은 학생들을 주축으로 한 1919년 5·4운동과는 달리 대도시 노동자들이 중국공산당의 정치적 지도를 받으면서 젊은 학생들과 연합하여 전국적 으로 국민혁명을 확산시켰다는 점에서 큰 의미를 지니고 있다.

그러면 김산이 광둥으로 가서 중국 혁명에 뛰어든 것은 무엇 때문일 까? 그 시절 김산은 다른 공산주의자들처럼 조국이라는 지리상의 구분을 무시하고 사상과 주의를 위하여 싸울 뿐이었다. 그는 다른 공산주의자들처럼 중국도, 조선도, 또한 일본에서까지도 공산주의자들이 힘을 합하여 싸울 때 진정으로 민족해방과 극동의 평화가 온다고 믿었고 그 가능성을 우선 중국 혁명에서 찾고자 하였다. 이런 상황에서 김산은 김충창과 함께 혁명의 진원지가 될 광둥으로 갔으며, 그곳에서 투쟁의 대열에 서게 되었다. 1925년 겨울 광둥성 광저우廣州에 도착한 김산과 김충창은 그곳 공산주의자들과 긴밀히 협력하였으며, 이듬해 겨울 모스크바에서 돌아온 오성륜과도 감격적인 재회의 기쁨을 나누었다. 오성륜은 황푸탄黃浦灘 다나카 암살미수사건 이후 사지를 넘나들며 용케도 살아남아 이곳까지 온 것이다. 그때 김충창은 중산中山 대학(1924년 광둥 대학으로 개설된 후 1925년 3월 쑨원 사망 후 1926년 그의 호를 따서 중산 대학으로 개칭)에 다니는 광둥 아가씨(두군혜)와 깊은 사랑에 빠져 있었다. 김산은 이들의 짜릿한 사랑을 보고 부러워하며, 지난날의 금욕적인 여성관에서 벗어나기 시작하였지만 큰 테두리는 바뀌지 않았다.

앞에서 잠시 언급한바 있지만 그 무렵 중국에서는 북벌전쟁이 한창이었다. 북벌을 통한 '천하통일'은 '중국국민당'의 오랜 숙원이었으며, 1926년 6월 장제스가 국민혁명군 총사령관에 취임하면서 북벌 추진은 현실화되었다. '중국국민당'(이하 국민당)은 1919년 10월 10일 쑨원이 1914년 조직된 '중화혁명당'을 개편한 것이다. 그래서 국민당과 공산당은 소위 국공합작에 의한 북벌을 추진하기에 이르렀다. '중국공산당'(이하 공산당)은 1917년 러시아 혁명 후 1919년 모스크바에서 코민테른 창립대회가 열린 다음 1921년 7월 코민테른 극동담당 책임자 마링이 참석한 가운데 둥비우童必武, 마오쩌둥, 장궈타오張國燾 등 13인의 대표가 주축이 되어 창당되었다. 그때까지만 해도 국민당과 공산당 내부에서는 시기상조론을 들어 북벌에 소극적이었으나 장제스의 의지는 요지부동이었다. 1926년 7월 제1군으로부터 제8군에 이르는 약 10만 명의 국민혁명군은 장제스의 총지휘 아래 북벌 길에 올랐다. 개전 초기 양쯔강 일대를 장악하는 것을 목표로 삼고 광저우를 출발한 국민혁명군은 파죽지세로 진격하여 11월에는 우한, 난창 등 주요 도시를 점령하였으며, 1927년 3월에는 상하이와 난징에 진주하여 북벌전쟁 6개월 만에 1차 목표를 달성하였다. 북벌전쟁이 초기에 이처럼 성과를 거둔 것은 노동자와 농민들의 적극적인 가담뿐만 아니라 조선인들의 조직적인 정치공작이 주효하였기 때문이다.

국민당 좌파와 공산당은 북벌을 성공적으로 완수하기 위하여 1926년 11월 국민당 본부를 광저우에서 노동운동의 중심지역으로 부상하고 있는 우한으로 이전할 것을 전격 결정하고 1927년 1월 1일 우한 정부수립을 선포하였다. 그러나 우한 정부수립에 불만을 품은 장제스는 대도시 자본가 계급과 지주계급, 그리고 제국 열강들의 지지를 등에 업고 1927년 3월 26일 노동자들의 무장봉기로 '해방구역'이 된 상하이에 무혈 입성한 후 4월 12일에는 상하이의 비밀결사단체인 칭빵靑幇과 홍빵紅幇을 동원하여 노동자들과 공산당원들을 대대적으로 학살하였다. 국민당 좌파와 공산당 측에서 볼 때 장제스의 이러한 행위는 쿠데타요 배신행위였다. 이에 따라 우한 정부武漢政府는 4월 17일 장제스의 당적 박탈과 그에 대한 체포령을 내렸으며, 장제스는 이에 대항하여 4월 28일 자신이 주도하는 난징 국민당 정부를 수립하였다. 그 결과 국민당 혁명정부는 우한 정부와 난징 정부로 분리되었으며, 코민테른의 지지 아래 민중운동의 급진화에 우려감을 갖고 있던 국민당 좌파마저 1927년 7월 장제스 난징 정부에 동조함으로써 제1차 국공합작은 사실상 실패로 끝났다. 장제스의 상하이 '대학살'이 자행된 3일 후인 4월 15일에는 광둥에서도 피의 숙청이 시작되었으며, 그때 상당수의 조선인들도 희생당하였다. 장제스는 여

세를 몰아 상하이에서 금융업으로 막대한 부를 누리고 있는 쑹야오루宋耀如(그의 세 딸 중 막내딸 쑹메이링宋美齡은 장제스와 1927년 12월 결혼)의 지원을 받아 1928년 만주 지역 북양 군벌 장쭤린(張作霖, 1928년 6월 4일 일본군에 피살)의 아들 장쉐량張學良과 손잡고 베이징까지 점령한 후 1928년 8월 난징에 중화민국 국민정부를 수립하게 된다. 그 후 국민정부는 '시안西安사건'(장제스의 소극적인 항일노선에 불만을 품은 장쉐량이 1936년 12월 12일 공산당과 홍군에 대한 포위공격을 독려하기 위해 시안을 방문한 장제스를 감금하였으나 내전 중지와 항일 공동전선이라는 명분을 내세운 공산당 저우언라이의 끈질긴 중재로 2주 만인 12월 25일 장제스가 장쉐량과 함께 난징에 무사히 귀환하게 된 사건)을 계기로 공산당과 제2차 국공합작을 결성, 항일 민족통일전선을 구축한다. 그러나 중일전쟁이 발발하면서 전쟁이 진행되는 동안 반목이 일어나 태평양전쟁의 종결과 함께 국공합작은 완전히 무너지고 결국 내전(제1차 1927-1936, 제2차 1946-1949)으로 번지고 만다. 이 내전에서 국민정부가 패배하고 공산당군은 베이징을 탈환, 1949년 10월 1일 마오쩌둥을 주석으로 하는 중화인민공화국을 수립하게 되며, 장제스는 타이완의 타이베이로 후퇴, 1949년 10월 25일 타이베이 중화민국을 수립하게 된다.(이 부분 서진영 지음, 『중국 혁명사』, 도서출판 한울, 1999 및 김희영, 『중국사』, 청아출판사, 1986 등 참고 재정리)

광저우 코뮌과 '3일 천하'

중국 혁명과정에서 장제스의 '배신'으로 위기에 직면한 중국공산당은 모스크바 코민테른의 지원을 받아 노동자와 농민들을 부추겨 도처에서 무장봉기를 감행하였다. 공산당은 1927년 8월 1일 난창 봉기를 비롯하여 9월의 후난성 추수폭동, 12월에는 광둥성 광저우 폭동을 감행하였으나 이 모든 봉기가 실패로 끝났다. 1927년 12월 10일 밤, 김산과 오성류은 조선인 양달부라는 대포 전문가와 함께 봉기의 첫 본부로 사용키로 한 사관사령부 교도단으로 출발하였다. 사령부 내에는 봉기의 지도자들이 모두 모여 있었으며, 밖에서는 2천여 명의 사관후보생들이 웅성거리고 .있었다. 조선인은 위의 3인 외에 먼저 온 김충창과 모스크바 적군대학 출신 이영(헤이그 밀사사건 이준의 장남), 황푸군관학교 교관 출신 최용건, 함경도 경흥에서 온 박진(본명 박근만)과 두 형제(근성, 근수)를 포함해서 150여 명의 전투요원이 있었다. 혁명군(적군)은 총지휘자 겸 혁명위원 예팅葉挺(국민혁명군 제4군 독립단장), 혁명군 참모장 예젠잉葉劍英, 청년동맹 지도자 장타이뢰張太雷 외에 황포군관학교 제3기생인 예용葉鏞이 교도단의 새 사령으로 뽑혔으며, 모스크바 적군대학을 졸업한 조선인 이영이 예용의 정치, 군사 고문에 임명되었다. 이영 외에도 김충창이 혁명군 연대의 당 책임자로, 김산은 예팅의 군사 참모로 선임되는 등 상당수의 조선인이 요직에 배치되었다. 그때부터 교도단 이름을 적군赤軍으로 바꾸고 여러 개의 대형 적기赤旗를 봉기기간에 게양하였다. 이윽고 봉기의 총 지휘자인 예팅이 명령을 내렸다. 적(국민당군)과의 치열한 공방전 끝에 혁명군은 단 하루 만에 외곽진지를 제외하고 성안의 거의 모든 주요지점을 장악하였다. 특히 포병을 지휘한 양달부의 활동이 눈부셨다. 그때 오성류은 특공대를 지휘하였고, 예팅의 군사참모 김산은 노동자·농민 무장군에서 활약하였다. 그리고 당시 황포군관학교 교관이었던 조선인 최용건(1900-1976)은 제2연대장으로 활약하였는데 그는 숱한 전투를 치르고도 살아남아 후에 북한에서 최고인민위원회 상임위원장, 국가부주석 등 김일성 다음가는 권좌에 올라 자연사하는 행운을 누리게 된다. 11일 아침 9시에 소비에트 정부를 선출하기 위한 3만 명의 대중집회가 열렸고, 그 자리에서 채택된 강령은 다음과 같았다. 노동자를 위하여—하루 8시간 노동, 노동법, 실업보험, 노동조건 개선, 농민을 위하여—모든 지주토지의 재분배, 빈민을 위하여—충분한 식량의 공급, 여성을 위하여—남성과 동일한 임금과 동등한 법적 지위 보장 등이었다. 그러나 혁명군은 소비에트 정부라는 이름이 붙여졌지만 그 사업은 별로 내세울 것이 없었다. 러시아 소비에트처럼 체계적으로 조직화할 시간이 없었고 지도부도 즉흥적이고 너무 약했다. 최초의 교전이 끝나고 질서가 어느 정도 회복되자 노동자들은 더 이상 할 일이 없어 보였다. 그래서 그들은 대부분 자기 집으로 돌아갔다. 이것은 자연발생적으로 이루어진 부대가 공통적으로 겪는 실패의 형태이다. 적이 은밀하게 재탈환을 노리고 있다는 것을 그들은 미처 모르고 있었으며, 지도부에서도 뚜렷한 대비책이 없었다. 전선에서 싸우다 죽은 병사의 숫자가 얼마나 되는지 정확히 보고된 것이 없었지만, 초기에 그 숫자는 300명 안팎이었으며, 적군도 전투초기에 도망치거나 무장해제 되었기 때문에 희생자가 예상보다 적었다. 불필요한 살상을 줄이라는 지도부의 지시도 피해를 줄이는 요인이 되었다.

12일 밤 양달부와 오성륜, 그리고 김산은 한 대의 자동차를 타고 보초의 수하誰何에 응답하며 성내의 여러 곳을 순찰하였다. 그러나 성내는 태풍이 가라앉은 것처럼 조용하였고 지도부에서 향후 무엇을 해야 할지 준비가 없었기 때문에 또다시 무엇이 일어날지 몰라 불안한 예감이 감돌았다. 그날 밤 늦게 조선인들이 한자리에 모여 서로 안부를 물어보았는데 불행히도 핵심 당원의 하나인 이빈(황포군관학교 제3기 졸업생)이 전사하였음을 알게 되었다. 그는 뛰어난 저격수였으며, 코뮌 당시 비행장을 점령하러 갔다가 변을 당하고 만 것이다. 13일 조선청년연맹은 중산 대학에서 회의를 열고 김산이 의장을 맡았으며, 김충창과 양달부, 그리고 오성륜이 연설을 하고 조선인이 더욱 책임감을 가지고 전투에 임해야 한다고 강조하였지만 공허한 메아리로 들리는 것 같았다. 적군이 대대적인 반격을 준비한다는 소문이 나돌면서 지도부가 지리멸렬해지자 사태의 심각성을 인식한 김충창은 자기 애인 집으로 피신하자고 종용하였으나 김산은 그럴 마음이 내키지 않았다.

혁명군은 초기에 외형적으로 승리한 것 같았는데, 그 승리는 사실상 '3일 천하'에 그치고 말았다. 무엇보다도 시민들의 반응이 냉담해진 것이 주요인이었다. '파리 코뮌(1871년 3월 18일-5월 29일)'이 70여 일로 끝났지만 그나마 그것은 긴 기간이었다. 국민당군(백군)은 13일부터 반격을 개시하여 18일까지 도시 주요 지점을 거의 모두 점령하였으며, 혁명군은 청년동맹 지도자 장타이뢰를 포함하여 수천 명의 사상자(양민 포함)를 내고 하이루펑海陸豊으로 퇴각을 서둘러야만 했다. 하이루펑은 광둥성 동남쪽에 위치한 하이펑海豊과 루펑陸豊 두 현을 말하며 펑파이彭湃가 공산당 중앙위 지시에 따라 농민봉기를 주도하여 소비에트를 구성하고 있었다. 이때 영남대학 부근 지역에서 지휘를 담당하고 있던 조선인 박진은 진지를 사수하다가 장렬히 전사하고 말았다. '광저우 코뮌'에서 조선인 희생자는 100여 명으로 추산되었다. 전투 참가자에 비해서 조선인 피해가 상대적으로 엄청나게 컸는데 그것은 이들이 지형에 어두운 데다가 위험지역 선두에서 몸을 사리지 않았기 때문이었다. 그때 조선인 중 유일한 생존자는 안청이라는 소년병이 있었는데 그는 얼굴에 흙을 묻히고 구걸하는 벙어리 행세를 하여 극적으로 빠져나왔다. 후에 그는 1936년 조선민족혁명당 대표회의 준비회의에 난징지구 대표로 참석한다.

현재 광저우 시내 중심부에는 광저우 봉기에서 희생된 사람들을 추모하는 '광저우봉기열사릉원'이 있고 그 가운데 '광저우 코뮌 열사의 묘'가 있는데 이 공원은 1955년에 세워졌다. 열사릉 안에는 당시 희생된 조선인을 추모하기 위하여 '중·조 인민혈의정中朝人民血誼亭'이 세워져 있다. 여기에 예젠잉의 친필로 새겨진 3미터 높이의 비석이 있는데 "중국과 조선 두 나라 인민의 전투적 우의는 영원하리라!(1964. 10. 1)"라는 비문이 새겨져 있다. 그리고 먼 훗날(1982년 12월 8일) 중국공산당 광둥성위원회가 발행하는 『양성만보』는 '광저우 봉기에 참가한 조선 동지'라는 제목의 기사에서 조선 혁명가들의 활약상에 대해 다음과 같이 썼다. "광저우 봉기는 '대혁명'이 실패한 후 중국공산당이 광저우의 혁명적 인민을 지도해 일으킨 도시 무장폭동이다. 이 무장봉기에서 조선인 동지들은 중국의 노동자 혁명군과 생사를 함께 하면서 영웅적으로 싸우다 피를 흘리고 죽어가며 감동적인 '인터내셔널 노래'를 불렀다." 이러한 여러 기록과 증언을 통해서 볼 때 김산의 광저우 봉기(광저우 코뮌)시 조선인들의 활약상이 전혀 과장된 것이 아님이 입증되었다.

패배 속에서 경험한 따뜻한 동포애

'광저우 코뮌' 실패 후 생존한 김산과 조선인들은 당 지도부의 지시에 따라 소비에트 구역인 하이루펑으로 철수하였다. 거기에서 교도단(적군)은 다시 전선으로 투입되었으며, 오성륜과 김산은 지휘부의 요청에 따라 후방에 남아 하이루펑 공산당학교에서 오성륜은 군사학을, 김산은 노동운동사와 코민테른 역사를 가르쳤다. 그러던 중 김산은 하이루펑 혁명재판소에서 7인의 재판관 일원으로 일해 달라는 요청을 받았다. 지도부에서는 김산이 이국인이기 때문에 지역감정에 치우치지 않고 중국인보다 객관적으로 재판에 임할 수 있으리라고 판단했기 때문이었다. 그러나 김산은 이 업무가 썩 내키지 않아 2주 후에 경제위원회로 자리를 옮겼다. 그래도 이 기간 중에 4명에게 사형선고를 내릴 수밖에 없었는데, 그 중 3명은 악랄한 지주로 사형을 선고하는 것이 어렵지 않았으나 그 중 한 명은 지주의 아들로 매우 순진해 보여 사형선고에 반대하였으나 광둥성 농민부 비서이며 하이루펑 소비에트 책임자인 펑파이의 태도는 단호하였다. 펑파이는 주저하는 김산에게 이렇게 말했다. "당신은 저 청년만큼이나 순진하군. 계급적 정의란 개인적인 것이 아니라 내전의 필연적인 수단이오. 의심나는 경우엔 더 적게 죽이는 것이 아니라 더 많이 죽여야 하오. 당신은 하이루펑에서 지주들이 농민들에게 자행한 악랄한 짓을 보았더라면 이처럼 주저하지 않을 것이오." 결국 그 청년은 그의 어머니와 누이동생의 부축을 받으며 형장으로 끌려갔다. 이 일이 있은 후 김산은 한동안 잠을 이룰 수 가없었다. 그 후에도 김산은 수많은 사람들이 혁명이라는 이름으로 처형되는 것을 목격하였는데, 톨스토이의 인도주의 사상에 젖어 있는 김산은 남에게 고통을 주기보다는 자신이 그런 운명에 처하는 것이 나을 것 같았다.

하이루펑 전투에서 펑파이의 혁명군 부대는 많은 전과를 올렸는데 그들의 전술은 소위 견벽청야堅壁淸野 작전이었는데, 그것은 방어벽을 굳건히 하고 퇴각할 때는 한 알의 벼이삭도 남기지 않고 들판을 깨끗이 치워버리는 작전이었다. 그러나 혁명군은 초반 적석赤石지구 전투에서는 혁혁한 전과를 올렸으나 전세는 점차 혁명군에 불리해졌다. 국민당 군은 기관총과 그 밖의 우수한 병기로 중무장하여 낮에는 쉬고 밤에만 파상공세를 펴왔다. 혁명군은 적을 익사시킬 만큼의 충분한 피를 흘렸지만 그들이 흘린 피로 적을 수장水葬하기에는 역부족이었다. 특히 혁명군은 매롱전투에서 참패를 당하고, 김산과 오성륜은 다른 조선인 소년 손 군과 함께 산으로 피신하였다. 피신 중에 오성륜은 이렇게 뇌까렸다. "러시아 '10월 혁명' 때는 이렇게 피를 흘리지 않아도 되었지. 중국이 아니라면 우리가 병사이면서 동시에 산양이어야 할 필요는 없을 거야."

그날 밤 이들은 다른 중국인 7명과 함께 일행이 되어 쇠락한 어느 절

간에서 쉬었다. 그 사이에 먹을 것을 구하는데 귀신인 오성륜이 검붉은 개 한 마리를 잡아와 이들은 오랜만에 포식을 하였다. 그리고 그날 밤 이들 조선인 세 사람은 약속이나 한 듯이 '아리랑'을 부르며 서로 껴안고 울었다. 김산은 이 노래를 곁에 있는 중국인들에게도 가르쳐주고 이 노래의 내력도 설명해주었다. 이들도 이 노래를 좋아했으며, 결코 잊을 수 없을 거라고 말했다. 그날 밤 잠들기 전에 손 군은 눈시울을 적시며 별을 노래하는 동요를 한 곡 불렀다. 그는 한때 김산 자신이 그러했던 것처럼 아직 인생의 방향을 찾지 못한 18세의 소년이었다. 김산은 그 소년과 서로 고향이 어디며, 친구는 몇이나 되냐고 물었다. 두 사람은 만일의 사태에 대비하여 가족 주소를 교환하였다. 그리고 "네가 죽고 내가 산다면 너희 가족에게 뭐라고 전해줄까?" 이런 식으로 서로가 물었다. 김산은 어머니와 작은형, 그리고 몇몇 친구에게 이렇게 썼다. "나는 이곳에서 행복하게 죽어갑니다. 노예의 땅에서 죽는 것과는 다릅니다. 하지만 여기가 우리의 빛나는 혁명투쟁과 같이 그렇게 자유로운 조선 땅이었으면 하는 마음 간절할 뿐입니다." 5월 3일 혁명군은 오복령 전투에서 치명적인 타격을 입었다. 예영이 이끄는 중국 최초의 홍군 2사단은 거의 궤멸하여 비참한 최후를 맞았다. 그때 손 군은 허벅지에 큰 부상을 입고 거의 걸어갈 수가 없었다. 김산은 말라리아에 걸려 자기 몸도 가누기 힘들었지만 손 군을 부축하고 험준한 산으로 피신하였다. 조선인 세 사람은 더 이상 걸을 수가 없었다. 피를 너무 많이 흘린 손 군은 자신을 쏘아 죽이고 어서 달아나라고 애원하였다. 그러나 어찌 그렇게 할 수 있겠는가? 그러나 불쌍한 손 군은 가슴속에 묻어둔 마지막 말조차 긴네지 못한 채 이역 타향에서 결국 허망하게 죽고 말았다. 잔여병력은 모기떼와 싸우는 것이 큰 고통이었다. 산중의 모기들은 이들 패잔병들의 상처에 파고들어 흡혈귀처럼 피를 빨아먹었다. 거기다가 많은 병사들이 맨발이었기 때문에 독사에 물려 죽는 일이 허다하였다. 그렇게 강인한 오성륜도 피골이 상접한 늙은이가 되어버렸다. 기세등등하던 평파이도 중병에 걸려버렸고 모두가 굶주림과 병에 시달려 제 몸도 가누기 힘든 패잔병 신세로 전락하였다. 7월 23일 어느 정도 회복한 김산 일행은 홍콩으로 가기로 하고 거룻배를 타고 막 떠나려던 순간 총알이 비 오듯이 쏟아졌다. 김산은 물속에 뛰어들어 코만 내놓고 조용해지기를 기다렸다. 그 사이에 오성륜은 어디로 갔는지 행방을 알 길이 없었다. 8월 6일이 되어서야 홍콩행 화물선에 올랐다. 구사일생으로 살아난 김산은 홍콩에 도착하여 무일푼으로 여관에 묵으면서 대책을 궁리하였다.

　김산은 하는 수 없이 여관 종업원에게 자신은 조선인 인삼장수인데 도중에 비적을 만나 돈과 인삼을 다 뺏기고 목숨만 부지하여 여기까지 왔다고 말하고 집에서 돈이 올 동안 이곳에서 묵게 해달라고 하소연했다. 사람은 궁지에 몰리면 살 수 있는 방법이 생기는 법이다. 종업원은 김산의 딱한 사정을 듣고 입맛만 다시다가 옆방의 다른 조선인 인삼장수를 소개해주었다. 다행히 성이 박 씨라는 조선인 인삼장수는 마음이 너그러웠으며, 동포애를 발휘하여 몰골이 너무 초라한 김산을 목욕탕에 데려가 목욕도 시켜주고 음식도 사주었다. 또한 그 인삼장수는 옷과 내의까지 사주고 심지어 자기가 입고 있는 코트까지 벗어주려고 하였다. 그리고 그는 김산에게 영화구경까지 시켜주었는데 영화는 김산이 소설로 그렇게 감명 깊게 읽었던 톨스토이의 『부활』이었다. 김산은 쌓였던 슬픔이 북받쳐 눈물을 흘리자 영문도 모르는 인삼장수는 "여주인공 때문에 우는 거요, 아니면 뺏긴 돈 생각이 나서 우는 거요?"라고 묻는 것이었다. 김산은 무어라고 말을 할 수 없었다. 박 씨는 다 잊어버리라고 위로하였다. 다음날 김산은 알고 있던 주소를 가지고 공산당 지하조직을 찾아가 신원확인서를 발부받아 여관에 돌아와 그것을 침대 속에 숨겨두었다. 그리고 외출하였다가 들어오는 길에 김산은 형사 두 사람의 불심검문을 받고 경찰서로 끌려가 몸수색을 당하였다. 두 형사는 그의 몸에서 아무것도 발견하지 못하자 그가 묵고 있는 여관방으로 가자고 하였다. 김산은 다짜고짜 인삼장수 박씨 방으로 데리고 갔다. 어리둥절한 박씨에게 김산은 "이 인삼이 제 것이라고 말해주시오."라고 부탁하였다. 형사에게 자초지종을 둘러대자 그들은 다시 경찰서로 데려갔다. 영문도 모르는 인삼장수는 경찰서까지 따라와 밖에서 그를 기다렸다. 다행히 경찰은 그를 석방해주었고 두 사람은 여관으로 돌아왔다. 김산은 자기 동료 때문에 도둑으로 몰릴 뻔했다고 설명하였다. 쇠약해진 김산은 인삼장수와 함께 배를 타고 상하이로 갔으나 거기에서 말라리아가 재발하여 온 몸이 불덩이처럼 달아오르자 인삼장수는 그를 병원에 입원시켜주었다. 그리고 김산은 그곳에서 혼수상태에 빠지고 말았다. 며칠이 지난 후 김산은 의식을 회복하고 보니 머리맡에는 인삼장수의 편지와 30원이 든 봉투까지 있었다. 그는 갈 길이 바빠 조선으로 먼저 돌아가 미안하다고 하며 이 돈을 보태쓰라는 것이었다. 김산은 인삼장수의 따뜻한 인간애와 동포애를 결코 잊을 수가 없었다.

동지들과의 극적인 재회

인삼장수 박 씨의 배려로 병원에서 한 달 동안 요양을 마친 김산은 1928년 10월 어느 날 상하이의 프랑스 조계로 가서 혹시 있을지 모르는 옛 동료들을 찾아 나섰다. 며칠을 헤맨 후 어느 닐 노점에서 밥을 먹고 있는 김산에게 누가 어깨를 툭치는 것이었다. 뒤돌아보니 그 사람은 뜻밖에도 광저우에서 만난 조선인 공산청년 동맹원이었다. 그 청년은 모두가 김산이 죽은 줄로만 알고 있다고 말하면서 그를 곧바로 김충창에게 데려다주었다. 오랜만에 만난 두 사람은 말문을 꺼내지 못하고 얼싸안았다. 김충창은 광저우 코뮌 때 그의 애인인 중산 대학생 두군혜와 숨어 지내다가 이곳까지 온 것이다. 그때 김충창은 이 여인과 사랑에 빠져 결혼까지 하였다. 그녀도 김산을 친절히 대해주었다. 김충창은 김산을 만나자마자 오성륜의 소식부터 묻는 것이었다. 김산은 자초지종을 설명하고 오성륜은 살아있을 거라고 말했다. 김충창은 이곳 상하이로 온 뒤 글도 쓰고 번역도 하면서 어려운 동포들을 도와주고 있었다.

그러던 어느 날 김산은 황푸강 기슭을 걷고 있는데 그 앞에 '환영幻影'처럼 어떤 물체가 나타나는 것이 아닌가. 그것은 분명히 오성륜이었다. 두 사람은 너무도 뜻밖이어서 말문을 꺼내지 못하였다. 이윽고 오성륜의 눈에서 눈물이 흘러내렸다. 오성륜도 하이루펑에서 김산과 함께 거룻배를 타고 있던 그 순간 쏟아지는 총알을 피해 물속에 뛰어들어 몸을 피한 후 사공의 집에서 며칠 요양을 하고서 홍콩까지 갔다가 김산보다 한 달 늦게 상하이로 온 것이다. 두 사람은 하룻밤을 함께 지낸 후 김충창의 집으로 가서 세 사람은 다시 한 번 감격적인 재회의 기쁨을 나누었다. 그 동안 그들은 모든 것을 다 빼앗겼지만, 남은 것은 우정뿐인 것 같았다. 김산과 오성륜은 매일같이 김충창의 신세를 졌으나 그는 전혀 싫어하는 내색이 없었으며, 오히려 그것이 자신의 의무라고 하였다. 그 사이 오성륜은 인도차이나에서 혁명활동을 하다가 추방되어 온 김충창의 처형과 가까워졌다. 역시 오성륜은 여자 다루는 솜씨가 예나 다름이 없었다.

상하이에 온 지 두 달쯤 지난 어느 날 김산은 가명이라고 생각되는 두 사람의 이름으로 된 편지 한 통을 받았다. 김산은 곧바로 그들을 찾아갔다. 김산이 문을 열고 들어가자 두 사람은 짙은 눈썹에 새카만 눈동자를 하고 있던 죽은 박진의 형제들이 아닌가. 그들 역시 지치고 쇠약한 몸으로 이곳까지 온 것이다. 이들은 광저우에서 패한 후 몇 사람씩 짝을 지어 후퇴하다가 죽을 고비를 몇 번 겪고서 이곳까지 온 이야기를 해주었으며, 조만간 모스크바로 가서 훌륭한 지도자가 되겠다는 포부도 밝혔다. 그들은 몸은 비록 망가졌지만 두 눈은 빛나고 있었다.

김충창은 그 뒤에도 광둥 여인과 단란한 가정을 꾸려가면서 현실을 받아들이고 있었다. 그리고 그는 더 큰 일을 하기 위해 상하이에서 머물며 저술활동을 하자고 제안하였다. 그러나 김산은 이 상황에서 이론보다 행동이 더욱 중요하다고 말하고 그의 제안을 거부하였다. 김산이 보기에 김충창은 결혼을 하고서 많이 달라졌다. 김충창도 그것을 시인했다. 그때까지도 혁명의 열정에 불타고 있는 김산은 김충창을 인간적으로는 이해할 수 있었지만 혁명동지로서는 받아들일 수 없다고 생각하였다. 김산이 상하이를 떠날 때 이들은 어느 공원에서 조촐한 환송 파티를 가졌다. 그 자리에는 김충창, 오성륜, 죽은 박진의 두 형제 등이 참석하였으며, 환송회가 끝난 후 김산은 김충창의 집으로 함께 갔으나, 오성륜은 김충창의 태도가 못마땅했던지 혼자 획 가버렸다. 김충창은 김산과 작별하던 날, 지금은 너무 경솔하게 행동할 때가 아니라고 다시 한 번 충고하였다.

김충창은 그 뒤 활발한 저술과 번역활동을 하며 1931년에는 화난으로 가서 대학 강단에 서기도 하였다. 그리고 그곳에서 광둥 부인 및 세 자녀와 행복한 삶을 누리며 지냈다. 그는 1930년대 후반 조선민족해방동맹, 조선민족연맹에도 관여하였으며, 그 뒤 대한민국 임정 국무위원이 되었다가 해방 후 남한으로 귀국하였다. 그는 4·19혁명 후 사회대중당, 통일사회당 등 혁신계에 관여하던 중 5·16 군사쿠데타 때 투옥되어 옥고를 치른 뒤 1969년 사망하게 된다. 한편 오성륜은 그 뒤에도 1년 동안 상하이에 머물면서 김충창의 처형과 깊은 사랑에 빠졌으며, 1930년 그녀를 데리고 만주까지 갔으나 얼마 후 그녀를 돌려보내고 항일군 제2사단에서 정치위원으로 일하며 빨치산 조직에 관여하였다가, 빨치산 토벌이 격럴했던 1941년 투항하였으며, 해방 후 열하성 승덕에서 팔로군에 체포되어 1947년 병사하게 된다.

베이징에서의 사랑과 저술활동

1928년이 저물어가는 어느 날 김산은 베이징으로 갔다. 당시 베이징은 장제스가 장악하여 베이핑(北平; 북쪽의 평화를 뜻하는 의미)으로 개칭되어 있었으며 공산주의자들은 지하활동을 하며 권토중래捲土重來 재탈환을 노리고 있었다. 김산은 베이징에 도착하자마자 공산당 비서, 베이징 시당위원회 조직부장에 선출되었다. 앞서 언급한 바와 같이 1928년 8월 장제스에 의해 중화민국 국민정부가 수립됨으로써 국민혁명은 국민당의 주도로 완성되는 것 같았지만 국민당 정권의 통일은 명목적인 것에 불과하였다. 그도 그럴 것이 군벌세력은 엄존하고 있었고, 국민당과 장제스 지배권에 도전하고 있었으며, 일제의 침략위협은 더욱 고조되어 국민당 정부의 국가건설을 위협하였다. 이런 과정에서 중국공산당은 생존을 위한 길고 험난한 투쟁의 길에 들어섰다. 즉 공산당은 도시에서의 무장봉기의 참담한 실패, 산간벽지에서부터 시작한 농촌혁명과 소비에트 정권 수립의 난항, 그리고 국민당 정권의 집요한 공격 등으로 혁명 근거지를 포기하고 소위 '장정長征'이

대장정 시절의 장제스와 마오쩌둥

라는 기나긴 도피행로를 겪게 되었다. 즉 공산당은 1927년 8월 7일 우한에서 취추바이瞿秋白, 마오쩌둥, 쑤자오정蘇兆徵 등 각급 공산당 지도자들과 코민테른 대표인 로미니제가 참석한 가운데 긴급회의를 개최하고 국공합작 실패의 책임이 천두슈陳獨秀의 우경기회주의 노선에서 야기된 것이라고 비판하면서 천두슈의 퇴진을 결의하였으며, 소위 취추바이 노선에 의한 대도시에서의 무장봉기를 시도하게 되었다. 그러나 대도시 무장봉기도 결국 실패로 돌아가자 1928년 6월 모스크바에서 개최된 공산당 6차 대회에서 대도시 무장봉기 실패는 취추바이의 좌경모험주의에 기인한 것으로 평가되어 취추바이마저 퇴진하게 되었다. 그사이 5월에 발표된 '군사공작대강'에서 각 지역 무장봉기에 참여했던 공농工農혁명군을 '홍군紅軍'으로 명칭을 바꾸고 당 대표제를 정치위원제로 변경하였다. 그래서 주더朱德의 공농혁명군이 마오쩌둥의 군대와 징강산井岡山에서 합류하여 주덕을 총사령관으로 하고 마오쩌둥을 정치위원으로 하여 정규 홍군체제로 전환하였는바, 이는 마오쩌둥의 부상을 예고하는 계기가 되었다. 이렇게 해서 대도시의 무장봉기에서 패배한 공산당의 무장병력은 각지의 농촌지역으로 분산, 할거하면서 홍군의 건설을 본격적으로 추진하게 되었다. 마오쩌둥은 국민당 정권의 영향력이 미치지 않는 농촌지역을 중심으로 세력을 확장해나갔으나 그때까지도 홍군의 활약은 아직 소기의 성과를 기대하기 어려운 실정이었다. 그래서 리리싼李立三을 중심으로 한 당 지도부는 대도시를 중심으로 봉기에 미련을 버리지 못하고 대도시 봉기를 재시도하였으나 국민당군의 무장강화와 노동자계급의 소극적 태도로 리리싼 노선도 결국 실패로 돌아가고 말았다. 이에 따라 공산당은 수차례에 걸친 자체 비판 끝에 1931년 11월 강서성 남부에 위치한 서금에서 610명의 소비에트구 대표자들이 모인 가운데 중화공농병 소비에트 제1차 대회를 개최하고 마오쩌둥을 주석으로 하는 중화소비에트 공화국을 수립하게 된다. 이렇게 해서 중국공산당은 소위 강서시대(1931-1934)의 개막과 함께 농촌지역 홍군을 중심으로 '대장정'을 거쳐 1949년 10월 베이징에 '중화인민공화국'을 수립할 때까지 길고도 험난한 여정에 오른다.(이 부분 앞의 책,『중국 혁명사』, 참고 재정리)

그 무렵(1929년 초) 김산은 지하조직에서 바쁜 나날을 보내고 있는 가운데 한 여인과 사랑에 빠지게 되었다. 그녀는 베이징 여자대학에 다니는 재원으로 이름은 유령劉玲이었다. 그때 김산은 이 대학에 자주 나타나 조직 활동을 점검하고 조직원들에게 앞으로의 임무를 부여하였다. 그때 유령은 학생회장을 맡고 있었다. 김산이 주재하는 회의에서 그녀는 미인은 아니었으나 슬기롭고 언제나 열성적이어서 남다른 매력을 풍겼다. 그러던 어느 날 그녀는 김산에게 자신의 과거를 밝히면서 이렇게 말하는 것이었다. "나는 당신을 매우 좋아한답니다. 당신과 저는 같은 종류의 사람이에요. 우리가 친구가 된다면 서로 즐거우리라고 생각해요. 나는 당신에게 나를 사랑해달라고 요구하고 싶지는 않아요. 내 애인은 이곳 텐차오天橋에서 리다자오李大釗를 비롯한 19명의 동지들과 함께 장쭤린張作霖한테 처형당했답니다. 그 후로는 저는 계속 슬픈 나날을 보냈지요. 또한 생활이 하도 허전해서 그 동안 고통을 받았고 그 손실을 채워줄 만한 것을 찾지 못했어요. 저는 아무한테나 정을 주지 않아요. 만일 당신이 나를 좋아한다면 그것은 서로가 의미 있는 일일 거예요. 당신이 여자들에 대해서 전혀 관심이 없다는 것도 알고 있지만 그렇기 때문에 우리의 우정이 보통의 우정과는 다르다고 생각해요"

그녀의 당돌한 접근에 김산은 당황한 나머지 자기는 지금까지 어떤 여자도 사랑해본 적도 없으며 앞으로 그럴 거라고 밝히고 당의 사업관계로만 서로가 만날 수 있다고 말했다. 그리고 앞으로 그는 위험한 사명을 띠고 만주로 가야 하며, 그렇게 될 경우 또다시 그녀에게 불행이 닥칠 수 있다고 말했다. 그러나 그녀의 대답은 더욱 당돌하였다. "사랑은 남자나 여자를 겁쟁이로 만들지 않습니다."라는 말로 모든 주저를 일축하였다. 사실 그는 김충창의 연애사건 이후 그 자신도 이상적인 아가씨를 만난다면 연애를 해도 괜찮다는 생각도 하고 있었다. 그리고 하이루펑에서 구사일생으로 살아남고 상하이에서 앓아누워 있는 동안에 삶이 얼마나 소중한 것인가를 생각해왔다. 그리고 그가 광저우에서 김충창을 변호하기 위해 "혁명가도 사람이 아닌가?" 하고 주변 동지들에게 말한 기억이 떠올랐다. 사실 김산은 이상적인 아가씨로 외모는 보통이면 되고 몸도 마음도 건강하며 독립심이 강한 여자를 꼽았다. 그런 여자여야만 자기가 감옥살이를 할 경우 혼자라도 헤쳐나갈 수 있다고 생각했기 때문이었다. 그러는 사이에 김산은 중국공산당과 조선공산당을 연결하는 사명을 띠고 만주로 가게 되었는데, 그녀는 그와의 작별인사에서 "당신은 나에게 오고 말 거예요."라고 말했다. 그녀의 이러한 예언자적인 말은 일종의 최면술이나 다름이 없었다.

1929년 8월 김산은 중국공산당의 지시를 받고, 베이징에서 펑톈奉天행 기차를 타고 일본인들이 출입하는 남문 대신에 중국인들이 이용하는 선양역에서 내렸다. 그는 일본 경찰에 걸리지 않기 위해서 회색 장삼에 두 손을 중국인처럼 긴소매 속에 찔러 넣고 역 출입구를 무사히 통과하였다. 그렇게 해서 그는 3일 후 중국 대표와 지린으로 가 산 속 비밀회의장에 무사히 도착하였다. 당시 만주에서는 1924년에서 1931년까지 조선 민족주의자들에게는 서로 분리되어 있으면서도 상호 협조하는 두 개의 정부가 있었다. 그 하나는 '대한정의부'였고, 또 하나는 '대한신민부'였다. 이 두 정부는 각기 자기들 영역 내에 독자적인 행정조직을 가지고 있었다. '정의부'는 7만 명을 통치하였으며, 수도는 펑톈성 신빈군에 두고 그 지도자는 일본무관학교를 졸업한 홍우찬이었다. 한편 신민부는 3만

조선인을 통치하였으며, 그 수도는 지린성 북방에 두고 김좌진에 의해서 통치되었다. 이들 두 민족주의 정부는 그 당시 만주의 조선공산당에 반대하였다. 반면 1924년에 설립된 만주 조선공산당은 농촌청년으로 이루어진 '동만東滿청년동맹'을 조직하여 민족주의자들에 대항하였다. 그러나 만주 조선인들은 그때 중국인들에게 시달림을 받고 있는데다가 두 정부에 세금을 내야 하는 이중 고통을 겪고 있었기 때문에 공산주의자들의 선동으로 결국 두 정부는 와해되었다. 공산주의자들은 이 두 정부가 백해무익하며, 그 대신에 공동항일 연합전선이 구축되어야 한다고 주장한 것이다. 그리고 1931년 9월 18일 일본이 만주를 점령한 그해부터 1937년까지 만주에서는 항일 빨치산 운동이 활발히 전개되었으며, 만주 공산주의 계열의 빨치산이 7천여 명, 민족주의 계열의 그것이 3천 명 정도였다.

그 무렵 펑톈 군벌 장쭤린은 1928년 6월 만주에 있는 일본의 관동군에 의해 폭사 당하고 후계자가 된 그의 아들 장쉐량張學良이 공산주의자에 대항하는데 앞의 두 정부를 이용하였으나 그 이후 1931년까지 상당수의 조선인 공산주의자들을 죽였다. 장쉐량은 그의 아버지를 죽인 일본군에 분개하였으며, 중국의 대세가 장제스에게 유리해지자 그를 도와 국민당 정부로부터 중화민국 육·해군 부사령에 임명되어 장제스 다음의 2인자가 되었다. 중국에서 오랜 세월을 보낸 지금, 김산은 '계급적 단결과 국제적 협력'의 의미를 이해하게 되었다. 그래서 그는 이렇게 생각했다 "억압받고 있는 제 민족과 제 계급을 지도하기 때문에, 소련을 나는 어머니처럼 사랑한다. 중국혁명은 그 삶과 운명이 나 자신의 것이기에 피를 나눈 형제처럼 사랑하였다. 조선혁명은 어리고 불안정한 어린아이로서 애정이 갔다. 나는 조선혁명의 발걸음이 러시아와 중국이 걸어간 길을 따라가도록 도와주어야 하리라." 그의 생각이 이러하였기 때문에 그가 중국혁명에 가담하였고 그러기에 만주에 온 것이었다.

1929년 겨울, 김산은 지방에 있는 중국공산당과 조선공산당 간의 관계를 강화하기 위하여 조선 국경에 있는 안둥安東으로 가 활동하다가 안둥에서 신변이 위험해지자 1930년 초 다시 베이징으로 돌아왔다. 베이징에 돌아오니 유령은 변치 않고 그때까지 김산을 기다리고 있었다. 그녀는 돌아온 김산을 따뜻하게 감싸주었으며, 김산은 그녀의 무릎에 얼굴을 묻고 감격의 눈물을 흘렸다. 그녀의 예언이 적중한 것이다. 그리고 김산은 사람이 살아있다는 것이 좋은 것이라고 생각되었다. 다음날 오후 김산은 그녀와 함께 산책을 하며 시간을 보냈다. 그는 그녀의 허리를 감싸고 있는 손이 추위에 꽁꽁 얼어붙는 것조차 몰랐다. 이처럼 젊고 행복했던 때가 언제 있었던가 싶었고, 이제 다른 별천지에서 새로운 삶이 시작되는 것 같았다. 그는 어제까지만 해도 인류의 모든 고통을 어깨에 짊어지고 있지 않았던가. 그날 밤 김산은 김충창과 오성륜에게 편지를 썼다. "나는 당신의 낭만적인 행동을 모두 용서합니다. 실은 오늘 밤 나는 어느 사람이 저지른 어떤 일도 용서해주고 싶은 심정입니다. 김 형이 내게 한 말이 모두 맞았어요. 유감스럽게도 워낙 정확했어요." 김산의 이 편지를 받고 김충창은 어떻게 생각했을까? 김산과 유령은 한 몸이 되어 행복한 하루하루를 보냈다. 그 순간은 세상의 모든 것이 아름다웠으며, 그런 가운데서도 혁명 사업을 더욱 견실하게 수행해나갔다.

베이징에서 유령과 동거생활을 하면서 생활의 안정을 갖게 된 김산은 저술과 번역으로 약간의 생활비를 벌어 썼다. 그 당시 유령과 함께 생활하면서 생활비는 거의 유령 쪽이 담당하였다. 그녀는 학교에서 교편을 잡고 있었기 때문에 두 사람의 생계를 꾸려가는 데는 큰 지장이 없었으나, 성격이 곧은 김산으로서는 여자한테 얹혀서 사는 자신의 처지가 매우 불만스러웠고 자존심이 상하였다. 당시 유령은 전형적인 중국 여성으로서 독립심과 개성이 강하여 각자 자기 영역을 지키며 상대방의 처지를 있는 그대로 받아들이는 성격이었으나, 김산은 조선인의 가부장적 성격의 소유자로 부인을 지배하려는 마음이 강한데다가 생활비는 남자가 벌고 살림은 여자가 해야 된다는 고정관념을 가지고 있었다. 이런 점 때문에 김산은 생활비도 벌고 유령한테 자신의 능력을 보여주기 위하여 김충창처럼 저술과 번역에 관심을 기울였다. 그래서 그는 당시 「기묘한 무기」라는 소설을 써서 『신동방』에 게재(1930년 4월), 30달러를 벌었다. 그 소설은 앞서 이야기한 오성륜 일행이 감행한 의열단의 '다나카 저격사건'을 중심으로 쓴 것으로 내용이 박진감이 있어 잡지사가 게재를 쾌히 받아들인 것이다. 김산은 이때 저자를 염광炎光이라는 가명을 썼다. 김산은 이 소설 외에도 「동지여, 싸우자!」라는 시도 발표하였다. "동지여, 싸우자!/살아있는 한은/혁명의 길을 걸어/이 세상의 적을 쓰러트리기 위해 총칼을 손에 들고/빛나는 내일의 세계를 위해/자! 붉은 깃발을 높이 들고 힘차게 춤추자!/강철같이 강함은/우리의 진영/갖풀(짐승의 가죽 따위를 고아서 만든 아교풀) 같은 단결은 우리의 대오./아무리 쓰러져도 이어지는 돌격은 우리의 방법./12억 5천만의 피압박 인민(레닌의 「제국주의와 민족·식민지 문제」에 나오는 피압박 민족 숫자를 말함)들은 우리의 벗./결코 다 벨 수 없는 것이 우리의 목이다!/흐르고 흘러도 다함이 없는 우리의 피다!/싸우자! 싸우자!/내일이야말로 인터내셔널(1864년 9월 창립된 '국제노동자협회'의 약칭임)이다!" 김산은 그 밖에 일본인 사노 마나부의 『포이어바흐·마르크스·레닌의 인생관』 등을 번역하였다.

참담한 귀향

김산은 베이징에서 유령과 동거생활을 하며 '광저우 코뮌' 기념일을 준비하기 위해 집을 나가다가 1930년 11월 20일 여섯 명의 중국 사복경찰에 붙잡히고 말았다. 경찰서에 연행되어 심문 중에 탈출을 시도했지만 허사였다. 경찰이 갖은 회유와 협박으로 심문을 거듭했으나 김산은 한동 안 묵비권을 행사하며 일체의 진술을 거부하였다. 다음해 2월 1일 김산 은 일본 대사관에 배속되어 있는 경찰에 인계되었다. 김산을 심문하는 일본 경찰은 노련하였다. 수사관은 공손한 존댓말을 쓰며 심문을 시작하 였다. 그는 언제부터 김산이 마르크스 이론을 접하게 되었으며, 계급투 쟁의 전술을 공부하게 되었냐고 물었다. 그러자 김산은 장황한 철학이론 을 내세우며 수사관을 지치게 만들었다.

"나는 진정으로 유물변증법 철학에만 관심을 갖고 있습니다. 변증법 은 두뇌회전에 그만이지요. 그것은 플라톤이나 아리스토텔레스를 읽는 데 도움이 됩니다…… 나는 인간의 의지가 자유롭다고 믿지는 않습니다. 인간의 의지를 결정하는 것이 무엇인지 확신을 할 수는 없지만 유물론 철학은 지금까지 내가 발견한 것 중에서 가장 논리적으로 설명해주고 있 습니다." 그러나 수사관은 들은 척도 안하고 심문을 계속하였다. 그는 수 사관의 핵심적 질문을 피해나가면서 보통학교 때부터 지금까지 행적을 꼬박 3일 동안에 걸쳐 작성, 서명하였다. 그 일이 끝나자 수사 주임은 이 렇게 말했다. "두 가지 이유 때문에 우리는 당신을 석방할 수 없소. 첫째, 우리는 당신이 광저우에 있는 '조선혁명청년연맹' 중앙위원회 위원이었 다는 증거를 가지고 있소. 둘째, 당신은 중국 공산주의자들과 연계되어 있다고 믿고 있소." 그러면서 그는 조선 재판소에서 넘어온 보고서를 보 여주었다. 그것은 김산의 두 동지가 1927년에 쓴 자백서와 베이징 공산 당위원장이 쓴 자백서였다. 2월 10일 수사관이 내일 톈진으로 이송되니 일찍 자라고 하였다. 김산은 드디어 올 것이 왔다고 생각하고 감옥 벽에 다가 "나는 이곳에서 또 다시 아리랑 고개를 넘어간다."고 쓰고 서명하 였다. 다음날 김산은 수갑이 채워진 채 젊은 사복형사에 인도되어 기차의 2등칸에 올라탔다. 알고 보니 그 형사는 와세다 대학을 나온 인텔리 출신 경찰이었다. 그는 감상적인 젊은이로 김산이 쓴 시를 소개해주고 감옥에서 겪은 경험도 이야기 해 달라고 졸라댔다. 그리고 '인터내셔널 노래'(「레온 트로츠키」편 참조)를 불러 달라고 말했다. 그러나 김산은 이 노래가 승리의 노래지 패배의 노래가 아니므로 지금과 같은 상황에서는 부를 수 없다고 사양하였다. 그리고 오늘 같은 날에는 맞는 노래가 하나 있다고 말했다. 그러자 그는 바싹 다가서며 그 노래가 무어냐고 물었다. 김산은 그 노래가 '아리랑'이라고 말한 후 그 노래의 내력을 설명해주고 조용히 불러주었다. 그러자 그 형사는 자기 부인도 한국인이라고 말하고 이 노래를 영원히 잊을 수 없다고 감동하였다. 그리고 이야기가 어느 정도 끝나자 그는 맥주까지 사서 김산에게 권하였다. 이렇게 해서 김산은 톈진 경찰서에 인계되었으나 그곳에서는 아무 일도 일어나지 않았다. 문제는 그 다음이었다.

김산은 다시 다롄으로 압송되어 그곳 수상水上경찰서에서 하룻밤을 묵은 후 두 명의 사복형사에 호송되어 남만주 3등 열차 편으로 조선 국경 근처의 안둥까지 가서 그곳에서 하룻밤을 다시 묵었다. 다음날 김산은 오토바이에 태운 채 여러 명의 경찰의 호송을 받아 압록강을 건너 어느 한적한 경찰서로 끌려갔다. 김산은 이곳에서 소위 '물요법' 등을 비롯한 갖은 고문을 당하였다. 고문 담당 형사는 김산의 머리채를 뒤로 끌어 젖히고 고춧가루 물을 입과 코에다 부어넣고, 의식을 잃을 때까지 목을 조르기도 하였다. 이런 고문이 40일 동안 무려 여섯 차례나 자행되었다. 김산은 얻어맞은 정강이가 썩어 들어가 욱신거렸으며, 거기다가 폐와 코에서 출혈이 계속되어 견딜 수가 없었다. 이런 가혹한 고문이 계속되다가 김산은 어느 날 신의주 감옥으로 이송되었다.

김산의 몸은 이제 만신창이가 되었다. 그곳 감옥 벽과 나무 바닥에는 앞서 거쳐간 수많은 죄수들의 절망적이고 체념이 섞인 낙서로 가득하였다. 그 낙서들은 손톱이나 수갑으로 긁어서 새겨진 것이었다. 그 글자 일자일획에 동포 죄수들의 피눈물이 담겨 있었다. 일주일 뒤 김산은 법정에 출두하였다. 그가 그곳까지 가는 동안에 아무도 보지 못하도록 짚으로 만든 가리개가 덮어 씌워졌다. 그것은 오래 전부터 해온 관행이었다. 김산이 법정에 들어섰을 때, 붉은 죄수복을 입은 두 사람이 증언석에 대기하고 있었다. 그러나 다행히도 그들 두 증인은 김산이 청년연맹원인 것은 사실이지만 광저우 봉기 때 현장에 없었다고 증언하였다. 그것은 김산에게 결정적으로 유리한 증언이었다. 이렇게 해서 4월 1일 김산의 기소는 기각되었다. 지금까지 고문을 견뎌내며 자백을 하지 않은 것이 헛수고가 아니었다.

베이징에서 체포된 지 100일 만에 자유의 몸이 된 김산은 거의 폐인의 몰골로 고향으로 갔다. 이런 모습으로 고향으로 간다는 것이 썩 마음이 내키지 않았지만 몸과 마음이 너무 지쳐 늙은 어머니가 그리웠다. 자식의 처참한 몰골을 본 어머니는 하염없이 눈물을 쏟아냈다. 그리고 그에게 의학 공부를 하라고 번번이 속다시피 하며 많은 돈을 준 작은형의 심경은 너무도 착잡했다. 이제 겨우 26세의 젊은 나이였지만, 그를 본 어린 조카가 몰골이 추한 할아버지 취급을 하며 슬슬 피하는 것을 보고 그는 큰 충격을 받았다. 김산은 두 달 동안 고향에서 어머니의 극진한 간호를 받으며 정양을 했다. 그는 어머니의 끝없는 모성애에 눈물로 보답할 뿐이었다.

당적을 박탈당하다

어머니의 극진한 간호로 어느 정도 심신을 회복한 김산은 1931년 6월

1일 다시 베이징으로 돌아왔다. 그는 당시의 베이징을 이렇게 회상했다. "6월의 베이징은 아름다웠다. 내가 체포된 초겨울의 베이징은 그토록 적막하였지만, 이제 이곳에는 흐릿한 회색 벽 위로 거대한 아카시아 나무가 그 푸른 가지를 드리우고 있었다." 김산은 자유의 몸이 된 것을 알리기 위하여 사랑하는 유령을 찾아 나섰다. 그러나 그녀의 모습은 어디에도 없었다. 들리는 바에 의하면 그녀는 칭다오로 가서 체포된 후 처형된 것으로 소문이 나 있었다. 그런데 교토 대학 인문학부 교수 미즈노 나오키의 『격동의 서른세 해』에 의하면, 유령은 그 후 인민검찰원 간부와 재혼하였으며, 그 남편이 정년퇴임하고 죽은 후 최근까지 베이징에서 생존하고 있는 것으로 파악되었다. 생애의 첫 연인을 잃은 김산의 아픔은 무어라 표현할 수 있었겠는가. 김산이 그녀와 함께 공원을 거닐 때는 모든 것이 아름다웠고 많은 사람들이 그들의 다정한 모습을 보고 눈인사로 축하를 해주었지만, 다시 그 자리에 선 김산에게 어느 누구도 거들떠보지 않았다. 지나가는 몇몇 학생들만이 병자처럼 말라빠진 초췌한 '키다리'(김산과 1932년 결혼한 조아평의 회상에 따르면, 김산은 당시로서는 드문 180센티미터가 넘는 큰 키였다고 함)를 흘깃 흘깃 쳐다볼 뿐이었다.

이런 그에게 조선에서 갖은 고문을 당한 것 이상의 큰 시련이 기다리고 있었다. 다시 만난 동지들은 웬지 모르게 그를 경계하였다. 김산은 처음에는 그 이유를 몰랐으나 시간이 지나면서 그 이유를 알게 되었다. 김산을 중상 모략하는 비밀보고서에 따르면, 악명 높은 조선의 감옥에서 그가 어떻게 쉽게 석방될 수 있었겠느냐는 의문이 제기되었다. 김산은 스스로 생각했다. 그는 이 모든 결과가 평소 자신의 지나친 결벽증과 타인의 잘못을 용서할 줄 모르는 단호한 성격 때문이라고 판단하였다. 김산에 대한 비공개적인 비방과 중상은 1928년 상하이에서 처음 만난 '한韓'이라는 조선인에 의해서 주도되었다. 그의 이름은 나중에 한위건으로 밝혀졌는데, 그는 1927년부터 조선공산당 핵심 당원으로 활동하다가 1928년 3월 국내의 대량검거선풍을 피해 중국으로 와 베이징의 당 조직 위원회 서기로 있는 김산에게 당원으로 가입하고 싶다는 뜻을 편지로 전해왔으나 김산은 한위건의 전력에 의문을 제기하고 아무런 답변을 주지 않았다. 한위건은 김산이 체포되고 석방된 4월이 되어서야 다른 사람의 추천을 받아 당원이 되었으나 김산에 대한 서운한 감정을 저버릴 수 없었다. 자업자득이라 할까, 그것이 화근이었다. 다급해진 김산은 체포된 때부터 석방되기까지의 경위를 소상히 밝혔다. 그러자 시당위원회는 김산이 없는 사이에 당에서 졸지에 신임을 얻은 한위건에게 김산을 믿을 수 없는 근거를 제시하라고 지시하였다. 한위건의 답변은 걸작이었다. "저 사람에 대한 유죄를 결정할 뚜렷한 단서는 없습니다. 하지만 바로 그 점 때문에 우리는 그의 결백을 믿을 수가 없습니다." 한위건의 불리한 증언에도 불구하고 시당위원회는 김산에게 잘못이 없다고 결론지었으나 한위건은 그 뒤에도 김산에 대한 갖가지 험담과 모략을 일삼았다. 결국 중국공산당은 표면적인 이유로 김산이 리리싼 노선(도시 무장봉기를 주도하다가 극좌 모험주의자로 지목되어 당 지도부에서 퇴진)을 추종한 주요 인물로 간주하고 재훈련을 받도록 지시하였다. 그러나 속사정은 한위건의 농간에 의해 당에서는 김산을 일본 첩자로 의심을 하게 되었다. 김산에 대한 재훈련 지시는 당적 박탈 내지 사실상 출당黜黨조치를 의미하는 것이었다. 김산의 충격은 이루 말할 수 없었다. '외톨이'가 된 이 마당에 그는 어디로 가야 할지 막막하였다.

절망의 심연에서 허우적거리던 어느 날 김산은 비수를 품고 한위건을 찾아갔다. 김산은 한위건을 노려보며 두 사람 중에 어느 하나가 죽을 거라고 위협하였다. 그러자 한위건의 눈에서는 눈물이 고였다. 김산은 그의 눈물이 두려움에서 나오는 눈물이 아니라 부끄러움과 회한의 눈물이라는 것을 감지할 수 있었다. 김산은 그만 그가 불쌍해서 들었던 칼을 탁자에 힘없이 내려놓고 그의 방을 빠져나왔다. 김산은 돌아오는 길에 자신이 그토록 처량해 보였고 죽고 싶은 심경이었다. 하숙집에 돌아온 김산은 식음을 전폐하고 몇 날 며칠을 드러누워 있었다. 영문도 모르고 겁이 난 하숙집 주인은 자기 집에서 김산이 죽을까봐 걱정이 되어 온갖 음식을 가져와서 어서 먹고 기운을 차리라고 성화였다. 그 사이에 어느 누군가가 20원을 맡기고 갔다. 며칠 후 김산은 이대로 죽을 수는 없다는 생각이 들어 다시 음식을 입에 대고 중국인들이 흔히 생각하는 생활 방식처럼 '이래도 좋고 저래도 좋다. 될 대로 돼라.(마마후후馬馬虎虎)'라는 식으로 몸을 맡겨버렸다. 그러나 김산은 무기력 증세에서 벗어날 수가 없었다. 김산은 이래서는 안 되겠다 생각하고 얻은 20원에서 약간을 떼어 시집을 사서 읽기도 하고 직접 시를 지어 신문에 기고도 하여 몇 원을 벌기도 하였다.

그러던 어느 날 묘령의 젊은 여성동지가 찾아와 동지들은 다 연락이 끊기고 당은 완전히 깨져버렸다고 전해주었다. 그녀는 친절하게도 과일과 책을 싸들고 와서 김산을 위로하였다. 그녀는 유령만큼의 지성미는 없어 보였지만 외모는 유령보다 더 예뻤고 여성적이었다. 그녀의 이름은 조아평趙亞平이었다. 그녀도 연인이 재작년에 처형되어 불행한 처지가 되었다고 실토하였다. 그날부터 그녀는 김산을 보살펴주었으며, 그는 그녀를 통해서 요한 볼프강 폰 괴테, 엘프레드 테니슨(A. Tennyson, 1809-1892. 영국의 계관시인), 존 키츠(J. Keats, 1795-1821. 영국의 서정시인), 잭 런던(J. London, 1876-1916. 미국의 작가), 그리고 업튼 싱클레어(U. Sinclair, 1878-1968. 미국의 작가) 등 명시와 명작을 읽으면서 가혹하게 자기 성찰을 하고 지금까지의 삶을 되돌아보았다. 그는 생각했다. "사람은 두 종류가 있다. 추종하는 자와 지도하는 자이다. 추종하는 자에게는 단 하나의 길이 있지만 지도하는 자에게는 두 갈래의 길이 있다. 추종하는 자는 자유롭지만 지도하는 자는 그렇지 못하다. 추종하는 자는 책임이 없이 행동할 수 있지만 지도하는 자는 역사적 결정이라는 무거운 짐을 지고 있다. 나는 더 이상 추종자가 아니다." 이런 저런 생각에서 김산은 훌륭한 혁명지도자가 되기 위해서 어떠한 무거운 짐도, 어떠한 시련도 이겨내야 한다고 스스로 다짐하였다.

몸을 추스른 김산은 1932년 초 베이징 근처 바오팅푸保定府에 있는 제2사범학교의 학생단체에서 강의를 해달라는 요청을 받았다. 이 학교는 리다자오(李大釗, 1889-1927. 중국 최초의 공산주의 이론가)가 설립한 좌익 성향의 학교였다. 이 무렵 중국공산당은 1931년 11월 장시성 루이진에서 중화소비에트 공화국을 설립한 후 세력을 계속 확장하였으며, 이에 따라 중국 소비에트 지역은 약 100개의 현에 1,200만 명의 인구를 확보하였다. 그리고 홍군의 병력도 30만 명에 달하였으나 대도시는 아직도 국민당이 장악하고 있었다. 그런데 5월 어느 날 수 십 명의 국민당 측 경찰이 일본 경찰과 합세하여 제2사범학교를 에워싸고 김산을 인도해 달라고 요구하였다. 그러나 학교 당국에서는 이들의 요구를 거절하고 교문을 닫아버렸다. 경찰은 하는 수 없이 물러갔으며, 그 사이에 학생들이 김산을 몰래 빼돌려 모 병원에 숨겨 보호하다가 학교당국의 배려로 그는 고양에 있는 다른 학교에서 다시 교사 자리를 얻었다. 그 학교는 제2사범학교보다 규모는 작았으나 학생들은 향학열에 불타 있었다. 김산은 여기에서 주 30시간씩 마르크스 사상 외에 다른 교양과목도 가르쳐 학생들로부터 많은 인기를 끌었다. 그러던 8월 어느 날 이 학교의 학생단과 허베이성 당위원회에서 김산에게 무장봉기를 조직해달라고 요구하였다. 그러나 김산은 아직 시기상조임을 역설하자 학생들은 김산을 비겁자라고 비난하였다. 그러자 김산은 그 학교에 사직서를 내고 다시 베이징으로 돌아와 향후 활동방향을 모색하였다.

또다시 체포되다

김산은 고립무원 상태에서 재기를 모색하고 있었으나 모든 것이 여의치 않았으며, 설상가상으로 트로츠키주의자로 몰려 운신의 폭이 더욱 좁아졌다. 그 무렵 김산은 일본인 저서 『마르크스주의와 종교』라는 책을 번역하였는데 출판사 측이 그 책을 어느 트로츠키주의 잡지에 광고를 냄으로써 그의 입장을 난처하게 만들었다. 그러나 그 자신이 트로츠키주의자라고 직접 말한 것은 아니지만, "조선혁명을 고양하는 첫째 조건은 일본 국내에서의 계급관계이며, 일본 프롤레타리아 활동이 활발해질 때 조선의 혁명운동도 앙양된다. 만약 일본에 그것(혁명적 봉기)이 일어나는 경우 조선도 당장 무장투쟁에 가담하지 않으면 안 된다. 양자가 하나가 되어 성공의 기회가 생겨나기 때문이다." 그의 이러한 견해는 트로츠키의 '연속혁명' 사상과 맥을 같이하고 있다고 볼 수 있다. 즉 김산은 스탈린의 '일국 사회주의'보다는 트로츠키의 '연속혁명'을 선호한 인상을 주고 있다. 따라서 당시 중국공산당도 스탈린의 영향권에 있었기 때문에 트로츠키주의자로 낙인찍힌 당원은 정치생명이 사실상 끝나는 것을 의미하며, 그런 점에서 볼 때 김산의 입장이 어려워진 것은 당연하였다.

이런 정치적 위기상황에서 1933년 5월 1일 새벽, 일단의 형사대와 비밀경찰 난이써藍衣社(1932년 장제스 국민당 정부가 만든 비밀경찰로 이들은 노란색 하의와 남색 상의를 즐겨 입었기 때문에 별칭 난이써로 불렸음) 요원들이 변절자 장문웅과 다른 전향자 한 명을 앞세우고 김산의 하숙집을 급습하였다. 새벽잠에 빠져 있던 김산은 속수무책으로 체포되고 말았다. 이들은 김산의 방에서 대기하고 있다가 그를 찾아온 다른 여성동지도 아울러 체포하였다. 김산이 체포되어 6월 15일까지 미결수 감옥에 있는 동안 50명의 공산당원이 체포되었는데 그중 40명이 배반하고 전향하였다. 이러한 사실을 목격하고 김산은 인간에 대한 믿음을 상실하였다. 김산은 비슷한 상황에서 조선 사람도 이렇게 할 수 있을까 하고 자문하였다.

6월 16일 김산은 조선인 담당 수사관의 심문을 받았다. 그 수사관은 지난번 수사관들이 너무 관대했다고 말하고서는 다짜고짜 구둣발로 김산의 정강이를 몇 번 걷어차고 머리채를 무자비하게 잡아당기는가 하면 귀에서 피가 날 정도로 연거푸 따귀를 때렸다. 다음날 아침 김산은 수갑을 찬 채 사복형사의 호위를 받으며 텐진으로 향하였다. 그 형사는 지성적이었으며 호송 중에 김산과 철학, 문학 등에 관해서 폭넓게 이야기하였다. 김산은 일본 영사관 특별 수사실로 끌려가 기차로 베이징에서 따로 온 악질 수사관의 심문을 받았다. 심문과정에서 김산은 좌익작가연맹에 참여는 하고 있지만 공산당원은 아니라고 주장하였다. 그리고 좌익작가 연맹의 강령이 무어냐는 질문에 제국주의 반대, 난징 국민당 정부 타도, 홍군 옹호 등으로 알고 있다고 답변하였다. 그러자 수사관이 대일본 제국에 대한 반대 슬로건은 없냐고 묻자 김산은 연맹이 문화단체이지 정치집단이 아니라고 답변하였다. 악질 수사관은 또다시 김산을 무자비하게 구타하였다. 그러나 김산은 이에 굴하지 않고 일체의 불리한 답변을 피해나갔다. 결국 다음날 아침 재판이 열리고 김산은 1930년 4월 재판시 향후 3년 동안 조선을 떠나서는 안 된다는 것을 어긴 것 외에는 특별한 잘못이 없는 것으로 확인되어 징역 1개월에 20원의 벌금형을 받았다. 그러나 김산은 벌금을 낼 돈이 없었기 때문에 하루 2원씩 쳐서 노역을 해야만 했다. 노역이 끝나고 조선으로 이송된 김산은 철저한 재조사를 받은 후 별다른 혐의점이 나타나지 않았으므로, 판사는 1934년 1월까지 조선을 떠나지 말 것을 명령하였다. 김산은 석방되어 고향으로 다시 돌아갔다. 그의 어머니는 측은한 아들을 보고 슬픔을 이기지 못하였으나 고향 사람들은 김산을 영웅처럼 대우하였다.

베이징에서의 결혼과 재기의 몸부림

김산은 1934년 1월이 지난 후 베이징으로 다시 돌아와 연인 조아평과 다시 만났다. 그녀는 개성이 강한 유령과는 달리 헌신적이었고 김산을 무척 존경하고 사모하였다. 김산은 그녀를 행복하게 해줄 수 없다고 말하였지만 그녀는 김산에게 더 적극적이었다. 그리하여 두 사람은 결혼을 하고 가정교사와 번역으로 생계를 꾸려가다가 생활이 여의치 못하여 1934년 겨울 허베이성河北省의 스자좡石家莊으로 가서 월급 40원을 받고 일간지 편집 일을 보았다. 1935년부터 그는 철도노동자들의 학업을 도와주고 정치교육도 담당하였다. 1935년 봄 김산은 부인을 스자좡에 남겨두고 다시 상하이로 가서 조선인 혁명가들을 만나게 되었다. 10년 동안 중국혁명에 투신했으므로 이제는 조국을 위해서 무언가 해야 되겠다고 생각하였다. 광시에 살고 있는 김충창이 소식을 듣고 찾아와 두 사람은 오랜만에 재회의 기쁨을 나누었다. 김산은 그곳 상하이에 있는 조선인 동지들과 향후 항일투쟁에 관해서 논의하였다. 이 무렵 김산이 조선혁명가들과 다시 접촉하게 된 것은 중국공산당으로부터 당적이 박탈되었기 때문에 재기를 다지기 위해서 불가피한 선택이 아닌가 생각된다.

이에 따라 김산은 뿔뿔이 흩어진 조선 공산주의자들은 물론 민족주의자들과 아나키스트들까지도 규합하여 항일 통일전선을 구축하는 데 동분서주하였다. 김산은 그 일환으로 김충창 박건웅 등과 함께 '조선민족해방동맹'을 결성하였다. 이 동맹의 강령은 항일투쟁의 기초 위에서 자유로운 공화국을 건설하여 조선혁명의 부르주아 민주주의 단계를 달성하는 것이었다. 이들의 주안점은 일체의 일본제국주의, 그리고 조선에서의 그 기득권의 타도와 몰수, 민주적 시민의 자유보장과 조선민중의 교육 받을 권리 보장, 생활조건의 개선과 가혹한 세금의 철폐, 공공사업과 일본 독점기업의 국가 환수, 모든 우방과의 우호관계 증진 등이었다. 이 동맹을 기초로 이들은 1936년 7월 '조선민족연합전선'을 형성하고 사회적 계급, 정당, 정치적 신념이나 종교적 신념에 관계없이 조선독립의 원칙에 동의하는 모든 조선 사람의 단결을 규정하였다.

그의 이러한 활동에도 불구하고 조선인 동지들 간에서도 그의 경력에 의문을 제기하는 풍문이 나돌았다. 이때 그를 도와준 사람은 스자좡 시절에 김산의 지도를 받은 중국인 나청(중화인민공화국 건국 후 재정부 물자관리국장, 1979년 베이징시 정치협상회의 부주임 역임)이었다. 그는 김산이 향후 자유롭게 활동하기 위해서는 당적문제를 조속히 해결하는 것이 급선무라 생각하고 옌안행을 권유하였다. 나청은 당시를 이렇게 증언했다. "나는 1936년 2월 스자좡을 떠났다. 유한평(김산의 또 다른 가명)은 그해 4월 난징으로 나를 찾아왔다. 나는 아직 활동하고 있지 않았다. 난징에 온 뒤, 유한평은 상하이에서 온 것이지만 자신의 문제(당적)는 아직 해결되지 않았다고 말했기 때문에 나는 그에게 옌안으로 가 중앙에서 직접 해결하라고 권고하였다. 상하이에 있을 때 그는 김규광(김충창의 가명)의 집에 머물고 있었는데, 김규광은 유한평에게 상하이의 통일전선 공작도 불투명하고 상하이에서는 그의 문제로 언제라도 사람들과 충돌할 수 있다고 말했다고 한다. 유한평은 난징에 와서 나의 거듭된 권유로 드디어 옌안행에 동의하였다. 1936년 8월 1일 나는 그에게 옷 한 벌을 사주고 난징의 푸거우역에서 기차를 타고 떠나는 그를 배웅했다. 출발할 때 나는 그에게 200원을 건네주고 여비로 쓰라고 하였다."

옌안에서 '순교'하다

1936년 12월 중국공산당 중화소비에트는 '시안 사건' 이후 홍군이 옌안을 탈취하여 수도를 산시성 북단의 촌락 바오안푸保安府에서 옌안延安으로 옮겼다. '시안 사건'이란 1936년 12월 12일, 평소 장제스의 항일노선에 불만을 품고 있던 장쉐량의 동북군이 공산당과 홍군에 대한 포위공격작전을 독려하기 위하여 시안西安에 온 장제스를 체포, 구금하고 국민당 정부의 개조, 내전 중지, 정치범의 석방 등 8개항을 요구한 사건이다. 감금당한 장제스는 초조하였으며, 장쉐량도 앞으로의 대책에 자신이 없었다. 결국 설득의 명수인 저우언라이가 조종에 나서 12월 25일 극적인 타결이 이루어지고 장제스는 석방되어 비행기를 타고 난징에 무사히 도착할 수 있었다.

이에 앞서 1936년 8월 김산은 '조선민족해방동맹'과 조선공산당의 승인을 얻어 이들의 대표로 중화소비에트 지구에 파견되었다. 그때까지만 해도 중화소비에트 수도는 바오안푸에 있었고 내전이 지속되고 있는데다가 악조건 아래서 장기간 여행으로 몸이 불편하여 바오안푸에 들어갈 수 없었기 때문에 김산은 시안에서 체류하고 있다가 '시안 사건' 이후 김산도 어려운 경로를 거쳐 옌안에 도착할 수 있었다. 김산이 옌안에 간 이유는 일차적으로 그곳 중화

옌안에서 처형당하기 전 해인 1937년의 김산
(님 웨일스 촬영)

소비에트 본부로부터 자신의 당적을 회복하고 조선공산당에 대한 지원도 이끌어내기 위해서였다. 옌안에서 건강을 어느 정도 회복한 김산은 그곳 군사위원회의 간부 특별학급에서 강의를 맡았으며 1937년부터 군정대학에서 일본 경제와 물리, 화학을 가르치면서 당적회복을 기다리고 있었다. 그해 4월 김산은 부인 조아평(1989년 작고)으로부터 아들을 낳았다는 소식을 접하게 되었다. 그는 부인에

김산의 아들 고영광

게 자신은 언제 어디서 죽을지 모르니 '아이가 크면 백의민족을 위해 분투하는 인간으로 키워 주오'라고 부탁했다. 그것이 부인에 대한 그의 마지막 당부였다. 그런데 아버지의 얼굴도 모르고 자란 이 아들은 아버지가 처형된 후 재혼한 어머니 조아평의 남편 성을 따라 고영광高永光(일설에는 아들이 고려인의 후예라고 하여 高氏 성을 붙여주었다고도 함)이라는 이름으로 성장하여 중국 국가계획위원회에서 공직활동을 하였으며, 지난 2002년 12월 8일 '한민족아리랑연합회'와 '해외동포재단' 초청으로 방한하여 연합회가 구한 웨일스의 『아리랑』 초판본을 증정받는 감격을 맛보았다. 2014년 현재 75세가 된 고영광 씨는 2005년 8월, 2008년 8월에 이어 2014년 봄에도 조국을 방문하였다. 어느덧 70을 넘긴 고씨는 "아버지의 나라 내 조국에서 여생을 보내고 싶은 것이 소원이다."라고 말하며, 이중국적 취득이 허용될 그날을 기다리고 있다고 말했다.

　서두에서 이야기한 바와 같이 이 무렵 김산은 대학 강의와 개인적인 연구를 목적으로 그곳 루쉰도서관에서 영문 자료를 많이 빌려보게 되는데, 이를 계기로 그는 1937년 초여름 웨일스를 만나게 되었다. 김산이 그녀를 만난 것은 천운이었다. 그가 웨일스와 대담을 마친 후 이듬해 일본

'스파이' 또는 '트로츠키주의자'로 몰려 처형되는 비운을 당하게 되지만, 그녀와의 만남이 없었다면 그는 영원히 잊힌 무명 혁명가가 되고 말았을 것이다. 김산은 웨일스와의 대담을 통해서 자신의 험난한 삶을 되돌아보면서 비장한 심경으로 이렇게 회상했다.

"내 전 생애는 실패의 연속이었다. 또한 우리나라의 역사도 실패와 질곡의 역사였다. 나는 단 하나에 대해서만—나 자신에 대하여—승리했을 뿐이다. 그렇지만 계속 전진할 수 있다는 자신감을 얻는 데는 이 하나의 작은 승리만으로도 충분하다. 다행스럽게도 내가 겪었던 비극과 실패는 나를 파멸시킨 것이 아니라 강하게 만들어주었다. 나에게는 환상이라는 것이 거의 남아 있지 않다. 그렇지만 나는 사람에 대한 신뢰와 역사를 창조하는 인간의 능력에 대한 신뢰를 잃지 않고 있다. 역사의 의지를 알 사람은 누구일까?…… 억압은 고통이요, 고통은 의식이다. 의식은 운동을 의미한다. 인간 그 자체가 다시 태어날 수 있으려면 수백만이라는 사람이 죽어야 하고 수천만 명의 사람들이 고통을 받지 않으면 안 되는 것이다. 나는 이 객관적 사실을 받아들이고 있다. 유혈과 죽음의 광경, 그리고 어리석음과 실패의 광경은 더 이상 미래에 대한 나의 통찰력을 가로막지 못한다…… 나는 관념론자였던 것이다. 나는 지성을 가지고 사람을 판단했던 것이다. 이제는 사람이라는 것이 두뇌 이외에도 여러 가지 것으로 이루어져 있다는 것을 알게 되었다. 혁명적 지도자는 좌익이다 우익이다 하고 늘어선 사람들의 머리를 만지작거리는 것이 아니다. 그는 인간 생활의 소재를, 그 모든 동식물적인 특징을, 그 모든 가변적이고 계량 불가능한 속성을 가공하는 것이다. 혁명 지도자는 좀처럼 깨트릴 수 없는 영혼과 쉽사리 파괴될 수 있는 육체를 가공하는 것이다. 다른 사람들의 영혼을 일깨우고 해방하기 위해서는 가끔은 육체가 파괴되어야 하는 것이다…… 마르크스주의와 레닌주의의 교과서는 잉크로 쓰인 것이 아니라

피와 고통으로 쓰인 것이다. 사람들을 죽음과 실패로 이끌기는 쉽다. 그러나 승리로 이끌기는 어려운 것이다. 비극은 인생의 한 부분이다. 억압을 딛고 일어서는 것은 한 인간의 영광이요, 굴복하는 것은 한 인간의 치욕이다…… 자유를 위하여 그리고 자신들이 믿고 있는 것을 위하여 싸우다 의식적으로 죽는 것은 비극이 아니다. 그것은 영광이요 장렬한 죽음이다. 나는 너무도 많은 인명의 희생을 보아왔으며, 실패로 끝나고 마는 무모한 죽음도 목격하였다. 그래서 나의 경우에는 그것을 철학적으로 증명하는 것이 쉬운 일이 아니라는 것을 알게 되었다. 그렇지만 한 가지만은 늘 염두에 두고 있다─혁명가들은 자기의 희생 속에서 행복하게 죽어가는 것이요, 그것이 무익하다고 생각하지 않는다는 것이다…… 내 청년 시절의 친구나 동지들은 거의 모두가 죽었다. 민족주의자, 기독교 신자, 아나키스트, 테러리스트, 공산주의자 등 수백 명에 이른다. 그러나 내게는 그들이 지금도 살아있다. 그들의 무덤을 어디로 정해야 하는 따위는 전혀 마음에 두지 않았다. 전장에서, 사형장에서, 도시의 마을 거리거리에서 그들의 혁명적 뜨거운 피는 조선, 만주, 시베리아, 일본 및 중국의 대지 속으로 자랑스럽게 흘러 들어갔다. 그들은 눈앞의 승리를 보는 데는 실패했지만, 역사는 그들을 승리자로 만든다……"(앞의 책, 『아리랑』, 295-301쪽 참고 정리)

김산은 웨일스와의 대담에서 자신의 운명을 예측한 것일까? 그는 대담을 마치고 그녀에게 자신에 관한 기록을 향후 2년간만 세상에 내놓지 말아달라고 부탁한 후 이듬해인 1938년 가을 어느 날 '아리랑'의 한恨을 이역 중원中原에 묻고 억울하게 처형당하고 말았다. 김산의 죽음에 관한 공식적인 기록인『조선족 혁명열사전』에는 다음과 같이 씌어 있다.

"1938년 산간닝비엔구陝甘寧邊區(섬서, 감숙, 영하 등 3개성에 걸친 항일 근거지) 보안처에서는 김산 동지의 경력을 심사했다. '반역자는 아닌가?,

일본의 특무는 아닌가?, 트로츠키파는 아닌가?' 하는 많은 의문을 가지고 심사했지만 결론을 내릴 근거는 없었다. 그래서 캉성康生(본명 조영)은 '(그를) 처단하라'라는 지시를 내렸다. 김산 동지는 무고하게 살해되었다. 그때 그는 33세였다."

김산의 처형을 지시한 캉성은 당시 중국공산당 간부로 모스크바에서 교육을 받고 1937년 11월 옌안에 돌아와 중화소비에트 중앙사회부장이라는 요직을 맡고 있었다. 캉성이 김산을 처형하도록 지시한 것은 일본 스파이라는 혐의보다도 그가 트로츠키주의자로 의심을 받은 것이 더 결정적이었을 가능성이 크다고 판단된다. 당시 코민테른 최상부 스탈린은 대표적인 정적 트로츠키를 포함해서 국내외 모든 트로츠키주의자들을 색출, 처단할 것을 지시하였기 때문이다. 캉성은 그 뒤 마오쩌둥 밑에서 승승장구하여 당부주석까지 올랐으며, 1975년 1월 제4기 전인대회에서 상무위 부위원장에 추대된 후 그해 12월 병사하여 추도의 혜택까지 받았으나, 1980년 10월 "(캉성은) 문화혁명 기간 중 린뱌오, 장칭 등의 반혁명 음모활동에 직접 참여, 중대한 죄를 범했다." 하여 당중앙위원회에 의해서 당적 박탈과 추도대회(1975년 12월) 조사弔辭까지 취소당하였다.

반면 중국공산당 중앙위원회는 1983년 1월 27일 김산의 억울한 희생에 대해서 다음과 같이 공식 결의하였다. "김산의 처형은 특수한 역사적 상황 아래서 발생한 잘못된 조치였다…… 본 결의에 의해 그에게 덮어씌웠던 모든 불명예가 제거되며, 그가 지녔던 명예를 모두 그에게 되돌린다. 또한 이로써 그의 당원 자격은 회복된다." 이렇게 해서 김산은 사후 근 45년 만에 지하에서나마 누명을 벗고 한恨을 풀게 되었다. 혁명적 로맨티스트 김산의 죽음은 어두운 역사가 빚어낸 한 개인의 비극이 아니라 인간해방의 이상을 추구하다가 스러져간 한 고결한 휴머니스트의 처절한 순교였다.

나는 원한다, 조국이 나를 이해하게 되기를,
조국이 원치 않는다면, 그땐…
그냥 조국을 지나가는 수밖에,
비스듬히 내리는 비처럼!
-블라디미르 마야콥스키

|

박헌영
朴 憲 永

남북 모두에서 버림받은 분단시대의 기아棄兒

이데올로기의 열풍 속에서

일제 식민시대와 해방 전후의 한국 현대사는 고난과 시련의 연속이었다. 특히 광복과 함께 졸지에 밀어닥친 분단의 아픔은 좌우 대립으로 인한 이데올로기의 열풍 속에서 동족상잔의 비극으로 확대·심화되었다. 이와 같은 비극의 원인은 외형적으로는 외세에 의한 물리적 분단 때문이지만, 기조적으로는 기득권층의 수탈과 친일파의 득세가 민중의 불만을 가중시킨 결과라고 보아야 할 것이다. 이처럼 사회적 모순이 가실 줄 모르는 암울한 시기에 러시아 '볼셰비키 10월 혁명'의 성공으로 파급된 공산주의 사상의 열풍은 더 나은 이상세계를 꿈꾸는 우리나라 젊은이들에게도 예외 없이 불어 닥쳤다.

익히 아는 바와 같이 이 열풍의 한 가운데 서 있었던 많은 사람들 중에서 박헌영은 한국 공산주의 운동의 대표적인 인물이다. 한 사람의 일생은 출생과 성장배경, 그리고 사회 환경에 영향을 받지 않을 수 없다. 비록 몰락해가는 봉건왕조체제이지만, 잔존하고 있는 서얼庶孽 출신에 대한 사회적 차별대우와 거기에서 느끼는 신분상의 소외감, 국권을 빼앗기고도 그에 대한 책임을 망각한 지배층의 비열함과 나약함, 그리고 일제의 탄압과 그 속에서 기생하는 기득권층의 횡포는 명석하고 비판적인 소년 박헌영을 더욱 반항적인 기질로 성장시켰다. 이에 따라 박헌영은 사회적 모순의 돌파구를 공산주의 사상에서 찾아 일찍이 상하이로 망명하여 '이르쿠츠크(Irkutsk)파 고려공산당'에 가입하였다. 그리고 그는 조선공산당을 창립하기 위하여 1922년 4월 동료 김단야, 임원근과 함께 국내로 잠입하던 중 일경에 체포되어 옥고(1년 6개월)를 치러야만 했다. 그러나 이 첫 번째 투옥은 그가 앞으로 겪어야 할 수많은 시련의 시작에 불과하였다. 그는 출옥 후 한동안 신문기자로 활동하면서 조선공산당 창립에 참여하였으나 1925년 11월 제1차 조선공산당 탄압 때 다시 검거되어 공판 도중 정신이상증세를 가장, 1927년 11월 병보석으로 석방된 후 아내 주세죽과 함께 모스크바로 탈출하였다. 그는 모스크바 레닌 국제학교에서 2년간의 학습을 마친 후 그곳 코민테른으로부터 조선공산당 재건 공작의 지령을 받고 상하이로 돌아와 국내 재 잠입을 계획하다가 1933년 7월 다시 체포되어 서울로 압송된 후 이듬해 12월 6년형을 선고받았다. 그는 1939년 만기 출옥하여 당시 공산주의 최대 서클이었던 경성 '콤그룹(The Communist Group)' 지도자가 되었으며, 1941년부터 다시 불어 닥친 공산주의자 검거선풍을 피해 전라남도 광주에서 벽돌공장 인부로 위장 취업하던 중 8·15해방을 맞아 곧바로 상경하여 김삼룡, 이관술, 이현상 등과 함께 조선공산당 재건에 참여하여 그 책임비서로 활약하였다. 박헌영은 1946년 '9월 총파업'과 '10월 민중항쟁'을 지령하여 반미·구국투쟁을 강화하였으며, 1946년 9월부터 미 군정청에 의해 그에 대한 체포령이 내려지자 그해 10월 비밀리에 월북하였다. 그리고 그가 월북하기 전에 준비한 절차에 의해서 동년 11월 '남로당'이 결성되어 허헌을 위원장으로 하고 자신은 부위원장이 되었으나 실질적으로는 그가 당권을 장악하게 되었다.

박헌영은 월북 후에도 북에서 소위 '남조선 인민의 반미·구국 투쟁'을 원격 지휘하였고 '조선민주주의인민공화국'이 창설(1948년 9월 9일)되자 부수상 겸 외상이 되었다. 그러나 이미 코민테른 중앙지도부의 지원을 등에 업고 실권을 장악한 김일성에게 박헌영은 눈엣가시가 되었다. 어제의 이념적 동지에서 오늘의 정적으로 돌변한 김일성은 1953년 8월 박헌영 직계인 이승엽 등 12명에 대해 '반국가·내란 음모 죄'를 적용하여 이중 이승엽을 포함한 10명에 사형을 선고케 하여 곧바로 처형하고, 박헌영에 대해서는 1955년 12월 '정권전복 음모와 반국가적 간첩테러 죄' 등을 덮어씌워 사형을 선고케 한 후 이듬해 7월 처형하였다. 결과적으로 볼 때 박헌영의 월북은 자의든 타의든 돌이킬 수 없는 오판이었다. 그로서는 남한에 잔류하여 투쟁하다가 죽는 것보다 북에서 더 큰 치욕과 불행을 당한 것이 죽어서도 눈을 감을 수 없는 천추의 한恨이 되고 말았다. 그리고 분단 60년이 흐른 지금 박헌영은 남에서는 물론 북에서 더 버림받은 반역자로 전락하여 오늘에 이르고 있다.

박헌영이 이처럼 좌우 대립의 갈등구조 속에서 정치적 통합을 이루지 못하고 실패한 혁명가로 전락한 것은 원칙을 중시하는 선천적인 결벽증, 오랜 지하생활과 장기간의 투옥에 따른 편협하고 비타협적인 성격의 소유자로서 급변하는 국내외 정세에 유연하게 대처하지 못하였기 때문이다. 뿐만 아니라 그가 남한에서 조직한 조선공산당이 미군정 하에서 줄기찬 탄압을 받아 세력 확충이 불리한 반면, 소련 점령군의 비호조종을 받고 분단 북한에서 순조롭게 자기기반을 확대해간 김일성에 비해 불리한 여건에 처한 것도 또 하나의 실패요인으로 작용하였다. 특히 박헌영은 외세를 탈피한 통일조국에 명분을 두었으나 김일성은 통일 명분보다 권력 장악에 더 비중을 둔 실리를 추구하였기 때문에 그가 실권을 장악해가는 김일성 체제의 북한으로 넘어간 것은 패배를 향한 필연적인 순서였다. 그렇다면 박헌영은 비록 실패한 혁명가이지만 영원히 반역자로 단죄되어야 마땅할까?

'빗돌거리'의 반항아

우리가 살아온 지난 20세기 전반부는 전쟁과 혁명으로 점철된 격동의 시대였다. 그 세기의 첫 언저리인 1900년을 전후하여 한국사회는 구시대와 신시대가 교차하면서 구문명과 신문명이 갈등을 빚어낸 시기이다. 여기에서 이야기하고자 하는 미래의 혁명가 박헌영朴憲永은 그 소용돌이 첫해인 1900년 음력 5월 1일 충남 예산군 광시면 서초정리에서 쌀장사를 하여 돈을 모은 박현주(1867년생)와 그의 동갑 내기 소실 이학규 사이에서 태어났다. 그는 이듬해인 1901년 생모와 함께 서초정리 인근 신양면 신양리(박헌영의 출생지는 호적상 신양리로 알려져 왔으나 그의 아들 원경스님의 새로운 증언에 따라 서초정리로 확인.『역사비평』 1997년 여름호)로 이사하여 그곳에서 유·소년기를 보냈다. 신양리는 예부터 살기 좋은 마을로 송덕비, 공덕비가 많다고 해서 일명 '빗돌거리'라고 불렸다.

박헌영의 아버지는 원래 자기보다 5살 아래의 최 여인과 결혼하여 1남(지영) 2녀를 두었으나 1899년 어느 날 본처보다 5살 위인 동갑 내기이 여인을 소실로 맞아들였다. 이 여인은 일찍이 결혼을 해서 딸 하나를 두었으나 남편과 사별하고 시초정리 인근의 금광에서 일을 보는 사람들을 대상으로 밥장사를 하고 있던 중 사업관계로 이곳을 자주 찾는 박 씨와 눈이 맞아 그녀가 34살 때 박헌영을 낳았다. 훗날 그녀의 회상에 의하면 그녀가 박헌영을 잉태할 때 달덩이를 품었다고 하는데, 이 사실을 '방정맞게' 천기 누설하여 아들이 고초를 겪는다고 두고두고 후회하였다. 그녀는 아들을 낳은 이듬해 남편 곁인 신양리로 이사를 하여 그곳 우시장 옆에다 집 한 채를 마련하고 밥과 술을 팔며 어린 박헌영을 애지중지 키웠다. 이런 환경에서 자란 박헌영이었기에 그는 배고픔을 모르고 자랐으나 철이 들어가면서 서자라는 콤플렉스를 떨쳐버릴 수 없었다.

박헌영은 동네 서당에서 한문을 배우다가 뒤늦게 12살 때인 1912년에 신양리에서 10여 킬로미터 떨어진 대흥 보통학교 2학년에 편입하였다. 그 나이인데도 박헌영은 동급생들 중에서 나이가 제일 어려 막내 취급을 받았으며, 학과목 중에 국어(만점)와 산수(10점 중 9점)에 능하여 1915년 24명 중 7등이라는 비교적 우수한 성적으로 졸업하고 전국적인 명문 경성고보에 합격(1,320명 응시생 중 236명 합격)하였다. 그때 그의 나이 15세였다. 보통학교 시절 그의 동급생들의 증언에 의하면 그는 평소에 말이 없는 편이었으나 집요한 면도 있었다. 그가 보통학교 3학년 때인 어느 날 그의 집 부근에서 자기의 자전거를 가지고 친구들과 바꿔 타며 놀고 있는데, 때마침 그곳을 지나던 일본 순사 보조원이 자전거를 한번 타보자고 하였다. 그러나 박헌영이 안 된다고 하는 바람에 두 사람 사이에 시비가 벌어져 화가 난 순사보조원이 박의 따귀를 후려갈겼다. 그러자 박헌영은 이에 질세라 그 보조원의 사타구니 급소를 붙잡고 늘어져 싸움이 크게 일어나 그의 어머니가 쫓아와 간신히 말렸다는 일화가 있다.

경성고보 시절 담임선생의 박헌영에 대한 품행소견에 따르면 '성질'은 '순정純正', '종순從順', '쾌활快活'했으며, 복장은 '청결'하고 언어는 '명료'했다고 기록되어 있다. 이처럼 박헌영은 그때까지만 해도 모범생이었다. 그는 재학 시절에 영어 공부에 남다른 흥미를 가졌으며, 학교수업 외에도 YMCA에 나가 별도로 영어 공부를 하였다. 그러나 50여 명의 학생들이 제대로 따라 가지 못하고 중도에 포기하였으나 박헌영 혼자 끝까지 남아 선생 집에까지 가서 배우는 끈기를 보였다. 이런 점 등에서 볼 때 박헌영은 집념이 강하여 한번 마음먹은 일에 대해서는 중도에 포기하지 않는 성격의 소유자임을 보여주고 있다. 당시 그를 가르쳤던 장두철 교사는 그의 지도를 받고 박헌영이 영문소설을 별 불편 없이 읽었다고 증언하였다. 그가 이처럼 영어 공부에 남다른 열정을 보인 것은 어학에 대한 취미도 취미려니와 선배들처럼 미국 유학을 가서 훗날 독립운동가가 되려는 꿈에서였다.

박헌영이 경성고보를 졸업할 때는 1919년 3·1운동이 일어난 해였다. 당초에 이 학교의 졸업식은 3월 15일 경에 가질 예정이었으나 3·1운동이 터지는 바람에 졸업식은 무기한 연기되어 5월이 되어서야 학생들을 개별적으로 불러 졸업장을 주었다. 졸업 때 그의 성적은 155명 중 42등이었다. 이러한 졸업장 수여조치는 3·1운동 때 거의 모든 학생들이 시위에 참가하여 학내 사정이 어수선하였기 때문이다. 박헌영도 반일 시위에 적극 가담하여 유인물 살포에 열성적이었으며 사회주의 사상에 눈을 뜬 것도 이 무렵부터였다. 박헌영은 동향 출신 지주 아들 윤돈구와 미국 유학을 꿈꾸기도 하였으나 윤이 맹장염에 복막염까지 겹쳐 미국 유학을 포기하는 바람에 한동안 조선은행에 입행한 친구 최기룡 집에서 기식하다가 미국행 대신에 차선책으로 상하이행을 결심하게 되었다. 그가 상하이로 가게된 것은 당시 상하이는 조선 독립운동가들의 거점이었으며 새로운 세계를 꿈꾸는 젊은이들과 모험적인 각종 '주의자'들이 모여드는 곳이었기 때문에 그곳에서 자신의 이상을 펼쳐보기 위해서였다.

'상하이 고려공산당 청년동맹' 책임비서가 되다

1920년 9월경 일본을 거쳐 중국 상하이에 도착한 박헌영은 그곳 기독교청년회 부설 강습소에 들어가 영어 공부를 하던 중 동갑 내기인 김단야(본명 김태연)와 임원근을 만나게 됨으로써 이들은 의기투합 친구이자 사상적 동지가 되었다. 김단야는 경북 김천 출신으로 3·1운동 당시 배재고보에 재학하였으며, 재학 중에 '반도의 목탁'이라는 불온 유인물을 배포하는 등 시위에 적극 참여하였다. 시위가 지방으로 확산되자 그는 고향으로 내려가 시위를 주도하다가 그곳 경찰에 체포되어 뭇매를 맞고 석방된 후 비밀 결사단체인 적성단赤星團에 가입하여 만주 독립군 사관학교 입교생을 모집하는데 관여하다가 1919년 12월 상하이로 망명해왔다. 임원근은 경기도 개성출신으로 선린상고를 나와 일본 게이오 대학에 재학 중 사회주의 사상에 매료되어 상하이로 건너왔다. 이 세 사람, 즉 박헌영, 김단야, 임원근 등 상하이의 '삼총사'는 후일(1924년) 소위 젊은 사회주의자 '트로이카'로 서울에 혜성처럼 나타나게 된다.

박헌영은 러시아 한인 이르쿠츠크파 한인 공산당의 지원으로 김만겸, 안병찬 등이 상하이에서 조직한 세칭 '이르쿠츠크파 고려공산당(이동휘의 '상하이파 고려 공산당'과 라이벌 관계)' 상하이지부의 부설 사회주의연

구소에 입소하여 사회주의 이론을 공부하였으며, 이 지부의 책임자인 김만겸의 추천으로 위의 두 사람과 함께 1921년 7월 당에 가입하여 '상하이 고려공산당청년동맹'을 조직하고 박은 책임비서, 두 사람은 중앙위원이 되었다. 국내파의 여운형도 김만겸의 권유로 당에 가입하였다.

한국 공산주의 운동단체는 1918년 1월 이르쿠츠크에서 조직된 서부 시베리아의 귀화파 한인을 중심으로 한 볼셰비키 당

박헌영과 고락을 함께한 김단야

한인 지부(대표 김철훈)와 동부 시베리아의 비 귀화파 한인을 중심으로 1918년 6월에 조직된 이동휘의 하바롭스크 한인 사회당(후에 상하이파 고려공산당으로 개명됨)이 그 효시를 이루고 있는데 박헌영은 전자의 이르쿠츠크파에 속하였다. 이동휘파가 공산주의 운동보다 반일 독립에 더 비중을 두었다면, 이르쿠츠크파는 볼세비즘에 충실한 골수 공산주의 집단이었다. 박헌영은 1921년 4월부터 1922년 3월까지 상하이 상과대학에 적을 두고 사회주의연구소에서 마르크스·엥겔스의『공산당 선언』과 부하린의『공산주의 ABC』등의 영문판을 우리말로 번역하여 중국 각지의 조선인 단체와 국내로 송부하였다.

이 무렵(1921년 봄) 박헌영은 운명의 여인 주세죽을 만나게 되었는데, 그녀는 박헌영보다 두 살 위인 1898년(모스크바 보안총국 기록에는 1901년생) 6월 2일 함흥에서 태어나 그곳에서 중학을 졸업하고 3·1운동에 가담하여 1개월간 투옥, 석방된 후 고향 병원에서 근무하다가 1921년 초 상하이로 와서 피아노 공부를 하며 여성운동에 가담하고 있었다. 박헌영은 당시 임원근의 애인인 허정숙(허헌의 큰딸로 후일 북한 문화선전상, 사법상이 됨)의 소개로 주세죽을 알게 되었다. 두 사람은 얼마 후 사실상 부부(법적인 혼인신고는 1926년 12월 4일)가 되어 한동안 사상적 동지이자 운명의 동반자로 파란만장한 삶을 살게 된다. 그런데 이 무렵 박헌영은 주세죽 외에도 상하이 임정요인 현순玄楯 목사의 딸 현 앨리스라는 여인과도 이성으로 가까웠다. 그녀는 아버지를 따라 미국으로 건너가는 바람에 박헌영과 현 여인은 25년간 연락이 두절되었으나 후에 박헌영은 북한에서 부수상 겸 외상시절 그녀를 북한으로 초청하여 망명을 받아주게 된다. 그러나 그것은 박헌영의 생명에 치명적인 화근을 불러일으키는 하나의 빌미가 된다.

박헌영은 김단야, 임원근 등과 함께 1922년 1월 20일부터 2월 2일까지 모스크바와 페트로그라드(1924년 1월 레닌 사망 후 레닌그라드로 바뀜)에서 열린 '극동인민대표자대회'에 23개 조선 대표단체 53명의 대표(여운형, 이동휘, 박진순, 김규식, 김철훈 등) 중 고려공산 청년동맹 대표 자격으로 이 대회에 참석하였다. 코민테른 당국은 이 대회에서 이르쿠츠크파 고려공산당과 상하이파 고려공산당 간의 불화를 조정하여 분파투쟁을 청산하려 하였으나 양파는 서로가 정통성을 주장하며 파벌싸움을 끝내지 않자 코민테른 당국은 마침내 1922년 12월 양당을 해체하게 되었다. 이에 따라 조선의 공산주의 세력들은 한동안 표류하며 각기 독자적으로 자파 기반을 구축해나갔다.

상하이 '삼총사'의 국내 잠입과 투옥

1922년 3월 25일 박헌영, 김단야, 임원근 상하이 '삼총사'는 이르쿠츠크파 김만겸의 후원을 받아 국내에 조선공산당을 창립할 목적으로 중국인으로 변장하고 신의주 맞은편 안동행 배를 타고 4월 1일 안동현에 도착하였다. 부두에는 이롱양행怡隆洋行 소속의 최준이라는 젊은 조선인이 마중 나와 있었다. 이롱양행은 영국 국적의 아일랜드인 조지 쇼가 경영하는 무역회사였다. 쇼는 암암리에 조선 독립단체를 후원하고 있었는데 그것은 조국 아일랜드가 영국의 압제 하에 있었기 때문에 처지가 비슷한 조선을 동정하고 있었다. 안동현 이롱양행 2층 한 모퉁이에는 1919년 9월 대한민국 임시정부 교통국 안동지부가 비밀리에 설치되어 있었다.

박헌영 일행은 최준의 부탁을 받은 중국인의 안내를 받아 안동현 구시가지 중국인 거리의 영빈루라는 여관 겸 음식점에서 여장을 풀었다. 이들은 일본 경찰의 감시망을 피하기 위해서 중국인 행세를 하여야만 했다. 이들은 이곳에서 묵으며 무사히 압록강을 건너가는 방법을 숙의하던 끝에 각자 따로 행동하여 국내에서 만나기로 하였다. 1차로 김단야가 먼저 떠나기로 하였다. 이들 3인이 국내로 잠입하기 위해서는 압록강 철교 (1911년 11월 준공된 총 길이 944미터의 대교)를 건너는 것이 급선무였다. 김단야는 이 철교를 무사히 건너 신의주 본역을 벗어났으나 4월 3일 오전 7시 30분경 신의주 남쪽에 위치한 간이역 차련관에서 일본 경찰에 그만 체포되고 말았다. 한편 박헌영과 임원근 두 사람은 압록강을 건너기도 전에 4월 2일 영빈루 숙소에서 급습한 일본 경찰에 체포되었다.

이렇게 해서 이들 세 사람의 국내 잠입은 시작부터 암초에 부딪혔다. 이들에 대한 일본 경찰의 가혹한 문초가 한 달 이상 계속되었고, 경찰의 집요한 문초는 마침내 성과를 거두었다. 김단야는 입국하기 4개월 전에 상하이에서 고려공산당에 가입하였고, 박헌영도 1921년 7월에 상하이 사회주의연구소에 가입하였으며 임원근도 비슷한 자백을 하였다. 그러나 그들은 고려공산청년 중앙총국과 조선공산당을 서울에 설치한다는 핵심 목적은 은폐한 채 국내에 사회주의 사상을 전파하기 위해서라고 만 진술하였다. 이들은 신의주 지방법원과 평양 재심법원에서도 다 같이 1년 6개월의 실형을 선고받고 1924년 1월 19일 평양 감옥에서 만기 출옥하였다.

이들이 출옥한 1924년은 조선의 민족해방운동, 특히 사회주의 운동의 눈부신 여명기였다. 이 무렵 조선에는 김철, 박일병, 민태흥 등 23인이 조직한 신흥청년동맹이 있었는데, 이 동맹은 홍명희, 홍증식, 조봉암 등의 '신사상연구회'(1924년 11월 '화요회'로 개칭)와 김약수, 변희용 등이 일본 유학시절부터 조직한 '북성회'(같은 달 '북풍회'로 개칭) 그룹을 총망라하고 있었으며 암암리에 코민테른으로부터 지원을 받고 있었다. 이 청년동맹은 '화요회'(마르크스 생일이 화요일인 데 착안하여 붙인 이름임)파가 주축이 되었는데 이들은 후에 조선공산주의 운동의 주도권을 장악하고자 서울청년회 계통의 '서울파'와 치열한 주도권 다툼을 벌이게 된다.

박헌영은 출옥 후 곧바로 이 청년동맹에 가입하는 한편, 1924년 4월 허헌의 추천으로 그가 사장으로 있던 동아일보에 들어가 기자로 활동하다가 그해 9월경 조선일보사로 옮겼다. 당시 동아일보 영업국장 홍증식(충남 당진 출신)은 경영난에 빠진 조선일보사를 신태휴에게 인수토록 하고, 그 자신도 조선일보로 옮긴 후 동향이나 다름없는 박헌영을 비롯해서 사회주의에 물든 김단야, 임원근, 조봉암 등을 대거 영입하였다. 그러나 이들은 논설위원 신일용의 필화사건('조선과 로국露國의 정치적 관계')으로 조선일보가 정간되자, 복간 조건으로 총독부가 지명한 불온기자 17명을 해직시키게 함으로써 얼마 후 이들은 조선일보를 그만두게 되었다.

이 무렵 박헌영은 상하이에서 알게 된 주세죽朱世竹(1901-1953)과 결혼하였다. 그녀는 1924년 5월에 결성된 조선 여성동우회와 1925년 1월에 조직된 조선여성해방동맹 및 서울여자청년동맹의 중앙간부가 되어 남편 못지않게 열성적으로 혁명운동에 가담하였다. 이와 함께 임원근도 허정숙과 결혼하였으며, 김단야도 고명자라는 여성운동가와 연인 사이가 되었다. 조봉암이 김조이(「조봉암」편에서 기술)를 알게 된 것도 이 무렵이었다. 이들 여인들은 소위 신여성답게 혁명운동뿐만 아니라 자유연애를 표방하여 많은 화제와 염문을 뿌리기도 하였다. 즉 주세죽은 박헌영이 1933년 7월 상하이에서 다시 체포되어 장기 투옥생활에 들어가게 되자 1934년 김단야와 함께 모스크바로 가서 그와 동거생활을 하게 되며, 허정숙은 임원근과 이혼한 후 사회주의자 송봉우, 사회주의 정치평론가 신일용 등과 동거한 후 중국 옌안으로 망명하여 옌안파 최창익과 결혼하였다. 후에 최창익은 1953년 북한 조선노동당 상무위원이 된다.

'조선공산당' 및 '고려공산청년회' 창립

공산주의 운동이 국내에서 급속히 확산되는 가운데 1925년 4월 17일 오후 1시경 서울 을지로 1가 중국집 아서원에 일단의 젊은이들이 은밀히 모여들었다. 참석자는 김재봉, 김찬, 김약수, 윤덕병, 송봉우, 조봉암, 박헌영, 조동우 등 17명이었다. 이날은 오래 전부터 벼르고 별러오던 '조선공산당' 창립대회가 열리는 날이었다. 이날 대회는 재일 한국인 학생지도자였던 김약수(북풍회 지도자로 본명은 김두전)의 사회로 진행되고 김재봉(경북 안동 출신으로 화요회 지도자)이 개회사를 하였다. 그는 개회사에서 "일본 제국주의를 타도하고 조선민족을 해방하기 위해서는 노동자·농민의 전위당인 공산당이 필요하다."고 역설하였다. 이 대회에서 중앙집행위원으로 김재봉, 김찬, 김약수 등 8인이, 중앙검사위원으로 윤덕병, 조봉암, 송봉우가 선임되었으며, 이어서 열린 제1차 중앙집행위원회에서 김재봉이 당 책임비서로 선임되었다.

박헌영은 다음날 훈정동 자신의 집에서 모인 18명(홍증식, 김단야, 임원근, 권오설, 조봉암, 김찬, 주세죽 등)과 함께 조선공산당 산하조직인 '고려공산청년회'를 창립하였다. 평소 침착한 박헌영도 이날만은 긴장감을 감추지 못하고 매우 상기된 표정이었으며, 이 자리에서 박헌영은 "전 조선민중운동자 대회를 계기로 각지 대표가 모인 이 자리에서 공산주의의 연구 교양을 목적으로 하는 청년회를 조직해야 한다."라는 내용의 개회사를 하였다. 이들은 조봉암의 제의에 따라 이 모임의 명칭을 '고려공산청년회'라고 칭하고 박헌영을 책임비서로 선임하였다. 박헌영은 상하이 시절부터 운명적인 동지였던 김단야(연락부 책임자)와 임원근(선전교양부 책임자)을 요직에 안배하고 조봉암을 국제부 책임자로 임명하였다. 이들 간부 대부분이 '화요파'였기 때문에 일명 '화요파 공청'이라고도 불렀다. 당시 박헌영의 나이가 불과 25세였으며, 그가 1924년 1월 출옥 후 신사상연구회에 들어가 두각을 나타낸 후 불과 1년 반 만에 '고려공산청년회' 책임비서가 된 것은 그의 역량이 탁월하였기 때문이다.

조선공산당(약칭 조공)과 고려공산청년회(약칭 공청)는 창립과 함께 코민테른의 승인을 얻기 위하여 '조공' 측에서는 조동우를, '공청' 측에서는 조봉암을 각각 모스크바로 급파(1926년 4월 각각 정식 승인을 받게 됨)하였다. 이어서 박헌영의 공청에서는 젊은 엘리트 공산주의자를 양성하기 위하여 모스크바에 보낼 유학생을 선발, 파견하였는데, 이들 유학생 명단은 고명자(김단야의 애인), 김조이(조봉암의 처), 김명시(마산 출신 여성운동가) 등 3인의 여성을 포함해서 김응기(경북 예천 출신으로 후에 북한 최고인민회의 대의원 및 노동상 역임), 권오설(경북 안동 출신), 조용암(조봉암의 친동생) 등 21명이었다. 박헌영은 이들 유학생들을 보내기 위해 국제공산청년동맹 측으로부터 여비와 공작금조로 1,850원을 지원 받았다. 이와 함께 박헌영은 각 지방에도 비밀리에 공청지부 조직에 착수하였다.

'1·2차 조선공산당 검거사건'과 박헌영의 '광기'

조선공산당과 고려공산청년회가 창립된 지 7개월 만인 1922년 11월 22일 신의주에서 예기치 않은 사건이 터졌다. 이상하게도 신의주는 박헌영과 조선공산당에게 악연의 도시가 되었다. 그날 저녁 신의주의 경성식당에서 회식을 하던 두 그룹 간에 갑자기 싸움이 벌어진 것이다. 한 그룹은 신의주에서 가장 영향력이 있는 청년 단체인 '신만新灣청년회'로 이들 회원들은 집행위원장 김득린 등 20여 명과 함께 회원 결혼식 피로연을 갖는 중이었다. 다른 한 그룹은 이 지역 유지인 변호사, 의사, 냉면 식당 주인, 신의주 일본 경찰간부 두 명 등 다섯 명으로 이들은 다른 방에서

거하게 요리를 들고 있었다.

사고의 발단은 청년회 측에서 시작되었다. 술이 몇 순 배 돌자 흥에 겨운 청년들은 큰소리로 노래를 부르고 고성으로 잡담을 늘어놓게 되었으며, 이를 듣다 못한 옆방의 유지 일행 측에서 조용히 하라고 호통을 쳤다. 이에 화가 난 청년들은 평소에 거들먹거리는 유지들에게 오기가 발동하여 시비 끝에 이들을 집단 구타하였다. 이 바람에 변호사 박유정은 얼굴에 심한 상처를 입고, 그의 금테안경과 회중시계가 파손되었으며, 조선인 형사 김운섭도 몰매를 맞고 윗옷이 다 찢겨나갔다. 그 사이에 식당 밖으로 도망쳐 나온 일본인 형사 스즈키도 쫓아온 청년들에게 집단 구타를 당하였다. 그런데 그 순간 이들 중 김득린이 "에이 속 시원하다."라고 소리를 치며 기세 등등 팔을 걷어 올리는 순간, 스즈키 형사에게 중대한 단서가 포착되었다. 그것은 신만청년회 붉은 완장이었다. 동물적인 수사 감각을 가진 스즈키가 그것을 놓칠 리가 없었다. 이 구타사건과 사소한 단서가 일파만파 큰 사건으로 치달을 줄은 아무도 예측하지 못하였다. 신의주경찰서는 즉각 보복 수사에 나서 청년회 사무소는 물론 회원들의 가택을 샅샅이 수색하던 중 뜻밖에도 회원 김경서 집에서 괴문서를 발견하였다. 그것은 고려공산청년회 중앙집행위원 명의의 회원자격 심사표와 비밀통신문 3통으로, 고려공산청년회 책임비서 박헌영이 상하이로 보낸 비밀문서의 일부였다. 중대한 단서를 포착하고 의기양양해진 신의주 경찰은 즉각 서울의 종로경찰서와 합동으로 '고려공산청년회' 관련자 색출에 나섰다. 이들에 대한 검거 선풍은 전국적으로 확대되어 소위 '제1차 조선공산당 검거사건'이 터진 것이다. 이로 인해 조선공산당과 고려공산청년회 간부들이 대거 검거되는 사태로 발전하였다.

1925년 11월 29일 박헌영도 아내 주세죽과 함께 서울 훈정동 자택에서 긴급 체포되었다. 박헌영은 온갖 고문을 당하면서도 피해를 최소화하기 위해 고려공산청년회가 혁명단체가 아닌 사회주의 사상 연구단체에 불과하다고 주장하였다. 박헌영의 진술전략이 주효했던지 관련자들에 대한 문초는 10일 만에 마무리되고, 그해 12월 12일 박헌영을 포함한 44명의 피의자들은 신의주 지방법원 검사국으로 송치되었다. 이들은 담당 검사로부터 10일간 조사를 받은 뒤 12월 22일 신의주 지방법원 예심판사에 넘겨지고 다음해인 1926년 1월부터 7월까지 지루한 예심이 진행되기에 이르렀다. 다른 변수만 없다면 이 사건은 크게 확대되지 않고 적당한 선에서 종결될 수도 있었다. 그러나 그사이에 새로운 돌발변수가 생겨났다. 1926년 6·10만세 사건이 터지고 이 사건 관련자들에 대한 조사 과정에서 그 동안 은폐되어온 사실들이 속속 들어 나면서, 일본 경찰은 '제2차 조선공산당 검거사건'을 다루게 되었으며, 당국에서는 1·2차에 검거된 관련자 모두를 병합 심리키로 결정하였다.

이에 따라 박헌영을 포함한 1차 검거사건 관련자들은 모조리 경성지방법원 예심계로 송치되었다. 두 사건으로 검거된 조선공산당원과 고려공산청년회 135명 중 101명이 치안 유지법·출판유지법 위반으로 기소되었다. 이들에 대한 문초 문서만도 4만여 쪽에 달하여 사건 담당 재판장이 기록을 열람하는 데도 무려 4개월이 걸렸다. 이들은 약 2년간의 지루한 예심을 거쳐 1927년 9월 13일부터 경성지방법원에서 공판을 받게 되었다. 첫날 법정에는 병보석 및 병중인 4명을 제외한 97명이 출정하였다. 변호인단은 일본의 노동자농민당에서 파견되었는데, 자유법조단 소속의 일본인 후루야 세이오, 허헌(전후 조선건국준비위원회 부위원장, 남로당 위원장), 이인(한국 초대 법무장관), 김병로(한국 초대 대법원장) 등 쟁쟁한 변호사 등 15명이었다. 재판장의 인정심문이 끝나자 검찰 측은 치안유지를 위해 방청을 금지해 달라고 요청하였다. 변호인단은 이에 일제히 반발하고 박헌영 등 일부 피고인들을 경성지방법원으로 이송한 것은 문제가 있다고 항의서를 제출하였다.

공판 이틀째인 9월 15일 법정에는 정·사복 경관 20여명이 배치되었고, 특별 방청석에는 군복에 칼을 찬 헌병대원들이 자리를 잡고 있었다. 이때 박헌영은 피고인들을 대표하여 벌떡 일어나 경비과잉과 특별방청을 규탄하며 일반인 방청을 강력히 요구하였다. 공판 사흘째인 9월 17일 재판에서도 일반인 방청이 금지되고 경비는 더욱 삼엄해졌다. 9월 20일 공판에서 박헌영은 시대일보사 기자인 박순병이 경찰의 고문으로 사망한 것을 알고 재판 도중 자리에서 다시 벌떡 일어나 "재판장! 피고인 가운데 박순병 동지가 보이지 않는데 어떻게 된 일인가?"라고 추궁하였다. 그러나 재판장은 대꾸하지 않았다. 화가 난 박헌영은 자신이 쓰고 있던 안경을 재판장에게 집어던지고 진술대에 올라가 미친 듯이 소리를 지르면서 "박순병 동지를 찾아내라!"라고 외쳐댔다. 그 바람에 재판이 일시 중단되고 박헌영은 법정 밖으로 끌려 나가고 말았다.

박헌영은 1927년 11월 중순에 감방에서 두 번이나 목을 매어 자살을 기도했다. 아마도 그것은 위장 자살기도였을 것이다. 감옥에서는 그가 자해를 하지 못하도록 그에게 팔을 뒤로 한 채 수갑을 채워두었다. 그러자 그는 더욱 난폭해져 자기가 싸놓은 대변을 먹기도 하고 그것을 입으로 물어다가 벽에 칠하기도 하는 등 온갖 '광기'를 부렸다. 변호인단의 병보석 요청이 있었고 감옥 의료진도 그가 미친 것이 틀림없다고 진단을 내려 담당 판사는 그에게 병보석을 허가하였다. 박헌영의 광인 행세가 성공을 거둔 셈이었다. 그해 11월 22일 그가 감옥 문을 나서는 날 고향인 예산에서 올라온 어머니와 아내 주세죽, 그리고 담당 변호인단과 동료 몇 사람이 그를 맞았다. 2년 만에 느껴보는 자유였지만 박헌영은 여전히 광인행세를 하며 어머니도 아내도 몰라보는 척하였다. 그는 곧바로 서대문의 김택원 정신병원에 입원하였으며, 담당의사도 그의 정신질환이 워낙 악성이어서 회복하기까지는 상당한 기간이 걸린다고 진단을 내렸다. 이때 박헌영의 경성고보 동창생이자 시인 겸 소설가인 심훈(소설『상록수』의 저자)은 갖은 고문으로 시달린 박의 처참한 몰골을 보고,「박 군의 얼굴」이라는 제목으로 절규하듯 이렇게 읊었다. "이게 자네의 얼굴인가?/여보게 박 군, 이게 정말 자네의 얼굴인가?/알코올 병에 담가 논 죽은 사람의 얼굴처럼/마르다 못해 해면海綿같이 부풀어 오른 두 뺨/두개골이 드러나도록 바싹 말라버린 머리털/아아 이것이 과연 자네의 얼굴이던가?/-중략-박朴아 박군아 ××(헌영을 뜻함)아!/사랑하는 네 아내가 너의 잔해를 안았다/아직도 목숨이 붙어 있는 동지들이 네 손을 잡는다/이빨을 악물고 하늘을 저주하듯/모로 흘긴 저 눈동자/오! 나는 너의 표정을 읽을 수 있다./오냐 박 군아/눈은 눈을 빼어서 갚고/이는 이를 뽑아서 갚아 주마!/너와 같이 모든 ×을 잊을 때까지/우리들의 심장의 고동이 끊칠 때까지(1927. 12. 2)."

박헌영은 정신병원에서 요양을 하다가 1928년 6월 퇴원하여 고향에서 잠시 휴식을 취한 후 병 치료를 구실로 여행 허가서를 발부 받았다. 그는 곧바로 아내 주세죽과 함께 함경남도 안변의 석왕사로 가서 요양을 하다가 아내의 고향인 함흥의 유명한 휴양지 주을온천에서 탈출의 기회를 노렸다. 마침내 박헌영은 그해 8월 어느 날 임신 6개월 된 아내 주세죽과 함께 한만韓滿국경을 넘는 데 성공하였다. 얼마 후 이들 부부의 탈출소식이 언론에 긴급 보도되었고, 그 일로 감시 책임을 맡은 함흥경찰서 관련자들이 중징계를 당한 것은 물론 이었다. 이들 부부는 그해 9월 소련 연해주 블라디보스토크에 도착하여 그곳 오케안스카야 공원을 거닐며 앞일을 구상하였다. 그곳에서 부인과 함께 사진을 찍은 박헌영의 모습은 너무 지쳐 있음이 역력하다. 이 무렵 주세죽은 딸 비비안나(한국명 朴影)를 낳았다. 박헌영은 그곳 보통학교에서 얼마동안 교편생활을 하다가 1929년 11월 5일 가족과 함께 모스크바로 갔다.

한편 박헌영이 이처럼 고난의 길을 걷고 있는 사이 '삼총사' 중 김단야와 임원근 두 사람은 어떻게 되었는가? 김단야는 요행히도 '제1차 조선 공산당 검거사건' 때 경찰의 체포망을 피해 상하이로 탈출하여 그곳에서 '고려공산청

모스크바 시절(1929) 딸 비비안나와 함께한 박헌영·주세죽 부부

년회 상하이 임시특별연락부'를 설치하고, 모스크바에 파견되었다가 검거되지 않고 상하이에 온 조봉암과 합류하였다. 이 연락부는 차기 대회에서 새로운 중앙위원회가 구성될 때까지 한시적으로 존속하는 것으로 되었으나 해외에 있는 공청기관에 대한 지휘권도 넘겨받아 국내 공청을 관할하는 책임을 갖고 있었다. 상하이 임시연락부 책임자가 된 김단야는 서울의 공청 중앙간부, 모스크바 국제 공산 청년회, 만주 공청 비서부 등과 긴밀한 협조체제를 유지하며 1926년 4월 상하이 임시특별연락부를 '고려 공청 중앙간부 해외부'로 명칭을 바꾸고 경성의 6·10만세 운동을 지원하였다. 그러나 임원근은 제1차 공산당 검거사건 때 체포되어 1930년 1월 5년 2개월 만에 출옥하여 동지들과 달리 공산당 활동을 중단하고 당시 진보적인 신문사인 조선중앙일보에 입사(1933년)하여 기자 생활을 하던 중 동 신문이 폐간되자 기업 활동에 종사하다가 1963년 5월 서울에서 사망하게 된다.

김단야는 권오설을 중심으로 한 공청 후계 간부들이 이 운동을 주도하던 중 일경에 체포되자 해외활동을 중단하고 모스크바 '레닌 국제학교'

에 입학하여 이곳에서 박헌영과 감격적인 해후를 하게 되었다. 박헌영도 이 무렵 이 학교에 입학이 허용되었다. 당시 모스크바 레닌 국제학교 입학 조건은 매우 까다로웠는데, 당의 지도적 공산주의자로 3년 이상 당 경력과 1년 이상 정치사업 경력이 있는 노동자 출신 공산당원이거나 5년 이상의 당 경력과 3년 이상의 실제 활동 경험을 갖춘 비노동자 출신 공산당원만이 입교할 수 있었고, 그 밖에 외국어(영어, 불어, 독어, 아랍어, 루마니아어, 핀란드어, 인도어 중 택 1) 구사 능력이 있어야만 했다. 박헌영의 입학관계 서류철에 의하면 구사할 수 있는 언어로서는 한국어, 일어 외에도 영어와 중국어가 적혀 있었다. 김단야도 영어구사 능력이 인정되어 영어반을 선택하였다. 박헌영의 아내 주세죽도 유학이 허용되어 그녀는 동방노력자공산대학에 입학하였으며 이때 그녀는 코레예바(한국 여자라는 뜻)라는 가명을 썼는데 그것은 박헌영이 지어준 이름이었다. 두 사람은 1931년까지 그곳 모스크바에서 유학하였다. 박헌영은 레닌국제학교에 재학 중에도 김단야와 함께 코민테른 동양비서부 조선위원회 간부로 활동하면서 국내의 화요파 공산당 재건작업에 박차를 가하였다. 1930년

1929년 모스크바 유학 시절의 박헌영(앞 줄 가운데), 김단야(박헌영 바로 옆 안경 낀 사람), 주세죽(두 번째 줄 오른쪽에서 세 번째)

6월 김단야는 먼저 상하이로 돌아왔으며, 1932년 초 상하이로 돌아온 박헌영과 함께 현지사업을 지도하며 국내의 당 재건 작업을 활발히 전개하였다.

이들이 해외에서 활동하고 있는 기간 중 국내에서는 '1·2차 조선공산당 검거사건' 때 검거되지 않은 김철수, 안광천 등이 1926년 9월부터 제3차 조선공산당(일명 M·L파)을 발족시켜 당 재건을 벌이던 중 이들은 1928년 2월에 시작된 대량 검거사건 때 거의 모두(200여 명) 체포되어 1930년 8월 재판 때 6년에서 2년까지 실형을 선고받았다. 당시 체포된 당원으로서는 김준연, 최창익, 김철, 이인수, 김강 등이었다. 그 후 잔여 공산당원들은 1928년 2월 말 차금봉을 책임비서로 하여 당 재건작업에 착수하였으나 이들도 체포되어 차금봉은 고문에 시달리다가 1929년 1월 옥사하고 말았으며, 그 사이 1927년 12월 이영, 이증림 등이 '서울파' 공산당을 창당했지만 이들도 거의 일망타진되고 말았다. 이 무렵, 그러니까 1928년 7월 17일부터 9월 1일까지 속개된 모스크바 코민테른 제6차 대회에서 '식민지·반식민지 테제'가 채택되었고, 이에 의거하여 그해 12월 '조선 농민 및 노동자의 임무에 관한 테제(12월 테제)'가 채택되었다. 이 테제의 핵심은 조선 공산주의 운동에서 나타난 분파투쟁을 청산하고 지금까지 소부르주아, 인텔리와 학생에 중점을 두었던 당 조직 방침을 바꾸어 노동자, 농민에 기반을 두고 당을 재건하라는 것이었다. 이에 따라 상하이로 돌아온 박헌영은 김단야와 함께 이 '12월 테제'에 따라 조선공산당의 재건을 도모하였다.

박헌영의 재 투옥과 김단야의 최후

일제 당국은 국내에 못지않게 해외에서도 조선공산당 활동의 탄압에 대한 고삐를 늦추지 않았다. 박헌영은 김단야와 함께 3·1운동 이후 노동운동을 해온 마산 출신 김형선에게 국내활동을 맡기고 『코뮤니스트』라는 기관지를 만들어 국내에 배포하던 중 김형선이 노량진에서 체포되고 이어서 박헌영 자신도 상하이에서 체포되는 비운을 맞게 되었다. 1933년 7월 중순 어느 날이었다. 박헌영과 함께 상하이에 머물고 있던 주세죽은 남편이 아무 연락도 없이 새벽까지도 귀가하지 않자 불안하였다. 남편의 신변에 이상이 생긴 것을 예감한 주세죽은 곧바로 평소에 가두 연락원으로 일하던 여인의 집으로 찾아갔다. 주세죽은 거기에서도 남편의 행방을 알 수 없게 되자 단숨에 김단야를 찾아갔지만 상황은 마찬가지였다. 이렇게 되자 김단야와 주세죽은 재빨리 그곳을 피하였다.

체포된 박헌영은 지연작전 끝에 얼마 후 경찰과 함께 김단야의 집에 당도하였다. 그러나 두 사람은 일촉즉발의 위기에서 이미 도주에 성공하였다. 상하이 일본 총영사관 경찰에 체포된 박헌영은 경기도 경찰부로 압송되었다. 경기도 경찰부에는 왕년의 종로서 고등계 주임으로 악명이 높은 미와라는 사찰계 주임이 있었으며 그가 박헌영을 직접 문초하였다. 열흘 후에 예심에 기소된 박헌영은 경성지법에서 김형선, 오기만 등과 함께 1934년 12월 27일 본심에 회부되어 6년형을 선고받고 서대문형무소에 수감되어 긴 형기에 들어가게 되었다.

그러면 이 사이 체포를 피한 김단야와 주세죽은 어떻게 되었을까? 신변의 위협을 느낀 김단야와 주세죽은 상하이의 이곳저곳에서 은신하다가 1934년 어느 날 모스크바로 무사히 탈출하였다. 그곳에서 김단야는 동방노력자공산대학 한국과장이 되어 1936년까지 그곳 조선인 유학생들을 총괄하였다. 그리고 그는 주세죽을 다시 동 대학에 입교시키고 그녀와 동거생활에 들어갔다. 그리고 그녀는 외국인 노동자 출판부에서 교정원으로 일하게 되었다. 그러나 그때부터 김단야의 운명에 먹구름이

드리우고 있었다. 위기 때마다 체포를 면한 것이 그에게는 큰 꼬투리가 되었다. 스탈린의 숙청 광풍이 외국인 사회주의자들에게까지 몰아치던 1937년 어느 날 그는 조선인 사회주의자 김춘성의 투서 한 장에 의해서 체포되고 말았다. 그의 투서에 의하면 김단야는 부유한 집안의 자식으로서 청년시절의 혈기로 혁명운동에 뛰어들었으나 당성이 너무도 의심스럽다는 것이었다. 즉 조선공산당원에 대한 검거 선풍이 있을 때 동료들은 체포되어 중형을 선고받고 옥고를 치른 반면, 김단야는 그때마다 '일경과 내통'하여 체포를 피한 점으로 미루어 그는 틀림없이 '일본 제국주의 밀정'이라는 것이었다. 이 투서 한 장으로 김단야는 1937년 11월 5일 소련 내무인민위원회 비밀경찰에 체포되어 특별군사법정에서 일제 첩보기관의 밀정 및 반혁명 분자로 판결을 받아 즉시 처형되었다. 너무도 허망한 일이었다. 그가 동료 아내를 대동하고 모스크바로 탈출하여 동거생활을 한 것은 치명적인 실수였다.

그러면 또 졸지에 동반자를 잃은 주세죽의 운명은 어찌되었을까? 그녀는 전 남편 박헌영이 체포되자 그가 더 이상 살아남을 가능성이 없다고 판단하고 심경의 변화를 일으켜 김단야와 동거생활에 들어갔다. 결국 그녀도 모스크바 비밀경찰에 체포되어 1938년 3월부터 4월까지 심문을 받고 5월 22일 '사회적 위험분자'로 지목되어 5년간 카자흐스탄으로의 유형선고를 받았다. 그곳에서, 김단야와 동거 중에 낳은 아들 비탈리아는 죽고 말았으며, 박헌영과의 사이에서 낳은 딸 비비안나도 만날 수가 없었다. 그때 비비안나는 이바노바 국제육아원에서 양육되고 있었다. 주세죽은 1946년이 되어서야 『프라우다』지를 통해서 박헌영이 북한 부수상 겸 외무상이 되었음을 알게 된다. 당시 그녀의 심정은 어떠하였을까? 그녀는 자유의 몸이 된 후 모스크바에 있는 딸과 함께 살기 위해서 당국에 모스크바 이주를 신청하였으나 번번이 기각 당하였다. 이 때문에 그

평양을 방문한 딸 비비안나(왼쪽), 재혼녀 윤레나
(오른쪽)와 함께한 박헌영

녀는 딸을 만나기 위해서 당국으로부터 여행허가증을 받고 카자흐스탄 크질오르다에서 모스크바까지 힘겹게 긴 여행을 하여야만 했다. 한편 비비안나는 줄곧 육아원에서 성장한 후 모이세프 무용연구소에서 민속 발레를 공부하여 발레리나로 활동하게 된다. 그녀는 18세 때인 1946년 4월 29일자 서울발 생부 박헌영의 절절한 편지에 의해서 아버지가 있다는 사실을 알게 되며, 그해 7월 초 부녀는 실로 15년 만에 감격적인 상봉을 하게 된다. 그때 박헌영은 모스크바를 비공식 방문 중이었다.

박헌영의 딸에 대한 편지는 위험하고 어려운 길을 걷느라고 아버지 노릇을 제대로 하지 못한 자책감과 회한으로 가득 차 있었다. 박헌영은 그 뒤 북한 부수상 겸 외무상 시절 그러니까 1949년 8월 딸 비비안나를 평양으로 초청하여 잠시(약 한 달)나마 부녀의 애틋한 정을 나누었다. 이 무렵 박헌영은 주세죽(러시아 명 한베라)의 생존 사실을 알게 되었지만 그녀에 대한 반응과 관심은 냉담하였다. 주세죽은 크질오르다에서 봉제공으로 생계를 이어가며 모스크바의 딸을 찾아 다녔는데, 1953년 겨울 어느 날 이날도 그녀는 모스크바로 딸을 만나러 가던 중 폐렴이 악화되어 사위 빅토르가 지켜보는 가운데 굴곡이 많은 삶을 쓸쓸히 마감하였다. 그때 비비안나는 순회공연차 키에프에 있었기 때문에 어머니의 임종을 지켜보지 못하였다. 주세죽의 유해는 현재 모스크바 시내의 단스키 수도원 납골당에 안치되어 있다. 2007년 한국 정부는 3·1절 88주년을 맞아 주세죽에게 건국훈장 애족장을 수여키로 하여, 그녀의 딸 비비안나(당시 79세)가 이를 대신 수령하였다.

출옥 후 '경성 콤그룹' 지도자로 영입되다

이야기는 다시 박헌영의 투쟁활동 시절로 돌아가자. 박헌영은 서대문 형무소에 투옥된 지 얼마 후 대전형무소로 이감되어 1939년 만기 출옥 시까지 그곳에서 보냈다. 그 무렵 대전형무소에는 블라디보스토크에서 공산당 활동을 하다가 국내에 잠입, 체포된 김철수(전북 군산 출신)가 10년형을 선고받고 먼저 들어와 있었다. 1937년 어느 날 두 사람은 우연히 마주쳤다. 박헌영이 1929년 주세죽과 함께 탈출, 블라디보스토크의 노동자 해변 휴양지에서 김철수를 만난 후 8년 만이었다. 그때 김철수는 박헌영의 모습이 딱해서 "자네는 아직 젊고 앞길이 구만리 같으니 전향서를 쓰고 나가 새 삶을 찾는 것이 좋겠네."라고 조언하였다. 그러자 박헌영은 "김 선배가 그런 말을 할 수 있소?"라며 버럭 화를 냈다는 일화가 있다. 1939년 만기 출옥한 박헌영은 지친 몸을 이끌고 고향에 내려가서 쉬다가 7월 어느 날 몰래 상경하여 경성고보 시절 친구이자 조선은행에 다니고 있던 최기룡 집에서 일 주일쯤 묵은 뒤 말없이 사라졌다. 그런데 그가 고향에서 쉬고 있을 때 경찰의 감시를 소홀히 하기 위하여 광인 행세를 하며 아버지 앞에서 담배를 피우고 욕설을 퍼부었다는 설(박갑동은 그의 저서 『박헌영』에서 박의 사돈인 한상현의 증언을 인용)과 7월 칠석날 아버지의 생일 축하연 때 어수선한 틈을 타 몰래 상경했다는 기록(박갑동, 그리고 박헌영의 또 다른 전기를 쓴 고준석도 같은 기록)은 잘못된 것이다. 왜냐하면 박헌영의 부친 박현주는 이미 1934년에 사망하였고, 그 당시 생모만 살아있었다. 생모 이학규는 그 뒤 1943년 77세로 사망하였다.

박헌영은 여운형의 집으로 거처를 잠시 옮겼다가 '경성 콤그룹(이하 콤그룹)'의 김삼룡(충북 중원 출신으로 1947년 이후 남로당 지하 활동을 하다가 1950년 3월 체포되어 인민군 서울 점령 직전 처형됨), 이관술(경남 울주 출신으로 도쿄고등사범을 나와 박헌영의 심복으로 지하 활동을 하다가 '조선정판사 사건'으로 투옥된 후 6·25 초 대전형무소에서 처형됨), 이현상(「이현상」 편 참조) 등을 만나 이 그룹의 지도자로 영입되었다. 1939년 10월 박헌영은 '콤그룹'의 책임비서가 되어 각 분야별, 지역별로 조직을 재정비하는 한편 경성제국대학생 정태식의 '성대城大 클럽'까지 흡수하여 지하조직을 강화하였다. 당시 '콤그룹'은 100여 명에 달하였으나 1939년 말부터 1941년 사이에 대부분 검거되었다. 이때 박헌영은 검거를 피해 당시 남선전기주식회사 광주지점에 근무하던 윤순달의 알선으로 광주에 잠입하여 김성삼이라는 가명을 가지고 모 벽돌공장의 인부로 위장 취업한 후 조주순, 고항(당시 조흥은행 광주지점 행원)의 도움을 받으며 기관지『코뮤니스트』,『해방자』 등을 발간하였다. 그때 박헌영의 연락책으로는 이관술의 여동생 이순금(동덕 여학교를 나와 제사공장 여직공으로 위장취업, 지하 활동을 하였으며 후일 김삼룡과 결혼함)이었다. 박헌영은 이 무렵「현 정세와 우리의 임무(일명 '8월 테제')」를 집필하고 있었다. 그 당시 검거된 '콤그룹' 멤버 중 김삼룡은 4년형, 이현상과 이관술은 각각 2년형을 선고받았다.

박헌영의 동거녀 정 여인과
아들 원경스님의 기구한 사연

이 무렵(1939년) 박헌영은 경성제대생 정태식(충북 진천 출신)을 통해서 한 여인을 만나게 된다. 정태식은 청주고보 시절 채항석과 전체 수석

을 다툰 수재였다. 그 뒤 집안이 가난한 정
태식은 편모슬하에서 어렵게 살면서도 경
성제대에 들어가 재학 중에 부유한 집 딸
(1947년 당시에 흔하지 않은 교통사고로 사망)
과 결혼하였으며, 부잣집 아들 채항석은 도
쿄제대를 나와 식산은행(현 산업은행)에 들
어가 수도 경찰청장 장택상의 장녀 장병민
과 결혼한다. 채항석은 정태식이 경찰에 쫓

박헌영의 아들 원경스님

기며 어려움을 겪을 때에도 갖은 위험을 무릅쓰고 그의 아내와 함께 동
료 정태식을 물심양면으로 돕게 된다. 두 사람은 판이한 환경에서 자라
나 서로 다른 길을 걸었지만 보기 드문 끈끈한 우정을 지녔다. 그런 면에
서 채항석과 그의 처 장병민은 고생을 모르고 자란 부유한 집 자녀치고
는 인간미가 넘치는 사람들이었다.

　정태식은 당초에 무슨 동기에선지 충북 영동의 사촌형 집을 찾아가
그 집 막내 딸(순년)을 자기에게 맡겨달라고 하였다. 당시(1939년) 그녀
는 17세로 박씨 성을 가진 목수와 혼례를 준비하고 있었다. 박헌영과 그
녀와의 사이에 낳은 원경圓鏡스님이 어머니로부터 들은 기억을 토대로
한 증언에 의하면, 그녀의 오촌 당숙인 정태식이 어느 날 그녀의 아버지
를 찾아와 신학문도 가르칠 겸 그녀를 서울로 데려가겠다고 졸라댔다.
그녀의 아버지는 처음에는 마음에 걸려 거절하였으나 정태식의 뜻이 하
도 간곡하여 마지못해 딸을 서울로 올려 보냈다. 정태식은 그녀에게 얼
마 있으면 귀한 분이 오시니 그분을 잘 모시라고 당부하고 '콤그룹'에서
활동하고 있는 이순금에게 그녀의 교육을 맡겼다. 그때 박헌영은 김삼룡
의 고향(충북 중원) 근처 청주에 피신해 있었다. 박헌영이 서울에 빨리 돌
아올 형편이 못되자 정태식은 그녀를 청주의 박헌영에게 데리고 갔다.

청주에서 박헌영은 이정이라는 가명을 쓰고 있었다. 이렇게 해서 그녀는 박헌영의 뒷바라지를 하게 되었으며, 그곳에서 40여 일을 보낸 후 박헌영을 따라 서울로 올라왔다. 그녀는 박헌영과 1년여 동거생활을 하던 중 배가 불러오자 1941년 청주로 내려가 그해 2월 그곳에서 아들 병삼(원경스님)을 낳게 되었다. 그녀가 청주로 내려갈 때 박헌영은 민들레 문양이 새겨진 쌍가락지를 그녀의 손가락에 끼워주며 "자네가 나에게 큰 힘이 되어 주었다."라고 말하면서 해방이 되면 많은 사람들에게 고마운 인사를 받게 될 것이라고 위로하였다고 정 여인은 회고하였다. 이러저러한 정황을 고려해 보면, 정태식이 그녀를 서울로 데리고 간 것은 홀아비 생활을 하며 때를 기다리고 있는 박헌영을 생각해서 의도적으로 계획한 일로 보인다.

　그 무렵부터 정태식은 박헌영의 절대적인 신임을 받았으며, 정태식도 그에게 충성을 아끼지 않았다. 그런데 혼기를 맞은 딸을 서울로 보낸 정씨 부부는 소식이 궁금하여 딸을 찾아가 보니 그녀는 뜻밖에도 갓난아기에게 젖을 먹이고 있었다. 너무도 놀란 정씨 부부는 정태식을 원망하며, 그 길로 아이(병삼)는 남겨둔 채 딸만 데리고 고향으로 돌아가 버렸다. 그 바람에 아이는 이순금에 의해 잠시 양육되다가 예산의 친할머니 주선으로 지금의 과천 친지 집에 맡겨졌다. 그 사이 정 여인은 고향의 박 목수와 결혼하여 모자는 20여 년 간이나 긴 생이별을 하게 되었다. 그런데 그 박 목수도 사실은 공산당 세포였다. 그 이후 어린 병삼은 아버지 박헌영과 가까운 한산스님(도쿄제대 출신으로 사회주의 사상에 관심이 많은 기인)을 따라 이곳저곳 전전하다가 한동안 구례 화엄사에서 생활하며 이현상 등 산사람들을 만나기도 하였다. 그 뒤 병삼은 한산스님을 따라 단양의 구인사에 맡겨져 생활하다가 다시 스님을 따라 소백산, 태백산 등의 크고 작은 절에서 불경을 공부하며 1960년 정식 출가하였다. 그사이 병삼의 생모 정 여인은 박 목수와의 결혼생활에서 1남 1녀를 두었으나 그 사람도 보도연맹사건으로 투옥되어 6·25 사변이 나자 대전형무소에서 처형되었다.

모자가 상면한 것은 1963년 수덕사 위에 있던 정혜사에서였다. 그때 아들 병삼은 너무 충격이 커 고통을 이기려고 여러 곳을 전전하다가 어느 날 강원도 원주 태장동 영천사에서 수면제를 먹고 자살을 기도하였다. 그러나 그 자살은 미수에 그쳐 그는 원주도립병원에서 14일 만에 소생하였다. 그는 다시 한산스님을 만나 여러 곳을 여행하며 스님으로부터 우리의 슬픈 역사, 속세의 수많은 사람들의 슬픈 이야기를 듣고 위로를 받았다. 스님은 병삼에게 "생명을 그렇게 함부로 버리는 게 아니다. 앞으로는 세상과도 멀리하며 진정으로 부처님 제자가 되어라."라고 타이르고 그를 제주도로 데리고 갔다. 그 후 얼마간의 세월이 흐른 후 모자는 1967년 대전에서 재회하였으며, 1973년부터 1982년까지 여주 흥왕사(서래암)에서 함께 살았다. 병삼은 1978년부터 법명을 원경圓鏡으로 하고 평택 만기사 주지(2014년 4월 9일 대한 불교 조계종 원로회의에서 동 원로위원으로 추대됨)가 되어 지금에 이르고 있다. 그는 한때 '역사문제연구소'의 운영위원을 맡기도 했으며, 아버지 박헌영의 전집 발간에 심혈을 기울였다. 원경스님은 1991년 10월 18일 모스크바를 방문, 누이 비비안나를 만나 비록 배다른 남매간이지만 애틋한 혈육의 정을 나누었으며, 그해 12월 15일 누님 부부를 서울로 초청하기도 하였다.

유명무실해진 '건준' 결성과 '조선인민공화국' 선포

조선은 연합국의 승리로 1945년 8월 15일 타력에 의해서 해방되었다.

일본의 패전이 임박하자 조선총독부는 조선 내의 자국민 생명과 재산을 보호하기 위해서 당시 좌우 세력의 신망을 얻고 있는 여운형과 교섭을 제의하자 여운형은 조건부로 총독부 제의를 수락하였다. 그가 제시한 조건은 모든 정치·경제사범의 석방, 3개월분의 식량 확보, 조선인의 활동에 대한 불간섭 등이었다. 여운형은 총독부로부터 이에 대한 확약을 받고 자신이 조직했던 건국동맹을 모체로 하여 8월 15일 '건국준비위원회'(이하 건준)를 발족시켰다. 여운형은 8월 16일 오후 1시 휘문중학교 운동장에 모인 군중집회에서 '건준'을 발족시켰음을 보고하고, 주최 측에서는 8월 17일 여운형을 중앙위원장으로, 안재홍을 동 부위원장으로 하는 중앙기구 부서를 발표하였다.

'건준'의 핵심인물은 1944년 8월에 지하조직으로 결성, 활동해온 건국동맹원들이었다. '건준'은 치안의 회복과 질서유지를 위해서 지역, 직장별로 건국치안대를 조직하고 식량대책위원회도 만들었다. '건준'은 친일파를 제외한 모든 정치세력을 참여시킨 민족 연합전선의 성격을 띠고 있었다. 그러나 송진우 계열의 우익세력은 불참하였으며, 김병로, 이인 등 우익 및 좌익 성향의 허헌, 박헌영의 화요파계 골수 공산당 세력 및 정백 등 장안파 공산당계가 참여하였다. 그러나 '건준'은 그 후 조선공산당 중심의 좌익세력이 득세하면서 인민공화국 체제로 흡수되고 자동 해체되었다.

좌익계가 주도권을 쥔 '건준' 지도부는 9월 6일 미군 상륙시에 공식 정부로 인정을 받기 위하여 미군 진주를 3일 앞둔 9월 6일 서둘러 인민대표자대회를 개최하고 '조선인민공화국' 설립을 선포하였다. 회의 형식으로 소집된 대회 도중 여운형 측에서 '인민'이라는 칭호는 너무 과격하니 '조선민주공화국'으로 하자고 제의하였으나 공산당계의 노동자 측 대표 김응빈이 들고 일어나 '조선인민공화국'으로 통과되었다. 각료명단에는 주석에 이승만, 부주석에 여운형, 국무총리에 허헌 외에 김구, 김규식 등 중경 임시정부계와 김성수 등 우익계, 그리고 이관술 등 국내 좌익계 등을 망라하고 있었으나 대부분 국외에 있거나 국내에 있다 하여도 본인의 동의 없이 주최 측에서 일방적으로 정해버렸기 때문에 그 대표성이 문제로 남게 되었다. 그런 가운데 9월 9일 오전 9시 서울에 진주한 미군은 오후 3시 45분 총독부 제1회의실에서 하지 중장이 조선 총독부로부터 항복 문서를 받고 9월 20일 군정 수립을 선언하는 한편 10월 10일에는 '미 군정청'이 당분간 남한 내의 유일한 합법정부임을 선언하고 '조선인민공화국'의 해산을 명령하였다.

10월 16일에는 마침내 이승만이 미 군용기 편으로 김포공항에 도착하자 박헌영은 현 단계에서 이승만의 존재를 부인할 수 없어 겉으로나마 그의 귀국을 환영하였으며 이승만도 이에 화답하였다. 10월 23일 한민당, 국민당, 공산당 등 각 정파와 문화단체 대표 200여 명은 조선호텔에 모여 만장일치로 '독립촉성중앙협의회'를 결성하고 11월 2일에는 천도교 교회당에서 '민족의 총의'를 만방에 선포하였다. 그러나 그때부터 박헌영의 속마음은 드러났다. 박헌영은 결의문 선포에 앞서 민족 반역자와 친일파 처리문제를 통일 뒤로 미루자는 이승만의 주장에 반대하면서 '선 친일파 처벌, 후 통일논의'가 이루어지지 않으면 '협의회'에서 탈퇴하겠다고 으름장을 놓았다. 박헌영의 발언으로 장내가 소란해지자 인민당 당수인 여운형의 중재로 이 문제는 추후 수정위원회에서 재검토하기로 하고 결의문을 일단 통과시켰다. 결의문 수정위원에는 여운형, 안재홍, 박헌영 등이 위촉되었다. 그러나 박헌영은 다음날 수정위원회에 출석하지 않고 결의문 내용을 재수정할 것을 요구하였다. 사태의 심각성을 인식한 이승만은 박헌영을 만나 "석 달만이라도 좌우 합작을 해서 민족의 단합을 과시해보자."고 설득하였으나 이들의 의견 차이는 돌아오지 못할 강을 건너고 말았다.

　11월 22일 박헌영을 주축으로 한 '전국인민대표자회의'는 "미국은 조선인민공화국을 옹호할 책임은 있어도 '국호'를 변경할 권한은 없다. 조선인민공화국을 끝까지 탄압한다면 대다수의 근로대중은 다시 만주, 시베리아로 쫓겨갈 것이고 그 책임은 군정청이 져야 한다. 미 군정청만이 남한의 유일한 합법정부가 아니며 조선 문제는 연합국 이사회에서 해결될 문제이기 때문에 미 군정청이 조선인민공화국을 해체할 권한이 없다."라는 것을 결의, 발표하였다. 이 발표문은 미 군정청에 대한 정면도전으로 받아들여졌다. 박헌영이 이와 같이 이승만의 '독립촉성'과 미 군정청에 정면 도전장을 내게 된 것은 일부 민족주의자들과 주의·주장이 다른 점도 큰 이유이지만, 그 동안 박헌영의 지시에 의해 김삼룡 등이 재정비해온 공산당 조직에 자신감을 가졌기 때문이었다. 조선공산당을 대표하는 박헌영 자신은 '인공' 수립 시에도 당무에 전념한다는 이유로 여기에 직접 참여하지 않았는데 속셈은 주도권을 장악할 수 없고 실익이 없는 좌우 연합전선보다는 순수 공산당에 의한 국가건립에 야심이 있었기 때문이 아닌가 생각된다. 결국 남한에서의 '조선인민공화국'은 미 군정청의 해산명령, 좌우 세력 간의 갈등과 각계각층의 의견대립으로 유명무실하고 속빈 강정이 되어 흐지부지 자연 소멸하게 된다.

조선공산당 재건과 박헌영의 '8월 테제'

　'건준'과는 별도로 당시 서울의 공산주의자들은 해방 당일인 8월 15일 밤부터 16일 새벽에 걸쳐 서울 장안빌딩에서 이영, 정백, 이승엽, 조동우 등 50여 명이 모여 조선공산당 재건을 선언하였다. 한편 광주에서 해방을 맞은 박헌영은 연락책 이순금을 전주로 보내 전주형무소에 수감되었다가 8월 16일 풀려난 김삼룡에게 연락을 취하도록 한 후, 17일 윤순달, 조주순, 고항 등과 함께 목탄차를 타고 전주의 김삼룡과 합류하여 19일 서울에 도착하였다. 박헌영이 서울에 도착해보니 곳곳에 "근로 대중의 위대한 지도자 박헌영 선생은 어서 나와 우리를 지도해 달라!", "박헌영 동지여, 어서 나오시오! 우리는 박 동지를 기다리고 있다."라는 등 그를 환영하는 벽보가 나붙어 있었다. 그것은 이영, 정백 등 비지하파 그룹인 서울파(일명 장안파)를 제압하기 위하여 박헌영을 지지하는 과거 화요파 계열인 '경성 콤그룹' 회원들이 전략적으로 써 붙인 것이었다. 박헌영은 김삼룡, 이관술, 이현상 등과 연락을 취하여 명륜동 김해균 집에 아지트를 마련하고 8월 20일 낙원동 안중빌딩 사무실에서 조선공산당 재건준비위원회를 결성하여 서울파를 철저히 배제한 후 박헌영을 책임비서로 하여 9월 11일 조선공산당 재건을 선언하였다. 이들은 9월 20일 조선공산당중앙위원회 명의로 박헌영이 광주 지하 생활 중에 작성한 '현정세와 우리의 임무'(일명 '8월 테제')를 발표하였다. '8월 테제'의 요지는 다음과 같다.

1. 현정세-독일의 붕괴, 일본의 항복으로 제2차 세계대전은 마침내 끝나고 말았다. 이에 조선의 해방은 실현되었다. 그러나 그것은 우리 민족의 주관적, 투쟁적 힘에 의해서보다도 진보적 민주주의 국가 소·영·미·중 등 연합국 세력에 의해서 실현된 것이다. 이번 반파시스트·반일 전쟁 과정에서 조선은 전체로 보아 응당한 자기 역할을 다하지 못하였다. 그 것은 조선의 지주와 민족 부르주아들이 모두 일본 제국주의의 살인 강도적, 침략적 전쟁을 지지하기 때문이다. 그러나 솔직히 말하면 그것은 민족의 혁명적 투쟁이 대중적으로 전개되지 못한 약점이다. 여기에서 우리 조선은 민족적 자기비판을 하여야 할 모멘트에 이르렀다. 국제적 혁명정세는 조선의 해방이 평화적으로 해결될 만한 유리한 조건을 만들어내었

다. 그러나 우리는 일본 제국주의 세력을 하루라도 빨리 우리의 힘으로 제거하기 위한 전국적, 대중적 반란 혹은 폭동을 조직하지 못하며, 일반 민중 운동의 자연 발생성을 완전히 극복하지 못하는 자체 무기력을 보이고 있다.

2. 조선 혁명의 현단계-금일 조선은 부르주아 민주주의 혁명의 단계를 걸어가고 있으며, 민족적 완전 독립과 토지문제의 혁명적 해결이 가장 중요하고 중심이 되는 과업이다. 또한 언론, 출판, 집회, 결사, 가두행진, 파업의 권리를 완전히 쟁취해야 하고 8시간 노동제의 실시를 실행해야 하며 일반 근로대중 생활의 급진적 개선을 위한 모든 시책과 수단을 실시하기 위하여 투쟁하여야 한다. 나아가 일본 제국주의자 소유의 모든 토지와 일체의 재산을 몰수하여 국유화하고, 의무교육의 실시, 여자의 정치, 경제적, 사회적 지위의 향상, 단일 누진세금제 실시, 18세 이상의 남녀평등의 선거, 피선거권의 부여 등이 조속히 이루어져야 한다.

3. 조선공산주의 현상과 그 결점-일반적으로 조선의 혁명운동은 국내에서나 국외에서나 운동이 체계적인 연락을 가지고 통일적 활동을 하지 못하였다. 대중의 지지가 없는 것은 아니겠지만 끊임없이 일어나는 대중적 검거는 비합법적 조직운동을 극도로 위축시켰던 것이다. 이러한 모든 어려운 환경 속에서도 어쨌든 국제노선을 대중 속에서 실천하는 진실한 의미의 콤그룹의 공산주의 운동이 비합법적으로 계속되어온 것은 사실이다. 특히 1937년 이래 전쟁 시기에 들어가면서부터는 과거 파벌들은 모든 운동(합법적, 비합법적)을 청산하고 일본 제국주의자 앞에 더욱 온순한 태도를 보였던 것이다. 그 결과 과거의 파벌 분자와 그 거두들이 전시하에서 일본 제국주의의 군사탄압이 두려워서 계급운동을 청산한 변절자 일파(전향파)가 대량으로 산출되었다.

4. 우리의 당면 임무-금일의 정세는 혁명적으로 발전되고 있다. 그러

나 전국적, 통일적, 의식적 운동은 발전되지 못하고 있다. 우리는 우리 조직의 파벌성을 극복하고 조직된 군중과 미조직된 노동자와 연계하여 대중투쟁을 전개하여야 한다. 이를 위해서 다음과 같은 제반 운동이 추진되어야 한다. 대중운동을 전개할 것, 조직사업을 전개할 것, 옳은 정치노선을 위한 양면전선 투쟁을 전개할 것, 프롤레타리아 계급의 헤게모니를 위한 투쟁을 전개할 것, 민족통일전선의 결성으로 수립된 '인민정권'을 위한 투쟁을 전국적으로 전개할 것 등이다.

5. 혁명이 높은 단계로 전환하는 문제-조선의 혁명이 그 발전에 따라서 부르주아 혁명의 높은 단계인 프롤레타리아 혁명으로 전환한다는 것은 가장 중요한 이론 문제인 것이다. 그러나 오늘 벌써 우리가 부르주아 민주주의 혁명의 중요과업(완전 독립과 토지혁명)을 완전히 해결하기는커녕 이제 첫걸음에 불과한데도 그 과업이 완수되었다고 보고 부르주아 민주주의 혁명이 프롤레타리아 혁명으로 넘어섰다고 규정함은 큰 정치적 오류이다. 조선의 객관적 정세는 우리로 하여금 무조건 부르주아 민주주의 혁명의 제 과업의 수행을 강력히 요구하고 있는 것이요, 조선에서는 프롤레타리아 혁명의 단계는 아직 오지 않고 있다는 것을 강력히 주장하는 바이다.

이 '8월 테제'는 대부분 마르크스·엥겔스의 『공산당 선언』을 기초로 하여 작성되었고 마르크스의 혁명이론의 제 단계를 원용한 논리여서 독창적인 것은 되지 못하고 있으나 당시 상황에서 그 정도라도 논리 전개를 한 것은 조선 공산주의 운동사에서 괄목할 만한 이론전개로 받아들여졌다.

박헌영을 중심으로 전열을 정비한 조선공산당은 전국사업에 착수하면서 각종 외곽 단체 결성을 지원하였다. 이 가운데 조선공산청년동맹(1946년 4월 조선민주청년동맹으로 개칭), 조선노동조합전국평의회(전평),

전국농민조합총연맹(전농), 전국부녀총동맹(부총), 전국청년단체총동맹(청총), 조선문화단체총연맹(문총), 그리고 조선민주주의민족전선(민전) 등이 대표적인 조직체였다. 이들 중 1945년 11월 16개의 산업별 노동조합을 중심으로 조직된 '전평(위원장 허성택. 함북 성진 출신으로 모스크바 공산대학 수료 후 고향에서 노동운동을 하다가 체포되어 14년간 복역, 후에 북한 노동상이 됨)'과 1946년 2월 소위 '민주주의적' 정당, 사회단체 대표 및 무소속 인사를 중심으로 발족한 '민전(공동 대표 여운형·박헌영·허헌·김원봉·백남운)'의 활동이 제일 활발하였는데 이들은 후일 해방정국에 큰 회오리를 몰고 오는 단체가 된다.

김일성의 등장과 북조선 노동당

그러면 8·15해방 후 북쪽의 사정은 어떠하였는가? 1945년 8월 20일 평양에 진주한 소련군은 현지 공산주의자들을 통해 손쉽게 북한을 지배해나갔다. 해방 직후인 8월 17일 평양에서는 현준혁(9월 3일 암살됨), 김용범, 장시우 등이 조선공산당 평남지구위원회를 조직하였으며, 함흥, 흥남지구에서는 오기섭, 정달현 등이, 원산지구에서는 이주하(김삼룡 등과 남로당 지하활동을 하다가 체포되어 1950년 인민군의 서울 점령 직전 처형됨), 문태화 등이, 신의주지구에서는 백용구, 김재갑 등이, 청진지구에서는 장순명, 김재룡 등이, 그리고 해주지구에서는 김덕영, 송봉욱 등이 각각 지구당 구성을 추진하여 9월 11일 박헌영을 중심으로 재건된 서울의 조선공산당 중앙본부로부터 정식 승인을 받았다. 이런 점으로 볼 때 그때까지만 해도 박헌영의 헤게모니는 남북에 걸쳐 막강하였다. 그러나 소련으로부터 공산주의자들이 돌아오면서 북에서는 공산주의 운동의 두 노선이 나타나기 시작하였다. 하나는 소련에서 돌아온 소련파, 즉 김일성을 중심으로 북에 독자적인 공산당을 조직하려는 움직임이었고, 다른 하나는 박헌영을 중심으로 한 국내파가 서울에서 재건된 조선공산당의 지방조직을 존속시키려는 움직임이 그것이었다. 그러나 아직은 소련파의 조직이 미비한 상태에 있었기 때문에 10월 13일 평양에서 조선공산당 5도 책임자·열성자대회가 열려 조선공산당 북조선 분국을 설치키로 결정하고 10월 23일 서울 중앙본부로부터 승인을 받았다.

이 무렵 남한에서는 미군정이 시작되었지만, 이들은 아직 남한 체제를 장악하지 못하고 있었으나 북에서는 소련 군정체제가 별다른 저항이 없이 순조롭게 진행되고 있었다. 1945년 10월 14일 평양에서는 40여 만 명이 참가한 가운데 '소련 해방군 평양시민 환영대회'라는 초유의 대군중 집회가 열렸다. '항일투쟁의 전설적인 영웅, 김일성 장군'이 평양시민 앞에서 처음으로 모습을 드러내는 순간이었다. 오전 10시에 시작하기로 한 집회는 11시가 조금 지나서야 시작되었다. 10월 13일 결성된 조선공산당 북조선 분국 책임자 김용범이 사회를 맡았고 연단 상석에는 소련 제25군사령관 치스차코프 대장, 정치 사령관 레베데프, 민정 사령관 로마넨코 등 소련 수뇌부와 환영대회 준비위원장 조만식이 자리를 잡았다. 이때 주인공 김일성은 레베데프와 조만식에 이어 세 번째로 등단하여 '모든 힘을 새 민주조선 건설을 위하여'라는 제목으로 연설하였다. 그때 김일성의 나이는 불과 34세였다. 장내는 예상보다 너무 젊은 김일성의 등장에 웅성거림과 긴장감이 감돌고 있었으나 잠시 침묵이 흐른 후 연설이 시작되었다. 그는 "해방자 소련군에 무한한 감사를 드린다. 조선민족은 이제부터 새 민주조선 건설에 힘을 합쳐 나가야 한다. 어떠한 당파나 개인의 힘만으로 이 위대한 사명을 완수할 수 없다. 노력을 가진 자는 노력으로, 지식이 있는 자는 지식으로, 돈이 있는 자는 돈으로써 참으로 나라를 사랑하고 민주주의를 사랑하는 전 민족이 완전히 대동단결하여 민주주의 자주독립 국가를 건설하자."는 요지로 연설을 하였다.

반세기 동안 북한 사회를 지배하면서 1994년 7월 9일 사망할 때까지 '위대한 수령'과 '전쟁 범죄자'라는 양극단의 평가를 받고 있는 김일성의 등장은 이렇게 극적으로 시작되었다. 그런데 김일성이 실제로 북에 들어온 것은 1945년 9월 19일이었다. 그 때 김일성은 '88여단' 소속의 항일 빨치산 부대 간부들과 소련 함정 푸카초프 호를 타고 원산항에 내려 원산항에 주둔하고 있던 소련군과 강원도의 공산당 간부들의 환영을 받았다. 김일성은 9월 20일 기차를 타고 22일 평양에 도착하였다. 평양에 도착한 김일성은 평양 중구역 근처에 사무실을 차린 뒤 김동환이라는 가명을 사용하며 당 조직 건설에 착수하였다. 그가 1차적으로 접촉한 인사는 서울의 박헌영과 노선을 달리한 박정애, 이용범 등이었다. 그때 김일성은 당시 평남인민정치위원회 위원장 조만식(당시 63세)을 비롯한 민족주의자들과도 만나 향후 민족통일 문제 등을 논의했다. 김일성은 근 한 달간에 걸친 조직사업과 정치사업의 기반을 마련하고 10월 10일 북조선공산당을 결성한 다음 소련군과의 치밀한 준비 끝에 10월 14일 군중대회에 극적으로 등장한 것이다.

그러면 김일성이 이렇게 등장하기까지의 그의 지난날을 잠시 살펴보자. 두루 아는 바와 같이 김일성은 1912년 4월 15일 평안남도 대동군 만경대의 한 농가에서 아버지 김형직과 어머니 강반석의 사이에 아들 3형제 중 맏아들로 태어났다. 그의 본명은 김성주이고 다른 두 형제는 김철주와 김영주이다. 그의 아버지 김형직은 민족운동가의 한 사람으로 남만주 일대에서 독립운동을 하다가 고문후유증으로 1928년 32세라는 젊은 나이에 사망하였다고 한다. 김일성은 13세의 어린 나이에 아버지의 체포 소식을 듣고 외조부가 운영하던 평양의 창덕보통학교를 다니다가 그만두고 1925년 무송제일학교에 들어가 1926년 그 학교를 졸업하고 당시

민족운동단체의 정의부 교육기관이던 화성의숙에서 수학한 후 1926년 지린으로 가 그곳 육문중학교에 입학하였다. 그때 그는 공산주의 활동과 반일투쟁을 하다가 1929년 중국 군벌에 체포되었다가 1930년 출옥 후 본격적인 항일투쟁 유격대의 길로 들어섰다고 한다.

김일성이 동만주에서 항일 유격대 활동을 벌이던 1930년대 중후반에 북만주에서는 김책이 동북항일연군 제3군 정치위원으로, 최용건이 제7군 참모장으로 활약하고 있었다. 1942년 7월 소련으로 이동한 항일 유격대는 하바롭스크 근처의 비야츠코에 집결해 망명부대를 결성하여 후에 '88여단'으로 확대, 개편된다. 같은 여단 소속 조선인 지휘관으로서는 여단 부참모장 최용건, 제1지대장 김일성, 김책 지대정치위원 등이었다. 이 가운데 최용건은 1900년생으로 나이나 지위도 김일성보다 위였고, 김책도 1903년생으로 이들 모두가 경력으로 보나 나이로 보나 김일성보다 앞서 있었다. 그러나 김일성이 이들 두 사람을 제치고 최고지도자로 부상한 것은 미스터리이나 와다 하루키 등 김일성 연구가들의 분석에 따르면, 김일성이 소련군으로부터 지명도가 높았고 준수한 용모 못지않게 사람을 다루는 통솔력과 흡인력이 탁월하였기 때문이라고 한다. 상황인식에 순발력이 있는 최용건과 김책은 현실을 받아들이고 그때부터 김일성의 양팔이 되어 김일성 체제에서 영화를 누리게 된다. 그리고 일설에 의하면 김일성은 일찍이 스탈린을 면접하고 난 후 그로부터 지도자로 낙점을 받았다는 설도 있다.

그러나 김일성 가짜설은 '그럼에도 불구하고' 끈질기게 제기되었다. 그 예로서 1937년 6월 두만강변 갑산군의 보천보 지서를 습격한 김일성 장군은 훨씬 나이가 많았다고 당시 보천보 전투 때 갑산공작대의 일원이었던 박금철(북한 노동당 상무위원으로 있다가 1967숙청됨)은 서울의 박헌영에게 알려주었으며, 1990년 서울을 방문한 소련 2세 강상호(전 소련군

대위, 1953년 북한 내무성 부상)도 보천보 사건의 김일성과 그 후의 김일성은 다르다고 주장하였다. 특히 그는 당시 보천보지서 습격사건은 알려진 것보다 대단한 것이 아니었다는 것이다. 그때 유격대가 보천보지서를 습격했을 때 지서 내에는 밀도살한 농민 한 사람이 잡혀와 있었을 뿐 대부분의 일본 경찰들은 어느 목재상의 술대접을 받고 있었다고 한다. 이런저런 일들로 당시 조선공산당 북조선 분국(함흥, 흥남지구) 제2비서인 오기섭과 원산인민위원회 치안 책임자 이주하가 가짜 김일성설을 제기하여 김일성을 곤경에 빠트렸다. 사실 그 당시 여론도 전설적인 김일성 장군의 이미지에 비해 평양에 나타난 김일성의 나이가 너무 젊었기 때문에 많은 의혹이 제기되었다. 김일성 가짜설을 제기한 오기섭은 그 후 김일성으로부터 미운 털이 박혀 훗날(1957년 5월) 숙청되며, 이주하는 김일성의 눈에 벗어나 서울로 피신한 후 1950년 남로당 사건으로 체포되어 인민군의 서울 입성 직전인 6월 28일 처형된 후에도 김일성으로부터 종파분자로 낙인찍혔으며 그의 흥남지구 측근들까지도 모두 숙청된다.

이런 가운데 김일성과 그의 측근 최용건, 김책 등은 북에 완전히 독립된 당 중앙기구가 설치되어야 한다는데 의견을 모으고 1945년 12월 17, 18일 양일간 평양에서 개최된 북조선 분국 제3차 확대중앙위원회에서 북조선 분국 공산당을 '북조선공산당'으로 확대 개편하고 김일성이 그 책임비서로 선출되었다. 그러나 북에서의 공산당 설립은 일국 일당주의 원칙에 위배되었지만, 소련의 스탈린으로부터 지원을 받은 김일성의 세력이 워낙 컸기 때문에 박헌영도 현실을 받아들일 수밖에 없었다.

이제 북에서의 김일성 체제는 순풍에 돛을 단 듯이 순조롭게 진행되었다. 1946년 2월 8일 북조선 임시인민위원회가 열려 김일성이 위원장이 되어 북에서의 중심세력으로 자리 잡기 시작하였다. 북조선 임시인민위원회의 성립은 김일성 체제의 중앙집권기반을 다지는 것을 의미하였다.

이를 기반으로 김일성의 북조선공산당은 일제시대 중국 옌안에 있던 조선독립동맹 관계자들이 해방 후 귀국해서 개편 조직(1946년 2월 16일)한 조선신민당(위원장 김두봉, 부위원장: 최창익, 한빈)을 흡수하여 8월 28, 29일 양일간 회의에서 북조선노동당을 결성하여 명실상부한 김일성 체제를 구축하였다. 이와 함께 1946년 11월 3일 북에서는 도·시·군 인민위원회 선거를 실시하여 여기에서 선출된 대의원(237명)들로 북조선인민회의를 구성하고, 11월 18, 19일 양일간의 회의에서 임시헌법위원회와 신화폐의 발행을 결의하였다.

'찬탁'·'반탁'을 둘러싼 좌우 대립

일본의 한반도 지배가 끝날 무렵 1945년 2월 소련의 크리미아 반도 얄타에서 미·영·소 3개국 간에 결정된 협정의 이면 합의에 따라 일본과의 전쟁에 참가한 소련은 1904-1905년 전쟁에서 잃었던 영토를 회복하기 위해서 만주를 공격하는 한편 한반도 쪽으로 남진을 계속하였다. 이 당시 미국군은 오키나와琉球島에 머물러 있었기 때문에 한반도에 진주하기에는 상당한 시간을 요하였다. 이에 당황한 미국은 소련에 대해 미소 양국군이 일본군의 무장을 해제하고 항복을 받을 경계선으로 38선을 제의하였다. 미국의 조바심을 모른 소련은 미국의 경제원조와 일본 점령에 참여할 속셈으로 미국의 제안에 선뜻 동의하였다. 사실 얄타 회담 비밀협약에 따라 38선은 미소 양국군이 일본의 항복을 받고 남북을 통한 임시정부를 세워 신탁통치를 실시하기까지의 일시적 경계선에 지나지 않았다. 그러나 한반도 일부 국민의 반대와 미소 양국의 이해관계 대립으로 남북에서의 임시정부수립과 신탁통치는 실시되지 않았고, 결국 남과 북에 각기 다른 체제의 국가가 성립되어 38선은 민족 분단선이 되고 말았으며, 이런 배경으로 38선이 획정劃定되고 이후 오늘에 이르기까지 한반도는 분단국가가 되고 말았다.

얄타회담의 밀약에 따라 한반도에 대한 신탁통치를 합의한 미·영·소 연합국 외상들은 전후戰後 문제를 토의하기 위해 1945년 12월 23일부터 27일 까지 모스크바에서 회의를 개최하였다. 이 회의가 끝난 28일, 이들은 한반도 문제에 대해서는 민주주의 원칙에 따라 남북한을 통한 임시 조선민주주의 정부를 수립하는 한편 임시정부수립을 지원하기 위한 미소공동위원회를 설치키로 하고, 미·소·영·중 4개국에 의한 최장 5년간의 신탁통치를 공식 결정하였다. 이들 3상회의 결정은 5년 간 신탁통치 후 친미·친소 및 중립적 정부가 수립될 가능성이 열려 있는 상황에서 미소 양국이 각각 한반도에서 자국의 영향권에 있는 정부를 수립하기 위하여 시간적 여유를 얻으려 한 산물이었다.

모스크바 3상회의에서의 한반도 신탁통치 소식이 남북에 전해지자 국내의 좌우익이 처음에는 모두 반대하였으나, 조선공산당을 중심으로 한 좌익진영은 박헌영이 비밀리에 평양을 방문하여 소련 군사정부의 지시를 받고 1946년 1월 1일 서울로 돌아온 뒤 찬탁贊託 쪽으로 선회하였다. 그러나 한민당을 주축으로 한 우익진영은 계속 반탁反託을 고집하였다. 신탁통치를 둘러싸고 좌우익이 첨예하게 대립하는 가운데 미국과 소련은 3상회의 결정에 따라 1946년 3월 20일 서울에서 미소공동위원회를 개최하였다. 미소공동위원회의 구체적인 현안 사항은 정당, 사회단체와의 협의에 의한 임시정부수립과 새로 수립된 임시정부 참여하에 4개국에 의한 신탁통치 협약작성이었다. 그러나 문제는 임시정부 수립을 위해 함께 협의할 정당과 사회단체를 어떻게 선택할 것인가 하는 것이었다. 고심 끝에 공동위원회는 4월 18일 신탁통치안을 수락하는 정당, 사회단체를 협의 대상으로 한다는 결정을 내렸다. 이에 대해 좌익 진영은 이미 찬탁을 표명하였기 때문에 별다른 문제가 없었으나 우익 진영은 반탁을 선언하였기 때문에 임시정부에 참여할 길이 막히고 말았다. 이렇게 되자 우익진영의 하나인 한국독립당은 공동위원회의 협의에 참가하는 것은 신탁통치를 인정하는 것이므로 공동위원회 협의에 참여할 수 없다고 주장한 반면, 같은 우익의 한국 민주당은 공동위원회의 참석이 반드시 찬탁을 표시하는 것을 의미하는 것이 아니라는 미국 측의 언질을 받고 참석에 동의하였다. 그러나 소련 측은 우익진영이 공동위원회는 참석해도 신탁통치를 반대하는 경우 모스크바 3상회의 결과를 수락하는 것이 아니므로 반탁단체는 공동위원회에 참석할 수 없다고 못을 박았다. 더구나 소련은 미국 측이 제시한 남한의 20개 정당단체가 신탁통치를 반대하고 있는 데 반하여 60만 명의 조합원으로 구성된 조선노동조합 전국평의회(전평)와 조선부녀총동맹(조합원 30만 명), 조선민주청년동맹(회원 65만 명), 그리고 전국농민조합총연맹(조합원 300만 명) 등의 단체가 협의대상으로 들어 있지 않은 것은 문제가 있다고 이의를 제기하였다.

이에 대해 미국 측은 소련이 제출한 북한의 정당·단체에 우익단체가 없고, 소련이 빠졌다고 지적한 위의 제 단체는 공산주의자들이 그 수를 과장 보고한 것이며, 그나마 그 단체들이 극렬한 파괴분자들이기 때문에 협의대상에 포함시킬 수 없다고 주장하였다. 그리고 미국은 38선 철폐문제도 논의의 대상에 포함시킬 것을 주장하였으나 소련은 38선 처리 문제는 향후 수립될 임시정부가 다룰 문제라고 주장하였다. 이런 점들에 대한 의견 불일치로 제1차 미소공동위원회는 결렬(1946년 5월 6일)되었으며, 그 사이에 이승만을 중심으로 한 일부 우익진영은 남한만의 단독정부 수립을 추진하며 반탁운동을 꾸준히 펴나갔다. 이 무렵(5월 15일) '정판사精版社 위조지폐사건'이 터지자 미 군정청은 이 사건을 공산주의자들의 소행으로 단정하고 이관술, 권오직 등에 대한 대대적인 수배령을 내렸다. 이 사건으로 권오직은 체포를 면했으나 7월 6일 이관술 등 15명이 체포되어 11월 28일 열린 재판에서 이관술, 박낙종, 송연필, 김창익 등 4인은 무기징역에 처해졌고 나머지 11명에게도 중형(15년에서 10년) 내지 유죄가 선고되었다. 특히 박헌영이 신임하던 이관술은 대전형무소에서 복역 중 인민군 남하 때 처형되었다. 이 사건으로 조선공산당은 일거에 쑥대밭이 되었으며, 공산주의자들은 이 사건이 조선공산당을 탄압하기 위한 철저한 조작이요 모략행위로 규정하고 미군정에 대한 강경투쟁을 선언하였다. 이런 상황에서 극심한 물가고와 식량난이 겹쳐 미군정에 대한 민중의 불신이 깊어져 '9월 총파업'과 '10월 민중항쟁'이 발생하여 정국은 더욱 혼란에 빠졌다.

결국 미소간의 의견 차이와 정국 혼란으로 미소공동위원회는 임시정부 수립과 신탁통치 문제에 합의점을 찾지 못하자 미국은 그 해결방안으로 미·영·중·소 4개국 회의를 주장하면서 보통선거에 의한 남북 각각의 입법기관을 설치하고 그 대표들로 구성되는 통일정부가 미소 양군의 철수 문제와 완전한 독립국가를 수립하는 문제를 4개국과 협의하자고 제안하였다. 그러나 소련은 남북 별개의 입법기관을 설치하는 것은 남북의 분열을 초래하는 것이라는 이유를 들어 미국의 제안을 일축하였다. 일이 이쯤 되자 미국은 소련의 반대에도 불구하고 한반도 문제를 자기의 동조세력이 많은 UN으로 이관시켜버림으로써 제2차 미·소공동위원회도 결렬(1947년 10월 21일)되고 한반도는 분단국가로 고착되어 가는 숙명을 맞게 된다.

이 신탁통치 찬반 문제는 아직 역사적 평가를 내리기 어려우나 당시 우익 측에서는 한반도가 신탁통치 될 경우 미소 양진영이 후견하는 중립국가에서 공산당을 완전 배제할 수 없으므로 언젠가는 조직력이 강한 좌익에 밀려 한반도가 공산화 될 것이라는 위기의식 때문에 국민들에게 애국의식을 고쳐서 반탁을 주장한 측면도 있었으며, 반대로 좌익 진영은 어떤 형태로든 통일국가가 형성되고 나면 다음단계에서는 자신들의 조직화된 역량으로 한반도를 공산주의 국가로 만들 수 있다는 기대감을 가지고 있었기 때문에 찬탁으로 선회한 것이 아닌가 생각된다.

'9월 총파업'과 '10월 민중항쟁'

'9월 총파업'은 어떤 면에서는 박헌영을 중심으로 한 조선공산당의 대대적인 투쟁의 시험무대였다. 1946년 9월 14일, 운수부 철도국 경성공작창 종업원들(3,700명)은 9월 1일부터 실시된 일급제를 반대하고 가족수당과 물가수당을 요구하며 시위를 벌였다. 9월 23일 밤 11시까지 당국에서 아무런 대책을 내놓지 않자 '전평(조선노동조합전국평의회)'은 즉각 전국 산하 지부에 파업지령을 내렸다. 이 파업은 부산철도 공작창으로부터 시작하여 남한의 전 철도노조로 파급되었다. 이 당시 조선공산당 수뇌부는 철도파업에 동조하기 위하여 체신, 전기, 해운 등 각 산업별 노조에 파업을 부추겼다. 이 파업은 출판, 전신전화, 전기(경성전기) 분야 등에까지 확대되어 '전평' 산하 조직 노동자 25만 명과 비 조직 노동자 5만 명이 참여하였으며, 학생들까지도 동맹휴학에 들어갔는가 하면 은행, 회사, 병원의 직원, 심지어 군정청의 일부 직원까지도 파업에 동조하였다.

9월 30일 군정청은 이에 대처하여 3,500명의 경찰과 1,000여 명의 우익단체(대한노총, 대한민청, 대한독청)를 동원하여 철도노조 파업본부를 습격하여 쌍방 간에 처절한 피의 대결이 벌어졌다. 이 사건으로 노동자 3명이 사살되고 수백 명이 부상을 당했으며, 1,800여 명이 투옥되는 불상사가 발생하여 미 군정청을 난처하게 만들었다. 이렇게 되자 '민전(조선민주주의민족전선)' 측은 허헌을 위원장으로 하는 파업대책위원회를 설치하여 인권옹호에 적극 나섰고, 전평 위원장인 허성택은 "남조선의 현상은 민주독립의 해방 없이는 우리의 부분적 요구도 실현될 수 없음을 보여주고 있다. 우리는 가일층 전 국민이 단결하여 승리를 쟁취할 때까지 투쟁해야 한다."라고 선언하였다. 사태가 심각한 국면에 이르자 군정청은 유화정책으로 선회하여 파업타결을 도모하였다. '9월 총파업'은 10월 14일 부분적으로 타결되어 큰 성과를 거두지는 못했지만 한국 노동운동사에 획기적인 사건으로 기록되었다.

'9월 총파업'의 열기가 채 가시기도 전에 10월 1일 대구를 중심으로 한 영남지역에서 대대적인 민중항쟁이 일어났다. 즉 10월 1일 조선공산당의 선동으로 대구역 앞에서는 노동자, 시민, 학생 등 약 1만여 명이 모인 가운데 9월 총파업 탄압 규탄대회를 열고 "쌀을 달라!"라며 대규모 시위를 벌였다. 이에 경찰은 강경 대응하였으며, 그 결과 6명의 시위자가 사살되고 수백 명이 부상을 당하였다. 이에 격분한 시위대는 살해된 6명의 시체를 메고 대구경찰서로 이동하여 항의 집회를 열었다. 이 집회에 수많은 시민이 참여하여 수일 사이에 대구 경찰서 관내의 동촌지서 등 6개 지서 외 9개 파출소, 달성경찰서 관내의 8개 지서와 3개 파출소가 시위대에 의해 습격, 접수되고 그 사이에 유혈충돌이 발생하였으며 시위는 경상북도 일원으로 파급되었을 뿐만 아니라 급기야는 경남, 호남, 경기, 강원 일부에까지 확산되었다. 더욱이 10월 민중 항쟁의 여파는 전주, 광주, 공주 등 지방 형무소에까지 미쳐 수백 명의 죄수가 탈옥하는 사태까지 발생하였다.

'10월 민중항쟁'은 약 두 달 만인 11월 중순에 진압되었으나 인적, 물적 손실이 막대하였다. 이 사태로 군중 측 사망자 300여 명, 경찰관 사망자 39명, 행불자 3,600여명, 부상자 2만 6천여 명에 달하였으며, 검거, 투옥된 자도 1만 5천여 명에 달하여 당시의 참상이 얼마나 심각했던가를 입증해주고 있다. '9월 총파업'과 '10월 민중항쟁'으로 미 군정청의 박헌영을 비롯한 조선공산당에 대한 탄압은 더욱 가속화되었으며, 특히 박헌영에 대한 체포령은 9월 초순부터 본격화되었다.

남로당의 창립

북에서 김일성이 소련을 등에 업고 차질 없이 독자적인 체제를 구축하고 있는 사이에 남한에서의 박헌영은 미군정의 탄압과 각 정파 간의 갈등 속에서 시련에 직면하게 되었다. 즉 소련군 점령하의 북한과는 달리 남한에서는 조선공산당과 조선인민당, 남조선신민당의 3당 합당은 지지부진하여 진전을 보지 못하였다. 조선인민당 여운형은 합당 제의서를 조선공산당 책임비서인 박헌영과 남조선신민당 백남운에게 보냈다. 두 사람은 여운형의 제의를 일단 수락하였으나 각 당마다 당내의 분파문제가 도사리고 있어서 생각처럼 용이하지 않았다. 특히 박헌영을 중심으로 한 조선공산당은 당시 극단적인 분파주의에 의거하여 당내 주도권을 장악하며 반대파를 배제하였기 때문에 이들의 주류파(박헌영파)에 대한 반발이 컸다. 반대파(이정윤, 김철수 등)들은 박헌영의 주류파를 견제하기 위하여 "3당 합당 같은 중요한 문제는 당 중앙의 어떤 특정한 사람에 의해서가 아니라 당 대회를 소집해 당원 다수의 의사에 따라 민주적으로 신중하게 결정해야 한다."라고 주장하며 당 대회 소집을 촉구하였다. 이와 같은 당 대회 소집요구는 명분상으로는 당원대중의 의사를 존중하는 의미도 있었으나 속사정은 박헌영 '콤그룹'파를 새편하려는 저의가 깔려 있었다. 이런 여건에서 당 중앙위원인 강진, 이정윤, 서중석, 김근, 문갑송, 김철수 등 여섯 간부가 대회소집을 요구하며 반기를 들고 나오자 박헌영 측은 1946년 8월 8일 당 중앙위원회를 열어 이정윤을 당에서 제명

처분하고 나머지 5명에 대해서는 무기한 정직처분을 내렸다.

조선공산당 박헌영파의 조치에 편승이라도 하려는 듯이 북에서도 남한의 3당 합당을 촉구하고 박헌영의 반대파와 '조선인민당'과 '남조선신민당'을 반동분자로 몰아세우는 성명을 발표하였다. 이에 힘을 얻은 조선공산당의 박헌영파는 대회소집파인 위의 여섯 간부들을 더욱 거세게 몰아붙였다. 당시 조선인민당에서는 북조선노동당이 창립되면서 조선공산당의 '대회소집파'를 합당 대상으로 하지 않고 박헌영파와 무조건 합당을 주장하는 자들과 대회소집파(박헌영 반대파)를 포함해 모든 좌익 세력을 규합해 합당해야 한다는 자들로 양분되어있었는데 위원장 여운형과 부위원장 장건상 등은 후자를 지지한 반면, 중앙위원회에서는 여운형 지지파(31명)와 박헌영 지지파(47명)로 양분되어 있었다. 남조선신민당에서도 중앙위원 대부분이 무조건 합당을 지지하며 백남운 위원장에 반기를 들었다. 이처럼 조선공산당은 주류파, 즉 박헌영파와 대회 소집파로, 조선인민당과 남조선신민당도 박헌영 지지파와 대회소집파로 양분되었다. 이에 따라 박헌영파의 조선공산당은 북로당의 지지에 힘을 얻어 조선인민당과 남조선신민당의 박헌영 지지파와 연계하여 1946년 9월 4일 3당 합동연석준비위원회를 개최하고, 이를 계기로 박헌영이 월북한 다음 달 그의 배후 조종을 받아 11월 23, 24일 양일간에 걸쳐 대의원 558명이 출석한 가운데 북로당의 당명을 본 따서 '남조선노동당(이하남로당)'을 창립하였다.

이날 대회 첫날에는 예상했던 대로 여운형이 불참하자 어느 대의원이 "여운형 선생을 참석시켜야 한다."라고 긴급 제의하여 대회 집행부에서 그를 데리러 가자 여운형은 다른 불참 동지들이 있어 그 사람들과 추후 동참하겠다고 사양하였으나 마음이 여린 여운형은 24일 대회 마지막 날 마지못해 참석하여 축사를 하였다. 대회가 일사천리로 진행되는 순간 장내에 느닷없이 수류탄이 터지는 바람에 회의장은 순식간에 아수라장이 되고 말았다. 나중에 알려진 일이지만 수류탄을 던진 장본인은 우익계 '대한민주청년동맹'의 김두한으로 밝혀졌다. 이날 남로당 창당대회에서 위원장에는 신민당계의 허헌이 위원장이 되고 부위원장에는 월북한 박헌영과 인민당계의 이기석이, 그리고 정치위원으로는 박헌영, 이주하(이상 조선공산당계), 이기석, 김용암(이상 조선인민당계), 허헌, 구재수(이상 남조선신민당계) 등이 선출되었다. 이렇게 해서 남로당은 좌익 3당이 합당하여 3당 공히 중앙위원회조직 안배가 이루어졌지만 실권은 박헌영계의 조선공산당이 모두 장악하였다.

여운형은 본인 의사와 관계없이 3당 합당된 남로당 중앙위원에서 배제되었다. 어떤 면에서는 여운형의 몰락은 그때부터 예고된 것이었다. 여운형은 그 후 근로 인민당 당수로 명맥을 유지하였으나 1947년 7월 19일 혜화동 로터리에서 괴한 이필형(당시 21세)에 의해 저격, 살해됨으로써 비운을 맞게 된다. 그리고 박헌영계에서 허헌을 위원장으로 내세운 것은 변호사 출신인 허헌이 신망도 높고 미 군정청으로부터 거부감이 없었기 때문이었다. 당시에는 남로당의 창당은 합법적으로 이루어졌으며, 남로당 측은 허헌을 내세워 군정청과 마찰을 줄이려는 심산이었다. 이렇게 해서 분단된 한반도에는 두 개의 전위적인 공산당 세력이 할거함으로써 이들 간에는 후에 피비린내 나는 암투와 헤게모니 쟁탈전이 벌어지고, 남북에서의 남로당에 대한 탄압·배척으로 박헌영과 남로당은 몰락의 길로 들어서게 된다.

'자의반 타의반' 월북

1946년 9월 7일 미군정은 박헌영에 대한 체포령을 내렸다. 이에 따라 박헌영은 체포의 위험을 무릅쓰고 남쪽에 남아 투쟁활동을 벌이느냐 아니면 소련군이 진주해 있는 북으로 넘어가 투쟁을 조종하느냐 하는 갈림길에서 고민하다가 결국 월북을 결행하게 되었다. 박헌영의 월북은 당초 1946년 9월로 알려졌으나 그 뒤 많은 증언자들의 기록에 의해서 1946년 10월로 확인되었다. 즉 박헌영은 10월초 대구를 중심으로 한 '10월 민중항쟁'(일명 영남폭동)을 지시한 후 월북한 것으로 나타났다. 그러나 박헌영의 이 월북은 그의 마지막 월북이었으며, 그 이전에 여러 번 월북하여 김일성과 비밀회동을 한 사실이 나타났다. 박헌영이 김일성과 첫 번째 만난 것은 1945년 10월 8일이었다.

두 사람이 처음 만난 장소는 개성 북방의 소련군 '38경비사령부' 회의장이었으며, 두 사람은 이곳에서 북조선 분국 창설문제와 혁명의 지도부인 조선공산당의 위치를 어디에 두느냐에 대한 의견교환이 있었다. 두 사람의 두 번째 비밀회동은 1945년 12월 28일 박헌영이 38선을 넘어 1946년 1월 1일 평양의 김일성 사택에서 이루어졌다. 이때 박헌영의 월북 목적은 모스크바 3상회의 결정에 따른 신탁통치방안을 두고 찬탁과 반탁이 엇갈리고 있는 상황에서 쌍방간의 의견조율이었다. 이 회담에서 박헌영은 소련의 뜻에 따라 찬탁 입장으로 선회하게 되었으며 이때부터 주도권은 김일성 쪽으로 기울어졌다. 그 뒤 두 사람의 3차 회동은 2차와 같은 장소에서 4월 3일부터 6일 사이에 열렸는데 주제는 임시정부 수립 문제였으며, 이때 박·김 두 사람은 공동의장 자격으로 나란히 상석에 앉아 회의를 주재하였다. 이 회의에서 이들은 임시정부수립을 위한 정당, 사회단체 협의대상을 친일파, 민족 반역자를 제외한 민주주의적 정당과 사회단체가 되어야 하며, 모스크바 3상회의 결정에 따른 임시정부수립을 적극 지지하기로 하고 임시정부의 기구는 입법, 행정, 사법으로 구분하고 최고인민대표회의 구성을 남북한 인구비례로 할 것인지, 아니면 그

밖에 다른 방법으로 할 것인가 등이 논의되었다. 이 자리에서 박헌영은 남한이 인구가 많은 점을 들어 당연히 인구비례에 의한 구성을 주장하였으나 김일성 측에서 이 문제를 추후에 논의하자고 요구하여 뒤로 미루게 되었다.

박헌영의 4차 월북은 1946년 6월 27일이었으며, 박헌영은 이날부터 7월 12일까지 약 보름 동안 평양에 머물면서 김일성과 남북한 현안사항, 즉 좌우 합작문제와 '조선정판사 사건' 등을 논의하였다. 회담을 마치고 서울에 돌아온 박헌영은 7월 16일 다시 월북하여 7월 22일까지 평양에 머물면서 좌우 합작문제를 다시 논의하였다. 그러나 좌우 합작문제에서 두 사람간의 견해는 서로 달랐다. 이 만남에서 김일성은 미국과 싸워 이기기 위해서는 민족통일전선을 강화해야 하고 임시정부수립을 위한 정치적 기초를 다지기 위해서는 좌우 합작운동이 지속적으로 이루어져야 한다고 주장하였다. 그러나 박헌영은 미국이 이용하고 있는 좌우 합작운동을 철저히 분쇄해야 한다고 주장하였다.

그리고 이 무렵 박헌영과 김일성은 모스크바로 가서 스탈린을 면담하였다. 박헌영과 김일성의 스탈린 면담상황을 당시 평양주둔 소련군 제25군 정치사령관 레베데프 소장은 다음과 같이 실감나게 증언하고 있다. "면담 장소는 모스크바 크렘린 궁내 소련국가원수 및 공산당 총서기 집무실, 스탈린을 중심으로 오른쪽에 김일성, 왼쪽에 박헌영이, 그 정면 중앙에 스티코프 장군(제1극동방면군 군사위원), 그리고 좌우에 평양주재 로마넨코 장군과 서울 주재 소련영사관 부영사 샤부신 등이 앉았다. 김의 비서 문일과 박의 비서는 각각 김·박의 뒤 보조의자에 앉았다. 스티코프는 의전에 까다로운 크렘린궁의 좌석배치를 보고 궁내의 분위기를 쉽게 읽을 수 있었다고 한다. 중요한 것은 김일성을 스탈린의 오른쪽(소련에서는 우측이 상석)에 앉힌 점이었다. 스티코프는 자리에서 일어나 스탈린에게 김일성과 박헌영을 차례로 소개하였다.

　스티코프와 로마넨코 장군은 제1단계 의전 결과에서 스탈린의 의중에는 김일성을 이미 북한정권의 지도자로 낙점하고 있었음을 알 수 있었다. 이어 김일성과 박헌영의 남북한 정세보고가 있었다. 보고를 들은 스탈린은 김일성에게 '소련 군정의 협력을 받아 북한의 소비에트화 정책을 조기 실현하도록 투쟁하라'라고 요청했고, 박헌영에 대해서는 '어려운 여건 속에서 분투하는 그대의 혁명투쟁을 높이 평가한다'고 격려하였다…… 스탈린이 이 두 사람에게 던진 말은 소련군 정치지도자나 샤부신 등에게 매우 의미 있게 받아들여졌다. 즉 김일성에게 요청한 소비에트화 정책은 토지개혁, 8시간 노동제, 산업국유화 등을 가리키며 이를 조기 실현시키라는 요청은 김일성을 북한정권의 지도자로 지명한다는 뜻으로 해석되었다."(박헌영 월북 경위 및 스탈린 면담 내용: 박종성 지음, 『박헌영론』, 도서출판 인간사랑, 146-176쪽 참고 정리)

　스탈린 면담을 계기로 김일성과 박헌영의 힘의 균형은 김일성 쪽으로 완전히 기울게 되었고 상대적으로 박헌영의 입지는 더욱 약화되고 말았다. 그로부터 두 달 뒤 내려진 미군정의 박헌영 체포령은 그의 몰락을 예고하는 전주곡이 되었다. 즉 1946년 9월 초순 박헌영에 대한 미군정의 체포령이 발표되자 이북에서는 연락원을 파견하여 박의 월북을 종용하였다. 박헌영은 처음에는 월북을 거절하고 남한에서의 투쟁의사를 밝혔으나 10월 8일 북에서 다시 연락원을 파견하여 박의 월북을 강력 종용하였다. 이에 따라 10월 11일 박헌영은 그의 비서격인 경기도당 간부 서득언과 함께 비밀리에 38선을 넘어 평양에 도착하였다. 당시 남로당 조직원이었던 박갑동은 박헌영의 월북 순간을 다음과 같이 극적으로 쓰고 있다. "박헌영은 이날 밤 한 평 반 남짓한 영구차 속, 자기 키보다 조금 큰 검은 관속에 반듯이 누워 시체를 가장해서 월북했다고 한다. 38선 접경에 이를 때까지 혹시나 경찰의 검문을 염려하여 가족으로 분장한 남녀 당원 몇몇이 흡사 경기도 일원의 어느 선산에 매장이나 하러 가는 듯한 장례차림을 꾸민 것이다. 그때 영구차 뒤를 따르던 호상차에 두건을 푹 둘러쓴 박헌영의 보디가드 이동수의 얼굴을 눈여겨보지 않았더라면 이 장의행렬이 박헌영의 '서울 탈출'이라고는 아무도 몰랐을 것이다. 이 행렬에 뽑힌 5명의 호위원은 공산당 내에서 엄선된 일당백의 행동대원들이었다."(박갑동 지음, 『박헌영』, 도서출판 인간사, 167쪽) 그러나 이 극적인 탈출기는 박갑동도 간접적으로 들어서 안 사실이어서 그 진위는 명확치 않은 것으로 보인다.

박헌영은 평양에서 며칠 묵은 뒤 무슨 이유인지 개성까지 내려왔다가 10월 말경 다시 평양으로 올라가 11월 5일 평양에서 서울의 공산당 지도자들(김삼룡, 이승엽, 허성택 등)을 불러들여 합동 비밀연석회의를 열었다. 이 회의에서 이승엽은 '10월 민중항쟁'에 대해 보고하였고, 김삼룡은 3당(조선공산당, 조선인민당, 남조선신민당) 합당사업의 지연에 관한 '비판 보고'를 하였다. 박헌영은 이에 앞서 평양에 도착한 후 10월 15, 16일 북조선노동당 정치위원 들, 즉 김일성, 김두봉, 김책, 허가이, 최창익, 박일우, 주영하, 박정애 등과 한자리에 모여 남조선 사태를 논의하였다. 이 자리에서 박헌영은 '10월 민중항쟁'의 정당성과 그 성과를 설명하였으며, 3당 합당의 지연문제에 대해서도 그 원인은 여운형이 미군정의 계략에 넘어간 때문이라고 밝혔다. 그러나 박헌영의 이러한 설명에 대해서 최창익은 반론을 제기하였다. 즉 최창익은 과연 미국이 민중항쟁에 순순히 물러날 것인가 하는 의문과 함께 지나친 폭동화에 따른 민심의 이반을 우려하였으며, 3당 합당 지연도 박헌영의 자파 세력에 의한 합당을 고집한 때문이 아닌가 하는 비판을 제기하였다. 그러나 속이 깊은 김일성은 박헌영과 최창익의 견해를 듣고만 있고 후일을 위해 접어두었다. 그 후 박헌영은 해주에 머물면서 11월 24일 결성된 남로당의 향후 활동방향을 구상하였다. 당시까지만 해도 38선을 왕래하는 것이 그다지 어렵지 않았기 때문에 박헌영은 해주로 김삼룡을 불러 그에게 다시 남하하여 남로당의 향후 활동방향을 지시하였다. 박헌영의 월북은 자의든 타의든 돌이킬수 없는 오판이었다. 비록 소련의 종용에 의해서 월북하였다하더라도, 비정한 권력세계에서 설 땅을 잃은 박헌영은 김일성의 식객으로 전락하였으며 급기야는 '미제간첩과 국가전복 음모죄'로 몰려 비운을 맞게 될줄은 누가 알았겠는가?

조선민주주의인민공화국 부수상 취임

박헌영이 월북한 후 조선의 문제는 1947년 9월 16일부터 개막된 UN 총회로 이관되었다. 그리고 11월 14일의 동 본회의에서는 UN 감시 하에 남북한 총선거를 실시하기로 가결하였다. 이 결의에 따라 UN은 임시한국위원회를 조직하여 남한으로 파견하였다. 이에 따라 1948년 1월 8일 이 위원회의 위원들이 서울에 도착하였고, 이어 북한에도 들어가려 하였으나 소련 측과 김일성으로부터 거부당하자 1월 23일 남한 측에는 이승만, 김성수, 김구, 김규식, 허헌, 박헌영 등을, 북한 측에는 김일성과 김두봉, 조만식 등을 각각 협의 대상으로 선정하였다. 그러나 이 가운데 회담이 성사된 것은 이승만, 김구, 김규식, 김성수 4명뿐이었는데, 이승만과 김성수는 어차피 소련이 남북한 총선거를 반대할 것이므로 남한만의 단독선거를 실시해야 한다고 주장한 반면, 김구와 김규식은 남북한 총선거를 실시하기에 앞서 남북 정치지도자회의를 개최해야 한다고 주장하였다. 특히 민족주의자인 김구는 미소 양군의 동시철수, 남북 정치지도자의 협상, 그리고 남북 정치협상 후의 총선거 실시 등을 주장하며 남한만의 단독선거를 반대하였다. 그 반대 이유는 UN 결의에는 조선민족의 자주적 주권행사가 명시되어 있지 않으며 소련과도 합의를 보지 않았기 때문에 필연적으로 남북이 분열될 것이며, UN 임시위원회의 감시는 조선 문제

부수상 시절 박헌영과 김일성. 이때까지만 해도 두 사람은 밀월 관계였다.

의 내정간섭이라는 것이었다. 그러나 미국은 1948년 2월 16일 UN 소총회를 주도하여 '가능한 지역에서의 총선거', 즉 남한만의 단독선거를 실시하기로 가결하였다. 이에 따라 미 군정청은 1948년 5월 10일 남한에서의 단독선거를 실시할 준비를 하고 좌익세력에 대한 탄압을 강화해나갔다.

이러한 상황에서 김구와 김규식 등 민족주의 우익진영은 북한 지도자들에게 남북정치협상회의를 제의하였고, 이에 따라 1948년 4월 19일부터 평양에서 남북한 제 정당·사회단체 대표연석회의가 개최되었다. 이 연석회의에 참석하기까지 이승만을 중심으로 한 우익 측은 회유와 협박 강온 양공책으로 압박하였으나 이때 김구는 평양행을 막으려는 우익 청년들에게 "민족통일의 가교가 되기 위해서는 38선을 베고 죽어도 좋다."라는 결연한 의지를 가지고 연석회의에 참석하였다. 연석회의는 4월 19일부터 23일까지 평양 모란봉에서 개최되었는데, 이 회의에는 56개 남·북한 정당·사회단체 695명(남한 측 395명, 북한 측 300명)이 참석하였다. 연석회의 첫날 의장단에는 김일성, 김두봉, 허헌, 박헌영, 김구, 김규식, 조완구, 홍명희, 최용건, 김원봉, 김달현 등이 선출되었다. 이때 박헌영은

'남조선의 정세'라는 주제발표를 하였다. "남조선에서 미국의 정치노선은 친일파를 비호하고 강화하는 것이며, 민주·애국세력을 억압하여 조선 인민의 민주적 권리를 박탈하고 인민에게 자유를 주지 않으며 남조선을 미국의 식민지화하려는 의도이다."라고 미국 측을 맹비난하였다.

이 연석회의는 이와 같은 보고들을 기초로 하여 남한의 단독선거와 남한만의 단독정부수립을 반대하는 결의문을 채택하였다. 연석회의 참가를 계기로 남한의 반 박헌영파 세력들이 상당수 북한에 잔류하여 김일성 지지세력에 편승하였다. 연석회의가 끝난 후 4월 25일부터 30일 까지 개최된 남북한 제 정당·사회단체 지도자협의회가 개최되었고, 그 사이 4월 25일에는 이 연석회의에 대한 평양시민 지지대회가 열렸다. 그러나 이 연석회의는 북한 측의 의도대로 진행되었으며, 김구와 김규식은 사실상 들러리가 되고 말았으며, 남로당의 집요한 선거 보이콧에도 불구하고 1948년 5월 10일에는 남한만의 단독선거가 실시되어 그해 8월 15일 이승만의 대한민국 정부가 출범하였다.

한편 남한의 단독정부 출범을 저지하고 통일의 물꼬를 트기 위해 남북 연석회의까지 열렸지만 남한에서는 예정대로 총선거가 실시되고 단독 정부수립이 강행되자 북한 측의 사정도 급박해졌다. 이에 따라 북한도 1948년 7월 9,10일 북조선 인민회의 제5차 회의를 열어 조선민주주의인 민공화국 헌법 초안을 가결하고 이어서 최고인민회의 대의원 선거를 8월 25일 실시하기로 결정하였다. 남한과는 달리 북한지역에서는 북조선 중앙선거관리위원회가 구성되는 한편, 남한 지역에서도 선거(남로당 주도하의 지하 비밀선거) 실시를 위한 남조선 대의원 선거지도위원회가 구성되어 형식적으로나마 남북한 총선거방법이 채택되었다. 남한 측은 8월 1일부터 26일까지 해주에서 남조선 인민대표자회의를 개최하였는데 이 회의에는 남한에서 지하 간접선거에 의해 유권자 77.5%의 전권위임을 받은 대의원 1,080명 중 1,002명이 참석(나머지 78명은 월북 중 체포되거나 교통사정으로 불참)하였다. 여기에 참석한 남조선인민대표자회의는 최고인민회의 대의원 360명을 선출하고 북한에서는 8월 25일 전 유권자가 투표하여 최고인민회의 대의원 212명이 선출되었다. 남한 측에서 지하 비밀선거에 의한 대의원 구성참여는 박헌영의 의도에 따른 것으로 이러한 방법은 북한에서 그의 입지를 강화하기 위한 포석이었다. 이에 따라 남·북한 총선거를 통해 선출된 대의원 572명으로 제1차 최고인민회의가 구성되어 1948년 9월 9일 김일성을 수상으로 하고 박헌영, 홍명희, 김책을 부수상으로 하는 조선민주주의인민공화국 정부가 수립되었다. 총 22명의 내각 명단은 외형적으로 북로당과 남로당이 골고루 안배되었으며, 백남운의 근로인민당 및 명목상의 여타 정당도 포함되었다. 박헌영은 부수상 외에 외상을 겸하였으며, 그의 직속 부하 이승엽은 사법상, 허성택은 노동상에 임명되었으나 민족보위상(최용건)과 내무상(박일우), 산업상(김책 부수상이 겸임) 등 실권이 있는 요직은 김일성의 북로당이 독차지하였다.

북에서 누린 마지막 행복(?)

박헌영이 부수상에 취임하여 외형적으로 안정을 누리고 있는 1948년 9월 어느 날, 그에게 외국으로부터 뜻밖의 편지 한 통이 날아들었다. 그것은 26년 전 상하이 망명시절에 가까웠던 현玄앨리스라는 여인의 편지였다. 앞에서 잠시 이야기한 바와 같이 당시 상하이에서 박헌영을 좋아했던 현 여인은 박헌영이 국내에 잠입하기 위하여 1922년 3월 하순 상하이를 떠나기에 앞서 독립운동가인 아버지 현순玄楯 목사를 따라 미국으로 이주하였다. 그녀는 미국에서 대학을 졸업하고 태평양 전쟁 시 로스

앤젤레스의 미국 전쟁성에서 근무하며 반일 전쟁에 참가하기도 하였다. 그녀는 종전 후에 미국 공산당에 가입하였으며, 한때(1945-1946) 한국에서 미군정 산하 민간통신검열단에서 근무하기도 하였다. 그 후에 박헌영을 잊지 못하고 있던 현 여인은 박헌영이 북한의 부수상이 되었다는 외신을 접하고 미국에서 체코 프라하로 날아와 그곳에서 박헌영에게 편지를 보내 평양을 방문하여 그를 만나고 싶다는 의사를 밝혔다. 그녀의 간절한 편지를 받은 박헌영은 감회가 깊었다. 냉철한 박헌영도 현 여인의 편지를 받고 동요하지 않을 수 없었다. 그 당시만 해도 박헌영의 위치가 막강하였기 때문에 그는 주저함이 없이 그녀를 북한으로 초청하였다. 그녀는 마침내 1949년 4월 화창한 어느 봄날 평양에 당도하여 옛 연인 박헌영과 감격적인 재회의 기쁨을 나누었다. 그리고 그녀는 잠시 미국으로 돌아갔다가 체코의 프라하로 가서 정식으로 북한으로의 망명을 신청하였다. 그녀의 망명 허락은 4개월이 소요되었다. 그것은 체코 정부가 그녀의 망명동기에 의문을 제기하고 북한 내무성 당국도 그녀의 망명에 대해서 회의적 반응을 보였기 때문이었다.

그러나 외무상이었던 박헌영은 그녀의 망명에 대한 내무성의 부정적인 견해를 일축, 외무성 당국자에게 입국사증을 발급해주도록 지시하였다. 이렇게 해서 북한에 무사히 입국한 그녀는 영어에 능통하다는 이유로 중앙통신사 번역부장이 되었으며, 1949년 11월 외무성 조사국으로 자리를 옮겨 박헌영 가까이에 있게 되었다. 그러나 그녀의 북한 망명은 훗날 박헌영에게 치명적인 화근이 되었다. 내무성 당국은 그녀의 활동을 계속 주시하였고, 마침내 그녀가 미국 첩보원이라고 단정하고 체포하여 박헌영과의 내통을 집요하게 추궁하였다. 그러나 그때까지만 해도 이들의 관계에 대해서 별다른 혐의점이 드러나지 않았다. 그리고 이들의 관계에 대한 내무성의 수사도 흐지부지 덮어지고 문제시되지 않았다. 그러나 훗날 박헌영의 숙청 시에 그는 현 여인을 받아준 것이 그가 미국 간첩으로 몰리는 데 결정적인 꼬투리가 되었다. 그러나 현 여인은 그 후 무슨 사유에서인지 기소되지 않았다. 이런 정황으로 미루어 보아 박헌영이 현 여인을 통해 미국 간첩으로 활동할 만한 증거가 없지 않았나 생각된다. 박헌영은 그녀와의 더 이상의 관계 진전이 없이 초가을의 햇살이 내리쪼이는 1949년 9월 어느 날 그의 여비서인 미모의 윤레나(당시 26세)와 재혼하였다. 이때 김일성과 북한 주재 소련 대사 스티코프도 하객으로 참석하여 이들의 결혼을 축하해주었다. 그것은 김일성이 그에게 보여준 마지막 호의요, 은전(?)이었다. 박헌영은 윤레나와의 사이에서 1남(세르게이) 1녀(나타샤)를 두었다. 이처럼 박헌영으로서는 치욕스럽게 김일성 밑에서 그의 식객이 되어 버렸지만, 그 무렵이 개인적으로 그가 생전에 누렸던 가장 행복(?)한 시기였는지도 모른다.

피로 물든 남녘 산하 ― 제주 4·3항쟁 및 여수·순천반란사건

북에서 소련을 등에 업은 김일성이 내부 혼란 없이 권력기반을 착실하게 다지는 동안 남한에서는 이승만 정권 수립을 전후하여 '제주 4·3항쟁'과 '여수·순천 반란사건' 등 형언키 어려운 참극이 발생하였다. 당시 남로당은 남한의 단독정부수립 반대와 미소 양군의 동시철수, 노동법과 사회보장제 실시 등을 요구하며 1948년 2월 7일(소위 '2·7구국투쟁') 전국적인 총파업을 주도하였다. '2·7구국투쟁'은 밀양과 삼랑진 일대에서 격렬히 전개되었는데, 이것은 1946년 10월 민중항쟁의 연장선상으로 남로당의 대중선동을 위한 또 하나의 시험무대였다. 이 투쟁으로 경찰의 수배를 받은 삼남 일대의 상당수 청년들이 입산 도주하여 10월 항쟁 시

입산한 야산대野山隊와 합류하여 남한 빨치산의 모체가 되었다.

남로당의 지하 선동에 의한 대중봉기는 이것에 그치지 않았다. 그 불길은 먼저 제주도에서 타올랐다. 소위 '4·3항쟁'으로 불리는 민중항쟁은 '2·7구국투쟁' 후 두 달 만인 1948년 4월 3일에 본격화하여 약 1년간 제주도 전역이 피로 물들었다. 사실 이 사건의 발단은 1년 전인 1947년 3·1절로 거슬러 올라간다. 미군정 당국은 좌익의 폭동설을 이유로 3·1절 행사를 위한 군중집회를 금지했다. 그럼에도 불구하고 제주시에서는 제주 남로당 지부의 선동에 의해서 3·1절 기념집회가 대대적으로 열렸으며, 이를 저지하려는 경찰의 발포로 7명의 민간인이 사망하는 불상사가 발생하였다. 사태가 악화되자 군정당국은 육지로부터 대규모 경찰 병력과 서북청년단과 민족 청년단 등 어용청년단체까지 동원해 도내 치안유지에 투입하였다. 마침내 이들과 도내 자위대간에는 충돌이 가열되었으며, 이 자위대를 중심으로 한 부락민들이 경찰서와 청년단 사무소를 습격하였고 그 과정에서 자위대와 우익 단체 간의 충돌은 더욱 확대되었다. 제주 도민의 이러한 저항은 평소 육지 사람들에 대한 반발심이 가세하여 더욱 심화되었다.

1948년 4월 3일 새벽 2시, 한라산 정상을 위시한 제주 전역의 산봉우리에서 일제히 봉화가 오르는 것을 시작으로 하여 약 500여명의 무장대와 여맹원·소년단원 등 3,000여명의 군중이 일시에 봉기하여 도내 15개 경찰지서 중 14개를 기습 점령하였고, 제주도 주둔 국방 경비대 제 9연대 일부 사병까지도 이에 가세하여 제주시의 검찰청과 경찰서 등 주요 관공서가 이들에 의해 점거되었다. 이때부터 제주 전역은 피가 피를 부르는 참극이 자행되었으며, 1949년 4월경에야 사태가 진압(기록으로는 57년 4월 2일 '공비' 오원권이 마지막 생포될 때까지 9년간 지속)되었으나 그 과정에서 도민의 3분의 1에 가까운 약 6만 명(정부 측 공식 집계는 약 3

만 명)이 희생되는 초유의 참극이 벌어졌다. 사태가 진압되고 체포된 폭동 가담자 중 350명에게 사형이 선고되고 1,650명이 중형(7년에서 무기징역까지)을 선고받았으며 이들은 대부분 육지의 감옥으로 이송, 분산 수감되었다. 그 중 목포 형무소에 수감되었던 복역수들은 지리산에 본거지를 둔 빨치산 유격대의 기습 구출작전에 의한 1949년 9월 14일 탈옥시 대부분 형무관들에 의해 살해되었으며, 타지역에 분산 투옥된 수감자들도 6·25 초 국군이 후퇴할 때에 거의 처형되었다. 4·3항쟁 때 봉기의 초기 지도자는 김달삼이라는 일본군 소위 출신 청년으로 그는 1926년 제주도 대정읍 태생으로 본명은 이승진이었다. 그는 제2차 세계대전 당시 일본 후쿠치야마 육군예비사관학교를 나왔으며, 조선공산당원이던 장인의 영향을 받아 해방이 되자 곧바로 좌익에 가담하여 남로당 제주 책임자가 되었는데 '4·3항쟁' 시까지 제주대정중학교 교사로 있었다. 그는 4·3봉기를 총지휘하다가 4개월 후 해주시에서 열린 인민대표자대회에 참석하여 대의원으로 선출되었으며, 평양에 머물면서 '강동정치학원'에서 수학한 후 1949년 3월 약 300명의 게릴라를 이끌고 안동, 영덕방면으로 침투하여 투쟁하다가 군·경토벌대의 진압작전에 쫓겨 다시 월북하였다. 그 후 김달삼은 6·25초 다시 동해안으로 침투하여 낙동강지역으로 남하하다가 전사(1950년 9월 30일)한 것으로 알려졌다. 그 후 그는 북한 김일성 정권으로부터 국기훈장 1급에 서훈되고 그의 유해는 북한의 국립묘지 격인 '애국열사릉'에 안치되어있다. 김달삼의 후임 지도자로 이덕구가 군사부장이 되어 반란군을 지휘하였다. 그는 유격활동이 지리멸렬해지자 육지로 탈출을 기도하며 해변에 있는 감자밭에서 허기를 채우고 은신해 있던 중 주민의 신고로 1949년 6월 7일 급거 출동한 경찰 토벌대에 의해 사살되었다. 그러나 제주도 무장항쟁은 그것으로 끝나지 않고 '여수·순천 반란사건'으로 이어지는 악순환이 거듭된다. '제주 4·3사건'이 발생한 지 50년이 지난 후 그 동안 이 사건은 민주항쟁인가, 좌익 폭동인가를 놓고 진보와 보수 양 진영 간에 첨예하게 논란을 빚어오다가 2003년 10월 15일 '제주 4·3사건 진상규명 및 희생자 명예회복위원회(위원장 참여정부 고건 총리)'는 최종 전체회의를 열어 "4·3사건은 남로당 제주도당이 일으킨 무장봉기가 발단이 됐다. 단, 강경 진압으로 많은 인명피해를 냈고 다수의 양민이 희생됐다."라는 진상보고서를 확정하고, 정부의 사과 표명, 4·3평화공원 조성, 생활이 어려운 유가족의 생계비 지원 및 추모기념일 제정 등 희생자와 유가족의 건의를 받아들여 관계부처와 협의하여 추진하기로 결정하였다. 이어서 참여정부 노무현 대통령은 2003년 10월 31일 제주도를 방문, '제주 4·3항쟁'과 관련하여 "국정을 책임지고 있는 대통령으로서 과거 국가권력의 잘못에 대해 유족과 도민 여러분께 진심으로 사과와 위로의 말씀을 드린다."라고 정부차원의 공식사과를 했다.

'제주 4·3항쟁'에 관한 노무현 대통령의 공식 사과는 참여정부의 '역사바로세우기'의 일환이었다. 뒤늦게나마 '제주 4·3항쟁'의 억울한 희생자들이 지하에서라도 원혼을 달랠 수 있게 되었다. 그러나 한편으로 '제주 4·3항쟁'에 대한 평가를 두고 진보와 보수 간의 의견대립은 여전히 잔존하고 있으며 우여곡절 끝에 2014년 4월 '4·3 항쟁' 희생자 추모일이 국가기념일로 격상, 지정되었으나 이를 두고 우파진영의 반발이 수그러들지 않고 있다. 그런 가운데 2014년 7월 원희룡 신임 제주지사는 4·3평화공원 3단계 조성사업비(총 120억 원)중 국비 미지원금 50억 원, 4·3평화재단의 정부 출연금 30억 원과 4·3유적지 위령 사업비(총 60억 원) 중 20억 원의 조속한 국비지원을 정부에 건의하였다.

한편 제주도에서 무장봉기가 한창이던 1948년 10월 그 불길은 뜻밖에도 여수에 주둔하고 있던 국방경비대 14연대에 점화되었다. 당시 국방경비대에는 좌익계열의 피신자들이 많았으며 일부 지방에서는 남로당 도당이 계획적으로 청년당원들을 경비대에 입대케 하여 부대 내에서 당 세포조직을 만들기도 하였다. 그러던 중 1948년 10월 20일 여수 주둔 14연대 중 1개 대대가 제주 무장봉기 토벌작전에 차출되었다. 그러나 여수항을 출발하기 전날인 19일 오후 8시경 비상 나팔소리와 함께 연대 인사계 지창수 선임하사가 약 40명의 남로당 세포 사병을 동원하여 무기고와 탄약고를 점령하고 1개 대대를 집합시킨 후, 잔여 2개 대대까지 동원시켰다. 순식간에 세를 불린 이들 반란군은 제주도 출동 거부, 경찰 타도 등을 외치며 다른 병력을 선동하였다. 여수 14연대의 경우 남로당 전남도당부가 공작 핵심이었고, 이들은 시·군당부에 입대할 추천자 명단을 받아 연대 인사계에 침투해 있는 공작원에게 전달해서 이들을 적절히 입대, 배치했다. 특히 제주도의 9연대, 전남의 4연대와 14연대는 이런 방식으로 입대시킨 사병이 거의 태반이었다.

당시 14연대의 지창수 연대 선임하사는 남로당의 14연대 조직책이었다. 그러나 부대 내에서 이들은 점 조직이었기 때문에 서로 간에 횡적인 연락체계가 없어 장교와 사병 간, 또는 수평적인 관계에서도 누가 남로당원인지 정확히 잘 모를 정도였다. 이런 상태에서도 순식간에 3천여 명의 동조자를 얻은 반란군은 지창수의 지휘 하에 여수 시내로 진군하여 경찰서를 접수하고 20일 새벽녘에는 여수 시내를 완전 장악하였다. 이와 때를 같이하여 시내에 산재해 있던 좌익 단체원들과 학생 등 500여 명이 반란부대에 동조하여 시내 주요기관을 모조리 점거하였다. 상황이 이렇게 확대되자 이때부터 반란군 총 지휘는 연대 대선차포 중대장인 김지회 중위가 맡아 총지휘하였다. 이들 반란군은 20일 오전 9시 30분경 열차를 탈취하여 순천으로 북상하였으며, 순천에 주둔해있던 14연대의 2개 중대가 홍순석 중위의 지휘로 김지회 부대와 합류하였다. 순천까지 완전

장악한 반란군은 기세가 충천하여 22일 오전에는 광양, 벌교, 학구, 구례, 곡성까지 점령하였다.

이에 당황한 정부 당국에서는 반란군을 진압하기 위하여 광주에 전투사령부를 설치하고 여수, 순천지역에 계엄령을 선포하는 한편 전투사령관 송호성 지휘로 10월 25일까지 이 지역을 탈환하고 반군 소탕작전을 전개하였다. 이때 반란군 패잔병 1천여 명은 광양 백운산과 지리산으로 숨어들었다. 반란 주모자 지창수는 1949년 1월 중순경 생포되어 군사재판에서 사형을 선고 받았으며, 당시 광주의 유지인 지池 씨 집안에서 구명운동을 벌여 무기징역으로 감형되었으나 6·25초 국군이 후퇴할 때에 처형되었다. 반군 지휘자 김지회와 홍순석은 이듬해 4월 9일 지리산 반선 부락에서 사살되고 기타 사병들도 대거 사살(390여 명)되었으며, 2천여 명은 투항하였다. 이때 제주도 출신으로 광주 도립병원 간호사 시절 김지회를 만나 서로 사랑하게 된 조경순도 생포되어 무기징역을 선고받고 투옥되었는데, 그녀 역시 국군이 후퇴할 때 처형되었다. 그리고 일부 반군은 지리산 깊숙이 도피하여 지리산 빨치산 부대에 합류하여 '굶어 죽고, 얼어 죽고, 맞아죽는' 고난의 길을 걷게 된다. 전설적인 빨치산 '영웅' 남부군 총사령관 이현상이 지리산 일대를 중심으로 결사적인 투쟁을 전개한 것도 이 무렵부터였다.

'여수·순천 반란사건'은 불과 5일 만에 진압되었으나 그 여파는 심대하였다. 즉 비록 이 사건은 남로당 중앙의 지령이 아니라 일개 사병의 우발적인 돌출행동에서 비롯되었다고는 하나 그것은 향후 남로당 활동과 박헌영의 입지에 치명적인 타격이 되었으며, 반대로 남한 정부로서는 차제에 군부 내에 도사리고 있는 좌익세력을 척결하는 데 결정적인 계기가 되었다. 특히 김일성은 훗날 '여수·순천 반란사건'의 실패는 남로당의 극좌 모험주의에 기인한 것이라고 박헌영과 그 추종세력을 몰아붙였다.

잰걸음 김일성, 초조해진 박헌영

남과 북에서 분단정부가 수립되고 쌍방간의 이데올로기 대립이 격화되면서 평화통일의 꿈은 무산되어갔다. 앞서 언급한 바와 같이 남북연석회의에 참석했던 김구는 그 후에도 평화통일의 염원을 포기하지 않고 고군분투하였으나 1949년 6월 26일 포병소위 안두희에게 암살당함으로써 그에 의한 평화통일 노력은 물거품이 되고 말았다. 친일세력을 청산하지 못한 채 이승만 정권의 남한 정국이 혼란을 겪고 있는 사이에 북의 김일성은 항일운동에 참여했던 인사들을 중심으로 친일세력을 과감히 청산하고 소련의 비호 하에 비교적 순조롭게 사회주의 체제를 정비, 강화해나갔다. 외교관계와 내부 정치체제를 신속히 정비한 북한은 1949년 6월 30일 북로당과 남로당을 합당하고 조선노동당을 출범시켰다. 이로써 남과 북의 좌익세력은 하나로 통합되었으며, 비록 남로당 측의 자기 몫 챙기기로 다소의 걸림돌이 있었으나 김일성 체제는 별다른 저항이 없이 순조롭게 진행되었다. 북로당과 남로당의 합당에 앞서 6월 26일 북조선민주주의 민족통일전선과 남조선민주주의 민족전선이 하나로 통합된 '조국통일민주주의전선(약칭 조국전선)'이 결성되어 남한의 이승만 정권에 대한 북한의 통일된 정치적 역량을 과시하였다. 자신감을 얻은 김일성은 평소 '북진통일' 운운하는 남한의 이승만 정권에 능동적으로 대처하여 쌍방 간에는 38선을 경계로 놓고 무력분쟁이 잦아졌다. 그리고 이 무력분쟁은 향후 동족상잔의 비극을 초래하는 신호탄이 된 것이다.

한편 북한에서 점차 고립무원, 초조해진 박헌영은 당의 헤게모니가 김일성 쪽으로 완전히 기울자 자신과 남로당 세력의 생존을 위해서 남한 내에서의 정치적 지하투쟁을 강화하는 한편 빨치산 활동을 더욱 확대시켜나갔다. 남로당은 1949년 7월 남한의 야산대를 흡수하여 인민유격대로 재편성하고 지구별로 3개 병단을 구성하였다. 즉 그것은 오대산 중심의 제1병단, 지리산 중심의 제2병단, 태백산 중심의 제3병단이었다.

박헌영은 이승엽(1953년 8월 북한에서 숙청, 처형됨)에게 남한의 심복 김삼룡과 이주하와 연계하여 이들을 지도, 관리토록 하였다. 이승엽은 인천출신으로 일제 말기에 전향해서 한때 인천 양곡조합 이사로 있었으나 그 후 박헌영에게 접근하여 그의 측근이 되었다. 그러나 그는 처세에 능하고 변신을 잘하여 북에서도 박헌영의 눈치를 살피며 김일성의 비위를 맞추는 이중성격을 보여 박헌영은 속으로 그를 경계하였다. 그러나 박헌영은 두뇌회전이 빠르고 상황판단이 예리한 이승엽을 활용, 남한의 빨치산을 관리할 지도자를 양성하기 위하여 평안남도 강동에 '강동 정치학원'을 세웠다. 이 학원은 1947년 9월부터 개설되었는데 남로당은 이들 중간 간부를 입학시켜 3개월 내지 6개월간의 교육과정을 거쳐 남파했다. 이렇게 시작된 남한에서의 빨치산 부대는 초기에 이현상의 남부군을 중심으로 지리산 일대에서 상당한 활약을 하였으나 보급로의 차단과 남한 정부군의 대대적인 토벌 작전에 밀려 전투가 아닌 생존을 위한 저항을 지속하다가 끝내는 소모품으로 전락하여 비운을 맞게 된다. 이 과정에서 박헌영은 빨치산 부대의 활약상을 과대발표하며 세를 과시하였으나 끝내는 스스로 무덤을 파는 우를 범하고 말았다.

남로당 붕괴되다

'제주 4·3항쟁'과 '여수·순천반란 사건' 이후 이승만 정부는 남로당 소탕작전에 더욱 박차를 가하였다. 1950년 3월 마침내 남로당의 핵심 지도자 김삼룡, 이주하, 정태식 등이 체포됨으로써 남한에서의 남로당의 지하활동은 사실상 막을 내리게 되었다. 남로당의 몰락 위기는 1949년 9월부터 시작되었다. 9월 16일 당시 김삼룡의 심복이며 서울시 당 제1부위원장이던 홍모라는 자가 경찰에 검거된 후 서울시경 사찰과 경위로 특채되어 김삼룡의 비서 김형육 부부를 검거함으로써 김삼룡의 거처가 확인되었다. 김형육 부인으로부터 김삼룡이 예지동 아지트에 은신해 있다는 정보를 입수한 시경 사찰과는 3월 26일 자정 20여 명의 형사대를 동원하여 아지트를 급습하였다. 그러나 그때 김삼룡은 철조망 담장을 넘어 피신하고 이주하만 체포되었다. 그때 이주하는 만약의 경우에 대비하여 소지하고 있던 극약을 삼켜버렸다. 그때 누군가가 약을 먹었다고 소리치는 바람에 수사관들은 이주하의 코에 물을 부어 토하게 한 다음 그를 압송하였다. 그는 극약을 먹은 후유증으로 20여 일 만에야 회복된 후 경찰의 집요한 심문을 견디지 못하고 전향의사를 밝혔다.

한편 경찰의 포위망을 일단 벗어난 김삼룡은 도피 시 담벼락 위의 철조망에 찢긴 다리를 이끌고 북아현동에 있는 자기 심복 안영달의 아지트로 피신하였다. 그러나 안영달도 이미 체포되어 군 수사기관의 조사를 받고 있었다. 결국 경찰은 안영달의 심문과정에서 그의 아지트를 알아내고 곧바로 그 아지트를 급습하여 그곳에서 부상당한 다리를 치료하고 있던 김삼룡을 체포(1950년 3월 28일)하였다. 한편 남로당 핵심 당원의 한 사람인 정태식은 당시 그의 청주고보 동창이며 식산은행(현 산업은행) 간부인 채항석 집에 숨어 있었다. 앞서 이미 이야기한 바와 같이 채항석은 부잣집 아들로 청주고보 시절 정태식과 전체 수석을 다툰 준재로서 도쿄 제대를 나와 식산은행에 입행한 후 미군정 시기 수도경찰청장과 대한민국 초대 외무장관이던 장택상의 장녀 장병민과 결혼하여 남부럽지 않게 살고 있었다. 이들 부부는 갖은 위험을 무릅쓰고 정태식과 그 동료들에게도 온정을 베풀어 위기 때마다 정태식은 물론 그 동료들까지도 보호해주었다. 부유하고 머리 좋은 사람들에게서 보기 드문 우정과 의리를 채항석은 변함이 없이 간직하고 있었다. 그러나 시경 당국은 정태식이 채항석 집을 자주 드나든다는 정보를 입수하고 그의 집을 급습하여 정태식도 마침내 체포되고 채항석 부부도 경찰에 끌려가고 말았다. 다만 이들 부부는 장택상의 막강한 힘으로 후에 풀려났지만 이 일로 한동안 곤욕을 치렀다.

1950년 5월 17일 김삼룡, 이주하, 정태식에 대한 특별재판이 열리고 김삼룡은 모든 것을 체념한 듯 이주하와 정태식에게 전향을 권고하였다. 이들에 대한 재판은 정태식부터 시작되었다. 재판에 앞서 채항석 부인 장병민은 군정 때 경무부 차장(당시 경무부장은 조병옥)이었던 최경진 변호사에게 의뢰하여 정태식의 구명운동에 적극 나섰다. 담당 검사는 정태식에게 살인, 방화, 파괴의 선동자라고 준열하게 논고하였다. 그리고 이어서 판사는 정태식에게 "지금의 심경이 어떠냐?"라고 물었다. 이러한 질문은 장병민의 부탁을 받은 최 변호사의 주선으로 정태식에게 전향의 기회를 주기 위한 것이었다. 정태식은 잠시 눈을 지그시 감고 생각에 잠기다가 낮은 목소리로 "만일 저에게 삶이 허용된다면 대한민국 내에서 이 나라 민주주의 발전에 노력하겠습니다."라고 호소하였다. 이렇게 해서 정태식은 20년형을 선고받고 생명을 건지게 되었다. 장병민의 도움으로 구사일생 살아남은 정태식은 마포형무소에 수감되었다가 다른 동료들과 달리 6·25 때 무사히 출옥한 후 9·28 서울 수복 시 월북하여 박헌영의 배려로 농업성에서 활동하다가 그 역시 끝내 숙청되고 만다.

다음은 이주하에 대한 재판이었다. 그에게도 검사의 준열한 논고가 있었고, 재판장은 최후 진술 기회를 주었다. 이주하는 고향 원산에서 알게 된 처녀와 늦게 결혼하여 체포당시 그에게는 세 살 된 어린 자식이 있었다. 이주하는 담당 판사에게 전향의사 대신에 "할 말이 많지만, 이 자리에서 무슨 말을 하겠습니까? 다만 내 자식만큼은 나와 같은 전철을 밟지 않도록 하겠습니다." 이주하게는 사형이 선고되었다. 마지막으로 김삼룡의 차례였다. 그에게도 최후 진술이 허용되었으나 그는 전혀 비굴한 기색을 보이지 않고 담담하게 이렇게 말했다. "나로서는 할 말이 없습니다. 더 이상 나를 욕보이지 말고 속히 처형해주시오." 결국 김삼룡에게도 사형이 선고되었다. 1946년 11월 출범하여 3년여 동안 숱한 오욕을 남긴 남한의 남로당 조직이 사실상 와해되는 순간이었다.

한국전쟁의 비극과 분단의 고착화

1950년 6월 25일 일요일 새벽을 기해 조선인민군의 전면 공격으로 한국전쟁이 발발하였다. 옹진반도에서 시작된 첫 전투는 곧바로 동부전선까지 확대되었고, 이에 따라 38선 전역이 전선으로 확산되었다. 조선인민군은 파죽지세로 남하하여 6월 28일 별다른 저항을 받지 않고 서울에 입성하여 맨 먼저 마포와 서대문형무소의 정치범부터 석방하였다. 그러나 이들의 서울 입성 직전 남로당 김삼룡과 이주하, 그리고 조선노동당 남조선 정치공작위원회 위원 성시백 등 좌익 주요 정치범들은 남한 당국에 의해 처형되었다. 그리고 이승만 정권은 후퇴 시에 남한 각지에 분산 투옥 중이던 제주 4·3항쟁 관련자들과 기타 좌익 정치범들을 거의 모두 총살해버렸다.

6월 28일 인민군의 서울 입성에 즈음하여 남한 정부는 새벽 3시 한강 인도교를 폭파하여 다수의 인명피해를 야기했다. 인민군은 30일 한강도하를 시작하여 7월 6일에는 오산 부근에서 미 24사단과 첫 교전을 벌여 치명타를 입히고 7월 24일에는 대전을 함락하였다. 이어 인민군은 7월 말까지 목포와 진주를 점령하였으며 8월 초에는 김천, 포항까지 점령하였다. 이에 당황한 UN군은 8월 3일 낙동강 철교까지 폭파하였으나 인민군 주력부대는 8월 말 낙동강까지 진출하여 그때부터 전선은 교착상태에 빠졌다. 이렇게 해서 남한 지역의 거의 90%까지 장악한 인민군은 8월 15일까지 부산을 '해방'할 계획을 세웠으나, 그 사이에 미 2사단, 미국 제1임시해병여단 등이 투입되면서 UN군 전력은 한국군을 포함해서 14만 명으로 증강되고 대대적인 공중전을 전개하여 전세는 UN군 쪽으로 기울어졌다. 그 뒤 9월 15일 6시 30분 UN군은 인천상륙작전을 감행하여 9월 28일에는 서울 탈환에 성공하였다. 기세를 올린 UN군은 북진을 계속하여 10월 19일에는 마침내 평양을 함락하였다.

이에 당황한 김일성은 중국에 박헌영, 박성철, 이상조 등을 파견하여 중국군의 도움을 요청하였고 이에 따라 마오쩌둥은 한국전 개입을 결정하여 10월 19일 압록강을 건너기 시작하였다. 당시 중국군 주력부대는 린뱌오林彪가 지휘하는 제4야전군 제13병단 소속 6개 군 18만 명 규모였다. 이때부터 쌍방 간에는 밀고 밀리는 치열한 공방전이 전개되었으며, 12월 6일에는 인민군과 중국군의 총공세에 밀려 결국 이들에 의해 평양이 탈환되고 이듬해인 1월 4일 서울까지 함락되었다. 그러나 UN군은 다시 반격을 개시하여 3월 14일 서울을 재탈환하고 5월 말경에는 38선 이남지역을 다시 회복하였다. 당시 UN군을 총지휘하던 맥아더는 이승만과 함께 북진통일을 계획하였으나 휴전을 생각하고 있던 워싱턴 당국의 반대에 부딪혀 결국 맥아더는 해임되고 그 후임으로 리지웨이 장군이 새 UN군 사령관으로 임명되었다. 그 후에도 쌍방 간에는 치열한 소모전을 벌이다가 1953년 7월 27일 전쟁의 완전한 종결을 의미하는 정치적 제 문제들을 숙제로 남긴 채 불완전한 상태에서나마 휴전협정이 조인되었다.

3년여에 걸친 대전쟁으로 한반도 전역은 거의 황폐화되었으며 인적, 물적 피해는 실로 극심하였다. 이 전쟁으로 당시 남북한 총인구 3천만 명

중 약 500만 명(남한 200만 명, 북한 300만 명)이 죽거나 부상당하였다. 중국군과 UN군을 합치면 600만 명에 달하였다. 특히 인구 대비 북한의 인명 피해가 많았던 것은 전쟁 기간 내내 이 지역에 대한 미군의 무차별 융단폭격이 가해졌기 때문이었다. 전쟁이 끝난 후 쌍방 간에는 이데올로기 대립이 극렬해졌고, 남과 북의 이질화는 더욱 확대·심화되어 민족의 동질성 회복은 더욱 요원해졌다. 이와 함께 남과 북에서의 정치체제도 큰 변화를 겪게 되었다. 남에서는 반공을 무기로 한 이승만의 장기집권체제가 확립되면서 그의 수많은 정적들이 희생되었으며, 북에서는 전쟁의 후유증으로 위기의식을 느낀 김일성은 한국전 실패의 책임추궁 차원에서 무정武亭, 허가이許哥而, 박헌영 등을 숙청하였다. 이들 중 무정은 한국전쟁 시 2군단장으로 낙동강 전선까지 갔으나 후퇴 시 평양방위사령관 임무를 소홀히 하였다하여 후방부대인 7군단장으로 좌천되었다가 얼마 후 개인적인 과오와 결부되어 7군단장 자리에서도 파직 당하고 1952년 10월 의문사(일설에는 병사)하였다. 허가이는 1948년 9월 남북노동당 합당 이래 사실상 당 조직을 관장해왔으나 한국전쟁 중 후퇴 시 당원들에 대해 지나치게 책벌주의를 실시한 결과 당원들의 사기를 저하시켰다 하여 당 제1비서 자리에서 해임되고 그 후 농업담당 부수상으로 좌천되었다가 김일성으로부터 전쟁 중 파괴된 순안 지구 복구사업을 수행하라는 명령을 받자 이에 불복하고 스스로 목숨을 끊었다. 그 밖에 항일 빨치산 계열의 임춘추, 김일, 최광 등도 혹독한 비판을 받았다. 그러나 가장 가혹한 숙청은 박헌영과 그의 일파에 대한 대대적인 피의 숙청이었다.

박헌영과 그 측근들의 비참한 최후

한국전쟁에서 실패하고 위기감을 느낀 김일성은 1952년 12월 15일

제5차 당중앙위원회 전원회의에서 '당의 조직 사상적 강화는 우리 승리의 기초'라는 제하의 연설을 하였다. 이 연설은 다분히 일부 불만세력을 잠재우기 위한 협박이자 국면 전환용이었다. 이 연설에서 그는 일부 당원들의 당성 부족을 힐난하면서 이를 철저히 극복하고 당성을 강화하기 위한 투쟁을 벌여야 한다고 강조하였다. 그의 연설 초점은 '자유주의적 경향과 종파주의 잔재들과의 투쟁'을 통해 당의 통일성과 단합을 높여야 한다는 것이었다. 그는 연설에서 "(당)사업을 충실히 하지 않으면서 당에 대해 무원칙적인 불평불만만 하고, 불평분자들끼리 모여서 이러쿵저러쿵 시비를 하며, 당 조직 규율은 살피지도 않고 뒤에 앉아서 횡설수설하며 말공부만 하는 분자, 그리고 자기보호에만 신경을 쓰는 은신분자, 과거 혁명투쟁경력이 있다고 거들먹거리고 큰 일은 하지도 않는 분자들이 있다."고 질타하였다. 이 연설의 속 내용은 박헌영과 남로당 계열을 겨냥한 발언임이 분명하였다.

제5차 당중앙위원회가 끝난 후부터 이 회의의 문헌토의사업을 전당적으로 전개하고, 북한 당국은 1953년 3월부터 남로당 계 박헌영 핵심 측근인 이승엽(당비서 겸 인민검열위원회 위원장), 조일명(문화선전성 부상) 임화(조·소문화협회 부위원장), 박승원(당 연락부 부부장), 이강국(무역성 조선 일반제품 수입상사 사장), 배철(당 연락부 부장), 윤순달(당 연락부 부부장), 이원조(당 선전·선동부 부부장), 백형복(전 남한 치안국 중앙분실장), 조용복(인민검열위원회 상급 검열위원장), 맹종호(전 인민유격대 10지대장), 설정식(인민군 총정치국 정치위원) 등 12명을 일제히 검거하기 시작하였다. 그리고 7월 30일 이들 12명을 '조선민주주의인민공화국 정부 전복 음모와 반국가 테러 및 선전선동죄'로 검사총장 이송운에 의해 최고재판소에 기소되었다. 이들 중 이승엽에 대한 기소요지는 다음과 같다. "피고인 이승엽은 남조선 미 주둔군 나아가 1947년 5월부터 미 군정청의 정치고문 노블과 직접 연계하여 간첩행위를 하였다. 미 제국주의자들은 일찍부터 손을 잡은 이승엽, 조일명을 북조선으로 보내고 이승엽은 조일명과 비밀 모의를 하면서 공화국 북반부에 미제 탐정기관의 지도부로서의 간첩망을 설치하였다…… 이승엽 일당은 남반부의 당 지도 간부들을 체포, 학살하고 민주 세력을 파괴, 약화시키는 한편 공화국 정부를 전복시킬 목적으로 자기 심복인 배철, 박승원 임화등을 모아 미군의 침공 시에 호응하고 후방이 혼란한 틈을 타 무장폭동을 조직할 것을 토의하고 폭동부대로는 금강정치학원의 학생 및 무장부대 등을 동원할 것을 결정하였다…… 그리고 이승엽은 1952년 9월 초순 박헌영의 사택에서 배철, 조일명, 임화, 박승원, 윤순달 등과 함께 현존하는 공화국 정부를 전복한 다음에 수립될 '신정부'와 '신당'에 추대할 지도자들을 토의하고 신정부 수상에 박헌영을 추대하도록 결정하였다."

이와 같은 내용의 기소장에 의해서 이승엽 등 12명에 대한 최고재판소의 재판은 1953년 8월 3일부터 초고속 심리로 시작되어 나흘째인 8월 6일 판결이 선고되었다. 이들에 대한 형량은 검사의 구형대로 이승엽, 조일명, 임화, 박승원, 이강국, 배철, 백형복, 맹종호, 조용복, 설정식에게 사형 및 전 재산 몰수, 윤순달에게는 징역 15년 및 전 재산 몰수, 이원조에게는 징역 12년에 역시 전 재산 몰수형이었다. 그리고 이들에 대한 형집행도 지체 없이 진행되었다. 형 집행 전 박승원은 이렇게 절규했다. "모든 혁명가는 설사 그 죄과가 엄청날지라도 부르고 죽을 조국의 이름은 있었다. 그러나 우리에겐 부르고 죽을 그 조국조차 없다." 한편 그때까지만 해도 박헌영에 대한 정식 체포령은 내려지지 않았다. 그러나 그의 운명도 시간 문제였다. 이 당시 박헌영의 심경은 어떠하였겠는가?

박헌영은 이 사건의 판결로부터 2년 4개월이 지난 1955년 12월 3일 역시 검사총장인 이송운에 의해 최고재판소에 기소되었다. 이 재판이 개시될 즈음 북한 최고인민회의 상임위원회는 12월 14일 "피고 박헌영의 조국 반역사건을 심리하기 위해 조선민주주의인민공화국 최고재판소 특별재판원을 다음 동지로 구성할 것을 결정하고, 재판장에는 최용건(민족보위상), 배석판사로는 김익선(국가검열상), 임해(당 검열위원장), 방학세(내무상), 조성모(최고재판소장)를 지명하였음"을 발표하였다. 그러나 조성모를 제외하고 이들 모두가 법률에 문외한들이었다. 박헌영에 대한 기소내용은 더욱 점입가경이었는바 그 요지는 다음과 같다. "박헌영은 당과 정권을 장악하라는 미 하지의 지령을 받아 1946년 10월 초순에 북조선으로 잠입한 후 간첩활동을 강화하기 위하여 1948년 9월 이승엽을 북조선으로 끌어들였다. 박헌영은 미 군정청을 지나치게 자극하는 것은 당의 정치적 활동에 불리하다는 구실을 붙여 총파업과 일체의 항쟁을 제지하는 등의 방법으로 미 제국주의에 반대하는 남반부 근로계급의 애국투쟁을 약화시켰다. 박헌영의 조종으로 마지막 남은 남로당 서울 지도부의 책임자 김삼룡은 체포, 학살당하였다. 박헌영은 1946년 10월 이후 조선인민공화국 중요기관의 요직에 이승엽, 조일명, 박승원 등 휘하 간첩분자들을 잠입시켜 정치적 모략과 암살을 기도하였다. 박헌영은 신설된 당 연락부에 자기 심복들을 배치하여 반당, 반정부 음모를 기도하였으며, 북조선이 전쟁으로 어려운 시기에 처하였음에도 이승엽 등 일파로 하여금 자기 집에서 무장폭동 음모와 '신당', '신정부' 조직을 음모하였다. 박헌영은 탐욕적인 사생활을 영위하여 왔고, 체포당시 87만원의 북조선 화폐와 1,600그램의 순금을 횡령갈취, 보유하고 있었다."

1955년 12월 15일 오전 10시부터 개정된 박헌영에 대한 재판은 변호인단 참여 없이 공판 심리, 검사논고, 최후 진술로 일사천리 진행되었고 오후 8시에 그에 대한 사형선고 및 전 재산 몰수형이 선고되었다. 이 재판의 정식 명칭은 '피소자 박헌영의 조선민주주의인민공화국 정권 전복

음모와 반국가적 간첩테러 및 선전선동행위에 대한 사건'이었으며, 사건 기록만도 전 13권 4천 쪽에 달하였다. 박헌영의 최후 진술 순간 재판정 분위기는 숙연하다 못해 비장함이 감돌았다. 그는 최후 진술에서 "나는 '신정부'와 '신당 조직', '무장폭동음모'에 직접 참가한 사실이 없음을 밝힌다. 나는 소위 이 음모사실에 전혀 관여하지 않았지만, 그것이 사실이라면 내 밑에서 활동한 부하들에 대한 책임은 전적으로 나에게 있다고 생각한다. 더 이상 할 말이 없다. 원하는 대로 처리해주기 바란다."

박헌영에 대한 형 집행은 이승엽 등 12명에 대한 즉시 처리와는 달리 사형판결이 난 이듬해인 1956년 7월 19일에야 이루어졌다. 그의 사형집행이 이처럼 지연된 것은 일부 양심 층의 선처 건의와 소련 당국의 형 집행 재고 분위기를 고려한 것이었다. 그러나 형 집행이 늦어질수록 불필요한 잡음이 증폭될 것을 우려한 북한 당국은 김일성의 특별지시에 의하여 사회안전상 방학세가 권총으로 박헌영을 직접 총살했다. 총살형에 처해지기 위해 지하감옥에서 끌려나온 박헌영(투옥 중 셰퍼드 견에 의해서 갖은 고문을 당했다는 설도 있음)은 모든 것을 체념한 듯 재혼한 아내 윤레나와 두 자식(딸 나타샤와 아들 세르게이)의 후사를 부탁했다. 그리고 난 후 그는 곧바로 총살되었으며 그의 사체는 인근 야산의 잡풀 속에 아무렇게나 매장되어 버렸다. 현재 재혼녀 레나와 두 자식의 그 후 행방은 알 길이 없다. 한국 공산주의 혁명가 박헌영의 파란만장한 삶은 56세를 일기로 이렇게 처참하고도 허무하게 끝나고 말았다. 분단의 현실에서 박헌영의 '죄상'이 어디까지 진실이고 어디까지 허구인지 아직 명확하게 밝혀지지 않은 채 그는 남과 북 모두에서 버림받고 '민족 반역자'로 전락하고 말았다. 그러나 인간 박헌영에 대한 객관적이고도 공정한 역사적 평가는 통일의 그날 이후로 유보될 수밖에 없는 상황이다.

영웅이 없는 나라가 불행한 것이 아니라
영웅을 필요로 하는 나라가 불행하다.
-베르톨트 브레히트

이현상
李 鉉 相

죽음, 그 자체도 신화가 되어버린 전설적인 빨치산 '영웅'

지리산은 말이 없다

민족의 산, 민중의 산, 그 산 지리산. 백두대간의 끝자락에 자리한 지리산은 높고 넓은 자태만큼이나 예로부터 우리 민족에게 다양한 모습으로 자리하여 왔다. 그 이름만큼이나 지리산은 역사의 숨결이 배어 있고, 세월이 흐를수록 웅장함과 신비로움을 간직한 채 의연히 서 있다. 그러면서 지리산은 승자에게는 겸허함을 일러주었고, 패자에게는 안식처를, 쫓기는 자에게는 도피처를 내주었다. 이처럼 지리산은 어머니의 포근한 젖가슴처럼, 자애로운 할머니의 치마폭처럼 고운사람, 미운사람 모두를 품어 안고 오늘도 말없이 우리 곁에 자리하고 있다.

"······ 뜻이 있으나 뜻을 펼 수 없는 자, 억울한 누명을 쓴 자, 반역을 꾀하다 도망친 자, 지배 권력의 수탈과 억압을 피해 숨어든 자, 살아갈 길이 없어 찾아든 자 등 이루 헤아릴 수 없었다. 지리산은 그 넓은 품안에 찾아드는 모두를 감싸 안아주었다. 그리고 그들의 불만과 원한을 세상 밖으로 토해냈다. 그것은 때로는 반란으로 이어졌고, 때로는 도적떼로 돌변했고, 때로는 거대한 농민항쟁의 불길로 나타났고, 때로는 이념과 외세의 총칼에 불을 뿜는 분화구가 되었다. 그러면서 점점 지리산은 민중과 함께 하는, 민중들이 오르내리는 민중의 산으로 우리 역사 속에 자리 잡혀갔다. 그러나 지리산이 선비의 산에서 민중의 산으로 거듭 태어나는 길은 험난하고 고통스러운 것이었다. 왜냐하면 그것은 민중이 주인이 되는 새로운 근대사회를 건설하는 것이었기 때문이다. 그 과정에서 지리산은 피로 얼룩졌고 수많은 민중들이 그곳에 뼈를 묻어야만 했다. 지리산의 진달래꽃과 철쭉꽃이 유난히 붉은 것은, 지리산의 단풍이 그리도 곱디고운 것은, 눈 쌓인 지리산이 더욱 새하얀 것은, 지리산의 해돋이가 눈부시고 저녁노을이 신비로운 것은 우연이 아니다. 그러한 역사가 있었기 때문이다. 수많은 민중들의 고귀한 생명이 묻혀 있기에, 오늘날 지리산은 더욱 장엄하고 신비로운 산으로 우리에게 다가서고 있는지도 모른다."(김양식 지음, 『지리산에 가련다』, 도서출판 한울, 1998, 80쪽)

이토록 자애롭고 폭넓은 지리산이 1945년 8월 15일 해방 이후 우리 민족에게 한 맺힌 응어리를 남긴 비극의 현장이 될 줄을 누가 알았겠는가? 해방의 기쁨도 잠시, 민족이 분단되고 남북한에 제각기 다른 정부가 수립되자 민중들은 서로 다른 이데올로기의 칼날에 희생되어갔다. 그 과정에서 남한의 좌익세력들은 탄압을 피해 일부는 지하투쟁을 하다가 체포되거나 형장의 이슬로 사라져갔고, 일부는 줄기찬 탄압으로 설 땅을 잃자 하나 둘씩 산 속으로 숨어들어 '야산대'라는 이름으로 무력투쟁의 기반을 다져갔다. 이들 야산대는 제주 '4·3항쟁'과 '여수·순천 반란사건'을 기치면서 세를 불려갔으며, 1949년 6월 평양에서 '조국전선'이 결성됨으로써 7월부터는 인민유격대의 형태로 더욱 조직화되어 무력투쟁을 전개해나갔다. 이 무렵 남로당 간부부장으로 월북하여 평양에서 모스크바 유학을 기다리던 중 김일성과 박헌영 중 누가 진정한 지도자인가를 두고 김일성과 간부진과 갈등을 빚은 이현상은 모스크바 유학을 포기하고 대남 정치공작과 인민유격대 양성소인 '강동정치학원'에서 3개월간 교육을 받은 후 지리산에 입산하여 인민유격대 제2병단(후에 지리산을 주무대로 한 '조선인민유격대 독립 제4지대'로 편성), 소위 '남부군'을 이끌고 남한 빨치산의 핵심적인 지도자로 활약하게 된다. 이때부터 지리산은 남한 군경토벌대와 인민유격대 간의 가장 치열한 격전장이 되어 유례를 찾을 수 없는 비극의 현장으로 변모해 갔다. 이처럼 지리산은 굴곡이 많은 한국 역사, 그 비극의 주무대가 되어 슬픈 사연을 머금은 채 말없이 서 있지만, 그 산에서 스러져간 수많은 원혼들은 아직도 구천九天에서 떠돌며 좌도 우도 없는, 남과 북이 하나가 되는 그날을 염원하고 있는지 모른다.

여기에서 이야기하고자 하는 한국 빨치산의 전설적인 인물, 이현상은 그 지리산자락, 태풍의 현장에서 반역의 불길을 당기며 저항하다가 끝내는 비극적인 최후를 맞았다. 이현상의 존재는 남한 좌익 게릴라 부대 '남부군'의 일원이었던 이태(본명 이우태, 1997년 작고)가 구사일생 살아남아 그의 저서 『남부군』을 통해 우리에게 어렴풋이 전해줌으로써 세인의 관심을 끌었다. 이현상은 '조선인민유격대 독립 제4지대', 속칭 '남부군' 총사령관이었다. 남한 빨치산의 전설적인 '영웅' 이현상이 험준한 지리산에 잠입한 것은 가을 밤 냉기가 감도는 1948년 10월 어느 날이었다. 그는 1953년 9월 지리산 빗점골에서 48세를 일기로 비참한 최후를 마칠 때까지 인간으로서는 견뎌내기 어려운 극한 상황 속에서 남한 토벌대와 외로운 투쟁을 벌여 나갔다. 그것은 말이 투쟁이지, 끝내는 생존을 위한 어쩔 수 없는 항거요 몸부림이었다.

제2차 세계대전 말기 일제의 잔혹한 탄압이 극에 달하면서 동료 공산주의자들의 투옥과 전향이 속출하였고, 이현상도 수차례 투옥된 후 석방되어 한때 덕유산에 은거하였다가 세상으로 다시 나와 조선공산당 재건에 참여하였으며, 그것이 남로당으로 개편되면서 간부부장이라는 요직에 오르기도 하였다. 그러나 남한에서 공산당 활동이 거센 탄압을 받으면서 동료 당원들이 지하에 숨거나 월북, 도피하였으나 그는 지리산으로 숨어들어 고난의 행보를 내디뎠다. 장장 12년간의 감옥생활과 5년간의 빨치산 생활 속에서 단말마의 고통을 겪으며 1953년 9월 의문의 최후를 마칠 때까지 지리산은 고독한 이현상에게 '기회의 산'이요, '약속의 땅'이었다. 왜 이처럼 험난한 길을 택했느냐고 그에게 묻는다면 그 역시 할 말이 많았겠지만, 그것은 어쩔 수 없는 선택이요, 피할 수 없는 운명이라고나 할까? 그가 민족 수난의 격동기를 이처럼 처절하게 살아온 것은 나름대로 민족해방과 인간해방의 길을 사회주의 혁명에서 그 해답을 찾고자 하였기 때문이었으며, 그런 그였기에 조국을 사랑하는 마음은 좌우를 막론한 다른 애국자들과 다를 바 없었다. 그의 이러한 조국애는 그가 죽은 후 생전에 적어 놓은 다음 한시 한 구절에서 능히 찾아볼 수 있다.

지리산에 풍운이 일고 기러기 떼 나니　　　　　智異風雲當鴻動
칼을 품고 천리 길 달려왔네　　　　　　　　伏劍千里南走越
마음 한시도 조국을 걱정하지 않은 적 없고　　一念何時非祖國
가슴엔 굳은 각오, 마음속엔 뜨거운 피 솟구치네　胸有萬甲心有血

역사는 승자의 편에서 기술되기 마련이다. 그러나 진정한 역사는 패자의 변도 기록되어야 올바른 역사로서 자리매김을 할 수 있다고 본다. 박헌영과 함께 한국 사회주의 혁명가의 한 사람으로서, 그리고 무력투쟁의 선봉에 선 빨치산 전사로서 패자의 멍에를 짊어진 그의 험난한 삶을 추적해본다.

'바깥 가마실골' 후덕한 면장집 막내아들

충남 금산군(1963년 1월 1일 전에는 행정 구역상 전북에 속해 있었으나 당시 정계의 실력자인 금산 출신 유진산의 계략으로 그날 이후 충남에 편입케 되었다는 설이 유력함) 군북면 외부리 122번지, 우리말로 '바깥 가마실골'로 불리는 해발 400여 미터의 고원에 위치한 이 마을은 무쇠 가마솥을 덮어 놓은 것 같은 바위산을 뒤로하고 40여 가구가 옹기종기 모여 사는 평화로운 마을이었다. 이 마을 대나무 숲이 울창한 양지바른 남향집에서 미래의 혁명가이자 남한 빨치산 '남부군' 총사령관 이현상李鉉相은 1905년(직권 말소된 호적으로는 1906년) 9월 27일, 일찍이 면장을 지낸 덕망 높은 아버지 이면배와 어머니 김행정의 6남매 중 사내로서는 막내인 4남으로서 태어났다. 이면배는 당시로서는 400석 수확의 비교적 부농으로 면장을 지낸 유지였으며, 그가 면장 재직 시에 덕을 많이 베풀어 그의 송덕비가 세워질 정도로 후덕하고 덕망 높은 사람이었다. 이런 아버지 밑에서 자란 이현상도 그를 곁에서 지켜본 사람들과 빨치산 동료들의 증언과 기록에서 나타난 바와 같이 지하투사의 강인한 면모와는 달리 인정 많고 자상한 지도자요 '선생님'이었다. 남부군 빨치산 세계에서는 이현상이 사령관으로보다는 친근한 이름인 '선생님'으로 통하였다. 이현상은 당시 일반적인 관례대로 어린 시절 한학을 배우다가 뒤늦게 금산보통학교에 들어가 17세 때인 1923년 3월 이 학교를 졸업하였다. 당시에 흔히 있는 일이지만, 이현상은 어린 나이인 1920년 2월 당시 전북 무주의 명문가 최 씨의 딸 성녀(일명 문기)와 결혼하여 그가 졸업하던 해에 큰딸 무영을 낳았다. 그리고 그는 후에 둘째딸 문영, 그리고 셋째딸 상진 외에 아들 극호을 갖게 된다. 그 후 이들은 북한에서 성장하여 무영은 인민군 정치국에서, 문영은 당 중앙위에서, 셋째딸 상진은 조선민주주의인민공화

308

국 첫 여성 1등 서기관으로서 만수대의사당의 부총장으로 재직(그녀는 2000년 6월 13일 김대중 대통령 북한 방문 시 의사당 내부를 직접 안내하였음)한다. 그리고 아들 극은 모스크바 유학 후 김

이현상의 딸 이상진

일성대학 교수, 인민대학습당 국제도서교환처장으로 재직하게 된다.

이현상은 금산보통학교를 졸업한 후 그해(1923년) 4월 당시 호남 명문인 전북 고창고보에 진학하였다. 머리 좋은 이현상은 1학년 때 성적이 평균 91점으로 48명 동급생 중 1등이었으며, 2학년 때는 조금 떨어진 3등으로 평균 85점이었다. 그의 성적이 2학년 때 다소 떨어진 것은 그가 공부 이외에 사회활동에 관심을 두기 시작하였기 때문이다. 주목할 만한 것은 그의 성적표의 성격 등 특기사항란에 '침착하며 집요한 데가 있다'고 기록된 점으로 보아 그는 동료들과 달리 무언가에 집요한 면이 있었던 것으로 보인다. 다른 뜻 있는 젊은이들처럼 시대의 아픔을 일찍부터 인식하기 시작한 이현상은 2학년을 마치고 1925년 봄 서울로 상경, 3학년 때부터 중앙고보로 전학하였다. 당시 중앙고보는 민족의식이 투철한 학생들의 요람이었다.

운명의 '6·10만세' 사건

1926년 6월 10일, 즉 조선왕조 마지막 왕 순종승하 국장일은 그가 앞으로 수없이 겪어야 할 파란만장한 삶의 갈림길이 되었다. 그러니까

1926년 중앙고보 4학년 때 이현상은 순종 국장일에 '6·10만세' 사건이 터지자 궐기학생들의 최선봉에 서서 격문을 뿌리다가 집회와 출판법 위반혐의로 체포되어 경성지방법원 예심에 회부되었다. 이때 이현상은 초범이라는 점이 감안되어 기소유예처분을 받았지만 동료 학생 7명과 함께 무기정학처분(사실상 퇴학처분)을 받고 기소유예 될 때까지 미결구류로 6개월 간 투옥되었다. 미결 구류에서 풀려난 이현상은 고향으로 잠시 내려갔다가 1927년 봄 어느 날 중국 상하이로 건너가 망명 청년들의 모임인 '한인 청년회'에 가입하여 몇 개월간 그곳에서 머문 후 다시 귀국하여 1928년 4월 보성전문학교(현 고려대학교 전신) 법학과에 진학하여 '조선학생과학연구회'에 가입하였다. 이 연구회는 1924년 9월에 발족한 1920년대 최대의 사회주의계열 학생 연구단체로서 이병림, 박순병(1927년 옥사)을 주축으로 신과학 사상의 보급, 학생 사상의 통일, 학생상호단결과 인간교육의 실현 및 조선학생 당면문제의 해결 등을 그 강령으로 하고 있었다. 이 연구회는 1926년 제2차 조선공산당 대탄압으로 지하에 숨어들었다가 1927년 지하단체인 학생 야체이카(러시아어로 세포를 뜻함)가 조직되자 그 표면단체로 재조직되어 조선어와 조선 역사의 부활, 제국주의적 노예교육의 반대 등을 표방하며 각급 학교의 동맹휴학을 주도하였다.

이현상은 보성전문학교에 입학하자마자 이 단체에 가입하여 상무위원으로 활동하게 되며, 이것이 이현상으로서는 공산주의 운동에 뛰어든 직접적인 계기가 되었다. 이현상을 이 조직으로 끌어들인 사람은 당 야체이카의 학생부 위원장이자 조선공산당 경기도 책임비서와 고려공산청년회(약칭 '공청', 「박헌영」편 참조)의 경기도 책임비서였던 김복진이었다. 이현상은 '공청'에도 가입하여 이 조직을 중심으로 각급 학교에 소위 '독서회'를 조직하여 학생의식화 운동을 도모하는 주요 멤버로 활동하게 되었다. '공청'은 조선노동당의 '민청'(민주청년동맹)이나 남로당의

'민애청'(민주애국청년동맹)과 같은 당의 핵심적 하부 청년조직이었다. 1925년 제1차 조선공산당 창립 때 박헌영이 중심이 되어 처음 조직되었으나 제1·2차 조선공산당과 운명을 같이하다가 1928년 제3차 조선공산당 때 김재명을 책임비서로 하여 재결성되었다. 이현상이 관계한 것은 재결성된 '공청'이었다. '공청'은 1929년 3·1운동 10주년 기념일을 기해 대규모 학생시위활동을 전개할 목적으로 학생 야체이카를 통해 각급 학교에 독서회 서클을 조직케 하고 그 회원들에게 공산주의 교육으로 정신 무장을 시켜 시위대의 선봉에 서도록 하였다.

4년 중형을 선고받다

이현상은 이 무렵(1928년) 김복진이 이끄는 학생 야체이카에서 강병도, 최삼환 등과 한 조가 되어 담당 학교 내에 5명 단위의 독서회를 조직하고 이현상은 보성전문과 연희전문을 맡고, 강병도는 중앙고보와 근화여고를, 최성환이 경신학교와 정신여학교, 경성여자 상업학교를 맡았다. 그러나 이들은 그해 7-9월에 모두 체포되어 10월에 정식 기소되었다. 이현상은 이때 이들 중 가장 형량이 무거운 4년형을 선고받았다. 그것은 6·10만세 사건 때의 전력이 있는데다가 개전改悛의 정이 없는 것으로 판단되었기 때문이었다. 당시 이현상이 기소될 때 증거물로 압수된 좌익 '불온서적'만도 『마르크스주의 강좌』, 『헤겔·마르크스 변증법 사회 및 국가관』 등 수십 권이었다. 이때 경성지방법원에 제출된 이현상과 그 동료들의 예심청구서 주요내용은 다음과 같다. "1. 피

수감 시절의 이현상

고 이현상, 강병도, 최성환은 김복진이라는 자의 권유에 의해 조선으로 하여금 일본제국의 기반으로부터 이탈시켜 조선에서의 사유재산 제도를 부정하고 공산 제도를 실현시킬 목적으로 조직된 비밀결사인 고려공산청년회의 취지를 알면서도 이에 가입하였고, 2. 피고 이현상 등 3인은 학생 야체이카를 조직하고 이현상이 그 책임자가 되어 5월 중순 수차례 회동하여 일본의 지난濟南 출병(1928년 5월 북벌중인 국민당정부군이 지난에 진입하면서 지난 시민이 일본 거류민을 공격하는 사태가 발생하자 일본이 이를 구실로 군대를 파견한 사건을 말함) 문제, 학생 맹휴 문제, 단일동맹 조직 등의 문제를 이용하여 공산주의 혁명에 종사하였다. 3. 피고인 등은 조선 총독부에서 발매 배포를 금지한 사정을 알면서도 제 불온문서를 배포하여 치안을 방해하였다. 4. 표면상으로는 학생과학연구회 사업으로 가장하여 맹휴를 효과적이고도 유리하게 지도하였다. 또한 당면 사업으로 일반 과학연구라는 이름 아래, 특히 마르크스주의자의 양성에 힘써, 독서회를 통해 일반 학생들을 끌어들여 유사시에는 그 기치아래 일제히 행동할 대중적 동맹휴교를 계획하여 학교당국에 압력을 가할 계획을 세웠다."

이현상은 이와 같은 혐의로 4년형을 선고받고 서울, 함흥 등지의 형무소에서 옥살이를 한 후 1932년 11월 만기 출옥하여 고향 주민의 환영을 받았다. 이제 이현상은 어엿한 '독립투사요, 혁명투사'가 된 것이다.

이재유의 '재건동맹'에 참여, 재투옥

이현상은 출옥 후 고향에서 잠시 휴식을 취한 후 곧바로 상경하여 지하 노동운동가이자 조선공산당 재건 운동의 핵심 인물인 이재유, 김삼룡, 정태식, 이관술 등을 만난다. 조선공산당의 재건운동은 일제의 조선 공산당 탄압과 조선공산당 내 계파간 파벌싸움으로 코민테른으로부터

농부로 변장하고 도피 중 체포된 이재유

취소된 조선공산당을 재건하기 위한 운동이었다. 이 가운데 이재유의 '재건동맹' 그룹이 가장 활발하였는데 그 조직은 함흥, 원산, 신의주, 대구 등 전국 주요도시를 망라하였다. 이재유는 1903년 함경북도 삼수군 출신으로 1926년 12월 일본으로 건너가 재일본 조선 노동총연맹 도쿄 남부조합에 가입하여 활동을 하다가 귀국한 후 1928년 조선공산당에 입당하여 지하활동을 시작하였다. 그는 1929년 3월 체포되어 서대문형무소에서 3년 6개월간 옥고를 치렀으며, 출옥 후 1933년 12월 당시 경성제국대학 조교였던 정태식을 만나 지하 노동운동을 하며 조선공산당재건동맹을 이끌게 되었다. 이 재건동맹은 '12월 테제'에 의해 노동조합, 농민조합, 반제동맹 등 3개 부문에서 지하운동을 펴나갔다. 이재유의 '재건동맹'은 하부조직을 다져가며 상부조직인 조선공산당을 재건하기 위하여 동분서주하였으나 이들 대부분이 일제 고등계 형사들에 의해 체포되어 제1차로 이현상, 정태식, 이순금 등 43명이 체포되어 1935년 12월 선고공판에서 이현상은 4년, 정태식은 5년, 이순금은 2년형을 선고받았다. 김삼룡은 체포직전 도피하여 고향(충북 중원)으로 피신하였다. 이 무렵 이새유는 동지 이관술의 여동생 이순금과 동거 중이었다. 1911년생인 이순금은 도쿄고등사범을 나와 동덕 여학교에서 교편생활을 하며 공산당 활동을 하던 오빠 이관술의 영향을 받아 동덕여학교 재학 중 독서회에 가입하였으며 졸업 후 제사공장 여직공으로 위장 취업하여 동료 여직공들의 의식화 교육과 파업을 주도하였다. 경찰은 이재유가 내수동에서 이순금과 은신하고 있다는 정보를 입수, 그 집을 급습하였다. 때마침 그녀는 집 앞 과일가게에서 과일을 사는 척하며 바깥 동태를 살피다가 경찰에 체포되고 말았다. 그녀가 나간 지 10여 분이 지나도 돌아오지 않자 이재유는 사태가 심상치 않음을 직감하고 곧바로 담을 넘어 도피하였으나 3일 후인 1934년 1월 21일 봉래교 위에서 ㄱ와 면식이 있는 경찰과 맞닥뜨려 그 역시 체포되고 말았다. 그는 수감 중에 교도관이 조는 틈을 타 길가로 나 있는 창을 뜯고 일단 탈출에 성공하였다. 곧바로 출동한 경찰의 추격을 받고, 그는 어느 집 담을 뛰어 넘었으나 때마침 옥내를 순찰 중이던 경비원에게 붙잡히고 말았다. 그 집은 공교롭게도 모 영사관 건물이었다. 이재유는 곧바로 경찰에 인계되어 독방에서 철통같은 감시를 받게 되었다. 그는 독방에서 수갑이 채워지고 발에도 족쇄가 채워졌으며 허리에는 방울이 달려 있어 그가 조금만 움직여도 방울소리가 나기 때문에 설사 교도관이 졸고 있어도 방울소리에 잠이 깨어 도망칠 수 없게 되어 있었다. 그러나 이재유는 탈옥에 성공한 것이다. 그날은 1934년 4월 14일 밤이었다. 탈옥을 도와준 사람은 그날 밤 당직자 일본인 모리타 순경이었다. 젊고 순진한 모리타는 이재유의 공산주의 사상에 설복을 당하여 그를 풀어준 것이다. 그 일로 모리타는 후에 중형에 처해졌음은 물론이었다.

탈옥에 성공한 이재유는 곧바로 경성제대 경제학부 일본인 미야케 교수의 관사에 은신하였다. 미야케는 당시 경성제대 경제학부 조교인 정태식을 통해 이재유를 몇 번 만난 것이 인연이 되었다. 탈출에 성공한 이재유는 곧바로 미야케 교수의 집에 숨어들어 다다미를 개폐식으로 만들어 놓은 지하 방에 한동안 숨어 지냈다. 이 무렵 정태식도 미야케 교수 집에 드나들다가 5월 17일 경찰에 체포되고 미야케 교수 집은 가택수색을 당하였으나 경찰은 다다미방 밑의 이재유는 찾아내지 못하였다. 5월 21일 미야케 교수도 체포되었으며, 그는 범인 은닉죄로 3년형을 선고받고 교수직까지 박탈당하게 된다. 위험을 느낀 이재유는 그 집을 벗어나 어디론가 유유히 사라졌다. 이재유는 도주하여 측량기사로 가장하고 신당동에서 박진홍 여인과 동거하며 은밀히 활동하였다.

박진홍은 함북 명천 출신으로 동덕여학교 재학 시 공산주의사상에 물들어 퇴학처분을 당한 후 이재유의 재건동맹에 가담하여 이재유의 아지트 키퍼로 활동하였다. 박진홍은 이재유와 동거 중 1935년 1월 12일 경찰에 체포되었다. 박진홍은 체포당시 임신 중이었으며 갖은 고문에도 불구하고 이재유의 행선지를 밝히지 않았는데 고문 후유증으로 기형아를 낳아 그 아이는 곧 죽게 되었다. 그녀는 그 후 1936년 7월 다시 체포되어 1년 6개월 옥고를 치렀으며 그 후 김태준(경성제대 사학과 조교수로 재직하다가 지리산에 입산, 이현상 부대의 문화공작대 일원으로 활동하던 중 토벌대에 체포되어 처형됨)과 결혼하여 중국 옌안으로 망명하였다가 해방 후 옌안파 일원으로 북에 환국하였으나 북의 남로당 숙청 시 체포되어 생사불명이 된다.

한편 박진홍이 체포되자 위험을 느낀 이재유는 다시 도주하여 경기도 양주에서 농부로 가장하며 은신해 있다가 1936년 12월 25일 창동 부근에서 경찰의 불심검문으로 체포되고 말았다. 그는 7년형을 선고받고 1944년 9월 대전형무소에서 출소하였으나 전향을 거부하여 청주보호감호소에서 보호수감 중 그해 10월 옥사하였다. 신출귀몰하던 홍길동처럼, 칠종칠금七縱七擒(촉한의 제갈량이 맹획을 일곱 번 사로잡았다가 일곱 번 놓아준 고사)하던 제갈량諸葛亮처럼 자유자재로 탈출과 탈옥을 거듭한 이재유는 조선 공산주의 지하 노동운동을 이끈 전설적인 인물이었다.

출옥 후 한 때 덕유산 은둔

이현상은 사상범들을 주로 수용하는 함흥과 대전형무소를 전전하다가 1938년 6월 만기, 출옥하였다. 그는 감옥에서 수많은 책을 읽고 사상적으로 더욱 철저한 공산주의자가 되었으며, 동토 속의 인동초처럼 혁명투쟁의식을 견고히 다져나갔다. 그는 출옥 후 서울 재동의 집으로 돌아왔다. 그때 그의 아내 최성녀는 자식들을 데리고 이 집에서 하숙을 치며 남편 옥바라지를 하고 있었다. 한동안 집에서 무위도식하던 이현상은 먼저 출옥한 이관술, 이순금, 그리고 충주에 피신해 있던 김삼룡 등 경성 콤그룹 핵심 회원들과 다시 접선하여 활동을 재개하였다. 이 무렵 박헌영은 1933년 7월 상하이에서 체포되어 대전 형무소에 수감 중이었기 때문에 이현상은 박헌영을 직접 대면하지는 못했지만 그에 대한 충성심은 곁에 있었던 다른 동료들에 못지않았다. 그 사이에 이들 콤그룹은 김삼룡을 조선공산당 재건공작의 조직책으로 추대하였다. 김삼룡이 노동자 출신 기본계급으로 보안의식이 철저하고 조직수완이 뛰어났기 때문이었다. 김삼룡은 동지들의 추대를 받고 피신처 충주에서 상경하여 경성전기, 경성방직, 용산철도공작창, 조선인쇄소 등의 노동조합에 조직원들을 침투시켜 지하노동운동에 탁월한 역량을 보였다. 그리고 이들은 투옥 중인 박헌영을 암암리에 콤그룹 리더로 정해 놓고 그의 출옥을 기다리고 있었다. 그러던 중 이들 콤그룹 회원들은 다시 일경의 수배를 받게 되었으며, 1940년 12월 이현상은 김삼룡 등과 함께 체포되고 말았다. 이현상으로서는 출옥 후 18개월 만에 다시 영어의 몸이 된 것이다. 이현상은 그로부터 42년 가을까지 갖은 고문을 견뎌내며 기소유예처분을 받고 풀려났다. 그들이 기소유예로 풀려난 것은 작전상 위장 전향의 뜻을 비친 때문이 아닌가 생각된다. 1939년 만기 출옥한 박헌영과 김태준, 이주하, 이

순금을 제외한 모든 콤그룹 회원들이 체포되었으나 조직책인 김삼룡 외에는 모두 불기소 또는 기소유예처분되었다. 이때 박헌영은 다시 체포망을 피해 청주에 피신해 있다가 광주 벽돌공장에 위장 취업하여 8·15 해방 시까지 그곳에서 숨어 지낸다(「박헌영」편 참조).

해방공간에서의 사회활동 재개

약 2년간의 미결 구금에서 풀려난 이현상은 아내 및 가족을 데리고 덕유산 아래 무주로 내려가 한동안 그곳에서 가까운 덕유산 기슭에서 은둔생활을 하게 된다. 이것은 그가 첫 번째 시작한 산과의 만남이었다. 그가 이렇게 은둔생활을 시작한 것은 경찰의 수배를 피하기 위한 것이 아니고 경찰의 끈질긴 전향공세를 피하기 위한 것이었다고 볼 수 있다. 그는 이곳에서 한동안 사회활동을 중단한 채 8·15 해방 때까지 그곳에서 칩거하게 된다. 이현상은 해방 전해인 1944년 5월 그곳에서 큰 딸 무영을 결혼시켰다. 사위는 콤그룹 사건 때 함께 옥살이를 했던 윤한조이다. 윤은 경남 합천 사람으로 와세다 대학 제1고등학원을 나왔다. 그는 그 뒤 월북하여 인민군 서울 입성 때 서울시 인민위원회 선전부장으로 있다가 1950년 여름 이현상 부대가 낙동강 후방에서 태백산맥을 타고 북상하던 중 윤한조와 극적으로 재회하였다.

그러는 사이에 해방이 오고 각지에 은신해 있던 공산주의자들은 속속 상경하였다. 박헌영을 리더로 하는 콤그룹 동지들은 8월 20일 서울에서 조선공산당 재건준비위원회를 발족시켰다. 준비위원회는 9월 11일 이영, 정백의 '장안파'를 흡수, 단일화에 성공하여 조선공산당으로 정식, 발족하게 되었다. 1928년 코민테른의 '12월 테제'에 따라 조선공산당이 해체된 이래 실로 16년 만에 다시 재건되었는데 이것을 통일 재건조선공산당이라 부르게 되었다.

　박헌영을 주축으로 구성된 조선공산당은 본인들의 의사와 관계없이 갑산파의 김일성과 중국 옌안을 근거지로 했던 옌안파의 김무정까지 넣어 외형적으로나마 전국 통일의 단일 정당임을 과시하였다. 이때 이현상은 김삼룡과 함께 당 조직위원이 되었다. 그러나 이들 조선공산당은 김일성의 조선공산당 '북조선 분국'의 설치로 어두운 그림자를 드리우게 된다. 이 무렵 이현상은 중앙조직위원회에서 이관술, 김삼룡, 김형선 등과 함께 조선공산당 하부 조직인 노동자, 농민, 청년단체를 조직하는 데 몰두하였다. 이현상은 이와 함께 '국군준비대' 발대식에도 관여하였다. 국군준비대는 8·15 해방과 함께 귀환한 일본군 출신 장병들이 조국건설 사업에 이바지하기 위해서 만든 군사조직(총 1만 7천여 명)으로 좌익성향이 강하였다. 국군준비대 사령관 이혁기는 경성제대 영문과 재학 중 학병으로 끌려갔다가 탈영한 엘리트 출신이었다. 그러나 1946년 12월 미군정은 국군준비대를 불법단체로 규정하고 이혁기 등 주요 간부들을 체포하였다. 이혁기는 그 뒤 1949년 월북하여 북로당 군사책임자가 된다. 이현상은 1945년 12월 26일 국군준비대 발대식에서 김구의 축사 다음으로 등단하여 다음과 같이 연설하였다. 이 연설은 현재 기록상 유일하게 남아 있는 것이어서 여기에 그 일부를 소개한다.

　"…… 여러분은 민족 반역자들의 파쇼군대가 아니라 전 근로계급과 민족을 위한 인민군대가 되어야 한다. 여러분은 현재 우리나라에서 친일파, 민족 반역자들을 철저히 제거하는 충성스러운 무력이며 장래 독립된 우리나라 정권이 될 인민공화국 정부의 군대가 되어야 한다. -중략- 여러분은 조선의 완전 독립과 진보적 민주주의 확립, 민족통일전선에 참가하여 이승만의 파쇼적 독립촉성중앙협의회에 반대하고 한국 민주당의 반민주적 국민대회 소집에 대한 반대투쟁에 적극 참여해야 할 것이다.

그리고 지금은 외국의 군정 밑에서 정치적 행사는 못하지만 우리 인민의 민주주의적 총의를 결집한 정권은 오직 조선인민공화국이라는 것을 알아야 할 것이다."

이 무렵 모스크바 3상(미·영·소)회의 결정(1945년 12월 23-27일)에 따른 신탁통치를 둘러싸고 한반도에서는 좌우익이 첨예하게 대립하는 양상을 보이기 시작하였다. 그런 가운데 1946년 1월 23일 서울에서는 미소 공동위원회의 예비회담을 환영하는 '서울시민 환영대회'가 열렸다. 이 환영대회는 박헌영이 평양을 방문한 후 소련 군사정부의 찬탁지시를 받고 1월 1일 서울로 돌아온 후 좌익계가 주도한 것으로 대회 성격은 찬탁을 지지하기 위한 군중집회인 것으로 보인다. 이때 이현상은 김태준, 맹종호(후일 인민유격대 제 10 지대장을 맡았으나 남로당 이승엽 등 숙청 시 처형됨) 등과 함께 대회 기획위원을 맡았다. 서울운동장에서 열린 이 군중집회에는 30여만 명(당시 서울 인구는 120여만 명)이 참가하여 미소 공동위원회의 향후 활동방향에 대한 깊은 관심을 보였다. 대회가 끝난 후 시가행진에 들어갔을 때 종각 앞에 대기하고 있던 전학련(우익계 학생단체) 측이 시위행렬을 습격하여 수십 명의 부상자가 발생하였다. 이 무렵에는 반탁이 곧 애국이라는 등식이 성립될 정도로 백주에 테러가 다반사로 자행되었는데 좌익 측에서는 이러한 백주 테러가 미군정의 사주를 받은 것이라 믿고 반미감정을 자극하였다. 좌익에 대한 탄압조치는 9월 총파업과 10월 민중항쟁(「박헌영」편 참조)으로 이어져 사회는 극도로 혼란에 빠지는 양상을 보이기 시작하였다.

남로당 간부부장이 되다

모스크바 3상회의 결정안을 둘러싸고 1946년 벽두부터 좌우 대립이 첨예한 갈등을 보이고 있는 상황에서 미군정은 그해 4월부터 좌우 합작을 통해 조선공산당에서 중도좌파를 분리시키고 중도좌파를 중도우파와 결합시켜 남한에서 안정적인 정치기반을 모색하였다. 이와 함께 국내 정치세력들도 좌우 합작의 필요성을 느끼고 이 운동을 전개하였으나 각기 동상이몽 속에서 뜻을 이루지 못하고 한계에 부딪치고 말았다. 이런 가운데 찬탁과 반탁 논쟁이 치열해짐에 따라 미군정의 좌익에 대한 탄압이 더욱 가속화되었으며, 그 결과 남한에서는 9월 총파업과 10월 민중항쟁이 발생하는 등 무엇 하나 제대로 이루어지는 것이 없이 허송세월의 연속이었다. 그 과정에서 그해 11월 23일 조선공산당이 조선인민당과 남조선신민당을 사실상 흡수 통합하여 남로당을 창립(「박헌영」편 참조), 세를 과시하면서 미군정의 탄압에 조직적으로 대처하기 시작하였다. 박헌영은 이에 앞서 10월 민중항쟁에 즈음하여 미군정의 체포망을 피해 월북해 있었다. 남로당 창립 때 이현상은 박헌영, 이승엽, 김삼룡, 이주하 등과 함께 중앙위원(공산당계는 14명)으로 선임되고 간부부장이라는 요직을 맡게 되었다. 이때 남로당은 당 기관지로 『노력인민』을 발간하여 대내외 선전활동을 강화해나가기 시작하였다. 이현상은 노력인민의 인사부장도 맡았다. 이현상은 매일 남로당 중앙당사(남대문 앞 일화빌딩 4층)에 나와 '전평'(조선노동조합 전국평의회), 민청(조선민주청년동맹)과 지방조직의 정비에 몰두하며 우익테러의 역공세에도 만전을 기해나갔다. 이 무렵 남로당은 우익의 폭력에 대처하여 소위 '정당방위 역공세'라는 새로운 전술로 맞서 나갔으며 노골적인 폭력항쟁을 전개해나갔다. 이런 상황에서 1947년 2월 7일 영등포의 조선피혁회사에서 좌우익 노동자들 간에 충돌이 발생하였는데 미군정 경찰은 좌익계 노동자들(135명)만 체포하여 군정재판에 회부하고 전평위원장 허성택과 부위원장 박세형, 그리고 남로당의 이현상 등 51명을 무허가 집회와 그 예비음모 혐의로 체포하였다. 이현상으로서는 6·10만세 사건 이후 다섯 번째 투옥되는 셈이었다. 이때는 파업을 직접 주도한 허성택과 박세형만 실형을 선고받고 나머지는 불기소로 풀려났다.

그해 6월 이현상은 물리적 힘의 뒷받침이 없는 투쟁이 얼마나 무의미한 것인가를 통감하고 기관지 '노력인민'을 통해 의열단 김원봉 장군(「김산」편 참조)의 무력항쟁을 예찬하였다.

"인민공화당의 당수이며 '민전' 의장단의 의장격인 김원봉 장군은 전 생애를 항일 구국의 혁명투쟁으로 장식해온 열혈의 애국자요, 인민의 충실한 지도자이다. 김장군은 적 앞에서 타협이나 굴복을 모르는 완강한 전사였다. 기미년 전 후 해외에 산재해 있던 망명 정객들이 상하이에 모여 조선독립을 파리강화회의 등에 청원운동을 통해서 실현해보려고 할 때 장군은 단호히 이런 타협적 운동에 반대하여 강화회의에 참석한 일본 대표를 베어 죽임으로써 일본제국주의에 대한 조선민족의 항쟁하는 태도를 널리 펴 보이려 하였으며, 그 뒤 만주로 가서 의열단을 조직하여 무장단으로서 일본제국주의 수괴를 도살하고 일본의 통치를 혼란에 빠트리려고 하였으니 이것이 초기에 그의 비타협적 혁명적 투쟁정신을 유감없이 발휘한 것이다. (중략) 김 장군의 오늘날까지의 빛나는 혁명적 투쟁 기록은 장군의 강렬한 의지에서 지어진 것이다. 장군은 어디까지나 의지의 사람이며 담력의 사람이며 결단의 사람이다. 구적 일본과의 삼 십 성상에 걸친 불요불굴의 투쟁은 장군이 가진 강철 같은 의지에 의해서 된 것이다. 장군의 의지는 이러한 항일 구국의 투쟁 속에서 더욱 굳어지고 다져졌으니 이제 이러한 투쟁의 역사를 가지고 있는 상군의 앞날에는 어떠한 난국도 그의 앞길을 가로막을 수 없을 것이다. 오늘 장군은 조선 인민의 충실한 지도자로서 민주 진영의 중요한 전사로서 꾸준히 싸우고 있다. 오늘 조선 인민은 장군에 대해서 거대한 기대를 가지고 있는 것이다.

이 기대와 아울러 장군의 앞날은 더욱 찬란할 것이다."

이 글은 다분히 도식적이고 미사여구에 치우쳐 있지만 남한 좌익 인사들은 김일성보다 김원봉의 항일 항쟁을 더욱 높이 평가하고 있음을 엿볼수 있다. 김원봉은 1948년 6월 29-7월 5일 사이에 개최된 남북 정당·사회단체 연석회의에 참석하기 위해 월북하였으며, 8월 21-25일 해주에서 개최된 남조선인민대표자회의 최고인민회의 대의원으로 선출된 후 북에 그대로 잔류하여 그해 9월에 북한 국가검열상, 1952년 7월 노동상 등을 역임하고 1957년 9월에는 최고인민회의 상임위원회 부의장까지 되었으나 1958년 9월 해임된 후 생사불명(숙청설)되었다.

모스크바 유학 좌절과 그 전말

1948년은 이현상에게는 운명의 해였다. 남로당과 '민전'(조선민주주의민족전선)은 남한만의 단독선거에 반대하여 2·7구국투쟁을 벌였다. 이 투쟁은 학원의 동맹휴학, 교통체신 및 각 산업체 공장들의 파업으로 시작되어 전국 규모의 폭동으로 확대되어갔다. 이 폭동으로 진압 차 출동한 경찰과 시위군중 사이에 많은 사상자가 발생하였고 약 1만여 명이 체포되었으며 체포를 피한 청년들은 산으로 피신, 야산대를 조직하여 무력항쟁을 준비해나갔다. 이들 야산대는 여수·순천 반란 사건 이후 산으로 숨어든 잔여 병들과 함께 한국 빨치산의 모체가 되었다.

이 무렵 이현상은 박헌영의 부름을 받고 월북하여 평양에 체류하고 있었다. 박헌영은 이현상을 앞으로 더 큰 재목으로 키우기 위해서 그의 모스크바 유학을 준비하고 있었다. 남로당 간부부장이라는 직책으로 그는 평양에서 환대를 받고 모스크바 유학에 대비하여 러시아어 개인 레슨도 받고 있었다. 그런데 이때 이현상에게 뜻하지 않은 일이 발생하였다. 당시 북로당 간부부장이던 이상조는 평양에 온 이현상을 위한 주연을 베풀었다. 이 자리는 이현상의 모스크바 유학을 축하하는 축하연이기도 하였다. 당시 옌안파로 분류되고 있는 이상조는 소련파와 밀착해서 국내파, 즉 남로당에 대한 반감을 가지고 있었다. 이상조는 중국공산당의 거점인 옌안지구가 일본군의 봉쇄로 물자가 매우 부족하던 시기에 만주에 잠입하여 피복류를 사들여 은밀히 옌안에 보내는 일을 맡고 있었으며, 해방 이후 만주에서 국민정부군과 싸운 8로군 소속 조선인 부대 '조선의용군' 의제 3지대장으로 있다가 북한에 들어와 북로당 간부부장이 되었다.

이 무렵 북한에서는 국내파와 해외파(옌안파 및 소련파) 간에는 암암리에 갈등을 빚고 있었다. 국내파는 해외파들에게 "소련이나 중국에서 살았다는 것이 큰 자랑거리냐. 일제 탄압 시 국내에서 지하투쟁을 하며 모진 탄압을 이겨낸 우리들의 공로가 더 인정받아야 마땅하다."고 주장하는 반면, 해외파는 국내파에 대하여 "국내에서 일경에 체포되어 징역살이나 한 자들이 무얼 아느냐?"고 비아냥거리는 분위기였다. 해외파, 즉 김일성에 대해서 가장 대표적으로 반기를 든 국내파 간부는 오기섭(남로당 전신 조선공산당 함흥·흥남지구 조직책)이었다. 그는 북조선 노동당 창당과정에서도 발언권을 얻어 북로당 위원장이 김일성이 되어야 하는 이유가 무어냐고 따지고 들었으며, 그 바람에 김두봉이 표결 없이 위원장이 되고 김일성은 잠시나마 부위원장이 되는 수모를 당해야만 했다. 오기섭의 이런 태도에 앙심을 품은 김일성은 그 후 북로당 2차 전당대회에서도 노골적으로 오기섭을 소영웅주의자, 종파분자로 몰아세웠다. 그러나 그때까지만 해도 오기섭은 국내파의 강자였기 때문에 사태는 그 정도 선에서 끝났으나 김일성이 집권한 후 1957년 5월 그는 반혁명분자로 지목되어 숙청되고 만다.

이처럼 국내파와 해외파간에 알력이 잠재해 있는 가운데 공교롭게도 국내파의 이현상과 해외파의 이상조가 술자리에서 예기치 않은 입씨름을 벌인 것이다. 축하연 중 술이 몇 순 배 돌자 이들 간에는 뜻밖에도 지도자론이 화두가 된 것이다. 이 자리에서 이상조와 배석한 북로당 선전부장 김창만이 "민주기지 평양이 우리나라의 정치적 중심지이며 김일성 장군이 공산당의 최고지도자"라고 서두를 꺼내면서 "김일성 장군은 오랫동안 만주에서 항일투쟁을 해온 독보적인 애국자이므로 당연히 김장군이 민족의 지도자"라는 논지를 펴나갔다. 이 말을 듣던 이현상은 이에 질세라 "당신들이 말하는 그 사람은 조선의 국토와 인민으로부터 떨어져 외국에서 성장했고 외국 공산당에 입당해서 그들의 지시를 받으며 그들의 이익을 위해서 투쟁해왔다. 그러나 박헌영 선생은 국내에서 인민들과 함께 투쟁해왔다. 그것도 그 사람보다 15년이나 앞서서 말이다. 박헌영 선생은 1925년에 조선공산당과 공산청년동맹을 손수 만들었고 혹독한 일제 탄압 속에서도 굴하지 않고 국내에서 온갖 투쟁을 해왔다. 그의 경력에 한 점의 부끄러움도 없다. 내가 알기로는 김일성은 본명이 김성주라는 사람인데 언제부터 왜 김일성 장군이 되었는지 분명치 않고 투쟁경력도 확실치 않다. 그런데 어떻게 박헌영 선생을 제쳐놓고 해방 후 갑자기 나타난 정체불명의 청년을 최고의 지도자라 할 수 있겠는가?" 이렇게 되자 흥분한 이상조는 "김일성 장군만이 소련 및 중국공산당의 절대적인 신임을 받고 있으며 현실적으로 북쪽을 지배하고 있지 않은가?" 일이 이쯤 되자 쌍방간에 언성이 더욱 높아지고 급기야는 술판이 뒤엎어지고 축하연장은 난장판이 되고 말았다. 그러나 문제는 그 다음이었다. 이 불상사가 박헌영과 김일성의 귀에까지 들어가게 되었고 일파만파 소문은 서울까지 퍼졌다. 그 일로 북로당과 남로당의 감정대립과 반목의 골은 더욱 깊어졌다. 난처해진 박헌영은 급기야 이현상의 모스크바 유학을 취소하고 강동정치학원으로 보내어 교육을 받으며 근신토록 한 후 서울로 돌려보내게 되었다. 이러한 조치는 상황판단이 빠른 이승엽의 건의에 의한 것이었다. 김일성도 허가이(당시 조선노동당 부위원장, 후에 숙청됨)의 의견을 들어 이상조와 김창만을 당직에서 정직시키고 이상조를 상업성 상업관리국장이라는 한직으로 좌천시켰다. 이 사건을 수습하는 데 허가이의 역할이 컸다. 허가이는 원래 소련국적 교포 2세로 소련공산당 비서까지 지내다가 김일성이 소련파를 발판으로 정권기반을 굳혀나가고 있을 때 그에 의해서 발탁되어 박헌영과 함께 조선노동당의 부위원장이 되었다. 그런데 허가이는 당초부터 북로당원들보다 월북 남로당원들에 더 동정적이었다. 그 이유는 북로당원들보다 비합법적 지역에서 투쟁해온 남로당원들이 당성이 더 강하여 위기에 처했을 때 난국을 돌파할 수 있다는 것이었으며, 어려운 여건에서 투쟁해온 남로당에 대한 남다른 애정을 갖고 있었기 때문이다. 이러한 그의 생각은 남북 노동당이 합당 할 때 당원 심사과정에서도 과거 남로당원이었던 월북자들에 대해서는 형식적인 심사만으로 우선 입당시켰으나 북로당계에 대해서는 입당심사를 까다롭게 하였다고 한다. 이런 그의 태도는 후에 김일성 계로부터 미움을 사 훗날 숙청되는 한 원인이 되기도 하였다.

이상조는 1950년 인민군 패퇴 시 중국군의 지원요청을 위해 특사로 파견되었으며 정전협정 시 중용되어 남북정전협상 대표(당시 그의 계급은 중장)로 임명되었다. 이상조는 정전협상 대표로 있으면서 UN 측의 '남한 빨치산 완전철수' 요구를 묵살하였다. 결과적으로 북한 상층부의 의견을 대변한 그의 발언은 이현상을 비롯한 남한 빨치산들을 사지로 몰아넣은 큰 요인이 되었다. 그 후 소련대사가 되었던 이상조도 옌안파 숙청 때 현지에서 소련으로 망명하였으며, 1989년 서울을 방문하여 김일성의 항일 유격전을 깎아내리고 김일성 찬양론에 부정적인 의견을 피력하였다. 어떻든 이현상은 이상조와의 지도자론 논쟁사건으로 인해서 그의 모스크바 유학은 좌절되고 박헌영은 이승엽과 협의하여 이현상을 강동정치학원에서 3개월 단기교육을 시킨 후 남한으로 돌려보내 그에게 남한 게릴라 즉 빨치산을 지휘토록 하는 책임을 부여하였다.

운명의 산, 지리산으로

박헌영은 이현상을 서울로 돌려보낼 무렵 김삼룡에게는 남로당의 지하조직 업무를, 정태식에게는 이론과 선전 업무를, 이주하에게는 군사부문 업무를 관장케 하였다. 그런 가운데 이현상이 이상조와 뜻하지 않은 다툼을 벌이자 박헌영은 사건 수습책으로 이승엽의 제안에 따라 이현상을 남로당 군사력 강화 최일선 책임자로 선임하게 된 것이다. 박헌영은 그렇지 않아도 자신의 입지를 강화하기 위해서 군사력이 필요했기 때문에 누구를 군사 책임자로 내세울 것인가 고심하고 있었다.

당시 남한에는 국방경비대, 북에는 보안대라는 군사력이 있어 이승만과 김일성은 이들을 기반으로 세 확장을 해갔으나 박헌영을 중심으로 한 국내파는 상대적으로 열세에 놓이게 되었다. 특히 그 당시 북한의 무력은 소련파와 옌안파에 의해 장악되고 국내파는 점차 설 땅을 잃어가고 있었다. 그도 그럴 것이 해방 당시 군사 소양이 있는 청년들은 구 일본군과 만주군 출신, 중국인민해방군, 그리고 소련군 출신 등이었다. 이 중 일본군, 만주군 출신들은 해방과 동시에 북한에서는 자연 도태되고 남한에서는 국방경비대의 기간이 되었다. 따라서 북에서는 조선의용군을 포함한 중국군 출신과 소수의 동북 빨치산을 중심으로 한 소련군 출신이 주된 군사력이 될 수밖에 없었다. 그러다 보니 국내파가 기댈 만한 군사력은 아무데도 없었다. 이런 상황에서 박헌영의 남로당은 그들의 입지를 강화하기 위해서는 야산대를 기반으로 한 빨치산 부대를 강화하는 것이 급선무였다. 이런 시점에서 박헌영은 김일성과의 관계 개선을 도모하고 사태수습을 위해서 이현상을 빨치산 부대를 총괄하는 책임자로 내세운 것이다. 이러한 결정은 다분히 이승엽의 머릿속에서 짜낸 방편이었다. 박헌영과 이승엽이 판단하기에 이현상이 지리산을 중심으로 한 산 사정에 밝고 부하를 통솔하는 리더십이 어느 누구보다 강하여 다양한 성분의 야산대원들을 통솔해 가는 데 어느 누구보다도 적격이었기 때문이다.

이현상이 지리산에 잠입해서 활동을 시작한 것은 1948년 10월경이었다. 그는 강동정치학원에서 3개월간 훈련을 받고 비밀리에 38선을 넘어와 지리산을 중심으로 산재해있는 야산대를 규합하고 체계적인 유격대 발진을 구상하였다. 이현상이 어떤 경로를 통해서 지리산에 잠입했는지는 불분명하나 여수·순천 반란 사건(「박헌영」편 참조)이 한창이던 10월 22일 밤으로 알려지고 있다. 그날 밤 이현상은 부하 몇 명을 대동하고 순천역에 나타나 반란군 지휘자 홍순석 중위를 만나게 된다. 당시 이현상은 노상명이라는 가명을 사용하였으며, 남로당 지하 세포인 홍순석도 '노 동무'로 알려진 이현상이 남로당 거물임을 알고 있었다. 이현상은 전황을 보고 받고 반란군 조직 내 장교들에 관해서 알아보았다. 그러나 뜻밖에도 여수·순천 반란 거사 직후 사병들은 16명의 장교들을 체포한 후 그 중 15명을 즉결처분하고 평소 좌경 성향인 장교 1명만 더 조사해볼 계획으로 순천역 열차 화물칸에 구금하고 있었다. 이현상은 즉각 그 장교를 데려오도록 하여 그를 만나보니 그는 14연대 대전차포 중대장인 김지회 중위로 남로당 지하당원이었다. 이현상 앞으로 끌려나온 김지회는 이현상을 보자 '선생님' 하며 울음을 티트렸다. 당시 장교든 사병이든 간에 군부대내의 남로당 조직은 점 조직이었기 때문에 이들 간에는 서로의 횡적인 연락체계가 없어 누가 남로당원인지 식별할 수 없었다. 죽음 직전에서 김지회는 이현상과 홍순석을 만남으로써 지창수로부터 지휘권을 물려받게 되었다. 당시 국방경비대 내의 남로당 비밀조직에 의하면 장교는 중앙에서, 사병은 도당에서 관장되었다. 왜냐하면 장교의 선발배 치는 중앙에서 일원적으로 하고 있었고 보직 관계로 근무지 이동이 심하 였기 때문에 이들에 대해서는 중앙에서 관리할 수밖에 없었다. 한편 사 병의 경우는 모병단위로 되어 있었고 부대이동이 별로 없어 각 도당에서 공작을 책임지는 것이 유리하였다.

반란군은 당초부터 돌출적이고 무계획적이었기 때문에 이들은 곧바 로 토벌군에 밀려 당초 3천여 명이던 병사들이 대부분 투항하고 400여 명 가까운 전사자를 내었다. 이런 상황에서 이현상은 홍순석, 김지회, 지 창수 등과 향후 대책을 논의하였다. 이 때 홍순석은 결사적 항전을 주장 하였으나 이현상은 이 상태에서 무분별하게 항전하다가는 결과가 뻔하 기 때문에 남은 병력을 모아 유격전으로 대처하는 것이 효과적이라고 설 득하였다. 이렇게 해서 이현상은 홍순석을 사령으로 하고 김지회를 부사 령으로 하여 유격부대를 지휘토록 하였으며, 지창수에게는 잔여 패잔병 을 수습하여 뒤따르도록 하였다. 이현상은 홍순석, 김지회에게 잔여병을 이끌고 섬진강을 건너 지리산 문수골(구례 화엄사 골과 피아골 사이 골짜 기)로 들어갔다. 이들이 문수골로 들어간 것은 아직 산 생활이 익숙하지 못한 이들에게 보급수단이 용이하고 낙오병들이 찾아오기가 쉬우리라 는 판단에서였다.

'반란사건' 지휘자들의 전사와 전열의 재정비

이현상은 홍순석과 함께 광양 백운산 연두내 골에서 머무르면서 지창 수의 후속부대를 기다렸다. 지창수는 그해 11월 중순께 약 200명의 잔여 병을 이끌고 이현상부대에 합류함으로써 이 부대는 600여 명으로 늘어났다. 이제 본격적인 빨치산부대로 정비한 이현상 부대는 피아골로 들어가 월동에 대비하며 본격적인 빨치산 활동을 시작하였다. 그러나 처음으로 겪는 산중 추위 속에서 이들 빨치산 부대는 토벌군과 교전을 거듭하는 동안에 전사자가 늘어나고 도망병도 많아졌다. 설상가상으로 지창수가 이끄는 소부대가 토벌군에 기습당하여 지창수는 생포되고 말았다. 그는 후에 무기징역을 선고받고 6·25 초 인민군 남하 시 감옥에서 처형된다.

이현상 부대의 첫 번째 가장 큰 전투는 1949년 3·1절 기념 전투였다. 이 전투는 거창군의 '십리능선'에서였다. 그때 이현상 부대는 정일권 준장 지휘 하의 2개 여단의 대병력과 마주쳐 2개 대대를 섬멸하는 혁혁한 전과를 올렸으나 빨치산의 희생자도 100여 명에 달하였다. 이들 빨치산은 일단 후퇴하여 4월 8일 천신만고 끝에 지휘부가 뱀사골 어귀인 반선리 금판정 마을에 도착하여 마을 양조장 주인의 영접을 받고 고기와 술로 배를 채운 후 겹친 피로로 잠에 빠지고 말았다. 돌이킬 수 없는 실수였다. 이 틈을 이용해서 양조장 주인은 토벌대에 급히 연락을 취했으며, 샛길로 들이닥친 토벌대는 술에 취해 깊은 잠에 빠진 빨치산들을 급습하여 이중 17명을 사살하고 7명을 생포하였다. 이때 홍순석과 김지회가 전사하는 비운을 맞게 되었다. 다만 김지회는 중상을 입고 사력을 다하여 도주하였으나 도중에 피를 너무 많이 흘려 그 역시 죽고 말았다. 이현상으로서는 산 속에서 겪은 첫 번째 시련이자 쓰라린 경험이었다.

이현상은 60여 명의 패잔병을 직접 이끌고 백운산을 거점으로 하는 박종하 유격부대, 그리고 광주 출신 반란 사병 이영회 부대와 합류하였다. 이들은 세석평전에 철쭉꽃이 한창이던 5월 하순께 인민유격대 제2병단으로 전열을 정비하였다. 그 무렵 남한 빨치산이 '인민유격대'라는 명칭 하에 제1·2·3병단으로 체제를 정비하게 되는데 , 이중 제 1병단은 이호제(보성전문 출신으로 남조선 민청위원장을 역임하였으며 지리산 입산 전

한때 강동정치학원 책임자로 활동)가 지휘하는 강동정치학원 출신의 360여 명이었다. 이들은 태백산맥을 타고 남하 침투하였으나 1949년 12월 군경 합동부대에 의해 거의 괴멸되고 잔여병은 그 후 제 3병단에 흡수된다. 제2병단은 이현상을 총사령관으로 하여 지리산을 본거지로 남한 빨치산의 핵을 이루게 된다. 이 병단은 6·25 후 후퇴 중이던 의용군 출신 낙오병과 민간인을 포섭하여 '조선인민유격대 독립 제4지대'(세칭 '남부군')로 남한 빨치산의 대명사 격이다. 독립 제4지대의 '독립'이라는 칭호는 노동당의 각 도당, 군당에 소속된 지역 당 유격대와 구분하기 위한 명칭이다. 제3병단은 제주 4·3항쟁 때 지휘자였던 김달삼이 사령관이 되어 동해안 주문진과 안동, 영덕지구를 주무대로 활동하다가 1949년 3월 국군 8사단에 의해 궤멸되어 버린다. 제 2병단 편성당시 부대원은 500여 명으로 병단장은 이현상이 되었으며 중부 지리산은 이현상이 직접 지휘하고 동부는 이영회가, 광양 백운산 일대는 박종하가 지휘하였다.

이들 병단과는 별도로 각 도에는 도당 소속의 유격대가 있었는데 충남 도당은 대둔산을 근거지로 하여 남충열이 지휘하였고, 충북 도당(위원장 이성경)은 속리산을 중심으로 활동하였다. 전북 도당은 위원장 겸 유격대장 방준표의 지휘 하에 순창 회문산 일대와 정읍, 고창, 부안 일대를 관할하였는데 위원장 방준표는 경남 거제 출신으로 대구사범을 나와 잠시 교편을 잡다가 1946년 10월 대구 인민항쟁 때 월북하여 박헌영의 추천으로 모스크바 당 학교에 유학한 경력이 있는 자로 전남 도당위원장 박영발과 함께 이현상의 남부군에 부정적이었으며 후일 이현상을 곤경에 빠트린다. 전남 도당은 백아산을 근거지로 하였으며 도당 위원장 박영발의 방침에 따라 유격대장은 김선우가 맡았다. 박영발은 경북 봉화 출신으로 학력이 전무하며 한문을 수학하다가 토목노동자가 되어 해방 후 남로당계 '전평'의 토목노조위원장으로 있다가 박헌영의 추천으로 모스크바 당 학교에서 6개월간 수학한 전형적인 기본(노동자)계급 출신이다. 그역시 이현상에 적대적이었다. 그밖에 경북도당(박종근)과 경남 도당(위원장은 초기 남경우, 후에 조병하, 부위원장 김삼홍)이 있었으며 참모장 노영호(서울공대 출신)의 활동이 활발하였다. 부위원장 김삼홍은 지주의 아들로 와세다 대학 출신이었으며 이현상에게 가장 우호적이었다.

애처로운 '문화공작대'의 활동

그런데 이 무렵(1949년 2월) 남로당은 이현상 빨치산 부대의 정서적 지원책의 일환으로 소위 '문화공작대'를 파견했다. 생과 사의 절박한 상황에 처한 빨치산들에게 문화 활동이 무슨 의미가 있었겠는가마는 훨씬 더나은 이상세계를 꿈꾸는 그들에게 그것은 사치스러운 낭만만은 아니었다. 이들 문화공작대는 두 파트로 나뉘어있는데 그 하나는 사학자이자국문학자인 경성제대 조교수 출신 김태준(당시 45세)을 책임자로 하는이용환, 박우룡, 이원장 등 4명이 그 일행이었고, 다른 하나는 시인 유진오(당시 25세)를 팀장으로 하는 홍순학(영화 촬영기사), 유호진(음악가 동맹원) 등 3인이었다. 김태준은 경성제대 시절부터 이현상과 경성 콤그룹일원으로 활동했고 일제의 검거령을 피해 옌안으로 탈출했다가 해방 후다시 고국으로 돌아와 남로당에 몸담았다. 이들 일행은 2월 28일 나흘간의 잠행 끝에 가까스로 지리산에 당도하여 이현상 부대의 3·1절 기념 전투대열을 따르다가 낙오되어 남원 산간에서 경찰 수색대에 의해 붙잡혀김태준은 현장에서 사살되고 유진오는 군사재판에서 사형을 선고받고그 후 무기징역으로 감형되었으나 복역 중 6·25 초에 감옥에서 총살되었다. 아까운 두 지식인은 이렇게 허망하게 죽고 말았다.

시인 유진오는 그의 시집 『창悤』에서 이렇게 썼다. "시인이 되는 것은 바쁘지 않다. 먼저 철저한 민주주의자가 되어야겠다. 시는 그 다음에 써도 충분하다. 시인은 누구보다도 먼저 진정한 민중의 소리를 전하는 사람이어야 한다." 그런 후 그는 지리산에 입산하여 죽고 말았다. 유진오는 그가 남긴 시 한편에서 이렇게 절규하였다. "휘몰아치는 비바람에/고향은 있어도 흙 한줌 없는/아아 이 나라는 언제나 남의 땅/보라, 이 비가 멎은 다음날엔/진정 폭풍우 같은 우리의 아우성이/새로운 장마를 마련할 것이다…… 눈시울이 뜨거워지도록/두 팔에 힘을 주어버리는 것은/누구를 위한 붉은 마음이냐!" 천재 시인 유진오는 이념의 사슬에 얽매어 표류하다가 죽고 만다. 그러나 이처럼 아깝게 죽어간 지식인들이 어찌 이들뿐이겠는가?

이들 외에도 생과 사를 넘나드는 빨치산 세계에서도 문화를 사랑하는 예술가들이 많았는데 시인 이명제와 문학청년 김영(본명 김웅), 희곡작가 이동규(희곡 「낙랑공주와 호동왕자」 작가), 화가 양수아, 미술평론가 문춘, 평양에서 오페라 「카르멘」에서 카르멘 역을 맡았던 '공훈 배우'격인 최문희, 그리고 후에 살아남아 그 유명한 빨치산 수기 『남부군』을 저술한 이태(본명 이우태) 등이 있었다. 이태, 양수아, 그리고 김영은 후에 살아남아 고통의 세월을 보내면서도 훌륭한 작품을 남겼다. "인간은 자신의 사명을 다할 때까지 죽지 않는 법이다."라고 말한 데이비드 리빙스턴의 말처럼 그들은 자신의 사명이 남아 있어 죽지 않고 살아남았다. 특히 서양화가 양수아는 포연이 가시지 않는 산 속에서도 도화지와 물감을 가지고 다니며 그림을 그렸다. 1920년 전남 보성 중농 집안 3남 2녀 중 장남으로 태어난 양수아는 1939년 일본 가와바타 미술전문학교에 진학하여 정통 미술공부를 하였다. 저명한 화가 박고석도 같은 학교 동문이었다. 그는 1948년 목포사범에서 미술교사로 재직하였다. 그러나 그에게도 6·25는 크나큰 비극이었다. 인민군이 남하하여 목포에 들어오자 그는 목포미술

화실에서의 양수아

연맹 위원장이 되었다. 그런 후 인민군이 후퇴하자 그는 어쩔 수 없이 산에 들어가 남부군 빨치산 종군화가의 길로 들어섰다. 『남부군』 저자 이태를 만난 것도 이때였다. 다행히 그는 토벌대에 생포되어 재판을 받았으나 전투병이 아닌 종군화가라는 점이 참작되어 어렵사리 풀려났지만 빨치산이라는 딱지를 지워버리지는 못했다. 그의 자유로운 영혼은 그때부터 이미 병들어있었다. 그리고 그는 1972년 10월 13일 화가로서 한창 원숙기인 52세를 일기로 세상을 떠나고 만다. 그해 10월 24번째 전시회인 여수 전시회 중 그는 급환으로 광주에 돌아와 그 길로 한 많은 생을 마감한 것이다. 좌우 이데올로기의 대립이 빚어낸 비극은 화가 양수아에게도 예외는 아니었다.

살아남아 시인이 된 김영의 슬픈 삶

종군기자로 빨치산이 된 이태는 시인 김영과 인연이 깊었다. 이태는 산 속에서도 문학청년 김영을 친동생처럼 아꼈지만 생사의 절박한 상황에서 서로 헤어진 후 한동안 잊고 있었다. 그런데 죽은 줄로만 알았던 두 사람은 이태가 『남부군』을 발표함으로써 김영은 그가 살아있다는 것을 알고 그에게 가까스로 연락을 취하여 두 사람은 36년 만인 1988년 8월 어느 날 극적인 해후를 하게 된다. 그러나 그때 두 사람의 처지는 너무도 달라져 있었다. 이태는 그해 7월 『남부군』을 발표하여 일약 스타덤에 오르게 되었고 사회적으로도 기반이 잡혀가고 있었다. 반면 김영은 신길동 시장바닥에서 리어카로 과일행상을 하며 시를 쓰고 있는 배고픈 시인이었다. 두 사람이 1952년 초 산속에서 헤어진 후 김영이 먼저 토벌대에 의해 생포되고 얼마 뒤 이태도 생포되어 이들은 서로 다른 길을 걸어왔다.

그 무렵 이태는 선이 떨어진 동료들을 수습해오라는 지시를 받고 동료 두 명과 함께 산을 내려오다가 토벌대의 습격을 받고 동료 두 명이 행방 불명된 후 '인간이 사는 세상'에서 살고 싶어 산을 내려오다가 전투경찰 205연대 3대대 대원들에게 생포되었다. 빨치산의 운명이 막바지에 다다랐다는 것을 예감한 이태는 살고 싶었다. 그가 생포된 것은 1952년 3월 19일 새벽 5시 50분경이었다. 1922년 11월 25일 충북 제천 출신인 이태는 초등학교 교장을 지낸 아버지 이석영과 어머니 김진수의 2남으로 태어나 청주고보와 국학대학을 나와 해방 후 서울신문, 합동통신 기자로 활동하였다. 한국전쟁이 발발하고 인민군이 서울을 점령하자 그는 조선중앙통신사 종군기자로 징집 당했으며 UN군의 인천상륙작전 후 전주지사에서 근무 중 남으로 후퇴하여 빨치산 부대 남부군에 합류, 험난한 빨치산 생활을 시작하였다. 그래도 그는 운 좋게 살아남아 사회에 복귀하여 윤보선 대통령후보 선거 캠프에서 연설문 작성자로 활약하였으며 국회의원(6대)까지 지냈고 민추협 운영위원, 민주산악회 부회장이 되기도 하였다. 그는 1953년 5월 결혼까지 하여 슬하에 2남 1녀의 자녀도 두었다. 그리고 세인의 관심을 크게 끌었던 빨치산 수기 『남부군』(1988) 외에, 『비극의 사령관 이현상』(1990), 『천왕봉』(1992), 『시인은 어디로 갔는가』(1997) 등 많은 작품을 남기고 1997년 3월 작고하였다. 이런 그의 경력에서 볼 때 마음속 깊은 상처에도 불구하고 그는 운 좋은 사람이었다.

그러나 이와 반대로 살아서 시인이 된 김영의 삶은 너무도 슬펐으며, 살아남아서 더 살아간다는 것은 죽음보다 더 큰 형벌이었다. 그가 살아남은 경위는 극적이다 못해 너무도 애처롭다. 당시(1952년 초) 이름 모를 중병(후에 재귀열로 확인됨) 걸린 23세의 김영은 다른 환자 3명과 함께 퇴각하는 동료들을 따르지 못하고 오한에 떨며 그냥 주저 앉고 말았다. 그때 김영은 적에 의해 사살당하는 것보다 동료들에 의해서 즉결처분될지도 모른다는 공포에 더 시달렸다. 이들 중환자들은 동료 빨치산들이 기밀유지를 위해 거추장스러운 자신들을 처치해버릴 가능성이 컸기 때문이었다. 그때 김영은 병에 걸리지 않은 다른 동료들이 이동하는 순간 평소 그가 좋아하던 이태에게 가느다란 목소리로 울먹였다. "이제 나는 이대로 죽는가 봐요, 어쩌면 좋지요?" 그의 절망적인 이 말은 적의 살해위협에 대한 공포가 아니라 동료들에 의한 처형 공포에서 우러나온 절망적인 말이었다. 그러나 동료들은 그들 환자들을 죽이지 않고 버려 둔 채 그 자리를 떠났다. 그 자리 눈밭에서 밥알 한 톨도 먹지 못하고 닷새째 되는 날 아침, 이들 중환자들은 마침내 토벌대와 마주쳤다. 그 순간 그 들 중 두 명은 서로 끌어안고 수류탄을 터트려 자폭하고 말았다. 그럴 틈도 없었던 김영과 다른 한 명은 토벌대의 총부리에 두 손을 들었다. 몸수색이 끝나고 이들은 토벌대 본부로 끌려가게 되었는데 김영 곁에 있던 다른 동료는 도저히 움직일 기력이 없었다. 그는 기어 들어가는 목소리로 노저히 걸을 수가 없다고 말했다. 그러자 토벌대는 김영에게 물었다. "그럼, 너는?", 약골이지만 강단이 있는 김영은 그래도 살고 싶었다. 그는 힘을 주어 답변했다. "걸을 수 있습니다!" 그러자 토벌대원은 명령했다. "그럼 걸어! 앞만 보고 말야." 김영이 몇 발자국 걸었을 때 뒤에서 몇 발의 총성이 울렸다. 토벌대가 도저히 걸을 수 없는 김영의 동료를 처치해 버린 것이다. 이렇게 해서 버려진 4명의 중환자 중 김영 혼자만 살아남게 되었다. 그러나 목숨을 건진 그의 나머지 삶은 고통의 세월이었다.

전북 순창의 빈농 홀어머니 밑에서 자란 김영은 책을 좋아하는 수재였다. 홀어머니의 눈물겨운 뒷바라지로 1948년 9월(당시 대학 편제는 미국 학제에 따라 9월 입학 6월 졸업제였음) 연희대학(현 연세대학교 전신) 국문과에 들어간 김영은 문학청년이었다. 그런데 그 당시 학생들 세계에서도 좌우 이데올로기 대립이 극에 달하고 있었다. 이런 대립의 광기는 순진한 김영에게도 예외는 아니었다. 겨울 방학이 되어 잠시 집에 들른 김영은 충격적인 소식을 접하였다. 친한 친구 두 사람이 벌써 야산대를 따라 입산해버렸고, 좌익 혐의로 밀고 된 그의 스승 두 분이 토벌대에 의해 맞아 죽었다는 것이었다. 우울한 나날을 보내던 어느 날 김영은 더욱 충격적인 사건을 접하게 되었다. 전남·북 접경인 히어테 고개에서 소년 12명이 국방경비대에 의해 무참히 살해되었다. 이유는 이들 소년들이 야산대에 무슨 심부름을 했다는 것이었다. 소년들의 부모는 미친 듯이 울부짖

빨치산 토벌 작전을 독려하는 이승만 대통령

었으나 그들에겐 항변할 힘도 수단도 없었다. 그 날 이후 김영은 상경하지 않고 고민하다가 다른 몇 사람의 동료들과 함께 자진해서 전북 유격대를 찾아가 빨치산이 되어버렸다. 김영의 기구한 삶은 이렇게 시작되었다.

토벌대에 의해서 생포된 김영은 재판과정에서 살상하지는 않고 동료들에 의해 토벌대원이 죽어가는 것만 보았다고 진술하였다. 이렇게 해서 김영은 살인 방조죄로 기소되어 20년형을 선고받았다. 김영이 처형되지 않은 것은 공산주의에 대한 신념이 아니라 인간애에 대한 신념이 참작된 것이다. 김영은 대전형무소와 마산형무소를 전전하면서 그의 어머니의 눈물겨운 옥바라지 끝에 1964년 12월 가출옥했다. 그는 감옥에서 결핵을 앓아 요양을 하면서도 문학에 대한 향수를 버리지 않고 꾸준히 시를 써 재소자 작품현상모집에서 장원을 하기도 하였다. 출옥 당시 그의 나이도 어언 35세의 노총각이 되었고 몸과 마음은 너무도 황폐해졌다. 고향에 돌아와 보니 자식의 옥바라지에 지칠 대로 지쳐버린 그의 어머니는 다 쓸어져 가는 초가집에서 혼자 몸져누워있었다. 집에 있는 그에게 경찰의 감시망은 계속되었다. 그리고 얼마 후 80을 넘긴 노모는 한 많은 세상을 뜨고 말았다. 그 사이에 김영은 14세 연하의 여인과 결혼을 하여 아들, 딸 하나씩을 낳았다. 그리고 검정고시로 고등학교 교사 자격증을 획득하여 교편을 잡고 한동안 안정된 사회생활을 하는 듯하였다. 그러나 그것도 잠시 그를 감시하던 형사가 어느 날 그가 근무하는 학교에 찾아와 교장에게 왜 하필이면 빨갱이를 교사로 채용하였느냐고 따져 물었다. 그 길로 김영은 3개월 만에 그 학교를 그만두어야만 했다. 그 후 그는 애육원에서 입양서신 번역 일도 돕고 전주의 모 잡지사에서 문예작품 편집 일도 보았으나 그때마다 사찰계 형사가 뒤따라와 그를 면직케 하였다.

경찰의 끝없는 감시망에 속수무책 지쳐버린 김영은 하는 수 없이 가족을 데리고 무작정 상경하여 영등포 시장과 신길동 시장바닥에서 리어카로 과일 행상을 하며 입에 풀칠을 해나갔다. 그런 가운데에서도 그는 시작詩作을 게을리 하지 않고 많은 시를 썼다. 이 사이에 그는 첫 시집『깃발 없이 가자』를 냈다. "나에게 깃발을 묻지 마라/하얀 기도 아니고 붉은 기도 아닌/패배자가 흔드는 기는/기치도 없고 구호도 없음을./찢기고 벗기고 퇴색한 깃발일랑/너와 나의 가슴에 묻고/깃발 없이 가자./너와 나의 벽을 헐고 분단의 담을 넘어/오늘 우리는 모두가 패배자/내일 우리 모두의 승리를 위해/깃발 없이 가자."

뒤이어 그는 제 2시집『리어카의 시인』, 그리고 자전적 수기『총과 백합』,『빨치산 철창 수첩』등을 펴내 환갑을 넘은 나이에 문학 소년의 꿈을 일부나마 실현하였다. 경찰도 그의 순수하고 왕성한 시작詩作 활동을 인정해서 정상을 참작했던지 그를 보호관찰에서 해제하였다. 실로 40년 만에 자유의 몸이 된 것이다. 하지만 망가질 대로 망가진 한 인간이 음지에서 양지로 돌아오기까지 40년은 너무도 긴 세월이었다. 그는 대인 공포증과 폐쇄 공포증에 시달렸으며, 말년에는 위장병과 심근 경색증, 그리고 녹내장까지 겹쳐 시도 직접 쓰지 못하고 아들과 딸을 시켜 대필하였다. 그의 자식들도 어려운 생활 때문에 대학은커녕 고등학교도 제대로 다니지 못했으며, 날품팔이를 하며 검정고시로 고등학교 과정을 겨우 마쳤다. 이런 가운데 그의 아들은 사법고시를 계획하였으나 전력자의 자식은 판·검사로 임용되지 못한다는 것을 알고 이것마저 포기했다. 1995년 가을 어느 날, 김영은 여러 가지 병이 겹쳐 몸과 마음이 만신창이가 된 채 65세를 일기로 한 많은 세상을 마감하였다. 그는 죽기 전 그의 쓰라린 젊은 날의 삶과 기구한 운명을 한탄하며 피를 토하듯 이렇게 썼다. "눈을 밟고 간다./젊은 날의 쓰라린 꽃잎들/바래고 표백되어 하얀 눈꽃인 양 깔려있는/슬픈 역사의 길./눈이 오는 광막한 벌판을 밟고 뭉개고/앙상한 내 수난의 이력서를 찢고 짓이기며/아득한 망각 속의 여인의 얼굴들……/이제는 식어버린 단어들을 밟으며/나는 눈 속을 간다." 격동의 시대에 태어나 통곡으로 살아온 불운한 시인 김영은 이렇게 슬프게 죽어 갔다. 그리고 그의 시신은 화장되어 유골은 그가 산 생활을 하였고 하늘 나라에 가까운 지리산 세석평전에 뿌려졌다. 참으로 슬픈 한 인간의 기구한 운명이다.

북상 중 고향에서 만난 어머니

이야기는 다시 이현상으로 돌아가자. 1950년 6월 25일 새벽을 기해 인민군은 기습적으로 남침을 강행하여 6월 28일 서울을 점령한 뒤 파죽 지세로 남하하여 7월 하순에는 경상남북도를 제외한 남한 전역을 거의 점령하였지만 산중의 빨치산들은 모든 정보로부터 차단된 채 군경부대 의 봉쇄선 속에서 생존을 위한 외로운 투쟁을 벌이고 있었다. 순수 유격 부대인 이들 빨치산들은 당 기관과는 달리 지방민들과 유대관계가 없었 기 때문에 정보에 더욱 어두울 수밖에 없었다. 이들은 전쟁이 터졌다는 소식도 모르고 악전고투하고 있었다. 그 당시 빨치산들 간에는 세 번 죽 는다는 말이 유행이었다. 즉 토벌군에 총 맞아 죽고, 식량이 없어 굶어죽 고, 추위에 얼어 죽는다는 말이었다. 이현상은 이때 중대한 결단을 내려 야만 했다. 승산이 없는 전투에 회의를 느낀 이현상은 잔존부대를 보존 하느냐, 아니면 산 속에서 사멸하느냐 양자택일이었다. 이현상은 투쟁을 포기하고 비겁하게 북으로 후퇴하였다는 비판은 추후 문제였다. 이현상 은 일단 후퇴의 길을 택하였다. 그의 부대가 7월 하순 적상산 자락을 타 고 북상하고 있었을 때 앞서가던 정찰대원으로부터 뜻밖의 소식을 들었 다. 정찰대원은 밭갈이하는 농부로부터 전쟁은 한 달 전에 일어났고 인 민군이 벌써 대전을 점령하였으며, 무주 읍내의 우익 측 행정기관이 어디론지 도망쳐버렸다는 것이다. 그것은 사실이었다. 철모르는 대원들은 만세를 부르며 기뻐했으나 이현상은 만감이 교차하는 가운데 한동안 상념에 잠겼다. 이현상은 곁에 있던 박종하에게 무주입성을 지시하고 이렇게 훈시하였다. "동지들, 이 날이 있기까지 우리가 얼마나 많은 피를 흘렸는가? 이 자리에서 이 감격을 함께 나누어야할 그 많은 동지들이 지금은 여기에 없습니다." 이현상은 목이 메어 잠시 말이 막혔다. 잠시 후 그는 말을 이었다. "그러나 동지들, 우리 앞에는 아직도 넘어야 할 험한 길이 가로 놓여 있습니다. 혁명의 길은 아직도 멉니다. 우리는 앞서간 동지들의 뜻을 기려 기어코 혁명을 완수하여 새로운 세상을 건설해야 합니다. 우리는 이제 무주읍으로 진격하려 합니다. 인민들에게 조그만 피해도 끼쳐서는 안 됩니다. 인민을 외면한 혁명은 있을 수 없습니다. 만일 이 원칙을 어기는 동지가 있다면 가차 없이 책임을 물을 것입니다."

이현상 부대는 7월 23일 한낮의 뜨거운 햇살을 받으며 무주읍에 진입하였다. 연도에는 주민들이 도열하여 대원들을 환영하였다. 이들은 경찰서와 군청마당에 나누어 숙영하였다. 이때 금산에 주둔중인 인민군 부대가 소식을 듣고 노획한 미군 지프한대를 보내왔다. 이튿날 이현상은 세 명의 호위병과 함께 지프를 타고 이미 인민군 점령 하에 있는 대전에 들려 상황을 확인한 후 금산의 가마실골로 가서 어머니와 남아 있는 가족 친지들과 감격적인 재회의 기쁨을 나누었다. 당시 75세의 노모 김행정(부친 이면배는 일찍 작고)은 살아 돌아온 아들의 손을 잡고 하염없이 눈물만 흘렸다. 그 당시 노모는 둘째 형수가 모시고 있었다. 이현상의 부인과 자식들은 서울에 있었다. 알고 보니 이현상 집안의 젊은 남자들은 거의 맞아 죽어 집안은 온통 쑥대밭이 되었다. 저녁 식사 후 이현상은 막내 삼촌 현배 씨댁 마당에 마을 사람들을 모아 놓고 일장 연설을 하였다. "여러분은 이제 해방이 되었습니다. 이제부터 살기 좋은 새 나라를 건설하기 위해 모두 함께 일해야 할 때입니다. 이 시각부터 원수는 없습니다. 모두가 힘을 합해 일해야 할 형제들입니다. 모두가 해방된 나라의 인민들입니다. 왜 보복을 합니까? 왜 살상을 합니까?" 그의 목소리는 힘차게 울려 퍼져 좌중을 압도하였다. 이현상은 하룻밤만이라도 묵어가라는 어머니의 간곡한 청마저도 뒤로 한 채 그날 저녁 가마실골을 떠나 부하들이 기다리는 무주로 떠났다. 그것이 모자간 이승에서의 마지막 만남이었다. 김행정은 그 후 1975년 10월 세상을 떠날 때까지 "우리 현상이는 죽지 않았다."라고 탄식하며 눈물로 세월을 보냈다.

이현상 부대는 인민군이 남하하고 있다는 소식을 듣고 거창을 거쳐 7월 31일 낙동강을 도하하였다. 여름철이라 강물이 범람하여 세 척의 배를 빌려 타고 강을 건너는 도중 마지막 배에 탔던 이영회 일행이 국군의 습격을 받고 낙오되었다. 그 후 이영회는 부대원들과 함께 경남 유격대와 합류하여 57사단장이 된 후 남부군과 긴밀한 협조체제를 유지하게 된다. 낙동강 도하에 성공한 이현상 부대는 8월 1일 경북 달성군과 청도군 접경인 비슬산에 거점을 확보한 후 미군 통신대를 습격하고 경부선 군용열차를 폭파하는 등 후방교란 작전을 펴나갔다. 이때 인민군 정규군은 아직 낙동강을 건너기 직전이었다.

산중 애인 하수복과 이현상의 인간애

이현상 부대는 낙동강 동북 기슭을 따라 남진하며 창녕 부근 들판을 지나가고 있었다. 피난민들이 들끓고 있는 가운데 의사 한 사람이 사과 궤짝 두 개를 받쳐 놓고 부상자를 진료하고 있었는데 의사 곁에는 앳된 간호사 한 사람이 분주히 진료를 도와주고 있었다. 그녀는 가녀린 몸매에 코가 오뚝한 이국적인 풍모의 젊은 여인이었다. 당시 그녀는 19세의 처녀로 일본에서 출생한 후 도쿄 부근 가와사키간호학교를 나온 정규 간호사로 한국말도 서투를 정도로 일본에서 돌아온 지 얼마 되지 않았다. 그녀 역시 고향 거창에서 피난길에 오르던 중 부상자를 치료하고 있었다. 그 때 이현상은 몸이 불편했고 부대에도 의료진이 없었기 때문에 간부 대원이 그녀를 설득해서 부대원의 진료를 부탁하였다. 이렇게 해서 그녀는 곧바로 빨치산 간호사가 되었다. 그녀는 한국말도 서투르고 몸이 약한 편이어서 걱정이 되었으나 예상 밖으로 곧 적응하여 낙동강 전선에서나 9·28 서울 수복 이후 강행군에서도 잘 견디어 냈으며 지리산에 숨어드는 고난의 행군에서도 낙오하지 않고 강인한 빨치산의 일원으로 성장해갔다. 하수복은 그 후 하산할 때까지 이현상의 아지트에 머물면서 그의 시중을 들었다. 그리고 이현상과 27세라는 나이 차이에도 불구하고 그의 산중 애인이 되었다. 원래 빨치산 세계에서는 여성과의 관계가 금기시되었으나 이현상 부대의 경우는 남녀 간의 동지애가 끈끈하였으며 서로 순수하게 사랑하는 남녀 대원들에 대해서는 엄격하지 않았다. 1953년 7월 휴전협정 후 남부군이 궤멸상태에 접어들면서 이현상은 하수복의 장래를 생각해서 그녀를 강제 하산시켰다. 그 무렵 이현상은 하수복 여인뿐만 아니라 다른 여성대원들도 상당 수 하산시켰다고 하면서 마지막까지 살아남은 여자 빨치산 정순덕은 들은 이야기를 간접, 증언하였다. 남자 대원들은 끝까지 투쟁해야 하지만 불쌍한 여성대원들이야 무슨 죄가 있겠느냐하며 자수하면 생명을 보전하리라는 것이 이현상의 깊은 생각이었다. 하 여인은 하산하여 하동지서를 찾아가 귀순하였다. 그녀는 산중에서 이현상과 관계하여 복역 중 이현상의 아들을 낳게 된다. 그녀는 정상이 참작되어 2년형을 선고받고 1956년 안동형무소에서 만기 출옥하였다. 하 여인은 그 후 그녀를 돌보아준 지서주임과 2년쯤 동거하였으나 그에게 말썽이 생기자 그와 결별한 후 어느 교직자와 결혼, 부산에서 새로운 삶을 시작하였으며, 아들은 이현상의 성을 가지고 외삼촌 밑에서 성장하여 교직자가 되었다.

그 당시 빨치산 부대에는 많은 여성들이 있었는데 대개가 20대 여성들이었다. 그러다 보니 빨치산도 사람인지라 이들 간에는 간혹 애정문제가 일어나기도 하였다. 그러나 이들 세계에서는 대부분 기강 차원에서 남녀관계가 엄격히 규제되었으며, 남녀 빨치산 간에 조금이라도 이상한 낌새가 보이면 한 사람을 다른 부대로 전보시키거나 연인 사이로 발전할 경우 심한 경우에는 공개 처형하는 일도 있었다. 그 한 예로 전남 도당 책이었던 전인수(경성제대 출신)는 빨치산 여인과 애정관계를 맺고 있으면서 정작 부하들의 애정문제에 대해서는 냉혹하였기 때문에 그는 결국 격분한 부하들에 의해서 살해되었다. 그런데 남부군 내 중대장 급 간부인 한월수는 문정자라는 여인과 연인관계에 있었다. 이 사실이 이현상에게 보고되자 한월수는 이현상에게 "이 일로 투쟁을 소홀히 하지는 않겠으니 둘을 서로 떼어놓지 말아 주십시오, 우리는 혁명을 위해 산에서 죽을 각오가 되어 있습니다."라고 애원하였다. 이 현상은 한월수의 간절한 청을 듣고 두 사람을 떼어놓기는커녕 오히려 한 부대에 있게 해주었다. 그 후 두 사람은 더욱 열성적으로 투쟁대열에 참여하여 동료들의 부러움을 샀다. 그런가 하면 여수·순천 반란 사건 이후 산 생활의 선두에 섰던 이영회도 옥순이라는 여인과 사랑에 빠졌으나 이현상은 이들에게도 관용을 베풀었다. 그런 저런 일로 이현상에 대한 그의 충성심은 죽는 날까지 변치 않았다.

이 밖에도 이현상은 부상당한 부하나 몸이 약한 부하들에게도 매우 자상하였다. 앞에서 언급한 바와 같이 당시 남부군 승리사단에 있다가 살아남은 젊은 빨치산 시인 김영은 이현상을 이렇게 회상하였다. 승리사단 사병 김영은 마천 전투에서 부대가 노획한 쌀부대를 짊어지고 M1소총을 어깨에 멘 채 동상이 걸린 다리를 질질 끌며 힘겹게 능선을 타고 올라가다가 그만 지쳐 버렸다. 김영은 원래 약골인 데다가 동상으로 발이 엉망이었다. 밤길이라 누가 누군지 알 수 없었지만 웬 나이가 지긋해 보이는 중년 부대원이 지쳐 있는 김영에게 다가와 "힘들어 보이는데 그 짐을 이리 주게, 내가 좀 지고 가지." 하고 그의 짐을 넘겨 달라고 말했다. 김영은 너무도 지쳐있었기 때문에 염치 불구하고 두말없이 쌀부대를 넘겨주고 그의 뒤를 따랐다. 얼마 후 젊은 부대원 한 사람이 뛰어와 "선생님, 이러시면 안 됩니다. 그 짐을 이리 주세요." 하며 그 짐을 빼앗아 짊어졌다. 김영은 그 때서야 그 중년 동료가 이현상 사령관인 것을 알고 어쩔 줄을 몰라 했다. 40대 후반의 이현상 사령관이 20대 초반 젊은 사병의 짐을 대신 져준 것이다. 이런 저런 일들로 이현상은 빨치산세계에서 가히 신적인 존재였으며, 빨치산 대장이기 이전에 자상한 '아버지'요 '형님'이자 '선생님'이었다. 김영은 그 후에도 그 당시의 감동적인 순간을 잊지 못했다. 이런 점들은 사소하나마 이현상의 인간적인 면모를 엿볼 수 있는 대목이다.

조선인민유격대 독립 제4지대('남부군')로 개편

1950년 9월 하순 이현상 부대는 낙동강 후방에서 UN군의 막강한 화력 앞에 악전고투하며 후퇴의 길에 들어섰다. 이들은 UN군의 진지사이를 뚫고 야간을 이용하여 영천과 보현산, 일월산을 지나 동해바다를 굽어보며 설악산 양양(당시는 북한 지역)에서 잠시 머문 뒤 1950년 11월 3일 강원도 후평리에 당도하였다. 그때 먼 산자락에서 말쑥하게 차려입은 인민군 부대와 그 부대 한 가운데 백마를 탄 중년의 한 사나이가 다가오고 있었다. 이현상은 정찰병을 시켜 알아보니 뜻밖에도 그 부대는 인민군이었으며, 백마를 탄 사람은 다름 아닌 이승엽이었다. 그는 박헌영을 따라 월북 후 북한에서 사법상을 지냈으며 6·25 초에는 인민군이 서울을 점령하여 서울시 인민위원장을 지냈다. 그는 '조선인민유격대 총사령관' 직함을 가지고 후퇴하는 빨치산 낙오병들을 수습, 유격대를 재편성하기 위하여 내려오고 있는 중이었다. 이 자리에서 이승엽과 이현상은 극적으로 해후하여 서로 부둥켜안고 감회에 젖었다. 그 당시 두 사람의 모습은 무척이나 달랐다. 한때 경성 콤그룹 당시 동료로서 함께 투쟁하였지만, 지금 한 사람은 백마를 탄 장군으로 위풍당당하였으며 다른 한 사람은 거의 패잔병이 되어 몰골이 말이 아니었다.

두 사람은 그날 밤 한 농가의 사랑방 호롱불 아래서 막걸리 술상을 차려놓고 밤이 지새도록 이야기를 나누었다. 두 사람은 이현상이 강동정치학원에서 유격훈련을 마치고 헤어진 지 3년 만의 재회였다. 그날 밤 이승엽은 이현상에게 지리산으로 돌아가도록 하였다. 그것은 곧 시작될 중국군의 남진에 대비해서 이현상 부대가 이들을 측면 지원하고 남한 산중에 산재해 있는 각 도당 유격대를 총괄 지휘토록 하기 위한 방침이었다. 이승엽의 이러한 방침은 남한 빨치산의 기여도가 후일 남로당 계 발언권의 원천이며, 장차 전쟁 승리 후 그들의 지분 요구의 바탕이 된다는 치밀한 계산 때문이었다. 이현상으로서도 후퇴해보아야 북에서 제대로 대접을 받을 리 만무하였다. 사실 그 무렵 남한 유격대는 UN군의 9·28 서울 수복 이후 인공에 협력했던 좌익 단체원들과 인민군 낙오병들을 흡수하여 크게 확대되어 있었다. 이승엽이 노린 것도 바로 이런 점 때문이었다. 그때 이승엽은 '조선인민유격대 총사령관'의 자격으로 유격대를 재편성하여 이현상 부대에게 '조선인민유격대 독립 제4지대'(통칭 남조선인민유격대, 후에 '남부군'으로 변경)라는 칭호를 부여하였다. '독립 제4지대'의 '독립'이라는 칭호는 노동당의 각 도당, 군당에 소속된 지역 유격대와 구분하여 독자적인 활동과 임무를 부여한 이름이었다. '독립 제4지대'는 본부부대(약 100명), 승리사단(약 300명), 인민여단(약 150명), 혁명지대(약 100명) 등 약 650여 명으로 편성되었다. 이중 승리사단(여수·순천 반란 당시 광주 4연대 하사관 출신, 사단장 이진범)은 여수·순천반란 14연대를 중심으로 한 홍복부대(부대장 김홍복), 관일부대(부대장 송관일)로 나뉘어 활동이 가장 활발하였다. 사단장 이진범은 그 뒤 1953년 월악산 전투에서, 김홍복과 송관일은 같은 시기 지리산 전투에서 각각 전사한다. 송관일은 국방경비대 14연대 소위 출신으로 반란군에 가담하여 뛰어난 지휘력을 발휘하였으나 1953년 8월 20일 자정 산청군 삼장면 대포리 부근에서 보급투쟁 중 전사한다. 그때 그의 나이 32세였다.

이 당시 인민유격대는 인민군 최고사령부의 지시에 의하여 다음과 같이 개편되었다. 제1지대-태백산 지구에서 활동하는 유격대로 편성, 제2지대-충남·북의 유격대와 원주지방의 '홍사민연대'로 편성하어 속리산, 계룡산을 거점으로 활동, 제3지대-남도부(본명 하준수) 부대와 경북도당의 박종근 부대 및 일월산일대에서 활동하는 유격대로 편성, 제4지대-이현상을 지대장, 김선우를 정치위원으로 하여 지리산, 덕유산, 운장산 일대를 주무대로편성, 제5지대-길원팔을 지대장, 남경우를 정치위원으로 해서 경남북 유격대와 청도 유격대로 편성, 제6지대-무주, 옥천, 보은, 금산 등의 각 군 유격대로 편성하고 동 지역을 활동무대로 하였다. 남조선 인민유격대는 1951년 1월 소백산 지구에서 '조선인민유격대 남부군(통칭 남부군)'으로 개칭하고 토벌대와 치열한 투쟁을 전개하여 남한 토벌대에게는 가장 호전적이고 가장 두려운 남한 빨치산의 대명사로 알려지게 된다. 이 남부군은 1951년 1월 중순 소백산 기슭 문경군 죽령 일대를 10여 일이나 장악하여 기세를 올렸다. 이들은 계속해서 문경새재를 점령하

346

여 이동 중인 미군부대에 큰 손실을 끼쳐 세인의 간담을 서늘케 하였다.

잔혹한 거창 양민학살 사건

이 무렵(1951년 2월) 경남 거창에서는 군 토벌대에 의한 양민 대학살 사건이 일어났다. 소위 '거창 양민학살 사건'으로 불리는 이 사건은 거창군 신원면에서 1951년 2월 11일 일어났다. 당시 신원면은 거창 읍내에서 40여 킬로 떨어진 오지 산골로 합천·산청·함양과 경계를 이루는 하늘아래 끝 동네였다. 1951년 2월 11일 이곳에 엄청난 비극이 찾아온 것이다. 중국군이 대거 남하하기 시작할 무렵인 1950년 12월 5일 약 500명의 빨치산들이 거창군 신원지서를 습격하여 경찰과 청년 의용대를 대부분 사살해버렸다. 이에 대응해서 군토벌대 제11사단 9연대(연대장 오익경)는 이듬해 2월 초 거창, 함양, 산청 등 지리산 남부지역 빨치산 소탕작전을 펴기로 결정하고 함양의 1대대(대대장 이종태 소령), 하동의 제 2대대(대대장 임영호 소령), 거창의 3대대(대대장 한동석 소령)를 동원해서 합동작전을 명하였다. 이 직전명령에 따라 거창의 3대대는 경찰과 청년의용대의 지원을 받아 2월 7일 신원면에 당도하였다. 군부대가 들이닥치자 빨치산 부대는 즉시 퇴각하였다. 3대대는 경찰과 의용군 병력만 남기고 작전계획에 따라 산청방면으로 향하였다. 그러자 그날 밤 빨치산들은 야음을 틈타 경찰을 공격하였다. 2월 11일 3대대는 경찰의 지원 요청을 받고 신원면 인근 주민(약 1천여 명)을 신원국민학교에 강제 소집하고 경찰 가족과 지방 유지를 제외한 양민들을 인근 골짜기로 끌고 가 불문곡직하고 집단학살(공식 기록 719명)한 뒤 휘발유를 뿌리고 불태워버렸다. 이유는 주민들이 빨치산과 내통하고 있었다는 것이었다. 그런데 더욱 끔찍한 것은 1960년 6월 국회 조사단이 확인한 상기 사망자 719명 중 남자 331명,

여자 388명중 14세 이하 어린이가 359명, 60세 이상의 노인도 57명이나 된다는 것이다.

이 사건이 중앙에 알려지자 국회에서는 합동조사반을 구성하여 진상 조사에 나서기 위해 4월 7일 현장에 들어가려 하였으나 빨치산을 가장한 군부대가 공격을 하는 바람에 합동조사반은 철수하고 말았다. 우여곡절 끝에 이승만 대통령의 특별지시로 사건조사가 재개되었으며, 오익경 9연대장을 비롯한 사건 관련 책임자들은 군법회의에 회부되었다. 1951년 7월 27일 대구에서 열린 중앙고등 군법회의 공판과정에서 한동석과 이종태는 양민학살 행위를 모두 시인했으나 이것은 연대 작전명령에 따른 불가피한 조치였다고 진술하였다. 이들이 받은 작전 명령 부속서류에는 '작전지역 내 주민을 전원 총살하라'고 되어 있었으며, 이 사건이 문제가 되자 11사단 본부는 원래의 작전명령을 회수하고 '작전지역 내 주민 중 이적행위를 한 자는 간이 군법회의에 회부하여 처단하라'는 내용으로 변조하여 작전명령서를 다시 내려 보냈다고 진술하였다.

결국 이 사건은 군의 무분별한 양민학살 사건으로 밝혀졌다. 12월 16일, 이들 관련자들에 대한 선고공판에서 오익경은 무기징역, 한동석은 10년, 그리고 이종태는 무죄를 선고받고 거창 양민학살 사건은 일단락 되었다. 그리고 사건이 종결된 후 유가족들은 합동묘를 조성하고 원혼을 달래기 위해 위령비를 세우고 진상규명을 위한 외로운 투쟁을 펴나가며, 관계자 처벌, 빨갱이 누명을 쓴 원혼들의 명예회복, 그리고 정부의 공식사과를 요구하였다. 그러나 그 위령비는 5·16군사정권에 의해 쇠 끌로 짓이겨져 땅속에 파묻혔다가 민주화 물결과 함께 1988년 2월 유족들에 의해 다시 파내져 합동묘소 돌 받침대에 비스듬히 걸쳐 놓여 있다. 이유는 이 위령비를 정부 측에서 똑바로 세워달라는 것이었다. 거창 주민들의 줄기찬 투쟁 끝에 1996년 국회는 '거창사건 등 관련자의 명예회복에 관한 특별법'을 제정하고, 2004년 3월 이들 유족에 대한 보상을 위한 법 개정이 이루어졌으며, 그 후 제16·17·18대 국회에서 이들에 대한 보상 방안이 추진되어 왔으나 정부 당국은 이를 실행할 경우 형평의 원칙에서 그 밖의 지역 양민피해자도 보상해야 하는데, 이들에 대한 모든 보상을 다하려면 비용이 무려 25조 원이 소요된다는 이유로 2014년 현재까지도 차일피일 보상 실행을 미루어오고 있다. 이렇게 해서 거창 신원神院 사람들은 죽은 자들의 신원伸寃을 어느 정도 이루어내고야 말았지만, 비스듬히 뉘어 있는 위령비는 아직도 똑바로 세워지지 않은 채 저항의 상징물로 오늘에 이르고 있어 아리고 슬픈 역사의 흔적을 증언해주고 있다.

남부군의 전성기에 밀어닥친 괴질

1951년 2월 6일 남부군은 충북 보은군과 경북 상주 일대를 장악하여 '해방구'를 설정하고 여기에서 3개월간 머물렀다. 이 시기가 남부군으로서는 최전성기였다. 이들이 이곳에서 3개월간이나 머물며 세를 과시할 수 있었던 것은 당시 서울을 재점령한 인민군이 평택-원주 선에서 UN군과 대치하고 있었고 기타 지역은 토벌대의 공세가 소강상태에 있었기 때문이었다. 이들 남부군은 음력 설날(양력으로 1951년 2월 6일)이 되어 고기와 떡국을 먹으며 망향의 시름을 달래기도 하였다. 이 무렵 남부군의 가장 성공적인 전과는 4월 27일 청주시 기습작전이었다. 승리사단 부대장 김홍복은 48명의 결사대를 조직, 충북 유격대원의 안내를 받고 야음을 틈타 청주시와 충북도청, 경찰서, 형무소 등을 급습하여 형무소 내 400여 명의 좌익수들을 탈옥시켜 이들과 함께 속리산으로 철수하였다. 작전은 순식간에 전광석화처럼 수행되었다. 그러나 이들 탈옥수들은 영양실조로 발 빠른 빨치산들을 제대로 따라가지 못하고 대부분 중간에서 낙오되고 겨우 5, 6명만 특공대와 합류하여 남부군과 운명을 같이 하였다. 이 사건은 빨치산이 도청소재지를 습격한 최초이자 마지막으로서 충청 일원과 전남북 일대의 경찰 당국은 한때 초비상사태에 돌입하였다. 이 전과로 승리사단 특공대장 김홍복(당시 24세)은 '영웅' 칭호를 받았다.

그런데 호사다마라 할까, 이 시기에 남부군에 이름 모를 전염병이 갑자기 돌았다. 그것은 토벌대보다 더 무서운 적이었다. 1951년 이른 봄 백아산의 전남 유격대로부터 시작된 이 괴질은 산맥을 타고 순식간에 번져 4월중에는 덕유산의 전북 부대까지 창궐하여 많은 희생자가 속출하였다. 이 전염병은 당시에는 무슨 병인지도 몰라 한때 미군의 세균전으로 오인되기도 하였다. 나중에 병명이 재귀열再歸熱로 판명된 이 전염병은 감염 후 5-7일간 두통과 오한을 거듭한 후 일시 회복된 듯 했다가 다시 이전의 증세를 되풀이하는 질병으로 이·벼룩·진드기 등에 의해서 감염되는 무서운 질병이었다. 그리고 이 병은 회복기에 들면 식욕이 왕성해져 과식을 하면 소화기에 이상이 생겨 병세가 다시 극도로 악화되고 열이 다시 재발하는 경우가 많아 당시 영양실조에 위생상태가 불량한 빨치산들은 이 병으로 시름시름 앓다가 무수히 죽어갔다.

재귀열이 어느 정도 수그러진 5월 중순 남부군은 충청, 전라, 경상도 3도 접경인 민주지산(일명 삼도봉, 해발 1,242미터)에서 약 1주일간 머물면서 전열을 재정비하였다. 청주시 습격사건 이후 군경토벌대가 항공기로 토벌작전을 강화함에 따라 650여 명이던 남부군은 재귀열 희생자까지 겹쳐 대원수는 400명 내외로 줄어들었다. 이로 인해 대원들의 사기도 말이 아니었다. 이북 출신 대원들은 다시 북상을 원했고 여수 14연대 출신 지리산 주변이 고향인 대원들은 남진을 주장하였다. 그들에게 지리산은 마음의 고향이요 '약속의 땅'이었다. 그들은 죽어도 지리산에서 뼈를 묻기를 원했다. 이때 이현상은 결단을 내렸다. "지리산으로 가면 살 수 있다. 가자, 지리산으로!" 이현상의 이 한 마디는 모든 대원들에게 복음이요, 계시처럼 들렸다. 마침내 남부군은 민주지산에서 부대를 둘로 나누어 남진을 계속하였다. 이현상과 그 막료부대는 덕유산 송치골로 향하였다. 이현상과 남한 6개도의 수뇌부 회의를 거기에서 열기로 되어 있었기 때문이다.

불씨를 남긴 송치골 '경험교환회의'

1951년 5월 하순 이현상은 북덕유산 자락 송치골에서 6개 도당위원장들과 일종의 '경험교환회'의 형식으로 향후 투쟁방향을 협의하였다. 이때 전남도당 위원장 박영발은 불참하고 대신 부위원장 김선우가 대리 참석하였다. 그러나 무슨 이유에선지 회의는 벽두부터 설전을 거듭하는 탁한 공기가 감돌았다. 전북도당 위원장 방준표와 박영발의 전남도당 측이 이현상의 주도권 장악 움직임에 심한 반발을 보인 것이다. 거기에는 그럴만한 이유가 있었다. 방준표와 박영발은 김일성파로 남로당의 이승엽의 지시를 받는 이현상이 자신들과 대등한 일개 지대장에 불과하다는 것을 알고 있었기 때문이다. 앞서 언급한 바와 같이 인민유격대는 김일성 지령에 따라 6개 지대로 편성되어 상호 대등한 관계를 유지토록 하였으나 잔꾀가 많은 이승엽이 향후 남로당의 입지를 강화하기 위하여 이현상에게 독립 4지대라는 별칭을 부여하여 유격대의 주도권을 장악토록 한 것이었다. 지대 개편에 관한 김일성의 시령은 1951년 1월 이후 단파방송으로 남한 유격대에 몇 차례 송신되었지만 당시 전파 통신 수단 미비로 그 지령이 제대로 전달되지 못하여 4월 23일 소규모 유격조에 의해서 겨우 전달되었다. 이들을 통해서 전북도당위원장 방준표는 김일성의 지대

개편의 진의를 알게 되었다. 즉 이현상은 이 6개 지대 중 4지대의 지대장에 불과하고 이현상의 남한 6도 빨치산 통합구상은 김일성의 뜻이 아니라는 것이었다. 김일성과 이승엽의 지대 개편 구상은 이처럼 서로 차이점을 보였기 때문에 자존심이 강하고 교조주의적인 방준표와 박영발이 이현상에게 호락호락할 리가 없었던 것이었다.

갑론을박 난항을 거듭하던 송치골 6개 도당 경험회의는 여타 도당위원장들의 중재에 따라 향후 불씨를 남긴 채 이현상의 뜻을 대체로 반영, 다음과 같이 결의하고 해산하였다. 1. 당 과업 수행에 있어 군사에 관한 제반 수행은 군사부장이 운영할 것이며 당은 정치 사업에 치중하여 지방 당 재건에 전념한다. 2. 군사부는 각 병단을 통합하여 '사단'체제로 개편하며 군사행동으로 남반부 장악에 주력한다. 3. 비합법투쟁이 계속되는 상황에서 이탈, 배반자가 속출하고 있으므로 사상교육에 더욱 힘쓴다. 4. 6개 도당은 군사적 유일체제를 보장하기 위하여 지리산에 총 거점을 설치한다.(이것은 남부군 사령부가 관장한다는 것으로 이현상 체제를 인정하는 것임) 5.비무장 인원을 모두 무장시킬 것이며 그에 소요되는 무기는 승리 사단(남부군 소속)이 보장한다. 6. 가급적 약탈을 삼가고 민심수습에 노력한다.

이 송치골 '경험교환회의'는 당시 남부군의 실세에 밀려 이현상의 페이스로 일단 끝났으나 박영발과 방준표의 이현상에 대한 반발심은 계속되었으며 그 후 이현상의 입지에 결정적인 타격을 입히게 된다. 앞서 잠시 언급한 바와 같이 박영발과 방준표는 박헌영의 주선으로 모스크바로 유학한 남로당계 당원이었지만 모스크바 유학 후 해외파 엘리트로 자처하며 김일성 쪽으로 돌아서서 국내파 이현상과 그 측근들을 무시하는 경향을 보였다. 후일 이들은 남부군이 궤멸단계에 이르자 그 책임을 온통 이현상의 지도력 결함과 당성부족으로 몰아세워 그를 단죄하였다.

'영웅' 박종하의 죽음과 이현상의 시련

남부군은 1951년 6월 덕유산 시절부터 이듬해 3월까지 큰 시련기였다. 1951년 다시 지리산에 들어온 남부군은 그해 겨울 백선엽 야전군(약 4만 명)의 대공세를 받고 거의 섬멸직전에 놓이게 되었다. 그 당시 남부군이 받은 가장 큰 타격은 이현상의 오른팔 격인 남부군 참모장 박종하의 죽음이었다. 1951년 8월 초순까지만 해도 남부군은 세를 불려 해인사 일대와 거창 일대를 거쳐 소백산맥 본류인 기백산에 돌아올 때까지 다량의 보급물자를 노획하고 백주에도 산간의 지서를 습격하여 큰 전과를 올렸다. 이들 남부군은 특히 8월 10일 합천군 가회지서를 습격하여 다량의 실탄과 군수품을 노획하고 56명의 경찰관을 납치(당시 경찰 기록)하여 포로로 며칠 끌고 다니다가 후한 대접을 한 후 이들을 방면하는 여유까지 보이기도 하였다. 그러나 그 가회전투에서 남부군 참모장 박종하는 국군의 총격을 받아 중상을 입고 후퇴하던 중 끝내 죽고 말았다. 박종하의 죽음은 남부군으로서는 결정적인 손실이었으며 비보를 들은 이현상은 망연자실하였다. 박종하는 6·25전 제2병단 시절 광양 백운산에서 7연대장으로 있을 때 출중한 지휘능력을 발휘하였다. 그때 박종하는 소수의 대원을 이끌고 광양의 국군 수비대를 습격하여 600여 명의 국군 전사자를 내고 700여 정의 총기를 노획하여 유격전 사상 전무후무한 전과를 올린 바 있으며, 그 후 낙동강 전투에서도 혁혁한 전과를 올려 '영웅' 칭호를 두 번이나 받은 천재적인 빨치산 지휘관이었다. 그는 치열한 전투 중에도 언제나 여유와 농담을 잃지 않았으며 전투를 즐기는 특이 체질이었다. 그런 그도 부하를 다그칠 때는 서릿발같이 차갑고 표범처럼 표독하였으나 이현상 앞에서는 순한 양이 되어 충성을 아끼지 않았다. 그는 죽어 가는 순간에도 여유를 보이며 "지금 선생님(이현상)이 안 계시는데 부하들이 알면 사기가 떨어지니 나의 죽음을 당분간 비밀에 붙여라."고 말하며 조용히 숨을 거두었다. 박종하의 장례식은 8월 14일 산청군 입석마을에서 치러졌으며 이때 이현상은 비통한 어조로 추도사를 했으며 여성대원들은 모두가 흐느껴 울었다.

전열을 가다듬은 이현상의 남부군은 1951년 8월 경찰 저지선을 뚫고 지리산 거림골에 들어섰다. 이곳은 1950년 7월 이후 1년 만에 다시 밟아보는 정든 산이었다. 이들은 이곳을 근거지로 해서 남원군 운봉과 함양군 마천, 하동읍 등 지리산 동북방을 표류하며 토벌대를 괴롭혔다. 그러나 이들 남부군은 운봉전에서 결정적인 타격을 입었다. 당시 운봉은 군·경토벌대의 총 지휘부가 있었는데, 이 전투에서 남부군은 165명(경찰 발표)이 희생되었다. 뿐만 아니라 남부군은 하동 전투에서도 큰 손실을 입고 500여 명이던 대원들은 300명도 채 안 남게 되었다.

이 무렵 개성에서는 정전회담이 시작되어 신중의 빨치산들은 은연중에 북으로 돌아갈 수 있다는 기대감에 부풀었으나 평양당국은 이들을 끝내 외면하였다. 이런 상황에서 이들 남부군 빨치산들은 겨울을 넘기면서 이듬해 3월까지 추위에 떨며 얼어 죽고, 총 맞아 죽고, 굶어 죽어가며 처절한 항쟁을 벌였다. 이때 이들 빨치산들은 백선엽 장군이 이끄는 4만여 명의 대 토벌군에 밀려 악전고투하였다. 이제 남은 병력은 150명도 채안되었으며 그나마 남은 병력도 대부분 부상을 입거나 동상에 걸려 걸음도 제대로 걸을 수 없는 패잔병이나 다름이 없었다. 이때(1952년 1월 15일) 남부군은 정치위원 여운철을 잃었다. 그의 죽음은 같은 자리에서 생포된 이현상의 전속부관 고성균에 의해 확인되었으며 그가 지닌 방대한 기밀문건으로 남한 빨치산 내부의 전모가 토벌대에 의해 포착되었다. 여운철을 사살한 부대는 당시 최치환 경찰 대장(후에 자유당 국회의원)이 직접 지휘하는 경찰부대였다. 지적이고 다정다감해서 빨치산 동료들로부터 신망이 두터웠던 여운철은 충남 논산 사람으로 보성전문 출신의 엘리트 빨치산이었으며, 경성 콤그룹 이래 이현상의 동지로 분투하였으나 그 역시 지리산에서 최후를 맞아야만 했다. 그런 그도 1953년 평양에서 열린 남로당 숙청 때 반역자라는 누명을 쓰게 되었다. 누가 그의 원혼을 달래 줄 것인가?

이현상의 남부군은 1952년 1월 하순 사단편제를 해체하고 후평 출발 당시의 '독립4지대'라는 이름으로 되돌아가게 되었는데, 그 배경은 당시 극비리에 찾아온 김일성 밀사가 그의 통합사단 체제를 힐난하고 종전 체제로 전환하라는 밀명에 의해서였다. 지리산에도 다시 봄이 와 능선의 눈이 녹고 산기슭의 나무에도 파랗게 새순이 돋아났지만 빨치산 잔여병들은 봄기운을 느끼지도 못한 채 이리 쫓기고 저리 쫓기는 신세가 되어 갔다. 그런 가운데 중증환자들은 환자 아지트나 양지바른 바위 틈새에서 공포에 떨며 질긴 생명을 부지해나갔다.

그러면 이들 남한 빨치산들은 설 땅을 찾지 못하고 소멸해갔는가? 그것은 전술상의 실패보다도 다음과 같은 근본적인 문제점들 때문이었다. 첫째 이들 빨치산들에게는 근거지를 확보할 안전한 공간이 없었다. 베트남, 라틴 아메리카, 필리핀처럼 산림이 울창하고 지형이 복잡해야 게릴라들이 적으로부터 어느 정도 보호를 받을 수 있는 것이다. 그러나 그 당시 한국의 산악은 울창한 숲이 없었으며 그나마 가을부터 낙엽이 지고 겨울이 되면 눈 덮인 민둥산이 되어 게릴라들이 안심하고 은신할 곳이 없었다. 그러니 어떻게 적으로부터 보호를 받을 수 있었겠는가. 그 다음으로 마땅한 보급수단이 없었다. 동북 만주의 빨치산들이나 시베리아 게릴라들, 그리고 넓은 중국 대륙에서의 마오쩌둥 게릴라 부대들은 일정한 해방지구가 있어서 자체적으로 보급품을 조달하기가 용이하였다. 그러나 이들 남한 빨치산들은 협소한 공간에서 '해방지구'를 형성하기가 사실상 어려웠고 척박한 토양에서 보급품을 자체 조달하는 것은 더욱 불가능했다. 게다가 북으로부터 차단되어 보급품도 지원 받지 못하는 최악의 상황이었다. 그러다 보니 부득이 주변 민간인들로부터 보급품을 약탈해서 생명을 부지해야 하는 어려움에 처하였다. 그런 상황에서 자기들도 살기 힘든 민간인들이 이들 빨치산들에게 우호적일 수가 없었던 것이다.

마오쩌둥, 카스트로와 체 게바라 게릴라 부대가 성공할 수 있었던 것도 바로 이러한 문제점들이 거의 없었기 때문이다. 마오쩌둥 게릴라 부대가 마을 주민에 불가피 신세를 질 때도 생나무에 말고삐를 매지 않았고 주인이 사는 안채에 들어가지 않았으며, 잠을 잘 때도 마당에서 자고 빌려간 식량은 반드시 되갚았다는 사실은 남한 빨치산들에게는 꿈같은 이야기였다. 남한 빨치산들은 최악의 여건에서 오직 인내와 정신력으로 버텨나갔을 뿐이었다. 그러나 그 정신력도 한계에 부딪쳤고 토벌대의 막강한 화력 앞에 속수무책일 수밖에 없었던 것이다. 따라서 남한 빨치산이 어느 것 하나 충족되지 못한 상황에서 게릴라전을 편다는 것은 애초부터 환상이요, 망상이었다. 북한 지도자들이나 남로당 상부층은 게릴라전의 기초도 망각한 채 숭고한 생명들을 사실상 사지로 몰아넣어 필패를 자초한 것이다. 그런 의미에서 한국 남한 빨치산들은 세계 게릴라전 사상 최악의 조건에서 전사가 아닌 일종의 소모품으로 전락한 가장 불행한 전사들이었다.

그해 9월 이들 빨치산들은 1951년 8월 31일 조선노동당 중앙위원회가 지령한 '미未해방지구에서의 당사업과 조직에 대하여(노동당 94호 결정서)'라는 지령을 구두 전달받았는데 그 주요내용은 다음과 같다. 1. 행정구역 단위의 당 조직을 잠정적으로 해체하고 다음의 5개 지역을 설정, 각 지구 조직 위원회를 구성하여 일체의 당 사업을 지도하도록 한다. 즉

제1지구-서울 경기 전지역, 제2지구-울진군을 제외한 강원 전지역, 제3지구-논산을 제외한 충·남북 전지역, 제4지구-경상북도와 울진군 및 낙동강 동쪽 경남 지역, 제5지구-전남·북지역과 낙동강 서쪽의 경남지역 및 논산과 제주지역. 2. 각 지대 단위로 활동하고 있는 유격대를 지구당 조직위위원회 지도하에 두며 중대단위의 소부대로 개편하여 활동의 민활성을 도모한다. 이 결정서에 따라 이현상은 박영발, 방준표, 김삼홍 등과 함께 회동하여 광역 지구당 결성을 협의하였는데 여기에서도 박영발과 방준표가 이의를 제기하고 나섰다. 그 이유는 기존의 지구당, 즉 도당을 해체하라는 중앙당의 지시는 현지실정을 모르고 한 결정이며, 이 결정서가 공식문서가 아니고 구두 전달문이기 때문에 믿을 수 없다는 것이었다. 그러나 박영발과 방준표의 이의 제기에 경남도당의 김삼홍이 중앙당의 지시가 타당하다고 이현상에 동조하였다. 경성 콤그룹 시절부터 이현상의 동지였던 김삼홍은 소부대로 작전을 전개하라는 중앙당의 지시가 옳다며 이현상의 견해를 거들었다. 이현상은 방준표와 박영발의 주장을 완전히 꺾지는 못하고 절충안으로 도당을 그대로 둔 채 5지구당을 결성키로 하였다. 이렇게 해서 이현상이 5지구당 위원장이 되고 원칙론자인 박영발은 부위원장이 되면서 전남도당위원장직을 사임하고 그 자리에 김선우가 위원장이 되었다. 그리고 경남도당 위원장이던 남경우가 전사하였기 때문에 그 자리에는 의당 김삼홍이 도당 위원장이 되어야 했으나 박영발과 방준표의 반발로 전북도당 부위원장인 조병하가 경남도당 위원장이 되었다. 박영발과 방준표의 반발에 시달리던 이현상은 '노동당 94호 결정서' 정식 문서를 입수하기 위해 승리사단장 이진범에게 김지회 부대에서 20명을 차출하여 북으로 파견하였으나 월악산에서 경찰 토벌대에 포위되어 이진범을 포함해서 이들 모두가 전사하고 말았다. 이제 이현상 직속 김지회 부대는 30여명에 불과한 소부대로 전락하여 이현상은 더욱 더 힘을 잃어갔다.

설상가상으로 이즈음 이현상의 처지를 더욱 어렵게 만든 사건이 벌어지고 말았다. 그것은 소위 '안진규 사건'이었다. 노동당 해주군 당 위원장이던 안진규는 어떤 과오로 당직에서 해직을 당한 후 소좌계급으로 전선에 보내진 데 불만을 품고 국군에 투항하였다. 국군에서는 그가 노동당의 사정에 밝은 점을 이용하여 대구의 군 첩보부대에서 교육을 시킨 후 득수교육을 받은 군인 두 명과 함께 이북의 연락원으로 가장해서 지리산에 투입, 5지구당에 접선케 하였다. 5지구당에서는 이들을 심사하는 과정에서 이들이 북의 실정에 어둡고 잠입경로가 석연치 않은 점을 알고 국군의 첩자가 아닌가 하고 의심하게 되었다. 이때 방준표 등은 이들을 처형하자고 주장하였으나 이현상은 좀더 관찰해보자고 만류하고 일단 감금해두었다. 그러자 안진규 일행은 야음을 틈타 도주하였다. 이 일로 인해서 이현상의 입장은 더욱 난처해지고 말았다. 안진규는 후일 국군 56연대의 수색대장으로 이현상의 사살에 직접 관여하게 된다. 이런 점들을 볼 때 이현상은 덕장이었지만 맹장은 아니었던 것으로 보이며, 그의 모질지 못한 성격은 결단을 요하는 빨치산 전투에서 큰 약점이 되지 않았나 생각된다.

빗점골에서의 의문의 최후

1953년 6월 18일 이승만의 반공포로 석방으로 결렬위기에 놓였던 휴전협정이 체결(7월 27일)되었다. 이 협정체결 당시 지리산의 잔존 빨치산은 1,500명 내외로 추산되었으나 이들 중 상당수가 중증환자이거나 여성대원이었기 때문에 실제 전투 가동대원은 기백 명에 불과한 것으로 알려졌다. 이들을 소탕하기 위해서 동원된 군경토벌대는 무려 1만 8천여 명이었다. 이제 남한 빨치산의 운명은 풍전등화 격이었다. 이때 북에서는 UN군이 제안한 남한 유격대의 완전철수를 일방적으로 묵살해버렸다. 휴전협정이 체결된 며칠 후인 8월 3일에서 6일 까지 열린 북한의 특별법정에서 남로당계 이승엽 등 12명이 간첩 및 국가전복 음모죄로 기소되어 이중 윤순달(15년 형)과 이원조(12년 형)를 제외한 이승엽 등 10명이 사형을 선고받고 곧바로 처형(박헌영 역시 2년 4개월 후인 1955년 12월 15일 특별 재판에서 사형을 언도 받고 이듬해 7월 19일 처형됨, 「박헌영」편 참조)되었다. 이 재판 후 이현상과 잔여 친위 세력들도 뿔뿔이 분산 배치되었으며, 북에서 밀파된 김병진의 지령을 받은 방준표는 8월 26일 5지구대 조직위원회를 열어 이현상을 탄핵하는 결정서 9호를 채택하였다. 이 결정서는 '반당, 반국가 종파분자인 박헌영, 이승엽 반역 도당의 잔재와 영향을 청소하기 위한 제반 대책'으로 남한 유격대에서의 모든 실패와 과오를 이현상이 책임지도록 한 것이다.

이즈음(1953년 9월 4일) 남한 경찰 2연대 매복조는 구례군 섬진강가에서 5지구당 패잔병 이형련(당시 29세로 경성의전 출신 안과의사)을 체포하여 이현상의 소재를 어느 정도 파악하였다. 매복조는 9월 4일 새벽 4시경 섬진강을 건너려는 빨치산 두 명을 발견하고 집중 사격하였으나 모두, 도주 행방을 감추고 말았다. 매복조가 다시 숨을 고르고 잔여 빨치산을 생포하기 위하여 매복하고 있는 동안 부근 갈대숲에서 희미한 불빛이 새어 나왔다. 이때를 놓치지 않

이현상이 최후를 맞은 지리산 빗점골

고 매복조는 그곳을 덮쳐 부상당한 빨치산 한 명을 생포하였다. 그가 바로 이형련이었다. 생포당시 이형련은 대퇴부에 총상을 입고 산대나무 숲을 헤매다가 파상풍에 걸려 전신이 파랗게 변색되어 가는 상태에서도 안간힘을 쓰며 총상 부위가 상하지 않도록 불로 지지고 있었다. 이형련은 이현상의 소재를 집요하게 추궁하는 경찰의 끈질긴 설득에도 불구하고 끝까지 입을 다물었다. 마침내 경찰은 광주에서 살고 있는 이형련의 처를 급히 데려와 그의 마음을 돌리는 심리전을 폈다. 그러나 이형련은 묵묵부답이었다. 작전과장 김억순은 그래도 포기하지 않고 애원하듯 말했다. "더 이상 강요하지 않겠다. 훗날 우리가 저 세상에서 다시 만날 때는 좌도 우도 없는 나라에서 만나자, 말을 안 해도 좋으니 고개만이라도 끄덕여 달라."면서 그의 눈앞에 지도를 펴놓고 이곳저곳을 가리켰다. 김억순의 손가락이 빗점골에 이르자 이형련은 그만 고개를 떨구었다. 이현상의 소재를 시인하는 무언의 몸짓이었다. 그리고 그는 치료를 거부하고 죽어갔다. 이렇게 해서 토벌대는 이현상의 소재를 어느 정도 파악하고 수색작전에 돌입하였다. 그런데 후에 이 사실이 알려지자 현장에 입회했던 그의 처는 남편이 끝까지 이현상의 소재확인을 거부했다고 증언했으며 자기 남편은 상관의 생명을 파는 패덕자가 아니었다고 강하게 반발하였다. 인텔리 출신인 그녀는 훗날 이런 남편에 대해서 이렇게 실토하였다. "치료를 거부한 남편의 죽음은 깨끗한 자결이었다. 이념을 떠나 그런 꿋꿋한 남편의 인간됨을 나는 지금도 존경하고 사랑한다."

이어서 군경 토벌대는 9월 6일 이현상의 호위대원 김은석과 김진영을 생포하여 그에 관한 한층 더 구체적인 정보를 입수하였다. 이현상이 박영발, 방준표에 의해 사실상 무장해제 당하고 감시상태에 있다는 것도 알게 되었다. 1만 8천여 명의 군경 토벌대는 이현상을 생포하기 위해서 빗점골을 2중 3중으로 에워싸고 포위망을 좁혀갔다. 이에 앞서 이현상은 자신의 운명을 예감이라도 한 듯 산중 애인 하수복과 몇몇 불쌍한 부하를 하산시켜 그들만이라도 새 삶을 찾도록 배려하였다. 생포된 김은석과 김진영 두 빨치산은 토벌대 2연대의 31명 수색조에 임시 배속시켰다. 당시 이 수색조의 대장은 김용식(조선대를 나온 빨치산 출신으로 적상산에서 귀순)이었는데 이 수색조는 한 사람을 제외하고 전원이 빨치산 출신이었다. 당시 경찰 토벌대장은 그 유명한 '백두산 호랑이'라는 별칭을 가진 김종원이었다. 김종원은 원래 일본군 하사관 출신으로 이현상 사살공로가 인정되어 태극무공훈장을 받고 전북 도경국장과 경찰 총수 치안국장까지 승진했다. 저자는 어린 시절 그가 전북 도경국장 때 경찰복 정장차림에 검은 안경과 지휘봉을 든 채 백마를 타고 휘하 기마병들과 함께 거들먹거리며 전주 시내 중심가를 순시하던 장면을 목격한 바 있다. 그는 많은 인명을 무자비하게 살상한 것으로 알려졌으며, 이승만 정권하에서 무소불위의 권력을 누리다가 등창으로 죽었다는 설이 있다.

김종원은 9월 13일 '작전명령 9호'를 하달하여 이현상 생포작전을 폈다. 당시 지리산 토벌임무는 군부대 남경사(남부지구 경비사령부, 사령관 이용문 준장)와 경찰부대 서전사(서남지구 전투경찰사령부, 사령관 김종원)가 5일간씩 교대로 수행하였다. 서전사는 지리산 빨치산 토벌을 위해 1953년 4월 18일 창설된 경찰 특공부대로, 이들은 4개 연대 병력으로 편성하여 지리산, 덕유산, 백운산 등 잔존하는 빨치산(1953년 5월 30일 현재 668명-경찰 공식 집계)을 주간 수색, 야간 매복의 전술로 완전 섬멸하고 1955년 6월 30일 해체된다. 당시 군부대도 경찰과 거의 동일한 정보를 입수하여 56연대 병력을 빗점골에 투입하여 경찰과 군부대가 경쟁적으로 겹치기 토벌작전을 전개하였다. 9월 18일 경찰 수색조는 빨치산이 주로 야간 이동을 한다는 경찰 측 상식을 역이용해서 주간이동을 한다는 정보에 따라 9월 20일 17시까지 주·야 계속하여 매복 근무를 할 예정이었다. 그런데 18일 오전 11시경 매복 중이던 소조 중 하나가 갈미봉 방면으로부터 3명 이상의 빨치산이 개인거리 10여 미터 간격을 두고 내려오는 것을 발견, 이들이 약 15미터 접근했을 때 일제 사격을 개시하였다. 당황한 빨치산들은 오던 길로 되돌아 도주하려 할 때 매복 중이던 귀순 대원 한 사람이 "이현상이 도주한다!"고 고함치자, 이에 전 대원이 맹추격 11시 5분부터 약 3분간의 교전 끝에 이현상은 그 자리에서 사살되고 나머지는 분산, 도주하였다. 사살 당시 이현상은 줄이 반듯이 선 미제 사지 옷에 역시 미제 군화를 신고 있었다. 그의 소지품은 미제 손 칼, 손톱깎이, 나침반, 군용수건 하나, 작전 지침 메모와 연필 두 자루, 앞서 소개한 한시漢詩가 적힌 수첩 한 개, 염주念珠 한 줄, 소련제 소형 권총과 또 다른 권총 각 1정이었다.

이현상의 시신은 일단 서울로 옮겨져 경찰병원에서 공식 확인을 받은 후 유류품들과 함께 창경원에서 공개된 후 그의 시체는 섬진강 백사장에 옮겨 화장되었다. 화장현장에는 경찰 측 차일혁(1920-1958) 총경(후에 충남 공주경찰서장으로 재직 때 금강에서 부하들과 수영 중 익사)이 입회한 가운데 적장에 대한 예의를 갖추기 위해 권총으로 조총 3발을 발사한 가운데 정중히 치러졌다. 민족주의자였던 차일혁은 1938-43년 일본과의 무력투쟁을 위해 조선의용대에서 활동하다가 해방 후 경찰에 투신하여 빨치산 토벌대장이 된 것이다. 이런 그였지만 인간에 대한 사랑은 변함이 없었다. "이른 아침 들판에 나가 일하는 농부에게 물어보라. 자본주의가 무엇이고 공산주의가 무엇인지 아는 자가 몇이나 있겠는가. 지리산에서 사라져간 수많은 군경과 빨치산에게 물어보라. 너희들은 왜 죽었느냐고. 민주주의, 혹은 공산주의를 위해 죽었다고 말 할 수 있는 사람이 얼마나 있겠느냐?" 이런 차일혁의 인간애를 기리기 위하여 2010년 한국 전쟁 60주년을 기념하여 오페라 「카르마」(차 총경의 일대기로 그의 아들 차길진

이 작사하였으며, 손자 차현석이 총연출을 맡았음)가 예술의 전당에서 갈라 콘서트 형식으로 초연(모든 행위는 원인과 결과가 있다는 의미를 갖고 있는 '카르마'는 원래 2009년 오페라의 본고장 이탈리아의 피에베 디 솔리고에서 초연되어 화제를 모았음)되어 갈채를 받은 후 2012년 6월 그랜드 오페라로 국립극장에서 정식 공연되기도 하였다.

훗날 차일혁은 당시의 상황을 이렇게 회상했다. "화개장으로 돌아온 이현상의 시체는 그의 숙부조차 역적이라고 인수를 거부하였다. 10월 18일 나는 섬진강 백사장에서 이현상의 시체를 화장했다. 그의 유품인 염주도 함께 화장했다. 나는 칠불암 암자에 있다가 공비 혐의자로 조사를 받고 있던 스님을 시켜 독경을 하게 했다. 나는 이현상의 뼈를 내 철모에 넣고 M1소총 개머리판으로 빻아 섬진강 물에 뿌리고 거수경례를 하였다." 남한 빨치산의 전설적인 영웅 이현상의 파란만장한 삶은 이렇게 끝나고 말았다. 그때 그의 나이 48세였다. 일제시대 장장 12년여의 감옥살이와 마지막 5년간을 산 속에서 보낸 이현상에 관한 이렇다 할 문헌상의 족적이 남겨지지 않았지만 그는 한국 현대사의 비극의 한 페이지를 기록한 채 한줌의 재가 되어 섬진강 물에 뿌려졌다. 이현상이 죽은 후 평양당국은 그의 임시묘를 북한 국립묘지 격인 '애국열사릉'에 만들고 평양에 체류 중인 그의 아내와 네 자녀에게 후한 예우를 해주었다. 그리고 1968년 건국 20주년 때 평양당국은 이현상을 '열사 1호'로 선정하였고, 1990년 8월 광복 45돌에는 그에게 '조국통일상'을 추서하였다.

한편 이현상의 죽음과 관련하여 남부군에서 살아남아 1988년 지리산 빨치산 수기 『남부군』을 써 화제를 모았던 이태는 그 후 1990년에 펴낸 『남부군 비극의 사령관 이현상』에서 이현상의 죽음에 관해서 증언자들과의 대담을 통한 분석을 토대로 몇 가지 의문점을 제기하였다. 즉 이태는 이현상의 사살이 워낙 큰 공로였기 때문에 군과 경찰은 이현상을 사살한 것은 서로 자기들이었다고 주장하여 1953년 12월 1일 '군·경 합동 관계자회의'를 열어 열띤 토론을 펼친 끝에 여론이 경찰 쪽에 유리하게 돌아가 이승만 정부는 경찰의 손을 들어주었다는 점을 상기하면서 다음과 같은 증거를 제시하였다. 당시 이현상의 시체를 부검한 남원 이동외과 병원의 군의관의 견해에 의하면, 이현상의 시체에는 목에 집중적으로 8발의 총상이 있는 것으로 확인되었는데, 그것은 근접사격에 의한 것으로 일종의 사후 확인 사살이었거나 목을 떼어내기 위하여 목둘레에 대고 집중사격을 가한 것으로밖에 볼 수 없다는 것이다. 이런 점에서 볼 때 그의 사망은 교전 중에 사살된 것이 아니란 것이다. 그리고 그의 총상은 목 뒷부분으로서 그것은 평양의 지시에 따라 그의 반대자 방준표와 박영발의 명령을 받고 앞뒤에서 그를 호송하던 호송원 1명이 뒤에서 이현상을 사살했을 가능성이 크다는 것이다. 그 당시 평양당국에서는 박헌영 일파 남로당 일파와 그 잔재를 일소하기 위한 음모를 꾸몄기 때문에 이현상도

북한 '애국렬사릉'에 세워진 이현상의 묘비

그 희생물이 되었다는 것이다. 그리고 이현상은 공식 사살된 날짜인 9월 18일이 아니라 그보다 하루 전인 9월 17일에 그를 호송하던 호송대원에 의해서 사살되었으며, 그 증거로 평양 '애국열사릉' 묘비에 그의 사망 날짜가 9월 17일로 기록된 점을 들었다. 그것은 평양당국이 지시한 것이기 때문에 그의 사망 날짜가 9월 17일로 확인, 기록 될 수밖에 없다는 것이다. 그리고 평양당국은 그의 묘비명에 '조선 혁명가'가 아니라 '남조선 혁명가'라는 제한적인 용

어를 쓴 것도 하나의 증거가 될 수 있다는 것이다. 그리고 이현상을 '애국열사릉'에 안치한 것은 마치 아돌프 히틀러가 에르빈 롬멜 장군을 독살(1944년 10월 14일)한 후 국장을 치러준 것과 다를 바 없다는 것이다. 또한 북한에서는 26권에 달하는 방대한 『조선통사』에서도 남한 빨치산 유격대의 처절한 투쟁기록은 단 한 줄도 없다는 점은 이러한 의문을 뒷받침한다는 것이다. 죽은 자는 말이 없기 때문에 이현상의 죽음은 마치 '신화' 속에 파묻힌 채 하나의 전설처럼 되어버려 역사의 뒤안길로 사라지고 말았다.

※뒷 이야기

토벌대 대위와 빨치산 여인의 비련

백선엽 총사령관이 이끄는 이른바 '백 야전 전투사령부'의 빨치산 토벌작전이 한창이던 1951년 12월 하순 어느 날 수도사단 26연대 소속 선봉 중대장이던 김모 대위는 지리산 자락 장안산 남쪽 장수군 지지리에서 무선을 통해 "빨치산으로 보이는 여자 한 명을 생포했다."라는 보고를 받았다. 김 대위가 현장에 갔을 때 빨치산 여대원은 미군 파커를 뒤집어 쓴 채 눈밭에서 탈진해 쓰러져 있었다. 김 대위는 그녀를 보는 순간 야릇한 '운명'을 예감했다. 그녀는 비록 산 생활로 지쳐있었지만 미인이었으며, 젊은 김 대위(당시 24세)의 마음을 첫눈에 사로잡았다. 오양수라는 이름의 여대원은 당시 20세의 꽃다운 나이, 명문 전북고녀 출신으로 체포될 당시 전북여맹 부위원장 신분이었다. 그녀가 그 직책을 맡게 된 것은 당시 면장이었던 자기 아버지가 반동으로 몰려 죽을 위험에 처해 있었기 때문에 주변의 권유에 따라 아버지를 구하기 위한 효심에서였다.

김 대위는 그녀를 부대 막사로 옮겨 놓은 뒤 극진히 간호하여 기력을 되찾아주었다. 그러는 사이에 두 사람 간에는 정이 깊어갔으며, 이 일을 두고 부대 내의 눈총도 만만치 않았지만 이들의 애틋한 관계는 점차 이해하는 분위기로 기울었다. 김 대위는 마침내 그녀를 자기의 아내로 삼겠다고 공언하였으며, 그녀도 이에 동의하는 눈빛이었다. 김 대위는 '군인가족 증'을 만들어 자신의 본가로 그녀를 보냈다. 그러나 두 사람의 인연은 그것이 처음이자 마지막이었다. 토벌 작전이 진행되는 순간에도 김 대위는 그녀를 잠시도 잊어 본 적이 없었다. 그러나 작전을 마치고 산을 내려온 김 대위는 빨치산을 은닉했다는 혐의로 방첩대에 곧바로 체포되었으며, 시부모(?)를 모시던 오양수 여인도 체포되고 말았다. 김 대위는 남원 감방에 갇혀 있다가 수도사단이 전방으로 이동한 다음, 사단장 특사로 원대에 복귀하였다.

　그 사이에 오 여인도 갖은 심문을 받았으며, 그때마다 그녀는 일체의 답변을 거부하였다. 다만 간간이 "그분(김 대위)은 무사하냐?"라는 짤막한 질문만 할 뿐이었다. 그러던 어느 날 그녀는 심문이 잠시 멈춰지고 감시병도 카빈 소총을 옆에 놓고서 한눈을 파는 순간 그녀는 순식간에 그 총을 잡아들고 스스로 목숨을 끊어버렸다. 일순간에 벌어진 일이었다. 오양수는 자기가 살아있을 경우 김 대위에게 두고두고 누가 될 것이라고 생각했던지 스스로 목숨을 끊어버린 것이다. 그 일로 김 대위는 슬픔을 이기지 못한 채 군생활을 하며 그녀의 유해를 찾으려고 백방으로 노력했으나 허사였다. 그 후 김 대위의 군생활도 오 여인과의 관계가 걸림돌로 작용했는지 몰라도 그다지 순탄치 못하였다. 1973년 그는 결국 중령으로 예편하고 오양수에 대한 애틋한 정한을 가슴에 묻은 채 살아가야 했다. 이념의 사슬에 얽매인 두 젊은 남녀의 사랑은 이렇게 아린 기억으로 남게 되었다.(이 부분『중앙일보』, 「남기고 싶은 이야기」, 백선엽 회고 '내가 겪

은 6·25와 대한민국', 참고 재구성)

'마지막 빨치산' 정순덕의 기구한 운명

이현상이 사살되고 남부군의 잔여병들도 거의 궤멸되었으나 경남지역 잔존 빨치산 부대(부대장 이영회)는 의령경찰서를 습격하였다. 때는 1953년 11월 23일 부대장 이영회는 정예부대원 33명을 이끌고 당일 16시 30분 경 도중에 납치한 트럭 두 대(헌병 1명과 현역군인 1명도 납치)에 분승하고 의령읍으로 들어갔다. 당시 의령경찰서는 30명의 본서 직원이 있었으나 때마침 그날이 '의령 읍민의 날'이었기 때문에 이들 경찰 중 20명은 읍내에 산재해 있었고 본서에는 서장 외 10명의 경찰이 근무하고 있었다. 이들은 전광석화처럼 경찰서에 진입하여 서장을 사살했다. 불의의 습격을 받은 경찰들은 저항도 못하고 혼비백산 뿔뿔이 도망쳤다. 이영회 특공대는 유치장에 갇혀있는 죄수들을 석방한 뒤 총기와 물품을 약탈하고 당일 19시 30분경에는 용덕지서를, 그리고 23시 30분경에는 정곡지서를 습격한 후 도주하였다. 이 의령경찰서 피습사건으로 경찰관 5명과 민간인 1명이 희생되고, 중경상 3명, 납치 9명(경찰관 2명, 군인 2명, 민간인 5명, 후에 이들은 전원 생환)과 함께 경찰서, 군청 등 건물 48동이 순식간에 소실되었다. 그러나 이때 이영회 특공대는 별 손실이 없었다. 그러나 서골산 방면으로 도주한 이영회 부대는 지리산으로 들어가던 중 산청군 신등면 사정리 부근에서 서전사 5연대 매복조와 치열한 교전을 벌이던 중 이영회와 그의 부하 8명이 선사하고 말았다. 이 마을은 활을 쏘는 정자마을이라는 뜻에서 그 이름이 유래한 것인데 공교롭게도 이들은 그 마을의 이름대로 지금의 화살인 총탄에 맞아 죽은 것이다. 이때 이영회 나이 불과 25세였다. 그리고 이들 가운데 4명이 생포되고 1명은 투항하였다. 이렇게 해서 그 유명한 이영회 부대도 의령경찰서 습격을 마지막으로 거의 궤멸단계에 접어들었다.

그런데 경남부대 빨치산의 비운은 그것으로 끝나지 않았다. 퇴각한 빨치산들은 지리산으로 들어와 대장 노영호의 지휘하에 경남 도당 재건에 마지막 안간힘을 썼다. 노영호는 1925년 경남 함양 출신으로 서울공대 건축과를 나온 수재로 용모가 수려한 인텔리 빨치산으로 이영회와 출신 성분과 전투 성격도 상이한 면을 보였다. 이영회는 순천역 어깨 출신으로 학벌이 별로 없는 여수 14연대 사병출신으로 그의 전투 스타일은 감각적이고 저돌적인 반면, 노영호는 사전에 철저한 준비와 치밀한 계획 하에 전투를 벌였다. 그런 그였기 때문에 그 때까지 살아남았는지도 모른다. 그러나 그런 노영호도 순간의 방심이 그의 최후를 자초하였다. 1954년 6월 중순 지리산 홍계리 부근으로 보급투쟁을 나갔던 노영호 부대(20명)는 별 소득이 없이 돌아오면서 쑥밭재 골짜기 널찍한 풀밭에 앉아 점심식사를 하고 있었다. 은폐물이 없는 그런 곳에서 식사를 한다는 것은 빨치산으로서 상식 밖의 일이었다. 그 순간 이들은 매복하고 있던 토벌대의 기습을 받고 대장 노영호가 도당 간부 두 명과 함께 현장에서 즉사하였다. 그때 그의 나이 불과 29세였다. 앞길이 구만리 같은 노영호는 그의 좋은 머리를 재대로 써먹지도 못하고 허망하게 지리산 자락에서 죽고 말았다. 노영호의 죽음은 단순한 죽음이 아니라 잔여 경남부대 빨치산으로서는 거의 치명적인 사고였다. 이때부터 잔여 빨치산들은 구심점을 잃고 정처 없이 투쟁이 아닌 생존을 위해서 표류하기 시작하였다.

그 무렵 노영호 부대의 일원이었던 여자 빨치산 정순덕은 남편을 따라 빨치산이 된 후 사지를 넘나들며 마지막까지 살아남아 동료 이홍희와 함께 그녀의 고향 산청군 삼장면 안내원 마을 친척(외 6촌 성수복) 집에서 보급품을 조달해 왔다. 이를 알아차린 마을 이장 성환석의 제보에 따라 경찰은 성수복을 족치지 않고 위협, 설득하여 성수복 집과 성환석 집에 비밀 전선을 묻어 비상 버저를 설치한 후 정순덕과 이홍희가 나타나기를 기다렸다. 마침내 이들은 깊은 밤 보급품을 조달하기 위하여 성수복의 집에 잠입하였으나 미리 잠복해 있던 두 명의 경찰은 이때를 놓치지 않고 방안에 총탄을 퍼부었다. 이에 놀란 정순덕과 이홍희는 반사적으로 문을 박차고 뛰어 나오던 중 이홍희는 그 자리에서 즉사하고 정순덕은 오른쪽 대퇴부에 총상을 입고 그 자리에서 쓰러졌다. 지리산 아흔 아홉 구비를 헤매며 마지막까지 살아남은 빨치산들이 소탕되는 순간이었다. 그날은 남한 빨치산이 사실상 소멸되고도 거의 10년이 지난 1963년 11월 18일 새벽 2시 30분이었다. 남자도 아닌 여자 빨치산이 그 때까지 살아있었다는 것은 기적 아닌 기적이었다. 그 날은 5·16 군사 쿠데타로 정권을 잡은 박정희가 전국을 돌며 자파 국회의원 선거유세차 전북 남원 도계道界를 넘어 경상남도 함양으로 처음 오던 길이었다. 정순덕이 입은 총상은 두 군데로 한쪽은 우측허벅지 쪽이었고, 다른 한쪽은 정강이뼈를 부수고 장딴지를 관통한 것이었다. 이렇게 해서 정순덕은 사타구니에서 우측 골반까지 절단되고 오른쪽 다리는 전혀 남지 않게 되었다. 산청 경찰서 소속 두 경찰이 후한 포상을 받고 특진의 영광을 얻었음은 물론이다. 이들 중 김영구 경사는 경위로 특진함과 동시에 포상금 85만 원을 받았으며, 박기수 순경은 경사로 특진하고 포상금 70만 원을 챙겼다. 정순덕은 1964년 3월 13일 부산지법 진주지원 제1호 법정에서 그간의 노련한 자기방어 진술과 처참한 총상이 고려되어 사형이 아닌 무기징역을 선고받고 이 감옥 저 감옥을 전전하다가 1985년 8·15광복절 특사로 풀려나 자유의 몸이 되었다. 그녀가 투옥된 기간은 21년 6개월이었다. 자유의 몸이 되었으나 갈 곳이 없는 그녀는 서울 중곡동 중앙교회 김성한 장로의 배려로 그 집에 한동안 기식한 후 충청북도 음성의 한 복지기관(꿈

동네)에서 의탁하며 천주교에 귀의(영세명 정 카타리나)하여 새 삶을 시작하였다.(이 부분, 정충제 지음, 『실록 정순덕』, 도서출판 대제학, 1989 참고 재구성) 그 후 정순덕은 이곳저곳을 전전하다가 1995년 8월 비전향장기수들의 공동체인 서울 봉천동 낙성대 '만남의 집'에 정착하였으나 1999년 3월 뇌출혈로 쓰러져 인천 나사렛 병원에서 투병생활을 하였으며, 그런 가운데서도 2003년 7월 7순을 맞아 그녀의 기구한 삶을 애석히 여기는 70여 명의 후원회원들로부터 7순 축하연을 받기도 했다. 정순덕은 2000년 9월 정부에 북송을 요구하였으나 1965년 대구형무소 수감 중 아픈 다리를 완치해주겠다는 당국의 약속을 받고 전향서를 썼기 때문에 2000년 8월 비전향 장기수 북송자 명단에서도 제외된 후 2004년 4월 1일 인천에서 기구한 삶을 마감하였다.

정순덕은 1933년 음력 6월 26일생으로 고향은 경남 산청군 삼장면 대포리 황점 부락으로 아버지 정주삼과 어머니 진도원의 1남 4녀 중 차녀로 태어나, 그녀가 17세 때 결혼하여 먼저 입산한 남편 성석조(당시 18세)를 찾아 1950년 12월 15일 지리산에 들어간 것이 그녀의 운명을 바꾸어 놓았다. 그녀의 입산 동기는 남편을 찾아내라는 경찰의 들볶음을 참다못해 죽기를 각오하고 남편을 찾아 지리산에 들어간 것이 계기가 되었다. 그녀는 다행히 남편을 만났으나 그 남편마저 얼마 후 전사하자 그 길로 골수 빨치산이 되고, 그 유명한 이영회부대 여성근위대에 배속(후에 노영호 부대)되어 험난한 길을 걸으면서도 남자 빨치산 보다 더 강인한 전사가 되었다. 그녀 이름은 세상의 이치에 순응하며 덕스럽게 살아가라는 뜻에서 순덕順德이었지만 운명의 신은 야속하게도 그녀를 이름과 정반대인 배덕背德의 길로 인도하였다.

그 밖에 2014년 현재 공식적으로 살아 남아 있는 여자 빨치산 출신으로는 82세의 박정덕 할머니가 있다. 그녀는 전남 곡성 여맹위원장으로 빨치산 활동을 하다가 1952년 빨치산 토벌 작전 때 바위에서 굴러 떨어져 낙오병이 된 후 동상에 걸린 다리로 산에서 한 달반을 버티다가 토벌군에 체포되어 후유증으로 다리 한 쪽을 절단하였다. 박 할머니는 그후 전남 광주형무소에서 7년간 복역(그 사이 첫 남편은 1953년 사망)하고, 1962년 재혼하였으나 1983년 두 번째 남편과도 사별한 후 현재는 기초생활 수급자와 장애수급자 수당을 받으며 모진 삶을 이어가고 있다.

빨치산 '별'들의 추락과 '인민 유격대'의 종말

그러면 앞서 사살된 이영회와 노영호 두 빨치산 대장 외에 나머지 빨치산 '별들'의 운명은 어찌 되었을까? 1954년 1월 6일 경남도당 위원장 남경우가 전사한 후 방준표와 박영발의 적극 추천으로 전북 도당 부위원장에서 경남도당 위원장으로 영전한 조병하(함경북도 명천 출신)는 국군 5사단 토벌대에 의해 지리산 조개골에서 생포되었다. 공교롭게도 그를 생포한 국군 부대장이 일찍이 서로 안면이 있는 한신韓信 부대장(함경남도 영흥 출신. 후에 장군이 됨)이었다. 한신은 조병하를 살리기 위해서 전향을 강력히 권고하였으나 끝내 거부하여 총살형에 처해졌다. 이어서 1월 15일 제4지구당 군사부장 남도부(함양 출신)는 하산하여 대구 시내에 침투하였다가 체포되어 형장의 이슬로 사라졌으며, 그 무렵 경남 도당 부위원장으로 이현상에 우호적이었던 김삼홍(본명 김병인, 경남 하동의 지주 아들로 와세다 대학 출신)도 하산하여 부산에 침투하였으나 그 역시 1954년 1월 14일 경남도경 사찰과 형사대에 체포되어 사형을 선고받은 후 다행히 무기징역으로 감형되어 1974년 초 일단 풀려나 동지 김정숙을 만나 은거 생활에 들어갔다. 그러나 이들의 결혼생활도 잠시 김삼홍은 그해 7월 15일 사회안전법이 공포되어 다시 수감되었으며, 1989년 초 출옥하였으나 2월 26일 부산 빈민가에서 요로암으로 병사(72세)하였다. 그는 좌익 운동을 한 일제 때부터 시작하여 무려 38년간을 감옥에서 보낸 셈이다.

1954년 1월 31일 전북도당위원장 방준표는 국군 제 5사단 36연대 정창호 중위의 수색대에 의해 습격을 받고 남덕유산 1046고지에서 산중 애인 신단순과 함께 자폭하였다. 정창호 수색대는 남덕유산 장수군 쪽 사면을 수색 중 전북 도당 빨치산 잔당 중 7명을 사살하고 다시 1046고지 바위틈에 운신 중인 방준표 등 5명을 발견하였다. 독실한 가톨릭 신자인 정 중위는 살상을 가급적 피하고자 마이크를 통해 투항을 종용하며 3일간이나 기다렸으나 끝내 불응하여 57미리 무반동총과 수류탄으로 공격하자 방준표는 애인 신단순과 함께 "김일성 수령 만세!, 인민공화국 만세!"를 외치며 휴대하고 있던 수류탄을 터트려 자폭하였다. 나머지 3명은 투항을 시도하다가 방준표의 권총에 의해서 사살되었다. 살아남은 빨치산의 증언에서 밝혀진 바와 같이 방준표는 어느 시골 면장을 체포한 후 부하 빨치산에게 그를 대창으로 찔러 죽이게 한 후 간을 꺼내어 씹어 먹을 만큼 성격이 포악, 잔인무도하였다. 공산주의가 무엇인지도 모르고 애인을 따라 나섰던 신단순은 꽃다운 나이에 제대로 피지도 못하고 산속에서 비참하게 짧은 삶을 마감했다. 그녀는 전북 부안의 빈농의 딸로 간호보조원 생활을 하다가 방준표를 만나 산 속으로 들어온 것이다. 그녀는 산 속에서 방준표의 비호를 받으며 동료 빨치산들에게 갖은 투정과 교만을 부리며 '공주'행세를 했다고 한다.

한편 전남도당위원장이며 5지구당 부위원장이던 박영발도 1954년 1월 하순 지리산 뱀사골에서 토벌대의 포위공격을 받자 탈출을 단념하고 스스로 자결했다. 그는 지나치게 교조주의적이고 원칙론자였으며 방준표와 함께 이현상의 지도체제에 반기를 들었으나 무식한 군경포로들을 방면해주는 아량도 보였다고 한다. 이어서 2월 27일 전남도당 부위원장과 전남유격대장을 겸했던 김선우는 광양 백운산에서 토벌대와 교전 끝에 수류탄으로 자폭하였다. 그는 빨치산의 투사기질보다는 언제나 책을 가까이하는 선비풍의 온후한 사나이였던 것으로 전해지고 있다. 그가 자폭한 후 수색대가 그의 아지트를 수색해보니 거기에는 많은 책들이 그득히 쌓여 있었다. 그것을 본 토벌대의 연대장은 그에 대한 정중한 장례를 치러주고 묘까지 만들어주었다. 그때 유격대의 부사령 오금일도 생포 직전 자결하였다.

이들 빨치산 '별'들은 이름이나 남기고 죽었다. 그러나 이름도 없이 숨져간 수많은 빨치산들은 무주고혼無主孤魂이 되어 오늘도 구천에서 떠돌고 있다. 그들 무명전사들은 대부분 공산주의 사상이 무엇인지, 혁명이 무엇인지도 모르고 지리산에 휩쓸려와 어머니, 아버지 형제들을 외쳐 부르다가 어리고 젊은 나이에 허망하게 숨져갔다. 이들은 막연히 믿었던 김일성으로부터도 버림받은 채 험준한 산골을 이리저리 표류하다가 '굶어죽고, 맞아죽고, 얼어 죽어'갔으며, 거의 모두가 이념의 사슬에 묶여 동족상잔의 비극의 현장에서 무참하게 젊음을 바쳐야만 했다. 일본 여류시인 다케우치는 이렇게 읊었다. "살아있다는 것은 등불/의로운 죽음을 위한 하나의 징표/의로운 죽음을 만난다면/어찌 등불의 꺼짐을 두려워하랴."(이태 지음, 『남부군』, 도서출판 두레, 1993, 514쪽에서 인용문 재인용) 이들 젊은이들은 자신의 죽음을 의로운 죽음이라고 생각하며 육신을 던졌을지 몰라도 그것은 이념의 포로가 된 자들의 덧없는 희생이요, 한 시대의 비극이었다. 뒤늦게나마 2001년 5월 26일, 한국 종교계와 시민단체는 해방 후 치열했던 좌우 갈등의 주 현장 지리산을 중심으로 해서 숨져간 1만 명(군경, 빨치산, 민간인 등)의 원혼을 달래기 위해 지리산 달궁 계곡에서 민족화해를 위한 합동위령제를 거행하고 한 맺힌 영혼들을 이렇게 위로하였으며, 이 위령제는 뜻있는 인사들에 의해서 계속 이어져 오고 있다.

빌라도가 세 번째 말하되, 이 사람이 무슨 악한 일을 하였느냐
나는 그를 죽일 죄를 찾지 못하였으므로 때려서 놓으리라 하자,
저희가 큰소리로 재촉하여 십자가에 못 박기를 요구하니
저희의 소리가 이긴지라.
-누가복음

조봉암

반공 이데올로기로 겉 포장된 독재정권의 희생자

굴절된 한국 현대사의 '풍운아'

굴절된 한국 현대사, 그 거친 물결 속에서 수많은 인물들이 명멸하였다. 순수한 민족주의자 백범 김구, 합리적인 중도 좌파 몽양 여운형, 친일파를 끌어안고 무소불위의 권좌에 오른 현실정치가 우남 이승만, 철저한 공산주의자 박헌영, 그리고 공산주의자에서 전향하여 사회 민주주의적 '제3의 길'을 모색한 죽산 조봉암 등, 이들 정치 지도자들은 저마다 조국을 사랑하는 마음은 한결 같았으나 가는 길은 서로 달랐다. 이들 가운데 공산주의 운동을 통해 항일투사의 길에 섰던 조봉암은 해방된 조국의 단독정부 수립 후에는 박헌영 등 골수 공산주의자들로부터 외면당하고 전향하였으며, 이승만 독재정권의 극단적인 반공 이데올로기 체제에서는 평화통일과 사회민주주의를 지향하는 혁신정당(진보당)의 지도자로서 투쟁과 타협, 변화와 개혁을 모색하였지만, 그의 이러한 험난한 정치역정은 끝내 좌절로 매듭지어졌다.

그러나 한국 현대사에서 조봉암을 다른 정치지도자와 달리 평가할 수 있는 것은 그의 정치행보가 서슬이 퍼런 이승만 독재정권의 극단적인 북진통일 반공체제에서 과감히 전개한 평화통일운동과 진보·혁신운동이었는바 그것은 탈냉전을 지향하는 이상이었으며 시대를 앞서간 정치철학이었다는 점이다. 특히 조봉암은 자본주의와 공산주의를 다 같이 배격하고 피해대중의 편에 서서 공산주의 방식의 혁명적인 개혁이 아닌 현실적인 사회개혁과 평화통일을 추구하여 일반 대중들뿐만 아니라 뜻있는 지식인, 청년학생들로부터도 큰 호응을 받았다. "조봉암이 대중들로부터 지지를 받은 것은 진보주의자이면서도 현실정치가로서 뛰어난 자질을 보여준 것과 함께, 그의 평화통일론과 피해대중 단결론, 피해대중을 위한 정치를 하겠다는 주장이 대중한테 어필하였기 때문이다. 또 '평화통일론'과 '피해대중 단결론'은 극우반공체제를 위협하고 해체하는 기능을 가졌다. 휴전협정체결에 즈음하면서부터 전개되어 한국형 파시즘 동원체제로 1950년대 내내 계속된 북진통일운동은 북과의 대결태세를 극대화하고 전시사태와 같은 긴장을 고조시켜, 한편으로는 분단고착화를 강화하였고, 다른 한편으로는 영도자 이승만의 권력과 극우반공체제를 강화하는 데 뛰어난 효능을 발휘하였다. 그러나 조봉암은 북진통일론의 허구성을 매섭게 공격하면서 평화통일론을 폈고, 이 평화통일론은 더 이상 동족상잔을 원하지 않고 평화적 통일을 원했던 피해대중으로부터 지지를 받았다. 극우반공세력은 자신들이 한국전쟁기 뿐만 아니라 전쟁 전이나 휴전협정 체결 후에도 국민대중 위에 군림하여 그들을 억압하고 수탈하여 얼마나 심한 '피해'를 입혔는가를 스스로 잘 알고 있었다."(서중석,「조봉암의 사회민주주의와 '제3의 길'」『역사비평』, 1999 여름호, 역사비평사, 83쪽).

조봉암의 시대를 앞서간 이러한 정치철학은 반공 이데올로기로 겉 포장된 이승만 정권에 대한 강력한 도전이요, 기득권층에 대한 위협으로 작용하였다. 그럼에도 불구하고 조봉암은 1948년 제헌 국회의원 당선, 초대 농림부장관과 1950년 국회부의장을 거치면서 1952년 8·5 정·부통령선거에서의 대통령 후보로 출마하여 차점자가 되었으며, 1956년 5·15 정·부통령선거에서도 이승만 추종세력의 초법적인 선거운동체제에서도 이승만의 504만여 표에 이어 216만여 표나 획득하였다. 그의 이러한 지지도는 뛰어난 정치철학의 역량도 있었지만, 사람을 끄는 온후한 성품과 흡인력에서 뿜어 나오는 카리스마가 크게 작용하여 추종자들과 지지세력들이 많이 있었기 때문이다. 이 점이 반대자에게 무자비하고 독선적이었던 박헌영과 다른 면이었다. 그러나 그는 지나치게 사람을 잘 믿고 대인관계에서 세밀한 관찰력과 끊고 맺음이 부족하여 위험한 인물로부터 정치자금을 받는 데 주의를 기울이지 않음으로써 정적들로부터 피하기 어려운 오해를 받았고, 그의 이러한 약점은 정치생명을 단축하는 치명적인 화근이 되었다. 어떻든 그의 이러한 대중인기도는 향후 이승만 독주체제에 대한 강한 도전으로 인식되었으며, 영구집권에 위기감을 느낀 이승만 정권은 마침내 그를 공산주의 간첩으로 몰아세워 1959년 2월 27일 사형을 선고하고 5개월 후인 7월 31일 서대문형무소에서 극비리에 처형해버렸다.

조봉암의 처형은 굴절된 한국정치사의 큰 비극이었으며, 당시 이승만 정치권력의 시녀노릇을 했던 사법부의 가장 추악한 판결로서 일종의 '사법살인'으로 간주되고 있다. 그때 그의 죽음에 대해서 수많은 사람들이 애도하였고 외신들도 그를 처형한 이승만 정권의 '폭거'를 일제히 비난하였으며, 그로 인한 이승만의 대내외 신인도는 크게 저하되었음은 물론 극단적인 반공 이데올로기로 표백된 그의 정치적 행보에 적지 않은 걸림돌로 작용하였다. 이제 탈냉전의 역사적 흐름 속에서 양심적이고 뜻 있는 식자들을 중심으로 조봉암에 대한 정당한 평가가 가시적으로 나타나고 있음은 그나마 다행한 일이다. 그의 사망 50년을 넘긴 현 시점에서 그의 파란만장한 삶과 험난했던 정치역정을 되돌아보고 한국 현대사에 대한 역사인식의 지평을 넓혀보고자 한다.

3·1 독립만세운동에 뛰어든 '강화도령'

미래의 혁명가 조봉암曺奉岩이 태어난 강화도, 그곳은 한국 국난극복의 현장이자 근대화의 진원지요 관문이었다. 멀리는 3국 시대부터 고려시대를 거쳐 조선시대에 이르기까지, 그곳은 나라의 운명과 궤를 같이하여 역사적인 대사건(몽고항전, 병인양요, 신미양요 및 강화도 조약 등)을 거친 현장이다. 죽산 조봉암은 1899년 음력 9월 21일 역사적 거친 숨결이 배어 있는 강화군 남쪽 원면마을에서 농사꾼 조창규의 세 아들(수암, 봉암, 용암; 맏형 수암 위의 두 형은 일찍 사망) 중 차남으로 태어나 부내면 관청리에서 자라났다. 집안이 가난했기 때문에 조봉암은 13세 때인 1911년 강화보통학교(당시 4년제)를 졸업하고 이어 2년제인 농업보습학교를 마친 후 곧바로 강화군 사환 일을 보다가 17세 때인 1915년 월급 10원을 받는 군청 말단직원으로 채용되었다. 그는 암산과 주산에 소질이 있어 당시 일제가 추진하고 있는 토지대장작성업무 서기 직을 맡았다. 그러나 태생적으로 반골 기질이 강한 조봉암은 평소에 조선인을 깔보는 일본인 서무주임과 사사건건 다투는 일이 많았으며, 이로 인해서 그는 군청에서 근무한 지 1년도 채 못 되어 군청 일을 그만두고 기독교 예배청년회에 들어가 잡일을 보게 되었다. 그는 11세 때 세례를 받고 교회에는 그다지 잘 나가지 않았으나 그곳 김광국 목사의 설교에 감화되어 점차 믿음도 깊어졌고 봉사활동도 열성적이었다.

1919년 3·1 독립만세 운동이 터지자 강화도도 예외는 아니었다. 조봉암은 그곳 독립지사 유봉진의 지도 아래 교회 청년들과 함께 3월 19일부터 29일까지 계속된 만세운동에 가담하였다. 결국 조봉암은 유봉진과 함께 체포되어 유봉진은 징역 1년 6월형을, 조봉암은 1년형을 선고받고 서대문형무소에서 생애 첫 번째 감옥생활을 시작하였다. 1년간의 감옥생활은 앞으로 그에게 닥쳐올 시련의 전주곡이었으며, 이때의 경험은 투사로서의 향후 그의 정치활동의 밑거름이 되었다. 그는 당시 서대문형무소 생활에서 느낀 소감을 이렇게 피력하였다. "…… 3·1운동이 터지고 내가 잡혀서 감옥으로 갈 때까지는 국가와 민족이 어떻다는 데 대해서는 아무 생각도 없었고, 단순히 일본 놈이 우리 조선 사람을 천대하고 멸시하는 데 대한 불만과 불평이 있었던 청년일 따름이었다. 그러나 감옥에 들어가서부터 세상에 대한 눈이 뜨였고 애국심에 불타게 됐다. 3·1운동은 나로 하여금 한 개의 조선 사람이 되게 하였고, 나를 붙잡아서 감옥으로 보낸 일본 놈은 나로 하여금 일생을 통해서 일본 제국주의와 싸운 애국투사가 되게 한 공로자였다. 나는 완전히 심기가 일전되었다. 어떻게 하면 직업이나 얻어 볼까 하던 생각은 아예 없어졌고, 그 환경에서 그대로 살 생각을 아니했다. 그 테두리를 벗어나서 알기 위한 노력, 싸우기 위한 기회를 가져야 되겠다고 작정했다." 또한 그는 앞서 7년형을 선고받고 서대문형무소에서 옥중생활을 하고 있던 독립운동가 이가준을 통해서도 많은 감명을 받았다고 술회하였다.

감옥생활에서 항일 민족의식에 눈을 뜨게 된 조봉암은 무엇보다 먼저 공부를 해야겠다는 생각에서 서울에 올라와 YMCA 중학부에 입학하였으나 이곳에서의 학업도 오래가지 못하였다. 그는 이곳에서 엉뚱한 사건에 휘말리게 되어 1920년 5월 26일 종로경찰서 형사대에 체포되어 평양으로 압송되었다. 그가 체포된 것은 같은 중학부에 다니던 한 청년이 독립운동과는 다른 일로 체포되어 심문 도중 독립운동을 하다가 체포된 경력이 드러나자 심한 고문을 당하였으며, 고문을 이기지 못한 그가 허위 자백하여 최경희, 박재영 등과 함께 조봉암도 덩달아 체포되었다. 그러나 평양경찰서에서의 가혹한 취조에도 불구하고 이들에 대한 별다른 혐의점이 없게 되자 경찰은 이들을 무혐의 석방하였다. 이로 인해 조봉암은 일본 경찰에 대한 적개심이 더욱 더 높아졌다. 결국 조봉암은 3·1운동을 통해서 민족해방운동에 눈을 뜨게 되었으나, 3·1운동에서 나타난 항일운동의 한계를 인식하고 추후 더 발전적인 항일운동에 참여하기 위해서 일본 유학을 결심하였다.

일본 유학 후
모스크바 '동방노력자공산대학' 수학

조봉암은 1921년 7월 7일 부산행 열차를 타고 도쿄로 향하였다. 당시 (7월 11일자) 동아일보는 그의 도쿄행을 이렇게 보도했다. "강화도 부내면 관청리에 거주하는 조봉암군은…… 재작년 독립만세 관계로 인하야 1년여의 철창생활을 하다가 만기 출옥하야 재가在家 정양중이더니 금반 유학차로 거去 7일 상오 7시 30분발 부산행 열차로 도쿄를 향하얏다더라"(박태균 지음, 『조봉암 연구』, 창작과비평사, 1995, 19-20쪽에서 인용문 재인용). 조봉암은 21세의 젊은 나이에도 불구하고 그의 거취가 주요 일간지에 보도될 정도로 벌써 세인의 주목을 끌기 시작하였다.

도쿄에 도착한 조봉암은 고향친구 유찬식의 방에서 함께 자취를 하게 되었다. 이 때 메이지 대학 법학부 출신으로 사회주의 활동을 하고 있던 김찬을 만났다. 그도 유찬식, 이성구, 홍순복 등과 함께 유찬식 자취방에서 기거하고 있었다. 이때부터 조봉암은 김찬의 영향을 받아 자연스럽게 사회주의 사상에 접하였다. 조봉암은 엿장수로 고학을 하면서도 주요 대학中央大學 전문부 정경과에 입학하여 사회과학 서적을 탐독하였으며 아나키즘에도 관심을 갖게 되었다. 이 당시 일본에서는 사회주의 사상 외에도 아나키즘, 자유주의, 민본주의, 생디칼리즘(의회주의를 배격하고 노동조합의 혁명적 행동으로 사회체제를 바꾸려고 하는 급진적 사회주의 사상) 등 온갖 주의·사상이 범람하고 있었다. 이러한 시대적 배경 하에서 조선인 유학생들은 진보적 사상에 젖어들기 시작하였으며, 1920년 12월 김판권이 도쿄 기독청년회관에서 열린 일본 사회주의동맹 창립대회에 참가한 것이 행동 실천의 첫걸음이 되었다. 그리고 이어서 조선인 학생들은 일본인 아나키스트 이와사의 지도를 받아 원종린, 임택룡, 김약수, 박열 등이 주축이 되어 1921년 11월 29일 흑도회黑濤會라는 사상단체를 결성하였는바, 이것이 재일 조선인 사회사상단체의 효시를 이루게 되었는데 조봉암도 이 단체의 창립회원이 되었다.

그러나 이 단체는 아나키스트와 사회주의 사상에 물든 자들이 혼합되어 제각기 의견이 분분하다가 한 달도 못되어 해체되었다. 그때부터 조봉암은 '아나키스트들의 관념적 유희'에 회의를 느끼고 당시 사회주의 사상의 구체적 실천 사상인 러시아 볼셰비즘에 경도되기 시작하였다.

일본 체류에서 의식의 변화를 겪은 조봉암은 더 이상 일본에 오래 머무를 필요성이 없다고 생각하던 끝에 김찬, 정재달 등과 함께 도쿄를 떠나기로 하고 1922년 8월 귀국길에 올라 잠시 서울에 머문 후 그해 10월 15일 개최된 베르호노이진스크 대회에 참석하였다. 조봉암은 이때 서울의 무산자 동맹 대표로 이 대회에 참여하게 된 것이다. 이 사이 김찬은 도쿄에서 곧바로 만주로 향하였으며, 정재달은 김약수의 지시를 받고 상하이를 경유하여 모스크바로 갔다. 베르호노이진스크 대회란 조선인 공산주의운동의 양대 파벌인 이르쿠츠크파 고려공산당(김철훈, 오하묵 등이 1918년 1월 조직한 볼셰비키 당 한인 지부가 그 모체)과 상하이파 고려공산당(1918년 6월 이동휘, 박진순 등이 조직한 한인사회당에서 출발, 「박헌영」편 참조) 간의 통합을 위한 회의였다. 그러나 동 회의는 벽두부터 양파 간에 주도권 다툼을 벌이다가 이르쿠츠크파 대표들이 회의를 거부하고 철수해버리는 바람에 회의는 상하이파 고려공산당 중심의 반쪽 회의가 되어 통합회의는 결렬되고 말았다. 이에 따라 코민테른 당국은 회의를 중단하고 각 그룹 대표자들에게 모스크바로 모이도록 지시하였다. 모스크바에 모인 조선인 각 대표들은 부하린의 주재로 마지막 조정을 시도하였으나, 여기에서도 양파들은 서로 정통성을 고집하여 또다시 통합회의는 결렬되고 말았다. 결국 코민테른 당국은 이르쿠츠크파 고려공산당과 상하이파 고려공산당을 비롯한 모든 조선인 공산주의 단체의 해산을 명령하고, 그 대신 코민테른 극동총국 산하에 보이친스키, 카타야마센, 이동휘, 정재달, 한명서 등 5명으로 구성된 코르뷰르(고려국)를 설치하고, 이를 블라디보스토크에 주재시켜 이들에게 코민테른 지부로서 조선공산당을 건설하도록 지시하였다. 이 사이 조봉암은 동양 각 국의 혁명투사를 양성하기 위하여 모스크바에 설립된 모스크바 '동방노력자공산대학'에 입학하였다. 그러나 조봉암은 이 학교에 입학하여 공부하던 중 폐결핵에 걸려 8개월 만인 1923년 8월 모스크바를 떠나야만 했다. 모스크바를 떠난 조봉암은 상하이를 거쳐 다시 일본 나가사키로 가 당시 관동대지진으로 본국에 송환되는 조선인들 틈에 끼어 국내에 들어왔다. 그 당시 일본에서는 간토關東 대지진으로 사회가 혼란에 빠지자 일본 극우 세력들은 국면전환을 위한 수단으로 소수민족들에 대한 조직적인 테러를 자행하여 일본에 거주하던 조선인 6천여 명과 중국인 600여 명을 살해하는 만행을 저지르고 약 십만 명의 조선인을 강제 송환해버렸다.

'신흥청년동맹' 가입과 첫 여인 김조이와의 만남

1923년 9월 국내에 들어온 조봉암은 고려공산청년회(책임비서 박헌영)에 가입하였다. 그때 박헌영, 김단야, 임원근 세 사람은 1922년 4월 국내활동을 위해 잠입하다가 체포되어 1년 6개월간 투옥된 후 만기 출옥하여 조봉암과 만나게 되었다. 조봉암은 이어서 김철, 박일병, 민태홍 등이 주축이 되어 1924년 2월 11일 조직된 '신흥청년동맹'에 가입하여 집행위원이 되었으며, 그 다음 달인 3월 10일부터 한 달여간 전국 순회강연에 들어갔다. 이 순회강연의 목적은 사회주의 사상을 선전하고 청년들에게 사회주의 사상운동 행동단체인 '조선청년동맹'에의 가입을 권유하기 위해서였다. 이때 순회강연은 서조선 순회강연단과 남조선 순회강연단으로 편성되었는데 서조선 강연단은 조봉암, 박일병을 연사로 하여 황해도 지방을, 남조선 강연단은 김찬, 신철, 박헌영이 연사가 되어 경상도 지방을 순회하게 되었다. 조봉암과 박일병은 3월 15일 해주에 도착하여 이튿날 오후 8시부터 '해주노농회' 후원 하에 그곳 청년회관에서 강연을 하였다. 이 날 강연에서 박일병은 '암흑과 광명' 이라는 제목으로, 조봉암은 '첫소리'라는 제목으로 각각 강연을 하여 500여명의 청중들로부터 큰 호응을 받았으며, 이튿날 강연에는 그 배가 되는 청중이 모여 열렬한 박수를 받았다. 이때 임석한 경찰은 강연 도중 몇 차례 주의를 주었다. 이어서 이들 강연단은 3월 18일 재령과 3월 19일 안악을 거쳐 3월 22일에는 황주에서 강연을 하였으며, 그리고 3월 24일 밤 평양에서는 그 열기가 최고조에 달하였다. 이 날 평양강연회는 평양천도교회관에서 신흥청년동맹과 경성고녀학생 상조회의 합동강연형식으로 거행되었는데 조봉암은 '소위 부인문제의 귀추'를, 박일병은 '사회제도와 인간사상'이라는 제목으로 강연하였다. 그러나 이들 강연도중 임석 경찰로부터 수차례

"변사辯士주의!"를 받았으며, 그래도 강연이 '위험수위'에 이르자 결국 경찰은 청중들의 반발에도 불구하고 강연회를 중단시켰다. 이들 양 순회 강연단은 4월 5일 서울로 돌아와 그간의 순회활동을 총결산하는 의미에서 4월 19일 인천에서 대강연회를 개최하였다. 인천 강연회에서 조봉암은 '신사상 대염매大廉賣'라는 주제로 "대중을 본위로 삼는 민중운동이 조선인의 유일한 살길이며, 따라서 이러한 신사상을 널리 판매 하겠다."고 열변을 토하였다. 이 날 강연회는 조봉암 외에도 후일 그의 첫 부인이 되는 김조이金祚伊와 김장현, 배혁수, 신철, 정종명, 김찬 등이 강사로 참여하였다. 조봉암은 이 무렵 김조이를 만나 사상적 동지이자 아내로 맞았다. 김조이는 1904년 경남 창원 출신으로 동덕여학교를 나와 인천 강연회에서 함께 연사로 참석하여 가까워졌다. 그녀는 당시 박헌영의 아내 주세죽과 함께 경성여자 청년회 발기인이 되었으며, 인천강연회 후에도 서울에서 개최된 강연회에서 '로자 룩셈브르크를 추억함'(「로자 룩셈부르크」편 참조)이라는 주제로 강연을 하는 등 신흥청년동맹의 유력한 연사로 활동하였다. 조봉암과 김조이는 이 무렵부터 부부가 되어 1925년 2월 전조선 민중운동자 대회에 함께 참여하는 등 사회활동에 활발히 참여하였다. 그녀는 이후에도 사회활동에 열성적이었으며, 4월 17일 조선공산당 창립과 다음날 결성된 고려공산청년회(「박헌영」편 참조)의 가시적 활동으로 전개된 민중운동자대회에 참여하여 시위를 주도하다가 체포되기도 하였다. 그녀는 그해 10월 김웅기(경북 예천 출신으로 후에 북한 노동상 역임), 권오설(경북 안동 출신으로 고려공산 청년 집행위원), 조용암(조봉암의 친동생), 고명자(김단야의 애인), 김명시(마산 출신 여성운동가) 등과 함께 21명의 모스크바 유학생의 일원으로 선발, 파견되어 조봉암과 떨어져 지내야만 했다. 김조이는 그 후 동지 김복만과 동거하며 만주에서 활동하다가 국내 공산당 재건 때 국내에 잠입 중에 1934년 함께 체포되어 김복만은 5년, 그리고 김조이는 3년형을 선고받고 함흥형무소에서 복역하게 되며 출감 후에도 사회활동을 하다가 1941년 조봉암과 15년 만에 재회하여 1944년 혼인신고를 마쳤으며, 두 사람 사이에서 딸 임정, 의정과 아들 규호를 두었다. 그 후 김조이는 1950년 한국전쟁이 발발하자 그해 7월 중순 납북, 행방불명된다. 정부는 2008년 8월 광복절을 맞이하여 김조이에게 조국광복운동의 업적을 기려 '건국포장'을 수여하였다.

'조선공산당' 및 '고려공산청년회' 참여

조봉암은 그 무렵(1924-25년) 생활 방편으로 잠시 조선일보 기자 생활을 하기도하였으나 논설위원인 서울 청년회 계열의 신일용의 필화사건('조선과 로국露國과의 정치적 관계')으로 다른 동료들과 함께 해직(1925년 10월)되고 만다. 원래 조선일보는 친일파 송병준이 경영하던 중 경영난에 봉착하자 신태휴가 인수하였는데 이때 신태휴를 설득하여 조선일보를 인수하게 한 사람은 동아일보 영업국장 홍증식이었으며, 그는 동아일보에서 조선일보로 옮겨 영업국장이 되었고 이 일을 계기로 조봉암은 박헌영과 함께 조선일보 기자가 되었다. 그러나 조봉암은 신문기자보다는 사회주의 운동에 더 열성적이어서 기자로서는 큰 활동을 보이지 않았다. 이 사이 1925년 2월 김재봉, 박헌영, 조봉암, 김단야, 권오설, 김찬 등은 '조선기자대회'와 '전조선민중운동자대회'를 준비하고 조선공산당을 결성키로 하였다. 이때 조봉암은 아내 김조이와 함께 전조선민중운동자 대회 준비위원(72명) 경성대표로 선임되었다. 이에 따라 조선기자들 모임은 민중운동자대회를 준비하면서 4월 15일부터 3일간 동대문 밖 손병희의 별장 상춘원에서 기자대회를 갖고 이 대회에 참석한 기자들이 모여 야유회를 가졌는데 이 모임은 4월 20일부터 열릴 민중운동자대회 사전 준비 모임이었다. 일본 경찰 당국은 당연히 이 모임에 신경을 곤두세우고 있었다. 기자대회 마지막 날인 4월 17일, 이 틈을 이용하여 오후 1시경 김찬, 김재봉, 조봉암, 김약수 등 17명이 시내 중심가 황금정(현 을지로)에 있는 중국집 아서원에 모여 조선공산당을 결성(「박헌영」편 참조)하였으며 이때 조봉암은 김찬 조동우 등과 함께 중앙집행위원과 중앙검사위원을 선정할 전형위원으로 선임되었다.

조선공산당 결성 다음날인 4월 18일 훈정동 박헌영 집에서 박헌영, 임원근, 김단야, 홍증식, 권오설 등 20여 명이 모여 박헌영의 제의에 따라 '공산주의 연구교양을 목적'으로 하는 '고려공산청년회'(「박헌영」편 참조)를 조직하였다. 이를 계기로 조선공산당은 그 첫 번 째 사업으로 4월 20일부터 민중운동자대회를 개최키로 하고 4월 19일까지 전국 425개 단체 508명의 대표가 모여들었다.

그러나 대회 전날인 4월 19일 밤 9시 종로경찰서에서는 준비위원인 조봉암을 불러 이 대회 금지통보를 하였다. 대회 당일 오전 10시경 소공동 공회장에 모여든 300여 명의 대의원들은 대회금지소식을 듣고 술렁거리자 준비위원인 조봉암은 경찰을 자극하지 않기 위하여 대의원들에게 자제해줄 것을 당부하였다. 하지만 대세는 대회 강행 쪽으로 기울어져 오후 3시경에는 낙원동 파고다 공원에 대의원들과 군중들이 모여들었으며, 경찰의 강력한 제지에도 불구하고 밤 9시경부터 단성사와 우미관 쪽에서부터 대대적인 시위가 전개되었다. 이때 시위 주동자들은 "전조선 민중운동자대회 만세" "무산자 만세"등의 구호가 적힌 붉은 깃발을 앞세우고 행진하였고, 구경나온 시민들도 이에 합세하였다. 이 시위는 경찰의 강력한 제지로 밤 10시가 지나서야 가까스로 해산되었다. 소위 '적기赤旗사건'으로 불린 이 사건으로 시위 주동자 신철수 등 14명이 검거되고 이중 12명이 기소되었다.

조선공산당은 1925년 5월 초 김찬의 집에서 제2차 중앙집행위원회를 개최하여 조동우를 당 정식대표로, 조봉암을 부대표로 추대하고 이어서 '고려공산청년회'는 조봉암을 모스크바로 파견키로 하였다. 이에 따라 조봉암은 그해 5월 서울을 떠나 상하이를 거쳐 6월 12일 모스크바에 도착하였다. 그는 모스크바 코민테른 본부와 국제공산청년동맹 본부에 출석하여 조선공산당 정식승인을 요청하였다. 이로 인해 코민테른은 조선공산당을 조선에서의 '유일 기초단체'로 인정하고, 국제 공산청년동맹에서도 고려 공산청년회를 동 동맹 지부로서 일단 승인하기에 이르렀다. 코민테른의 조선공산당 정식 승인은 1925년 6월 서울을 떠나 늦가을 모스크바에 도착한 조동우를 통해 이듬해 4월에 이루어졌다. 이때 조봉암은 모스크바 '동방노력자공산대학'에 파견할 21명의 유학생선발을 얻어내고, 10월 상하이로 돌아와 곧바로 박헌영에게 유학생선발을 의뢰하였다. 선발된 유학생들은 9월 25일 조용암, 정경창, 김응기, 정도명 등 4인이 1차로 출발하고 이어서 2, 3명씩 나누어 신의주와 상하이를 거치거나 일본을 경유하여 상하이를 거쳐 모스크바에 도착, 11월과 12월 사이에 21명 전원이 이 대학에 입교를 마쳤다.

그러나 조선공산당과 고려공산청년회는 조직된 지 6개월 여 만인 1925년 11월 22일 '신의주 사건'(「〈박헌영」편 참조)이 터지면서 박헌영과 그 핵심세력들이 거의 체포되고, 이듬해 6·10만세사건 결과 발생한 제2차 조선공산당사건으로 와해위기에 놓이게 되었다. 이때 조봉암은 모스크바에 파견되어 있어 체포를 면하였다. 조봉암은 이 무렵부터 1932년 9월 체포되어 국내에 압송되기까지 약 7년간 상하이에 머물며 활동을 하게 된다.

상하이에서의 '조선공산당 만주총국' 설치

국내에서 활동하고 있던 동지들이 체포되어 시련을 겪고 있는 동안 모스크바에서 체포를 면한 조봉암은 상하이로 돌아와 향후 활동방향을 모색하고 있었다. 이때 (1926년) 상하이에 있던 조선공산당 중앙집행위원 김찬은 조봉암, 그리고 신의주 사건 때 체포를 피해 상하이로 망명한 김단야와 함께 '조선공산당 중앙간부 상하이부'를 설치키로 하였다. 이들은 검거를 피해 망명해 있지만 조선공산당 중앙간부로서 그 임무를 다하기로 하고, 국내에서 체포되지 않고 남아 있는 후계 간부들보다 상위의 입장에 서서 국내 간부 인사문제를 관장하고자 하였다.

그러나 강달영을 비롯한 국내 간부들은 이에 강력히 반발하였다. 이렇게 되자 김찬과 조봉암은 김단야를 신의주로 밀파하여 국내 중앙집행위원인 이봉수를 만나 자신들의 입장을 전하였다. 이 자리에서 김단야는 "해외에 김찬, 조봉암, 김단야가 있지만, 자신들은 다만 해외에 있다는 것뿐이지 당 간부임에는 변함이 없고 국제공산당, 기타 해외상황의 연락은 자신들이 맡을 수밖에 없으며, 또 자신들이 이 임무를 수행할 적임자들이므로 해외관계의 모든 것을 자신들에게 일임해 달라."라는 의사를 강력히 전달하였다. 결국 이 의사가 국내의 강달영 대표에게 전달, 설득되어 이들은 해외에서나마 자신들의 영향력을 행사할 수 있게 되었다.

이렇게 해서 조봉암은 만주로 가서 상하이파 윤자영, 김하구와 이르쿠츠크파의 김철훈을 만나서 이들과 회합을 통해 1926년 5월 16일 조선공산당 만주총국을 설치하고, 조봉암이 만주총국 책임비서, 최원택이 조직부, 윤자영이 선전부를 맡아 3인 상무집행위원회를 구성하였다. 조봉암은 6월 만주총국의 사업을 최원택에게 맡기고 상하이로 급히 돌아왔다. 그가 상하이로 빨리 돌아간 까닭은 7월에 코민테른 원동부遠東部가 상하이에 설치되었기 때문이다. 이 원동부는 중국·조선·일본 등의 공산주의자들을 지도하기 위해 설치된 것으로 책임비서는 러시아의 보이친스키가 맡았으며, 그 밑에 동양 각국의 대표 한 명이 위원으로 임명되어 코민테른과 자국 공산당의 연락사무를 맡도록 하였다. 이때 취추바이가 중국 대표로, 조봉암이 조선대표로 임명되었다. 이렇게 되자 조선공산당 해외부는 사실상 그 기능이 유명무실해졌다.

이 무렵(1926년) 국내에서도 6·10만세 사건으로 강달영, 이봉수, 권오설 등마저 체포되어 조선공산당은 다시 한 번 된서리를 맞고 와해되어버렸다. 그러자 8월 당시 제 2차 당 중앙위원이었던 김철수가 당 재건을 시도하여 제 3차 조선공산당 재건에 착수하였다. 이 제3차 조선공산당은 세칭 ML당(마르크스레닌의 두 음자 약칭)으로 부르게 되었다. 제 3차 조선공산당에는 도쿄 일월회 계열과 서울파 인사들이 모두 참여하여 자신들이야말로 어느 종파에도 치우치지 않는 최초의 공산당이라고 자부하였으나 그것은 사실상 또 다른 종파에 불과하였다. 이어서 김철수는 차제에 서울파가 주도권을 잡기 위해서 화요회파의 조봉암이 코민테른 원동부 대표로 있는데 불만을 품고 모스크바로 달려가 구 상하이파 고려공산당으로 함께 일했던 박진순을 통역으로 내세워 반대파 김찬과 논쟁을 벌였다. 이때 박진순은 김철수에게 일방적으로 유리하게 통역을 하여 결국 김찬의 코민테른 해외부는 해체되고 김찬은 활동근거지를 만주로 옮기고 말았다.

이즈음(1927년 5월) 조봉암은 중국 한커우漢口에서 개최된 범태평양 노동조합 제1차대회에 조선 대표로 참석하게 되었는데, 그는 이 대회에 참석하는 과정에서 약간의 공금을 유용하는 실수를 범하게 되었다. 그는 당시 국제 모플(MOPR: 국제혁명운동자 구원회)에서 조선 내 모플에 보내는 공작금 일부를 청년회 간부 안병진과 협의하여 그 중 일부를 활동비

명목으로 쓴 사실이 알려져 후일 박헌영과의 관계소원화의 구실로 작용하게 된다. 더구나 그는 이때 코민테른 규약(제37조), 즉 "그 거주지를 변경한 공산주의자는 이주한 국가의 지부에 가입할 의무가 있다."는 규약에 따라 중국공산당에 가입하게 되었는데 이것도 훗날 국내에서 당 재건에 노력한 동료들의 질시를 받는 한 요인으로 작용하였다.

상하이까지 찾아온 김이옥 여인

이 무렵 조봉암에게 개인적인 신상변화가 일어났다. 그러니까 조봉암이 상하이에서 동분서주 활동을 하고 있던 1927년 봄 어느 날, 뜻밖에도 김이옥이라는 여인이 그를 불쑥 찾아온 것이다. 조봉암보다 다섯 살 아래인 김이옥(金以玉, 1904?-1934)은 조봉암과 같은 강화도 부농의 딸로 경성 제1여자고등보통학교(현 경기여고 전신)를 나와 이화여전(현 이화여자대학교 전신) 음악과에 다니던 재원이었다. 그녀는 어릴 때 조봉암과 같은 교회에 다니면서 다섯 살 위인 조봉암과 알게 되었는데, 당시 조봉암이 3·1만세운동 선전 문서를 배포하는 과정에서 그녀는 조봉암의 만세운동을 도와주면서 두 사람은 가까워졌다. 그러다가 조봉암이 서대문형무소에 투옥되고 그녀도 체포되어 구치소에 있다가 며칠 후 풀려났다. 구치소를 나온 그녀는 조봉암을 자주 면회 갔으며, 조봉암이 출옥 후 결혼까지 생각하였으나 김이옥 부모의 완강한 반대로 두 사람의 결합은 성사되지 않았다. 그러는 사이에 조봉암은 일본으로 떠났고, 김이옥은 이화여전에서 음악 공부를 하게 되었으나 조봉암에 대한 그녀의 사랑은 변치 않았다. 그런 사이에 김이옥은 재학 중 폐결핵에 걸려 세브란스 병원에서 치료를 받고 있던 중 병세가 악화되자 죽기 전에 첫 사랑 조봉암을 만나고 싶은 충동을 이기지 못하였다. 이제 그녀의 단 하나 소망은 어떻게 해서라도 조봉암을 한 번 만나 자신의 사랑을 확인하는 것뿐이었다. 그녀는 조봉암의 소식을 수소문 끝에 그가 상하이에 있다는 것을 알게 되었다. 가녀린 그녀는 아픈 몸이었지만 연인에 대한 그리움 하나만으로 몰래 여비를 마련하여 상하이로 출발하였다. 상하이로 가는 도항수속 중 일본 경찰은 여학생 혼자 상하이로 가는 것이 의심스러웠던지 김이옥 본가에 긴급 조회하였다. 당시만 해도 폐결핵은 거의 불치의 병이었기 때문에, 그녀의 부모는 어차피 오래 살 딸이 이 아니라면 그녀의 마지막 소원을 막을 수 없었다.

김이옥은 일본 나가사키를 거쳐 불원천리하고 상하이까지 조봉암을 찾아간 것이다. 조봉암은 너무도 뜻밖이었지만, 이역만리 그를 찾아온 김이옥이 무척이나 고마웠다. 이렇게 해서 두 연인은 이역 땅에서 감격적인 재회의 기쁨을 나누었으며, 그 길로 두 사람은 잊었던 사랑을 확인하고 하나가 되었다. 김이옥이 폐결핵을 앓고 있다는 것을 알게 된 조봉암은 그녀를 사랑으로 감싸고 정성을 다하여 보살폈다. 그 자신도 폐결핵 경험이 있었기 때문에 병을 극복하는 것은 무엇보다 살아야 되겠다는 의지와 보람이 있는 일에 몰입하는 것이 중요하다는 것을 자신의 경험담으로 일깨워주었다. 그 덕분이었던지 병세가 차츰 호전되자, 그녀는 중국공산당 한인 지부에서 발행하는 기관지『조선지광』,『혁명의 벗』편집을 돕고, 그 것을 상하이의 동포들, 만주, 조선 등지에 발송하는 일도 도맡아 했다. 그러는 사이에 두 사람은 1928년 귀여운 딸 호정滬晶(호정은 성장하여 훗날 여섯 살 위인 영화감독 이봉래와 결혼하였으며 그와 1998년 사별함)을 낳게 되었으며, 이로 인해 두 사람의 기쁨은 더욱 커졌다. 조봉암이 딸의 이름을 호정으로 지은 것은 상하이의 옛 이름이 '호滬'였기 때문에 상하이에서 얻은 딸이라 해서 그렇게 부르게 된 것이다. 이 무렵이 조봉암으로서는 가장 행복했던 시기였다. 조봉암은 그때 가정적인 행복감에 젖었기 때문이었던지 적극적인 혁명 활동도 사실상 거의 '휴면상태'에 들어갔다.

그러나 운명의 여신은 이들의 행복한 삶을 시샘하였을까? 1932년 9월 30일 조봉암은 프랑스 조계租界 한 공원에서 불심검문을 받고 체포되어, 일본 경찰에 넘겨진 후 서울로 압송되어 신의주형무소에 투옥되고 말았다. 뒤늦게 남편의 체포사실을 알게 된 김이옥은 어린 딸을 업고 귀국하여 시댁을 찾았으나 이미 시댁은 어디론가 이주하였는지 행방불명되어 버렸고, 그렇다고 정식 결혼도 하지 않은 여자로서 어린애를 들쳐업고 친정을 찾을 수도 없는 처지였다. 그것은 가문의 수치였기 때문이다. 결국 그녀는 인천에 있는 외가댁으로 가서 지친 몸을 의탁하였다. 그리고 그녀는 어느 때는 호정이를 업고, 때로는 그 애를 친척에 맡긴 채 인천과 신의주를 오가며 연약한 몸으로 남편 옥바라지를 해나갔다. 그러다 보니 그녀의 폐병은 다시 도졌고 하는 수 없이 그녀의 부모는 딸을 다시 세브란스 병원에 입원시켰다. 그러나 재입원도 보람이 없이 그녀는 세상에서 가장 사랑하는 두 사람, 남편과 어린 딸을 남겨 둔 채 1934년 서른 살이라는 한창 피어난 꽃다운 나이에 영원한 안식처로 돌아갔다. 감옥에서 아내의 부음을 뒤늦게 접한 조봉암은 아무리 강철의 투사이지만 이 순간만큼은 슬픔을 이기지 못하였다. 그리고 그 날 이후 호정은 이 집, 저 집에 옮겨 다니며 커나갔다.

신의주 감옥생활

그 무렵 프랑스 영사관 당국은 자신들의 조계 내에서 조선인 혁명가들이 활동하며 일본 경찰과 마찰을 빚으며 말썽이 빈번해지자 이들을 체포하여 일본 경찰에 넘기는 일이 잦아졌다. 1932년 9월 30일 조봉암은 일본 밀정 중국인 왕王모의 유인작전에 걸려 프랑스 조계 공원에 나갔다가 프랑스 공무국 경찰에 체포되어 일본 경찰에 넘겨지고 말았다. 그 날 정오쯤 조봉암은 중국옷을 입고 친구 서병송을 만나기 위해 공원으로 나갔다가 그 자리에서 일본 경찰의 협조요청을 받은 프랑스경찰에 체포된 것이다. 그때 조봉암은 "나는 중국인 정상태인데 단지 공원에 놀러왔을 뿐이다."라고 말하면서 프랑스 경찰의 불법연행에 항의하였다. 이때 함께 있던 일본 정보원 아카오는 "이 자의 대답은 전혀 거짓말이오. 이 자의 본명은 조봉암이고, 일명 박철환이며, 공산당 괴수로 프랑스 조계 안에서 반제국주의운동을 총지휘하고 있을 뿐만 아니라 중국공산당과도 깊은 관계를 맺고 있소. 당신들에게 이미 제시한 바와 같이 신장은 5척 5촌, 얼굴빛은 검고, 눈이 크며 귀가 두텁고, 이마가 넓으며 모발이 검은 점으로 보아 이자는 틀림없이 조봉암이오."라고 주장하며 즉각 인도해줄 것을 요구하였다.

그러나 프랑스 경찰은 조봉암의 진술태도가 워낙 당당하였기 때문에 일단 서병송만 인계하고 조봉암은 더 조사해보겠다고 말하고 넘겨주기를 거부하였다. 그러나 일본 경찰은 방대한 자료를 제시하며 조봉암을 인도해줄 것을 재차 요구하자 프랑스 경찰은 결국 10월 10일 그를 일본 경찰에 넘겨주고 말았다.

이렇게 해서 일본 경찰에 체포된 조봉암은 앞서 체포된 강문석, 이무송 등 8명과 함께 상하이 일본 영사관에서 한 달여 심문을 받고, 이무송을 제외한 동료 6명과 함께 포박된 채 12월 3일 아침 인천 부두에 도착하였다. 7년여 만에 다시 보는 고향이건만 먼발치로 만 바라본 채 다음날 오전 조봉암은 열차 편으로 신의주경찰서로 압송되었다. 조봉암 등은 그들이 체포된 후 11월에 추가 체포된 홍남표, 그리고 당시 신의주 지방법원에서 예비심리를 받고 있던 김명시 등과 병합심리를 받기 위해 이듬해

2월 23일에야 신의주 검사국으로 이송되어 5월 31일 예심 종결을 받았다. 조봉암 등에 대한 선고공판은 그해 12월 27일 열렸는데 이때 조봉암은 7년, 홍남표와 김명시는 6년형을 각각 선고받고 신의주형무소에 투옥되어 긴 수형생활에 들어갔다. 이처럼 신의주는 조봉암뿐만 아니라 모든 조선 독립 혁명가들에게 악연의 도시였다.

조봉암에 대한 형 집행은 미결 일수 150일이 계산되어 1933년 7월 말경부터 시작되었다. 조봉암은 그의 자서전 격인 『내가 걸어온 길』(1957년)에서 신의주 감옥생활을 이렇게 회상하였다. "…… 나는 상하이에서 잡힌 지 1년이 지난 1933년 여름 7년형을 선고받고 붉은 수의를 입었다. 나는 3·1운동 때 1년 동안 감옥살이를 해보았고 우리나라 안에서나 또는 일본에서 수 십 차례 유치장 생활을 해보았고 별별 고문도 다 당해보았다.

그러나 이번 같이 7년이라는 긴 세월을 감옥 안에서 살 수 밖에 없게 된 만큼 나는 만감이 교차했다. 사람이 7년 동안 감옥살이를 할 수 있을까. 감옥살이를 실컷 해주다가 중도에 옥사라도 한다면 그것은 더 분하고 원통한 일이 아닌가. 그럴 바에는 하루라도 더 빨리 죽어버릴 수는 없을까…… 마음을 어느 하나로 정하지 못한 채 어쨌든 살아보면서 구체적인 방법을 세우기로 하고 우선 한 가지 결심을 했다. 그 결심이란 나를 지키겠다는 것이다. '우선 살아가는 도중에 내 인격이 무시당하고 금수 같은 취급을 당하는 경우에는 언제든지 그 자와 1대 1로 사생을 결단 짓는다.'라는 결의다. 즉 무리한 욕설이나 따귀 한 대만 맞더라도 그 놈을 죽여 버릴 결심을 했던 것이다…… 나는 신의주 감옥에서 다른 사람들이 하기 어려운 기록을 냈다. 첫째 나는 7년 동안 단 하루도 병감에 누워 본 일이 없고 단 하루도 휴역한 일이 없다. 휴역이란 중병은 아니지만 몸이 아파 일을 할 수 없는 수인(재소자)에게 일을 쉬게 하는 이른바 혜택이다.

둘째는 단 한 번도 처벌당한 일이 없다. 그리고 붉은 수의를 입었던 날 체중이 57킬로그램이었는데 7년 뒤 만기 출옥하던 날은 56킬로그램이었다. 이런 사실은 물론 내 건강이 좋았다는 증거이기도 하겠지만 그것보다도 중요한 것은 내 각오와 결의로부터 생긴 긴장상태 지속이 그러한 기적을 일으켰다고 믿고 있다.

나는 붉은 수의를 입자마자 독방생활이 시작되었다. 독방에서 소위 작업을 하게 되었는데 작업이란 게 바늘을 가지고 걸레를 깁는 일이었다. 사방 한 자, 정방형이 되는 걸레용 천을 가지고 바늘로 가로 세로 누비는 일이었다. 나는 동상으로 인해 손가락을 여러 개 잘라버렸다. 그러나 그런 손가락으로 바늘을 쥔다는 것은 난사 중의 난사였다. 더욱이 신의주 겨울은 으레 영하의 추위고 독방은 바깥보다 더 춥다. 거기서 그 손가락을 가지고 바느질을 한다니 그건 실상 말이 안 되는 일이었다…… 그러나 감옥살이라는 것은 주어진 일을 해야 하고 하는 체해야 되는 곳이다. 형리(교도관)들도 그런 사정을 알아서 그런지 손이 시려서 걸레를 깁다 말고 팔짱을 끼고 앉았어도 일 않는다는 시비를 하거나 많이 하라는 독촉도 하지 않았다. 한 6개월 독방에서 그 꼴을 하고 있으려니까 전옥(典獄: 교도소의 우두머리)이 동정인지, 규칙인지 몰라도 밤에는 독방에 있고 낮에는 공동작업장에 나가서 일하라는 명령을 내렸다. 독방에 혼자 앉아서 걸레와 씨름만 하고 있는 것보다는 사람들이 있는 작업실에 나가 일하는 것이 좋다는 생각이 들어 아무 말 없이 나갔다. 나가보니 그 작업이란 게 보철공補綴工이란 것인데 역시 바늘을 가지고 걸레를 깁고 헌털뱅이(헌 것을 속되게 이르는 말) 수의를 깁고 고치는 일이었다.

나는 몇 해가 지나는 동안 보철공의 권위자가 되었고 수인들의 모가비(막벌이꾼의 우두머리)가 되었다…… 나는 어느 새 일종의 책임감을 느끼게 되었고 그래서 보철공은 물론 세탁부에 이르기까지 수인들의 피복

관계 일은 일일이 총찰(總察: 모든 일을 맡아 총괄하여 슬기롭고 영리하게 살핌)을 해서 깨끗하게, 튼튼하게, 보기 좋게 하라는 잔소리까지 하게 되었다…… 나는 헌털뱅이 깁기 외에 서적정리를 맡기도 했다…… 책자를 만지게 되니 자연 다른 수인들 보다 좀 더 독서할 기회를 가졌다. 나는 그 안에서 사서삼경이란 것을 통독해보았고 한시漢詩의 작법이나 한시가 어떤 것인가 하는 것도 약간 읽을 기회가 있었다. 독서 말이 나왔으니 말인데 그때 일본 경찰, 검찰 방침은 러시아어에 관한 것은 열람을 금지했고 사회과학 분야서적도 금서여서 단 한 권도 없을 때였다. 그래서 나는 감옥에 들어간 직후 독일어를 시작했다. 매일 그것만 들여다보니까 동화쯤은 원서를 그냥 읽을 수 있었고『신약성서』는 여러 번 공부를 했다…… 신의주 추위는 이름난 추위다. 그런데 수인들은 거의 무방비 상태다. 독방 마루 위에 얇은 거적(짚으로 두툼하게 자리처럼 만든 물건) 한 장을 깔고 이불 한 쪽을 덮고 눕는데 밤새 몸이 떨릴 뿐이지 푸근히 녹는 일은 없다. 떨다가 떨다 지쳐서 잠시 잠이 오는데 그 잠든 잠시 사이 슬그머니 얼어 죽으면 네모난 궤짝 속에 넣어져서 파묻히는 것뿐이다. 요행히 죽지 않으면 사는 것이고 살면 겨울 내내 그런 밤이 이어지는 것뿐이다…… 이만하면 감옥살이가 고생이 되느니 안 되느니 하는 말은 더는 길게 말할 것이 없을 것이다. 그러나 사람이 사람끼리 사는 때엔 그 환경이 어떻든 주어진 환경아래서 서로 살아갈 길을 찾고 살아갈 방도를 알아내는 것이며 그리하다 보면 그 안에서도 삶의 의미도 있고 가치도 있다는 것을 발견하게 되는 것인지도 모른다……"(정태영·오유석·권대복 엮음,『죽산 조봉암 전집』1, 세명서관, 362-370쪽 참고 정리).

　이와 같은 그의 감옥생활 기록에서 볼 때 조봉암은 다른 골수 공산주의자들에 비해 상대적으로 현실 순응적이었고, 박헌영처럼 감옥에서 반항적이거나 난동을 피우는 일이 없었다. 그래서인지 그는 모범수로 인정되어 일본 황태자 출생 덕분(조봉암의 주장)으로 만기 출옥이 아닌 6년 만에 출옥하였다. 그러나 그의 말대로라면 예심 등 미결 구금기간을 합하여 사실상 '에누리 없는 7년형'이었다. 그러나 그가 1년을 감형받고 나온 데 대하여 그의 반대자들은 그가 전향했기 때문이라는 의혹을 제기하였다.

출옥 후 동지들로부터 외면당하다

조봉암은 1939년 7월 출옥하여 인천으로 돌아갔다. 그가 출옥하기 전에 그의 부모들은 이미 돌아가서 안 계시고 그의 형제도 어디론가 가버려 강화에 갈 수도 없었다. 인천에는 딸 호정만이 친척집에 얹혀살고 있었다. 그는 그곳에서 오래 전에 헤어졌던 김조이와 다시 재결합하였다. 김조이도 함흥형무소에서 출감한 후 이곳저곳 전전하다가 조봉암의 출감 소식을 듣고 인천으로 온 것이다. 조봉암은 당장 먹고 살아갈 길이 막막하여 일자리를 찾던 중에 친지의 소개로 비강조합批糠組合의 조합장이 되었다. 비강조합은 정미소에서 나오는 왕겨를 수집하여 연료를 만드는 곳이었다. 조봉암은 이 자리가 이권도 없는 생계수단으로 얻어낸 자리라고 하였으나 후일 이것도 '출옥 후에 이권을 얻어서 부자로 살았다'는 비판을 면치 못하였다. 그러나 조봉암은 1945년 1월 일본 헌병사령부에 다시 검거되어 8·15해방 때까지 구금되었다. 이유는 그 당시 일제는 최후 발악으로 모든 민족주의자들과 반일 혁명투쟁 전력자 들을 재 투옥하기 시작하였는데 조봉암은 그때 해외에 있는 독립운동가들과 모종의 연락을 취해왔다는 것이었다. 다행히 그는 해방과 함께 석방되었으나 그 후에도 한 동안 중앙무대 전면에 나타나지 않고 인천지역에 눌러앉아 생활하다가 1946년 2월 '민전(조선민주주의민족전선)'이 발족하면서 '민전' 인천지부 의장이 되는 게 고작이었다. 조봉암은 당시 경기도 대표의

한 사람으로 민전 발족대회에 참석하였으며, 김조이도 부녀대표로 나갔다. 이때 다른 경기도 대표, 즉 신태범, 박남칠 등이 '민전' 중앙위원에 선임되었지만 조봉암은 여기에서도 배제되었다. 그러면 왜 조봉암은 과거와 달리 그의 활동무대를 인천으로 한정하여 움츠리고 있었을까? 그 이유는 해방 직후 조선공산당의 재건 과정에서 그에게 가해진 비판들이 그의 활동에 많은 제약을 준 것으로 보인다. 비록 자신의 본의는 아니었다 하더라도 자신에 대한 비판의 소지를 야기했다는 점에서 그는 솔직히 인정하였고, 또한 출옥 이후 적극적인 공산주의 활동을 중단했다는 사실에 대해서도 자기비판을 하고 있었던 것으로 보인다. 사실 해방 직후부터 사회주의자들 간에는 비단 조봉암에게 뿐만 아니라 서로 간에 온갖 모략과 비판이 끊이지 않았고, 정도의 차이는 있었지만 대다수가 그런 비판을 받을 만한 행적을 남긴 것도 사실이었다. 물론 이러한 상호비판은 과거의 반혁명적, 반당적 과오를 정확히 지적해줌으로써 철저한 자기비판을 통해 사상적·도덕적으로 재무장시켜 군건한 혁명활동가가 되게 하는 긍정적인 면도 있었다. 그렇지만 대부분의 경우 그것은 상대방의 치명적 약점을 들추어내어 해방 직후의 정치적 재편과정에서 고립, 배제하거나 격하함으로써 상대적으로 자신의 위치를 강화하려는 내부의 헤게모니 쟁탈전의 일환으로 사용되었다. 조봉암은 바로 이러한 정치적 상황에서 그에게 가해지고 있던 비판들을 궁색하게 변명하면서 당권투쟁에 뛰어들기보다는 자신의 지역적 기반이자 자신의 입장을 이해해주는 인천에서 조심스럽게 활동하며 정계의 추이를 지켜보는 것이 현명한 처신이라고 판단하였다.

상황이 이러했지만 조봉암은 중앙무대로부터 자신의 정치적 입지가 외면당하자 급기야는 '존경하는 박헌영 동무에게'(1946년)라는 서한을 통해 박헌영을 비판하고 자신에 대한 당의 비판에 대해서도 조목조목 해

1941년 가족들과 함께한 조봉암

명하였다. 즉 그는 이 서한에서 박헌영이 주도하는 인민위원회와 '민전'이 진정한 통일전선으로서의 기능과 역할을 다하지 못했다고 비판하고, 특히 당 인사문제가 '무원칙하고, 종파적이며, 봉건적이고, 무기력하다'고 강도 높게 비난하였다. 사실 그 당시 박헌영은 이영, 정백 등의 서울 계와 각 지역에서 활동하고 있던 공산주의 세력들을 완전히 배제하고, 이승엽, 김형선, 권오설 등 화요계와 콤그룹의 허성택 등을 조선공산당의 주요 책임자로 중용하였다.

그러나 이 서한에서 가장 중요한 것은 조선공산당 동지들의 자신에 대한 비판에 대한 해명과 항변이었다. 즉 그는 이 서한에서 첫째, 자신이 안모라는 사람과 공모해서 국제혁명자구원회(MOPR) 공금을 유용하여 생활비와 활동비로 써버렸다는 비판에 대해서, 이것이 어느 정도 사실이라고 시인하면서도 그것은 '책임일꾼이 굶어죽지 않는 것이 좋겠다는 생각'에서 한 것이라고 해명, 시인하였다. 둘째, 당원(김조이)을 버리고 비당원 여자(김이옥)와 결혼하였다는 비판에 대해서는 그 여자(김이옥)도 좋은 당원이 되어 중국당 내에서 중요한 역할을 했다고 변호하였다. 이 점에서는 김조이를 버린 것이 아니라 그녀가 모스크바 유학 후 한동안 다른 남자와 동거하였고 서로 연락이 두절된 상태에서 김이옥이 상하이를 찾아와 그녀와 동거에 들어감으로써 김조이와 소원해진 데 연유하고 있다. 셋째, 상하이에서 강도짓을 했다는 비판에 대해서는 그가 직접 그런 일을 한 것이 아니라 그의 부하 한 사람이 그런 일을 저지른 것은 사실이라고 시인하고 그것은 책임자인 자신의 불찰로 사과하였다. 넷째, 신의주 형무소 출옥 후 이권(인천 비강조합 조합장)을 얻어서 부자로 살았다는 비판에 대해서는 이권을 얻고 호의호식하였다기보다는 출옥 후 생계가 막연하였기 때문이라고 해명하였다.

그러나 이 점에서는 골수 공산주의자 동료들에게는 그렇게 비칠 수도 있을 것이라고 본다. 그런데 조봉암의 이와 같은 일련의 서한내용이 1946년 5월 7일 대동신문, 한성일보, 조선일보 등 우익계 신문에 일제히 보도되어 일파만파 물의를 빚게 되자 조봉암은 그 서한이 자신이 고의적으로 투고한 것이 아니라 3월 중순 인천 CIC(미군 방첩대)가 민전회관을 급습하여 현장에 있던 그의 호주머니에서 탈취, 각색하여 도하 신문에 게재케 된 것이라고 해명하였다. 어떻든 그의 서한 내용은 상당 부분 사실이었고, 고의적이 아니라도 일단 신문에 보도된 이상 당내의 신랄한 비판을 모면할 수 없게 되었으며, 사실상 해당행위로 규정되어 당내에서의 그의 향후 입지는 거의 치명적일 수밖에 없었다.

공산주의와의 결별, 전향하다

조선공산당 내에서 설 땅을 잃은 조봉암으로서는 그의 전향이 불가피한 선택이었을지 모른다. 그러나 그것은 당시 공산당의 분파적인 자체갈등에 대한 염증과 시대여건에서의 공산당 활동의 한계를 인식한 조봉암으로서는 그의 '전향'이 당연한 순서였을 수도 있다. 1946년 6월 23일 오전 11시 인천 도림동 공설운동장에서 좌익 측 '민전' 주최로 '미소공동위원회 촉진시민대회'가 열리고 있었으며 이때 연사로 나선 이는 여운형, 이강국, 김원봉 등이었다. 그런데 강연회가 절정에 이를 무렵 갑자기 조봉암 명의의 '비 공산정부를 세우자'(1946년)라는 제목의 다음과 같은 성명서가 대량 살포(6월 23일)되고, 시내 각 관공서와 신문사에도 동 성명서가 일제히 배포되었다.

"내가 지금 생각하고 있는 정당의 윤곽은 아래와 같다. 1. 연합국의 승리에 의하여 그들의 호의로 해방의 기쁨을 얻은 우리 조선 민족은 민주주의 원칙에 의하여 건설한 자유의 국가를 건설함에 있고, 어느 일 계급이나 일당 독재나 전제이어서는 안 된다. 2. 조선민족은 자기의 자유의사에 의하여 민족 전체가 요구하는 통일 정부를 세울 것이고, 공산당이나 민주의원의 독점정부가 되어서는 안 된다. 3. 현재 조선 민족은 공산당되기를 원치 않는다. 따라서 조선공산당의 계획으로 된 인민공화국 인민위원회와 민주주의 민족전선 등으로서 정권을 취하려는 정책은 단연 반대한다. 4. 우리 조선 민족은 아메리카를 비롯하여 연합국에 대하여 진심으로 감사할 것이며, 또 진심으로 협력하여서 건국에 진력할 것이요, 지금 공산당과 같이 소련에만 의존하고 미국의 이상을 반대한다는 것은 옳지 않다. 5. 조선의 건국은 민족 전체의 자유생활이 보장되어야 할 것이다. 따라서 노동계급의 독재나 자본 계급의 전제를 반대한다.-1946년 6월 23일 조봉암"(위의 책, 39-40쪽).

조봉암의 이 성명서는 사실상의 전향 성명서였다. 그렇다면 조봉암은 그처럼 몸을 바쳤던 공산주의자의 길을 왜 갑자기 청산하게 되었을까? 그 이유는 첫째, 앞서도 언급한 바와 같이 조선공산당과의 갈등으로 그는 더 이상 그 세계에서 설 땅을 잃게 되었다는 점이다. 이점이 가장 직접적이고 결정적인 이유였다고 본다. 둘째, 그가 일제하에서 공산주의 운동에 투신한 것은 민족 해방운동의 한 방편으로 선택한 것이지만 해방이후 공산주의자의 분파적이고 극렬한 좌경 모험주의가 향후 민족 진로에 도움이 되지 않는다는 것을 해방 후 이들 공산주의자들의 일련의 움직임에서 그 한계를 인식하였기 때문이다. 마지막으로 중요한 동인이 된 것은 미군정의 집요한 전향 공작이 주효했을 것이라고 볼 수 있다. 그 증거로 조봉암은 1946년 6월 12일 체포되었다가 '전향성명서' 발표 하루 전인 6월 22일 풀려난 것이다. 그것은 미군정과 조봉암 간에 모종의 밀약이 있었을 것이다. 그 내막은 모르기는 해도 향후 정국에서 그의 입지를 보장해준다는 것이었을 것이다. 왜냐하면 갈 길이 바쁜 미군정 측으로 볼 때 좌익세력을 분쇄하고 친미 정권을 수립하는 데는 조봉암과 같은 거물 공산주의자를 전향시키는 것이 급선무였을 것이다. 미군정은 설 땅을 잃고 표류하는 조봉암의 약점을 이용한 것이다. 또한 미군정 측에서 볼 때 이승만, 김구의 강력한 반탁·반소운동으로 미소공동위원회 추진이 지지부진하여 향후 정국운영에 걸림돌로 작용하였기 때문에 공산주의자 전력이 있지만 전향적인 조봉암이나 중도 좌파의 여운형과 같은 인사를 끌어들여, 그들 측에서 볼 때 사사건건 말썽을 빚는 좌익계를 약화시키고 좌우 합작 정부를 조속히 실현하여 소련과의 헤게모니 쟁탈전에 주도권을 잡는 것이 시급하였다. 어떻든 박헌영 측이 조봉암의 약점을 포용하지 않고 배척하여 급기야는 그를 출당조치하였지만 그것은 향후 조선 공산당 측에 엄청난 손실이었으며, 이승만의 우익 측에서 볼 때도 조봉암의 제도권 등장은 향후 정국운영의 큰 장애물이요, 걸림돌이 된다.

제헌국회의원·초대 농림부장관이 되다

북한에서의 김일성 체제가 소련을 등에 업고 순풍에 돛을 단 듯이 순조롭게 진행되는 동안 남한에서의 해방정국은 혼란이 끊일 날이 없었다. 1946년 3월 20일 서울에서 개최된 미소공동위원회가 결렬(5월 6일)되자 이승만은 6월 3일 정읍에서 남한단독정부 수립의사를 내비치고 다음날

"남한만이라도 정부가 수립되기를 고대한다."라고 발표하였으며, 이 사이 미군정은 4월부터 좌우합작을 구상하고 이를 토대로 남한에서 단독정부를 세워 안정적인 정치기반을 구축하고자 하였다. 그러나 좌우대결을 피하고 민족이 단결하여 통일임시정부를 수립하려는 좌우합작운동도 이승만과 조선공산당간의 이해상충으로 아무런 진전이 이루어지지 않자 UN은 1947년 11월 14일 인구비례에 따른 남북한 총선거를 실시하기로 결정하였다. 그러나 남로당은 단독선거·단독정부 수립 반대투쟁을 전개하여 남한 정국은 1948년 '2·7구국투쟁', '제주 4·3항쟁' 등으로 한때 혼란에 빠지고 말았다. 그러나 미군정은 예정대로 5월 10일 제주도를 제외한 남한 전 지역에서의 단독선거를 밀고 나갔다. 이에 따라 1948년 5월 10일 제헌국회 선거가 치러졌는데 그 결과는 예상을 뒤엎었다. 당시 이승만의 독립촉성회(약칭 '독촉')와 한민당계가 압도적으로 당선되리라는 예상과 달리 전체 제헌의원 200석 중 '독촉'계는 4분의 1에 불과한 55석, 한민당은 29석에 불과하였으며, 나머지 대다수는 조봉암 등 무소속 입후보자가 당선되었다. 특히 조봉암은 인천을구에서 무소속으로 후보 등록을 하여 차점자인 김석기를 2천여 표 차로 누르고 당선된 것이다. 당시 인천을구에서는 대동청년단의 지지를 받은 김석기 외에 인천 부윤출신으로 서북청년단이 지원한 임홍재, 그리고 족청(조선민족청년단)의 이성민 등이 출마하여 조봉암으로서는 조직이나 재정 측면에서도 매우 열세였음에도 불구하고 조봉암이 예상외로 낙승한 것이다. 그것은 그가 해방 직후부터 인천의 대중 속에서 꾸준히 지역활동을 전개한 덕분이었다. 이때 공산당 전력자 중에는 조봉암 외에도 부산의 김약수, 강화의 윤재근도 당선의 영광을 안았다. 5월 31일 제헌국회가 개원되면서 의장에는 이승만, 부의장에는 신익희, 김동원이 선출되고, 이어 6월 1일에는 제1차 본회의에서 헌법과 정부조직법을 기초할 기초위원이 선출되었다. 헌법 기초위원에는 위원장 서상일 아래 조봉암, 김준연, 허정, 이윤영 등 30명이 임명되고 유진오 윤길중 등 10명은 전문위원으로 선임되었다. 조봉암은 무소속 소장의원들을 결집하여 김약수와 함께 6·1구락부(club의 일본식 표기)를 결성하였는바, 이들의 활동은 헌법안 상정을 앞둔 6월 13일 52명의 의원들이 남북통일과 자주독립을 평화적으로 달성하고 균등사회를 구현하기 위한 무소속 구락

제헌국회의원 시절의 조봉암

부를 조직함으로써 구체화되었다. 미군정 측은 '무소속 구락부가 공산주의 조직은 아니지만 반 우익단체로서 국회 내에서 좌익으로 경도된 인사들의 피난처'라고 보았다. 이들 소장의원들은 이승만이나 한민당 세력에 반대하면서 국회 내에서 반정부활동을 주도해온 '진보적 소장집단', '중간파 색채의 그룹', '민족주의적 개혁주의자' 등으로 불렸다. 이처럼 이들 소장파 의원들은 진보적 색채가 강하였으며, 반민족행위자 처벌과 주한미군의 철수 및 UN을 통한 평화통일운동을 전개하였다. 그러나 이들 소장파의원들의 이러한 활동은 소위 '국회 프락치 사건'으로 연루되어 철퇴를 맞게 되었다.

'국회 프락치 사건'이란 무엇인가? "1949년 3월경 서울시 경찰국으로부터 국회안의 동성회·인민 구락부 등에 소속된 소장파 의원들의 심상치 않은 동태를 보고 받은 서울지검의 장재갑 부장검사, 오제도 검사는 위 경찰국 최운하 사찰과장을 중심으로 특별사찰반을 편성하여 은밀하게 내사활동을 개시하였다. 검찰은 증거를 수집하던 중 자수한 남로당원 전우겸의 진술을 받아 이문원·이구수 등의 범행 내용 일부를 밝혀내고,

그해 5월 20일 국회의원 이문원·이구수·최태규를 구속했다. 국회는 그 달 21일 제3회 임시국회를 소집하여 이들에 대한 석방결의 동의안을 상정하고 심의에 들어갔으나 부결되었다. 그 후 수사가 계속되고 있던 그해 6월 10일 광주리 장수로 가장하여 월북하려고 한 남로당 특수공작원 정재한 여인이 개성에서 검거되었는데, 그녀는 음부에 비밀보고문을 숨기고 있었고, 이 보고문은 남로당 특수조직부에서 박헌영에게 보내는 국회공작보고서라는 사실이 드러났다. 이를 계기로 그해 6월 20일부터 검거를 다시 시작하여 노일환·김옥주·강욱중·박윤원·황윤호·김약수·서용길·신성균·배중혁·김병희 등 국회의원과 변호사 오관을 구속하고 그해 8월 16일까지 국가보안법 위반죄로 구속 기소했다. 이들 중 국회의원 노일환은 그해 2월 초순경 남로당원 이삼혁에게 포섭되어 남로당에 가입했고, 국회의원 이문원 역시 오관을 통하여 하사복이라는 가명으로 접근한 동일 인물인 이삼혁에게 포섭되어 남로당에 입당하여 국회부의장 김약수 등을 포함한 10여 명의 국회의원을 포섭했으며, 남로당의 지령에 따라 이들은 민족주의로 분식한 외군철퇴안 및 남북 평화통일에 관한 결의안을 그해 2월 17일 제24차 국회본회의에 상정했다. 이 사건의 재판은 15회에 걸친 공판 끝에 1950년 3월 14일 서울 지방법원에서 피고인 모두에게 유죄판결이 선고되었으며, 항소되어 서울 고등법원에 계류 중 6·25남침으로 인하여 피고인들이 탈주해버리고 말았다."(김삼웅 지음, 『한국 현대사 바로잡기』, 가람기획, 13쪽. 1985년 서울 지방검찰청 자료집 인용문 재인용)

그런데 이 사건은 이승만 세력의 고문에 의한 조작이라는 설과 남로당이 국회에 침투시킨 국회 내 공산세력 투쟁조직이라는 설이 양분되어 어디까지가 진실인지 규명되지 않았다. 어떻든 이 사건으로 6·1구락부의 중심인물인 김약수 외에 15명의 국회의원들이 구속되기에 이르렀다. 다만 이 때 조봉암은 국회 개헌 후 곧바로 초대 농림부장관에 임명되어 이들과 함께 적극적으로 행동을 할 수 없었지만 "우선 남한만이라도 우리 민족이 정권을 이양 받고 통일을 도모한다는 것은 정치적으로 지극히 단순하고 당연한 일"이라고 생각하며 한 걸음 뒤로 물러서 있었기 때문에 이 사건에 연루되지는 않았다. 그러나 미군정은 조봉암에 대한 의심의 눈길은 늦추지 않고 있었다.

이 당시(1948년 8월 2일) 한 가지 놀라운 사실은 이승만이 국무위원 조각에서 조봉암을 농림부장관에 임명한 사실이다. 이승만은 초대 내각으로 국무총리 이범석, 외무부장관 장택상, 내무부장관 윤치영, 재무부장관 김도연, 법무부장관 이인, 국방부장관 이범석, 문교부장관 안호상, 농림부장관 조봉암, 상공부장관 임영신, 사회부장관 전진한, 교통부장관 민희식, 체신부장관 윤석구, 공보처장 김동성, 총무처장 김병연, 무임소장관 이청천·이윤영, 법제처장 유진오, 그리고 심계원장 명제세 등을 임명하였다. 이승만은 내각 구성에 측근인 임영신, 윤치영, 안호상 등을 임명한 것은 차치하고라도 조봉암을 농림부장관에 임명한 것은 의외였다. 그도 그럴 것이 조봉암으로 말할 것 같으면 이승만이 그토록 싫어하는 공산주의자 경력의 소유자일 뿐만 아니라 초대 대통령 선거에서도 조봉암이 자신에 적대적이었기 때문이다. 그러면 이승만은 왜 조봉암을 농림부장관에 임명하였을까? 여기에 대해서는 몇 가지 추측이 가능한데 우선 무엇보다도 내각구성에 있어서 초당적이라는 이미지를 부각시켜 그의 정치적 이미지를 강화하는 한편 이승만과 정치적 라이벌 관계에 있는 한민당을 견제하기 위한 수단의 일환으로 그를 기용한 것으로 볼 수 있다. 이와 함께 총리 1차 인준과정에서 이윤영이 국회에서 인준을 받지 못하였기 때문에 2차로 지명한 이범석마저 국회에서 부결될 경우 대통령의 인사권 행사에 차질을 빚어 향후 정국수행에 지장을 받기 때문에 국회에서 다수를 차지하고 있는 무소속계의 리더인 조봉암을 장관으로 임명하여 이들 국회의원들을 무마하기 위한 전략이었을 것이다. 그리고 중요한 점은 이승만 정권의 내각 구성이 우익에만 치우쳐 있고 '친일파 내각'이라는 항간의 비난을 무마하기 위한 의도도 크게 작용한 것으로 보인다.

조봉암은 농림부장관에 취임한 후 1949년 초까지 농지개혁을 완료하고 그해 말 싸시 농업협농조합을 만든다는 농촌종합개발계획을 세우고 이를 적극 추진해나갔다. 이에 따라 조봉암은 농림부내에 농지국과 농업협동조합을 조직하고 지도할 농촌지도국(국장 조동필)을 설치하고 농업협동조합법 초안을 작성하였다. 그러나 법 초안은 '농촌제도에 급격한 변화를 가져오기 때문에 아직 시기상조라'는 이유로 국회 농림위원회에 상정조차 하지 못하였다. 이렇게 해서 조봉암은 농림정책을 제대로 추진하지도 못하고 취임 6개월 만인 1949년 1월 13일 정부 내 감찰위원회(위원장 정인보)로부터 공금유용혐의로 고발당하고 말았다. 주요 고발내용은 양곡 매입대금(3,500만 원)과 기타 농림부 관할 기관의 자금을 농림일보 설립과 그 밖에 관사수리비, 출장비 등으로 유용해버렸다는 것이었다. 이에 대한 국회 특별조사위원회(위원장 서이환)가 구성되어 진상조사에 나섰고 조봉암이 적극 해명했지만 검찰 측에서 5월 28일 기소하였으나 특별한 혐의점이 발견되지 않아 그는 결국 무죄를 선고받았다. 그러나 조봉암은 이에 앞서 2월 22일 '부덕한 소치로 물의를 빚은 데 대한 책임'을 지고 농림부장관직을 사임하였다. 그는 농림부장관으로 재직하며 농촌의 뿌리 깊은 제반 문제를 해결하고 농민의 생활향상에 의욕을 보였지만 지주세력을 비호하는 한민당 측의 갖은 모략으로 그 꿈을 접어야만 했다.

제 2대 국회 부의장이 되다

농림부장관 사임 후에도 농촌문제에 대한 조봉암의 관심은 끊임없이 지속되었다. 그는 무엇보다도 토지개혁에 지대한 관심을 가졌으나 지주 계급을 비호하는 한민당과 그 후신인 민국당 측에서 계속 소극적인 태도를 보여 이 토지개혁 구상은 유야무야 되고 말았다. 어떻든 농촌문제에 대한 지속적인 관심과 의욕적인 활동으로 조봉암은 1950년 5월 30일 실시된 제2대 국회의원 선거 시 인천 병구에서 무소속으로 출마하여 다시 국회의원이 되었다. 2대 총선 결과도 예상과는 달리 전체 210명의 의원 중 이승만 직계는 40명, 야당을 자처하던 민국당은 23명에 불과하였으나 대다수 의원들은 이승만과 민국당 등 보수세력에 반대하던 민족주의 계열의 무소속 출신들로서 민족자주연맹의 원세훈, 사회당의 조소앙, 무소속의 윤기섭, 안재홍, 여운홍(여운형의 동생으로 1941년 태평양 전쟁 후 친일로 변절), 장건상 등이 당선되었다. 그리고 국회의장에는 신익희, 부의장에는 장택상과 조봉암이 각각 선출되었다. 특히 조봉암은 그가 소속 정당이 없었지만 부의장에 선출될 수 있었던 것은 그의 국회 내에서의 활동 비중이 얼마나 컸던가를 반영해주고 있다. 5·30총선이 끝나고 6월 19일 국회가 개원한 후 며칠 후인 6·25전쟁이 발발하였다. 이때 피난하지 못한 국회의원 62명 중 3명이 피살되고 27명이 납북 또는 월북하였으며, 이 27명 중 대표적인 민족주의자이던 안재홍, 조

국회의장단과 함께한 조봉암

소앙도 포함되었다.

6·25전쟁으로 정부와 국회는 부산으로 피난하였으며 그로 인해 국회 교섭단체 구성도 거의 1년이나 늦은 1951년 3월에야 이루어졌다. 이에 따라 원내 분포도 달라졌는데 민정동지회와 국민구락부가 통합된 신정동지회가 70명, 무소속 구락부가 공화구락부로 개칭되어 40명, 민정구락부와 공화구락부를 이탈한 의원들로 구성된 민우회가 20명, 그리고 민국당이 40명 등으로 바뀌었다. 그런데 이 무렵 '국민방위군 사건'과 '거창 양민 학살사건'(「이현상」편 참조)이 발생하여 정국은 어수선해졌다. 1951년 3월 29일 부산에서 개원한 제54차 본회의에서 엄상섭 의원은 국민방위군 관계자들에게 엄청난 비리가 있다고 폭로하였다. 조봉암은 이때 특별조사위원회 위원장이 되었는데 조사결과 국민방위군 사령부 관계자에 의해 53억 원이 유출, 착복되었다는 점과 방위군에 소집된 예비병사들이 굶주림과 병으로 전투에 참여하지도 못하고 상당수 사망해버렸다는 충격적인 발표였다. 국민방위군 사건이란 1950년 12월 16일 현역군인, 경찰, 학생 등을 제외한 17세에서 40세까지의 50만 명의 장정을 병력으로 충원하기 위해 '국민방위군 설치법'에 의거하여 국민방위군이 조직되었으나 이들에 대한 예산이 횡령됨으로써 이들이 전쟁에 투입되기도 전에 많은 예비병사들이 희생된 사건이다. 이 사건으로 대한 청년단 출신 사령관 김윤근 등 5명이 처형되었으나 김윤근과 연계되어있던 신성모 국방부장관을 통한 신정동지회로의 정치자금 유입의혹은 끝내 밝혀지지 않은 채 흐지부지 넘어가고 말았다.

부산정치파동과 '발췌개헌안'

국민방위군 정치자금 유입의혹사건이 유야무야 넘어가고 정치권은 또 한 차례의 개편이 이루어졌다. 무소속 구락부를 계승한 공화구락부가 신정동지회와 합작하여 1951년 5월 29일 공화민정회로 탈바꿈하였고 여기에 반대한 공화구락부 일부 의원과 신정동지회 일부 의원이 민우회에 가입하거나 무소속으로 남게 되었다. 이에 따라 민우회는 35명으로 늘어났고, 무소속도 16명으로 늘어났지만 이들이 민국당과 제휴하여 정국은 이승만을 추종하는 공화민정회와 민국당 중심의 야당세력으로 양분되었다. 조봉암은 이와 같은 정계변화 속에서 신당준비를 서둘렀다. 그는 한때 추진했던 농가회 등의 원외단체와 원내 무소속의원들을 대상으로 1951년 6월 '신당준비사무국'을 개설하고, 그해 10월 부산에서 신당 기간조직의 하나가 될 '전국농민대표자회'를 개최하였다. 이런 상황에서 이승만에 대한 지지도는 점차 떨어지게 되었고, 이에 따라 간접선거에 의한 재집권이 불가능해지자 이승만은 1951년 12월 17일 원외 자유당(총재 이승만, 부총재 이범석)과 12월 23일 원내 자유당(중앙위원회 의장 이승만, 부위원장 이갑성·김동성)을 각각 창당한 후 원내외 합동 준비위원회를 구성하여 곧바로 집권여당 자유당을 창당, 재집권의 기틀을 마련하였다.

그러나 이러한 직접선거에 의한 이승만의 재집권 노력에도 불구하고 원내 자유당은 이승만의 '대통령 직선제와 양원 개헌안'을 두고 갑론을박하던 끝에 이승만을 지지하지만 대통령 직접선거제를 반대하게 됨으로써 이승만의 실질적인 추종세력은 원외 자유당뿐이었다. 이렇게 되자 이승만은 마지막 카드로 원외세력들을 동원하여 연일 관제대모를 부추겨 그에게 적대적인 국회의원들을 '국제간첩단 사건'에 연루시켜 체포함으로써 정국은 급속히 냉각되었다. 이른바 '부산정치파동'이 시작된 것이다. 이런 상황에서 민국당을 중심으로 내각제 개헌안이 국회에 제출되었고 이를 반대하는 관제대모가 극에 달하기 시작하였으며, 장면은 국무총리직에서 사임하고 말았다. 이렇게 되자 이승만은 그의 추종자인 장택상과 이범석을 국무총리와 내무장관에 각각 임명하고 내각제 개헌추진세력들을 하나하나 제압해나갔다. 이런 개헌 공방 속에서 1952년 5월 25일 이승만 정권은 부산과 경남 일원에 비상계엄령을 선포하고 국회의원 47명을 국제공산당 관련 혐의로 출근버스 째로 체포하였다. 이때 이승만은 계엄에 반대한 이종찬 참모총장을 해임하고, 원용덕 헌병사령관을 계엄사령관으로 임명하였다.

이러한 부산정치파동은 국무총리 장택상의 지략으로 일단락되었다. 즉 장택상은 총리에 취임한 뒤 그의 사조직인 신라회를 중심으로 하여 내각책임제 개헌안과 대통령직선제 개헌안을 절충한 소위 '발췌개헌안'을 7월 1일 국회에 제출하였다. 이 발췌개헌안은 이승만의 직선제 개헌안과 국회에서의 내각제 개헌안 중 좋은 점을 발췌하였다하여 '발췌'라는 이름이 붙여진 것이다. 그런데 이 '발췌개헌안'은 이승만의 직선제 개헌안이 그 골자였고 내각책임제적인 요소는 배제되었으며, 그 대신 각료에 대한 국회의 권한이 조금 강화된 허울 좋은 개헌안이었다. 결국 이 발췌개헌안은 역사에 많은 오점과 회한을 남긴 채 7월 4일 국회를 통과하였다. 이날 국회에 출석한 166명 의원 중 3명 의원(양병일, 윤담, 김영선)만 앉은 채 기권하였고 조봉암을 포함한 163명은 찬성하였다. 그런데 놀라운 것은 이때 직선제 양원제 개헌안과 다를 바 없는 발췌개헌안 통과를 위해 조봉암은 국회 부의장으로서 의장인 신익희와 함께 의원들을 적극 설득하였다. 여기에는 미국의 개입이 결정적으로 작용하였다. 당시 미국 측은 정국혼란을 막고 이승만 체제로 끌고 가기 위해서 군사·경제원조를 내세워 국회에 발췌개헌안 통과압력을 넣은 것이다. 당시 국회의원이던 이재학의 증언에 따르면, UN군사령관 클라크 장군이 "이 정치혼란이 더욱 악화되어 전쟁수행에 지장을 가져올 경우 우리는 그대로 있지 않겠다."라는 성명서를 발표했고, 이 성명서가 발표되자 여야의원들은 이를 기화로 다시 신탁통치가 실시될 우려가 있다고 생각하여 부득이 발췌개헌안에 찬성하였다고 하였다.

제2대 대통령 출마와 3대 국회의원 출마 좌절

1952년 7월 18일 제2대 대통령 선거일이 공고되고 후보 등록이 같은 달 26일 마감된 후 곧바로 8월 5월 대통령선거가 실시되었다. 누가 보아도 그것은 촉박한 선거 일정이었다. 당시의 정치기류에서 현직 대통령이 유리한 고지를 선점하고 대통령에 당선된다는 것은 뻔한 일이었다. 당시 입후보자는 이승만, 민국당의 이시영, 그리고 조봉암이었다. 당초에 조봉암은 출마에 앞서 이시영에게 출마를 권고하였으나 민국당 측에서는 이시영의 패배가 뻔하였기 때문에 출마를 보류하였다. 그러자 조봉암은 출마를 결심하게 된 것이다. 그는 조선일보와의 인터뷰에서 출마의 변을 이렇게 밝혔다. "나는 대통령이 되리라고는 조금도 생각하지 않고 있다. 다만 이 대통령과 맞서 싸울 사람조차 없으면 국민이 너무 불쌍하다. 이 대통령의 애국정열, 혁명경력, 건국공로는 인정한다. 그렇지만 행정책임자로 적합하지 않다는 것이 드러났다. 나는 이 대통령에 대한 국민의 실망을 대변하기 위해 대통령후보로 나서기로 했다." 이렇게 해서 조봉암의 출마가 굳어지자 민국당은 다시 이시영을 후보로 내세웠다. 이유는 이승만에 대결할 후보가 조봉암 혼자일 경우 이승만의 당선보장을 장담할 수 없고 그럴 경우 보수진영인 민국당의 향후 입지가 더 어려워지기 때문에 그럴 바에는 이승만이 대통령이 되는 것이 더 낫다고 판단하였기 때문이다. 이승만 못지않게 반공 이데올로기와 친미노선을 견지해온 민국당으로서는 기득권의 자본독재를 반대하고 민중 본위의 정치노선을 추구하고 있는 조봉암이 여간 껄끄러운 존재가 아닐 수 없었다. 당시 민국당 부통령 후보로 나온 조병옥도 조봉암의 약점을 들추어내며 조봉암흠집 내기에 앞장섰다. "공산주의자로서 전향하였을 뿐 공산주의자가아니라고 증명할 만한 아무런 태도 표명도 하지 않고 있는 조봉암 씨가집권을 꿈꾸고 대통령에 입후보했다. 민족진영의 일시적인 분열을 틈타반 이승만 박사 정책을 구실로 근로 층의 좌경화를 기도하려는 그런 행동을 참을 수 없다……." 이런 색깔론은 지금까지도 보수정치가들의 단골 메뉴가 되어왔다.

이와 같은 불리한 여건에서도 조봉암은 출마를 결심했고, 그의 선거사무장은 무소속 윤길중 의원이, 그리고 사무차장으로는 서북청년단의 김성주가 맡았다. 원래 김구 암살에 깊숙이 개입한 서북청년단은 문봉제세력과 김성주 세력으로 양분되는데 문봉제는 안두희(그 역시 서북청년단원 이었음)의 김구 암살 후 치안국장, 자유당 청년부장 등 승승장구하였으나 김성주는 별다른 대우를 받지 못하여 반 이승만으로 기울어져 조봉암을 지원하게 된 것이다. 그리고 이들 외에도 후에 진보당에 참여한 박기출, 임갑수, 신창균 등이 조봉암 지원에 나섰다. 당시 조봉암 선거대책본부는 서울과 대구에 있었는데 서울의 사무장은 문용채, 대구의 사무장은 이병희였다. 그러나 조봉암 선거운동 진은 처음부터 고난의 연속이었다. 이들은 곳곳에서 백주 테러를 당하였고 핵심 참모인 윤길중은 테러위협으로 은신해야만 했다. 이런 악조건에서도 조봉암은 김성주 계열의 서북청년단의 도움으로 몇 번의 유세가 가능하였으나 유세다운 유세를 할 수가 없었다. 선거 결과는 예상대로 이승만이 유권자의 75% 정도인 524만 표 가까이 획득하였고, 반면 조봉암은 11%가 조금 넘은 79만 7천여 표, 이시영은 11% 가까운 76만 4천여 표를 획득하는 데 그쳤다. 조봉암으로서는 이시영을 조금 앞선 것으로 위안을 삼아야 했다. 한 가지

주목할 만한 사실은 임시수도이던 부산에서 이승만이 전 투표자의 45% 득표에 그친 반면, 조봉암은 35%라는 높은 득표율을 기록했다는 점이었다. 이와 같은 투표결과에서 볼 수 있듯이 조봉암은 투표에서는 졌지만 이제 그의 정치적 위상은 무시할 수 없는 위치에 오르게 되었으며, 이와 비례해서 그에 대한 보수 세력들의 탄압은 더욱 드세게 되었다. 조봉암 측에 대한 첫 번째 탄압은 소위 '김성주 사건'으로 표면화되었다. 김성주는 1953년 6월 25일 국가변란과 이승만 암살 모의 혐의로 헌병대에 체포되어 이듬해 4월 7일 국방부 고등군법회의에서 7년형을 구형 받았다. 그리고 5월 6일 선고공판에서 김성주는 출석도하지 않은 궐석재판에서 변호인의 변론도 없이 사형을 선고받았다. 나중에 알려졌지만 김성주가 법정에 출석하지 않은 것은 4월 16일 헌병사령관 원용덕의 지시를 받은 임정수가 그를 처치해버렸기 때문이다. 이 사건은 조봉암의 선거사무차장을 맡은 김성주에 대한 보복의 성격이었을 뿐만 아니라 그가 김구암살 배후를 폭로할 가능성이 있었기 때문에 그를 사전에 제거해버린 것으로 추정되고 있다.

그런데 그 무렵 소위 '동해안반란사건'이라는 것이 발생하여 한때나마 세인을 놀라게 했다. 이 사건의 내용은 당시 동해안에 주둔해 있던 김화산 대령 등이 이승만 대통령을 시해하고 조봉암을 대통령으로 추대하려 했다는 것이다. 즉 강원도 속초지구에 주둔해 있던 제1군단에 이승만 대통령이 시찰 오게 되면 군단 인사참모인 김화산 대령이 이 대통령을 저격하고 병력을 동원하여 곧바로 임시 수도인 부산으로 진격하고, 이와 때를 맞추어 육군본부 정보국장 김종평 준장이 이들을 지휘하여 임시 경무대를 접수한 다음 조봉암 국회 부의장을 대통령으로 추대한다는 것이었다. 그러나 이 사건은 후에 사실무근으로 밝혀졌는데 이 조작극의 주모자는 당시 특무대 고문 김지웅의 상투적인 조작극이었다.

그러나 조봉암에 대한 탄압은 마침내 제3대 국회의원 선거 때 본격적으로 나타났다. 1954년 5월 20일 예정된 국회의원 선거에서 조봉암은 후보등록도 못하는 사태가 벌어지고 만 것이다. 이때 조봉암은 자유당의 제2인자인 이기붕에 맞서 서대문 갑구에 입후보 등록을 하려하였다. 그런데 당시 무소속후보자로서 후보등록을 하기 위해서는 선거구민 200인 이상의 추천을 받도록 되어 있었는데, 조봉암은 갖은 방해공작에도 불구하고 어렵게 추천을 받아 등록을 하러 가면 그 사이에 매수 내지 압력을 받은 추천 인사들이 추천 취소신고를 해왔고, 다시 추천인을 보완하여 등록을 하려 하면 또다시 추천인 취소가 들어왔다. 이렇게 하여 후보등록 마감 일이 임박했고, 답답해진 조봉암은 서대문갑구 선거관리위원회에 직접 찾아가 후보등록을 하려 했으나 이번에는 후보등록 실무자가 조봉암의 추천인 한 사람 한 사람을 심사하는데 무려 1시간 이상을 소비하는 지연작전을 폈다. 이러한 술책도 자유당 측의 압력에 의한 것이었다. 이런 방식으로 해서 조봉암에 대한 후보등록 심사는 마감시간인 오후 5시가 넘어도 끝나지 않았으며, 마침내 선거관리위원회 측은 마감시간을 어겼다는 이유로 조봉암의 후부등록 실격통보를 해버렸다. 조봉암 측은 결국 발만 동동 구르다가 후보등록도 못하고 발길을 돌려야만 했다. 이렇게 해서 조봉암은 제3대 국회의원 선거에 출마도 하지 못하고 앉은 채로 먼 산 불 구경하듯 선거결과를 지켜보아야만 했다.

희한한 '사사오입개헌' 사건

1954년 5월 30일 실시된 제3대 국회의원 선거는 사상 유례가 없는 금권·관권이 동원된 선거였다. 이때 집권 자유당은 114석을, 야당인 민국당은 겨우 15석, 무소속은 67석, 그리고 기타 군소 정당의 후보가 7석을 차지하게 되었다. 선거 직후 이승만의 수족과 같은 이기붕이 국회의장에 선출되어 이제 이승만은 입법·행정부를 장악한 무소불위의 독재체제를 구축하였다. 그리고 자유당 정권은 그것으로 끝나지 않고 무소속 의원들을 매수, 협박하여 재적 의원 203명 중 3분의 2선인 136석을 확보하는데 성공하였다. 이러한 술책은 이승만의 장기집권을 위한 사전 포석이었다. 당시 헌법에는 대통령의 중임이 금지되었기 때문에 헌법을 개정하지 않고는 더 이상 대통령이 될 수 없었다. 마침내 자유당은 이승만의 장기집권을 위한 마각을 드러내기 시작하였다. 그 일환으로 이승만의 자유당 정권은 1954년 9월 6일 대통령 중임제한 철폐를 골자로 하는 개헌안을 국회에 제출하였다. 이 개헌안에 대하여 야당인 민국당뿐만 아니라 일반 국민들도 격렬히 비판하였지만, 자유당 측은 이러한 여론을 완전히 무시한 채 연일 관제데모를 통해 반대여론을 잠재워나갔다. 이렇게 해서 11월 27일 개헌안이 국회 본회의에 상정되었으나 표결결과 개헌 선에 한 표가 모자란 135표가 나와 개헌안은 부결되고 말았다. 그러나 이것도 잠시 개헌안 부결 다음날에 희한한 결과가 다시 발표되었다. 자유당 측의 주장에 의하면 재적의원 203명의 3분의 2는 수학적 계산방법으로 135.333…명인데, 0.333…명이란 것은 1명의 사람이 될 수 없으므로 사사오입四捨五入하여 절사切捨해버리면 135명은 3분의 2가되어 개헌선이 된다는 논리였다. 이러한 논법은 서울대학교 수학과 최윤식 교수의 자문에 의한 것이었으며, 이 논법에 따라 국회는 11월 29일 억지로 개헌안을 통과시켜버렸다.

그러나 이 점에 대해서 당시 대법원장 김병로는 "사사오입이란 본래 남은 4를 버리는 것이지 모자라는 데 쓰이는 것이 아니다."라고 그 부당성을 지적하였으며, 헌법학자 유진오도 "각국의 전례는 이럴 경우 찬성표 수는 적어도 반대한 3분의 1을 기준으로 하여 그 배수 즉, 68의 배수인 136으로 하므로, 부결을 선언한 것은 착오가 아닌 이상 개헌안은 부결된 것이다."라고 주장하였다.

일이 이쯤 되자 민국당을 중심으로 한 반이승만 측 정치인들은 11월 30일 '위헌대책위원회'를 조직하고, 이 조직을 기반으로 하여 '호헌동지회'를 결성하였다. 그것은 향후 한국 정치사에서 소위 '정통야당'이라 지칭하는 '민주당' 태동의 산파역 기능을 하게 된다. 호헌동지회는 1954년 12월 3일 신당발기촉진위원회를 구성(7인)하고, 윤병호, 장택상, 조병옥을 지도위원으로 하여 총무위원 임흥순, 윤제술, 재정위원 소선규, 유진산 등 18명의 위원으로 출발하였으며, 이들 외에도 60여 명의 민국당, 무소속 구락부 등이 참여하여 원내 교섭단체를 구성하였다. 호헌동지회는 신당구성을 준비하면서 민국당을 새로운 당 건설을 위해 해체할 것인지와 조봉암 등 과거 공산주의자들을 새로운 정당에 포함시킬 것인지를 두고 의견이 분분하였다. 이때 조병옥 등 민국당 주류와 가톨릭계의 장면 등은 조봉암의 참여를 반대한 반면, 장택상, 신도성, 서상일 등은 민주대동단결의 차원에서 조봉암의 참여를 지지하였다. 특히 임시정부 출신으로 이승만의 독촉국민회의에서 활동한 신익희는 조봉암의 참여를 적극 찬성하는 입장을 표명하고 나섰고, 한민당에서 민국당에 이르기까지 영향력을 행사했던 김성수는 양자의 의견을 절충하고자 하였다. 그러나 그 사이 김성수가 갑자기 병으로 사망(1955년 2월)함으로써 호헌동지회는 이런저런 문제를 두고 뚜렷한 합의점을 찾지 못하고 표류하였다. 결국 조봉암의 신당참여문제가 불참 쪽으로 가닥이 잡혀가면서 신도성, 장택상, 윤제술, 송방용, 전진한, 서상일 등이 호헌동지회를 탈퇴해버렸다.

결국 호헌동지회는 이들을 제외한 원내와 원외의 9인위원회를 조직하고 1955년 7월 17일 창당발기위원회를 구성하여 9월 18일 '정통 야당'으로 자처하는 민주당 창당을 선언하였다. 그런데 민주당은 초기에 그 이름만큼 제대로 정통야당 구실을 하지 못하였다. 그도 그럴 것이 한민당에서 민국당으로 이어진 민주당이 이승만의 자유당에 못지않게 친미적이고 극우 보수적인 데다가 조봉암 등 진보 대중세력을 영입하지 못함으로써 자유당과 구분되는 명실상부한 야당구실을 하지 못하였기 때문이었다. 더군다나 민주당은 창당 때부터 여러 파벌이 모여 형성되었기 때문에 파벌투쟁이 그칠 날이 없었다. 즉 민주당은 장면과 원내 자유당 탈당파를 중심으로 한 소위 '신파'와 구민국당 계열을 중심으로 한 '구파' 간의 파벌대립이 극에 달하는 자중지란을 보여 일사불란한 이승만 정권은 가만히 앉아서 쾌재를 불렀다.

진보당 창당준비위 발족과 조봉암, 제3대 대통령 선거에서 선전하다

호헌동지회에의 참여가 제외되었거나 이 회의의 보수적 색깔에 불만을 품고 참여를 거부한 일부 진보세력들은 마침내 혁신정당을 조직하기 위한 움직임을 보이기 시작하였다. 그러한 움직임이 가시화된 것은 1955년 9월 1일 '광릉회합'이었다. 이날 광릉회합에는 조봉암, 서상일, 장건상, 신도성, 윤길중 등 40여 명이 참석하였다. 이날 모임에서 이들은 기존의 진부한 보수정치에 환멸을 느끼고 진보적인 혁신세력을 결집시키는 데 의견을 함께 하였다. 그러나 이들 모임도 각양각색의 집단들이 참여하고 있어서 단시일 내에 하나의 정당으로 태어나기에는 많은 진통이 뒤따랐다. 그러나 이들 진보·혁신세력들은 광릉회합 3개월 뒤인 12월 22일 '(가칭) 진보당 창당준비위원회'를 발족시키고, 이의 추진 대표로 조봉암, 서상일, 박기출, 이동화, 김성숙 등 12명을, 총무 대표위원에 최익환, 선전 대표위원에 윤길중을 각각 선출하였다. 진보당 강령에는 노

1956년 제3대 대통령 후보 시절의 조봉암

동계급의 독재와 자본계급의 전제를 반대하는 입장과 정치·경제·문화적 혁신의 지향, 그리고 통일과업의 민주적 실천과 사회적 민주주의 실현 등 해방 이후 지속적으로 모색해온 조봉암의 정치노선이 그대로 반영되었다. 또한 조봉암은 새로 조직될 진보당의 지향점을 "자본주의적인 자유 민주정당이 아니고 혁신적인 정당, 공산주의도 자본주의도 다 같이 부정하고 새 인류의 새 이상으로 만인공존의 복지사회를 건설하는 혁신정당을 만들자."고 제안하였다. 이들은 일단 진보당 출범을 대통령 선거 뒤로 미룬 채 1956년 3월 31일, 곧 다가올 대통령선거에 대비하여 진보당 전국추진대표자대회를 개최하고, 조봉암은 이 자리에서 서상일, 최익환, 이동화, 박기출 등과 함께 9인 임시의장단에 선출되었다. 이날 신도성을 비롯한 서상일계는 대통령 후보에 서상일, 부통령 후보에 조봉암을 내세웠으나, 조봉암계에서는 서상일이 조봉암만큼 대중적 지명도가 부족하기 때문에 대통령 후보에 조봉암, 부통령 후보에 서상일을 제안하여 양파 간에 의견을 좁히지 못하였다. 이에 따라 후보 지명은 투표에 부쳐져 조봉암계 의견대로 결정이 나자 서상일은 부통령후보 지명을 극구 고사하여 결국 서상일 대신 박기출이 부통령 후보로 지명되기에 이르렀다.

한편 이에 앞서 자유당에서는 3월 5일 대통령후보에 이승만, 부통령 후보에 이기붕을 내세웠다. 그러나 이승만은 "3선 출마는 민주주의에 배치되므로 연부역강年富力强(젊고 기력이 왕성함)한 인물을 골라서 내세우라"라는 성명서를 발표하여 대통령 불출마의사를 표명하였다. 그의 이러한 발언은 그 특유의 고단수 정치 쇼였으며, 이 성명이 발표되자 예상대로 전국 방방곡곡에서 그의 출마를 요청하는 관제대모가 연일 계속되었다. 이와 함께 민주당도 3월 28일 전국대회를 열어 신익희를 대통령 후보로, 장면을 부통령후보로 선출하였다. 이때 국민의 관심은 "못 살겠다 갈아보자!"라는 구호를 내걸고 민주당 대통령후보로 출마한 신익희에 집중되었다. 여론에서 신익희 대세를 의식한 조봉암은 "진보당이 지향하는 정강에 동조하는 야당에는 정·부통령 후보지명을 백지화 할 용의가 있다고 밝힘으로써 야당연합전선을 모색할 뜻을 비쳤다. 이에 따라 민주당과 조봉암 측 진보계는 후보 단일화에 의견을 모으고 4월 25일 정·부통령후보 4인이 모여 최종적인 합의를 이루어내기로 하였으나 이 자리에 장면이 불참하고 말았다. 장면은 이 모임에서 대통령은 민주당에 양보하는 대신에 부통령은 진보계의 박기출로 양보해달라는 진의를 미리 간파하고 4자모임에 불참한 것이다. 이렇게 해서 야당 후보단일화 계획이 무산되자 각 당은 제각기 독자적인 선거유세에 들어갔다. 그런 가운데서도 조봉암 측은 포기하지 않고 후보 단일화 협상을 계속 추진하여 5월 6일 신익희와 조봉암은 전주에서 후보단일화를 위한 공동성명을 발표하기로 하였다. 이런 스케줄에 따라 신익희는 한강 백사장에서 30만여 명이 운집한 가운데 성공적인 대 유세를 끝내고서 호남선 열차를 타고 전주로 향하였으며, 조봉암은 전남 광주에서 유세에 들어가 5월 6일 전주에서 신익희를 만날 준비를 하고 있었다. 그런데 이게 어찌된 일인가? 5월 5일 신익희는 열차를 타고 전주에 도착하기 직전 열차 속에서 과로로 인한 심장마비(일설에는 뇌일혈)로 급사하고 말았다. 당시 전주 중앙초등학교 교정에서는 이른 아침부터 수많은 시민들이 운집하여 신익희 유세를 기다리고 있었다. 전주는 전통적인 야당도시로 신익희의 바람몰이는 대단하였으며, 특히 그의 나비넥타이와 중후한 풍채는 여성들의 인기를 독차지하였다. 그러나 예정시간이 다 되어도 신익희는 나타나지 않았다. 장내는 이상한 기류가 감돌았고 얼마 후에 조재천 의원이 등단하여 비통한 어조로 신익희의 급서를 발표하였다. 시민들은 뜻하지 않은 비보를 듣고 술렁거리기 시작했으며 유세장은 순식간에 '장례식장'이 되고 말았다. 일부 극성 지지자들은 비보를 듣고 울먹이며, 그의 사망에 대해서 별의별 의문을 제기하기도 하였다. 그때 인근 노송동에 살았던 필자도 비록 어렸지만 동리 어른들을 따라 중앙초등학교 교정에 구경 나갔다가 현장에서 이 장면을 목격했던 기억이 지금도 생생하다.

한편 신익희의 급작스런 사망소식을 들은 조봉암은 진보당 측근들의 권유에 따라 나머지 지방유세를 다른 간부들에게 맡기고 급거 상경하여 향후 대책을 논의한 끝에 박기출 의원의 부통령후보 사퇴를 결정하고 장면 후보 지지성명을 발표하여 '대통령 후보 조봉암, 부통령 후보 장면'으로 야당 후보 단일화를 시도하였다. 그러나 민주당은 이에 응하지 않고 조봉암 보다 이승만을 지지하고 나섰다. 민주당은 마침내 5월 10일 "남은 두 사람의 대통령 후보는 그 행장行狀이나 노선으로 보아, 그 어느 편도 지지할 수 없다. 우리는 부득이 정권교체를 단념하고 부통령선거에만 전력을 기울이기로 했다."는 내용의 성명을 발표하고 신익희에게 추모 표를 던져달라고 호소하여 조봉암에 대한 반대의사를 분명히 하였다. 상황이 이렇게 되자 자유당 측은 조봉암의 선거 유세반에 대한 대대적인 선거운동 방해공작을 자행하여 조봉암 측은 이렇다 할 유세도 해보지 못한 채 5월 15일 정부통령 선거에 임해야 했다. 이 선거는 사상 초유의 부정투표로 진행되었다. 당시 내무장관이던 최인규는 훗날 자신의 『옥중자서전』(중앙일보사, 1984)을 통해 강원도에서 나온 이승만에 대한 90% 지지는 엄청난 조작이었으며, 그 외에도 수많은 조작과 부정이 이루어졌음을 고백, 시인하였다. 이 같은 투·개표 부정에도 불구하고 조봉암은 총 투표의 24%가까운 216만여 표를 획득하였다. 그러나 이승만은 갖은 관권 선거의 도움에도 불구하고 총 투표의 55%를 조금 넘은 504만여 표를 획득하여 당선되었다. 한편 총 투표의 20%를 조금 넘은 185만여 표가 무효처리 되었는데, 그것은 대부분 신익희에 대한 추모 표였다. 특히 조봉암은 전국 181개 선거구 가운데 25개 선거구에서 이승만 보다 앞선 득표율을 보였으며, 이 가운데 대구를 중심으로 한 경상남북도의 많은 지역과 전북 전주, 전남의 목포, 강원의 춘천 등지에서 압도적인 우세를, 그리고 전북 정읍과 경남 진해 등지에서는 근소한 승리를, 그리고 전남 광주와 순천, 경남 마산, 충남 대전 등지에서는 근소한 패배를 기록하였다. 투개표의 공정성 여부를 차치하고라도 조봉암의 득표는 2대 대통령선거에서 얻은 표의 3배에 달하는 엄청난 결과였다. 이와 같은 득표 결과는 이승만의 지지도가 이제 한계에 다다랐음을 반영한 것이었으며, 조봉암이 주장한 '평화통일론'과 그의 개혁의지에 대한 국민의 이해와 관심이 커지고 있음을 입증한 것이었다.

조봉암의 '평화통일론'과 '사회적 민주주의'

조봉암의 '평화통일론'은 그의 정치철학의 알파이자 오메가이다. 그러면 그의 '평화통일론'은 무엇인가? 조봉암은 '대對공산당 투쟁의 승리를 위하여'라는 부제가 붙어 있는 「우리의 당면과업」(1954년)에서 통일 방법은 무력통일, 즉 북진통일 방법만이 있는 것이 아니라 정치적 방법도 있으며, 오히려 후자가 더 중요하다고 전제하고 정치적 통일, 즉 평화통일 방안을 제시하면서 무력에 의한 북진 통일을 주장하는 자들의 통일론에 반론을 제기하였다. 그의 이러한 평화통일 방안은 그 후 대담 형식의 「평화통일의 구체적 방안」(1957년)에서 평화통일이 군사적이 아니고 평화적, 정치적이어야 할 이유를 밝힘으로써 좀 더 구체적으로 부각되었다. 즉 조봉암은 이 논문에서 첫째 무력적 통일의 가능성이 아주 희박하다는 것, 둘째 동족상잔, 골육상쟁을 되풀이해서는 안 된다는 것, 셋째 정치적 승리만이 완전하며 진정한 승리가 될 수 있다는 것, 그리고 넷째로 평화가 달성되어야만 모든 인류가 잘살 수 있다는 것 등을 주장하였다.

그의 이러한 주장은 「평화통일에의 길」(1957년)에서 더욱 선명하게 나타나 있다. 그는 이 논문에서 이승만이 주장하는 무력에 의한 북진통일에 대해서 분명히 반대 입장을 표명하였다. 무력적 방법에 의한 통일은 다시 동족상잔의 비극을 초래하며, 더욱이 남에서는 '한미 상호방위협정'으로, 북에서는 '조소 상호방위협정'으로 쌍방간에 서로 대치하는 상황에서 자칫하면 다시 세계대전으로 확대될 수 있기 때문에 남북통일은 정치적·평화적으로만 해결이 가능하다고 주장하고 평화적인 통일방안에 대해서 다음 다섯 가지로 분류하였다. 그 첫째 방안은 대한민국정부에서 주장하는 UN 감시 하에 북한만의 선거방안이다. 그러나 이 방안은 북한이나 소련이 동의하지 않을 것이며, 설사 동의한다 하더라도 선거결과 공산주의자들만이 선출되어 국회로 대거 진출할 것이므로 매우 비현실적이라고 분석하였다. 두 번째는 북한 측이 제시한 방안으로 협상에 의한 방법, 즉 연립정부안 또는 남북 국회대표로 구성되는 전국위원회 설치안, 세 번째는 중립국 측이 제안한 한반도 중립화 방안, 네 번째는 역시 중립국 측의 제안으로 국가 연합방식이다. 그러나 이중 세 번째 방안은 우리의 민주적 승리에 의한 통일이 아니므로 인정할 수 없고 단지 '관념적 유희'에 불과하며, 두 번째와 네 번째 방안은 남북한을 동일정부로 인정한다는 전제하에서 출발하므로 이 역시 수용하기 어렵다는 것이다. 마지막으로 평화통일방안으로서 즉 UN의 감시 하에 남북이 동등한 위치에서 동일한 시간에 선거를 실시함으로써 북한에서도 다수의 민주인사가 민중의 지지를 받아 당선될 수 있는 합리적 방안이라는 것이다. 그러나 그가 생각했던 UN 감시하의 남북한 총선거안 역시 북한뿐만 아니라 남에서도 이를 인정하지 않았고, 특히 남에서는 북한정권의 실체를 인정하지 않고 있었기 때문에 그 실현성은 없었으나 무력통일이 아닌 평화통일을 염원하는 사람들로부터 많은 호응을 받았다. 하지만 그의 이러한 '평화통일론'은 극단적인 반공 이데올로기로 일관된 이승만 독재정권으로부터 호된 비판과 정치적 압력을 받아야했으며, 더구나 조봉암과 혁신 세력들은 이미 광릉회합 때부터 민주 사회주의 또는 사회민주주의를 정치 이념으로 내세웠기 때문에 당시로서는 생소한 이 용어가 이승만 정권으로부터 사회주의 내지 공산주의와 동일개념으로 인식되어 더욱 의심을 받게 되었다.

그런데 사회민주주의와 민주사회주의 차이를 한 마디로 설명하기는 쉬운 일이 아니나, 20세기 초 사회민주주의자들은 마르크스-레닌주의와 자신들의 사회주의를 구별하기 위하여 정치이념을 민주사회주의라고 규정하였다. 또한 "사회민주주의라고 할 때 '사회적'이라는 용어는 민주주의를 단순히 '정치적 민주주의'에 국한하지 않고, 사회·경제부문에까지 확대한다는 의미가 강하다면, 민주사회주의에서 '민주적'이라는 말에는 스스로를 비민주주의적인 사회주의와 분명히 구별하겠다는 점에 비중이 두어지고 있다."(서중석 지음, 『조봉암과 1950년대』 상권, 315-316쪽 인용문 재인용) 그러나 엄밀한 의미에서 두 개념은 별 차이가 없다고 보아야 할 것이다. 어떻든 민주사회주의이건 사회민주주의이건 한국의 혁신계가 이 용어를 사용한 것은 앞서 언급한 바와 같이 평화 통일론과 함께 조봉암과 진보당의 주요 정치노선이었던 만큼, 이 노선은 극단적인 반공 이데올로기를 표방하는 자유당 정권으로부터 백안시당하기에 충분하였을 뿐만 아니라 이들의 향후 정치행보에 결정적인 타격으로 작용하게 된다.

진보당 창당

조봉암은 그의 '평화통일론'을 이처럼 구체화시키는 한편, 그의 혁신 세력들은 비록 선거에서는 패배하였지만 득표결과에서 나타난 대중적 지지기반에 힘을 얻고 진보당 창당을 서둘렀다. 진보당 창당추진위원회는 곧이어 실시될 지방의회 선거에 대비하여 지방선거대책위원회를 구성하고, 지도위원에 조봉암, 서상일, 박기출, 김달호, 최익환, 신홍우 등을 추대하고, 위원장에는 윤길중, 선전부장에 고정훈 등을 선임하였다. 그러나 창당을 둘러싼 내부의 갈등으로 지방의회 진출은 소기의 성과를 거두지 못하였으며, 시간이 흐를수록 조봉암 지지 세력과 서상일 지지 세력 간에 반목이 깊어져 진보당 조기 창당은 벽에 부딪치고 말았다. 즉 윤길중 등 조봉암 지지 세력들은 결당을 서둘러야 한다고 주장한 반면, 최익환 등 서상일 지지 세력들은 더 많은 인사를 영입하여 거대 혁신정당을 결성해야 한다고 주장하여 창당 작업은 난항을 거듭하였다. 두 파 간에는 의견조율을 보지 못하고 서상일 측의 이동화, 최익환 고정훈 등 23명은 조봉암 측과 결별을 선언하고 김창숙, 장건상, 나용균 등 재야인사들과 접촉하여 민주혁신당 창당을 선언하고 나섰다. 이에 따라 조봉암 측은 더 이상 창당을 늦출 수 없다고 판단하고 1956년 11월 10일 전국 대의원 900명 중 853명이 참가한 가운데 시공관에서 창당대회를 갖고, 당 위원장에 조봉암, 부위원장에 박기출·김달호, 간사장에 윤길중 등을 선출하는 한편, 272명의 중앙위원 선정을 마쳤다. 이날 창당대회에서 조봉암은 "공산주의와 자본주의를 다 같이 거부하고 사회개조의 원칙인 진보사상을 지향코자 한다. 우리는 민주적 평화방식에 의한 남북통일과 혁신요소의 대중적 집결로서 원자력시대에 적응할 인류의 새 이상을 옳게 파악하고 실천에 옮기지 않으면 안 된다. 우리들의 이상인 복지사회의 건립은 한국 실정에 적응하여 이룩되어야 하며 우리 당은 피해대중의 전위대가 되어야 한다."고 역설하였다. 특히 이 날 장택상 의원은 "국민들의 눈은 수탈이 없는 경제체제를 부르짖는 진보당에 쏠리고 있으니 힘껏 싸워주기 바란다."는 요지의 격려 축사를 보내와 눈길을 끌었다.

그러나 진보당은 일단 의욕적인 출범을 하였지만 우선 당사를 구하는 데 큰 어려움을 겪었다. 당사를 구하는 과정에서 어렵게 계약이 성사되었으나 그때마다 집권당인 자유당 측의 방해공작으로 번번이 계약이 취소되었으며, 네 번째 계약에서야 겨우 장안 빌딩에 비좁은 사무실을 마련할 수 있었다. 거기다가 도당이나 지구당 결성 때도 예외 없이 외부 방해공작에 시달려야 했으며, 특히 서울시당 결성 때는 자유당 정치 깡패들의 방해공작으로 대회장은 난장판이 되고 말았다. 이처럼 온갖 방해공작이 있었지만 진보당은 창당과 함께 '민주수호'와 '평화통일', 그리고 '사회적 민주주의' 대원칙 하에 '자본독재와 공산독재를 배격한 민주 책임정치와 피해대중본위의 균형 있는 경제체제 확립'을 골자로 하는 정책노선을 채택하고 경제정책으로서 농업정책의 혁신에 최우선 순위를 두었다. 특히 조봉암의 진보당이 주장하는 농업정책은 경자유전耕者有田의 원칙하에 농사를 짓지 않는 자본가의 농지소유 금지, 농촌의 고리채에 대한 엄격한 규제, 현물세의 폐지, 부락단위의 농촌협동조합 조직, 추수기나 비 추수기의 곡물가격차 조절, 농촌협동조합을 통한 비료의 직접배급제 실시로 모리 상인의 비료거래 금지, 농업보험제를 통한 흉작기의 농민생활과 재생산 보장 등 농업정책의 획기적인 개선을 제안하였다. 이러한 혁신적인 정책노선을 가지고 창당한 진보당은 출범과 함께 지방조직에도 박차를 가하여 1956년 12월 경남도당 결성을 필두로 이듬해 10

월까지 지방조직을 거의 마쳤다.

조봉암과 진보당의 시련

제3대 대통령선거에서 위기의식을 느낀 자유당은 이승만의 영구집권을 위하여 진보당과 조봉암의 탄압에 고삐를 조이기 시작하였다. 그 첫 번째로 나타난 것이 1957년 9월 소위 '정우갑 사건'이었다. 마침내 검찰은 조봉암이 조총련계 간첩 정우갑과 내통하였다 하여 그를 소환하기에 이르렀다. 검찰의 조봉암 혐의 내용은 다음과 같다.

"1957년 8월 20일 조봉암은 윤길중, 조규택 등과 함께 서울특별시 성북구 돈암동 소재 신흥사 승려 송일선 家에서 조총련 효고兵庫 조직부장 겸 민주클럽 효고본부 지도책 전쾌수로부터 진보당에 가입하여 평화통일전선을 촉진하라는 지령을 받고 잠입한 간첩 정우갑과 밀회하여 그 情을 알면서 재일 교포의 동태를 듣는 동시에 진보당의 평화통일노선을 지지하니 잘 지도하여 달라는 요청을 받고 동월 22일 진보당 사무실에서 동인에게 동당 입당을 종용하는 동시에 동 당의 선전·강령·정책·규약 등 인쇄물 일책을 교부함으로써 동인의 간첩행위를 방조하였다."

그러나 조봉암 측에서는 정우갑이 이미 1950년에 조총련을 탈퇴하였고 조국에서 여생을 보내기 위해 귀국하였다고 진술하였으며, 조봉암 등도 정우갑을 만나 당의 자료를 건네준 것은 사실이지만, 정우갑이 조총련에서 공적 자격으로 파견되었다거나 그가 간첩이라는 것을 알지도 못했다고 주장하였다. 이와 함께 정우갑은 이미 국가보안법 위반죄로 처벌받았는데 새삼스럽게 그를 간첩이라 하여 조봉암에게 간첩방조죄를 적용하는 것은 법리法理에도 맞지 않다는 의견이 제기되기도 하였다. 결국 재판부는 조봉암에 대한 1심과 2심을 거친 대법원 최종판결에서 무죄를 선고하게 되었다.

조봉암과 진보당에 대한 탄압은 그것으로 끝나지 않았다. 조봉암에 대한 두 번째 탄압은 소위 '간첩 박정호 사건'과의 관련이었다. 즉 1957년 10월 혁신세력과 밀접한 관계를 맺고 있던 박정호와 김경태 등이 간첩혐의로 체포되었다. 수사당국의 발표에 따르면 박정호는 북한에서 남파된 간첩으로 위장 자수한 후 몇 년 동안 숨어 지내다가 1955년 이후 본격적으로 활동을 시작한 고정간첩이라는 것이었다. 이 사건은 "1957년 11월 6일 시경 사찰과에서 10월 18일 '남반부정치변혁공작대'의 총책임자 박정호와 박의 대북 연락원 김태형 등 2명의 간첩을 비롯하여 박에게 공작금을 받고 포섭되어 진보당, 민주혁신당 등 평화통일 지향의 조직세력에 끼어 있던 장건상, 최익환 및 실업계의 정이식 등 12명을 국가보안법 위반혐의로 체포하는 한편 이만춘이 경영하는 서울 중구 소재 남대문주유소 내에서 은닉 보관되어 있던 다이너마이트 궤짝 450개를 압수하였다."라고 발표함으로써 공개되었다. 이때까지만 해도 경찰은 "조봉암이 이들과 접촉한 사실은 있지만 포섭되지는 않았다."라고 하여 그에 대한 직접 수사를 일단 보류하였다.

그러나 제4대 국회의원 선거를 얼마 앞둔 1958년 1월 12일 당시 '박정호 사건'을 담당하고 있던 조인구 부장검사는 갑자기 기자간담회를 자청하고 박정호 등 10여 명에 대한 공소내용을 설명하면서 느닷없이 진보당의 '평화통일론'을 들고 나왔다. 즉 조인구 검사는 "(진보당의) 평화통일이라는 구호는 남한을 적화통일하기 위한 방편으로서 대한민국의 존립을 부인하는 것이다. '북진 없는 정강정책을 갖는 정당을 조직하라'라는 김일성의 지령내용은 바로 진보당의 확대공작에 귀착된다."라고 발표하였다. 이에 대해 기자들이 "그럼 진보당이 박정호 사건에 관련되어 수사대상에 오르는 것이 아니냐?"라고 묻자, 조인구 검사는 이에 대해

"문제는 진보당이 내건 평화통일의 진의가 무엇인가를 규명한 후 그것이 북괴의 지령과 동일할 때는 수사대상이 될 것이다."라고 밝힘으로써 진보당의 평화통일론에 대한 수사의지를 내비쳤다. 조인구 검사의 기자 간담회 후 다음날 서정학 치안국장은 진보당 간부들의 구속사실을 발표하였으며, 그 다음날인 1월 14일 정순석 검찰 총장은 "조봉암 진보당 위원장 등 일당은 북한 괴뢰 김일성의 지령으로 남파된 간첩 박정호, 정우갑, 이봉창, 허봉희 등과 수차 밀회하고 동 당의 정강정책이 괴뢰집단에서 주장하는 공산 평화통일과 부합되고 있다는 사실을 인정, 그들과 야합할 목적으로 평화통일을 추진해 왔다."라고 발표하였다. 이렇게 해서 경찰과 검찰은 조봉암과 진보당을 탄압하기 위하여 철저하게 사전 준비 작업을 펴나갔다.

1958년 1월 12일 마침내 시경 수사관들은 충현동의 조봉암 집을 급습하고 집안을 샅샅이 뒤졌으나 조봉암은 이미 피신하고 없었다. 당시 조봉암과 그 간부들에 대한 일제 검거령이 내려지자 치안국장 서정학의 정보원인 홍원일이 진보당의 특수조직인 여명회의 권대복과 함께 조봉암을 찾아가 "엊그제 이기붕의 지시로 이호 법무장관실에서 치안국장, 군첩보대장, 오제도 검사 등이 모여 진보당과 죽산 선생을 치기로 최종 결정했습니다. 날이 밝기 전에 피하십시오. 이번엔 선생님을 죽이는 것이 당국의 목적입니다."라고 말해주면서 속히 피신할 것을 권유하였다. 이 정보에 따라 조봉암은 일단 집을 나와 관철동 친구 집에 은신하였다. 그러나 사태의 심각성을 인식한 조봉암은 더 이상 은신해봐야 의미가 없다고 판단하고 시경에 직접 전화를 걸어 자진 출두의사를 표명한 후 1월 13일 시경으로 가던 중 부근에 잠복해 있던 수사대에 의해 체포, 구속되었다.

그러자 진보당 측은 즉각 구속된 조봉암과 간부진에 대한 구속적부심을 냈다. 그러나 담당 김재옥 판사는 "진보당은 비밀문서 등으로 북괴가 내세우고 있는 평화통일노선에 호응하여 대한민국을 무시하려는 혐의가 있을 뿐만 아니라, 진보당 간부 중에 도피중인 사람도 있는 것으로 보아 증거 인멸 및 도주우려가 없다고 인정하기가 어렵다."는 판결을 내려 구속적부심을 기각해버렸다. 더구나 구속적부심 검찰측 증인으로 나선 민주혁신당 당수 서상일도 "진보당은 개인 독재체제이고 마르크스주의 이론을 토대로 한 계급정당이므로 좌경사회주의 정당이라고 할 수 있다."고 불리한 증언을 하여 조봉암의 불구속 입건을 더욱 어렵게 만들었다. 조봉암 등에 대한 구속적부심이 기각된 얼마 후인 2월 25일 정부 공보실은 진보당을 불법단체로 규정하고 당 등록을 취소해버렸다. 이렇게 해서 '간첩 박정호 사건'은 어느 사이에 '진보당 사건'으로 확대, 비화되었다.

학술 토론장을 방불케 한 '진보당 사건' 재판정

1958년 2월 8일 조봉암과 진보당 관계자들은 마침내 조인구 검사에 의해 기소되어 3월 13일 서울 지방법원에서 첫 번째 공판(재판장 유병진, 배석판사 이병용·배기호)이 열렸다. 검찰 측 기소장에 의하면 조봉암은 간첩·간첩 방조 및 국가보안법 위반, 박기출, 김달호, 조규택, 신창균, 이동화 등에 대해서는 국가보안법 위반죄가 적용되었다. 첫 번째 공판에서 인정심문이 끝난 뒤 3월 27일 속개된 제2차 공판부터는 이명하 등 추가 구속자 8명과 함께 병합심리에 들어갔다. 이들에 대한 재판 과정에서 검찰 측과 진보당 간에 가장 격렬한 논쟁을 벌인 것은 '평화통일론'과 '사회적 민주주의'였다. 검찰은 "평화통일이라는 용어는 북한 괴뢰가 사용하는 문구인데 진보당에서 이 말을 쓰는 이유는 무엇인가. 조봉암의 「평화통일에의 길」에서는 UN감시하의 남북총선거를 주장하였는데, 이는 현 대한민국의 해체·해산을 전제로 하며 그것은 대한민국 헌법의 파괴

내지 폐기를 의미한다. 따라서 이는 대한민국을 부인하고 국헌을 위배하며 정부를 참칭僭稱하는 것이 되므로 진보당의 (평화)통일론은 국가보안법에 저촉된다.”라고 주장하였다. 이에 대해서 진보당 측은 “북한에서 평화통일이라는 말을 쓴다고 해서 우리는 그 말을 써서는 안 된다는 논리는 억지요, 난센스다. 북한에서 ‘밥’이라고 한다고 우리는 ‘밥’을 ‘떡’이나 ‘죽’이라고 할 수는 없지 않은가. 북한이 평화통일론을 들고 나온다면 우리는 수세에 몰릴 것이 아니라 적극적·능동적으로 이에 대한 주도권을 잡아야 한다. 진보당의 통일론은 결코 공산당의 전술에 넘어간 것도, 그들의 주장에 동조한 것도 아니다…….” 그 다음으로 가장 큰 쟁점이 된 것은 ‘사회적 민주주의’에 관한 정치·경제적 의미해석이었다. 검찰은 사회적 민주주의란 곧 사회민주주의를 의미하는 것이며 ‘초록은 동색’이기 때문에 진보당의 사회적 민주주의는 곧 사회주의, 공산주의와 형제 같은 것으로 당연히 국가보안법에 저촉된다고 주장하였다. 이에 대해 강령 작성자의 한 사람이었던 이동화는 다음과 같이 주장하였다. “사회적 민주주의가 곧 사회민주주의라고 하는 검사의 주장은 논리비약이다. 사회적 민주주의는 정치적 민주주의에 대응한 말로서, 다만 어디에 악센트를 두는가 하는 차이에 불과하다. 민주주의 정치적 측면보다 경제적·사회적 측면에 강조점을 둔 것이 바로 사회적 민주주의다. 따라서 사회적 민주주의는 대중적·복지적·경제적 민주주의와 동의어라고 할 수 있다.” 그러면 이동화는 어떤 인물인가? 당시 진보당의 정강과 선언문을 기초한 이동화는 일찍이 도쿄 대학 정치학과를 졸업한 수재로 김일성대학 강사로 있다가 1·4후퇴 시 월남하여 정보국 제5과에서 잠시 근무한 후 경북대학과 성균관대학 교수로 재직 중 진보당 창당에 관여하게 된 학자 출신으로 당내 핵심 정치이론가였다.

이와 함께 재판정에서는 ‘피해대중’, ‘자본주의 지양’ 및 ‘간첩’ 등의 정의를 놓고 쌍방 간에 치열한 공방전이 벌어져 법정은 마치 학술토론장을 방불케 하였다. 당시 이 재판을 맡았던 이병용 배석판사는 그때의 치열한 법정공방 상황을 이렇게 회고하였다. "사회민주주의란 용어가 당시만 해도 생소한 때지요. 유병진 재판장이 이동화씨에게 '사회민주주의가 도대체 뭐요?'라고 묻자, 이씨는 '일찍이 북구 스칸디나비아로부터……'라고 운을 떼며 긴 설명을 폈어요. 재판이 끝난 뒤 유 판사는 내가 재판장인지 박사학위 논문을 심사하는 것인지 모르겠다. 골치가 아프니 정치학적 문제는 이 판사가 맡아주시오.'라고 부탁했지요. 이래서 정강정책의 학문적 분석을 해야겠는데 그 당시야 국내에 정치학 서적이 거의 없었지요. 그래서 1920년대 일본 서적을 참고했는데 애먹었지요."(박태균 지음, 『조봉암 연구』, 창작과비평사, 1995, 326-327쪽 참고 정리) 법정공방이 계속되면서 검찰 측에서 처음에 표적으로 삼았던 '평화통일론'에 대한 위헌성 시비가 설득력을 잃게 되자 궁지에 몰린 검찰은 더 '결정적인 증거'를 제시하며 반격을 시도하였다.

1심에서 5년 형, 2심 및 최종판결에서 사형을 선고받다

공판이 진행됨에 따라 수세에 몰린 검찰은 1958년 2월 28일, 1955년부터 대북 첩보기관인 HID, 즉 육군 방첩부대의 대북 공작원으로 수차례 남북을 왕래하면서 물물교역을 한 간첩 양명산(본명 양이섭)이 조봉암과 북한 간의 연락책이라는 내용의 추가공소장을 제시하였다. 그러면 양명산은 어떤 인물인가? 양명산은 일제시대에 독립운동을 하다가 1931년 4월 일본 경찰에 체포되어 신의주형무소에서 4년간 옥살이를 하였는데 이때 조봉암은 같은 감옥에서 양명산을 처음 만났다. 해방 후 양명산은 신의주에서 '건국무역상사'를 차리고 38선을 왕래하며 교역을 하던 중 '북조선임시인민위원회 보안국'의 정보요원들의 눈에 띄어 남북교역 상사를 차리도록 권유받고 이 상사의 사장으로 있으면서 북측의 정보계통과 관련을 맺기 시작하였다. 그러다가 이듬해 8월 남하한 그는 인천경찰서에 체포되었으나 곧바로 풀려난 후 다시 해상 루트를 통해 북행을 준비하다가 다시 CIC에 체포되어 조사를 받았지만 또다시 풀려났다. 이 무렵 양명산은 인천에서 조봉암을 다시 만났다. 그런 후 양명산은 그해 12월 다시 월북하였다. 이때부터 양명산은 한국전쟁 직전까지 남북을 왕래하며 교역을 하였다. 북한에 거점을 두고 활동을 하던 양명산은 한국전쟁 때 남하하여 대구, 부산 등지를 옮겨 다니다가 휴전협정 후 속초에 정착하여 해산물상회를 운영하였다. 그 후 양명산은 남북을 왕래하며 이중 간첩활동을 시작하였다. 그런 그가 조봉암을 만나 정치자금을 제공함으로써 조봉암을 결정적으로 궁지에 몰리게 한 것이다.

양명산은 1954년 4월 3일 정식 기소되어 5월 15일 진보당 사건과 병합심리를 받기 위해 재판정에 출정하였다. 검찰 측 공소장에 의하면, 북한 당국이 양명산을 통하여 공동의 사회주의 건설을 위해서 조봉암의 협력을 구한다는 뜻을 조봉암에게 전하고 자금을 전달하였으며, 이에 따라 조봉암은 북한 정권에 협조하기로 하고 자금을 받아 제3대 대통령 선거비용 및 기관지 발간비용 등으로 사용했고, 또 조봉암의 밀서와 진보당 관련 자료를 북한으로 보내는 등 명백한 간첩행위를 했다는 것이다. 공판정에 나온 양명산도 이 사실을 대체로 시인하여 조봉암의 '간첩행위'는 피할 수 없는 지경에 이르렀다. 이에 대해서 조봉암은 양명산으로부터 돈을 받은 것은 사실이나 그것은 양명산이 무역업을 해서 번 돈으로 알고 받았을 뿐, 그가 간첩이라는 것을 전혀 몰랐으며, 양명산을 통해 북한에 선거자금을 요청했다거나 밀서를 보냈다는 검찰의 주장은 전혀 터

재판정에 선 조봉암과 '진보당 사건' 피고인들(맨 오른쪽이 조봉암, 바로 옆이 박기출, 한 사람 건너 윤길중)

무니없다고 주장하였다.

　그런데 이때 조봉암에게 결정적으로 유리한 증언이 나왔다. 당시 대북 첩보기관의 정보요원이면서 남북교역을 하며 양명산의 감시자 역할을 하던 엄숙진은 "나로서는 양명산의 수상한 점을 발견할 수 없었으며 그가 이북을 왕래하던 때에는 그의 소지품을 철저히 조사하였으므로 도저히 나 모르게 아무런 물품도 가져갈 수도, 가져올 수도 없었다."라고 증언하였다. 당황한 검찰 측은 재반격용으로 조봉암의 '옥중쪽지'를 제시하였다. 이 쪽지 내용은 이렇다. "김 사장, 변소에서 보시오, 나와의 관계는 단순히 개인적으로 능력이 있는 대로 도와주었을 뿐이고 김金이 이북 왕래한 사실은 모른다, 무슨 물건·거래 쪽지 운운하는 것은 모두 거짓이다. 만년필도 한 개다. 특무대에서 고문에 못 이겨서 한 말은 공판정에서 깨끗이 부인하시오. 당신의 한 마디 말이 나와 우리 진보당 만 여명 동지들의 정치적 생명에 관계가 되오. 결사적으로 부인하시오. 그것이 당신의 의무이기도 합니다. 변소에서 처리하시오."

　여기서 김 사장은 양명산을 말하며 양은 상하이 때부터 김동호라는 이름으로 활동해왔기 때문에 조봉암도 양을 그렇게 부르게 된 것이다. 그리고 만년필은 검찰의 주장과 양명산의 자백에 따르면 조봉암은 북의 공작금과 인삼 등의 선물에 대한 답례로 만년필을 세 자루 사서 북한에 보냈다고 하나 조봉암의 주장은 양명산에 선물하기 위해 조봉암이 양명산,

그리고 딸 호정과 함께 신신백화점에 가서 만년필 한 자루를 샀다고 주장하였다. 이 쪽지는 조봉암이 교도관 임신환을 통해 양명산에게 전달하려 했던 것으로 확인되었는데, 이 '쪽지 사건'으로 임신환과 교도관 부장 이동현이 구속되고 이들도 진보당 사건의 피고로 추가 기소되었다. 어떻든 조봉암은 양명산으로부터 돈을 받은 것은 사실이었고 이 '옥중 쪽지'도 검찰 측의 충분한 증거가 될 수 있었다. 조봉암의 이러한 일련의 허술한 행동은 '평소 사람을 지나치게 믿고 대인관계에 세밀한 관찰과 주의가 결여된'(박기출의 말) 품성에서 나온 결과로서 중요한 사건 때마다 화를 자초하는 요인이 되었다.

조봉암 및 진보당 사건은 사건 발생 5개월 만인 1958년 6월 13일 1차 구형공판이 열렸으며, 이 공판에서 검찰은 조봉암과 양명산에게 간첩 및 국가보안법 위반죄를 적용하여 사형을, 간사장 윤길중에게는 국가보안법 위반 및 간첩방조죄를 적용하여 무기징역을, 그리고 기타 진보당 간부 16명에게는 국가보안법 위반죄를 적용하여 12년 이상의 중형을 구형하였다. 검찰 구형 후 6월 17일부터 19일까지 속개된 변호인들의 변론에서 한격만 변호사는 조봉암이 과거 농림부장관 재직 시 공금 유용혐의로 기소되었을 당시 담당 판사로 그에게 무죄를 선고한 사실을 상기하면서 변론을 시작하였다. "그때 재판 석에서 나는, 피고석에 앉아있는 죽산 선생의 손가락들이 떨어져 없는 것을 보고 마음속으로 울었습니다. 독립운동을 하시다가 체포, 투옥되어 모진 고문과 동상으로 손가락 마디들이 썩어 떨어진 고생을 겪은 분을, 일제 시에 그래도 편히 지낸 내가 감히 재판을 할 수 있을까 생각했습니다. 사실 심리를 해 가는 도중 나는 이 사건은 정치적 모략이요, 중상이라고 판단하고 단연 무죄를 선고했던 것입니다." 이 변론을 듣고 재판정은 갑자기 숙연해졌으며, 방청석에서는 흐느끼는 소리가 흘러나왔다. 변론 마지막 날인 6월 19일 조봉암은 최후 진

436

술에서 "이 사건은 정치적 음모이니 더 말할 나위가 없다. 사건을 조작해 낸 검찰이야말로 이적행위를 하고 있는 것이며, 평화통일은 절대다수 국민의 공통된 의사다."라고 주장하였다.

마침내 7월 2일 재판부는 조봉암과 진보당 사건 관계자들에 대해서 다음과 같이 선고하였다. 조봉암과 양명산에게는 국가보안법 위반죄만을 적용하여 각각 징역 5년을 선고하고 다른 피고인들에게는 무죄를 선고하였다. 다만 진보당 조직부 간사 전세룡에게는 당원명부 등을 숨겼다는 이유로 징역 10월에 집행유예 2년을, 그리고 '옥중 쪽지' 건으로 기소된 임신환과 이동현 중 임신환에게는 무죄를, 이동현에게는 징역 1년을 각각 선고하였다. '진보당 사건'의 정치적 의미를 감안할 때 서슬이 퍼런 자유당 정권하에서 이와 같은 판결은 매우 이례적이었으며, 사법부의 '용기 있는 결단'이었다. 그런데 1심 판결 이틀 후인 7월 4일 일단의 '반공청년'들이 법원에 난입하여 "친공 판사 유병진을 타도하자", "조봉암을 간첩죄로 처단하자"라고 일대 소동을 벌였다. 이 난동은 정치 깡패 이정재 일파의 관제 시위였으며, 이 시위가 벌어진 후 변옥주 고등법원장은 "재판은 1심만 있는 것이 아니라 2심, 3심도 있으니 그만 돌아가라"라는 말로 재심을 암시하였다.

1심 재판이 끝난 지 두 달 만인 1958년 9월 4일 예상대로 검찰 측의 즉각적인 상고로 2심 재판이 열렸다. 주심으로는 서울 고등법원 김용진 부장판사, 배석판사로는 최보현·이규대 판사가 배정되었으며, 검찰관으로는 고등검찰청의 방재기 검사가 선임되었다. 그런데 조봉암 사건의 향방을 결정지을 수 있는 양명산은 1심 과정에서의 자신의 자백이 수사기관의 고문·협박·회유·기만에 못이긴 허위진술이었다고 당초의 진술내용을 번복하였다. 1심 판결은 양명산의 자백에 근거한 것이므로 그 자백이 번복된 이상 검찰이 또 다른 증거를 제시하지 못할 경우 조봉암에 대한 유죄구성 판결은 어렵게 되었다. 그럼에도 불구하고 재판은 무성의하게 진행되어 나갔으며, 변호인단의 재판부 기피신청도 받아들여지지 않은 채 10월 4일 항소심 구형공판에서 1심 때와 같이 조봉암과 양명산은 사형을, 나머지 진보당 간부들도 12~20년형을 구형 받았다. 더구나 항소심 선고공판이 있기 3일 전인 10월 22일 방재기 검사는 피고인들이 도주 우려가 있다는 이유를 들어 1심에서 무죄판결이나 집행유예를 받고 풀려난 진보당 사건 관련자 18명에 대한 법정구속을 재판부에 요청하였고 재판부가 이를 받아들임으로써 2심 재판은 더욱 비관적인 국면으로 치달았다. 결국 10월 25일 항소심 공판에서 예상했던 대로 조봉암과 양명산은 사형을, 나머지 피고인들도 전원 실형을 선고받았다.

조봉암과 진보당 측 변호인단(임석무, 이태희, 신태악 변호사 등 14명)은 즉각 대법원에 상고하였고, 검찰 측도 조봉암과 양명산을 제외한 18명을 상고하였다. 마침내 1959년 2월 20일 상고심 첫 재판(재판장 김세완, 주심판사 김갑수, 배석판사 백한성·허진·변옥주 등 5명 전원합의부)이 개정되었는데, 이때 피고인들은 출석시키지 않은 채 변론공판형식으로 진행되었다. 검찰 측에서는 대검찰청 정보부의 오제도 검사가 깊숙이 관여하였다. 검찰 측과 변호인단간의 치열한 공방전이 벌어졌고, 재판부는 이를 듣는 둥 마는 둥 서류만 뒤적이다가 최종판결을 2월 27일 오전 11시에 열겠다고 선언하였다.

1959년 2월 27일 운명의 날이 밝아왔다. 개정시간인 오전 11시를 앞두고 방청석은 입추의 여지가 없이 가득 찼다. 그런데 개정시간인 11시가 훨씬 지났는데도 재판부는 법정에 들어서지 않았다. 그사이 오제도 검사는 주심 김갑수 대법관실에서 무언가 밀담을 나누었고, 이어서 김갑수 주심판사는 3명의 배석판사와 함께 재판장인 김세완 판사의 대법관실에 모여 무언가 숙의하였다. 판결문이 이미 작성되었을 것이고 개정시간도 훨씬 지난 마당에 이제 와서 무슨 합의가 필요한지 의문이었다. 12시 20분이 조금 지나서야 재판부는 상기된 표정으로 법정에 들어섰다. 드디어 주심 김갑수 대법관은 "지금부터 진보당사건에 대한 판결을 선고한다."라고 선언하였다. 그러나 준엄해야 할 주심판사의 목소리는 이날따라 알아들을 수 없을 정도로 착 가라앉고 자신감이 없어 보였다. 낭독을 시작한 지 1시간 가량 되었어도 판결문은 절반도 채 끝나지 않았고 1시간 반이 지나서야 판결의 방향이 나오기 시작하였다. "진보당의 강령, 정책은 헌법위반이 아니다. 평화통일에 관한 주장 역시 언론자유의 한계를 넘어섰다고 볼 수 없다."라는 요지의 판결문이 낭독되자 피고인들과 변호인들의 얼굴은 환한 기색이 감돌았다. 그러나 그것도 잠시 1시 50분, 상황은 급전직하하여 김갑수 주심은 조봉암에 대한 간첩혐의 사실을 열거하고 조봉암과 양명산에 대해서는 2심과 같이 사형을 선고하였다. 그리고 박기출·김달호·윤길중 등 진보당 관련 피고인들에게는 무죄를, 전세룡·이상두 피고에게는 각각 2년형을 선고하였다. 순간 법정은 찬바람이 스치더니 방청석 어디에선가 커다란 울음소리가 터져 나왔다. 그것은 딸 호정의 울부짖음이다. 그녀는 곧바로 실신하고 말았다. 조 피고인의 누님이라는 여인도 대성통곡하였다. 이와 때를 같이하여 재판정은 웅성거렸고, 변호인들은 허탈상태에 빠졌다. 모든 것이 끝나는 순간이었다.

조봉암과 진보당에 대한 역사적 판결은 사건 발생 1년여 만에 대단원(?)의 막을 내린 것이다. 조봉암은 사형이 확정되자 이렇게 말했다. "법이 그런

조봉암의 사형 집행을 보도한 신문

모양이니 별수가 있느냐. 길 가던 사람도 차에 치어죽고 침실에서 자다가 자는 듯이 죽는 사람도 있는데 60이 넘은 나를 처단해야만 되겠다니 이제 별수 있겠느냐…… 판결은 잘됐다. 무죄가 안 될 바에야 차라리 죽는 것이 낫다…… 정치란 다 그런 것이다. 이념이 다른 사람이 서로 대립할 때에는 한 쪽이 없어져야만 승리가 있는 것이다. 그럼으로써 중간에 있는 사람들의 마음이 편안하게 되는 것이다. 정치를 하자면 그만한 각오는 해야만 한다."

그런데 이날 선고공판에서 믿기 어려운 해프닝이 벌어졌다. 나중에 알려진 사실이지만 주심 김갑수 대법관이 조봉암에 대한 법률적용과 형량 선택 부분을 낭독하던 중 '사형' 부분에서 '무기'로 읽고 말았다. 이런 정황으로 미루어 보아 당초에는 무기로 형량이 정해졌으나 마지막 단계에서 재판부와 검사 측의 밀담이 숨 가쁘게 오고가면서 형량이 사형으로 바뀐 것이 아니냐는 추측을 가능케 하였다. 그때 948쪽에 달하는 방대한 판결문을 다 고칠 틈이 없어 엉겁결에 주문主文만 사형으로 고친 것이라는 의문이 제기되었다. 판결이 끝난 후 신태악 변호사는 퇴청하는 입회 서기에게 판결문 원본을 보여 달라고 요청하였지만 끝내 거부당하였다. 후일 김갑수 대법관은 '진보당 판결에 의혹은 없다'라는 회고담에서 오독誤讀을 인정했으나 합의 변경설을 극구 부인하였다. 참으로 어처구니 없는 일이었다.

'지금 사형수가 몇 명이지?'

조봉암은 대법원의 사형판결이 확정된 후 곧바로 서대문형무소에 수감되었다. 그의 사형판결은 시간 문제였지 이미 예정된 순서였다. 그는 감옥에서도 옛날 신의주 감옥에서처럼 모범수로 하루하루를 조용히 보내며 독서와 사색으로 소일하였다. 이미 죽음을 예감했던지 그는 조금도 흐트러짐이 없이 의연한 태도로 하루를 맞이했고 해가 지면 말없이 잠을 청했다. 그는 수갑을 찬 채 교도관의 안내를 받아 하루 30분 씩 감옥 옥상에 올라가 바람을 쐬는 일 외에는 바른 자세로 정좌하여 소설과 종교, 철학서적, 그리고 한글 및 영어사전을 외우다시피 읽고 또 읽었다. 그는 면회 오는 딸 호정과 친지들을 도리어 위로하며, 어렵게 차입해준 사식도 거절하고 언제나 콩이 많이 섞인 관식官食을 하였다. 그리고 밥을 먹을 때면 콩을 따로 모아 외진 감방의 창가에 놓아두었다. 그러면 예외 없이 이름 모를 새가 날아와 그 콩을 주어먹고 어디론가 날아가 버렸다. 그는 자유롭게 날아가는 새가 부러웠을까. 새가 날아가는 먼 하늘 쪽을 응시하다가 눈을 지그시 감곤 하였다.

나라 안팎에서 조봉암에 대한 구명운동이 조심스럽게 일어났다. 딸 호정은 이승만 대통령과 프란체스카 여사, 이기붕 국회의장, 홍진기 법무장관 등 관계요로에 눈물어린 탄원서를 보냈다. 호정은 모교인 이화여대 스승이자 이기붕의 처인 박마리아도 찾아가 탄원서를 보이며 애원하였지만, 그녀는 탄원서는 고사하고 호정의 얼굴도 쳐다보지 않았다. 호정은 마침내 전 총리 장택상을 찾아갔다. 통 크고 정 많은 장택상은 호정의 갸륵한 효심을 외면할 수 없어 홍진기 법무장관을 집무실로 찾아가 조봉암의 구명을 호소했다. 홍장관은 "지금은 적절한 시기가 아니니 내년 봄 대통령 선거가 끝나면 이 박사의 82회 생신이 됩니다. 그때 죽산의 형을 무기로 감형해줄 것을 이 박사께 직접 건의 하겠습니다. 그러나 이 일에 대해서는 비밀에 부쳐주십시오."라고 당부하였다. 그러나 장택상은 그 비밀을 지키지 못하고 여기저기다 발설해버리는 실수를 저질렀다. 소문은 입에서 입으로 전해지고 그 약속은 무산되고 말았다. 일설에 의하면 장택상이 일부러 발설을 했을 가능성이 있다는 말이 있으나 장택상의 성품으로 보아 그가 그렇게까지 비열한 행동을 할 사람은 아닌 것으로 생각된다.

한편 진보당 김달호는 자유당 모 간부를 접촉한 결과 스스로 죄를 시인하고 용서를 빌면 목숨만은 건질 수도 있다는 의견을 듣고 형무소를 찾아가 조봉암과 상의했다. 그러나 조봉암은 "대의명분에 어긋나는 일은 하지 말게. 죄 없이 징역살이를 할지라도 까닭 없는 굴복을 하느니보다 차라리 죽음을 택하겠네."라고 김달호의 의견을 단호히 거절했다. 한편 일본에서도 8천여 명이 서명한 구명탄원서에 호응했다는 외신이 전해졌으나 오히려 그것은 조봉암을 모략하는 구실이 되고 말았다. 검찰 측은 일본에서의 조봉암 구명운동은 다분히 조총련계의 술책이라고 주장하였다. 더구나 검찰은 구명위원회 주동자 이영근이 과거 조봉암의 농림부장관 시절 그의 비서였으며, 그 후 간첩과 접선혐의로 대법원에 재판이 계류 중 병보석으로 석방된 후 일본에 도피한 자라고 주장하여 서명운동을 일소에 부쳐버렸다. 이제 남은 것은 변호인단이 제출한 재심청구에 실낱같은 희망을 거는 것뿐이었다. 그러나 그것도 알고 보니 공교롭게도 재심주심이 상고심에서 주심을 맡았던 김갑수 대법관이었다. 물론 그렇지 않았어도 결과는 마찬가지였겠지만, 1959년 7월 30일 대법원 측은 조봉암 측의 재심청구를 이유 없다고 기각해버렸다.

재심기각 결정서를 송부 받은 신태악, 김춘봉, 윤길중, 김달호 등 변호인들은 즉각 재재심再再審청구서를 내기로 하고 문안작성에 들어갔다. 바로 그 날 대검찰청은 긴급회의를 열고 익일 7월 31일 조봉암을 사형집행키로 결정하고 말았다. 그러나 이러한 급작스런 형 집행 결정조치는 전례가 없는 상식 밖의 결정이었다. 일반적으로 사형수에 대해서는 확정판결 후에도 몇 차례의 재심청구 기회가 주어지고 한두 해 정도 형 집행이 연기되는 것이 관례였다. 그러면 조봉암에 대해서 왜 이렇게 서둘러서 형 집행을 결정하게 되었을까? 여기에는 다음과 같은 배경 스토리가 있었다. 당시 이승만 정권은 미국으로부터 한일 국교 정상화 압력을 받고 있었다.

미국의 압력을 더 이상 외면할 수 없었던 이승만 정권은 1959년 7월 한일 국교정상화를 위한 정치협상을 재개하고자 전 국무총리 서리 허정, 국회의원 장경근(전 내무부장관), 이호 전 법무·내무장관을 대표로 한일 협상대표단을 도쿄로 파견하였다. 이들이 도쿄에 도착하자마자 일본의 조봉암 구명위원회는 이들 세 대표를 '조봉암 모살謀殺 원흉'으로 규정하고 이들이 가는 곳마다 앞을 가로막고 '조봉암을 살려내라', '조봉암 모살 원흉 물러가라'라고 외쳐대며 시위를 벌였다. 그도 그럴 것이 허정은 한민당 창당 당원으로서 사사건건 조봉암에 적대적이었으며, 장경근은 공안검사 시절 조봉암을 공산주의자로 몰아붙였고, 이호는 법무부장관 시절 진보당 사건에 깊숙이 관여하였기 때문에 이러한 지탄을 받는 것도 무리가 아니었다. 조봉암 구명 시위대는 이들 대표단의 숙소와 주일 대표부에 연일 몰려들어 경찰과 대치하였으며, 이로 인해 대표단은 협상은커녕 신변에 위협을 느낀 나머지 협상을 포기하고 귀국해버리고 말았다.

이들 협상 대표단은 귀국 후 곧바로 경무대로 이승만 대통령을 찾아가 경위보고를 하였다. 화가 머리끝까지 치밀어 오른 이승만은 즉각 홍진기 법무부장관을 불러들였다. 홍 장관은 이상한 예감이 들었다. 그가 대통령 집무실에 들어가자마자 이대통령은 다짜고짜 "지금 사형수가 몇 명이지?" 하고 다그쳐 물었다. 아무리 머리 좋고 주도면밀한 홍진기이지만 뜻밖의 질문에 말문이 막혀버리고 말았다. 당황한 홍장관은 즉각 조사해서 보고하겠다고 답변했다. 그러자 이 대통령은 "지금 사형이 확정돼 형 집행을 대기하고 있는 사형수가 97명이나 된다는 거야. 그 중에는 사형이 확정되고도 9년이 지난 사형수도 있고 5년이 지난 자도 30명이나 된다고 하던데." 꿀 먹은 벙어리처럼 안절부절못하고 '바늘방석'에 앉아 있는 홍 장관에게 이대통령은 언짢은 듯 다시 말을 이어갔다. "자넨 사람만 좋아 가지고 사형집행서에 사인을 안 한다지……, 장기 사형수 대부분이 공산당이래……." 홍 장관은 등에 식은땀이 흘렀다. 그는 기어 들어가는 목소리로 "곧바로 사형수 현황을 챙기고 집행기준을 마련해서 국무회의에 보고하겠습니다." 노기가 조금 풀린 이 대통령은 "암, 그래야지." 하고 언성을 누그러뜨렸다.(이영석 지음, 『조봉암, 누가 그를 죽였는가?』, 도서출판 세상의 창, 2000, 326-328쪽 참고 재구성)

대통령 집무실에서 허둥지둥 나온 홍장관은 대통령 비서진을 통해서 장경근 등 한일 회담대표단이 다녀간 것을 확인하고 그때서야 이박사의 의중을 확실히 알아차리게 되었다. 그렇게 해서 다음날 곧바로 국무회의가 열렸고 조봉암의 재심청구도 기각되었으며, 그의 사형 집행은 초스피드로 1959년 7월 31일 오전 10시 30분으로 결정되었다.

'이 사람이 무슨 악한 일을 하였느냐'
-조봉암 사형집행

이런 급박한 사정도 모르고 7월 31일 아침 조봉암의 딸 호정은 여느 때와 마찬가지로 아버지 면회를 갔다. 그러나 교도관은 "오늘은 선생이 기분이 좋지 않아 일체의 면회를 사절하기로 했으니 그냥 돌아가는 게 좋겠다."라고 말했다. 이상한 예감이 든 딸 호정은 곧바로 신태악 변호사를 찾아갔다. 그때까지도 신변호사는 동료 변호사들과 머리를 맞대고 재재심청구 문안을 다듬고 있었다. 바로 그 순간 검찰청의 안문경 검사는 서대문형무소로 가서 조봉암의 형 집행을 준비하고 있었다. 무더운 여름날 아침인데도 형무소 분위기는 싸늘한 공기가 감돌고 교도관들이 부산하게 움직이고 있었다. 사형수에 대한 형 집행이 있는 날이면 사형수들은 거의 동물적인 감각으로 그것을 알아차리고 불안에 떤다. 혹시 자신의 차례가 아닌가 해서다. 형 집행은 대부분 아침 일찍 또는 늦어도 오전에 이루어지기 때문에 오전중에 자신이 형장으로 끌려가지 않으면 오늘도 살았다는 것을 알고 깊은 안도의 숨을 쉬게 된다. 생명에 대한 애착은 사형수들이라고 해서 다를 바 없다. 아니 오히려 죽음에 임박한 사형수들일수록 삶에 대해서 더 강렬한 애착을 갖기 마련이다. 이런 절박한 감정은 조봉암도 예외는 아니었다. 결국 조봉암에게 죽음의 차례가 돌아온 것이다.

조봉암은 10시 45분경 교도관에 끌려 형장으로 향하면서 모든 것을 체념하였다. 가슴에는 수인번호 2310번을 달고 있었다. 형틀 앞에 다가선 조봉암은 의연했다. 그의 머릿속에선 지난 60년의 세월이 파노라마처럼 스쳐갔다. 형 집행관은 마지막으로 할 말이 없냐고 물었다. 그러자 조봉암은 잠시 생각에 잠기더니 차분하게 말을 이어갔다. "이박사는 소수가 잘 살기 위한 정치를 하였고 나와 나의 동지들은 국민 대다수가 고루 잘 살기 위해 민주주의 투쟁을 했소. 나에게 죄가 있다면 많은 사람이 고루 잘 살 수 있는 정치운동을 한 것밖에는 없는 것이오. 그런데 나는 이박사와 싸우다 졌으니 승자로부터 패자가 이렇게 죽음을 당하는 것은 흔히 있을 수 있는 일이오. 다만 나의 죽음이 헛되지 않고 이 나라의 민주 발전에 도움이 되기를 바라며 그 희생물로 내가 마지막이 되길 바랄 뿐이오." 이어서 입회목사가 기도를 하려 하자 조봉암은 목사에게 『신약성서』 누가복음 23장 22절을 읽어달라고 했다. "빌라도가 세 번째 말하되, 이 사람이 무슨 악한 일을 하였느냐. 나는 그를 죽일 죄를 찾지 못하였으므로 때려서 놓으리라 하자, 저희가 큰소리로 재촉하여 십자가에 못 박기를 요구하니 저희의 소리가 이긴지라." 눈을 지그시 감은 채 성경구절을 다 듣고 난 조봉암은 집행관의 인도로 교수대로 다가섰다. 잠시 침묵이 흐르고 마침내 집행관의 형 집행 명령이 떨어졌다. 이어서 사형수 머리에 흰 수건이 가려지고, 사방은 쥐 죽은 듯이 조용해졌다. 목에 밧줄이 걸리자 '덜커덕'하는 소리와 함께 곧바로 사형이 집행되었다. 그 시간은 1959년 7월 31일 오전 11시 3분이었다.

이렇게 해서 모든 상황은 일순간에 끝이 났다. 수분이 지난 후 검시관의 시체 검시가 실시되었다. 조봉암이 사형을 당하는 순간 서대문형무소 철문 밖에서는 그의 조카 조규진이 면회를 신청하고 교도관이 호명하기를 초조하게 기다리고 있었으나 기다리는 교도관은 영영 나타나지 않았다. 딸 호정에게 아버지 사형집행이 알려진 때는 오후 3시가 지나서였다. 급작스런 비보를 듣고 호정은 이모 김영애 여인과 부둥켜안고 울부짖다가 한동안 실신해버렸다. 잠시 후 그녀는 눈물이 뒤범벅이 된 채 곧장 서대문형무소로 달려갔다.

조봉암의 시신은 진보당 조직부장 이명하를 통해서 31일 밤늦게 인도되었다. 그리고 이승만 정권은 그의 사형집행마저 철저하게 은폐하고자 하였다. 사형집행 다음날인 8월 1일 치안국장 이강학은 각 언론사에 다음과 같은 경고문을 발송, 보도제한을 했다. "사형이 집행된 조봉암·양명산은 북한 괴뢰를 위하여 대한민국의 전복을 기도한 반국가적이고 반민족적인 범증犯證에 의해 처단되었다. 그들의 행적 등 모든 기사는 민심을 자극할 뿐만 아니라 적을 이롭게 하는 결과가 될 것이므로 언론인들은 이 점에 각별히 유의해주기 바란다. 오늘 석간부터는 이들 사형수의 주변 환경에 관한 기사는 법에 저촉되는 것이니 일절 보도하지 않기를 바란다."

이처럼 당시 국내에서는 철저한 보도제한 때문에 각 언론들은 조봉암의 처형경위와 장례소식에 대해서 이렇다 할 보도도 하지 못하였으나, 「뉴욕타임스」를 비롯한 외신들은 일제히 그의 사망소식을 앞 다투어 보도했고, 특히 일본의 언론들은 그의 죽음은 이승만 독재정권의 명백한

'정치 살인'이자 '사법살인司法殺人'이라고 비난, 논평하였다.

유족들은 고인에 대한 장례식 날짜를 두고 고심하였으나 당국에서는 매정하게도 8월 2일까지 장례를 치르라고 명령하였다. 그리고 상가喪家에는 40장의 출입증만 교부한 채 철저하게 장례식장을 통제하였다. 이 바람에 일부 뜻 있는 인사들은 조문도 제대로 못하고 발길을 돌려야만 했다. 당국은 만일의 사태에 대비하여 장례식 당일 트럭 10대 분

조봉암의 묘비

의 무장 군인과 경찰을 투입하여 삼엄한 감시와 경계를 펴며 영구차를 호송하였다. 조봉암의 시신은 망우리 공동묘지에 매장되었으나 당국은 조촐한 묘비를 세우는 것마저도 금지하였다. 그의 묘소(묘번 204717호)는 소파 방정환 선생 묘소와 만해 한용운 선생 묘소를 끼고 우측으로 돌아서면 고향 강화로 유유히 흘러가는 한강 물을 굽어보며 조용히 자리하고 있다. 이런 그의 묘지는 오랫동안 초라하게 방치되어 있다가, 1986년 7월 창녕 조曺 씨 문중에서 그의 사망 26주기에 즈음하여 볼품사나운 묘역을 새로 단장하였다. 그러나 그의 묘비 앞면에 '죽산조봉암선생지묘'라고 새겨져 있을 뿐, 묘비 뒷면에는 그의 출생·사망연도나 활동내역 등 아무것도 기술되어 있지 않고 여백으로 남아 있다. 다만 묘소 입구에는 다음과 같은 그의 어록 한 구절이 둥글넓적한 돌에 새겨져 있고 그가 죽기 3년 전까지의 약력이 간단히 기술되어 있어 보는 이로 하여금 감회에 젖게 한다. "우리가 독립운동을 할 때 돈이 준비되어서 한 것도 아니고 가능성이 있어서 한 것도 아니다. 옳은 일이기에 또 아니하고서는 안 될 일

이기에 목숨을 걸고 싸웠지 아니하냐." 남북에서 모두 버림받고 묏자리 하나 없는 박헌영과는 달리 북한에는 또 하나의 조봉암 묘비가 세워져 있어 이데올로기가 빚어낸 분단의 아픈 역사를 말해주고 있어 착잡한 감회에 젖게 할 뿐이다.

조봉암이 비명에 간지 33년이 지난 1992년 10월 25일, 당시 진보당 간사장이었고 후에 민자당 국회의원이 된 윤길중 등 뜻 있는 여야 국회의원 86명은 고인의 사면·복권을 위한 청원서를 국회에 제출하였으나 이에 대한 적절한 조치가 취해지지 않고 있다가 2009년 9월 '진실·화해를 위한 과거사정리위원회'가 조봉암에 대한 사과와 피해 구제, 명예회복을 위한 적절한 조처를 국가에 권고하였다. 이에 따라 2010년 10월 대법원은 이 권고를 받아들여 2011년 1월 20일 마침내 대법원 전원합의체(주심 박시환 대법관)는 조봉암의 재심사건 선고공판에서 대법관 13명 전원 일치의견으로 그에게 무죄를 선고하였다. 그가 억울하게 처형 된지 실로 52년 만에 이루어진 역사적 순간이었다. 이날 판결 주문主文을 읽어 내려가는 이용훈 대법원장에게서 한시도 눈을 떼지 않고 있던 조봉암 큰딸 조호정 여사(83세)는 아버지 조봉암에 대한 무죄 판결이 결정되자 "내 생전에 이렇게 좋은 날이 올 거라고 생각도 못했다. 이제 내가 죽어도 아버지를 뵐 수 있게 되었다. 어서 빨리 비어 있는 아버지의 비석에 좋은 문구를 새겨 넣어야 되겠다."라고 말하며 기쁨을 감추지 못했다. 그리고 아들 조규호도 아버지의 무죄 판결을 기뻐하면서 그날 곧바로 두 누나 등과 함께 망우리에 있는 아버지 묘소를 참배하고 마음속으로 이렇게 빌었다. "오늘 좋은 일이 있었으니 이제 편히 쉬세요."

만시지탄이 없지 않지만, 뒤늦게라도 굴절된 한국 현대사의 비극의 한 페이지가 다시 정정되어 그나마 다행이라고 생각되며 고인의 명복을 빌 뿐이다.

생각하는 인간으로서 행동하되,
행동하는 인간으로서 생각하라.
-앙리 베르그송

체 게바라
Che Guevara

혁명을 위한 혁명에 영육을 불사른 자학적인 휴머니스트

체 게바라 증후군 또는 그 현상(Phenomenon)

20세기의 전설적인 게릴라 영웅 체 게바라, 그는 1967년 10월 8일 볼리비아 밀림 협곡에서 정부군 수색대에 의해 총상을 입고 체포된 다음날 미 CIA 지시로 무참하게 처형당함으로써 서른아홉 해의 짧은 생을 마감하였다. 그는 의사로서 안정된 삶을 누릴 수 있었지만, 유한한 삶을 무엇을 하며 어떻게 사는 것이 진정한 삶인가 하는 문제로 고민하였다. 이런 그에게 같은 의학도이자 선배인 알베르토는 학창시절 라틴 아메리카 여행에 동행하며 삶의 훌륭한 조언자가 되었으며, 페루 출신 마르크스주의자 일다 가데아 여인은 짧은 기간이지만 그의 사상적 동지이자 반려자가 되었다. 그러나 그 누구보다도 1955년 7월 어느 날 밤 멕시코에서 쿠바 망명 혁명지도자 피델 카스트로와의 만남은 방황하는 이 젊은이의 운명을 판가름하는 결정적인 계기가 되었다. 그날 밤 게바라는 기골이 장대하고 다변가인 이 쿠바인이야말로 자신을 시시한 현실로부터 낭만적인 모험의 세계로 이끌어줄 동행자임을 확신하게 되었으며, 두 사람의 의기투합은 하루 밤의 대화로 족하였다.

1956년 11월 25일 새벽, 두 사람은 80명의 유격대원들과 함께 낡은 목선 그란마 호에 승선하여 카리브 해의 거친 물결을 헤치고 천신만고 끝에 쿠바의 시에라마에스트라 산맥으로 잠입하는 데 성공하였다. 그때까지 살아남은 전사는 12명에 불과하였지만, 모든 것은 '그럼에도 불구하고' 성취된다는 사실이었다. 이들은 좌절하지 않고 현지 농민들과 패잔병들을 규합하여 정부군과 지구전을 펼친 끝에 1959년 새해 초 수도 아바나에 입성하는 기적 아닌 기적을 이루어냈다. 그러나 쿠바 혁명이 성공한 후 '낯선 이방인' 게바라로서는 쿠바 국민의 갈채와 고위직 공직생활, 그리고 두 번째 여인 알레이다 마치와의 단 꿈 등 이 모든 세속적인 영화에 만족할 수 없었다. 현실의 안정된 삶에 환멸을 느낀 게바라는 어느 날 갑자기 쿠바에서 모든 공직을 버리고 동지 몇 명과 함께 1965년 3월 초순 아프리카 오지 콩고(자이레)에 잠입하였다.

그러나 현지 적응에 실패한 게바라 부대는 9개월 만에 그곳에서 철수한 후 1966년 11월 볼리비아의 바리엔토스 친미 정권을 전복시키기 위해서 볼리비아 정글에 뛰어들었다. 그러나 그것은 지나친 모험이요 환상이었다. 그의 유작 『볼리비아 일기』에서도 알 수 있듯이 밀림에서의 고립무원 게릴라전은 한마디로 '예고된 죽음의 연대기'였다. 게바라는 결국 미 CIA의 사주를 받은 바리엔토스 정부군의 집요한 추적과 볼리비아 공산당 지도자 몽헤의 배신, 그리고 그의 동료 프랑스인 드브레이의 변절로 예견된 죽음이 앞당겨졌다.

이렇게 해서 20세기 불굴의 세릴라 영웅 게바라의 혁명도정은 종지부를 찍었지만, 그의 '신화'는 그때부터 시작되었다. 생전에 그를 만난 프랑스 철학자 장 폴 사르트르는 "체 게바라는 우리 시대의 가장 완전한 인간"이라고 평하였으며, 그가 죽은 지 30년이 지난 1997년 여름, 볼리비아 비야그란데 공동묘지에서 쿠바와 아르헨티나 법의학 전문가들에 의해 발굴된 그의 유해가 쿠바로 송환되면서 세인의 관심은 다시 고조되었으며, 현재도 그의 열기는 식지 않고 계속되고 있다. 이런 현상을 우리는 게바라 증후군(Syndrome) 또는 게바라 현상(Phenomenon)이라고 말 할 수도 있을 것이다. 그러면 이런 게바라의 열기는 어디에서 연유하고 있을까? 정치적으로 진부하고 따분한 세상에서 살고 있는 사람들은 메시아적 영웅의 도래를 갈구하는 법이며, 그런 영웅의 출현과 죽음은 살아 있는 영웅보다 더 아름답게 보이기 마련이다. 그러나 게바라에 대한 진정한 열기는 무엇보다 그의 불굴의 투쟁정신, 세속적인 물욕과 정치적 야망으로부터의 자유로움, 그리고 자신을 버리고 약자에 대한 사랑과 연민이 응축된 휴머니즘에 있지 않나 생각된다.

"밤낮으로 그를 괴롭히는 천식은 덕 있는 삶을 살려고 발버둥치는 그의 내면세계를 휘젓고 다니는 '악마'였다. 다른 사람들을 위해 살았던 이 이상주의자의 삶은 곧 파스칼의 '모든 것은 모든 것 안에 존재한다.'라는 말을 떠올리게 한다. 의사, 게릴라 대장, 작가, 시인, 군 지휘관, 순회대사, 장관, 그리고 잠시 동안 한 가정의 아버지로 살았던 게바라는 인간이라는 완전한 이름으로 불릴 수 있는 존재였다. 사춘기 시절 럭비의 골포스트만큼이나 거대한 그의 휴머니즘은 그로 하여금 지독한 가난이나 지나친 부유함을 없애고 삶의 균형을 회복시키기 위해 투쟁하고 목숨을 바치게 했다…… 사람들은 간혹 게바라를 자유분방한 무정부주의자라고 말하지만, 게바라는 그런 사람은 아니었다. 그는 영혼의 순례자였다…… 그가 '모든 진실한 인간은 다른 사람의 뺨이 자신의 뺨에 닿는 것을 느껴야 한다.'라고 말한 것은 '함께 한다'는 것을 뜻한다. 게바라는 모든 것을, 다른 사람의 고통까지 함께 했다. 인류의 세 번째 천년이 시작되는 시기에 잊지 않아야 하는 것은 그가 바로 휴머니즘의 전도사라는 점이다."(장

코르미에 지음, 김미선 옮김, 『체 게바라 평전』, 실천문학사, 663-664쪽)

그런 그도 인간이었기에 어려운 시기 그의 반려자였던 첫 동반자 일다를 헌 신짝처럼 버리고 미모의 알레이다를 두 번째 동반자로 맞이한 과오를 저지른 점은 차치 하고라도, 현실보다 꿈과 환상에 도취한 지나친 이상주의적 성격, 자학적이리만큼 자신을 담금질하는 인내심과 고통을 타인에게도 강요한 점, 그리고 일단 생각나는 일은 앞뒤 가리지 않고 빨리 해치워야 직성이 풀리는 조급한 성격 등은 느긋하고 타인의 이야기를 귀담아듣고 포용하는 현실적 이상주의자 카스트로와 다른 점이었다. 그의 이러한 점들이 바로 지도자가 지녀야 할 덕목의 한계를 드러낸 것이며 죽음을 앞당겼다고 보아야 할 것이다.

그러나 이 모든 약점에도 불구하고 게바라는 우리시대의 보기 드문 휴머니스트요 자유로운 영혼의 순례자이며, 인간의 존엄성에 굶주려있는 약자들의 옹호자였다. 그는 '신을 믿지 않고 오직 인간만을 믿은 박애주의자'였기에 그에게는 언제나 현실의 고통이 뒤따랐지만 그는 이에 굴복하지 않았다. 그는 주기적으로 밀어닥치는 천식의 고통에 시달리면서도 도달하기 어려운 '엘도라도' 세계를 꿈꾸며 자학적일 정도로 자신을 거세게 몰아붙였다. 그렇다면 그가 그토록 추구했던 '유토피아' 세계를 향한 불같은 삶의 도정은 과연 어떠하였을까?

스페인 바스크 족의
뜨거운 피를 물려받은 미소년

대평원 팜파스(Pampas)와 소떼를 모는 가우초(Gaucho; 아르헨티나 카우보이)의 나라 아르헨티나, 경쾌한 춤 탱고의 나라 아르헨티나, 에비타 페론과 노래 'Don't cry for me Argentina'로 더 유명해진 그 나라 아르헨티

에르네스트 게바라(체 게바라)의 어릴 적
모습

나. 이런 아르헨티나가 오늘날처럼 백인 세상이 된 것은 라틴아메리카의 슬픈 역사와 궤를 같이하고 있다. 1492년 콜럼버스(그의 스페인식 이름은 끄리스또발 꼴론)가 유럽인 최초로 아메리카 신대륙을 발견하고 26년이 지난 1518년, 스페인 사람들은 이 대륙에 원주민 제국이 존재한다는 사실을 알게 되었다. 자신의 재산을 팔아치워 군대를 모집한 스페인의 꼬르떼스는 정복대를 조직하여 아즈텍 변방에 진입한 후 그들과 적대적인 부족들을 꾀어 아즈텍을 공격하였다. 이들 아즈텍인들은 3개월간 저항하다가 1521년 8월 13일 백기를 들고 말았다. 스페인 정복자들은 이를 발판으로 거대한 라틴 아메리카 정복에 박차를 가하여 1530년 삐사로와 그의 4형제가 잉카 제국의 정복에 나섰다. 그 화려했던 잉카 제국도 이들 정복자들에 의해 1533년 수도 쿠스코가 최종 함락됨으로써 막을 내리게 되었다. 칠레와 아르헨티나 지역은 라틴아메리카에서 마지막으로 정복당한 곳이었다. 이렇게 해서 평화로운 아르헨티나 땅에도 점차 백인이 유입되기 시작하였다. 1810년까지 인구가 겨우 40만에 불과하던 아르헨티나는 적극적인 이민정책으로 1857년부터 유럽 이민이 몰려와 1930년대에는 드디어 인구 1천만 명이 넘는 대국가가 되었다. 이런 아르헨티나는 1978년까지도 백인이 38%, 원주민이 22%, 혼혈인 3%, 그리고 흑인이 37%를 점하였으나, 그 후 백인계 이민의 대량 유입으로 2013년 현재 총인구 약 4,200여만 명 중 백인이 90% 이상을 점하게 되었으며 원주민과 흑인은 1% 미만으로 거의 소멸되고 말았다.

미래의 혁명가 게바라의 선조도 이런 백인들의 이민대열에 끼어들었다. 아일랜드계인 게바라의 할아버지는 당초에 골드러시 무렵 금광을 찾아 지금의 북미 대륙 남쪽의 캘리포니아로 들어왔으나 별 재미를 보지 못하고 남으로, 남으로 정처 없이 이동하였다. 이렇게 해서 그의 아버지 때는 지금의 아르헨티나 수도 부에노스아이레스 서북쪽에 위치한 로사리오에서 잠시 정착하게 된 것이다. 아일랜드계의 아버지와 스페인 바스크계인 어머니의 뜨거운 피를 물려받은 게바라가 한 군데 정착을 못하고 방랑벽을 지닌 것도 우연한 일이 아니라는 것은 그의 선조들의 삶에서 쉽게 유추할 수 있다.

체 게바라, 그의 본명은 에르네스토 게바라 데 라 세르나(Ernesto Guevara de La Serna)이다. 에르네스토는 1928년 6월 14일 토목기사인 아버지 에르네스토 게바라 린치와 어머니 셀리아 데 라 세르나 사이에서 3남 2녀의 장남으로 태어났다. 그가 태어난 다음해인 1929년 12월에는 어머니 이름을 딴 여동생 셀리아가 태어나 가족은 네 명이 되었다. 그 무렵 그의 아버지는 파라과이 국경 인접지역 알토파라냐 개발현장에서 토목기사로 일하며 비교적 유복한 생활을 꾸려갔다. 그러던 5월 어느 날, 그러니까 그가 두 번째 생일을 얼마 앞둔 날이었다. 어머니 셀리아는 귀여운 아들 게바라를 데리고 근처 강가에서 수영을 하였다. 그런데 물에서 나온 꼬마 게바라는 갑자기 몸을 떨기 시작하더니 집에 돌아온 후에도 밤새껏 기침을 멈추지 않았다. 그 지역 차가운 강물이 어린애의 체온을 떨어트려 탈이 생긴 것이다. 당황한 셀리아는 날이 밝자 아이를 데리고 의사를 찾아가 진찰을 받은 결과 폐렴이라는 진단이 나왔다. 그러나 후에 안 일이지만 그것은 폐렴이 아니라 밖의 더운 온도와 찬 강물의 기온 차이로 인해 발생한 알레르기성 천식이었다. 일반적으로 이러한 알레르기 질환은 몸의 면역기능이 떨어질 때 돌발적으로 발생하며 평생을 두고 고생하는 고질적인 병이다.

　게바라 가족은 아이의 이러한 질환이 그곳의 습한 기온 때문이라고 판단하고 부에노스아이레스로 이주하였다. 그러나 그곳에서도 아이의 천식 증세는 멈추질 않았다. 그래서 이들은 다시 짐을 꾸려 산악지방 치카스로 이주하였다. 그곳은 공기가 좋고 습도가 낮고 온화하였다. 다행히 게바라의 천식은 다소 좋아져 이들 가족은 카를로스 펠라그리니라 마을에 집 한 채를 얻었다. 그곳은 인디오 밀십 지역이었다. 어린 게바라는 이곳에서 가난한 인디오 아이들과 어울리며 세상 물정도 모르고 무럭무럭 자라났다. 그러는 사이 1932년 5월 게바라 가족에게는 또 하나의 사내아이 로베르토와 1934년 1월 두 번째 여자아이 마리아가 태어나 가족은 여섯 명으로 불어났다. 게바라 가족은 1942년까지 이곳에서 평화롭게 살았다. 철이 들어가기 시작한 게바라는 어느 날 인디오 친구들 집에 놀러갔다가 큰 충격을 받고 집에 돌아왔다. 그들 집은 하나 같이 단칸방이었고, 먹는 음식도 조악하기 그지없었다. 감성이 예민한 게바라는 이러한 사실을 그냥 지나쳐버리지 못하고 아버지에게 따지듯이 물어보았다. "왜 저 사람들은 가난하게 살아야 되지요?" 그러자 그의 아버지는 이렇게 대답하였다. "그렇다. 가난은 이 세상 어디에나 있단다. 그러나 그에 대항해서 싸울 줄도 알아야 하지." 이 간단한 대화가 아버지와 어린 아들 간에 오고 간 최초의 '정치적 대화'이었다. 천성적으로 동정심이 많은 게바라는 이 무렵부터 가난한 동리 아이들을 데려다 밥도 먹여주고 심지어 자기 방에서 잠도 재워주곤 하였다. 조숙한 게바라는 낮에는 여느 아이들처럼 뛰놀다가도 밤이면 그의 어머니가 빌려온 책들을 마구 읽어 젖혔다. 이러한 독서열은 그의 어머니로부터 물려받은 것이며 이때부터 그는 죽는 날까지 책과 가까이하는 독서광이 되었다.

의과대학에 입학하다

1943년 새해가 밝아오면서 게바라 가족은 새로 일자리를 얻은 아버지의 직장을 따라 로사리오 서북쪽에 위치한 코르도바로 이사를 하였다. 게바라는 그곳 서민들이 다니는 데안 푸네스 공립중학교에 전학하였고, 여동생 셀리아도 여자중학교에 들어갔다. 그리고 그해 5월에는 막내 남동생 마르딘이 태어나 이제 게바라 가족은 7명의 대가족이 되었다. 게바라의 동정심은 이곳에서도 예외가 아니었다. 그는 가난한 친구들을 집에 데려와 놀고 밥도 먹여주었으며, 오고갈 데 없는 친구들을 불러와 잠도 재워주었다. 그 무렵 게바라는 이모부이면서 좌파적 경향의 시를 많이 쓴 이투르부르의 시를 즐겨 접하게 되었다. 그가 그라나도 집안의 3형제(토마스, 그레고리오, 알베르토)와 친하게 지내게 된 것도 이 무렵이었다. 게바라는 그 가운데서도 여섯 살 위인 알베르토와 더 가까이 지냈다. 알베르토는 학생 시위를 이끈 혐의로 체포되어 감옥에도 갔다 온 소위 운동권 학생이었다. 그는 나중에 생물학자가 되었으며 게바라가 쿠바에 있을 때 그곳에서 열린 학술회의 차 방문한 후 쿠바에 정착하게 된다. 당시 아르헨티나는 1916년 이리고옌이 대통령이 되어 장기 집권한 이래 부패가 끊일 날이 없게 되자 1930년 우리부르 장군이 쿠데타를 일으켰지만 정치는 나아진 것이 없어 학생들과 민중시위가 계속되었다.

게바라 친구들은 당시 대륙에 들어온 럭비를 즐기며 우정을 다져나갔다. 게바라는 이따금 발작적으로 일어나는 천식으로 고생을 하였지만, 겸손과 복종, 무엇보다 강한 용기를 모토로 하는 럭비가 투쟁적인 기질의 게바라에게 매력적인 스포츠였다. 프랑스 작가 알렉상드르 뒤마(1802-1870)의 『삼총사』(1844년)에서 나오는 '모두를 위한 하나, 하나를 위한 모두'라는 구절처럼 이 운동은 모두가 하나가 되는 단체 스포츠여서 당시 학생들 간에 인기가 대단하였다. 그러는 사이에 1946년 후안 도밍고 페론이 선거에서 46%의 지지를 얻어 대통령이 되었고, 그는 집권하자 두 번째 부인 에바(애칭 에비타) 페론과 함께 빈민구제 사업을 펴 정국은 어느 정도 조용해졌다.

1919년생인 에비타는 원래 대농장주 첩의 딸로 태어났으나 14세 때 '무작정 상경'하여 미모를 바탕으로 3류 배우 겸 방송국 성우가 되었다가 24세 때 당시 대령인 48세의 페론을 만났다. 페론은 1943년 카스틸로 정권을 전복시킨 친 독일·이탈리아 계 군부의 쿠데타에 참여하여 정계에 진출하였다. 페론은 파레르 군사정권에서 노동부 장관이 되어 노동조건을 개선시켜 일약 노동자의 '영웅'으로 떠올랐다. 이 때 그를 영웅으로 만든 것은 부인 에바의 역할이 결정적인 힘이 되었으며, 이를 발판으로 페론은 대통령까지 되었고 에바는 에비타로 거듭나게 되었다. 영부인이 된 에비타는 아르헨티나의 데스카미사도스(Descamisados; 와이셔츠를 입지 않은 노동자를 상징함)의 대변자가 되어 국모로 추앙받았다 '부자에게는 창녀, 가난한 자에게는 성녀'라는 닉네임이 지어질 정도로 가난한 자의 편에 선 에비타는 남편 페론의 정치적 입지를 넓혀주었을 뿐만 아니라 어떤 면에서는 페론보다 인기가 더욱 높았다. 그러나 불꽃처럼 타오른 그녀의 삶은 1952년 자궁암을 이기지 못하고 33세를 일기로 짧게 끝나고 말았다. 아르헨티나 민중들은 에비타의 죽음을 슬퍼했고, 사랑하는 아내를 잃은 페론도 실의에 빠졌다. 페론은 마침내 에비타의 시신을 미라로 만들어 전시하였다. 에비타를 잃은 페론은 정사政事를 제대로 돌보지 않고 향락에 젖어 1955년 9월 군부 쿠데타로 결국 대통령직에서 물러나 스페인으로 망명하였다. 쿠데타에 성공한 군부는 민심의 동요를 막기 위해 에비타의 시신을 탈취하여 군 특수부대 병영에 숨겨두었으나 그래도 안심이 되지 않았던지 그 시신을 다시 바티칸 당국과 협상을 하여 로마 근교의 공동묘지에 묻었다. 그 후 에비타의 시신은 1971년 9월 스페인에서 망명생활을 하던 페론에 다시 인계되었다. 그 사이에 군부의 정치는 국민에게 만족을 주지 못하였고 국민들은 페론과 에비타 시절을 그리워했다. 이렇게 해서 국민들은 망명중인 페론을 다시 불러들였고 마드리드에 묻혀 있는 에비타의 시신도 다시 본국으로 돌아왔다. 그 덕분이었던지 페론은 1973년 댄서 출신인 세 번째 부인 이사벨과 대통령, 부통령에 각각 출마하여 당선되었다. 그러나 이미 78세가 된 페론은 너무 노쇠하였고 에비타 없는 페론의 인기도 예전만 못하였다. 결국 재집권 10개월 만에 페론은 사망하고 말았으며 대통령직은 부인 이사벨이 승계하였다. 그러나 이사벨의 시대도 3년 만인 1976년에 끝나고 만다. 당시 육군 사령관인 비델라가 쿠데타를 일으킨 것이다. 이렇게 해서 페론의 시대는 막을 내렸지만 전설적인 에비타 '신화'는 계속되었다.

이야기는 다시 게바라 쪽으로 돌아가자. 그 무렵(1946년), 그때 열여덟 살이던 게바라는 아버지의 권유로 가업을 이어가기 위해서 그곳 데안 푸네스 공과대학 토목과에 합격하여 입학을 기다리고 있었다. 그때 게바라는 자신의 미래에 대해서 진지하게 고민하였으며, 마침내 아버지처럼 살고 싶지 않다는 결론에 이르렀다. 이렇게 해서 그는 공과대학 입학을 포기하고 다음해인 1947년 부에노스아이레스 의과대학에 원서를 내 합격하였다. 그가 의과대학을 지원한 것은 남보다 존경받고 잘 살기 위해서일까? 그러나 그것은 아니었다. 그는 성장하면서 자신의 천식 질환뿐만 아니라 가난과 병마에 시달리는 서민들을 수 없이 보아왔다. 이들 가난한 환자들에게 무료진료 의사가 되는 것이 훨씬 더 값진 삶이라는 것을 깨닫는 데는 많은 시간을 요하지 않았다. 이렇게 해서 게바라는 부에노스아이레스 의과대학에 등록을 하게 되었다. 그의 부모도 아들의 진로를 막지 않았다. 그가 2학년이 되던 1948년 그의 부모도 아들을 따라 부에

노스아이레스로 이주하였다. 당시 부에노스아이레스는 '유럽의 파리'라 할 정도로 화려하였으며 밤마다 휘황찬란한 네온사인 불빛 아래 카바레의 무도회는 끝날 줄 몰랐다. 『인간의 조건』을 쓴 프랑스의 문호 앙드레 말로(1901-1976)는 이런 부에노스아이레스를 보고 '일찍이 존재하지 않았던 제국의 수도'라고 평한 바 있다.

총명한 게바라는 의과대학에 들어가서도 교수들로부터 점차 인정을 받게 되었으며, 특히 당시 이 학계에서 알레르기 권위자인 살바도르 박사는 게바라를 자신의 연구실에서 연구토록 배려해주었다. 그런데 그 무렵 선배 알베르토도 이 학교에서 의학박사학위를 취득하고 수도 부에노스아이레스에서 무려 850킬로미터나 떨어져 있는 산 프란시스코 한센병원에서 무료진료를 하고 있던 중 잠시 휴가를 내어 부에노스아이레스로 돌아와 게바라를 만나게 된 것이다. 이때 알베르토는 게바라에게 방학 중에 그곳 한센병원에서 일을 도와줄 수 없느냐고 제의하였다. 게바라는 존경하는 선배의 제의를 거절할 까닭이 없었다. 게바라는 방학이 되자 몇 벌의 옷가지와 자루할랄 네루의 『인도의 발견』이라는 책을 가방에 쑤셔 넣고 알베르토를 따라 산 프란시스코 한센병원으로 향하였다. 게바라는 그곳 한센병 환자 병동에서 방학을 정신없이 보내고 다시 부에노스아이레스로 돌아왔다. 집에 돌아온 게바라는 부모가 찔러주는 용돈도 거절하고 도서관 사서보조와 기타 잡다한 일로 용돈을 벌어 학비를 보탰다. 그러면서도 그는 잠자리에 들 때는 독서로 하얗게 밤을 지새웠다. 이처럼 게바라는 이미 이때부터 다른 사람들보다 두 배, 세 배로 삶을 농축하며 살아갔다. 1951년이 저물어갈 무렵, 그는 기말 시험에 통과하였다. 깐깐하기로 소문난 파시니 교수조차도 게바라를 장래가 촉망되는 학생으로 손꼽을 정도였다.

라틴 아메리카 제국 첫 번째 긴 여행

기말시험을 성공적으로 끝낸 게바라는 새해(1952)가 밝아오면서 알베르토와 긴 여행길에 들어섰다. 그들의 이러한 여행계획은 라틴 아메리카 역사의 숨결이 배어 있는 나라들의 유적과 그들이 직면한 현실을 몸소 체험하기 위해서였다. 두 사람의 첫 번째 여행지는 칠레 구리광산, 볼리비아 추키미타 구리광산 등 광산지였다. 두 사람이 이처럼 광산지를 여행지로 선택한 것은 이 광산지에서 벌어지는 정복자들의 수탈과 저임금으로 시달리는 광부들의 참상을 알아보기 위해서였다. 인디오말로 추키미타는 '붉은 산'을 뜻하는데 백인들은 잉카인들의 자존심을 무너트리고 그 자손들을 알코올과 콜라로 길들이는 데 많은 시간을 요하지 않았다. 칠레 구리광산에 대한 한 보고서에 의하면, 백인들은 이 광산에 대한 최초의 투자액을 단 나흘 만에 회수하였다. 게다가 상당수의 광부들은 저임금을 견디지 못하고 항의하다가 공산주의자로 몰려 집단 살해되거나 물속에 수장당했다고 한다. 이러한 참상을 듣고 정의로운 인술을 펴겠다던 이 젊은 이상주의자는 핍박받는 가난한 자들을 위해서 무엇을 할 것인가에 대해서 심각하게 고민하였다.

4월 초 두 사람은 그들이 오랫동안 동경했던 마추픽추에 올랐다. 마추픽추, 그곳은 잉카 최후의 산상도시였다. 프란시스코 피사로가 이끄는 황금의 추적자들에게 쫓기던 잉카인들이 마지막으로 은거한 이 마추픽추는 우람밤바 협곡 안쪽 해발 2,400미터에 건설된 산상도시로 400년 동안이나 묻혀 있던 비밀의 도시였다. 이런 마추픽추가 다시 세상에 모습을 드러낸 것은 1911년이었다. 흰색 화강암으로 만들어진 이 구축물은 가파른 산을 양옆에 낀 좁은 협곡 사이를 포효하며 유유히 흐르는 강물을 내려다보고 있었다. 땅거미가 지기 시작하자 낮게 깔린 몇 점의 구름들이 마치 회색 빛 수의처럼 구조물의 꼭대기를 휘감았다. 인간의 손이 남긴 이 걸작은 자연과 오묘한 조화를 이루고 있었다. 이 지역은 젊은 산 우아이아나픽추와 장엄한 위용을 자랑하는 늙은 산 마추픽추로 이루어져 있다. 전망대에 오른 두 사람은 그만 넋을 잃고 말았다. 그날 밤 게바라는 이날의 감동적인 순간을 "생애의 가장 아름다운 추억 중의 하나"라고 썼다.

두 사람은 마추픽추의 장엄함을 뒤로하고 페루의 내륙지방으로 들어가 잉카 제국의 수도였던 쿠스코로 향하였다. 쿠스코는 안데스산맥 해발 3,400미터 산상에 세워진 도시로 잉카 제국 유적의 보고이다. 잉카 제국은 한때 남미 전역에 세력을 뻗쳤던 대제국이었다. 이들은 태양력과 피라미드, 그리고 2진법을 쓸 정도의 고도로 발달된 문명국이었으나 불과 200여 명의 스페인군에 멸망하고 만 것이다. 1533년 침략자 피사로는 페루 북부 카하마르카에서 아타와르파 왕을 사로잡아 몸값으로 방 하나를 가득 채울 금괴를 빼앗고 당초 약속과는 달리 그를 처형해버렸다.

두 사람은 페루 수도 리마에서 3주일 머문 후 5월 17일 아마존으로 향하였다. 그들은 육로와 배편으로 6월 8일에야 산파블로에 도착하였다. 그곳에서 그리 멀지 않은 오지에 치유 불가능한 한센병 환자들의 마을이 있었다. 한센병에 걸린 인디오들은 가족들과 헤어지는 것을 거부하고 이곳에서 자기들만의 공동체를 형성하여 살고 있었다. 두 사람은 그곳 한센병 환자 병원의 그라나도 박사를 방문하여 한센병 환자 치료를 도와주었다. 그들은 이곳에서 한센병이 쉽사리 다른 사람들에게 전염되지 않는다는 사실을 확인해주었다. 이를 증명하기 위해 두 사람은 환자들을 직접 만지고 미라처럼 칭칭 감겨 있는 한센병 환자들의 붕대를 직접 풀어주기도 하였다. 두 사람은 곧바로 이들 중증 한센병 환자들과 친해졌으며, 팔꿈치 관절에 이상이 있는 한센병 환자를 수술하여 좋은 경과를 보기도 하였다. 그러자 게바라는 이들로부터 칭송이 자자해졌다. 그로부터 수년이 지난 후 산파블로 병원을 방문했던 앤디 드레슬러 기자는 게바라 덕분에 목숨을 구했다는 어느 한센병 환자의 증언을 청취하기도 하였다. 게바라는 이미 살점이 다 썩어 들어가고 고열로 시달리는 실비오라는 남자 환자의 이마에 손을 얹혀 놓고 안정을 시킨 다음 주사를 놓아주어 그는 기적적으로 살아났다는 증언도 청취하였다. 그로부터 수년이 지난 후 쿠바 장관이 된 게바라는 잊지 않고 그 환자에게 안부를 묻는 편지를 보내기도 하였다. 게바라는 6월 14일 산파블로 병원에서 그의 24회 생일을 맞았다. 이날 환자들이건 건강한 사람들이건 모두가 게바라의 생일 기념으로 스물 네 번씩 그를 포옹하였으며 밤새도록 맘보와 탱고 춤을 추었다. 맘보는 당시 쿠바에서 건너온 리듬이었고, 탱고는 아르헨티나 정신을 나타내는 흥겨운 리듬이었다. 5일 후인 6월 19일 게바라와 알베르토는 이들과 아쉬운 작별을 하였다. 그날 세 명의 환자 대표가 나와 비록 어눌한 말씀씨였지만 진심 어린 환송사를 했으며, 세 번째 대표가 환송사를 마치자 게바라의 두 눈은 어느 사이에 붉어졌다.

이렇게 해서 두 사람이 여행을 시작한 지도 어느 사이에 반년이 훌쩍 지났다. 이들은 7개월간 여정을 끝내고 서로 각자의 길을 가기 위해서 아쉬운 작별을 해야만 했다. 알베르토는 카라카스의 한 연구소에서 연구를 계속할 생각이었고, 게바라는 일단 부에노스아이레스로 돌아가 의학 공부를 마쳐야만 했다. 1952년 7월 26일 화창한 아침, 게바라는 알베르토의 전송을 받으며 부에노스아이레스행 비행기 트랩에 올랐다. 게바라가 트랩에 오르기 전 두 사람은 슬픈 모습을 보이지 않기로 약속하였지만 어느 샌가 자기도 모르게 서로가 다시 뒤돌아보며 아쉬운 표정으로 손을 흔들었다.

의사 자격 취득과 두 번째 여행

　게바라가 탄 비행기는 도중에 엔진 고장을 일으켜 마이애미에 기착하였다. 하는 수 없이 그곳에서 내린 게바라는 무려 한 달 동안이나 이곳저곳 둘러보고 달러의 위력, 아니 자본주의의 양면성을 새삼스럽게 인식하게 되었다. 8월 31일에서야 그는 플로리다에서 과일 상자를 실은 비행기를 타고 카라카스를 거쳐 부에노스아이레스 공항에 도착하였다. 여행을 시작한지 근 8개월 만에 게바라는 가족과 재회의 기쁨을 나누었다. 그의 표정 하나 하나에는 이전의 게바라가 아니라 미래에 대한 굳은 의지로 가득 차 있었다. 그러면서도 그 의지 이면에는 고뇌의 흔적과 일말의 불안감도 배어있었다. 집에 돌아온 게바라는 다시 불같은 의지로 학업에 몰두하여 다음해인 1953년 5월까지 모든 과목을 끝낸다는 거의 불가능한 계획을 세웠다. 그러나 게바라는 불가능한 일을 가능한 일로 실현하였다. 그는 1952년 11월 비뇨기학, 안과학, 피부학, 위생학, 정형의하, 폐질환 및 감염의학 등 시험을 통과하고, 이듬해 4월 11일 신경학 시험을 마지막으로 통과하였을 뿐만 아니라 최종 면접시험마저 무사히 끝낸 뒤 그의 25회생일 이틀 전인 1953년 6월 12일 학위증과 함께 의사자격을 취득하고야 말았다. 그것은 무엇과도 바꿀 수 없는 그의 귀중한 생일 선물이 되었다.

　그러나 게바라의 미지의 세계에 대한 호기심과 방랑벽은 그것으로 끝나지 않았다. 의사로서 안정된 생활이 그의 삶의 목표는 아니었기 때문이다. 1953년 7월 7일 그는 다시 기약 없는 두 번째 여행계획을 세웠다. 부모 형제, 특히 어머니의 우려를 뒤로하고 집안 친척이자 의과대학 후배인 페레르와 함께 짐을 꾸렸다. 그들이 첫 번째 기착한 곳은 볼리비아 수도 라파즈였다. 그 당시 볼리비아는 내전의 와중에 새로 정권을 잡은

파즈 에르네스토가 정권을 장악하고 있었다. 게바라가 이곳을 선택하게 된 것은 볼리비아 새 정부의 개혁에 관심이 많았기 때문이다. 라파즈 대학 경제학과 교수였던 에르네스토가 노동조합 출신의 바리엔토스와 제휴하여 혁명에 성공, 1952년 4월 9일 집권하게 된 것이다. 그는 집권하자 농지개혁을 단행하고 외국 자본이 지배하던 광산을 국유화하였다. 그곳에서 게바라는 아르헨티나 출신으로 반 페론주의자인 리카르도 로호라는 사람을 만났다. 당시 로호는 게바라보다 다섯 살 연상의 좌경 개혁주의자로 학생운동 지도자(후에 온건 노선으로 바뀜)였으며, 이 일로 체포되어 투옥 중 탈출하여 정치적 망명처를 찾아 재기를 모색하기 위해서 북쪽으로 가던 중 게바라를 만난 것이다. 로호는 그때 과테말라로 가기 위해 볼리비아에 잠시 머물고 있었다. 그러나 볼리비아 새 정부는 개혁이라는 이름 아래 민중들을 억누르고 있었으며 이런 식으로 갈 때 볼리비아의 장래도 암담해 보였다. 볼리비아 혁명정부에 실망을 느낀 게바라는 함께 온 페레르와 작별하고, 로호와 또 다른 아르헨티나인 가르시아와 함께 길동무가 되었다. 이들은 곧바로 뜻을 함께 한 동지처럼 라틴 아메리카의 현상과 미래를 이야기하며 페루를 거쳐 에콰도르와 파라과이로 가는 배를 타고 파나마에서 내려 코스타리카로 향하였다. 결과적으로 로호와의 만남은 게바라의 운명을 바꾸어 놓게 되었다. 그와의 만남으로 인한 행선지 변경은 일다 가데아라는 여인과의 만남으로 이어졌고, 그녀의 조언에 따라 함께 멕시코로 감으로써 그곳에서 피델 카스트로를 만나게 되어 라틴 아메리카 역사를 새로 쓰게 되는 결과를 가져오게 된다. 호세 피게레스 정권이 들어선 코스타리카의 산호세에는 라틴 아메리카 각국에서 몰려든 망명객들로 북적거렸다. 게바라는 산호세 한 카페에서 후일 베네주엘라 대통령이 되는 로물로와 도미니카 내각수반이 되는 후안 보쉬도 만났다. 그리고 그해(1953년) 12월 초에는 카스트로와 함께 몬카다 병영습격의 주역이었던 가르시아와 로셀 등도 만났다. 이 두 사람은 후에 혁명군의 사령관이 된다.

운명의 여인 일다 가데아를 만나다

게바라는 산호세에서 망명 혁명가들을 만나면서 그 자신도 어느 사이에 혁명의 의지로 불타는 전사로 변모해가고 있었다. 그리고 앞으로 행동하는 '진짜 혁명가'가 되겠다는 결의를 다지고 과테말라로 향하였다. 과테말라에 도착한 게바라는 우선 그곳 한 한센병원에서 간호사직을 얻어 식생활을 꾸려 나갔다. 의사로서 그가 간호사직을 갖게 된 것은 아르헨티나에서 취득한 의사 자격이 입증되지 않았기 때문이었다.

1953년 12월 20일 게바라는 그곳에서 앞으로 그의 삶에 중대한 영향을 미칠 마르크스주의자 일다 가데아를 만나게 되었다. 일다는 1925년 3월 21일 페루의 수도 리마에서 태어났으며 인디오 피가 섞인 혼혈 여인으로 대학에서 경제학을 전공하였으며, 얼굴이 둥글고 작은 체구로 여자로서 별 매력은 없었으나 두뇌가 명석하고 마르크스 정치경제학 이론에 해박한 지식을 갖고 있었을 뿐만 아니라 문학 서적도 많이 읽은 교양이 풍부한 여인이었다. 그녀는 1948년 10월 3일 마누엘 아폴리나리오 장군이 주도한 군사 쿠데타가 일어나자 과테말라로 망명한 정치적인 여인이었다. 그녀는 작은 체구에서도 신념이 넘쳐흘렀으며, 이런 그녀가 게바라의 마음을 움직인 것이다. 외형적으로는 두 사람은 어울릴 수 없는 젊은 남녀였지만 그들이 지향하는 삶의 목표에서 공감대가 형성되었기 때문에 두 사람은 자연스럽게 가까워진 것이다. 첫 대면 이후 두 사람은 그들이 읽었던 책들에 관해서 의견을 교환하면서 만남이 잦아졌으며, 톨스토이, 막심 고리키, 표도르 도스토옙스키 등 러시아의 문학 작품은 그들의 간격을 좁히는 매개물 이었다. 게바라는 일다가 빌려준 러시아의 지리학 자이자 아나키스트인 크로포트킨(1842-1921)의 『어느 혁명가의 회상』(크로포트킨이 57세까지의 혁명적 삶을 기록한 자서전)에 감명을 받았다. 두 사람은 정치·사회문제를 비롯해

게바라와 일다 가데아의 다정한 한때

서 앞으로의 삶의 방향에 관해서 진지하게 토론하였다. 특히 마르크스의 『자본론』은 그들의 공통적인 토론·연구 대상이었으며, 일다가 빌려준 마오쩌둥의 『새로운 중국』에서도 게바라는 많은 자극을 받았다. 마침내 게바라는 일다에게 그들만의 대장정에 동참하기를 제의하였으며, 일다도 이에 동의하고 게바라를 페루 출신 망명객들과 쿠바 망명객 니코 로페스도 소개해주었다. 로페스는 카스트로가 주도한 쿠바 몬카다 병영 습격때 주모자 중 한 사람이었다. 그리고 게바라는 그를 통해서 카스트로에관한 이야기도 듣게 되었다.

시간이 지나면서 게바라와 일다는 동지에서 연인으로 발전하였다. 마침내 게바라는 어느 날 일다에게 청혼하였다. 일다로서는 이미 예견된 일이었지만 일다는 "좀 더 시간 여유를 주세요, 그리고 당신이 하는 일에 먼저 확신을 가지세요."라고 말하며 현실적인 결혼 보다는 정치적 신념에 우선순위를 두었다. 일다는 그 당시 과테말라 연구소의 경제학 강좌에서 받는 소액의 급료로 빠듯하게 생활하고 있었으며, 거의 룸펜 생활을 하고 있는 게바라의 생활비도 조금 도와주었다. 물론 게바라도 일다

로부터 일방적인 신세를 질 수만은 없었기 때문에 일용품 가게에서 일을 했지만 수입은 신통치 않았다. 그런 가운데서도 게바라는 쿠바인들과 꾸준히 접촉하면서 자신의 혁명적 기반을 다져 나갔다. 특히 몬카다 병영 습격사건을 들은 이후부터 게바라는 카스트로에 대한 동경으로 가득 찼다. 추키미타 광산에서의 경험이 게바라에게 하나의 계시였다면 몬카다는 꿈을 실현하기 위한 하나의 강박관념으로 작용하였다. 중앙아메리카 심장부에 위치한 과테말라, 그곳 북쪽은 달러에 기반을 둔 새로운 세계 질서에 동화되어가고 있었지만, 남쪽은 서럽고도 고통스러운 혼돈 속에서 신음하고 있었다. 카리브해와 태평양 사이에 끼어있는 그곳 과테말라에서 에르네스토 게바라는 체 게바라로 거듭나기 위하여 몸부림쳤다. 그는 비록 백인의 피를 물려받았지만 이성을 가진 로맨티스트로서, 뜨거운 가슴을 가진 행동주의자로서 잉카와 아즈텍, 마야, 그리고 북미 인디안 모두가 진정한 아메리카 주인이라고 믿고 그들 편에 서는 것을 주저하지 않았다.

그런데 어느 날이었다. 게바라에게 한동안 잠잠했던 천식이 재발하게 된 것이다. 이번의 천식은 그 어느 때보다 심각했다. 게바라는 급히 달려온 일다 앞에서 사색이 된 얼굴로 누워 있었다. 일다로서는 사랑하는 남자가 고통 받는 모습을 지켜보는 것은 감내하기 어려운 형벌이었다. 사흘 밤낮으로 일다는 헌신적으로 게바라를 간호하였다. 그 덕분이었던지 게바라는 점차 정상적인 상태로 되돌아오기 시작하였다.

게바라는 천식으로 고생을 하였지만, 이 일로 인해서 두 사람의 관계는 더욱 깊어졌다. 그 무렵 게바라는 일다의 소개로 전통 혁명주의자라고 하는 해럴드 화이트를 알게 되었다. 그는 유타 대학에서 마르크스 사상을 강의하기도 한 학자였다. 그들은 영어와 스페인어를 뒤섞어 의사소통을 하였지만, 마르크스는 물론 엥겔스와 지그문트 프로이트, 그리고 이반 파블로프에 대해서도 의견을 나누고 공감하였다. 당시의 대화 분위기를 일다는 훗날 이렇게 회상하였다. "우리는 유물론과 개인을 사회의 한 요소로 파악하는 사회적 관점에 동의하였습니다. 또한 우리는 모두를 위한 사회발전에 기여하기 위해서는 개인을 포기해야 된다는 생각에도 일치하였습니다."

그러던 중 1954년 7월 26일 과테말라에서는 미 CIA 사주를 받은 카스티요 아르마스 대령이 쿠데타를 일으켜 아르벤즈 정권을 무너트렸다. 그 당시 게바라는 아르벤즈의 명연설 "인간은 물질적으로 굶주렸을 뿐만 아니라 근본적으로 인간의 존엄성에 굶주려 있다."라는 말에 감명을 받았다. 그동안 아르벤즈 정권과 가까웠던 게바라와 그의 동료들은 신변의 위험을 느끼게 되었다. 특히 게바라의 경우는 불법 체류자로 몰릴 판이었다. 그러던 어느 날 일다가 잠복 중이던 사복 경찰에 체포되고 말았다. 게바라는 다행히 체포를 면하였지만 일다는 그 길로 여죄수 감방에 투옥되고 말았다. 게바라는 일단 아르헨티나대사관에 피신하였다. 그때 일다는 예전에 만난 적이 있는 페루의 새 대통령 카스티요 아르마스와 어렵게 통화를 한 후 가까스로 풀려났다. 일다는 출옥하자마자 아르헨티나 대사관으로 게바라를 찾아갔으나 정문에서부터 저지를 당하였다. 몇 달 후인 1954년 9월 초순경 게바라는 쿠바 친구들의 도움으로 일다와 함께 멕시코 행 기차에 올라탔다. 그러나 일다는 아직 할 일이 남아 있기 때문에 다시 만날 날을 기약하고 다음 역에서 내렸다. 과테말라에 돌아온 일다는 다시 체포되어 추방령을 받았기 때문에 그녀도 서둘러 멕시코로 향하였다. 이렇게 해서 게바라와 일다는 멕시코에서 다시 만나 그곳 쿠바 망명객들과 접촉하게 되었으며, 그 사이 두 사람은 이미 동거상태에 들어갔다. 그리고 일다의 뱃속에는 어느 사이에 게바라의 아기가 자라고 있었다.

카스트로와의 역사적인 만남

이제 게바라의 멕시코 행은 자신의 운명뿐만 아니라 라틴 아메리카의 운명을 바꾸어 놓는 계기가 될 터이다. 그 무렵 멕시코에는 라틴 아메리카 각 국에서 도망쳐온 정치적 망명객들로 들끓고 있었다. 특히 피델 카스트로를 비롯한 쿠바 망명객들은 이곳 멕시코시티에 모여 바티스타 독재정권을 무너트리기 위해서 밤낮으로 모의를 하고 있었다. 1953년 7월 26일 쿠바 몬카다 병영 습격 후 체포된 피델 카스트로는 근 2년 만인 1955년 5월 15일 석방되었다. 빗발치는 여론에 밀려 바티스타 정권은 결국 카스트로와 기타 많은 정치범들을 석방하였으며, 그 길로 카스트로는 멕시코로 망명하여 재기를 노리게 된 것이다. 그러면 쿠바는 어떤 나라이고 당시 쿠바의 정치상황은 어떠하였기에 카스트로라는 인물이 역사에 등장하였을까? 중미 카리브 해의 섬나라 쿠바는 19세기까지 스페인의 식민지였다. 전 세계 설탕 생산량의 3분의 1을 점하는 쿠바는 이 가

게바라와 피델 카스트로

운데 4분의 3을 미국에 수출할 만큼 대미 의존도가 높은 국가였다. 이처럼 쿠바는 지리적으로 미국에 가까울 뿐만 아니라 경제적으로 미국에 의존하는 국가이다. 이런 점 때문에 미국은 쿠바에 투자를 확대하였으나 스페인의 중상주의重商主義적 간섭에 부딪치게 되었다. 당시 쿠바에서

는 스페인의 식민통치에 반대하는 움직임이 싹트고 있었으며, 이를 틈타 미국에 망명 중인 변호사 출신 마르타가 미국의 지원을 받아 게릴라전을 전개하였다. 그러나 그에 대한 스페인의 탄압도 만만치 않았다. 결국 미국은 쿠바에 정박 중인 미국 선박에서 일어난 원인 모를 폭파사건을 핑계 삼아 1898년 스페인에 선전포고를 하였으며, 이 전쟁에서 패한 스페인은 쿠바뿐만 아니라 필리핀, 괌, 푸에르토리코마저 미국에 내주어야만 했다.

쿠바의 비극은 그때부터 가중되었으며, 미국에 가까워 더 불행한 국가가 되고 말았다. 미국의 수중에 들어간 쿠바에는 대규모 미국 자본이 유입되었고, 그것은 미국에의 종속을 의미했다. 이런 상황에서 쿠바에서는 점차 좌파 민족주의자들에 의한 반미 감정이 싹트기 시작하였으며, 이를 우려한 미국은 우파 정부를 지원함으로써 부의 편중을 심화시켰다. 그때까지 쿠바는 마차도 정권이 1925년부터 1933년까지 집권하였으며, 그의 폭정을 붕괴시킨 것은 육군 참모부 부사관 출신인 바티스타였다. 혼혈 출신인 바티스타는 1934년 1월 쿠데타에 의해 정권을 잡은 후에 1938년 미국 프랭클린 D. 루스벨트의 집요한 압력에 굴복하여 하야 하지만 1940년 재집권하였다. 그러나 그는 민중의 거센 항거에 임기를 채우지 못하고 미국으로 망명하였으나 1952년 3월 10일 다시 쿠데타를 일으켜 정권을 장악할 정도로 권력의 화신이었다. 그는 재집권 후 미국을 등에 업고 전 정권보다 더 심한 철권정치를 휘둘러 부패는 더욱 확대되었다. 이때 반정부 투쟁 선봉에 나선 사람이 바로 피델 카스트로(Fidel Castro)이다.

그렇다면 카스트로는 어떤 인물인가? 원래 카스트로의 아버지 앙헬 카스트로는 스페인 반도의 북서쪽에 위치한 갈라시아 지방에서 쿠바로 이민 온 이방인이었다. 쿠바로 이주한 앙헬은 처음에는 일용 근로자로 사탕수수밭에서 억척스럽게 일했다. 건장하고 야심만만했던 앙헬은 성실하고 리더십이 있어 곧바로 사탕수수밭 노동자의 십장什長이 되었고, 몇 년 후에는 돈을 제법 모아 목재소를 운영하게 되었다. 당시 그가 살던 오리엔테 지방은 미국인들에 의해 철도가 건설되고 있었고 앙헬은 이들에게 침목을 납품하며 기반을 다져갔다. 앙헬의 사업수단은 대단해서 그는 돈을 벌면 땅을 사들여 사탕수수 농사를 지었으며, 목재용 삼림을 개발하여 목재사업을 더욱 늘려나가 1920년대에는 오리엔테 지방의 손꼽히는 갑부가 되었다. 그는 돈을 벌자 본국에서 결혼하여 함께 온 첫 부인 외에 역시 고향 갈라시아에서 온 열 다섯 살 먹은 가정부 리나 곤잘레스를 두 번째 부인으로 맞아들였다.

피델 카스트로는 1927년 8월 이들 사이에서 태어난 세 번째 아이였다. 어린 시절부터 집안의 분위기에 따라 엽총과 권총을 지니고 다녔다. '공격당하기 전에 먼저 공격하라. 무기가 없으면 남자다움을 잃게 된다. 하지만 무기를 가지고 있으면 세상은 언제나 나의 것이다.' 이것이 이릴 때부터 카스트로가 지녔던 신조이다. 그는 어릴 때부터 야구를 좋아했고 학과목은 지리와 역사를 좋아했다. 그래서 그는 쿠바 독립운동의 아버지 격인 호세 마르티, 안토니오 마세오, 칼릭토 가르시아 등 스페인에 대항해서 독립운동을 한 혁명가들의 삶에 남다른 흥미를 가졌다. 그는 아버지의 재력 덕분에 아바나의 명문 보통학교 벨렌 예수회 학교에 입학하였다.

일만 하는 무뚝뚝한 아버지, 남편의 권위에 항상 순종적이었던 어머니, 그리고 많은 가족들의 틈바구니에서 자란 탓에 칭찬에 익숙하지 못했던 카스트로는 누군가로부터 거절당하는 것을 항상 두려워했다. 그런 그였기에 어렸을 때부터 독립심이 강했으며, 입담이 좋았고 다혈질이었다. 한번은 그가 학교 웅변대회에 나가 제한 시간을 초과하여 연설을 하자 심사위원들이 억지로 중단시켰는데, 이때 카스트로는 감정을 주체하지 못하고 연단을 내리치는 바람에 대리석 판이 깨져버린 일도 있었다. 그의 장광설은 이때부터 길러진 습관이었다. 그의 이러한 행동은 누군가로부터 인정을 받아야 직성이 풀리는 성격 때문이었다. 그는 부유한 집의 아들이었으나 엘리트 집안은 아니었기 때문에 신분이 뛰어난 자들에 대한 반감이 그의 가슴속에 은연중에 쌓여갔다. 그는 남한테 지기 싫어하는 성격 때문에 남보다 더 열심히 공부하여 재학시절 두각을 나타내었다. 이런 그를 당시 벨렌 예수회 학교 연감에는 카스트로에 관해서 이렇게 적어두었다. "이 학생은 문예와 관련된 모든 과목에서 출중했다. 종교학에 뛰어났으며, 용기와 자부심을 갖고 학교를 빛낸 진정한 선수였다. 장차 법률부문에서 일하고자 했으며, 우리는 그가 인생의 빛나는 페이지를 장식하리라 믿는다." 그런데 그 기록은 1945년에 쓰인 것으로 후일 학교 당국에서 너무 과장되게 표현하여 끼워 넣은 것이 아닌가 하는 의문을 갖게 한다. 아무튼 이런 그였기 때문에 훗날 쿠바의 명문 아바나 대학의 법과에 들어갔다. 그는 졸업하면 정계로 진출하거나 관료가 되는 것이 꿈이었다.

그러나 당시 쿠바는 개인의 능력보다 가문이 중시되었기 때문에 자의식이 강한 카스트로는 이런 사회 분위기에 불만이 많았으며 엘리트 사회에 대한 반발의식은 그 때부터 차곡차곡 쌓여갔다. 그 무렵, 수도 아바나는 부패가 만연하였고 정치폭력이 난무하여 그라우 대통령 임기 4년 동안 무려 64건의 정치 암살사건이 발생할 정도로 정국은 혼란스러웠다. 그런 상황에서 아바나 대학의 학생들 간에는 '사회주의 혁명운동(MSR)'과 '반란 혁명연대(UIR)'라는 두 단체가 맹렬하게 활동하고 있었다. 기골이 장대(약 190센티미터)하고 언변이 좋은 카스트로는 UIR의 핵심인물이 되었으며, 그의 지도력은 남다른 두각을 나타내었다. 그때부터 카스트로의 사진과 이름이 아바나 일간지에 자주 오르내리게 되었고, 그것을 알게 된 고향의 부모는 노발대발하였으나, 그는 부모의 노여움을 전혀 개의치 않았다. 그 무렵 그는 첫 사랑이자 유일한 연인이었던 마르타 디아즈와 결혼하였다. 디아즈는 대학에서 철학을 공부한 재원이었다.

카스트로는 대학에서 학위를 받고 변호사 자격증을 취득하였으나 당시 사회에서는 변호사가 넘쳐났기 때문에 그가 할 일은 별로 없었다. 이때부터 그는 바티스타 정권의 반정부 투쟁의 선봉에 섰다. 마침내 카스트로는 바티스타 정권을 무너트리기로 하고 그 거사 일을 1953년 7월 26일로 정하였다. 7월 24일, 200명에 가까운 반란군은 야음을 틈타 버스와 일반 자동차에 분승하고 아바나를 떠나 오리엔테 지방의 중심도시 산티아고로 향하였다. 산티아고 부근의 몬카다 병영을 습격하기 위한 것이었다. 그 병영은 정부군 주력 기지였다. 다음날 저녁 9시경 이들 반란군은 시보네이 해변에 위치한 농장에 집결하여 전력을 최종 점검하였다. 코앞에 닥친 혁명에 대한 긴장 때문인지 모두 말이 없었지만, 카스트로가 거사의 성공을 확신하고 있었기 때문에 대원들은 어느 정도 안심하고 있었다. 최종적으로 167명의 반란군이 카스트로의 뒤를 따랐다. 그들 중에는 카스트로의 친동생 라울 카스트로도 끼어 있었다. 이들의 선발대가 야음을 틈타 부대 보초 3명 중 한 명을 개머리판으로 후려치자 나머지 두 명은 겁에 질려 항복하였으나 이들 중 한 명이 그 순간 경고버튼을 눌러 순식간에 튀어나온 정부군은 지형을 모르고 우왕좌왕하는 반란군을 순식간에 포위하고 만 것이다.

카스트로는 당초부터 실패할 수밖에 없는 무모한 작전을 세운 것이다. 이들은 휴대하고 있는 무기도 보잘것없었지만, 몬카다 기지를 사전에 답사도 하지 않은 것이 결정적인 실수였다. 그 와중에 반란군은 8명이 죽고 12명이 부상했으며, 정부군은 피해가 더 커 13명이 죽고 20명이 부상당하였다. 이렇게 해서 몬카다 병영 습격은 실패로 끝났고, 10월 6일 주모자급인 29명은 최저 7개월에서 최고 13년형을 선고받았으며, 총 지휘자 카스트로도 10월 16일 특별비밀재판에서 19년형을 선고받았다. 그때 카스트로는 "당신들이 나를 어떻게 판결하든, 역사는 나에게 무죄를 선고할 것이다."라는 유명한 말을 남기고 투옥되었다. 그러나 '실패는 성공의 어머니'라는 말이 있듯이 이때의 실패는 훗날 쿠바 혁명을 성공으로 이끄는 데 큰 밑거름이 된다. 카스트로는 감옥에서 많은 책을 읽으며 훗날을 기다리고 있었다. 그런데 카스트로는 역시 운이 좋은 사나이이었다. 그가 감옥에 있는 동안 바티스타 정권은 실정을 거듭하였고, 여론은 카스트로와 기타 정치범들에 대한 석방을 요구하기 시작하였다. 이렇게 해서 카스트로는 투옥된 지 2년도 못된 1955년 5월 15일 석방되어 멕시코로 망명하게 되고 거기에서 게바라와 역사적인 만남이 이루어지게 된 것이다.

게바라가 카스트로를 처음 만난 것은 1955년 7월 9일 밤 쿠바 출신 마리아 안토니아 부인의 비좁은 아파트에서였다. 그런데 그 만남은 실로 우연한 일로 시작되었다. 그날 낮 카스트로의 동생 라울은 동료 로페스와 함께 멕시코시티 후아레스 거리의 프라도 호텔 앞을 지나며 사진을 찍고자 했다. 이들은 때마침 그 거리를 지나던 게바라를 보고 사진을 찍어 달라고 부탁을 하였다. 이를 쾌히 승낙한 게바라는 사진을 찍어주고 자연스럽게 대화를 나누게 된 것이 이들과 인연이 된 것이다. 이야기는 어느새 쿠바혁명으로 옮겨졌고, 라울은 자신의 형 카스트로에 관해서도 이야기 해주었다. 그렇지 않아도 게바라는 카스트로에 관해서 이미 들은 바 있었기 때문에 바싹 구미가 당겼으며, 이로 인해서 이들은 순식간에 오랜만에 만난 친구처럼 가까워졌다. 게바라는 이 쿠바인들이야말로 자신을 시시한 현실로부터 모험의 세계로 이끌어줄 사람들이라는 것을 직감하였다. 사실 그때까지 게바라는 아직 아무것도 결정하지 못한 채 알

수 없는 미지의 그 무엇, 그러나 가슴속에 격렬하게 싹트고 있는 그 무엇을 찾고자 방황해온 것이 아니던가.

이렇게 해서 게바라는 일다를 데리고 이들과 함께 카스트로가 묵는 집으로 가게 된 것이다. 게바라는 기골이 장대한 카스트로의 첫 인상에 압도당하는 느낌이었고, 카스트로 역시 핸섬한, 그러면서도 명석해 보이는 이 '이방인'에 호기심을 갖게 되었다. 첫 대면부터 게바라가 범상치 않은 인물임을 직감한 카스트로는 친근감을 가지고 그 특유의 장황한 언변으로 상대방의 마음속을 파고들었으며, 게바라는 진지한 표정으로 들어주었다. 게바라는 대화가 무르익어감에 따라 '이 쿠바인이야말로 쿠바를 떠나와 있으나 곧 돌아갈 것이고, 돌아가면 싸울 것이며, 싸우면 이길 것이라'는 확신을 얻게 되었다. 그 당시 이들의 첫 대면에서 다변가인 카스트로가 주로 이야기하는 편이었고 게바라는 듣는 편이었지만 게바라도 중요한 대목에서는 이에 뒤질세라 자기의 견해를 피력하는 데 결코 망설이지 않았다. 그때까지만 해도 카스트로는 지휘자이지 사상가는 아니었으며 공산주의 이론가는 더더욱 아니었다. 반면 게바라는 '이념의 왕국에서 온 낯선 언어'를 사용하며 가끔 시적이고 현학적인 표현도 썼다.

카스트로는 자기의 견해를 일방적으로 늘어놓다가 상대의 말이 자기의 견해와 일치하지 않을 때는 목청을 돋우며 상대를 압도하는 카리스마가 있었다. 그러면서도 이따금 상대의 현란한 언변에 귀 기울이는 아량도 보여주었다. 이것이 그 특유의 대화 수법이었다. 어떻든 두 사람은 이처럼 서로 판이한 성격이었지만 그것이 오히려 두 사람을 더욱 절묘하게 조화시키는 촉매제가 되었다. 당시 두 사람의 대화 현장에 있었던 일다는 이렇게 회상했다. "카스트로는 무려 10시간이나 혼자 이야기하였으며, 왜 쿠바가 아니라 멕시코에 있느냐는 질문에 '좋은 질문이오.'라고 말하더니 그 답변에 무려 4시간이나 걸렸다." 이처럼 카스트로는 장광설을 늘어놓는 다변가이고 학문적인 이론은 부족하였지만 토론의 달인이었으며, 그런 면에서 감성적이고 순수한 열정으로 가득 찬 게바라보다 한 수 위인 것만은 사실이었다. 어떻든 두 사람의 의기투합은 하룻 밤의 대화로 족하였다.

에르네스토 게바라에서 체 게바라가 되다

그날 밤 이후 게바라와 카스트로 두 사람은 자주 만나게 되었다. 무언가 해야겠는데 뚜렷한 진로를 찾지 못한 게바라는 카스트로를 만남으로써 미래에 대한 확신을 갖게 되었고, 자기가 놀던 물을 만난 물고기처럼 생기가 감돌았다. 게바라는 이 무렵 이들 쿠바인들로부터 새로운 별명을 얻게 되었다. 1955년 7월 26일 밤, 이들 쿠바인들은 몬카다 병영 습격 2주년을 자축하기 위해서 모인 것이다. 이때 게바라 부부도 함께 초대되었다. 이날 밤 축하파티가 무르익자 누군가가 갑자기 게바라를 "체!(Che!)"라고 부르는 것이었다. 'Che'라는 단어는 아르헨티나 사람들이 '이봐!(Hey!)'라고 할 때 붙이는 2인칭 단수인데, 원래는 이탈리아어로서 아르헨티나로 대거 유입해 온 알프스산맥 지방의 사람들이 즐겨 쓰는 말이었다. 게바라가 기분 좋을 때 무의식중에 이 말을 자주 쓰게 되어 이들이 게바라를 부를 때 에르네스토라는 이름 대신에 간단히 '체'라고 부르게 된 것이다. 그리고 카스트로도 이때부터 게바라를 부를 때 에르네스토라는 이름보다는 '체'라는 이름으로 즐겨 부르게 되었다. 어찌됐든 이렇게 해서 그 후로 에르네스토 게바라는 체 게바라로 불리게 되었다.

그 무렵 게바라는 카스트로를 위해서 「피델에게 바치는 노래」라는 제목으로 시 한편을 썼다. "우리 떠납시다. 선지자여./숨겨진 길을 따라, 그대가 그토록 사랑하는 조국을 해방시킵시다./우리 함께 맹세합시다. 승리를 얻든지, 혹은 죽음을 맞자고./그리고 철조망이 우리의 길을 막는다면,/쿠바의 눈물로 수의를 짜내 게릴라 전사들이 미국 역사 밑으로 들어가는 동안 그 뼈를 덮도록!/그것뿐입니다!"다분히 비장함이 서려 있는 이 시는 훗날 그의 죽음을 암시하는 예언과도 같았다.

그때 과테말라에서 헤어졌던 로호가 미국에서 멕시코시티로 돌아오자 게바라는 그를 카스트로에게 소개해주었다. 그러나 로호는 이들 쿠바인 들이 생리에 맞지 않았다. 밤마다 뚜렷한 계획도 없이 비좁은 방에서 시가만 피워대며 시끌벅적하게 떠들고 논쟁만 벌이는 이들의 모습에서 냉철하고 깔끔한 로호는 금방 염증을 느낀 것이다. 로호는 게바라에게 이들과 어울리는 것을 만류하려 들었으나 그것은 소용없는 일이었다. 이미 확신에 찬 그의 의지를 어느 누구도 꺾지 못했다. 게바라는 당시의 심경을 어머니에게 이렇게 적어 보냈다. "…… 저는 훌륭한 의사가 되고 싶다는 희망을 품어왔습니다. 하지만 지금은 한 순간의 꿈에 불과했다고 생각됩니다. 개인적인 이런 야심보다 우선하는 또 다른 계획이 저를 잡아끌고 있기 때문이지요." 그리고 게바라는 오랫동안 끌어온 일다와의 결혼식을 1955년 8월 18일 조촐하게 올렸으며, 결혼식 증인으로는 보안상 이유 때문에 카스트로 대신 그의 동생 라울이 대신 참석하여 이들의 결혼을 축하해주었다. 그들은 신혼여행도 생각했으나 카스트로와 혁명 작전 계획이 시급하였고 일다의 배가 예정보다 빨리 불러왔기 때문에 뒤로 미루어야만 했다.

카스트로는 그 무렵 대국민 성명서를 발표하고, 농민들에 대한 토지재분배와 몇 사람의 수중에 들어간 대농장소유를 없애며, 바티스타 독재 정부가 앗아간 근로자의 권리회복을 요구하였다. 그러나 카스트로의 이러한 요구는 메아리 없는 공염불로 끝났으며, 무장봉기만이 유일한 해결방안임을 확인하는 절차에 그치고 말았다. 그러는 사이에 일다는 1956

년 2월 15일 멕시코시티 산토리오 병원에서 건강한 여자아이를 낳았다. 게바라는 이제 아버지가 되었으며, 게바라 부부는 이 아이의 이름을 레닌과 자신의 이름을 따 블라디미르 일디타 에르네스토라고 지었다. 일다가 퇴원하자 카스트로는 의미 있는 말로 "이 아이는 앞으로 쿠바에서 자라게 될 거요."라며 축하해주었다. 게바라는 어머니에게 당시의 기쁜 심정을 이렇게 적어 보냈다. "사회주의에 대한 저의 신념은 더욱 군어지고 있습니다. 우리의 토실토실한 귀염둥이는 마치 마오쩌둥(일다를 닮아 마오쩌둥의 둥근 얼굴을 연상하여 그렇게 표현)을 쏙 빼어 닮았답니다." 그리고 그는 어린 딸을 위해 「가장 깊은 사랑의 꽃잎」이라는 제목의 시 한편을 썼다. "아르헨티나의 얼굴과/안데스에서 자라는 나무의 단단함을 부여받은 강인한 기질/페루 민족이 그에게 준 부드럽고 섬세한 갈색 피부/더불어 멕시코의 대지는/넘치도록 풍요로운 온화함을 베풀었네."

그러던 중 1956년 6월 20일 카스트로는 다른 네 명의 쿠바인 동료들과 함께 긴급 체포되고 말았다. 표면적인 이유는 6개월간의 관광비자 기간이 만료되었다는 것이었다. 그날 카스트로는 멕시코에서 쿠바까지 무기를 운반해줄 미국인 비행기 조종사와 밀담을 나누고 오던 중이었다. 카스트로의 체포는 멕시코 경찰, 미 FBI, 그리고 바티스타 비밀경찰의 합작품이었다. 그 사이 총명한 일다는 불길한 예감을 느끼고 카스트로가 자기 집에 맡겨 놓은 비밀서류를 일단 친구 집에 옮겨 놓고 추이를 관망하던 중 갑자기 들이닥친 경찰에 의해 일다도 체포되고 말았다. 그 무렵 게바라는 산타로사 농장에서 비밀리에 훈련 중이었다. 그러나 게바라를 포함한 이들 전사들도 6월 24일 체포되고 말았다. 이렇게 해서 카스트로의 전사들은 사실상 일망타진되고 만 것이다.

그러나 어둠 뒤에는 빛이 있는 법, 카스트로의 전사들은 쿠바 반정부 인사들의 대대적인 구명운동으로 7월 24일 석방되었다. 이와 같은 석방은 거액의 뇌물 덕분이었다. 경찰의 발표는 이들을 법정에 세울만한 뚜렷한 단서가 없다는 것이었다. 이들의 석방에는 프리오 소카리스 쿠바 전 대통령의 막후교섭이 크게 주효하였다. 프리오는 권토중래 재기를 노리며 카스트로를 지원하고 나섰다. 이제 카스트로는 시간을 더 이상 끌 수가 없었다. 이들은 경찰과의 약속대로 국외 추방형식으로 각본을 꾸미고, 국경 부근에서 재입국하여 멕시코 각지로 일단 분산, 점 조직으로 작전 계획을 세웠다. 물론 여기에도 거액의 뇌물이 오고 갔다. 카스트로는 그 동안 그란마(Granma; 할머니란 뜻임) 호라는 낡은 목선 한 척을 준비해 두었다. 1943년에 건조된 이 목선은 두 개의 디젤 모터가 달렸으며, 적정 승선 인원은 25명이었다. 그러나 승선이 확정된 인원은 82명이었기 때문에 약간 개조하였으나 정원의 3배나 초과하는 것은 애초부터 무리한 인원이었다. 그러나 이제 와서 다른 방도가 없었다.

목선 그란마 호를 타고

출발에 앞서 이들 카스트로 결사대는 총사령관을 피델 카스트로로 하고, 참모본부장 후안 마누엘 대위와 파우스티노 페레스 대위, 지휘대장 파블로 디아스, 의무대장 에르네스트 (체) 게바라, 20명씩으로 구성된 3개 부대(부대장 호세 스미스 대위, 후안 알메이다 대위, 라울 카스트로(피델 카스트로 동생))를 편성하였다. 이 사이에 일다는 딸을 데리고 일단 페루로 돌아가게 되었다. 게바라와 일다의 부부관계는 이때부터 사실상 끝나게 된다. 그녀는 1959년 1월 쿠바혁명이 성공한 후에야 쿠바를 방문하여 게바라와 재회하였지만 그녀는 냉엄한 현실에 직면하게 된다.

1956년 11월 25일 새벽 1시 30분, 82명의 전사들은 그란마 호에 승선하기 시작하였다. 그러나 그날따라 공교롭게도 멕시코 유카탄 반도에는 호우주의보가 발령되어 비가 억수같이 내리고 기온이 급강하하였다. 그렇다고 출발을 미룰 수는 없는 일이었다. 이들 결사대는 모두가 올리브 그린 색의 군복을 입고 있었으며, 콩나물시루가 된 배 안에서 자못 비장한 표정으로 서로가 말없이 동료의 눈동자만 응시하고 있었다. 그러나 그란마 호는 출발 시부터 때마침 불어오는 강풍으로 크게 요동치며 불길한 조짐을 보였다. 갑판 위에 서 있던 일부 대원들은 벌써부터 심한 멀미를 시작하였으며 구역질을 해대었다. 그래도 그란마 호는 거센 풍랑을 헤치며 칠흑 같은 바다를 뚫고 미끄러져 갔다. 그란마 호는 유카탄 해협을 지나 쿠바 북부 해안이 있는 카리브 해에서 다시 한 번 요동을 치기 시작하였다.

그란마 호는 할머니라는 뜻의 이름만큼이나 낡은데다가 풍랑과 지나친 정원 초과로 속력을 낼 수 없었으므로 12월 22일 새벽녘에야 라스콜로라다스 해변에 겨우 다다랐으나 그 부근 늪지에서 좌초하고 말았다. 상륙은 거의 절망적이었다. 이들 결사대는 할 수 없이 중 무기는 포기하고 경무기와 필수 장비만 머리에 인 채 맹그로브 숲 속으로 잠입해 들어갔다. 그나마 다행한 일이었다. 지칠 대로 지친 대원들은 사탕수수 이삭으로 허기진 배를 채우고 1957년 1월 5일 새벽 카보크루스 산 사탕수수밭 근처에서 휴식을 취하고 있었다. 바로 그 순간 때 아닌 총성과 함께 결사대는 정부군의 기습 공격을 받았다. 그리고 상공에서는 이들에게 경비행기의 포격이 가해졌다. 길 안내를 맡았던 안내원이 정부군에 밀고를 하고 달아나버린 것이다. 게바라는 두 번의 포탄 세례에서 부상을 입게 되었다. 중상은 아니었지만 총알이 가슴과 목 부위를 스쳐간 것이다. 정부군 해안경비대의 기습공격으로 결사대는 막대한 손실을 입게 된 것이다.

여기까지 행군해 오는 동안 74명으로 줄어든 결사대는 정부군 기습으로 3명을 잃고 21명이 생포되어 곧바로 처형되었다. 그리고 나머지 일부

병력은 도주하고 잔존 대원은 14명에 불과하였다. 상황은 절망적이었다. 이때 에르네스토를 '체'라고 처음 불렀던 로페스가 생포되어 처형되고 말았다. 게바라는 너무도 가슴이 아팠다. 쿠바 땅을 밟은 이들 결사대의 처절한 모습은 신앙도, 법도 모르는 괴물 같다는 입 소문이 현지 농민들 사이에서 퍼지기 시작하였다. 그러나 시간이 지나면서 이들 농민들은 점차 결사대에 동조하기 시작하였다. 1956년 12월 26일 저녁 무렵 행방이 묘연했던 카스트로는 19명의 대원들을 다시 긁어모아 나머지 병력과 합류하여 시에라마에스트라 산 속에 잠입하는 데 성공하였다.

시에라마에스트라에서의 항전

시에라마에스트라 산맥은 폭이 50킬로미터를 넘지 않았으나 길이가 130여 킬로미터에 달하는 산악지대로 결사대가 게릴라전을 펴기에는 최적지였다. 이곳 산악지대에서 문명이란 말은 사치에 불과하였다. 이곳 산 로렌소에서는 1874년 2월 스페인 무장군에 맞선 쿠바 애국전사들이 마지막 항전하던 곳이다. 그 당시 게릴라 대장 세르페데스는 역사에 두고두고 남을 비장한 연설을 하였다. "우리 전투부대는 이제 열두 명밖에 남지 않았다. 그러나 이 인원은 쿠바 독립을 실현하기 위해서 충분하고도 남는 숫자다." 그 말이 80년이 지난 1956년에 다시 똑같은 현실로 재현되었다. 그런 의미에서 시에라마에스트라는 쿠바혁명의 성지요, 약속의 땅이었다.

이들 결사대는 그때를 상기하며 좌절하지 않고 새로운 작전을 구상하였으며, 이곳을 근거지로 하여 항전을 계속하기로 하고 그러기 위해서는 농민들로부터 인심을 얻어야 한다는 데 의견의 일치를 보았다. 결사대는 그들의 작전계획이 주효하여 수차례의 소규모 전투에서 승리하였다. 당시 정부군은 퇴각할 때 부상당한 포로들은 물론이고 아군 병사들까지 버려둔 채 달아나 버리는 경우가 흔하였다. 그러나 결사대는 포로들을 인간적으로 대우하였으며, 아무리 적이라 하여도 여간해서 살상하지 않았다. 그것이 승리의 요인이 되었다. 당시 게바라 부대의 전투에 참가하여 생존한 후 그와 함께 콩고까지 갔고, 그 후 볼리비아 전투에서 여섯 명의 생존자 중 한 사람이 된 베닉노는 "체는 급박한 전투에서도 거의 말을 하지 않는 편이었으며, 엄청나게 책을 읽고 종이에다 무언가 계속 쓰고 있었다."고 회상하였다.

시에라마에스트라 산악에서 게바라는 농민들과 금세 친해졌다. 듣기만 해도 무서운 게릴라 전사가 자애로운 의사가 되어 병마에 시달리고 있는 농민들과 그들 어린아이들에게 친절하고도 정성스럽게 진료를 해주었다. 이것이 그들에게는 꿈같은 일이었다. 이상한 억양을 가진 이 게릴라 의사는 미소만 지을 뿐 치료의 대가로 아무것도 요구하지 않았다. 이 게릴라 의사에 관한 소문은 입에서 입으로 번져나갔다. 특히 게바라는 농민들을 접할 때 가급적 정치적 이야기는 삼갔다. 이제 쿠바 동부지역의 농민들은 게릴라들에게 마음의 문을 열어가고 있었으나 아바나 당국은 이러한 사실을 까마득히 모르고 있었다. 농민들의 협조로 게릴라들의 사기는 충천하였으며, 게바라는 점차 통찰력 있는 정통 게릴라 지도자로 손색이 없게 되었다. 게다가 그는 환자들과 부상자들을 치료하고, 때로는 어려운 수술까지 거뜬히 해냈다. 정부군과 교전을 벌인지도 꽤 오랜 시간이 흘렀고, 게바라는 블랙커피를 마시며 짬짬이 무식한 농민 병사들에게 글까지 가르쳤다. 그는 라울 카스트로에게 프랑스어를 가르쳤으며, 별이 총총한 밤이면 시가를 물고 따끈한 마테차를 마시며 책을 읽었다. 또한 그는 시가를 일부만 피우고 나머지는 물에 담갔다가 누르스름해진 담배 물을 살 갓에 발라 해충의 공격을 막아나갔다. 그러한 방법은 알베르토와 아마존 여행 시에 터득한 일종의 민간요법이었다.

그동안 정부군도 팔짱만 끼고 있는 것은 아니었다. 결사대 생존자들은 천식으로 쇠약해진 게바라를 포함해서 18명밖에 남지 않았다. 그렇지만 카스트로는 전혀 실망하는 빛이 없었다. 내일의 자유로운 빵을 쟁취하기 위해서 오늘의 고통을 참아내야 한다는 것이었다. 그 사이에 58명의 자원 입대원들이 노획한 총기를 가지고 합류하여 게릴라들의 사기는 충천하였다. 이제 시에라마에스트라에는 '해방구'가 설치되었고, 해방구 나름의 법과 질서가 생기게 되었다. 카스트로 반군은 양민의 물건을 훔치거나 양민을 괴롭히는 대원은 가차 없이 처단하였다. 한번은 어떤 자가 게바라를 사칭하고 농민들을 치료해준다는 핑계로 유독 젊은 아녀자들만을 골라 옷을 벗기고 희롱하다가 그 사실이 밝혀진 후 즉시 처형되었다. 이제 게릴라들은 농민들의 협동체로 굳어졌다. 그 무렵 아바나에서는 그란마 호에 탔던 결사대에 대한 궐석재판에서 모조리 유죄판결을 내렸으나 그 판결에 유일하게 우루티아 판사만 반대하였는데, 그는 혁명이 성공한 후 혁명정부의 대통령이 되었다. 그러나 이들 게릴라들을 가장 괴롭히는 것은 정부군, 기자로 가장한 미 CIA 요원도 아니고 '마카게라'라고 하는 독충으로서, 이 벌레는 모기보다 더욱 독성이 강하여 살아있는 모든 생명체의 피를 끈질기게 빨아먹는 흡혈귀였다. 이 흡혈귀 때문에 게릴라들의 고통은 이만 저만이 아니었다. 그 무렵 게릴라들은 라메사라는 지역에서 많은 활약을 보였는데, 그곳은 좁은 계곡사이로 강물이 흐르는 게릴라들의 요새였다. 그곳은 혁명이 성공한 후 게바라 추종자들이 '체가 걸었던 길(Los Caminos del Che)'이라는 단체를 만들어 매년 연례적으로 라메사 지역을 행군하며 게바라의 무용을 기렸다.

1957년 7월 21일 게바라는 카스트로의 특별 배려로 대장 계급을 달았다. 그것은 얼마 전까지 대위였던 그에게 파격적인 대우였다. 아르헨티나 출신의 이 이방인이 카스트로의 동생 라울보다 먼저 대장이 된 것이다. 카스트로는 손재주가 좋은 어느 부하를 시켜 청동조각을 누그려트려 만든 대장별을 게바라의 베레모에 달아주었으며, 거기다가 그가 애지중지하던 손목시계까지 게바라 손목에 채워주었다. 게바라는 이 모자를 혁명이 성공한 후에도 즐겨 썼는데 그 모자는 게바라의 상징물이 되었다. 또한 게바라는 매사에 공평무사했으며, 식사도 부하들과 똑같이 하였고, 더러는 자기가 먹는 식사를 허덕거리는 부하에게 덜어주기도 하고, 그토록 즐겨 피우던 시가도 부하들과 한 모금씩 나누어 빨곤 하였다. 게바라는 전투가 없는 때는 읽고 쓰고 지하신문도 만들었다. 그리고 무식한 부하들에게 글도 가르쳤다. 그는 "무식하면 왜 총을 들고 싸워야하는지 모른다."라고 말하고 잘 싸우기 위해서는 잘 배워야한다고 말하곤 했다.

게바라는 자신을 세계시민으로 생각하고 있었으며, 그런 만큼 범세계주의자로서 불의와 싸우고 핍박받는 민중의 편에 서서 투쟁하고 격려하는 것이 자신의 임무로 여겼다. 그는 게릴라에 대해서 자기 나름대로 정의를 내린 바 있다. "게릴라란 흔히 말하듯 소규모 국지전투나 강력한 군대에 대항하는 소수의 과격대원만을 의미하지 않는다. 따라서 게릴라전이란 압제에 대항하는 전체 민중의 싸움이다. 게릴라는 민중군대의 전위이다. 작게는 어느 지역, 크게는 어느 나라에 사는 모든 주민들이 형성한 군대의 주력이 게릴라이다. 제 아무리 심한 탄압 하에서도 소멸되지 않고 언젠가는 이기게 되는 게릴라의 힘도 여기서 나온다. 그런 면에서 민중이야말로 게릴라전의 바탕이요 본질이다." 이런 그였기 때문에 게바라는 농민들과 가식이 없는 대화를 나누었으며, 배가 불룩 튀어나오고 콧물이 쉴 사이 없이 흐르는 아이들을 안고 귀여워 해주었기 때문에 농민들로부터 더욱 신뢰를 받았다. 1958년 7월 20일 전투에서 반군은 정부군에 결정적인 타격을 입혔는데 그 전투는 바티스타 정권의 종말을 안겨주는 전주곡이 되었다. 당시 정부군은 다수의 사상자를 내고 430명이 포로로 잡히자 천여 명의 잔여 병을 남겨둔 채 퇴각해버렸다.

전선에서 만난 두 번째 여인 알레이다 마치

사기가 충천한 반군은 1958년 8월 21일 밤 9시를 기해 지금까지의 수세에서 공세로 전환, 아바나 입성을 준비하였다. 이때 총사령관 카스트로는 게바라를 반군 연합군 총대장으로 임명하고 아바나 입성을 위한 특별명령을 발동하였다. 이 특별명령은 게바라를 '해방군'의 진정한 주역으로 인정함과 동시에 그에게 막강한 권한을 위임하는 것이었다. 게바라는 자신이 직접 이끄는 제8대대를 소규모 부대로 편성하고 소위 '벌떼작전'으로 정부군을 협공하기 시작하였다.

대공세는 8월 25일부터 시작하여 12월 초까지 계속되었는데, 이로 인해 반군의 피해도 많았으나 전황은 계속 반군에 유리하게 전개되었다. 이런 급박한 전황 속에서 게바라는 당시 금발의 미녀 알레이다 마치를 만나게 된다. 그녀는 원래 산타클라라 M7-26(1953년 7월 26일 몬카다 병영 습격을 기념하기 위해 조직된 혁명단체) 지하조직의 일원으로 경찰의 수배를 받고 쫓기다가 게바라 반군에 가담하여 게바라를 만나게 된 것이다. 성차별 반대자인 게바라는 전투에서 여성대원들의 활약상에 깊은 인상을 받았으며, 특히 알레이다를 만나면서 여성에 대한 더 큰 존경심을 갖게 되었다. 그리고 그는 자신도 모르게 알레이다를 사랑하게 되었다. 그는 당시의 심경을 이렇게 적었다. "남자가 한 평생 한 여자하고만 살아야 한다고 어느 누구도 규정하지 않았다. 이 제한을 스스로에게 부과해 놓은 동물은 인간 밖에 없을 것이다. 그러면서도 인간은 때로는 몰래, 때로는 보라는 듯이 이를 어기곤 한다. 우리는 이점에 관해서 규제를 하고 있다. 그러나 우리가 이 규율에 행하는 행동이 오히려 편협한 사회주의자처럼 보이기도 한다. 각자의 삶이 사회의 틀 속에서 이루어지는 것일 때 누가 그 첫 돌을 던질 수 있을 것인지는 생각해 보아야 한다." 그의 이 말은 일다를 버리고 알레이다를 사랑하기 위한 자기변명이라고 밖에 볼 수 없다. 게바라도 하나의 인간, 하나의 남자였다. 사실 게바라는 멕시코에서 일다와 작별할 때 그녀로부터 마음이 이미 멀어져 있었다. 몸이 멀어지면 마음도 멀어지는 법, 게바라로서는 멕시코에서 만해도 못생긴 일다가 뜻을 같이 하는 혁명동지로서, 때로는 연인으로서, 때로는 보호자로서 그녀가 필요했지만 알레이다를 만나면서 그의 생각은 달라졌다. 일다가 논리적이고 이성적이며 수동적이었다면 알레이다는 감성적이고 육감적이고 적극적이었다. 게바라가 일다를 머리로 사랑했다면, 알레이다는 가슴으로 사랑하게 된 것이다. 특히 그녀의 솔직하고 상큼한 언어는 황폐해진 게바라의 가슴을 시원하게 적셔주었다. 어느 날 그녀는 게바라와 마주치자 "대장님, 저는 당신을 사랑해요."라고 고백하였다. 이제 그들 사이엔 더 이상 군말이 필요 없었다. 그러면서도 그녀는 "우리가 여기에서 살아남아서 돌아갈 수 있을 까요?"라고 말하며 여자의 나약함도 보였다. 그럴 때마다 게바라는 그녀에게 죽지 않는 다는 확신을 심어주었다. 훗날 반군이 아바나에 입성 후 일다는 딸을 데리고 설레는 마음으로 아바나의 게바라를 찾아왔다. 그러나 다시 만난 게바라는 덤덤하다 못해 쌀쌀했다. 게바라는

게바라와 일레이다 마치

일다에게 다른 여자가 있음을 실토했다. 그 순간 일다는 배신감에 몸서리쳤지만 현실은 냉혹했다. 그녀는 나중에 쿠바 출신 화가 차콘과 재혼하고 1974 2월 11일 암으로 세상을 떠난다. 그리고 알레이다는 그 후 게바라의 두 딸과 아들 하나를 낳았다. 알레이다는 현재 아바나에서 게바라연구소의 소장 직을 맡고 여생을 조용히 보내고 있다. 소아과 의사가 된 딸 알레이다 게바라 마치는 2014년 7월 '한국·쿠바 교류협회' 초청으로 방한하여 대구에서 강연회를 가졌다. 그 강연회는 외국인 근로자 무료진료사업을 하는 위드협동조합이 주관한 강연회였다.

산타클라라에서의 마지막 결전과 아바나 입성

카스트로와 게바라의 혁명군은 1958년 12월 20일부터 정부군에 총공세를 펴나갔다. 몬카다의 '도살자'라는 별명이 붙은 차비아노 대령이 이끄는 정부군이 산타클라라 지역에서 반군과 대결진을 치르면서 한때 정부군에 승전의 희망이 보였으나 반군은 이때 후방 교란작전으로 정부군을 괴롭혔다. 이와 함께 반군은 최악의 사태에 대비하여 엘바케리토라가 이끄는 소위 '자살특공대'를 조직하여 아바나 입성을 서둘렀다. 또한 이때 정부군은 정부군대로 비밀 병기인 최신형 장갑열차를 준비하고 있었다. 아바나로부터 입수한 정보에 따르면 이 장갑열차는 두 개의 기관차를 앞뒤에 매달고 가운데 아홉 량의 장갑차를 싣고 총구만 뚫려 있는 구멍을 통해 자동소총을 발사하기 위해서 특수 제작된 열차였다. 아바나 정부군은 이 철로 위의 '괴물'에 모든 희망을 걸고 있었다. 그러나 민심은 이미 바티스타를 떠나 있었기 때문에 '괴물열차'는 별 소용이 없게 되었다. 12월 22일 반군은 인구 1만 6천 명의 괴요스를 접수한 데 이어 다음날 인구 15만 명의 요충지 산티스피리투스를 장악하였다. 이때 게바라는 한 밤중 병영으로 접근하던 중 지붕 위에서 떨어져 왼쪽 팔을 크게 다쳤으나 천식이 도질 것을 염려하여 진통제도 맞지 않고 작전을 지휘하였다. 산티스피리투스에 반군 특공대가 진군해 오고 있다는 소식을 들은 정부군은 줄행랑을 쳤으며, 일부 정부군 비행기 조종사들은 공중에서 폭탄을 바다에 투하해버리는 최초의 항명사건을 일으켰다.

12월 27일 자정이 조금 못 미치는 시간, 반군 특공대는 전열을 재정비하여 산타클라라에서 바티스타 정부군의 고전적인 작전과 대결할 준비를 하고 있었다. 정부군은 반군이 있을 만한 곳에 전투기로 무차별 융단폭격을 퍼부었으나 허사였다. 시민군도 가재도구를 꺼내어 바리케이드를 치고 정부군에 맞서 싸우며 반군을 측면 지원하였다. 12월 29일 새벽, 반군은 어둠을 뚫고 산타클라라 도시 전역을 향해 산발적으로 침투하였다. 정부군은 시민군 바리케이드에 폭격을 가하며, 게바라가 죽었다는 삐라를 살포하는 심리적인 교란작전을 펴나갔다. 그때마다 게바라는 방송을 통해서 그가 건재하고 있음을 증명하였으며 "산타클라라 전투는 우리의 승리로 끝날 것이다."라고 응수하였다. 12월 30일, 정부군의 장갑열차는 끊어진 철로 위에서 탈선하고 말았으며, 이를 틈타 반군은 탈선한 장갑열차 안에 화염병을 던지며 대공세를 폈다. 이제 정부군은 독 안에 든 쥐 꼴이 되고 말았다. 결국 이들은 막대한 군수품을 가지고 투항해버렸다. 12월 마지막 날 게바라는 팔에 붕대를 감고 지칠 줄을 모르는 열정으로 명령을 내리고 전투를 독려하였다. 그날의 전투에서 400여 명의 정부군이 투항해왔다. 하늘에서는 폭격기가 날뛰었지만 시민들은 무언가에 홀린 듯이 뛰쳐나와 환성을 질렀다. 그날 콜롬비아 기지에서 전황을 보고 받은 바티스타는 그의 오랜 경력이 치욕 속에서 무너져내리고 있음을 뼈아프게 깨닫고 모든 것을 체념한 듯 측근들과 간소한 '최후의 만찬'을 가졌다.

해가 바뀐 1959년 1월 1일 정부군 칸티요 장군은 미 대사관에 전화를 걸어 바티스타가 부통령 및 육군 참모총장을 대동하고 도미니카로 도피했다고 알리고 자신이 군 통수권을 맡았으며, 대법원장인 마누엘 우르티아가 임시 대통령에 취임할 수 있도록 조치해달라고 요청하였다. 그날 밤, 압제를 굴복시킨 1959년을 축하하는 요란한 폭죽이 밤하늘을 밝게 수놓았다. 그와 때를 같이하여 정부군 마지막 저항부대인 에르난데스 대위부대가 무기를 버리고 투항해옴으로써 산타클라라 전투는 반군의 승리로 대미를 장식하였다. 그날 밤 게바라는 승리의 감격을 억누르지 못하고 아르헨티나 시인 구티에레스의 시를 암송하였다. "전투의 태양이 밝아오지 않는 한, 우리의 승리는 찬가를 부르지 않으리." 반군은 아바나를 향해 계속 진군하였다. 1959년 1월 2일 오후 4시, 반군 대장 카밀로는 게바라의 명령에 따라 아바나로 진군하였으며, 이어서 반군은 1만 명 가량이 운집해 있는 서쪽 콜롬비아와 아바나 동남쪽도 곧바로 장악하였다. 1월 3일 저녁 땅거미가 질 무렵, 게바라는 마침내 아바나에 입성하여 카밀로와 감격적인 기쁨을 나누었다. '자살행위'나 다름없는 그란마 호 특공대의 전투가 개시된 지 25개월 만에 반군은 역사적인 승전고로 대미를 장식하게 된 것이다. 반군과 시민들은 약속이나 한 듯이 서로 얼싸안고 하나가 되었다.

아바나에서의 바쁜 나날들

아바나에 입성한 후에도 게바라는 올리브그린 색 군복과 그의 트레이드마크인 별을 단 검은 베레모를 벗지 않았다. 게바라는 새 연인 알레이다와의 단 꿈에 젖을 겨를도 없이 바쁜 나날을 보냈다. 그가 가는 곳마다 군중들은 그를 그냥 놓아주지 않았다. 환호하는 군중들은 카스트로에게

부부가 된 게바라와 일레이다(가운데)의 행복한 모습

는 외경의 마음으로 경의를 표하였으며, 게바라에게는 악수와 포옹, 심지어 일부 극성스러운 여인들은 키스세례를 퍼부었다. 게바라의 대중적 인기는 카스트로를 능가하였으나 통 큰 카스트로는 이를 시샘하지 않았다. 1959년 1월 9일 임시정부 각료회의는 만장일치로 게바라에게 쿠바 시민권을 부여한다고 발표하였다. 게바라는 이 모든 호의를 흔쾌히 수락하였으며, 쿠바에서의 어떠한 임무도 수행하겠다고 선언하였다. 그러나 그것은 정치적 야심을 의미하는 것은 아니었다. 혁명군이 아바나를 장악한지 열흘이 지난 후 얼 스미스 미 대사가 사임하였으며, 드와이트 아이젠하워 미 대통령과 카스트로가 아바나와 워싱턴에서 각각 화해의 분위기를 담은 성명을 발표하였다. 성명서에서 아이젠하워는 "지리적으로, 또 정서적으로 우리와 매우 가까운 우방국가 쿠바가 자유를 통해 평화와 안정과 진보를 찾을 수 있기를 진심으로 바란다."라고 밝혔으며, 카스트로도 이에 대한 화답의 성명서를 발표하였지만, 곧 이어 우쭐해진 카스트로는 미국 기자들에게 "쿠바는 미국의 친구로 남을 것이다. 단, 그것은 미국이 쿠바를 진정한 친구로 여기는 한도 내에서만 그렇다."라는 가시

돈친 말을 내뱉었다.

한편 부에노스아이레스의 게바라 부모들은 영웅이 된 아들과 재회하기 위해서 설레는 마음으로 쿠바 행 여객기에 몸을 실었다. 게바라는 올리브그린 색 군복을 입은 채 힐튼호텔(지금의 자유 아바나 호텔)에서 그리던 부모와 6년 만에 감격적인 재회의 기쁨을 나누었다. 1월 말에는 일다와 딸 일디타가 아바나로 날아와 게바라와 재회하였지만, 일다는 남편 게바라가 금발의 미녀 알레이다와 동거하고 있음을 알게 되었다. 일다는 배신감에 가슴이 미어졌지만 현실은 냉혹하였다. 그녀는 어느 날 기분을 전환하려고 밤늦게 차를 몰고 과속으로 질주하다가 검문에 걸리고 말았다. 그녀는 검문 경찰에 무면허 사실이 확인되었으며, 이로 인해 구류처분을 받아야만 했다. 이 사실이 게바라 귀에 들어갔지만 게바라는 냉정하였다. 그는 경찰 당국에 이렇게 잘라 말했다. "그녀는 법규를 위반했고, 그런 그녀를 눈감아 줄 이유가 없다. 법대로 처리하라." 결국 그녀는 눈물을 머금고 구류처분을 당하고 말았다. 한때 혁명동지이자 동반자였던 일다가 이세는 게바라에게 거추장스러운 존재가 되고 말았다. 게바라는 휴머니스트였지만, 남녀 간의 사랑은 별개의 문제였다. 가련한 일다는 배신감에 치를 떨며 물러설 수밖에 없었다. 결국 그해 5월 22일 두 사람은 협의 이혼하고, 일다는 슬픈 현실을 받아들인 채 발길을 돌려야만 했다.

그 사이 2월 14일 게바라 부모는 선박 편으로 부에노스아이레스로 돌아갔고, 긴장에서 잠시 해방된 게바라는 알레이다와 잠시 휴식을 취하였다. 그 무렵 게바라는 옛 친구이자 선배 알베르토의 편지를 받았다. 알베르토의 편지에는 부에노스아이레스 집에서 쿠바혁명의 성공을 축하하는 잔치가 있었다고 알려왔다. 게바라도 곧바로 감사의 답장을 써 보냈다. 카스트로는 4월 15일 미국 방문에 앞서 자신의 소견을 이렇게 피력하였다. "우리 시대가 당면한 문제는, 기층 민중을 헐벗게 만드는 자본주의와 먹고사는 문제를 해결할지 몰라도 자유를 억압하는 공산주의 중에서 택일해야 한다는 점이다. 자본주의 국가는 인간을 제물로 삼는 것이 문제이며, 공산주의 국가는 자유에 대한 전체적인 개념 때문에 인간의 권리를 희생시킨다. 우리는 그 어느 것도 일률적으로 받아들일 수 없는 이유가 바로 여기에 있다. 우리의 혁명은 쿠바만의 주체적인 혁명이 되어야 한다."

게바라는 일다와 이혼한 후 6월 2일 알레이다와 조촐한 결혼식을 올렸다. 이때 그란마 호와 시에라마에스트라 시절 동지였던 카밀로 시엔푸에고스와 에피헤니오가 증인으로 섰다. 카밀로는 그 후 비행기 사고로 죽게 된다. 두 사람의 결혼식이 꼭 필요한 것은 아니었지만, 알레이다가 혁명기간 중에 임신을 하였기 때문에 어쩔 수 없는 일이었다. 당시 쿠바 법에는 이런 경우 결혼을 하여야만 했다. 알레이다는 얼마 후 건강한 딸아이를 낳고, 그 아이의 이름을 알레이디타로 지었다.

해외순방 길에 오르다

결혼식을 마친 게바라는 전권대사의 자격으로 우방국 순방 길에 올랐다. 그는 순방 길에도 카스트로의 권유를 받아들이지 않고 여전히 올리브그린 색 군복차림이었다. 6월 16일 게바라의 첫 번째 방문국은 가말 압델 나세르 정권의 이집트였다. 나세르는 이 젊은 혁명가를 진심으로 환영해주었으며, 게바라는 6월 18일 가자지구를 방문하여 '피압박자들의 위대한 해방자'로 찬양받았다. 그런데 게바라는 이집트 방문 시 밤에 호위병을 피하여 이집트 빈민촌을 찾아 나섰다가 양고기 꼬치구이를 들게 되었는데 대표단들은 그날 이후 끼니마다 양고기를 먹어야 하는 곤욕

을 치르기도 하였다. 게바라는 이집트 방문에 이어 수단을, 그리고 7월 1
일에는 인도에 도착하여 네루 수상의 영접을 받았다. 인도에서 게바라는
국민들이 소를 숭상하는 이유를 알게 되었다. 소는 인간에게 우유와 천
연 연료인 배설물을 주어 땅을 비옥하게 하고 사람들을 먹여 살리기 때
문에 인도 사람들은 소를 죽이지 않는 것이다.

　게바라는 미얀마에 잠시 머문 뒤 7월 16일 일본을 방문하였다. 게바라
는 일본의 제철산업에 많은 자극을 받고 휴대하고 있던 카메라로 주요산
업시설을 촬영하려고 하였으나 기업체 간부들로부터 정중히 거절당하
였다. 그 대신 이들은 주연에서 게이샤를 준비하였으나 이번에는 게바라
가 호의를 거절하였다. 게바라는 일본 방문에 이어 쿠바와 생활환경 등
제반 여건이 비슷한 하지 무하마드 수카르노의 인도네시아를 방문하고
8월 12일 요시프 브로즈 티토의 유고 연방을 방문하였다. 당시 유고는
여섯 개의 공화국이 모여 티토를 대통령으로 하는 연방공화국을 형성하
고 있었다. 그러나 유고는 5개 민족 4개 언어의 복잡한 양상을 띠고 있어
불인한 앞날이 예견되었다. 마침내 유고는 1980년 티토가 사망하고 40
년간 지속된 공산정권이 무너지자 각 민족 간에 민족주의가 대두되어 고
질적인 민족분규의 뇌관이 터지게 된다. 그래서 세르비아 인과 알바니아
인 사이의 '코소보 분규'를 시작으로 크로아티아와 슬로베니아 공화국
이 독립을 선언하게 됨으로써 '보스니아 내전'이 벌어지게 된다.

　게바라는 티토라는 인물에 대해서 많은 관심을 갖게 되었다. 티토
는 크로아티아 출신으로 제2차 세계대전 중 대독일 항전을 주도하다가
1945년 대통령이 된 후 1948년 스탈린의 소련과 단교하고 독자적인 사
회주의 노선을 걷게 되었다. 게바라는 유고에서 도시민들과 농민들의 협
동관계, 자본주의적 원칙을 근간으로 이윤을 사회에 분배하는 자발적인
노동여건이 이루어지는 것에 큰 자극을 받았다. 게바라는 유고 방문에

이어 반다라 나이케의 실론(현 스리랑카)을 방문한 뒤 8월 20일 마지막 순방지인 아유브 칸 장군의 파키스탄을 방문하였다. 양국은 쿠바의 사탕수수와 파키스탄의 양모, 양가죽, 황마 등을 맞 교역하기로 합의하였다. 게바라가 이끄는 사절단은 3개월간의 순방을 마치고 9월 8일 아바나에 도착하였다. 그는 순방 길에서 많은 것을 보고 배웠으며, 국가 간의 이해관계가 얼마나 복잡한 것인가를 몸소 터득하였다.

그 사이 본국에서는 많은 변화가 일어났다. 카스트로는 그동안 과거 바티스타 정권의 추종자들을 몰아내고 그들의 재산을 몰수하였다. 카스트로의 이러한 일련의 조치에 반감을 느낀 우르티아 대통령은 쿠바에 공산주의가 침투했다고 비난하면서 쿠바혁명은 인도주의에 기반을 둔 것이지 마르크스주의에 바탕을 둔 게 아니라고 주장하였다. 이에 대해서 카스트로는 우르티아를 반역자로 규정하고 이렇게 답변했다.

"나는 공산주의자가 아니다. 그렇다고 해서 외국의 다른 정부에 잘 보이기 위해서 반공주의자라고 말해야 할 필요도 없다." 쿠바 민중은 이미 카스트로에 기울고 있었으므로 우르티아의 행보는 무모하였다. 결국 우르티아는 사임을 발표하고 곧바로 베네수엘라 대사관에 보호를 요청하였다. 우르티아 후임으로 한때 공산주의에 경도되어 있는 오스발도가 대통령이 되었으나 그는 형식상 대통령이었고, 실권은 카스트로가 장악하게 되었다.

뜻밖에 국립 중앙은행 총재가 되다

멕시코 망명과 시에라마에스트라 반군 시절에 카스트로는 '선언'만 하면 되었다. 그동안 그는 너무 많은 공약을 남발해왔기 때문에 이제 명실상부한 최고 지도자가 된 마당에 선언을 현실로 구체화시켜야만 했다.

개혁이 혁명보다 어렵다는 말을 카스트로는 실감하였다. 그런 가운데 쿠바에는 혁명 당시와는 전혀 딴판인 냉기류가 조심스럽게 감돌기 시작하였다. 혁명 초기의 열기와는 달리, 일부이긴 하였지만 그에 대한 반대세력이 점차 머리를 들기 시작한 것이다. 토지개혁을 비롯한 광범위한 프로그램들이 기득권층으로부터 심한 반발을 샀다. 표면적으로 토지개혁은 엄격하고 공정한 것처럼 보였지만, 실제로는 즉흥적이고 무계획적이라는 비판을 받게 되었다. 더구나 그것을 실행하는 관리들의 교육수준이 낮고 무경험자들이었기 때문에 혼란은 더욱 가중되었다. 가장 크게 비난을 받게 된 것은, 대규모 농지를 소유한 자들로부터 마구잡이식으로 농지를 빼앗아 가난한 자들에게 싼값으로 나누어준다 해도 절차가 너무 복잡하고 탁상공론식이어서 땅을 가질 수 있는 농민은 별로 없고, 지주들은 지주들대로 너무 낮게 책정된 땅값에 불만이었다. 이런 상황에서 카스트로는 그가 앞서 밝힌 대로 공산주의자로 출발한 것은 아니었지만, 좋든 싫든 해답을 마르크스의『자본론』에서 찾아야 할 판이었다.

1959년 10월 7일, 카스트로는 고심 끝에 게바라를 국립토지개혁위원장에 임명하였다. 그가 이런 결정을 내린 것은 '이방인'인 게바라가 지난한 토지개혁문제를 정실에 치우치지 않고 처리할 적임자라고 판단했기 때문이었다. 그런데 당시 쿠바 국립중앙은행 필리페 파조로스 총재가 점진적인 개혁을 주장하고 나서 혁명정부와 마찰을 빚은 끝에 파조로스는 결국 동 총재직을 사임하고 말았다. 이렇게 되자 카스트로는 측근 들이 모인 자리에서 "이 방에 경제 전문가가 있소?" 하고 물었다. 그때 게바라가 손을 번쩍 들었다. 카스트로는 두 말 없이 "그러면 당신이 총재를 하시오." 하고 전격 지명해버렸다. 게바라는 이 뜻밖의 결정에 어리둥절하고 말았다. 그도 그럴 것이 당시 카스트로가 말한 것은 경제전문가 즉 'economista'가 없느냐고 물어본 것인데 게바라는 이때 'e' 발음이 빠진 공산주의자, 즉 'communista'가 없느냐고 묻는 것으로 잘못 알아듣고 주저 없이 손을 든 것이다. 그야말로 믿기 어려운 해프닝이었지만, 게바라는 이렇게 해서 토지개혁위원장에 국립은행 총재까지 겸하게 된 것이다. 11월 26일 국립중앙은행 총재가 된 게바라는 전문 금융인이 되기 위하여 살바도르 비야세카라는 계량경제학자로부터 매주 화요일과 토요일에 경제학과 경제수학 강의를 들었다. 이것이 인연이 되어 비야세카는 후에 국립은행 부총재가 되었다. 비야세카의 증언에 의하면 게바라는 미적분은 물론 계량경제학까지 짧은 시간에 모두 소화했으며, 나중에 비야세카는 더 이상 가르칠 것이 없다고 손을 들고 말았다. 그리고 비야세카의 경제수학 강의가 끝나면, 이번에는 비야세카가 게바라의 정치철학 수강자가 되어야 했다.

이 무렵(10월 26일) 시에라마에스트라 시절부터 불굴의 투지로 혁명을 성공으로 이끈 카밀로 시엔프에고스 대장이 탄 비행기가 정체불명의 비행기로부터 기총사격을 받고 추락하여 카밀로는 그 길로 행방불명이 되어 카스트로와 게바라의 마음을 아프게 하였다. 12월 1일 게바라는 그의 오랜 숙원인 토지개혁법안을 의회에 제출하면서 그의 소회를 이렇게 피력했다. "오늘 나는 구시대의 유물인 대토지 사유제에 종말을 고하는 법안에 서명했다. 나는 그토록 뿌듯한 자부심으로 돌보아 왔던 환자의 사망통지서에 내 이름을 기입하게 되리라고는 생각도 못했다."

게바라는 영달과 권세에는 아랑곳하지 않고 오로지 일에만 매달렸다. 그는 정오에 출근하여 새벽 3시가 되기 전에는 결코 집무실을 떠나지 않았다. 그러다 보니 그를 보필하는 부하들로서는 큰 고역이 아닐 수 없었다. 그는 즉흥적이고 낙천적인 쿠바인들에게 정확성과 근면성을 과시하였다. 게바라를 혁명시절부터 가까이 지켜보았던 오르란도는 "그는 엄격한 금욕주의자의 면모를 보이면서도 단순한 돈키호테주의에 매몰되지 않도록 자신을 조절해 나갔다."라고 회상했다. 이런 게바라이지만, 그는 치열한 혁명가적 헌신성을 타인에게 강요한 것은 문제가 있었다. 즉 그는 국립은행 총재 시절, 신축사옥 설계 시 32층 건물에 무슨 엘리베이터가 필요하냐고 우기는 바람에 주위사람들을 당혹스럽게 하였다. '천식을 앓고 있는 자신도 계단을 오르내리는 데 건강한 사람이 그렇게 못할 이유가 없지 않은가'라는 주장이었다. 그러나 그의 이러한 헌신성을 타인들에게까지 강요하는 것은 문제가 있었다.

'쿠바는 오고 양키는 가라!'

1960년 새해가 되면서 게바라는 고인이 된 시에라마에스트라 시절 동료 카밀로에게 헌정하는 『게릴라 전쟁』을 탈고하였다. 그는 이 책에서 게릴라전의 전략과 전술, 장소선택, 적지에서의 전술 등에 관해서 상세히 기술하였다. 후일 이 책은 베네수엘라 반군괴 다른 나라 게릴라들의 필수 교본이 되었다. 그 무렵 프랑스 철학자 사르트르가 그의 계약 동거녀 시몬 보부아르와 함께 쿠바를 방문하여 게바라와 진지한 대화를 나누고 이렇게 말했다. "파리에서 나는 쿠바혁명의 목표가 사회주의 건설인지 아닌지 이해되지 않아 쿠바인들을 만날 때마다 같은 질문을 했다. 이제야 그들이 이에 대한 대답을 할 수 없는 이유를 알게 되었다. 그 이유는 이 혁명의 본질이 바로 국민에게 결핍된 것을 메우려는 데 있었지, 선험적인 이데올로기를 빌려 정의하려는 것이 아니었기 때문이다." 그리고 사르트르와 보부아르는 쿠바방문 후 게바라를 가리켜 "우리 시대의 가장 완전한 인간"이라고 평하였다.

7월 24일 게바라의 집무실에 갑자기 어떤 이방인이 찾아왔다. 사전 면담신청이 없었기 때문에 한동안 실랑이가 벌어졌으나 게바라의 옛 동료

게바라와 담소하는 사르트르 부부

알베르토라는 신분이 밝혀짐으로써 두 사람은 실로 8년 만에 재회의 기쁨을 나누게 된 것이다. 알베르토는 쿠바 국립 농업센터에서의 학술 연구차 이 나라에 온 것이다. 8월 8일 게바라는 아바나에서 개최된 제1회 라틴아메리카 청년회의 폐막식에서 이렇게 말했다. "…… 혹시 여러분은 우리의 혁명이 공산주의 혁명이냐고 묻는 다면, 나는 마르크스주의 혁명이라고 정의를 내리겠습니다. 우리의 혁명은 우리만의 고유한 방식으로 마르크스가 지향했던 그 길을 찾았다고 말입니다. 여기서 내가 확신을 가지고 말할 수 있는 것은 소련이나 중국을 비롯한 사회주의 국가들뿐만 아니라 스스로 해방을 쟁취한 모든 식민 국가들과 반식민 상태에 놓인 국가들이 우리의 친구라는 것이다……." 이때의 청년회의를 계기로 라틴아메리카 대학생들 간에는 '쿠바는 오고 양키는 가라!(Cuba si Yankis no!)'라는 말이 나오게 되었다.

게바라는 카스트로로부터 재정조치권한을 위임받아 쿠바 내에 있는 미국 자산을 동결하고, 미국에 위탁되어 있는 쿠바의 금과 달러를 스위스로 옮겨버렸으며, 서방 자본주의 국가와 경제 고리를 끊고 공산세계와 손을 잡으면서 소련으로부터 1억 달러 이상의 원조를 약속 받았다. 그리고 이 무렵 니키타 흐루쇼프는 미국이 쿠바에 내정 간섭을 할 경우 미사일 공격으로 맞서겠다고 으름장을 놓았다. 당시 『타임』지는 이런 게바라에 대해서 이렇게 평하였다. "피델 카스트로는 현재 쿠바의 얼굴이자 목소리이며 정신이다. 라울 카스트로는 혁명을 위해 뽑아든 비수라 할 수 있다. 그렇다면 게바라는 두뇌이다. 그는 이 삼두마차에서 가장 매력적이면서도 가장 위험한 인물이다. 여자들을 홀리기에 딱 좋은, 우수가 깃든 미소를 입 꼬리에 흘리면서 게바라는 냉정하고도 치밀한 방식으로 쿠바를 이끌고 있다. 놀라운 능력과 지성, 그리고 세련된 유머로."

'행동하는 지성' 게바라

게바라는 1960년 10월, 러시아 볼셰비키 10월 혁명 43주년 기념식에 참석하기 위해 체코를 거쳐 모스크바에 도착하여 흐루쇼프를 만나고 경제·군사원조에 관한 폭넓은 의견교환을 하고 베이징으로 향하였다. 당시 소련과 중국의 미묘한 관계 때문에 쿠바와 중국 간에도 미묘한 기류가 감돌고 있었지만 많은 인파들이 게바라를 환영해주었다. 게바라는 베이징에서 그의 청년 시절 존경의 대상이었던 마오쩌둥을 만났다. 접견실에서 붉은 장막을 헤치고 나타난 그의 모습은 거의 신적이었다. 게바라는 마오쩌둥과의 회담에서 소련과의 정치적 관계와 아프리카에서의 중국의 입장에 대해서 의견을 나누고, 마르크스·레닌주의가 소련보다 중국에서 더 순수하게 진행되고 있음을 확인할 수 있었다. 12월 1일 게바라는 중국과 경제협력에 서명한 후 평양을 방문하여 김일성과 회견하고 무역 및 학술교류협정을 체결하였으며, 귀국에 앞서 다시 모스크바에 들러 소련의 쿠바산 사탕수수 수입결정에 합의하고 귀국하였다.

게바라는 1961년 2월 산업부장관이 되면서 사탕수수 경작지의 축소와 식량 경작지의 확대, 신발, 의류, 건축자재 등 생필품 공업과 기계, 종이, 석탄 등 기간산업의 확대 및 이의 국유화, 1차 산품의 수입제한, 외화자산의 증대, 그리고 임금제도의 개선 등 의욕적인 청사진을 밝혔다. 그러나 모든 정책은 의욕만 가지고 되는 것은 아니어서 기득권층의 반발과 임금 노동자들의 임금인하에 대한 불만 때문에 그의 정책은 벽에 부딪쳤다. 이런 가운데 미국은 쿠바의 자립을 방해하기 위해서 대쿠바 생필품 수출억제 조치를 취하였다. 게바라는 이에 대한 탈출구로 사회주의 국가들을 방문하여 이들로부터 지원 약속을 받았다.

게바라는 공직을 수행하면서도 독서와 연구를 게을리 하지 않음으로써 이론가로서도 면모를 잃지 않았다. 이런 그였기 때문에 게바라는 주변 사람들로부터 잠은 언제 자느냐는 질문을 자주 받곤 하였다. 그때마다 그는 다른 사람들과 똑같이 자고 먹는다고 답변하였지만, 실상은 하루에 3-4시간만 자고, 부족한 잠은 토막잠으로 피로를 해소하였다. 그는 쿠바혁명의 시대적 이념과 관련하여 이렇게 말했다. "…… 우리에게 마

게바라를 반갑게 맞이하는 마오쩌둥

르크스주의자인지 아닌지 묻는 것은 물리학자에게 뉴턴주의자냐고 묻는 것이나, 생물학자에게 파스퇴르주의자냐고 묻는 것과 다를 바 없다. 새로운 현상에 새로운 개념을 규정한다 하여도 아이작 뉴턴을 믿는 물리학자나 루이 파스퇴르의 영향을 받는 생물학자가 결코 과거를 제외하고 생각하지 못할 것이라는 점을 염두에 두고 보면 우리가 마르크스주의자가 되어야 함은 무척이나 당연한 가정이다. 마르크스의 가치는 그가 사회사상의 급격한 질적 변혁을 창출하였다는 점이다. 그는 '역사'를 해석하는데 그치지 않고 그 역동성을 이해하였으며 미래를 내다보았다……'자연을 해석하기만 해서는 안 된다. 그것을 변형시켜야 한다.' 자신을 둘러싸고 있는 환경의 노예나 도구로 머물지 않기 위해서 인간은 자기 자신의 의도에 따라 그것을 변형시켜 재조직해야 한다.…… 우리, 혁명의 전사들은 학자로서 마르크스가 예견했던 법칙들을 존중하며, 낡은 권력구조를 타파하기 위한 봉기의 길을 걷기 시작하였다. 우리는 이 구조를 타파하기 위해 민중에 의존하고 민중의 행복을 우리의 투쟁 바탕으로 삼으면서 과학자 마르크스의 예지를 실현시키는 과정에 있는 것이다."

게바라는 시에라마에스트라 시절부터 읽은 마르크스, 레닌 서적 외에 혁명이 성공한 후 바쁜 공직 일정에도 틈틈이 천식을 완화해주는 따끈한 마테차를 마시며 『프로이트 선집』과 『프랑스 시선詩選』, 페르디난드 마젤란, 데시데리우스 에라스뮈스, 허버트 마르쿠제의 저작들을 읽고 교양과 지성을 다져갔으며, 쇠렌 키르케고르, 카를 야스퍼스, 마르틴 하이데거의 실존 철학에도 남다른 지식을 쌓았기 때문에 사르트르를 만났을 때도 전혀 주눅이 들지 않고 대등한 위치에서 대화를 나누었다. '생각하는 인간으로서 행동하되, 행동하는 인간으로서 생각하라'라는 앙리 베르그송의 말처럼 그는 행동하는 지성의 전형이었다.

모국을 방문하다

그 무렵(1961년 4월) 워싱턴 백악관 당국은 '하룻강아지 범 무서운 줄 모르고' 신경을 자극하는 이 작은 이웃 쿠바에 본때를 보여줄 기회만을 노리고 있었다. 이따금 B-29기 편대가 쿠바 해안 가까운 상공에 날아와 위협 선회하였다. 새 대통령이 된 존 F. 케네디 대통령의 승인 하에 미국은 마침내 피그만에 있는 쿠바국적 미국 하수인들로 조직된 특공대(1,500명)로 쿠바 상륙작전을 시도하였다. 그러나 그 작전은 상륙선이 해안에서 좌초하는 바람에 특공대원 대부분이 죽거나 포로로 잡히고 말았다. 이때 카스트로는 미국이 밀림 개발용 트랙터 500대를 주면 포로를 석방하겠다고 큰소리를 쳤다. 그러나 백악관 당국은 어찌된 일인지 묵묵부답이었다. 결국 체포된 용병 특공대원들(1,190명)은 군사재판에 회부되어 전원 30년형의 중형이 선고되었다. 그러나 포로들 가족 대표와 아바나 측을 대표하는 바레토, 그리고 뉘른베르크 전범재판에도 관여했던 제임스 B. 도노반 변호사 등의 협의와 중재로 식량과 의약품 외에 알 수 없는 규모의 달러를 쿠바 당국에 건네주고 포로들은 그해 크리스마스 전날 석방되어 미국행 비행기에 오를 수 있었다.

이에 앞서 1961년 8월 게바라는 아르헨티나로부터 부에노스아이레스를 방문해 달라는 요청을 받았다. 당시 아르헨티나는 1955년 군부 쿠데타에 의해 페론 정권이 무너진 후 아르트로 프론디지가 대통령이 되었다. 그러나 아르헨티나 당국은 게바라의 모국 방문이 정국에 미칠 파장을 우려하여 게바라가 공식회담 외에는 일체의 비공식 활동을 하지 않는 조건을 붙였다. 그는 모국 방문 시에도 변함 없이 올리브그린 색 군복 차림이었으며, 대통령 관저에서 프론디지와 게바라는 회담을 하면서 서로 상대방의 의중을 떠보는 데 신경을 곤두세웠다. 프론디지는 브라질의 자니오 꽈드로스 대통령처럼 아르헨티나가 미국과 쿠바 간의 중재역할을 잘만 하면 떡고물이라도 떨어질 수 있다는 계산이었다. 이를 알아차린 게바라는 형식적인 협정에만 서명하고 귀국 길에 브라질에 들러 꽈드로스 대통령과도 만났으나 회담 결과는 프론디지와 같았다. 게바라가 이들 남미 두 강대국에 들러리만 설 수 없는 노릇이었다. 공교롭게도 이들 두 대통령은 게바라와 회담이 끝난 지 며칠 후 똑같이 권좌에서 물러나야만 했다. 귀국 길에 게바라는 마지막 시간에 행선지를 바꾸어 쿠바 대표단 모두가 몰살 될 뻔한 비행기 사고를 면하게 되었다. 그 사건의 진실은 속 시원하게 규명되지 않았지만 그것은 게바라의 생명을 노린 것이 아니었 나 하는 추측을 불러일으켰다. 게바라가 귀국하고 얼마 지난 1961년 12 월 2일 카스트로는 쿠바혁명의 성격을 마르크스-레닌주의로 공식 규정 했다. 그것은 그란마 호 상륙작전 후 실로 5년 만이었다.

1962년 3월 미국과 쿠바 간의 냉기류는 더욱 심화되었다. 케네디는 지 금이야말로 이 작은 섬나라에 무언가 본때를 보여줄 때라 판단하고 쿠바 로부터 일체의 수입을 금지하겠다는 의지를 밝히고, 그 일환으로 3월 11 일 일체의 미국산 농산물을 팔지 않겠다고 발표하였다. 그러나 쿠바도 이에 겁내지 않고 정공법으로 맞서 나갔다. 게바라는 그해 8월 다시 모스 크바를 방문하여 니키타 세르게예비치 흐루쇼프와 회담하고 농산물 수 출입, 기술과 농업, 수력발전, 철강 산업 및 군사협정까지 체결하였다. 귀 국 길에 게바라는 신생 알제리를 방문하여 아흐메드 벤벨라와 의기투합 하였으며, 벤벨라도 곧바로 쿠바를 답방하였다.

'구시대인은 가고 새로운 인간만 오라!'

그해 10월 게바라는 아바나에 모인 청년당 간부들 앞에서 이렇게 연설했다. "젊은 공산주의자의 의무는 본질적으로 새로운 인간형의 완성입니다. 새로운 인간형의 완성이란 말은 최고의 인간에 접근해야 된다는 뜻입니다. 그 최고의 인간은 노동과 학문, 이 세계 모든 민중과의 부단한 연대를 통하여 정제된 인간입니다. 이 지구상 어디선가 무고한 목숨이 꺼져갈 때 고통을 느낄 수 있으리 만치 감성을 개발하며 자유라는 깃발 아래 분연히 일어설 줄 아는 인간입니다." 이처럼 게바라의 연설은 카스트로의 현실적인 연설과는 달리 언제나 이상을 추구하는 내용으로 충만해 있었다.

쿠바 문제로 심기가 매우 불편해진 케네디 대통령은 1963년 11월 22일 마이애미에서 열린 미 대륙 언론협회에 참석, 연설한 후 운명의 땅 댈러스로 향하였다. 오픈카를 타고 환호하는 청중들에게 손을 흔들며 답례하는 케네디 대통령은 어디선가 날아온 한 발의 총알에 의해 그 자리에서 쓰러지고 말았다. 상태는 치명적이었다. 동승했던 재키 여사는 "오 노(Oh, no!)"하며 절규하였지만, 모든 상황은 일순간에 끝나고 말았다. 범인은 공산주의자로 추정되는 리 하비 오스왈드로 밝혀졌지만, 그 역시 재판을 받으러 가는 도중 술집 주인 잭 루비에 의해 살해됨으로써 사건의 진상은 미궁에 빠지고 말았다. 일부 전문가들은 오스왈드가 러시아 측 스파이거나 극단적인 마르크스주의자, 또는 카스트로 옹호자일지 모른다는 근거 없는 주장을 늘어놓았다.

케네디 암살 사건으로 미국과 쿠바의 관계는 더욱 냉각되었으며, 후임 대통령 린든 B. 존슨의 쿠바에 대한 압박은 카스트로가 예상했던 것보다 빨리 다가왔다. 존슨은 친 카스트로 국가에 대해서 모든 원조를 중단한다고 발표하였다. 그러나 카스트로 정권은 이에 굴하지 않고 모든 경제 장벽을 견디어 내면서 농업을 기계화하고 전력 공급의 자급화 등 일련의 공업정책을 추진하였다. 게바라는 그 무렵 '구시대인은 가고 새로운 인

콩고로 떠나기 전에 찍은 게바라의 마지막 가족 사진

간만 오라!'는 슬로건을 내걸고 경제혁명뿐만 아니라 인간혁명을 외쳤다. 그는 또 이렇게 말했다. "구체제가 붕괴되고 난 후 우리는 절충적인 인간을 통해 새로운 사회가 건설되기를 원했습니다. 자본가들의 시대를 대표하는 구시대인은 다른 유형의 인간, 즉 자신의 동료를 착취하려는 욕구를 갖지 않은 인간으로 대체하는 것입니다. 언제나 이윤을 행복의 잣대로 삼으려는 자들에게 사악함이 뒤따르기 마련입니다."

이런 게바라를 두고 프랑스 철학자이자 경제학자 샤를 베틀랭은 이렇게 평하였다. "나는 나세르, 네루, 저우언라이, 그리고 카스트로와 알고지냈지만 게바라만큼 나에게 강렬한 영향을 미친 인물은 매우 드물었습니다…… 그를 좋아하지 않고는 못 배기게 하는 그런 카리스마로부터 발산되는 단순 명료함이라 할까요. 물론 그는 모든 일을 너무 조급하게 처리하려고 하였지요. 사실 그가 이야기하는 새로운 인간이란 순식간에 이루어질 수 없는 인간이었습니다. 게바라는 자기의 바람대로 다른 이들이 행동하여 주기를 원했습니다. 그 자신은 그런 행동이 그들의 행복을 증진시켜준다고 믿고 있었으니, 그렇게 행동할 수 있었을 것입니다. 그러나 모든 사람들이 그렇게 행동하는 것은 불가능한 일이지요. 사람들에게는 선택의 여지를, 그리고 시간을 남겨 놓아야 했지요. 우선 상대의 이야기를 들어보아야 했습니다. 대화는 변화를 가져다주지요. 그가 꿈꾸었던 새로운 인간이란 너무나 완벽한 '로봇'이나 다름없는 존재지요. 따라서 그건 유토피아적 사고였다고 말할 수밖에 없었습니다." 베틀랭의 이 말은 게바라의 단점을 가장 정확하게 지적한 말이었다. 그의 조급한 성격, 완벽성, 지나친 이상주의는 그의 삶을 단축하는 결과로 작용한 것이다. 이 점이 느긋하고 현실적 이상주의자 카스트로와 다른 점이었다. 그러나 게바라의 신념은 변함이 없었으며, 새로운 인간상의 구현에 온 힘을 쏟았다. 이런 지나친 이상주의적 신념 때문에 쿠바 내 일부 젊은 층과 불협화음을 빚기도 했다. 이런 그들에게 게바라는 다음과 같이 말했다. "분명히 훌륭한 개혁주의자는 쿠바 국민의 삶의 질을 향상시킬 것이다. 하지만 그것만이 곧 혁명은 아니다. 혁명은 희생이요, 투쟁이며, 미래에 대한 확신이다. 혁명은 우둔한 개혁주의 프로그램을 넘어서는 그 무엇이다. 그걸 위해서는 개인의 이익을, 이윤만을 따지는 일을 경계해야 한다. 그래야만 새로운 인간상을 획득할 수 있을 것이다."

이런 게바라였기 때문에 그에게는 언제나 고독이 뒤따랐다. 그럴 때마다 그는 쿠바에 체류 중인 옛 선배 알베르토를 불러 속마음을 털어놓고 이야기를 나누었으며, 어느 때는 알베르토와 측근 한 두 사람만 데리고 시에라마에스트라를 찾아 기진맥진할 때까지 행군을 계속하였다. 당시의 상황을 알베르토는 이렇게 회상했다. "행군기간 중 나는 완전히 기진 맥진했습니다…… 우리는 정어리 통조림 두 개로 식사를 때우고 시냇물로 목을 축였습니다. 한참이 지난 후에야 이날을 떠올려 보면서 에르네스토(게바라)가 다른 어느 곳에서 혁명의 불길을 지피기 위해 예행연습을 하고 있거나, 아니면 다른 곳을 위해 봉사할 결심을 하고 있었을 거라는 것을 깨달았습니다." 대부분의 마르크스주의자들은 마르크스를 발견하면 레닌을 따르는 것이 상례인데 게바라는 마르크스주의 고찰을 지나치게 앞서가고 있는 느낌을 주었다.

게바라는 러시아 10월 혁명 47주년 기념식에 초청을 받아 세 번째로 모스크바로 향하였다. 비록 하늘을 날고 있었지만, 그의 머릿속에는 자신의 진정한 임무, 지상에서의 투쟁, 즉 게릴라로 돌아가겠다는 생각으로 꽉 차 있었다. 알베르토는 누구보다도 게바라의 마음속을 꿰뚫어보고 있었다. 12월 9일 게바라는 UN 총회에서의 쿠바의 입장을 대변하기 위하여 뉴욕으로 향하였다. 별이 달린 베레모와 가죽 재킷을 걸친 채 그는 카리브 해에서 훈련받고 있는 미국의 용병정책을 신랄히 비난하면서 남아프리카의 '아파르트헤이트(Apartheid)', 즉 인종차별정책에 강한 불만을 털어놓았다. 그리고 그는 이 회의에서 자신의 신념을 거침없이 토해냈다. "나는 쿠바인이자 아르헨티나인입니다. 여기에 계신 라틴아메리카 대표들이 어떻게 생각할지 모르지만, 나는 라틴아메리카를 사랑하는 애국자입니다. 따라서 감히 말하건대 때가 오면 라틴아메리카의 어느 국가의 자유를 위해서라도 이 한목숨을 기꺼이 바칠 것입니다." 그를 곁에서 지켜보았던 사람의 말처럼 게바라는 소련의 마르크스주의가 점차 빛을 잃고 모스크바의 늙은 정치가들에 의해 경직되게 이끌려가고 있는 것을 직시하고, 빈사상태에 있는 혁명사상에 또 다른 활기를 불어넣기 위해 라틴아메리카에서의 또 하나의 혁명은 한시가 급하다고 판단하였다. 그런 의미에서 후일 그의 볼리비아 행 결심은 예견된 순서였을 것이다.

1965년 카이로를 다시 찾은 게바라를 보고 후일 나세르는 그에게서 자기 파괴적인 그 무엇을 감지하였다고 술회하였다. 게바라는 나세르에게 사회주의 국가들도 제국주의적 착취에 일조하고 있다고 전례 없이 소련의 호혜주의를 비판하였다. 그 무렵 알제리의 벤벨라도 소련의 호혜정책에 곱지 않은 시선을 보여 두 사람은 사회주의 국가의 이단아 취급을 받아가고 있었다. 3개월간의 긴 여행길에서의 게바라의 이러한 일련의 돌출행동은 크렘린을 크게 자극하였으며, 귀국 후에 다시 만난 카스트로의 표정을 어둡게 만들었다. 게바라와 카스트로는 서로 상대방의 입장을 파악하기 위하여 오랜 시간 대화를 나누었다. 멕시코에서 첫 대면을 가진 지 어느덧 10년, 그들의 목소리는 예전 같지 않았다. 카스트로는 게바라를 폭넓게 설득하고 이해하려 했지만 게바라는 더 이상 쿠바에 머무르고 싶지 않았다. 쿠바의 최대 우방국인 모스크바 당국의 심기를 건드린 마당에 게바라는 자신이 쿠바에 오래 머무는 것은 카스트로에게 짐이 될 것이라고 판단하고 있었다.

카스트로와의 결별, 그리고 콩고에서의 실패

이제 게바라의 마음은 쿠바를 떠나 있었다. 게바라와 카스트로는 혁명의 초기에는 뜻이 같았지만, 혁명을 실현시킨 오늘에는 게바라의 이상적인 혁명론과 카스트로의 실용적이고 현실적인 혁명론은 평행선을 달리고 있었다. 마침내 어느 날 게바라는 모든 것을 버리고 홀연히 카스트로 곁을 떠나버렸다. 그때부터 항간에는 게바라에 관한 각종 소문이 꼬리에 꼬리를 물고 퍼져나갔다. 게바라가 산토도밍고에서 살해되었다느니, 카스트로와 불화로 감옥에 있다느니, 또는 멕시코의 망명자보호소에 있다느니, 심지어 그가 조국 아르헨티나에서 새로운 게릴라전을 준비하고 있다는 소문까지 나돌고 있었다. 그 자신이 말한 바와 같이 게바라는 이전에 아프리카를 방문했을 때 블랙 아프리카 문화에서 라틴아메리카의 원형을 읽을 수 있었다. 이제 그의 혁명정신은 아프리카로 향하고 있었다. 게바라의 행방불명이 알려지면서 쿠바 내 언론들뿐만 아니라 워싱턴과 심지어 모스크바 당국까지도 이 성가신 독설가의 행방에 신경을 곤두세우고 있었다.

게바라는 그의 새로운 투쟁지로 벨기에령 콩고를 선택하였다. 그가 콩고를 선택한 것은 그럴만한 이유가 있었다. 게바라는 그 무렵 아프리카 내정에 깊은 관심을 갖게 되었는바 그것은 쿠바혁명정부의 신뢰를 한 몸에 받아 왔던 제3세계 지도자 파트리스 루뭄바의 갑작스러운 죽음이었다. 그는 카탕카에서 1961년 1월 17일 모이세 촘베에 의해서 암살을 당하였다. 게바라는 루뭄바의 죽음이 제국주의(벨기에)의 사주에 의한 것이라고 믿고 있었다. 게바라는 시에라마에스트라의 꿈을 콩고에서 재현시킬 수 있다고 믿었다. 그는 콩고로 떠나기에 앞서 주변을 정리하고 부모님과 자녀들, 그리고 카스트로에게 편지를 썼다. 그는 부모에게 보낸 편지에서 "······ 본질적으로 저는 변한 것이 없습니다. 저의 마르크스 사상이 더욱 깊어졌고 정제되었다는 점을 제외하고 말입니다······ 저는 해방되고자 하는 민중들의 유일한 해결책은 바로 무장투쟁밖에 없다고 믿고 있으며, 이 신념을 일관되게 따를 뿐입니다. 많은 사람들이 저를 무모한 모험가로 여기고 있는 것도 잘 알고 있습니다. 물론 그렇습니다. 하지만 다른 형태의 모험가지요. 바로 자신의 진실을 지키기 위해서는 목숨까지도 내 던질 수 있는 그런 모험가 말입니다······ 이제 예술가의 희열로서 연마한 제 의지가 무뎌진 다리와 지친 폐를 지탱해줄 것으로 믿습니다. 그리고 저는 마지막까지 나아가겠습니다. 가끔은 이 20세기의 난폭한 모험가를 기억해주시겠지요······." 게바라의 어머니는 아들의 편지를 받을 때마다 가슴이 미어지곤 하였다. 결국 그녀는 1965년 5월 19일 57세의 나이로, 언제 무슨 일이 일어날지 모르는 자식의 앞날을 걱정하면서 눈을 감고 말았다.

카스트로에게 남긴 장문의 편지는 그의 소회를 소상하게 밝히고 있다. 카스트로는 게바라의 안전을 위해 오랫동안 비밀에 부쳐 오다가 1965년 10월 3일 쿠바 공산당중앙위원회가 소집된 그날 처음으로 게바라의 편지를 공개하였다. 그날 게바라의 아내 알레이다와 그의 자녀들도 초대를

510

받았는데 장내는 갑자기 숙연해지고 이어서 그의 편지가 낭독되었다.

결별 직전의 게바라와 피델 카스트로

"피델, 이 순간 나에게는 많은 생각이 떠오릅니다. 마리아 안토니아 집에서의 첫 대면, 당신과 함께 오자는 제의, 그리고 혁명을 준비하는 과정에서 수반된 그 모든 긴장들. 언젠가 우리에게 이렇게 물었지요. 죽어야 할 시간이 오지 않겠느냐고…… 지금은 모든 것이 그렇게 극적이지 않습니다. 그만큼 우리가 더 원숙해졌다는 것이겠지요. 하지만 현실은 반복되는 법입니다. 나는 쿠바혁명에서 내가 할 바의 몫을 다했다고 여기며 어느덧 내 자신의 일부가 되어버린 당신과 동지들, 쿠바 국민들에게 작별을 고합니다. 나는 당에서의 내 직책과 장관으로서의 직위, 대장이라는 계급, 그리고 쿠바 시민권을 공식적으로 내놓습니다…… 나는 찬란한 날들을 살아왔습니다. 당신의 곁에 머물면서 카리브 해의 위기가 야기한 슬프고도 저 빛나는 시간들을 우리의 민중과 더불어서 함께 했다는 사실에 긍지를 느낍니다…… 이제 당신과 헤어질 것을 생각하니 희열과 고통이 어지럽게 내 마음을 휘젓는군요. 여기에 나는 건설자로서 나의 가장 순수한 희망을 두고 갑니다…… 그리고 나를 친자식처럼 따뜻하게 맞아주었던 쿠바 민중들을 두고 떠납니다. 이 모든 것들이 나의 희망의 일부로서 계속 남아 있을 것입니다. 제국주의가 있는 곳이라면 어디든지 가리지 않고 새로운 전장에서 나는 당신이 나에게 심어주었던 신념, 민중의 혁명 정신, 가장 성스러운 의무를 수행한다는 감정을 지니고 있을 겁니다…… 나는 아내와 자식들에게 물질적으로 아무것도 남기지 않고 떠나지만 그것을 안타깝게 생각하진 않습니다. 그러는 것이 오히려 기쁠 따름입니다. 나는 그들을 위해 아무것도 요구하지 않을 것입니다. 국가가 그들의 생활과 교육을 충분히 책임져 주리라고 믿기 때문입니다…… 승리를 쟁취하는 날까지, 영원히 전진! 조국이 아니면 죽음을! 나의 모든 혁명적 열정을 다하여 당신을 포옹합니다. ―체 게바라.”

게바라는 자녀들에게도 혁명이 왜 중요한지, 그리고 세계 어디선가 누군가에 가해질 모든 불의를 깨달을 능력을 가져주기를 바라는 편지도 썼다.

게바라의 특공대는 1965년 1월부터 3월까지 지옥훈련을 거듭한 끝에 최종 정예대원을 136명(흑인 131명, 백인 5명)으로 확정지었다. 이들은 몇 그룹으로 나뉘어 각기 다른 비행기를 타고 아프리카에 잠입하여 탄자니아와 가까운 탕가니카 호수 근처 카고마로 가서, 그곳에서 동력선을 타고 5월 첫 새벽 킨사샤에 도착하였다. 이에 앞서 콩고 측 게릴라들은 호수가 보이는 낭떠러지 안전한 요새에 게바라 부대의 거처를 마련해 놓았다. 그 뒤에도 추가로 쿠바 게릴라 요원을 충원하여 쿠바인 총 유효병력은 410명이 되었다. 게바라는 이와 함께 현지 반정부 세력의 지원을 받아 콩고인 2천 명을 특공대 요원으로 차출하여 그가 시에라마에스트라에서 쌓은 모든 경험과 전술을 이들 원주민 게릴라들에게 전수했다. 그리고 게바라는 이들과 숙식을 함께 하며, 열다섯 살짜리 프레디라는 소년으로부터 콩고 토착어인 스와힐리어를 습득해나갔다. 게바라는 훈련 중 아픈 환자도 손수 치료해주었기 때문에, 이들은 게바라를 '타투 무간다(스와힐리어로 고통을 덜어주는 사람)'로 불렀다. 게바라의 특공대는 6월 30일을 디데이로 정하고 이들 게릴라들에게 '먼저 희생하면 결국 모두의 이익이 된다'라는 신념을 심어주었다. 그러나 원주민 게릴라들은 처음부터 투쟁의식이 결여되어 있었고, 쿠바인 들은 현지 지형에 익숙하지 못하여 작전은 처음부터 벽에 부딪치고 말았다. 전황이 지지부진한 가운데 설상가상으로 이라크에서 열린 아프리카 연합 정상회의에서 내정간섭이라는 이유로 쿠바 게릴라들을 콩고에서 철수토록 결정하였다. 쿠바인들이 콩고에 들어오게 된 것을 알게 된 촘베가 더욱 폭정을 휘두르게 되자 콩고 '자유전선'도 쿠바인들의 철수를 요구하게 되었다. 1965년 8월 결국 게바라가 이끄는 게릴라 부대는 이렇다 할 전투도 해보지 못하고 실망만 안은 채 철수를 해야만 했다.

볼리비아에서의 마지막 처절한 투쟁

게바라는 콩고에서 실망만 안은 채 극비리에 쿠바로 다시 돌아왔다. 그는 변장을 하였기 때문에 아바나 공항에서도 아무도 그를 알아보지 못했다. 그는 우루과이 국적 상인 아돌프 메나 명의의 가짜 여권으로 국내에 들어온 것이다. 사실 게바라는 오래 전부터 라틴아메리카를 해방하는 것을 평생의 꿈으로 간직해왔다. 그는 스페인 시인 안토니오 마차도 (1875-1939, 시인 극작가)의 "길이 없다 하여도 앞으로 나아가면 스스로 길을 만들 수 있다."라는 말을 자기의 신념으로 간직해나갔다. 그런 신념에서 게바라는 다음 혁명 지를 볼리비아로 선택하였다.

게바라가 볼리비아를 라틴 아메리카 혁명의 전진 기지로 삼은 것은 몇 가지 이유가 있었다. 당시 볼리비아는 르네 바리엔토스 친미 군사정부의 독재에 맞서 투쟁하는 공산당 계열의 반정부 세력이 있었고, 저임금에 반항하는 광부들이 많이 있었다. 그러나 무엇보다도 중요한 것은 볼리비아가 안데스산맥과 아마존 강을 끼고 라틴 아메리카 심장부에 위치해 있는 데다가, 아르헨티나, 칠레, 파라과이, 페루, 브라질 등과 국경을 맞대고 있어 혁명이 성공한다면, 그 불길이 이들 국가에도 쉽게 파급될 수 있다는 판단 때문이었다. 그리고 볼리비아의 정글은 게릴라 활동의 최적지로서 어떤 면에서 쿠바 시에라마에스트라 보다 천연 요새가 많아 '해방구'를 설치하기 쉽고 외부세력의 침투가 용이하지 않은 곳이었다.

게바라는 1966년 7월부터 9월까지 5명(빌레가스, 타마요, 코에요, 사야스, 외과의사 콘셉시온)의 쿠바인 핵심대원과 함께 시에라마에스트라에서 실전 경험이 풍부한 대원들을 차출하여 쿠바의 피나르델리오 밀림지역에서 강도 높은 훈련을 실시하였다. 1966년 10월 게바라는 작전상 볼리비아로 직행하지 않고 모스크바와 프라하, 그리고 마드리드와 상파울루 등 복잡한 경로를 거쳐 11월 3일 마침내 볼리비아 라파즈에 도착하여 무사히 공항을 빠져나갔다. 앞서 이야기 한 바와 같이 우루과이 상인의 가짜여권을 소지하고 그의 트레이드마크인 콧수염도 깎아버리고 대머리로 변장하였기 때문에 어느 누구도 그를 알아보지 못했다.

1966년 11월 5일 게바라는 라파즈에서 동료 코에요와 만나 지프를 타고 몇 시간 후 또 다른 동료 타마요 일행과 무사히 접선하여 6일 아침 코챠밤바 협곡을 지나 넓고 깊은 리오그란데 강을 건너 최종 목적지 냥카우아수에 도착하여 양철지붕 가건물에서 여장을 풀었다. 게바라는 그곳에서 공산당 총비서 출신인 마리오 몽헤, 한 때 볼리비아 공산당에서 축출당했던 모이세스 게바라, 그리고 파리 고등사범 출신의 수재로 프랑스 국적 기자이자 작가 겸 철학자인 레지 드브레이와 합류하였다. 이렇게 해서 게바라 진영에 모인 게릴라 부대는 총 53명이 되었다. 이 가운데는 동독인 아버지와 소련인 어머니를 둔 타니아라는 미모의 여인도 끼어 있었는데 그녀는 동독 국가보안성 첩자였다. 그녀는 1959년 모스크바에서 게바라를 만난 후 그에게 매료되어 1962년 쿠바에 정착하였다가 게바라의 게릴라전을 돕기 위해 볼리비아 라파즈에 잠입하여 게바라의 연락책으로 활동하였다. 그녀는 한때 산타크루스 방송에서 '사랑에 병든 이에게 드리는 충고'라는 프로를 진행하며 게바라에게 비밀 메시지를 전하곤 하였으며, 후에 게바라의 게릴라 부대에 합류하여 소련에 게바라의 활동 상황을 보고하는 2중 스파이 노릇을 하였다. 게바라는 현지사정에 밝은 몽헤에게 작전을 짜고 각자에게 적절한 역할을 맡기는 임무를 부여하였으며, 드브레이에게는 다른 나라의 후원을 받아내는 임무를 부여하였다.

　게바라는 1966년 1월 7일부터 속칭 '볼리비아 일기'라는 이름으로 볼리비아 게릴라전 상황을 1967년 10월 8일 총상을 입고 체포되기 전날까지 11개월 동안 하루도 거르지 않고 기록하였다. 그러나 볼리비아에서의 게릴라전은 시작부터 무모한 모험이었다. 시도 때도 없이 쏟아지는 폭우와 익숙하지 못한 지형, 살인적인 모기와 독거미, 갖가지 독충에다 식량 부족은 말할 것 없고 각국에서 잡탕 식으로 모여든 대원들 간의 불화와 불신이 더 큰 적이었다. 그 중에서도 마리오 몽헤가 가장 비협조적이었다. 몽헤는 투쟁이 볼리비아에서 진행되는 한 자신이 정치, 군사 부문의 지휘권을 가져야 한다는 것이었다. 게바라는 몽헤의 입장을 대원들에게 설명한 후 자기와 함께 남든가, 아니면 볼리비아 공산당의 결정에 따르든가를 표결에 부쳤다. 대원들은 모두 게바라와 함께 남겠다고 하였다. 몽헤는 이 결정에 충격을 받고 그 다음날인 1967년 1월 1일 게바라와 상의도 없이 사라져버렸다. 사실 그 무렵 소련은 미국과의 비밀협약에 따라 라틴아메리카 문제에 개입하지 않기로 하고 게바라가 더 이상 라틴아메리카에서 시끄럽게 하지 않도록 하고자 하였다. 그래서 소련은 몽헤를 조종하여 볼리비아 원정대의 파견을 방해한 것이다. 이처럼 게바라가 볼리비아 전투에서 가장 큰 어려움은 소련의 사주를 받은 몽헤의 방해공작이었다. 이러한 점에서 볼 때 게바라의 볼리비아 게릴라전은 카스트로의 지원을 제외하면 사실상 고립무원의 무모한 전투였다. 그럼에도 불구하고 게바라는 볼리비아에서 게릴라전을 밀고 나갔다.

몽헤가 떠나 버린 후 게바라는 더 이상 몽헤의 공산주의자들과 연계투쟁을 포기하고 그 지역 농민들이나 광부들을 포섭하여 자체세력을 확장하고자 하였다. 특히 주변에 주석광산이 있어 그곳의 광부들이 주 포섭 대상이었다. 그러나 볼리비아 농민들은 시에라마에스트라 농민들과 성향이 달랐다. 그럼에도 불구하고 게바라는 시에라마에스트라의 환상을 떨쳐버리지 못하고 이곳에서도 무지한 농민들을 교육시키고 정신무장을 강조하였다. 그러나 겁에 질린 현지 농민들에게 그의 뜻이 먹혀 들어가지 않았다. 몽헤가 그랬듯이 볼리비아인들에게 쿠바 게릴라들도 외국군이요 간섭자로 비쳤다. 또한 당시 볼리비아에도 부패가 만연해 있었지만 볼리비아 농민들은 비록 적은 농토이긴 해도 최소한의 농지 소유권이 있어 생계에는 지장이 없었다. 게바라는 그것을 직시하지 못했다. 더구나 당시 바리엔토스 대통령은 쿠바의 바티스타와는 달리 노동자, 농민들로부터 상당한 인기를 끌고 있었다. 그런 점에서 볼 때 게바라가 볼리비아를 라틴아메리카 혁명의 최적지로 생각한 것은 단지 지리적 여건만 고려하였을 뿐, 정치적 상황을 깊이 통찰하지 못한 것으로, 이것은 돌이킬 수 없는 큰 실수였다.

게바라는 이미 볼리비아 정부군이 게바라군의 단파방송을 청취하고 그들의 위치도 파악하고 있다는 사실을 알고, 카스트로에게 조속한 보급품 지원과 대책을 요청하였지만 어찌된 일인지 아바나 당국은 묵묵부답이었다. 게바라의 일기를 보면 게릴라군은 1967년 4월부터 고립상태에 들어갔음을 알 수 있다. 대원들은 발이 퉁퉁 부어올라 제대로 걸을 수가 없었으며, 손가락마저 부어올라 손가락을 방아쇠에 끼워 넣을 수가 없을 정도였다. 게다가 이탈한 일부 게릴라들이 투항하여 부대의 위치를 알려줌으로써 게릴라들은 은신처를 수시로 옮겨 다녀야만 하였으며, 정부군은 경찰견까지 동원하여 게릴라 부대를 끈질기게 추적하였다. 설상가상으로 게바라 부대의 '기둥'이나 다름이 없는 산 루이스의 전사는 큰 타격이었다.

그 무렵 영국계 칠레인 사진기자 조지 로스가 게바라를 찾아왔으나 신경이 극도로 예민해진 게바라는 보안이 침해된다는 이유로 이미 전의를 상실한 드브레이, 부스토스와 함께 그를 돌려보내도록 조치하였다. 세 사람은 4월 20일 다리를 절룩거리며 마을로 내려오다가 주민들의 신고를 받은 정부군에 잡혀 헬리콥터로 정부군 사령부에 압송되었다. 조지 로스는 기자 신분임이 밝혀져 일단 석방되었으나 드브레이와 부스토스는 곧바로 기소되었다. 이 소식을 듣고 파리의 드브레이 부모들은 즉각 아들의 구명운동에 나섰다. 드브레이 어머니는 파리에서 영향력이 있는 보수 정치인으로 시의원이었다. 드브레이는 처음에는 게바라의 소재지를 밝히기를 거부하였으나 부스토스가 먼저 자백하고 드브레이도 대질심문에서 인텔리 특유의 나약함을 보여 모든 것을 털어놓았다. 어떻든 두 사람의 자백은 게바라 부대에 치명적인 타격이요 배신행위였다. 드브레이의 변절은 당시 미 CIA 요원으로 볼리비아에 파견된 펠릭스 로드리게스의 자서전 『그림자 전쟁』에서 밝혀졌다. 드브레이는 37년형을 선고받았으나 뜻밖에도 3년 만인 1970년에 출옥하였다. 드브레이는 석방된 후 파리로 귀환할 때 칠레 좌파 대통령 살바도르 아옌데가 그의 친서를 당시 프랑스 사회당 지도자 미테랑에게 전해 달라는 부탁을 받고 미테랑을 만나게 된다. 그것이 인연이 되어 드브레이는 미테랑이 집권하자 1981년부터 1988년까지 미테랑의 정치고문으로 활약하게 된다. 그는 훗날 어느 기자의 질문에 "후회는 하지 않는다. 그것은 당시 자유의지에 따른 신념의 소산이었다. 나는 68년, 혁명을 함께 한 내 또래들과 '메시아를 기대한 마지막 세대'로 본다."고 술회하였다.

1967년 6월이 되자 게바라 부대는 부상자를 포함해서 24명으로 줄어들었고 기동력도 말이 아니었다. 8월에 접어들어 사태는 더욱 악화되었다. 게릴라 제2부대가 강을 건너던 중 1명을 제외하고 전멸하였다. 이때 부대원 타니아도 강 한복판에서 사살되고 말았다. 타니아의 배낭에는 라파즈에 있는 지하운동가들의 이름과 주소, 그리고 기타 중요한 정보사항들이 들어 있었다. 게릴라 부대로서는 또 하나의 치명적인 타격이었다. 게바라는 당시 일기에서 8월의 상황을 '두 말할 필요도 없이 최악의 상태'라고 기술하였다. 그 무렵까지 게바라의 잔여 게릴라 병력은 20여 명이었으나 9월 하순에 접어들어서는 17명으로 줄어들었다. 이제 이들은 전투가 아니라 패잔병으로 생존을 위해서 쫓기기에 바빴다.

라틴아메리카 민중의 '영원한 우상'으로 남다

게바라의 잔여 병력의 위치가 확인되자 수천 명으로 보강된 볼리비아 정부군은 헬리콥터까지 동원하여 이들에 대한 대대적인 수색작전을 펴 나갔다. 마침내 게릴라들은 황량하고 가파른 절벽으로 몰리게 되어 '독 안에 든 쥐' 신세가 되고 말았다. 10월 8일 대낮인지라 게바라군의 동태는 거의 모두 포착되었다. 게바라는 남은 대원들을 이끌고 포위망을 돌파하려고 하였으나 토벌대는 좁은 출구를 이미 봉쇄하고 사격을 퍼부으며 접근해왔다. 막다른 상황에서 게바라는 엘치노라는 부상병을 부축하고 있었다. 그는 다리가 부러지고 근시인 데다가 귀가 잘 들리지 않았으며 두꺼운 안경마저 다리 하나가 없어 앞을 제대로 보지도 못했다. 엘치노는 비틀거리다가 안경을 떨어트리기 일쑤였고, 그때마다 안경을 찾느라고 더듬거렸다. 잔여 게릴라 대원들이 토벌대의 기관총부대에 포착되어 조준경 안에 걸려들자 이들은 일제히 사격을 개시하였다. 그 순간 게바라는 오른쪽 늑골 부분과 같은 쪽 장딴지에서 선혈이 낭자하였다. 그러나 치명상은 아니었다. 이런 상황에서도 게바라는 M-1 소총으로 응사하였으나 그것마저 적의 총탄에 부서지고 말았다. 권총을 빼들었으나 실탄이 없었다. 마지막으로 단검이 있었으나 육박전이 아니기 때문에 아무 소용이 없었다. 게바라와 엘치노는 마실 수 없는 유황수가 흐르는 계곡으로 필사적으로 피한 다음 수건으로 상처를 동여매었지만 더 이상 걸을 수가 없었다. 결국 게바라는 다른 동료 두 사람 즉 엘치노와 윌리와 함께 체포되고 말았다. 체포된 3명의 게릴라들은 단단히 포박을 당한 채 라이게라 초등학교 교실에 일단 감금되었다. 9일 새벽, 이 학교의 보조 여교사 코르테스가 교실에 들어와 이들을 목격하게 되었다. 6시 30분 경 본부에서 헬리콥터가 도착하여 그녀는 밖으로 밀려났다. 그녀는 훗날 게바라의 죽은 날짜와 시간을 기억하는 증언자가 된다.

바로 그 순간 볼리비아 바리엔토스 대통령은 워싱턴에서 외무장관 아브세도로부터 게바라 체포사실을 통보 받았다. 그는 게바라를 일단 살려둘 것을 고려하였으나 워싱턴 당국의 강력한 요구에 따라 게바라를 총살

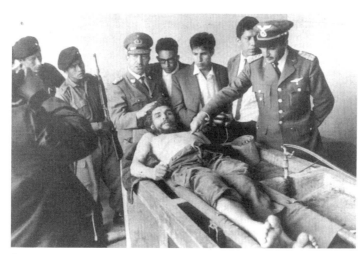

총살당한 게바라의 시신과 이를 확인하는 군 관계자들

할 것을 지시하였다. 게바라를 살려둘 경우 국제적으로 여러 가지 성가신 문제들이 제기될 수 있기 때문이었다. 13시 10분경 볼리비아 장교단과 미 CIA 요원의 지시에 따라 토벌군 책임자는 병사 마리오 테란에게 술을 먹여 게바라를 총살할 것을 지시하였다. 테란은 공포에 떨며 주저하다가 윽박지르는 상관의 지시를 받고 엉겁결에 방아쇠를 당겼으나 게바라는 즉사하지 않고 두 번째 사격으로 겨우 절명하였다. 이에 앞서 옆방에 있던 엘치노와 윌리도 총살되었다. 이렇게 해서 라틴아메리카 민중의 영원한 우상이자 다른 한편으로 '살아있는 악마'요 공포의 대상이 되어온 게릴라 대장 게바라는 1967년 10월 9일 39세라는 짧은 생애로 비극적인 최후를 맞았다.

그러나 죽은 게바라는 그때부터 라틴아메리카 민중들의 가슴에 살아있는 전설과 신화가 되었다. 그가 죽기 한 달 전 게바라는 자신의 죽음을 예언이나 하 듯 이렇게 썼다. "어느 장소에서나 죽음은 순식간에 닥쳐오나니/그대로 죽음을 맞이하는 것이 좋으리라/우리의 함성은 어딘가에서 들어줄 귀에 닿을 것이고,/다른 이들의 손이 우리의 무기를 잡을 것이며,/ 다른 이들이 스타카토(staccto)로 울리는 기관총 소리와 전쟁과 승리의 함성으로 만가輓歌를 들려주리라."

게바라는 '논리가 아니라 믿음에 의존하는 이상주의자'였으며, 진실에 대한 광적인 열정의 소유자였다. 카스트로의 게릴라 부대가 쿠바에서 승리하였기 때문에, 게바라는 다른 라틴아메리카에서도 승리할 것으로 확신하였다. 그러나 그것은 헛된 꿈이 되고 말았다. 피델 카스트로의 전기를 쓴 로버트 쿼크는 게바라를 이렇게 평했다.

"영웅적 행위란 본래 아름다움과 마찬가지로 구경꾼의 눈에만 존재하는 법이다. 게바라의 경력을 비판적으로 검토하면, 그것은 실패의 기록이며 역사라는 거대한 바위의 작은 조각에 불과하다. 그는 쿠바에서 행정 관료로 실패했고, 안데스산맥에서 게릴라 전사로서 실패했다. 게바라의 라틴아메리카 혁명선언은 거짓임이 밝혀졌고, 그의 게릴라 전 교본은 세상 어디에서도 전투의 승리를 얻지 못했다. 하지만 정치적으로 진부하기 짝이 없는 시대에서 세상은 진정한 영웅을 갈망하는 법, 죽은 영웅은 살아있는 영웅보다 훨씬 더 아름답다."(로버트 E. 쿼크 지음, 이나경 옮김, 『피델 카스트로』, 홍익출판사, 2002, 532쪽). 쿼크의 이 말은 지나치게 부정적·비판적인 시각에서 게바라의 혁명 활동을 평가한 것이라고 본다. 게바라가 사후에 더욱 진정한 영웅으로 추앙되고 있는 것은 다른 데 그 이유가 있다. 그는 비록 안데스산맥의 게릴라전사로서는 실패했다 하더라도 소외당한 민중을 어느 누구보다 사랑했고, 정의의 편에 서서 용감하게 싸웠으며, 물질에 대한 인간적 본능에서 완전히 자유로운 사람이었기 때문에 진정한 영웅으로 평가를 받을 만하다. 이런 게바라였기에 게바라는 쿠바뿐만 아니라 라틴아메리카 민중의 영원한 우상으로 살아 숨쉬고 있다고 하겠다. 그런 의미에서 장 코르미에의 다음 말은 쿼크의 말보다 더욱 설득력을 지닌다. "신을 믿지 않았던 그는 오직 인간만을 믿었다. 그래서 그는 늘 '새로운 것'을 추구하였다. 그것이 비록 이루어질 수 없는 유토피아를 좇는 것이라 해도 그는 자신의 신념을 위해 노력하는 강인한 정신과 용기를 갖고 있었다. 게바라가 죽은 지 30여 년이 지난 지금, 동시대인들의 마음속에 신화로 떠돌고 있던 그는 아직도 여전히 신선하게 다가오고 있다. 가치가 전복되고 기계가 중심이 되어버렸고, 파편화된 세계 속에 사는 지금의 젊은이들에게 그는 새로운 길을 제시해주고 있다."

* 오늘의 쿠바

혁명 50여 년이 지난 오늘의 쿠바 현실은 어떠한가? 1492년 10월 쿠바를 발견한 콜럼버스는 "이곳이야 말로 인간의 눈으로 발견한 가장 아름다운 땅이다."라고 극찬했다. '카리브 해의 진주'·'사탕수수의 나라' (국민 총생산의 25% 점유)등으로 불려온 쿠바는 그동안 강대국의 침략과 지배, 군부 독재체제에서의 부정부패로 신음해오다가 1959년 카스트로가 주도한 혁명으로 사회주의 국가가 되어 오늘에 이르고 있다. 인구 1,100여만 명, 면적 약 11만여 평방킬로미터, 1인당 GDP 약 6,500달러 (이상 2013년 기준) 정도인 이 나라는 1980년대까지만 해도 평균적 삶의 질에 있어서 중남미 국가들 중 최상위였으며, 1991년 소연방 체제의 해체와 공산권의 몰락으로 러시아의 원유공급이 중단되고 미국의 경제봉쇄 정책으로 한때 위기를 겪기도 했다. 그러나 1990년대 후반부터 과감한 경제개혁에 의한 외국자본 유치와 적극적인 관광산업 육성책을 비롯한 독자적인 경제정책 실시 및 친환경 농업정책과 생명공학을 바탕으로 한 양질의 의약품 개발 성공 등으로 2000년대에 들어서면서부터 쿠바 경제는 회복국면에 들어섰다. 특히 라틴 열풍과 함께 관광특수로 많은 관광수익을 실현하고 있으며, 미국과의 장기간 국교단절 이후 쿠바 대중음악은 라틴 뮤직 고유의 독자적 장르로 발전하여 지구촌 음악인들로부터 많은 사랑을 받고 있다. 그리고 정부 통제경제체제 하에서 식량(약 40%는 수입에 의존)과 생필품이 풍족하지 못하고 자국민에 대한 출입국 규제 등으로 불편함은 있지만, 쿠바를 다녀온 많은 사람들과 전문가들의 한결 같은 전언에 의하면 쿠바 국민들은 생각보다 자유롭게 살고 있으며 무상교육과 무상의료 혜택, 낮은 환경오염도, 그리고 자본주의 사회에서 나타나는 상대적 박탈감이 적기 때문에 국민행복지수는 여타 자본주의 어느 국가들보다 높은 것으로 알려지고 있다. 다만 최근에는 의료 종사자 등 고급인력들이 더 높은 보수를 찾아 국외로 많이 유출(약 2만 5천 명에 달하는 의사가 국외에서 취업)되고 있기 때문에 의료 서비스가 지장을 초래하고 있는 점은 이 나라가 풀어나가야 할 또 하나의 과제이기도 하다. 그러나 '낙천적인' 쿠바 당국은 고급 인력이 단순하게 유출되는 것이 아니라 보고, 이 점에 대해서 크게 우려하지 않고 있다. 즉 쿠바는 현재 베네수엘라를 비롯한 남미의 여타 진보적인 좌파 국가들과 소위 ALBA(Alianza Bolibariana para los Pueblos de Nuestra América: 새로운 아메리카 인민을 위한 볼리바리안 동맹)를 결성, 미국의 FTAA(미주자유무역지대)를 통한 남미 제국, 특히 쿠바 견제 전략에 비교적 성공적으로 맞서 큰 불편을 겪지 않고 있는 것 같다. 그 예로 쿠바는 베네수엘라와 상호 호혜주의 원칙에 입각한 전략적 동반자 관계를 구축, 쿠바가 의료 인력과 양질의 의약품 등을 지원하는 대신에 베네수엘라는 쿠바에 원유를 파격적인 조건으로 공급하는 등 양국은 서로 우의를 다져나가고 있으며, 여타 좌파 성향 국가들과도 이와 유사한 상호 호혜주의 전략을 추진하고 있는 점들이 쿠바의 이러한 '낙관론'을 뒷받침해주고 있다.

절대 권력자 카스트로는 2008년 2월 동생 라울 카스트로(1931-)에게 국가 평의회 의장직을 물려주고 후선에서 만년을 보내고 있으며, 고령(2014년 현재 88세)이지만 암암리에 영향력을 행사하고 있는 것으로 보인다. 다만, 혁명에 성공한 후에도 카스트로 자신은 다른 독재자와 달리 동료 게바라의 공적을 기리는 데 결코 인색하지 않았다. 따라서 지금도 쿠바 전역에는 카스트로 본인의 동상이나 초상화는 별로 볼 수 없고 대신에 게바라의 초상화와 동상, 화폐, 그리고 여러 가지 형태의 기념물이 도처에 산재해 있음을 확인할 수 있는데, 이 점은 인간 카스트로의 도량을 읽을 수 있는 대목이기도 하다. 2014년 7월 블라디미르 푸틴 러시아 대통령은 쿠바를 방문, 카스트로 형제를 만나 쿠바가 옛 소련 시절에 진 빚 352억 달러 중 약 90%를 탕감해주는 등 양국 간의 우호를 과시하며 미국을 암암리에 견제하고 있는 실정이다.

참고문헌

에릭 홉스봄 지음, 이용우 옮김, 『극단의 시대 20세기 역사』, 도서출판 까치, 2001.

이삼성, 『20세기의 문명과 야만』, 도서출판 한길사, 1999.

김학준, 『러시아 혁명사』, 문학과지성사, 1991.

송건호 외, 『해방전후사의 인식 1』, 한길사, 1992.

아이작 도이처 지음, 신홍범 옮김, 『무장한 예언자 트로츠키』, 도서출판 두레, 1985.

아이작 도이처 지음, 한지영 옮김, 『비무장의 예언자 트로츠키』, 도서출판 필맥, 2007.

아이작 도이처 지음, 이주명 옮김, 『추방된 예언자 트로츠키』, 도서출판 필맥, 2007.

로버트 서비스 지음, 양현수 옮김, 『트로츠키』, 도서출판 교양인, 2014.

트로츠키 지음, 박광순 옮김, 『나의 생애』, 도서출판 범우사, 2001.

헤다 가자 지음, 김기연 옮김, 『인물로 읽는 세계사-트로츠키』, 대현출판사, 1993.

김학준, 『쉽게 풀어쓴 러시아사』, 보성출판사, 1992.

E. H. 카 지음, 나남 편집부 옮김, 『러시아 혁명』, 도서출판 나남, 1991.

니콜라 베르트 지음, 변지현 옮김, 『러시아 혁명』, (주)시공사, 1999.

에드먼 윌슨 지음, 김정민·정승진 옮김, 『인물로 본 혁명의 역사』, 실천문학사, 1990.

존 허니 지음, 김한경 옮김, 『인물로 읽는 세계사-레닌』, 대현출판사, 1993.

레온 트로츠키 지음, 김성훈 옮김, 『배반당한 혁명』, 도서출판 갈무리, 1995.

레온 트로츠키 지음, 정성진 옮김, 『연속혁명 평가와 전망』, 도서출판 책갈피, 2003.

트로츠키 지음, 서상규 옮김, 『러시아 혁명사 1』, 도서출판 풀무질, 2001.

존 리드 지음, 장영덕 옮김, 『세계를 뒤흔든 10일』, 도서출판 두레, 1993.

르 클레지오 지음, 이재룡·이인철 공역, 『예술, 그리고 사랑과 혁명의 길』, 고려원, 1995.

파울 프뢸리히 지음, 최민영·정민 옮김, 『로자 룩셈부르크 생애와 사상』, 책갈피, 2000.

막스 갈로 지음, 임헌 옮김, 『로자 룩셈부르크 평전』, 푸른숲, 2002.

헬무트 히르슈 지음, 박미애 옮김, 『로자 룩셈부르크』, 한길사, 1997.

마리아 자이데만 지음, 주정립 옮김, 『나는 지배받지 않는다』, 푸른나무, 2002.

로자 룩셈부르크 지음, 오영희 옮김, 『자유로운 영혼 로자룩셈부르크』, 예담, 2001.

로자 룩셈부르크 지음, 김경미·송병헌 옮김, 『사회개혁이냐 혁명이냐』, 책세상, 2002.

임지현, 「로자 룩셈부르크와 민족 문제」(『역사비평』1998 봄), 역사비평사, 1998.

마르크스·엥겔스 지음, 남상일 옮김, 『공산당 선언』, 백산서당, 1989.

김산·님 웨일스 지음, 조우화 옮김, 『아리랑』, 동녘, 1997.

님 웨일스 지음, 학민사 편집실 옮김, 『아리랑 2』, 학민사, 1986.

이회성·미즈노 나오끼 엮음, 윤해동 외 옮김, 『아리랑 그 후』, 동녘, 1993.

백기선, 『미완의 해방 노래』, 정우사, 1993.

송건호, 『한국현대인물사론』, 한길사, 1985.

염인호, 『김원봉 연구』, 창작과비평사, 1993.

박태원, 『약산과 의열단』, 깊은샘, 2000.

석원화 지음, 정운경 옮김, 『약산 김원봉 장군』, 도서출판 고구려, 1997.

서진영 지음, 『중국 혁명사』, 한울아카데미, 1992.

한국근현대사연구회, 『한국 독립운동사 강의』, 한울, 1999.

김재명, 『한국 현대사의 비극』, 도서출판 선인, 2003.

조세현, 『동아시아 아나키즘, 그 반역의 역사』, 책세상, 2002.

엠마 골드만 지음, 김시완 옮김, 『저주받은 아나키즘』, 우물이 있는 집, 2001.

강만길, 『고쳐 쓴 한국 현대사』, 창작과비평사, 2000.

역사학연구소, 『강좌 한국근현대사』, 도서출판 풀빛, 2001.

박갑동, 『박헌영』, 인간사, 1983.

고준석, 『비운의 혁명가, 박헌영』, 도서출판 글, 1992.

박종성, 『박헌영론』, 인간사랑, 1992.

임경석, 「박헌영과 김단야」(『역사비평』 2000 겨울), 역사비평사, 2000.

원경·윤해동 대담, 「혁명과 박헌영과 나」(『역사비평』 1997 여름), 역사비평사, 1997

역사문제연구소 편, 『한국 현대사의 라이벌』, 역사비평사, 2000.

임경석, 『이정 박헌영 일대기』, 역사비평사, 2004.

김남식, 『실록 남로당』, 한국승공연구원, 1979.

서대숙 지음, 현대사연구회 옮김, 『한국 공산주의 운동사 연구』, 이론과실천, 1995.

서대숙, 『현대 북한의 지도자 김일성과 김정일』, 을유문화사, 2000.

정창현, 『인물로 본 북한 현대사』, 민연, 2002.

임영태, 『북한 50년사 1』, 들녘, 1999.

심훈, 『심훈 문학전집1』(〈그날이 오면〉), (주)차림, 2001.

정병준, 『몽양 여운형 평전』, 한울, 1995.

이기형, 『여운형』, 창작과비평사, 1992.

이태, 『남부군 비극의 사령관 이현상』, 학원사, 1990.

이태, 『남부군』, 도서출판 두레, 1993.

이태, 『시인은 어디로 갔는가』, 살림, 1997.

이태, 『천왕봉』, 두레, 1992.

김경일, 『이재유 연구』, 창작과비평사, 1993.

박용배, 『빨치산에서 수령까지』, 한국일보·한국문화원, 1994.

김양식, 『지리산에 가련다』, 한울, 1998.

이석우, 『예술혼을 사르다간 사람들』, 가나아트, 1993.

노민영, 『잠들지 않는 남도』, 온누리, 1995.

정충제, 『실록 정순덕 상·중·하』, 대제학, 1989.

정태영·오유석·권대복 엮음, 『죽산 조봉암 전집 1-6』, 세명서관, 1999.

박태균, 『조봉암 연구』, 창작과비평사, 1995.

이영석, 『조봉암, 누가 그를 죽였는가?』, 창, 2000.

서중석, 『조봉암과 1950년대(상)』, 역사비평사, 2000.

서중석, 『비극의 현대 지도자』, 성균관대학출판부, 2002.

서중석, 「한국 사회민주주의와 '제3의 길'」(『역사비평』 1999 여름), 역사비평사, 1999.

김삼웅, 『한국현대사 바로잡기』, 도서출판 가람기획, 1998.

연시중 지음, 김윤철 엮음, 『한국 정당정치 실록 1권』, 知와 사랑, 2001.

김경준, 『강화도 역사산책』, 도서출판 신대종, 2001.

장 코르미에 지음, 김미선 옮김, 『체 게바라 평전』, 실천문학사, 2000.

피델 카스트로 지음, 김장윤 옮김, 『ERNESTO CHE』, 도서출판 녹두, 2003.

유현숙, 『체 게바라』, 자음과모음, 1997.

체 게바라 지음, 박지민 옮김, 『체 게바라 자서전』, 도서출판 황매, 2012

강태오, 『체 게바라의 나라 쿠바를 가다』, 도서출판 마루, 2000.

로버트 E. 쿼크 지음, 이나경 옮김, 『피델 카스트로』, 홍익출판사, 2002.

체 게바라 지음, 호세 페레스·유재운 옮김, 『CHE 체의 일기』, 거리문학제, 1997.

고영일, 「체 게바라: 신화와 회귀를 생각하며」(『라틴 아메리카의 역사와 사상』), 까치, 1997.

아비바 촘스키 지음, 정진상 옮김, 『쿠바 혁명사』, 도서출판 삼천리, 2014.

우덕룡·김태중·김기현·송영복, 『라틴 아메리카』, 송산출판사, 2000.

곽재성·우석균, 『라틴 아메리카를 찾아서』, 민음사, 2000.

송기도·강준만, 『콜럼버스에서 후시모리까지』, 개마고원, 1999.

임지현, 『이념의 속살』, (주)도서출판 삼인, 2001.